Esoterik

Herausgegeben von Gerhard Riemann

Hans Hinrich Taegers »Astroenergetik« hat seit ihrem Erscheinen vor fünf Jahren zahlreiche Freunde gefunden. Sein unorthodoxes Verständnis der Astrologie bzw. der kosmischen Energien unterscheidet ihn von allen anderen zeitgenössischen Astrologen. Besonderes Flair erhalten die Ausführungen Taegers durch seine starke Verbindung zum östlichen Gedankengut und hier insbesondere zur tibetischen Geisteswelt. Ausdrücke wie »Karmagramm« (anstelle von »Horoskop«) oder die Einbeziehung des Mandala-Prinzips deuten dies an.
Die vorliegende Taschenbuchausgabe wurde vom Autor völlig überarbeitet und mit zahlreichen, zum Teil sehr umfangreichen Ergänzungen versehen. Viel Spaß beim Lesen dieses Panoptikums kosmischer Archetypen!

Vollständige, überarbeitete Taschenbuchausgabe 1989
Droemersche Verlagsanstalt Th. Knaur Nachf., München

Umschlaggestaltung Dieter Bonhorst
Umschlagillustration Wolfgang Jünemann
Satz Ludwig Auer, Donauwörth
Druck und Bindung Ebner Ulm
Printed in Germany 5 4 3 2 1
ISBN 3-426-04198-7

Hans Hinrich Taeger: Astroenergetik

Die zwölf kosmischen Energien

Inhaltsverzeichnis

ZWILLINGE & SCHÜTZE

Idee und Ideal – Expansion des Wissens

KREBS & ZIEGENFISCH

Im Spannungsfeld von Rückbindung und Ent-Bindung, Geburt und Wiedergeburt

LÖWE & WASSERMANN

JUNGFRAU & FISCHE
Zwischen Traum und Wirklichkeit

ANHANG

Einleitung

»Die sicherste Voraussage, die wir über die Zukunft machen können, ist, daß sie uns überraschen wird.«

G. Leonhard

Wir haben großes Glück, in die äußerst interessante Übergangszeit zweier sich gegenseitig ablösender Tierkreisepochen – des zu Ende gehenden religiösen Fischezeitalters und des beginnenden wissenschaftlichen Wassermannzeitalters – hineingeboren zu sein. Mühsam entwachsen wir den Welten von Glauben, Gefühl, Ahnung und erdbezogenen Weltbildern und erkennen vor uns die scheinbare Entmystifizierung des Universums durch Wissenschaft und Technik und das vorsichtige Entstehen eines kosmischen oder galaktischen Bewußtseins. Wir, die wir an der Nahtstelle zwischen beiden Zeitaltern stehen und uns positiv auf die zukünftige Wassermannära einstimmen, dürfen die Pionierarbeit wagen, die religiösen, philosophischen und esoterischen Schätze der vergangenen Fische-Epoche in die Sprache des Wassermannbewußtseins zu übersetzen und an den Stand der modernen Wissenschaft anzuschließen. Hierbei müssen wir natürlich kritisch sieben, um die Spreu vom Weizen zu trennen. Dieses Buch ist der vorsichtige Versuch einer solchen Siebung, in der Bereiche altehrwürdiger Astrologie und des traditionellen buddhistischen Weltbildes unter dem neuen Begriff ›Astro-Energetik‹ zusammengeführt werden.

Da sich sowohl Astrologie als auch der esoterische Buddhismus und Hinduismus mit dem Wesen der kosmischen Energetik, dem Elementenzusammenspiel von Erde, Wasser, Feuer und Luft sowie deren planetaren und zodiakalen Entsprechungen (Kalachakra Tantra) auseinandersetzen, wird die verbindende Bezeichnung Astro-Energetik oder auch Kosmo-Energetik beiden Bereichen gerecht, schafft aber gleichzeitig etwas Neues, das sich von der westlichen ›Nur-Astrologie‹ und dem östlichen ›Nur-Buddhismus‹ unterscheidet und auch Raum für moderne Denkansätze läßt. Da man sich jedoch nicht an Begriffen festhalten soll, sei es dem Leser überlassen, Astro-Energetik durch ein Wortbild seiner eigenen Wahl zu ersetzen.

Die über zehntausend Jahre alte Geschichte der Astrologie und deren enge Korrelation mit der jeweils herrschenden Religion zeigen uns sehr deutlich, daß die Deutung kosmischer Faktoren (planetarer oder zodiakaler Energien) immer eine Basis im metaphysischen oder überindividuellen Seinsverständnis haben muß. Je polarer und enger ein solches Welt- oder Wertbild ist, desto subjektiver und voreingenommener wird auch die darauf basierende astrologische bzw. astro-energetische Ausdeutung eines Karmagramms (Horoskops) ausfallen. Da es das erklärte Ziel des buddhistischen Weltbildes ist, sämtliche polare Strukturen zu überwinden, und da es außerdem in seinen Grundaussagen nicht im Widerspruch zur modernen Naturwissenschaft steht, habe ich dies als Basis für meinen astro-energetischen Überbau gewählt. Die kreative und neuartige gegenseitige Durchdringung östlicher und westlicher Tradition entspricht dem Wesen des Wassermanns und soll die Grundlage für ein subtiles und erweitertes Verständnis kosmischer Wirklichkeit darstellen. Da das Ziel jedweder Entwicklung Vervollkommnung, Entpolarisierung, höchste androgyne Harmonie oder, auf den gleichen Nenner gebracht, Erleuchtung ist, kann auch die Arbeit mit Astro-Energetik nur dieser übergeordneten Sinnausrichtung dienen. Die Interpretation kosmischer Energien durch die Astro-Energetik soll Anstöße zur geistigen Entwicklung, zur Relativierung und Transformierung des persönlichen Egos und somit zur höheren Form der Menschwerdung geben. Hierbei benutzt sie u. a. Methoden der Psychoanalyse, der Philosophie, Erklärungsmodelle der Naturwissenschaft oder verschiedene meditative Praktiken.

Sie möchte weder Dogmen noch vorgefertigte Konzepte in sich tragen, sondern dem sich ständig ausweitenden Wissensstrom flexibel angeschlossen bleiben, – ohne hierbei die vergangenen Werte achtlos über Bord zu werfen. Astro-energetische Bewußtseinserweiterung kann niemals Engherzigkeit, Sektierertum oder Auserwähltheitsvorstellungen hervorrufen, sondern gibt vielmehr die Möglichkeit, sich als Mensch unter Menschen zu begreifen, Gespür für den energetisch richtigen Augenblick zu entwickeln, zwischen unterschiedlichen Ebenen zu differenzieren, sein persönliches Ego erkennend zu kontrollieren und offene, spontane Zugewandtheit darzustellen. Man muß vor allen Dingen auch bereit sein, seine Sichtweisen korrigierend zu erweitern und sich davor hüten, Gottesurteile abzugeben, die man später nicht mehr widerrufen kann.

Über den rein informativen Aspekt der Astro-Energetik hinaus ist es sehr wichtig, sich darum zu bemühen, die verschiedenen Energien in sich selbst zu erspüren und sich in dynamischer Wechselwirkung mit planetarem Geschehen zu empfinden. Astro-Energetik ist keine theoretische Schreibtischwissenschaft. Ihr informativer Anteil trägt vielmehr dazu bei, das Spiel der Energien bewußter

und widerspruchsfreier verstehen und tolerieren zu können und die Augenblickspotentiale positiv zu nutzen. Durch Astro-Energetik gewinnen wir Vertrauen in den Zufall und in die paradoxe Logik kosmischen Geschehens. Unser astro-energetisches Hintergrundswissen muß sich an den Kriterien unserer eigenen Erfahrung bewähren. Gefühl, Kopf und Herz dürfen sich nicht auseinanderentwickeln. Kleine, kritische aber ehrliche Schritte sind hierbei weitaus kostbarer als alles aufgesetzte Bücherwissen. Synchron zu, besser aber noch *vor* dem Studium der Astro-Energetik muß eine Motivationsklärung durch Weltbilderweiterung stattfinden. Man kommt zwangsweise zu ganz anderen Deutungen astroenergetischer Konstellationen, wenn man individuelles menschliches Karma vor dem Hintergrund der Wiedergeburtseinsicht, dem Hintergrund einmaliger Existenz oder dem Hintergrund von Himmel- und Höllevorstellungen betrachtet.
Man muß sich weiterhin fragen, inwieweit man von unreflektiert übernommenen bürgerlichen Moral- und Klischeevorstellungen vorbelastet ist und inwieweit Vater-, Mutter- und Kindheitsproblematik zu Fehlprojektionen führen. Bevor nicht der Basiskonfliktstoff der Kindheit und Jugend, d. h. die naheliegende Vergangenheit erkannt und harmonisch verarbeitet ist, können kosmische Energien nicht wertneutral und komplex erfaßt werden. Viele astro-energetische Methoden wie die Felderprogression (6 Jahre pro Feld – ausgehend vom Aszendenten), Transite oder Direktionen helfen uns aufgrund unseres Energiebildes (Karmagramm), eine Regression in die Kindheit leichter nachvollziehen zu können. Da dieses Buch nicht als Lehrgang der Astro-Energetik konzipiert ist, sondern sich schwerpunktmäßig auf die sechs Tierkreisachsen und deren Wechselwirkungen beschränkt, kann auf die speziellen Methoden der Astro-Energetik (Feldermarathon, Mandala-Energie-Analyse, Lunasolar, Hologramm, Rhythmogramm sowie Astro-

Kartographie nach Lewis, Composite nach Hand, Heliozentrik u. v. m.) nicht näher eingegangen werden. Dies wird eine Aufgabe kommender Veröffentlichungen sein.

Ursprünglich basiert dieses Buch auf einer Artikelserie, die ich auf Anregung meines Freundes und Verlegers Wolfgang Jünemann für dessen Zeitschrift »Middle Earth« verfaßt habe. Die ersten beiden Kapitel dieses Buches (»Waage – Widder« und »Stier – Skorpion«) sind bereits 1977 entstanden, während die nächsten vier Kapitel 1982 geschrieben wurden.

Da sich astro-energetisches Bewußtsein im Zuge spiritueller Entwicklung stetig modifiziert, relativiert und vergrößert, sind die Aussagen dieses Buches lediglich ein Augenblicksprotokoll, das nicht uranischer Widersprüche entbehrt, eine skizzierende Zwischenbilanz (und die auch nur ausschnitthaft) meiner derzeitigen Betrachtungsweise. Das Buch sollte viel eher den Leser dazu anregen, offen und kritisch mitzugehen und mitzudenken, – es sollte nicht als astro-energetisches Rezeptbuch betrachtet werden. Dies gilt im besonderen für die Stichwörter zu den Planeten in den Tierkreiszeichen. Die Differenzierung in sogenannte positive und negative Umschreibungen planetarer Energien liegt darin begründet, ein Gespür dafür zu entwickeln, daß in jeder kosmischen Konstellation ein hohes Erleuchtungspotential ruht, wenn sie frei von persönlichen Fixierungen gelebt werden. Um diesen Unterschied deutlich zu machen, müssen die beiden Extreme polar gegenübergestellt werden. In der praktischen Deutung jedoch, die ja darin ihren Sinn hat, Menschen einen positiven Spiegel vorzuhalten, um die individuellen höheren Zielvorstellungen klarer erkennen zu können, bemühen wir uns um eine ausschließlich freundlich zugewandte und aufbauende Auswertung des Karmagramms.

Obwohl ich in meinem astro-energetischen Studium weitgehend als Autodidakt gelernt habe, bin ich in dieser Zeit doch vielen wertvollen Menschen begegnet, die mir in meinen Findungsprozessen sowohl durch ihr Vorbild als auch ihre Rückspiegelungen und ihre geistige Unterstützung eine große Hilfe waren. Allen voran die Vollblutastrologen und Pioniere eines neuen Denkens Reinhold Ebertin und Heinrich Christian Meier-Parm sowie meine buddhistischen Lehrer Lama Yeshe, Lama Zopa, Geshe Rabten, Kalu Rimpotsche und Tenga Tulku. Dank auch meinen Freunden und Mitarbeitern Peter Rüther, Thomas Siegfried, Max Baltin, Frauke Rindermann, Christian Bein, Michael Lohmann und vielen anderen. Indirekt haben sie alle mitgeschrieben. Einen besonderen Dank auch an Monika und Wolfgang Jünemann für ihre aktive Mithilfe bei der Buchentstehung, ihre Nachsicht, Geduld und ihr Vertrauen in die Sache.

Gewidmet ist dieses Buch all jenen, die ein offenes Ohr für die Wahrheit haben, – sei diese auch relativ – und die ein feines Gespür für Energien und deren leuchtende Potenz entwickeln können.

Münster, 22. 10. 1982, 22.00 Uhr MEZ

Methode: (z.B. Natal/Solar/Helio ...)	Name:	Hans-Hinrich Taeger	☉ 21° 44' 29"	♎
Natal	Datum:	15. Oktober 1944	☽ 29° 50' 06"	♍
Feldersystem: 30°	Ort:	Görlitz/D Zeit: 06 h 35 m MEZ	MC 00° 11'	♌
Erstellt von:			AS 22° 53'	♎

Quadrate

Trigone

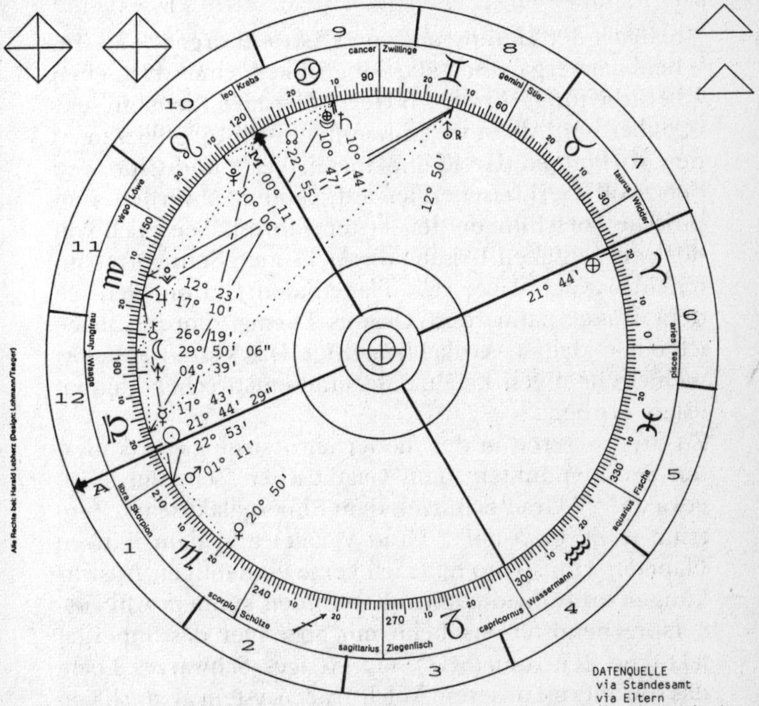

9 · 8 · 10 · 7 · 11 · 6 · 12 · 5 · 1 · 4 · 2 · 3

cancer Zwillinge · gemini Stier · taurus Widder · aries pisces · aquarius Fische · Wassermann · capricornus · Ziegenfisch · sagittarius · Schütze · scorpio · Skorpion · libra · Waage · Jungfrau · virgo · Löwe · leo · Krebs

M 00° 11' · ☊ 22° 55' · ⊕ 10° 47' · ♄ 10° 44' · ♅R 12° 50' · ♆ 10° 06' · ⚷ 12° 23' · ♃ 17° 10' · 26° 19' · ☽ 29° 50' 06" · 04° 39' · ☿ 17° 43' · ☉ 21° 44' 29" · A 22° 53' · ♂ 01° 11' · ♀ 20° 50' · ⊕ 21° 44'

DATENQUELLE
via Standesamt
via Eltern
(identische Zeiten)

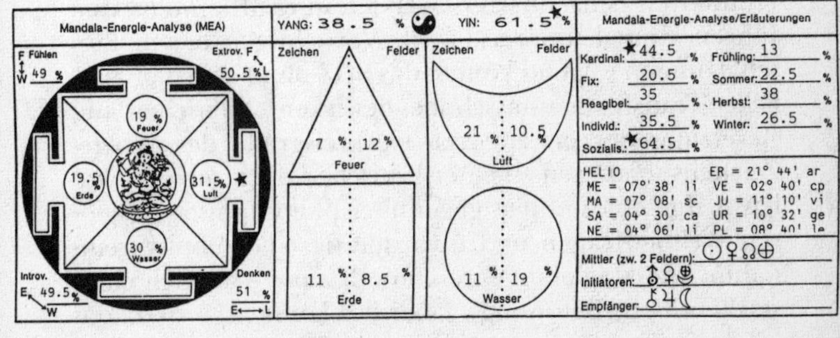

Vorwort zur überarbeiteten Taschenbuchausgabe

Anläßlich der Herausgabe von »Astro-Energetik« als Taschenbuch ergab sich die Möglichkeit einer kritischen Überarbeitung, für die ich Herrn Gerhard Riemann sehr dankbar bin. Allem voran konnten Stichwort-Skizzen zu den Wirkungen der Kleinplaneten Vesta und Chiron in den zwölf Tierkreisenergien aufgenommen werden. Empirische Forschungen der letzten Jahre haben mich von der energetischen Brisanz dieser kleinen Sonnentrabanten überzeugt. Über den Planetoiden Chiron, den ich dem Wassermann- und Uranus-Thema zuordne, habe ich einen kleinen Artikel beigefügt. Das Vesta-Kapitel ist meinem heutigen Erfahrungsstand entsprechend aktualisiert worden.

Zu drei weiteren in der modernen Astrologie diskutierten Sensitivpunkten: dem Galaktischen Zentrum (z. Zt. etwa auf 27 Grad Schütze), dem Supergalaktischen Zentrum (z. Zt. etwa auf 2 Grad Waage) und dem fiktiven Planeten Transpluto habe ich keine eindeutigen Auswirkungen im Individualhoroskop finden können. Am vielversprechendsten erscheint mir aber hier das Supergalaktische Zentrum (SGZ), ein riesiges Schwarzes Loch, das sowohl von unserem Milchstraßensystem als auch von Hunderten benachbarter Galaxien in ca. 100 Milliarden Jahren einmal umkreist wird. Vorsichtigen ersten Einschätzungen folgend könnte das SGZ pluto-skorpionähnliche Transformationsschübe bewirken. Menschen mit Besetzung der ersten drei Tierkreisgrade des Waage-Zeichens tendieren zu einer kritischen oder auch radikalen Aufgeschlossenheit gegenüber philosophisch-religiösen Weltbildfragen und üben häufig eine subtil-vereinnahmende Magie auf ihre Umwelt aus (– ähnlich einer starken Pluto-Betonung). Überdies könnte das SGZ, das erst vor wenigen Jahrzehnten in die Waage getreten ist, ein bedeutender Gestaltungsfaktor der sog. New-Age-Mentalität sein und dadurch die umstrittene Fixierung auf das Wassermannzeitalter relativieren, so daß wir – alternativ – auch von einem Waage-Zeitalter sprechen können. Das weite Feld galaktischer und außergalaktischer Sensitivpunkte (z. B. auch Supernovas, metagalaktische Zentren oder Schwarze Löcher) in Wechselwirkung zu unserem Sonnensystem, Erde und Mensch ist sicherlich eine der wichtigsten Herausforderungen an die Astrologie der Zukunft.

Neben allgemeinen und leichten Textüberarbeitungen und -einfügungen sowie einigen neuen Illustrationen habe ich unter ›Planetenentsprechungen zum Stier‹ die Halbsumme Erde-Mond (EMH) als eine Entsprechung des Stier-Themas mit einbezogen und den Venus-Artikel im Widder-Waage-Abschnitt völlig neu geschrieben. Das Pluto-Kapitel ist mit einigen Anmerkungen über die Wirkweise und Wichtigkeit von Pluto-Transiten erweitert worden. Im Anhang befindet sich jetzt auch eine kleine Liste mit Literatur-Tips (Astrologie, Buddhismus, New Age), die es dem Anfänger und Fortgeschrittenen erleichtern möchte, sich in das komplexe Gebiet der Astro-Energetik leichter einzuarbeiten. Weiterhin ist in den Anhang ein Glossar mit Erklärungen einiger astrologischer und buddhistischer Stichworte aufgenommen worden.

Da im Buchtext viel Theoretisches über Buddhismus, Tantra und Meditation gesprochen wird und um auch den an praktischer Meditation Interessierten etwas anzubieten, werden zudem einige Übungsbeispiele aus der Tradition des indotibetischen Buddhismus (Arbeit mit dem Luftelement resp. der Grünen Tara) vorgestellt.

Auch habe ich zwölf neue Horoskopzeichnungen mit 30-Grad-Feldern (äquale Häuser) angefertigt, die den Stand von Vesta, Chiron, Erde-Mond sowie Quellenangaben und die Werte der Mandala-Energie-Analyse (MEA) mit einbeziehen. Die Frage nach *dem* richtigen Felder- bzw. Häusersystem ist bis heute unbeantwortet, und jeder Astrologe geht hier nach seinen eigenen Erfahrungswerten, wobei die z. Zt. populärsten Methoden wohl die nach Koch, Placidus, Campanus oder Regiomontanus sind. Die von mir benutzten 30-Grad-Felder haben die älteste astrologische Tradition und weisen in symbolischer Analogie zu den jeweils gleich großen Tierkreiszeichen zwölf 30-Grad-Abschnitte auf (vom Aszendenten ausgehend). In diesem System fallen Medium Coeli (MC) resp. Imum Coeli (IC) in unterschiedliche Felder und erfahren dadurch eine zusätzliche Deutung (– z. B. MC im achten Feld = häufiger Berufs- und Rollenwechsel, Transformationen durch berufliche Krisen etc.). Die Eigenschaften vom MC (›Wo gehe ich hin‹, Rollenfixierung) und IC (›Wo komme ich her‹, Familienfixierung) bleiben auch in diesem Feldergefüge bestehen. Da ich es durchaus für möglich halte, daß auch andere Feldersysteme zu richtigen Deutungen führen können, sollte aus der ungelösten Felderfrage kein Glaubensdogma gemacht werden. Vielmehr sollte jeder für sich diejenige Methode wählen, mit der er seine besten Resultate erzielt.

Mein ganz besonderer Dank gilt meinen Freunden Thomas Siegfried und Ulla Janascheck, die mir bei der Überarbeitung eine große Hilfe waren, sowie Dorje Taktsak für die tibetischen Illustrationen, Michael Lohmann für das Design der Planetensymbole und Harald Lebherz für die Überlassung der Karmagramm-Vordrucke.

Möge der Leser dieses Buch mit derselben Intention aufnehmen, mit der es konzipiert war, nämlich als eine Gedanken-Skizze über das Wesen der sechs zodiakalen Energie-Achsen. Es möchte hierbei lediglich kreative Anstöße zum Weiterdenken geben, nicht lehrmeistern – mehr initiieren. In der Zusammenführung von westlichem und östlichem Wissens- und Weisheitsgut stellt es einen Versuch dar, unsere dualistischen Denk- und Gefühlskonzepte zu entpolarisieren und uns unserer verlorenen Ganzheit ein Stück näher zu bringen. Sollte dies in bescheidenem Umfang gelingen, wäre der Sinn dieses Buches bereits mehr als erfüllt.

Portsalon/Irland, 5. August 1988, 19 h 35 m GMT

Hans-Hinrich Taeger

WIDDER
&
WAAGE

Vollendung durch Weisheit und Tat

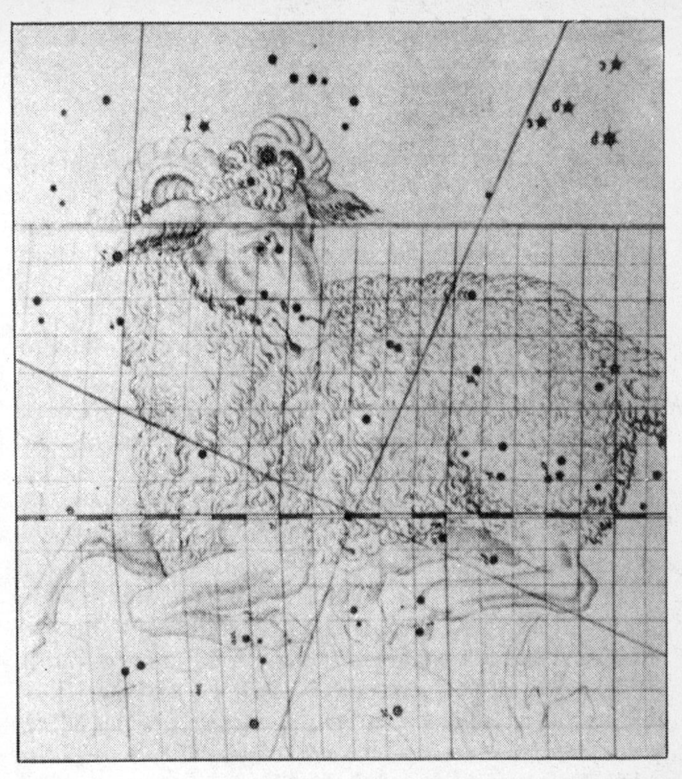

WIDDER

Widder in Stichworten

1. Zeichen im Tierkreis/ Frühlingsanfang/ Planetenherrscher: Mars (Kriegsgott)/ Feuer-Element/ Kardinalzeichen/ Yang/ Symbole: Lanze, Pflug/ Oppositionszeichen: Waage/ Felder- bzw. Häuserentsprechung: 1. Feld/ Einflußsphäre: 0.–6. Lebensjahr/ Tagesentsprechung: die ersten beiden Stunden nach Sonnenaufgang/ Länderentsprechungen: *Deutschland,* Mongolei, Arabien/ Städte: Berlin, Kairo/ Wochentag: Dienstag/ psychische Entsprechung: Wille, Tat, Dynamik, Emotionalität, Aggression, Extraversion/ Temperament: cholerisch/ somatische Entsprechungen: Kopf (Augen), Galle, Leber, Kreislauf, z. T. Wirbelsäule/ Konstitution: athletisch/ Alchemie: Eisen (Ferrum), Stahl, Säuren – Rubin, Magnetstein/ Farbentsprechung: Zinnoberrot, Weiß, Blutrot/ Formen: spitz, eckig, scharf/ asiatische Tierkreisentsprechung: Maus (Ratte)/ Esoterik: Kehlkopfchakra (Vishuddha)/ Zahl: zwei oder vier/ Widderzeitalter: 2000 v. Chr. – 0/ Mars-Jahre: 1932, 1939, 1946, 1953, 1960, 1967, 1974, 1981, 1988, 1995, 2002/ I-GING-Entsprechungen: *Dschen* = Das Erregende, der Donner; *Li* = Das Haftende, das Feuer; *Dschun* = Die Anfangsschwierigkeit/ *Mythologien – Märchen:* Siegfried-Epos, germanische Mythen und Sagen, die Mythe vom Goldenen Vlies, Teile der Bhagavad-Gita, Gesar-Epos, Helden-, Schöpfungs- und Kriegsmythen, Märchen von Giganten, Riesen, Helden – Kriegsgott Mars, Feuergott Agni, Shiva-Kult (Hinduismus), Begtse, Hayagriva, Vajra-Varahi (Buddhismus) – alle kriegerischen, jugendlich-heroischen Gottheiten und Dämonen

Widder-Geborene
(mit Sonne im Widder)

Richard Alpert, Baba Ram Dass (MO=sa/AS=ca), Béla Bartók (MO=aq/AS=ge), Charles Baudelaire (MO=ca/AS=vi), Jean-Paul Belmondo (MO=li/AS=ge), Otto von Bismarck (MO=cp/AS=le), Marlon Brando (MO=ar/AS=sa), Wernher von Braun (MO=ta/AS=ge), Wilhelm Busch (MO=li/AS=ta), Giacomo G. Casanova (MO=sa/AS=aq), Charly Chaplin (MO=sc/AS=sc), Erich von Däniken (MO=vi/AS=ca), Bette Davis (MO=ge/AS=sa), Max Ernst (MO=cp/AS=ca), Vincent van Gogh (MO=sa/AS=ca), Maxim Gorki (MO=ta/AS=cp), Francisco Goya (MO=ca/AS=ca), Samuel Hahnemann (MO=ar/AS=sa), Elton John (MO=ta/AS=le), Ernst Jünger (MO=ta/AS=ca), Alfred Kubin (MO=pi/AS=vi), Henri Desire Landru (MO=ar/AS=ta), Entdekkung des LSD (MO=vi/AS=vi), Raphael (MO=ar/AS=sc), Wilhelm Reich (MO=sa/AS=cp), Dane Rudhyar (Astrologe) (MO=aq/AS=sa), Ravi Shankar (MO=sa), Arturo Toscanini (MO=sc/AS=cp), Peter Ustinov (MO=le/AS=ca).

Anmerkung: MO= Mond, AS= Aszendent;
ar= aries= Widder, ta= taurus= Stier, ge= gemini= Zwillinge, ca= cancer= Krebs, le= leo= Löwe, vi= virgo= Jungfrau, li= libra= Waage, sc= scorpio= Skorpion, sa= sagittarius= Schütze, cp= capricornus= Ziegenfisch, aq= aquarius= Wassermann, pi= pisces= Fische.

Selbstverständlich sind nicht nur sonnenstandsbezogene Menschen besonders prägnante Beispiele für bestimmte Tierkreiszeichen. Mond, MC, Aszendent, Bündelungen von Planeten in dem entsprechenden Zeichen oder Planetenherrscher in ihrem eigenen Zeichen (z. B. Merkur in den Zwillingen, Venus in der Waage) können ein Tierkreiszeichen besonders akzentuieren.

Zu den Planetenstichwörtern in Zeichen und Feld

Vor allem für den astrologischen Anfänger ist es wichtig einzusehen, daß es nicht so etwas wie z. B. *der* ›Mars im Widder‹ oder *die* ›Sonne in der Jungfrau‹ etc. geben kann. Jeder Planet oder sonstige kosmische Faktor ist durch Winkelaspekte mit anderen Planeten (und deren energetische Eingebettetheit in Tierkreiszeichen und eigene Aspekte) immer nur als ein modifiziertes Energiegemisch und niemals in ›reiner‹ Form auffindbar. Hinzu kommt, daß die Planeten des Horoskop durch die kontinuierlich-wechselnde Bestrahlung der aktuellen Gestirnsstände (Transite) sich in einer ständigen energetischen Mutation befinden. Das Geburtsbild gleicht somit eher einem atmenden, organischen Gebilde, einer lebendigen Wetterlandschaft oder einer kosmischen Umwälzanlage. Im Grunde genommen kann man ihm mit einer mechanistisch-formelhaften Deutung kaum zuleibe rükken. Und wenn wir das trotzdem tun, müssen wir uns der Ausschnitthaftigkeit und Behelfsmäßigkeit, die durch unseren beschränkten Wortschatz noch unterstützt wird, voll bewußt sein. Nichts im Horoskop ist wirklich statisch, dauerhaft und fixiert. Trotzdem macht dies die Stichworttabellen nicht völlig unsinnig, gibt es doch in all dem energetischen Wechselspiel individuell dominierende Grundthemen, die sich vor allem in der Kombination von Planet-Zeichen-Feld und den begleitenden Winkelstrukturen zeigen. Da es bis zu einer komplexen astroenergetischen Deutungskunst ein weiter Weg ist, erscheint es mir legitim, dem Anfänger durch die Stichworte einen ersten Einstieg zu erleichtern, ihn aber gleichzeitig davor zu warnen, diese rezeptbuchmäßig anzuwenden.

Spiegelt der Planet im *Tierkreiszeichen* unser energetisches Ausgangspotential wider (*Anlage*), findet er über das *Fel-*

derthema (Aufgabe) einen Kanal oder übergeordnete Sinnausrichtung, für die er dieses Potential einsetzt. Die Tierkreis- oder Planeten-Energie symbolisiert den Treibstoff oder das Benzin, das wir bei Geburt in den Tank unseres Autos gefüllt bekommen. Über das *Feld* erhalten wir einen Fahrplan, wozu wir dieses Auto gebrauchen – wohin es uns fahren soll. Dieses Erklärungsbild hinkt ein wenig, da wir natürlich verschiedene Treibstoffsorten oder Treibstoffgemische (Venus im Schützen z. B. ist ja bereits ein *Gemisch* aus Venus und Schütze) und verschiedene Fahrpläne (Besetzung mehrerer Felder) mitbekommen, wobei wir lernen müssen, mehrebnig-synchron und ohne in schizoide Einzelpersönlichkeiten zu zerfallen, unsere Fahrzeug-Staffel im Griff zu behalten und die einzelnen Lernerfahrungen zu einer Gesamtsynthese zusammenzufassen. Da sich Tier- und Felderkreis in Analogie befinden (d. h. 1. Feld entspricht der Widder-Thematik, 2. Feld der Stierthematik, 3. Feld der Zwillingethematik etc.), können die Planetenstichwörter gleichermaßen für Tierkreis- wie Felderdeutungen herangezogen werden. In ihrer Felderanalogie braucht man ihnen nur immer die Worte ›Entwicklung von...‹ voranzustellen. Dies hieße z. B. bei Mars im 1. Feld: Entwicklung von Idealismus, Entwicklung von Organisationstalent, Entwicklung von Durchsetzungskraft etc. Die negativen Umschreibungen müssen dann natürlich immer mit ›Vermeidung von...‹ beginnen (Vermeidung von Egoismus, Vermeidung von Despotentum...).
Bei den Felderdeutungen gelten die gleichen Einschränkungen wie bei den Tierkreisfaktoren: sie sind in Wirklichkeit nur komplex zu erfassen, da über die Aspekte der Planeten die Felder untereinander in einem wechselseitigen Lernprozeß stehen (Planeten des 12. Feldes entwickeln sich z. B. auch an den Erfahrungen von Planeten des 1. oder 7. Feldes – und umgekehrt). Außerdem werden auch hier durch Transite einzelne Felder zeitweise aktualisiert und dabei durch die planetare und zodiakale

Eigenart des entsprechenden Transits moduliert. Da durch Einbeziehung der Felderdeutung gleich drei Hauptfaktoren (Planet, Zeichen, Feld) kombiniert werden, was einiges Geschick erfordert, kann dem Anfänger empfohlen werden, zunächst mit der Tierkreiszeichen-Interpretation (Planet im Zeichen) zu beginnen, um sich mit den Anlage-Möglichkeiten vertraut zu machen. Hat man derart alle Planeten und sonstigen Faktoren des Karmagramms untersucht, kann man dazu übergehen, die Winkelverbindungen und die damit verbundenen Wechselwirkungen und Energiemischungen zu studieren. Hierbei ist es didaktisch sinnvoll, anfangs nur die ›großen‹ Winkel wie Konjunktion, Opposition, Quadrat, Trigon und Sextil zu berücksichtigen und sich kleinere Leckereien wie Halbquadrate, Quincunx, Septile etc. für später aufzuheben. Erst jetzt empfiehlt es sich, das ganze in die übergeordnete Felderthematik zu übertragen und die Hauptlern- und Sinnausrichtungen zu erkennen. Die Arbeit im Felderbereich kann als die Krönung der astrologischen Deutungskunst angesehen werden. Man kann natürlich auch versuchen (wie dies in der amerikanischen Astrologie häufig der Fall ist), die Planet-Felderkombination in den Vordergrund zu stellen, um dann nach und nach Winkelstrukturen und Tierkreisfärbungen zu berücksichtigen. Welche Methode man auch immer wählen mag: ein Geburtsbild *skizziert* immer nur Anlagen und Aufgaben eines Menschen, die er letztlich in eigener karmischer Regie ausgestaltet. Auf diesem Weg kann die Astro-Energetik eine große Hilfe sein. Sie verkehrt sich jedoch dann in den Feind des Menschen, wenn sie im fatalistischen, vorherbestimmenden Sinne mißinterpretiert wird. Astroenergetische Deutung möchte Möglichkeiten öffnen, nicht eliminieren!

Planeten im Widder und 1. Feld

Sonne im Widder (Anlage) oder 1. Feld (Aufgabe)

Lernen durch Taten; Expansion; Aktivität; Willensstärke; Idealismus; Extrovertiertheit; Männlichkeit; Führernatur; Durchsetzungskraft; Mut; Abenteuerlust; Individualismus; Veränderungsliebe; Naivität; Direktheit; Großzügigkeit; Begeisterungsfähigkeit; Sportlichkeit; Lebensbejahung; Lebenskraft; spontane Entschlußkraft...

Launenhaftigkeit; Egoismus; Neigung zu Cholerik; wenig Anpassungsbereitschaft; Ungerechtigkeit; Einseitigkeit; Fanatismus; Ungeduld; Streitlust; Selbstgerechtigkeit; mangelnde Reflektionsgabe; Schwärmerei; Lust zu Übertreibungen; dramatisches Überspitzen; Überschätzung der eigenen Energie; Zwänge ewiger Jugendlichkeit; Rastlosigkeit; Imponiergehabe...

Mond im Widder (Anlage) oder 1. Feld (Aufgabe)

Starke ehrliche und offene Gefühle; intensives und bewegtes Traum- und Fantasieleben; musikalische oder bildnerische Begabung; Idealismus; sich für andere Menschen aktiv einsetzen; gefühlsmäßige Extroversion; unkonventionelle Wege gehen; Impulsivität; Wünsche nach gefühlsmäßiger Unabhängigkeit; Gefühlsstärke; Selbständigkeit; Reiselust; sich für seine Ideen verantwortlich *fühlen*; suchen einer eigenständigen Wirksphäre; spontane Begeisterungsfähigkeit...

Gefühlsmäßige innere Unruhe; Ichbezogenheit (Egozentrik); Despotentum; Neigung zu Übertreibungen und Dramatisierungen; idealistische Schwärmerei; Gefühlsfanatismus; Hysterie; Unausgeglichenheit; sich ständig angegriffen fühlen; Stolz und Überlegenheitsgefühle; Voreiligkeit; Schwierigkeiten mit Frauen oder der Mutter; dominieren wollen; emotionale Befangenheit; Unbeugsamkeit; sich nur schwer hingeben können; eigene Schwächen durch Selbstsicherheit kaschieren; gestörtes inneres Gleichgewicht...

(z. B. S. Dali, B. Dylan, Carl Spitzweg, A. Warhol)

Merkur im Widder (Anlage) oder 1. Feld (Aufgabe)

Schnelle Auffassung; Begeisterungsfähigkeit; scharfer und dynamischer Verstand; Gedanken werden spontan in die Tat umgesetzt; originelles, progressives, engagiertes und idealistisches Denken; Direktheit und Offenheit im Denken; Diskutierlust; persönliche Stellungnahme; Reisefreude, Risikobereitschaft; initiativ; geradliniges, naives Denken; Interesse an geistigen Dimensionen; Verteidigung des eigenen Gedankenguts; starke gedankliche Vorstellungskraft; Mut zur Subjektivität...

Konzentrationsschwäche; voreilig-unreflektiertes Denken; kämpferisch-fanatisches Denken; intellektuelles Imponiergehabe; wenig Ausdauer; Sprunghaftigkeit; impulsiv entstandene, subjektive Fehlentscheidungen; intellektuell-emotioneller Starrsinn; Ungeduld; ›erst handeln, dann denken‹; unklare Formulierungen; Ignorierung gedanklicher Details; naive Denkstrukturen; »Emotionslogik«; unvernünftige Entscheidungen; Schwierigkeiten beim analytischen und kritischen Denken; irrationales Denken; wenig Weitschau, Umsicht und Planung...

(z. B. S. Beckett, A. Einstein, A. Hitler, W. Shakespeare)

Venus im Widder (Anlage) oder 1. Feld (Aufgabe)

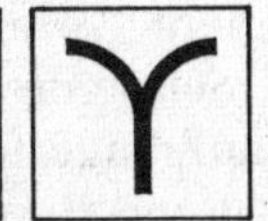

Gestaltungswille; künstlerische Kreativität; schauspielerische Neigungen; Dekorfreude; sich in der Partnerschaft gerne unabhängig fühlen wollen; Veränderungsliebe; gefühlsmäßige Extroversion; Initiative; Unternehmungsgeist; geistige Ideale; aktives Bemühen um Harmonie; Entdeckungsfreude; sich in eine Idee verlieben; Entwicklung eines geistig differenzierten Unterscheidungsvermögens; vielseitige Interessen; Reflexion über das eigene Tun; sexuelle Experimentierfreude...

Wenig Diplomatie; sexuelle Probleme (Sadismus, Masochismus); sich gerne zur Schau stellen; Neigung zur Hysterie; schlechte Konzentrationsgabe; sprunghaft in den Entscheidungen; Tendenz zur Egozentrik; geistige Überheblichkeit; Stolz; Launenhaftigkeit; geistiger Bluff; Angriffslust; Selbstgerechtigkeit; reduzierte Einfühlungs- und Hingabefähigkeit; kindliche Naivität...

(z. B. S. Hedin, S. Freud, Michelangelo, Raffael)

Mars im Widder (Anlage) oder 1. Feld (Aufgabe)

Starke physische Konstitution; Idealismus; Selbstsicherheit; Begeisterungsfähigkeit; Organisationstalent; Führungsanspruch;

Mut zum Risiko; Reisefreude; Durchsetzungskraft; Vitalität; Entdeckerfreude; Tatenmensch; »Der Streit ist der Vater aller Dinge«; geistige Auseinandersetzung; Selbstbewußtsein; starke Sexualität; Sportlichkeit; Expansionsdrang; aufbauend-zielbewußtes Denken; Überzeugungskraft; Extroversion; Lebensbejahung...

Neigung zur Cholerik; Egoismus; Despotentum; Einseitigkeit; Voreiligkeit; Reizbarkeit; innere Unrast; Ungeduld; Imponiergehabe; Fanatismus; Selbstgerechtigkeit; Kurzsichtigkeit; nachtragend; Draufgängertum; Destruktivität; Disposition zu Unfallneigung durch Unbedachtheit; Unausgeglichenheit; guruhafte Selbstüberzogenheit; »heilige« Wut; mangelnde Diplomatie; wenig Hingabefähigkeit...

(z. B. A. Huxley, Lenin, K. May, E. Swedenborg)

Vesta im Widder (Anlage) oder 1. Feld (Aufgabe)

Selbstdarstellung und Unabhängigkeitsliebe in der Arbeit; geistige Prinzipientreue und Konsequenz; Risikokalkulation; Lernen durch geistige Auseinandersetzungen; spirituelle Führungsqualitäten; Wagemut; rhetorische Gewandtheit; Ausdauer in der Idealverwirklichung; spontane Umsetzungsfähigkeit; Improvisationsgabe; geistige Kritikfähigkeit; kämpferische Sozialethik; sachliche Engagiertheit; Organisationstalent; Reformfreude; eigenständige Entscheidungslust; umsichtige geistige Expansion; schauspielerische Begabungen; Hobby-Vielfalt; Reisefreude; Veränderungsliebe; Entwicklung unorthodox-geistiger Weltbilder...

Überschätzung der Eigenverantwortlichkeit; Vermischung von Sachlichkeit und Ego-Intentionen (Subjektivität); mangelnde Selbstkritik; Neigung zur Interessenzersplitterung; Unzuverlässigkeit im Detail; Kluft zwischen Ideal und Wirklichkeit; unter den eigenen geistigen Prinzipien leiden; Wahrheitsmanipulationen; Fehler nicht zugeben können (Prinzipienstolz); Überschätzung der eigenen Arbeit; Konsequenzen des eigenen Denkhandelns falsch beurteilen; sich Vollzugszwängen entziehen; Kritikempfindlichkeit; Chef-Allüren; Neigung zu Mißtrauen und aggressiver Besserwisserei; Nervosität; Außenseitertum...

(z. B. Hans Chr. Andersen, André Breton, Gustav Gründgens, Che Guevara, Jackie Stewart)

Jupiter im Widder (Anlage) oder 1. Feld (Aufgabe)

Selbstvertrauen; Begeisterungsvermögen; Optimismus; Musikalität; dynamisch-kämpferische Ideale; Großzügigkeit; Männlichkeit; gute körperliche Konstitution; vielseitige Interessen; Reisefreude; Hilfsbereitschaft; pädagogisches Engagement; Entwicklung der geistigen Dimension; gute Fähigkeiten der Selbstdarstellung; geistige Kreativität; lebenszugewandte Philosophie; geistige Freundschaft; Pioniergeist; auf Wachstum und Entwicklung ausgerichtet; über ein großes sexuelles Energiepotential verfügen; Mut; Selbständigkeit; Führungsanspruch...

Neigung zu pathetischer Prahlerei; Impulsivität; leichte Erregbarkeit (Cholerik, Wut); Egozentrik; Launenhaftigkeit; Ungeduld; Selbstgerechtigkeit; Unbedachtheit; Rücksichtslosigkeit beim Verfolgen der eigenen Ideen; diktatorische Allüren (›So ist das‹); innere Unrast; Dramatisierung; geistiger Bluff; seine Ziele zu hoch stecken;

mangelnde Ausdauer; keine Fehler zugeben können; geistiger Hochmut oder Stolz; Besonderheitsvorstellungen oder Sendungsbewußtsein; Andersdenkende als Feindbilder aufbauen...

(z.B. F. Chopin, R. Dutschke, St. George, H. Heine)

Saturn im Widder (Anlage) oder 1. Feld (Aufgabe)

♄ ♈

Lebensernst; Einzelgängertum; arbeitsam; vernünftiger Einsatz der eigenen Energien; Organisationsvermögen; Widerstände werden durch gleichmäßigen Energie-Einsatz überwunden; Organisation der yanghaften Energie; dynamische Arbeitsmethoden; freiberuflicher Ehrgeiz; Anerkennungsstreben; wirklichkeitsbezogene Initiativen; Disziplin im kreativen Bereich; eigene Entscheidungen treffen; Erkenntnis über Ursache und Wirkung eigenen Tuns; ernsthafte Gewichtung der geistigen Dimension; Entwicklung einer kritischen Lebensphilosophie; Desillusion des Männlichkeitsgehabes; realistische Gewichtung und Umsetzung geistiger Impulse; Desillusion der triebhaften Lebensfaszination...

Verdrängte Emotionen; Pessimismus; Grüblernatur; Herrschsucht; Egozentrik; geschwächte physische Energie; heftige Schicksalswendungen; Neigung zur Isolation vom Leben; Todessehnsucht; widersprüchliches Naturell von Lebensbejahung und Lebensverneinung; übertriebener beruflicher Ehrgeiz; Schwierigkeiten mit der eigenen Männlichkeit (auch deren Sexualität); Kontaktarmut; Schwierigkeiten in der Zusammenarbeit; aggressiver Selbstschutz; Neigung zu asketischer Verhärtung; Probleme der Vaterbindung...

(z.B. Ch. Baudelaire, F. Dostojewski, O. Spengler, L. Trotzki)

Chiron im Widder (Anlage) oder 1. Feld (Aufgabe)

Ausgeprägter Unabhängigkeitsdrang und Individualismus; geistige Entwicklungssprünge; spirituelles Außenseitertum; intuitive Entdeckerfreude (Pioniergeist); spontane Begeisterungsfähigkeit; idealistischer Wagemut; Veränderungs- und Reiseliebe; Sprengung konventioneller Verhaltensmuster; Interesse an neuartigen esoterisch-okkulten Theorien; Suche nach neuen Erfahrungsebenen; autarker Lebensstil; Suggestivkraft; phasenweise starke Rollenengagiertheit (Rollenidentifikation); Anerkennung und Förderung anderer Individualisten; Verbindung von traditionellen und progressiven Weltbildern...

Egozentrik; schwache Anpassungsfähigkeit; sich über Andere hinwegsetzen; mangelnde Diplomatie; in einer völlig eigenen Welt leben; Unberechenbarkeit; Neigung zu jähem Kontaktabbruch; willkürliche geistige Richtungsänderungen (Gesinnungswandel); Unzuverlässigkeit; Tendenz zu hysterisch-aggressiven Kurzschlußreaktionen; Autoritätsprobleme; den Überblick über größere geistige Zusammenhänge verlieren; Selbstüberschätzung; willkürliche Wahrheitsverdrehungen (Black-Outs, Verdrängungen); Uneinsichtigkeit; Inkonsequenz; Launenhaftigkeit; geistiges Geltungsbedürfnis; besitzergreifendes Wesen (Mißbrauch der Suggestivkraft)...

(z. B. J. Addey, J. Kerouac, N. Mailer, M. Montessori)

Uranus im Widder (Anlage) oder 1. Feld (Aufgabe)

Starker Einfallsreichtum und Erfindungsgabe; originelles und unkonventionelles Denken; Einfälle werden sofort in die Tat umgesetzt; schnelle Auffassungsgabe; Reformbestrebungen voll Idealismus durchsetzen; Reisefreude; Freiheitsliebe; progressive und dynamische Gedanken; Interesse an Futurologie; spontane Entschlossenheit; starke gedankliche Aktivität; telepathische Dispositionen (Sender); Befreiung von alten Männlichkeitsbildern und Klischees; Entwicklungssprünge; neuartige Vorstellungen von Männlichkeit entwickeln; schrittweise Loslösung von Ich-Fixierungen; Flexibilität in der Idealverwirklichung; geistige Offenheit...

Vorschnelle Gedankenschlüsse ziehen; Dickköpfigkeit; Affekthandlung; sich mit Gewalt ein progressives Image geben wollen; mit gedanklicher Wendigkeit beeindrukken wollen; intellektuelle Bluffs; chaotische Ideale; geschwächtes Gemeinschaftsbewußtsein; skurrilen okkulten Ideen anhängen; spontaner Jähzorn; schwierige Zusammenarbeit; jäher Wechsel von Idealen; Gefahr okkulter Machtausweitung; Desorientiertheit gegenüber der männlichen Form von Sexualität; geistige Verworrenheit; Verfechtung unrealistischer Ziele; reduzierte Selbstkontrolle...

(z. B. Fidel Castro, Th. Edison, R. D. Laing, St. Kubrick)

Neptun im Widder (Anlage) oder 1. Feld (Aufgabe)

Spontane Verwirklichung von inneren Eingebungen; Beanspruchung einer religiösen oder spirituellen Führerschaft; progressive Gedanken über Spiritualität; Hilfsbereitschaft; soziales Engagement; religiöser Pioniergeist; geheimnisvolle Faszination an Reisen; schöpferische und kreative Fantasie; sensibles Begreifen der eigenen Persönlichkeit; geistige Beeindruckbarkeit; Gefühl für Musik und Rhythmus;

Ideale der Transzendenz und des Mitempfindens; erotische Kräfte; Mystifizierung des Lebens; Auflösung individueller Machtstrukturen; mystische Einsichten werden in Taten umgesetzt; Verfeinerung des geistigen Differenzierungsvermögens; Freude an subtiler geistiger Auseinandersetzung...

Geistige Verworrenheit; skurriles Sendungsbewußtsein; Gefahr mystischer Überheblichkeit; unklare Zielvorstellungen; religiöse Schwärmerei; geheimnisvolle Glorifizierung des Lebens; Willensschwächung; eingebildeten Feindbildern nachgehen; sich von numinosen Kräften bedroht fühlen; Disposition zu Verfolgungswahn; subtile Machtgier; erschwerte Hingabefähigkeit; übertriebenes Selbstvertrauen; Konflikt zwischen Auflösung und Ichaufbau; Machtträume; Fehlentscheidungen; undurchsichtige Beziehungen zum Vater und zur eigenen Männlichkeit...

(z. B. Aurobindo, M. Gandhi, K. Kollwitz, Chr. Morgenstern)

Pluto im Widder (Anlage) oder 1. Feld (Aufgabe)

Durchsetzungskraft; Führungsanspruch; sich mit der Magie von Krieg und Gewalt auseinandersetzen; Mut, Kampfeslust; Freiheitsliebe; revolutionäre Ideale; politisches Engagement; Transformation durch Reisen; Ideale der Revolution; initiatives Wirken; Willensstärke; starke geistige Regenerationskraft; magisches Potential; innere energetische Umschichtung durch Zerstörung und Neubelebung alter Weltbilder; starke suggestive und erotische Wirkung; Kenntnis, daß Zerstörung Neuanfang bedeutet; den magischen Sinn und die Hintergründe des Lebens erkennen wollen...

Gefahr des Mißbrauchs okkulter Kräfte; Emotionalität; starke innere Unruhe; Gefahr des Despotentums; sexuelle Probleme mit der Männlichkeit; geistige Dramatisierung; Sarkasmus und Zynismus; destruktives Denken und Handeln; subtile Machtkämpfe austragen; Disposition zur Negation des Lebens; Konflikt von Trieb und Geist; Stolz und geistige Überheblichkeit; masochistische oder sadistische Dispositionen; Zerstörungslust; Tyrannei; Wachstumshemmungen; das Leben als magische Bedrohung empfinden; extremes Schwanken zwischen Fatalismus und Nihilismus...

(z. B. K. May, F. W. Nietzsche, L. Tolstoi, A. v. Wallenstein)

Mondknoten im Widder (Anlage)
oder 1. Feld (Aufgabe)

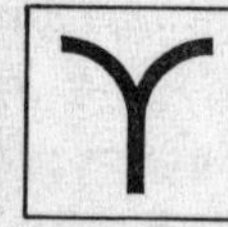

Unkonventionelle spontane Kontakte suchen; Unabhängigkeitsliebe; eine starke Persönlichkeit aufbauen; schnelle Entschlußkraft; originelles, kreatives Denken; Selbstbewußtsein; Selbstverwirklichung durch geistige Auseinandersetzung; geistiger Austausch; Streben nach Verwirklichung hoher Ideale; Formung der Persönlichkeit durch Reisen; positives Verhältnis zur eigenen Männlichkeit; geistige Freundschaften suchen; Entwicklung von Optimismus und Lebenszugewandtheit; Extroversion; Offenheit; Kreativität; denkerisches Risiko; Individualismus...

Aufbau zu hohen Idealvorstellungen; zu hohe geistige Anforderungen münden in Kontaktschwierigkeiten; guruhafte Besserwisserei; spiritueller Fanatismus; Projektion der zu leistenden eigenen geistigen Entwicklungsarbeit auf eine guruhafte Autorität; spirituelle Intoleranz und Fanatismus; Ungeduld; autoritäres Gehabe; wenig Hingabefähigkeit; Kommunikationsschwierigkeiten mit Frauen; Mutterproblematik; Reizbarkeit; Stolz; sich ständig angegriffen fühlen; Selbstgerechtigkeit; Überheblichkeit; vorschnelle Entschlüsse; idealistischer Starrsinn; Exaltiertheit...

(z. B. R. Alpert, W. v. Braun, C. G. Jung, J. London)

Medium Coeli im Widder

In unseren Breiten immer mit einem Krebs- oder Löwe-Aszendenten verbunden.

Beruflicher Idealismus; Ichbewußtsein; sich eine Rolle im Leben erkämpfen; Organisationstalent; geistige Beweglichkeit; Führungsanspruch; Begabung für schöpferische und künstlerische Berufe; Außenseiterwege gehen; Reisefreude; Identifikation mit dem Berufsideal; Entwicklung eines männlichen (yanghaften) Bewußtseins; reformerische Ideale; Verfechten individueller Ideale; Reformfreude; Initiativkraft; geistige Suggestivkräfte; engagiertes Handeln; Beeindruckungsfähigkeit...

Übergroße Ausweitung der Persönlichkeit; Gefahr von Fanatismus und Herrschsucht; Fehlidentifikationen mit Idealvorstellungen; guruhafter Absolutismus; unreflektierte Zerstörungswut; Egoismus; Selbstgerechtigkeit; aggressiver Existenzkampf; Mißbrauch der Suggestivkräfte; Größenwahn; Unbeugsamkeit; unreflektierte Begeisterungsfähigkeit; wenig Weitsicht; selbstzerstörerische Tendenzen; folgenschwere Verstrickungen aufbauen; emotionale Subjektivität; wenig Diplomatie; schwache Toleranzfähigkeit; Energieverschleiß...

(z. B. M. Chevalier, J. Goebbels, F. Kafka, L. Trotzki)

Aszendent im Widder

In unseren Breiten immer mit einem Ziegenfisch-Medium-Coeli verbunden.

Sich ein selbstbewußtes, aufrichtiges und optimistisches Image geben; Entwicklung von Mut und Forschergeist; Unternehmungsfreude; Musikalität; Rhythmusgefühl; Veränderungsliebe; Idealismus; sich auch im Alter eine kindliche Naivität bewahren; den geistigen Austausch suchen; Entwicklung eines männlichen (yanghaften) Weltbildes; Suche nach positiven Lebensidealen; Entdeckung der individuellen Besonderheit; Entwicklung geistiger Autorität; selbständige Lebensmeisterung; die eigenen Ideen durchsetzen; Ehrgeiz; die Kreativität bewirkende Herausforderung suchen; Zielstrebigkeit...

Unter dem Image, den starken Mann spielen zu müssen, leiden; Kontaktschwierigkeiten; Autoritätskonflikte; Neigung zu Übertreibungen; Sprunghaftigkeit; Angriffslust; Selbstgerechtigkeit; eigene Fehler nicht eingestehen können; Hochmut; sich in seinen Zielvorstellungen übernehmen; sich in Ideen verrennen; sein Energiepotential überschätzen; Aggressivität; reduzierte Selbstkontrolle; seine Einflußstärke zu egoistischen Zwecken mißbrauchen; geistige Hochstapelei (Bluff); Imponiergehabe; Disposition zur Selbstzerstörung; idealistische Schwärmerei; Verfolgen unrealistischer Ideen...

(z. B. J. Anouilh, J. Baez, W. Brandt, R. D. Laing)

WIDDER

Mit dem Zeichen Widder, das den Frühling einleitet, wird das astrologische Jahr eröffnet. Mit ihm beginnt eine schöpferische Periode des Umbruchs, der Lebenszugewandtheit, des Wachstums, der Expansion, der Vitalität, des kämpferischen Vorwärts, des kreativen Unternehmungsgeistes und ungestümer Energie-Erneuerung. Aus seinem schier unendlichen Kräftereservoir aktiviert er die Natur und den Menschen zu neuen, optimistischen und euphorischen Lebensidealen und verbreitet den ansteckenden Bazillus des Unternehmungsgeistes, jugendlicher Unbekümmertheit und Tatenfreudigkeit. Er fordert dazu auf, die äußere Welt zu erobern, in den Kreislauf des Lebens zu treten, Mut zum Risiko zu entwickeln und sich einen Platz im Weltgeschehen zu erkämpfen. So wie die Waage den Weg nach innen öffnet, die seelischen Bereiche erschließen möchte, sich bereits vorsichtig am Tod orientiert, so drängt der Widder ins äußere Leben, in die Individuation, die kämpferische Engagiertheit innerhalb der sogenannten Realität. Möchte die Waage die Welt mittels eines kreativen Weisheitsdenkens desillusionieren und entzaubern, so versucht der Widder über den Weg der Tat und der spürbaren Erfahrung der Lebenskräfte, zu gleichen Einsichten zu gelangen. Auch er will hinter das Wesen von Illusionen und Masken dringen, die Existenzgeheimnisse ergründen und empfindet das Sein als eine Herausforderung, die seine männliche Kampfeskraft und Initiative wachruft. In seiner archaischen Form geht es ihm nicht um Harmonie, Diplomatie, Sensibilisierung oder weltfremde mystische Vereinigungssehnsüchte. Er löst den Gordischen Knoten nicht durch abwägendes, reflektierendes Denken, sondern zerschneidet ihn mit dem Schwert, wie es Alexander der Große tat, der auf alten griechischen Geldstücken oft mit zwei Widderhörnern porträtiert ist. Er zerschlägt immer wieder aufs neue die Ureinheit des kosmischen Mandalas, um es den späteren Tierkreiszeichen zu überlassen, zur verlorenen Ganzheit zurückzufinden. In seinem destruktiven, wütenden und aggressiven Aspekt stellt er gleichzeitig eine gewaltige Zeugungskraft dar, denn Aufbau und Zerstörung bedingen einander wie Tag und Nacht, Seele und Geist, Mann und Frau, Yin und Yang, Gut und Böse... etc. Der Widder weckt immer wieder die Welt aus ihrer lethargischen Verträumtheit zu neuem Leben, verstrickt die Menschen in viele Abenteuer, treibt sie mit den lodernden Flammen seines Urfeuers aus ihren stillen Refugien, bricht auf gewaltsame Art mit Traditionen und Stagnationen, fordert spontane, mutige Entscheidungen und möchte das Bewußtsein vermitteln, daß zur Evolution des Lebens auch der Daseinskampf gehört, daß Triebenergien nichts Negatives sein müssen, sondern als Treibstoff für geistige und seelische Entwicklungen anzusehen sind. Von einer steten inneren Unruhe getrieben, ruht er sich selten auf seinen Erfolgen aus, setzt sich vielmehr immer wieder neue Ziele und gleicht somit einem Titanen, dessen Kräfte mit der Schwierigkeit neuer Aufgaben und Perspektiven zunehmen. Er ist von der Herausforderung und Rivalität motiviert, sich aktiv und schöpferisch zu verwirklichen. Nichts wirkt auf ihn tödlicher als Monotonie und der Mangel an neuen Perspektiven. Er ist von

einem heldenhaften Erlebnisdurst getrieben, möchte seine Stärke messen, Pioniergeist demonstrieren, anderen ein dynamisches Vorbild sein. Ohne Rücksicht auf Scherben, kleinliche Ängste, Konventionen und Gefühle und ohne Hilfe anderer Menschen versucht er, neue Wege zu ebnen und einen Nährboden für zukünftige Entwicklungsmöglichkeiten zu schaffen, was in den mittelalterlichen Symbolen des Widders – Pflug und Lanze – zum Ausdruck kommt. Als ausgesprochener Individualist entspricht seine männliche Tatkraft der »Do-it-yourself-Philosophie«. Anders als die Waage verzichtet er gerne auf partnerliche Ergänzung. Er braucht das Gefühl von Unabhängigkeit und entwickelt dabei ein starkes Ichbewußtsein. Widder-Menschen gleichen in ihrer Jugend oft dem von Jack Kerouac beschriebenen Beatnik-Idol der späten fünfziger Jahre. Die Beatniks – Vorkämpfer der folgenden Hippie- und Freakgeneration – waren unablässig auf der Suche nach neuen Erlebnisebenen, trampten kreuz und quer durch die Staaten, nahmen Gelegenheitsjobs an, suchten das Abenteuer und Risiko, scheuten keine Kraft- oder Mutproben, ihre Stärke zu beweisen, fuhren wahnsinnige Autorennen, suchten die geistige Auseinandersetzung, lehnten dauerhafte Partnerbindungen ab, protestierten gegen die Stagnation bürgerlicher Ideale, spielten gerne die Rolle des wilden Mannes, ließen ihren Emotionen und Gefühlen im Rhythmus des Jazz und Blues freien Lauf und schufen durch ihre Philosophie des aktiven und schöpferischen »be here now« die Basis sowohl für die nachfolgende, eher waagebetonte psychedelische Bewegung als auch die politisch-revolutionäre Underground-Szene.
In seiner oft kindlich-naiven Unbekümmertheit setzt der Widder seine Energien – der jeweiligen Situation und Stimmungslage entsprechend – für konstruktive oder auch destruktive Ziele ein. Er kann seine Kräfte sowohl in Ausbrüchen wütender Cholerik, Haß und Aggressionen als auch in idealistischer Engagiertheit und aufbauender

Arbeit zur Anwendung bringen. Wenn sich weder das eine noch das andere Ventil finden läßt, reagieren sich widder- und marsbetonte Menschen gerne körperlich – in Form von sportlicher Betätigung oder Reisen – ab. Zieht sich der Krebs in problematischen Zeiten gerne in seine häusliche Isolation zurück – die Waage in die Luftschlösser ihrer Traumwelt und der Steinbock in einen Wust von Arbeit –, so riskiert der extrovertierte Widder gerne einen Streit und überträgt die Schuld seines ureigenen Problems auf einen gerade greifbaren Menschen. In solch einem Fall ist man gut beraten, kein Kontra zu geben, es sei denn, man riskiert ein mittleres bis tragisches Unwetter, sondern läßt den Ausbruch von Emotionen und ungerechten Beschuldigungen ruhig über sich ergehen, denn wenn sich die Wogen allmählich wieder glätten, ist dem Widder sein Auftreten bereits peinlich, und auf eine versteckte Art und Weise wird er sich durch eine großzügige Geste revanchieren. Man darf allerdings nicht verlangen, daß er irgend etwas von seinen haarsträubenden Beschuldigungen in aller Öffentlichkeit zurücknimmt. Dies läßt sein Stolz niemals zu. Auf der anderen Seite reagieren Widder-Menschen empfindlich auf Kritik, Bevormundung oder Besserwisserei (auch wenn es tatsächlich besser gewußt wurde) und können dann sehr nachtragend sein. Man kann sie nicht belehren, indem man ihnen die gedanklich einwandfreie Lösung eines Problems auf dem Tablett präsentiert; sie müssen *selbst,* durch eigene praktische – positive oder negative – Erfahrungen zu Urteilen gelangen. Wissen, das nicht der Feuerprobe des Lebens standhält, erscheint dem Widder unnütz und wertlos. Hierbei muß er sich jedoch vor allzu schnellen und subjektiven Verurteilungen hüten, denn das abwägende, weise und gerechte Denken ist, ebenso wie die höhere Diplomatie, seine ausgesprochene Schwäche. Ähnlich wie die Waage neigt er zu extremen Standpunkten und hält hartnäckig hieran fest, auch wenn das Gegenteil längst bewiesen ist. Auch in der Liebe neigt der

Widder zur Philosophie des »Alles oder nichts« und zeigt seine Zuneigung spontan und ohne langes Vorspiel, wobei er mit großer Selbstverständlichkeit vom anderen Menschen Besitz nimmt, ihn erobert, ohne dem Partner diejenigen Freiheiten einzuräumen, die er sich selbst zugesteht. Obwohl er von anderen verlangt, sich unterzuordnen, hofft er doch insgeheim auf Widerspruch, denn irgendwo imponieren ihm Menschen, die einen eigenen Standpunkt haben, selbständig sind und wie er selbst zum Individualismus neigen. Es gibt zwei Dinge, die einen Widder entwaffnen können: Liebe, Charme, Diplomatie auf der einen Seite und auf der anderen die Hochachtung vor willensstarken und aktiven Persönlichkeiten, die ihren Idealen getreu eigene Wege gehen (seien diese auch noch so verschroben, absonderlich und ihm unverständlich). Widder-betonte Menschen brauchen einen starken Partner, an dem sie sich reiben können, mit dem sie wetteifern, von dem sie sich herausgefordert fühlen, um ihr Bestes zu geben. Rivalität oder Konkurrenz heißt hier nicht immer gleich Feindschaft.

Die Philosophie des Widders gleicht ein wenig dem sportlichen Olympiade-Gedanken, nach dem Kraft, Stärke und Durchsetzungsvermögen zum Sieg führen, womit sowohl die physischen als auch die geistigen Energien gemeint sind. Eine vergleichbare Forderung des oppositionellen Waage-Zeichens könnte lauten: Weisheit und Diplomatie siegen, wobei hier eher die psychischen und intellektuellen Kräfte angesprochen werden. Menschen, die unter dem Einfluß des Widders geboren sind, verfügen nicht nur über ein progressives, dynamisches und erfinderisches Denken, sondern auch über berufliche Vielseitigkeit. Im Alter engagieren und begeistern sie sich manchmal für hohe geistige oder religiöse Ideale, solange diese ihrem Streben nach schöpferischer Aktivität entgegenkommen. Man denke hier nur an Alexandra David-Neel (Sonne im Widder), die in ihrem Pioniergeist und ihrer spirituellen Neugier als erste europäische Frau den Mut aufbrachte, das unwegsame Tibet zu bereisen, um sich unter vielen Abenteuern und Strapazen mit der Kultur und Religion dieses Landes vertraut zu machen. Ihre spannenden Erlebnisberichte haben sicherlich dazu beigetragen, ein erstes Interesse an einem bis dahin unbekannten Weltbild zu wecken. Auch der deutschstämmige Lama Anagorika Govinda (Mars und Mond im Widder) hat mit seinen Büchern und sonstigen Aktivitäten den idealistischen Begeisterungsfunken buddhistischer Philosophie weitergeben können. Es bedarf immer wieder solcher Menschen, die einen mutigen ersten Schritt wagen und die mit ihrem inneren Feuer und dem vollen Einsatz ihrer Persönlichkeit sowie durch ihr aktives Vorbild der Welt Mut zu neuen spirituellen Idealen vermitteln, sie zu einem Weg der Tat auffordern und aus der gefährlichen Verträumtheit zum Leben erwecken.

MARS

Mars vertritt das Zeichen Widder im dynamischen Prozeß unseres Planetensystems. Seine Wichtigkeit drückt sich in den vielen Beinamen, die ihm gegeben wurden, aus: »Der große Eröffner«, »Der große Absonderer des Chaos«, »Der große Besamer und Fruchtbringer«, »Der karmaschaffende Planet« ... etc. Er ist der Gott des Krieges, der Zerstörung, des Streites und der Zwietracht. Begleitet von seinen beiden Monden Phobos und Deimos (= Furcht und Schrecken), gehört er zu den karmagestaltenden Mächten und spaltet mit seinem goldenen Schwert die Ureinheit kosmischer Harmonie, um Entwicklung zu ermöglichen. Für sein Mysterium gilt der Satz des Heraklit: »Streit ist aller Dinge Vater.« Von den Griechen Ares, den Römern Mars und den Germanen Thor genannt, zwingt er zum Handeln und karmischen Tun. Er ist der Feind aller Gewohnheiten und Stagnationen. Er fordert als eine rastlos drängende Kraft dazu auf, neue Wege und Perspektiven zu erschließen. Er verleiht Mut, Pioniergeist, spontane Entschlossenheit, Triebenergien, aber auch Rücksichtslosigkeit, Reizbarkeit, Zerstörungslust, blinde Emotionalität und Egoismus. In unserer heutigen Sprache können wir diese Energien auch die *Aggressionskräfte* nennen. Seine individuelle Stellung im Karmagramm läßt Rückschlüsse über Durchsetzungskraft, Risikofreude, Kampfbereitschaft, Unternehmungsgeist, sexuelle Triebhaftigkeit, Männlichkeit... etc. zu (z. B. Mars im Luftelements-Zeichen: intellektuelle Debattier- und Streitlust, aggressives, aber bewegliches Denken... etc./Mars im Erdelements-Zeichen: gebremste Spontaneität und Emotionalität, Unnachgiebigkeit, Ehrgeiz... etc.). Ein wenig lassen sich die Mars- und Widderkräfte mit den Eigenschaften des Hindu-Gottes Shiva vergleichen. Shiva gilt als die zerstörende und gleichzeitig aufbauende kosmische Urenergie. Er wird auch als Fruchtbarkeitsgott in Form eines Lingams verehrt. In seiner kriegerischen Funktion trägt er die verschiedensten Waffen, wie Schwert, Bogen, Keule, Blitz und Dreizack, mit denen er alles Leben bei den periodisch wiederkehrenden Weltuntergängen (Kalpas) abtötet.

Richard Alpert – Kurzbiographie

Richard Alpert wurde als Sohn einer Millionärsfamilie am 06. 04. 1931 um 10 h40 m in Boston (Mass.) geboren. Nach seiner Promotion über Freudsche Psychoanalyse hielt er Vorlesungen, schrieb Bücher, praktizierte als Therapeut und galt als »gemachter Mann«. Seine Bekanntschaft mit Timothy Leary und den Möglichkeiten der psychedelischen Drogen brachte sein ganzes Weltbild ins Wanken. Die Freudsche Lehre erschien ihm plötzlich als eine leere Theorie. Er begann sein Leben radikal zu ändern und schloß sich Leary und Metzner an. Er setzte sich für die Legalisierung von LSD ein, beteiligte sich an der Herausgabe psychedelischer Schriften und unternahm schließlich eine Indien-Reise, um auf letzte Sinnfragen eine Antwort zu finden. In seinem missionarischen Bekehrungseifer verabreichte er hinduistischen und buddhistischen Gurus LSD, um deren Reaktion zu testen, und war über die Gleichgültigkeit der meisten asiatischen Lehrer überrascht, die bewußtseinserweiternde Zustände auch ohne Zuhilfenahme von Drogen verwirklicht hatten. Nach drei Monaten Indien war er ratlos und verzweifelt und machte sich Sorgen um seine zukünftige Existenz, bis er in Nepal den amerikanischen Hippie Bhagawan Dass fand und sich ihm und seinem zukünftigen Guru Maharaji anvertraute. Ein für Alpert bedeutendes Schlüsselerlebnis bekehrt ihn zu einem Anhänger des Hinduismus: Sein indischer Lehrer sagt ihm auf den Kopf den Inhalt des Traumes der letzten Nacht zu, über den er zuvor mit niemandem gesprochen hatte. Aus dem Psychiater Richard Alpert wurde nun Baba Ram Dass. Nach Amerika zurückgekehrt, setzte er sich für die Verbreitung der Meditation und der östlichen Philosophie ein und gründete verschiedene Zentren und Schulen. Durch Engagement und Tatkraft verzettelte er sich jedoch wieder im weltlichen Spiel und wollte 1974 nach Indien zurückfahren, um neue Impulse zu erhalten. Vor seiner Abreise jedoch erschien ihm sein indessen verstorbener indischer Lehrer im Traum und forderte ihn auf: »Du brauchst nicht nach Indien zu gehen. Du wirst deine Lehrer genauso hier finden.« Im Titel des 1971 von Alpert herausgegebenen Buches »Be here now« (Auflage ca. ½ Million Exemplare), in dem er eine Synthese aller Religionen und Philosophien – vom Tibet-Buddhismus bis hin zum Yoga oder Christentum – anstrebte, nahm er die Aufforderung seines Lehrers bereits vorweg. (Spätere Veröffentlichungen: »Alles Leben ist Tanz«, »Being your own being«).

Der Widder-Einfluß in Alperts Karmagramm

Ging es Tim Leary vorrangig um eine bewußtseinserweiternde Intellektualisierung der vielfältigen psychedelischen Möglichkeiten, so engagierte sich Alpert stärker an der praktischen Verwirklichung neuer Bewußtseinsmodelle. Voller Initiative und Unternehmungsgeist versuchte er nicht nur rein gedankliche Pläne zu schmieden, Konferenzen über eine neue, schönere Welt abzuhalten oder sich weltfremden mystischen Spekulationen hinzugeben, sondern war mehr ein Mann der Tat, den Pamphlete oder Manifeste nicht so sehr faszinierten wie spontanes und handgreifliches alternatives Tun. Er interes-

sierte sich mehr für die Praxis des Karma-Yoga, den Aufbau von lebensfähigen und vitalen spirituellen Zentren, in denen Religion, Meditation und Philosophie keine Wunschbilder oder leere Phrasen sind, sondern Lebensideale darstellen sollen, die an der Realität geprüft und erprobt werden müssen. In seiner Adoptierung neuen Gedankenguts neigte er jedoch zur radikalen Widder-Philosophie des »Alles oder nichts«, nahm – im Gegensatz zu Leary – sofort einen Namen an, setzte sich mit der ganzen Wucht seiner Persönlichkeit für die Verbreitung der Lehren seines Hindu-Gurus ein und merkte erst viel später, daß er sich durch seine »Macher«- und Guru-Euphorie, sein spirituelles Management genau wieder das gleiche starke Ich aufgebaut hatte, das er ja gerade durch Mediation abbauen wollte.
Der Titel seines bekanntesten Buches »Sei jetzt hier« erfaßt auf eine sehr treffende Art und Weise die Essenz der Widder-Thematik. Mit der Aufforderung, daß Spiritualität hier und jetzt begonnen und gelebt werden muß, daß wir endlich das Stadium inneren Abwägens und abstrakten Denkens zu überwinden haben, damit individuelles Karma abgetragen und vollendet werden kann, versucht er z. B. das Bewußtsein zu vermitteln, das Wesen der eigenen Göttlichkeit zu entdecken, voll zu akzeptieren, damit zu leben – und nicht nur darüber zu sprechen oder zu philosophieren. Er fordert zu Recht auf, höheres Wissen nicht als ästhetischen und schöngeistigen Zeitvertreib zu verwenden, sondern in die eigene Persönlichkeit zu integrieren, zu Konsequenzen und ersten Schritten bereit zu sein und Mut zu entwickeln, ein neues Leben zu beginnen. – Trifft dieses »Hier und jetzt« jedoch auf unvorbereiteten Boden, kann Alperts Aufforderung zu einem blinden, heuchlerischen, oder fanatischen Eifer ausarten, wie man ihn leider bei manchen spirituellen Gruppen vorfindet, bei denen nur das »Machen« zählt und denen der dahinterstehende, ursprüngliche Geist der Bewußtseinserweiterung, Harmoniefindung und der

Suche nach innerer Vervollkommnung verlorengegangen ist. Die Gefahr der widderbetonten Wege liegt in der symbolischen Veräußerlichung von Prozessen, die eigentlich innerlich wachsen und reifen sollen. Über all seine feurigen Aktivitäten darf man niemals vergessen, daß ein Baum lange zu wachsen hat, bevor er Früchte tragen kann, und man keinen Babylonischen Turm zu bauen braucht, um ein einfaches Gebet zu verrichten: Be here now! –

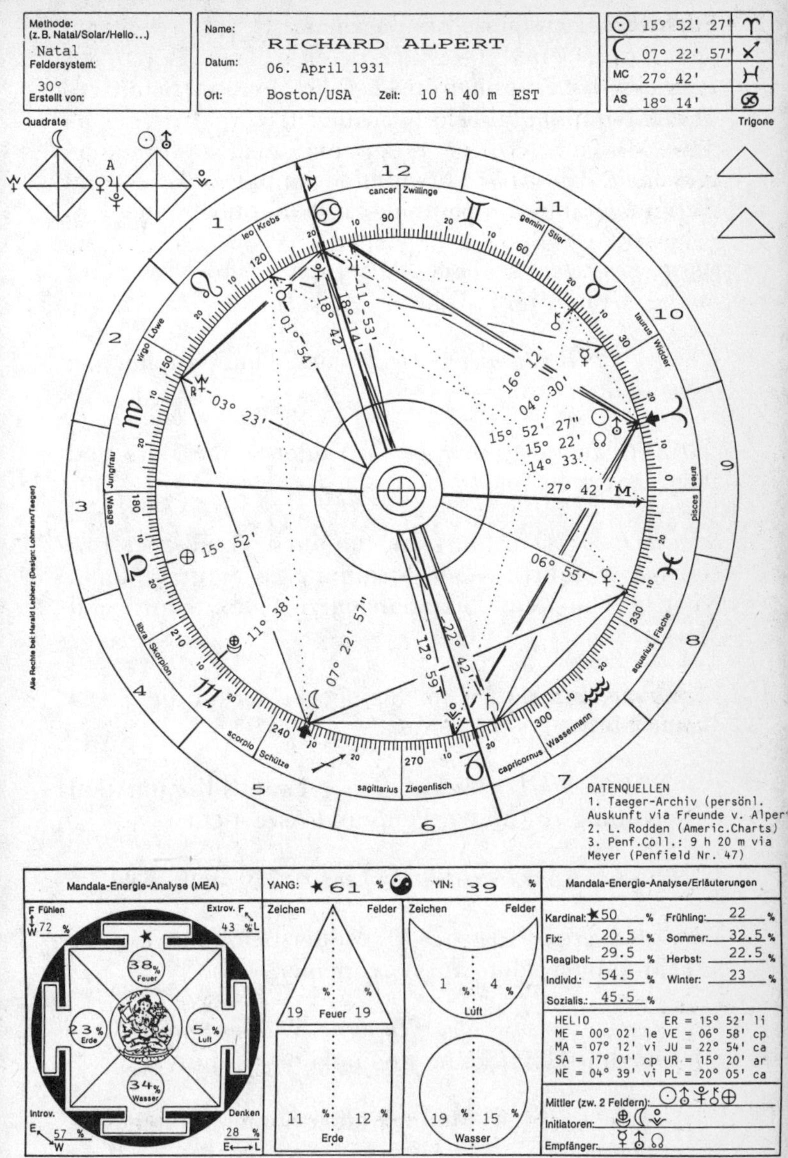

Methode: (z. B. Natal/Solar/Helio...)
Natal
Feldersystem:
30°
Erstellt von:
Name:
RICHARD ALPERT
Datum:
06. April 1931
Ort:
Boston/USA
Zeit:
10 h 40 m EST
15° 52' 27"
07° 22' 57"
MC
27° 42'
AS
18° 14'
Quadrate
Trigone
Alle Rechte bei: Harald Leberz (Design: Lohmann/Taeger)
DATENQUELLEN
1. Taeger-Archiv (persönl. Auskunft via Freunde v. Alpert
2. L. Rodden (Americ.Charts)
3. Penf.Coll.: 9 h 20 m via Meyer (Penfield Nr. 47)
Mandala-Energie-Analyse (MEA)
YANG: 61 %
YIN: 39 %
Mandala-Energie-Analyse/Erläuterungen
F Fühlen W 72 %
Extrov. F 43 % L
38 % Feuer
23 % Erde
5 % Luft
34 % Wasser
Introv. E 57 % W
Denken 28 % E L
Zeichen
Felder
19 Feuer 19
11 Erde 12
1 Luft 4
19 Wasser 15
Kardinal: 50 %
Fix: 20.5 %
Reagibel: 29.5 %
Individ.: 54.5 %
Sozialis.: 45.5 %
Frühling: 22 %
Sommer: 32.5 %
Herbst: 22.5 %
Winter: 23 %
HELIO
ER = 15° 52' li
ME = 00° 02' le
VE = 06° 58' cp
MA = 07° 12' vi
JU = 22° 54' ca
SA = 17° 01' cp
UR = 15° 20' ar
NE = 04° 39' vi
PL = 20° 05' ca
Mittler (zw. 2 Feldern):
Initiatoren:
Empfänger:

Stichworte zu Alperts Karmagramm

Religion, Mystik: Jupiter im 12. Feld/Mond im Schützen/ Fische-Betonung, 9-Feld-Betonung

Medialität, Para-Kräfte: Mond in Spannung zu Venus und Neptun/Uranus in Spannung zu Pluto und Jupiter

Altruistische Ideale: Fische-MC/Jupiter im Krebs/MC, Sonne, Uranus im 9. Feld

Karriere- u. Berufsorientiertheit: Mars, Pluto, Jupiter am Aszendenten

Durchsetzungsvermögen, Kampf: Widder-Sonne/Mars und Pluto im ersten Feld

Sexuelle Problematik: (die zum Studium d. Freudschen Psychoanalyse führt): Venus-Spannung zu Saturn, Mond, Neptun, Pluto/Mars Spannungen zu Pluto, Saturn und Merkur

Wissenschaftler: Saturn im Steinbock/Merkur im Stier/ Sonne-Konjunktion-Uranus

Plötzliche (berufliche) Wechsel: Sonne-Uranus-Konjunktion in Spannung zu Jupiter, Pluto und Aszendent

Idealistischer Beruf (Guru-Rolle, Lehrer): MC im 9. Feld

Veränderungsliebe, Reisefreude: Widder-Betonung/MC im 9. Feld/Jupiter, Pluto am Aszendenten

Engagiertes, risikofreudiges Denken: Widder-Sonne/Merkur-Quadrat-Mars/Sonne-Konjunktion-Uranus

Guru-Rolle: Schütze-Mond/Widder-Sonne/Jupiter am Aszendenten

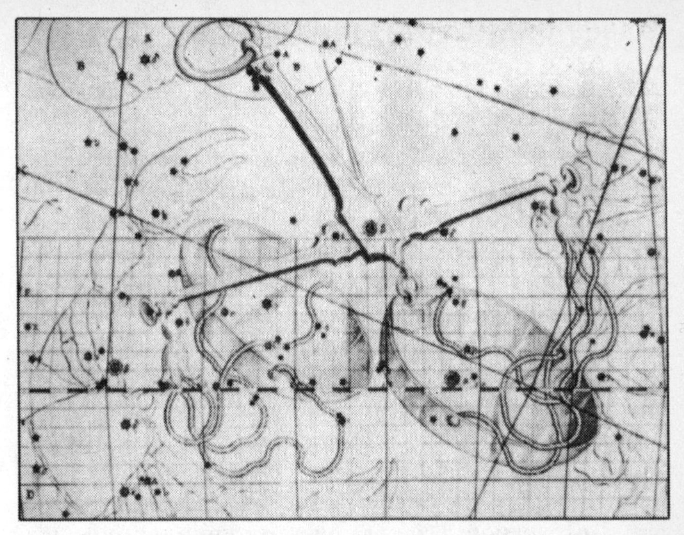

WAAGE

Waage in Stichworten

7. Zeichen im Tierkreis/Herbstanfang/Planetenherrscherin: Venus in all ihren verschiedenen Erscheinungsformen wie ›Venus Urania‹ oder ›Venus Pandemos‹/Luft-Element/Yin (Neutral)/Kardinalzeichen/Oppositionszeichen: Widder/Felder- bzw. Häuserentsprechung: 7. Feld (Ehe, Partnerschaft)/Einflußsphäre: 36.–42. Lebensjahr/Tagesentsprechung: die ersten beiden Stunden nach Sonnenuntergang/mittelalterliche Bezeichnung für die Waage: Igel/Länderentsprechungen: *Tibet,* Österreich/Städte: Frankfurt/M., Freiburg, San Francisco/Wochentag: Freitag/psychische Entsprechungen: kreatives, abwägendes Denken; Suche nach Ausgleich und Harmonie; Introversion/Temperament: sanguinisch-phlegmatisch/somatische Entsprechungen: Nieren, Lenden, Hormondrüsen, Blase, Venen, z. T. Haut/Alchemie: Kupfer (Cuprum), Messing, Basen – Türkis, Smaragd, Koralle/Farbentsprechungen: Enzianblau, Türkis, Azur sowie alle reinen, unvermischten Farben/asiatische Tierkreisentsprechung: Pferd/Esoterik: Nabelchakra (Hinduismus), Wurzel- und Stirnchakra (Buddhismus)/Waage-Zeitalter: 14000–12000 v. Chr./Venus-Jahre: 1934, 1941, 1948, 1955, 1962, 1969, 1976, 1983, 1990, 1997/I-GING-Entsprechungen: *Tai* = Der Friede; *Bi* = Die Anmut; *Kui* = Der Gegensatz/Mythologien – Märchen: der Mythos von Psyche und Eros, Adonis-Mythe, Mythen über Venus-Aphrodite, Persephone, Freia und Ischtar, Mythen über Radha und Krishna, Märchen von Feen, Elfen, Zauberinnen, Liebesmagie, verwunschenen Zauberreichen und Paradiesen – der hinduistische Liebesgott Kama, die Liebes- und Glücksgöttin Lakshmi; Sarasvati, die Grüne Tara, Dantzig Dorje, Karmasattva im Buddhismus.

Waage-Geborene

(mit Sonne in der Waage)

Annie Besant (MO=ca/AS=pi), Niels Bohr (MO=li/AS=sc), Jimmy Carter (MO=sc/AS=li), Le Corbusier (MO=ge/AS=ge), Aleister Crowley (MO=pi/AS=ca), Hoimar von Ditfurth (MO=ar/AS=ca), Mahatma Gandhi (MO=le/AS=sc), George Gershwin (MO=aq/AS=sa), Günter Grass (MO=ca/AS=li), Buster Keaton (MO=ar/AS=ta), Heinrich von Kleist (MO=ta/AS=le), Ronald D. Laing (MO=aq/AS=pi), Timothy Leary (MO=aq/AS=sa), John Lennon (MO=cp/AS=li), Friedrich Nietzsche (MO=sa/AS=sc), Camille Saint-Saens (MO=ta/AS=li), Margaret Thatcher (MO=le/AS=sc), Paul Simon (MO=ca/AS=vi), Luis Trenker (MO=pi/AS=le), Giuseppe Verdi (MO=ar/AS=ge), Albrecht von Wallenstein (MO=cp/AS=aq), Oscar Wilde (MO=le/AS=vi).

Anmerkung: MO= Mond, AS= Aszendent;
ar= aries= Widder, ta= taurus= Stier, ge= gemini= Zwillinge, ca= cancer= Krebs, le= leo= Löwe, vi= virgo= Jungfrau, li= libra= Waage, sc= scorpio= Skorpion, sa= sagittarius= Schütze, cp= capricornus= Ziegenfisch, aq= aquarius= Wassermann, pi= pisces= Fische.

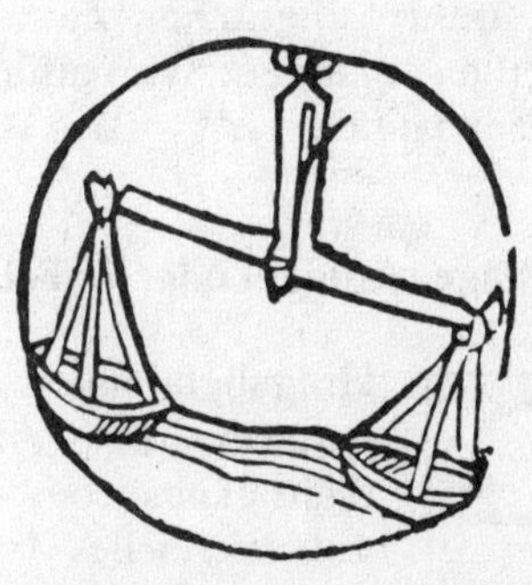

Planeten in der Waage und 7. Feld

Sonne in der Waage (Anlage) oder 7. Feld (Aufgabe)

Suche nach Ausgleich, Harmonie, Frieden, Gewaltlosigkeit; Toleranz; Diplomatie; Kunst und Ästhetik; Interesse an Psychologie, Religion, Mystik, Esoterik, Astrologie, Tantra etc.; Vielseitigkeit; Redebegabung; starke Intellektbetonung; Kontaktfreude; Idealismus; Überwindung der Polarität durch mehrebniges Verstehen; Fantasie und Intuition; Überwindung des Ego durch überpersönliches Gedankengut; empfindsame Reaktionsfähigkeit; Gewichtung äußerer und innerer Wirklichkeit; Reflexionsgabe; Farb- und Formgefühl; auf andere Menschen eingehen können; durch Liebe das eigene Wesen erkennen wollen...

Entscheidungsschwierigkeiten; wenig Ausdauer; Realitätsferne; Eitelkeit; Empfindlichkeit; Nervosität; Unausgeglichenheit; Oberflächlichkeit; unter der eigenen Kontaktoffenheit leiden (Isolationswünsche); Antriebsarmut; Beeinflußbarkeit; sich den Anforderungen der Wirklichkeit nicht gewachsen fühlen; Schwierigkeiten mit dem Timing; Interessenzersplitterung; Stress; an Widerständen scheitern; unter ästhetischen Zwangsvorstellungen leiden; Träumen nachhängen; Sympathie heucheln; Probleme mit der Sexualität...

Mond in der Waage (Anlage) oder 7. Feld (Aufgabe)

Hingabefähigkeit in der Liebe; Aufopferung; Altruismus; Gerechtigkeitsliebe; künstlerisches Talent; reiches Traum- und Fantasieleben; Neugier an irrationalen Dingen; Gefühlsschwankungen (himmelhoch jauchzend – zu Tode betrübt); Gefühlsromantik; Wunsch nach mystischer Verschmelzung; farbiges und schillerndes Gefühlsleben; Diplomatie; Gewichtung seelischer Energien; wissensmäßige Aufgeschlossenheit; Kontaktfreude; Intuition, Gefühl für Ästhetik...

Geschwächte Konzentrationsgabe; Nervosität; schwankende Ideale; nicht nein sagen können; in seiner Tendenz zur Hilfsbereitschaft ausgenutzt werden; sich an skurrile esoterische Ideen hängen; Antriebsarmut; Überempfindlichkeit; unter dem Zwang leiden, es allen recht machen zu müssen; Ästhetizismus; schwierige Trennung von Traum und Wirklichkeit; Mißbrauch des Liebeszaubers; Interessenzersplitterung; seelische Überlastbarkeit; Gefahren diplomatischer Heuchelei; zu hohe Partnerschaftsideale; Abhängigkeit von ästhetischen Einflüssen; krankhafte Neugier; mimosenhafte Verletzbarkeit; masochistische Dispositionen; Probleme mit zu hohen Vorstellungsbildern von Mutter oder Weiblichkeit; Tagträumerei; Neigung zu schwärmerischen Idealen...

(z.B. H. Blavatzky, Mick Jagger, R. Steiner, H. de Toulouse-Lautrec)

Merkur in der Waage (Anlage) oder 7. Feld (Aufgabe)

Bilderreiches, vielseitiges, bewegliches, ästhetisierendes, kreatives, diplomatisches, einfühlsames, originelles, fantasievolles Denken; Intuition; Interesse an Grenzwissen; Interesse an Kunst und Literatur; Gedanken über das Wesen der Liebe; Kontaktfreude; Suche nach Wissensaustausch; Interessenvielfalt; assoziationsreiches Denken; Intuition; vielschichtiges Denken führt zur Entpolarisierung; Ausweitung des Wissens bewirkt Harmonie; psychologisches Denken; auf die Gedanken anderer eingehen können; Veränderungsliebe; Weitschau; denkerische Aktivität durch ästhetische Umgebung...

Gedankliche Luftschlösser bauen; wechselnde Meinungen; Konzentrationsschwierigkeiten; Entscheidungsprobleme; Nervosität durch Interessenzersplitterung; gedankliche Schönfärberei; Verzettelungen in für und wider; die Dinge offenlassen (mangelnde Konsequenzbereitschaft); sich etwas gedanklich vormachen; unter den Zwängen positiven Denkens leiden; geschwächtes Zeitbewußtsein; Notlügen erfinden, um den Eindruck von Harmonie herzustellen; sich nicht festlegen können; Bezauberung durch Sprache und Denken ausnutzen; Tendenz zu pathetischer Schwärmerei; sich in Wortspiele verlieben; Verwirrung durch mehrdeutige Aussagen stiften; Gefahr eines literarischen Snobismus...

(z. B. E. Fermi, J. Giraudoux, M. Heidegger, F. W. Nietzsche)

Venus in der Waage (Anlage) oder 7. Feld (Aufgabe)

Vermittlung energetischen Ausgleichs; Kunst und Ästhetik als Harmonievermittlung; Liebeszauber; Diplomatie; Toleranz; Empfindsamkeit; Erotik; Charme; Farb- und Formfreude; Harmonie durch esoterisches Wissen; Liebesmystik; wissensmäßige Aufgeschlossenheit; starke Betonung der Weiblichkeit; Kontaktfreude; Ganzheitsideale; Entpolarisierung; starke Fantasie und Intuition...

Entscheidungsschwierigkeiten; Narzißmus; ästhetischer

Snobismus; Tagträumerei; Abkapselung von der Welt durch empfindliche Sensibilität; Bau von Luftschlössern; Interessenzersplitterung; Mißbrauch des Liebeszaubers; Schwierigkeiten, Traum und Wirklichkeit in Einklang zu bringen; in eine Märchenwelt flüchten; Antriebsarmut; Verschleierungstaktik; Meidung von Konfliktsituationen; Gefühle werden verborgen; Beeinflußbarkeit; Schönfärberei...

(z.B. R. Hayworth, A. Lumière, P. Picasso, O. Wilde)

Mars in der Waage (Anlage) oder 7. Feld (Aufgabe)

Künstlerische Kreativität; Fantasiestärke; intellektuelle Aktivität; Begeisterungsfähigkeit für Ideale der Harmonisierung; vielseitige Ideale; Unternehmungsgeist in der Gemeinschaft; Entwicklung von Partnerschaftsidealen; engagierter Gerechtigkeitssinn; Verteidigung innerer und äußerer Harmonie; Friedensinitiative; Reflexion über das Wesen der eigenen Männlichkeit; bewegtes Traum- und Fantasieleben; Mut, in verborgene Wirklichkeiten vorzustoßen; abwägendes Handeln; Entwicklung individueller Harmonie- und Ästhetikvorstellungen...

In Relation zu anderen Mars-Zeichen Antriebsarmut; sporadischer Energieeinsatz; Probleme mit der Männlichkeit und deren Form von Sexualität; Entscheidungsschwäche; Eitelkeit und narzißtischer Stolz; Inkonsequenz; überempfindliche Reaktionen; Dominanzschwierigkeiten in Partnerschaften; Launenhaftigkeit; den weiblichen Zauber als Waffe benutzen; gegen die eigenen Träume und Fantasien arbeiten; literarischer und künstlerischer Zynismus; Ideale ohne Wirklichkeitsbezüge; geschmackliche Intoleranz; anderen die eigene Ästhetikvorstellung aufdrängen wollen; Inkonsequenz; vordergründige Dekorfreude; sich nur schwer auf andere einstellen können...

(z. B. F. Fellini, S. Freud, J. Lennon, E. A. Poe)

Vesta in der Waage (Anlage) oder 7. Feld (Aufgabe)

Arbeit als Mittel zur Harmoniefindung; handwerkliche und kunsthandwerkliche Fähigkeiten (auch Kochkunst, Gartengestaltung, Innenarchitektur, Mode, Werbung); Erarbeitung ästhetischer Wertmaßstäbe; rhetorische Begabung; schriftstellerische Neigungen; Arbeit im sozialen Bereich; politisches Engagement; Teamarbeit; diplomatisches Geschick; Freude am Gedankenaustausch; weite Toleranzkriterien; kaufmännisch-spekulierendes Denken (auch im spielerischen Sinne); materielle Unbefangenheit; bilderreiches Denken; Traumarbeit; psychoanalytisches Arbeiten; arbeitsmäßige Angleichung von Traum und Wirklichkeit; Hilfsbereitschaft...

Entscheidungsschwierigkeiten (Wankelmut); schnelle nervöse Überbelastung; unangenehme Pflichten vor sich herschieben; spontane Fehleinschätzungen; Doppelmoral; Umsetzungs- und Konsequenzschwierigkeiten; es allen gerecht machen wollen (Profilverlust); Vermischung von Phantasie und Wirklichkeit; Neigung zur Interessenzersplitterung; Arbeitsmoral und Ausdauer sind vom Partnerschaftsklima abhängig; unregelmäßige Arbeitseinteilung; Spekulationslust; die eigene Arbeit nicht ernst nehmen; Überschätzung der eigenen Arbeitsleistung; bei Arbeit im musischen Bereich: Neigung zu dekorativem Bluff; Tagträumerei...

(z. B.: K. Adenauer, E. Brontë, J. W. v. Goethe, G. Trakl)

Jupiter in der Waage (Anlage) oder 7. Feld (Aufgabe)

Entwicklung von Friedens- und Harmonie-Idealen; geistigen Austausch suchen; Philosophie der Liebe und Partnerschaft; esoterisches Interesse; Vielseitigkeit; vielschichtiges Toleranzspektrum; Durchgeistigung der Kunst; künstlerisches Mäzenatentum; Entwicklung gemeinsamer partnerschaftlicher Ideale; musikalische oder literarische Neigungen; Lebenskünstler; Protektion von Freunden und Partnern; Fantasie und Intuition; Gastfreundlichkeit; kulturelles Engagement; soziale Gerechtigkeit; Großzügigkeit; Vermittlung geistiger Ideale...

Spirituelle Eitelkeit; Genußsucht; optimistischen Traumschlössern nachjagen; plumpe Zurschaustellung des eigenen Geschmacks; geheuchelte Gerechtigkeitsliebe; komplizierten erotischen Fantasien nachhängen; Leichtgläubigkeit; Konflikten ausweichen; Antriebsarmut; schwankende Zielvorstellungen; Gefahr religiöser oder esoterischer Schwärmerei; auf allen Gebieten eine Autorität sein wollen; im Gegensatz zu anderen Jupiter-Zeichen: geschwächte Lebenskraft und Vitalität; leere Versprechungen geben; geistige Einstellungen bleiben ohne Umsetzung; altmodische Partnervorstellungen; vorgetäuschte Begeisterungsfähigkeit; Entscheidungsprobleme...

(z. B. Donovan, Sh. McLaine, C. G. Jung, J. Kerouac)

Saturn in der Waage (Anlage) oder 7. Feld (Aufgabe)

Synthese von Gegensätzen; konsequente Gewichtung; Realisierung innerer und äußerer Harmonie; tief leuchtendes Urteilsvermögen;

Desillusionierung hinsichtlich verborgenen Welten; Gefühlsrealismus; soziales und partnerschaftliches Pflichtbewußtsein; Verfestigung und Realisierung eines künstlerischen oder ästhetischen Weltbildes; räumliche Gestaltungskraft (Plastik, Architektur); Kristallisation metaphysischer Erkenntnisse; Nachdenken über Liebe und Vergänglichkeit; Sozialarbeit; Organisationstalent; praktische Hilfsbereitschaft; Körperliebe; psychologischer Scharfsinn; graphisches Talent...

Hemmungen in der Partnerbeziehung; Außenseitertum; seine Gefühle verbergen; verzögerte Harmoniefindung; Probleme mit Frauen oder der Mutter; Selbstgerechtigkeit; zu viele Verpflichtungen eingehen; Kontaktarmut; sich in der Liebe schwer hingeben können; Disposition zu sexuellen Versagerängsten; Übergewichtung der eigenen Urteilssicherheit; seine Beurteilungen zum Maßstab aller Dinge machen; Disposition zu Depressionen und Melancholie; mangelnde Flexibilität; reduzierte erotische Fantasie; okkulte Machtspekulationen; schwaches Assoziationsvermögen...

(z. B. A. Huxley, Leonardo, Mao Tse-tung, J. Miro)

Chiron in der Waage (Anlage) oder 7. Feld (Aufgabe)

Dualismus-Überwindung durch Sprengen bürgerlicher Normen und Einengungen; Interesse an Verbindungen zwischen westlicher und östlicher Esoterik; Diskutierfreude; Improvisationsgabe; Kontaktliebe; Gerechtigkeitssinn; ungewöhnliche künstlerische Begabungen; unkonventionelle Partnerschaften eingehen; Freude an offener und direkter Selbstdarstellung; Transzendierung moralischer Einengungen; häufiger Partnerschaftswechsel (auch bisexuelle

Neigungen); gedankliche Flexibilität; Redebegabung; Streben nach einer Synthese von traditioneller und neuzeitlicher Ästhetik; Show-business- oder Journalistik-Berufe; Toleranz, Intuitionskraft...

Hang zum showhaften Exhibitionismus; Geschwätzigkeit; Oberflächlichkeit; Partnerschaftsprobleme (sich in seiner individuellen Freiheit beengt fühlen); unregelmäßiger Arbeits- und Lebensrhythmus (Perioden extremer Verausgabung folgen Zeiten lethargischer Regeneration); Entscheidungsprobleme; unter Image-Zwängen leiden (immer freundlich und entgegenkommend sein müssen); kaschieren innerer Problematik durch Charme und Esprit; leichte nervöse Überlastbarkeit; radikale Gesinnungswechsel; sich im tieferen Wesen unverstanden fühlen (Frustration); Taktlosigkeit; Freunde oder Partner abrupt fallenlassen; geistige Orientierungslosigkeit...

(z.B. Krishnamurti, Udo Lindenberg, Liza Minelli, R. Valentino)

Uranus in der Waage (Anlage) oder 7. Feld (Aufgabe)

Schillernde, originelle, vielschichtige Gedanken; künstlerische Inspirationen; intuitives Einfühlungsvermögen; unkonventionelle Partnerschaften; geistige oder platonische Freundschaften eingehen; Interesse an Metaphysik, Astrologie, Religion; vielseitige Interessen; schriftstellerische Begabungen; Streben nach Harmonie mit dem Kosmos; Interesse an meditativen oder psychedelischen Methoden der Bewußtseinserweiterung; große gedankliche Synthesen herstellen können; telepathische oder hellseherische Dispositionen; Interesse an neuen Kunstformen (Elektronik, Computerkunst); bilderreiches Assoziationsvermögen; spontane Entschlußkraft; wissensmäßige Aufgeschlossenheit...

Geschwächte Konzentrationsgabe; spontane Fehlentscheidungen; Nervosität; Gedankensprünge sind für andere nur schwer nachvollziehbar; Flucht in Märchen- und Fantasiewelten; Schwierigkeiten in länger dauernden Partnerschaften; skurrile Denkwege; Disposition zu Schizophrenie; Schwierigkeiten in der Zusammenarbeit (Unzuverlässigkeit); gedankliche Verwirrung anstiften; ein progressives gedankliches Image vortäuschen; wenig Entschlußkraft; schwankende Urteile; Utopien nachjagen; Originalitätszwänge...

(z.B. H.Chr. Andersen, A. Christie, J. Cocteau, A. Dürer)

Neptun in der Waage (Anlage) oder 7. Feld (Aufgabe)

Liebesmystik; erotische Fantasie; sinnliche Verfeinerung; starke künstlerische Begabung und Einfühlungsgabe; Hingabebereitschaft; altruistische Ideale; intensives Traumleben; erleichterter Zugang zum Tiefenselbst; telepathische Dispositionen; Beschäftigung mit religiöser oder mystischer Kunst; Ideale selbstloser Liebe; Ausweitung der Harmonievorstellung durch Meditation oder psychedelisches Erleben; nonverbale, sogenannte mystische Kommunikationsformen; erotische Einbildungskraft; tiefe und sensible Gewichtungen; Vereinigungssehnsüchte; Transzendenz durch Kunst und Ästhetik...

Sich von Ästhetik und Schönheit gefangennehmen lassen; Gefühlsschwärmerei; Mißbrauch von Drogen (Süchtigkeit); Schwierigkeiten mit der materiellen Wirklichkeit; Enttäuschungen in der Liebe durch zu hohe Erwartungen; unter starken erotischen Fantasien leiden; Mißbrauch der Vertrauens- und Hingabefähigkeit; leichtsinniges Umgehen mit mystischen Energieformen; Übergewichtung der eigenen Träume und Fantasien (Disposition zu Verfolgungswahn); Konflikte zwischen der Wahrheit: »Alles ist Traum und Einbildung« und den Begrenzungen und Widerständen der Materie; mimosenhafte Überempfindlichkeit; verschwommenes Urteilsvermögen; leichte Beeinflußbarkeit; unrealistische Hilfestellungen leisten; Selbstmitleid; obskuren esoterischen Theorien anhängen; starke Stimmungsschwankungen...

(z. B. G. Harrison, J. Hendrix, J. Joplin, C. M. v. Weber)

Pluto in der Waage (Anlage) oder 7. Feld (Aufgabe)

Wandlung festgefahrener ästhetischer Wertmaßstäbe; neue Einstellungen zu Partnerschaft und Liebe entwickeln; starke künstlerische Kreativität; Liebe als Prozeß magischen Energieaustauschs; eine starke erotische Faszination ausstrahlen; die Ästhetik des Zeitgeistes erfassen und beeinflussen wollen; Interesse an Tantra, Magie, Esoterik; Ideale sozialer und politischer Harmonie; Umweltbewußtsein; sich in Friedensbewegungen engagieren; harmonische Beeinflussung der Mitmenschen; intensives Farb- und Formgefühl (Mut zu leuchtenden und intensiven Farben und Formen); angeregtes Fantasie- und Traumleben; unbewußt ablaufende Initiationen und Transformationen; sein Energiepotential nicht für sich behalten, sondern weitergeben wollen; Sozialisierung der Kunst (Kunst ist für alle da); Popularisierung esoterischen Wissens...

Subtile partnerschaftliche Machtprobleme; Gefahren psychischer Inflation; sich in seinen Energien verausgaben; das eigene seelische Kraftpotential überschätzen; an materialistischen Widerständen und gesellschaftlichen Traditionsverhärtungen scheitern; Innengespanntheit und nervöse Ratlosigkeit; Mißbrauch magischer Gesetzmäßigkeiten; Vernachlässigung der Zeitdimension (Harmonie läßt sich nur langsam verwirklichen); aggressives Bemühen um Frieden; Frustrationen (sich in seinen positiven Intentionen mißverstanden fühlen); neue Formen der Ästhetik finden gesellschaftlich nur wenig Anerkennung; Übersensibilität kann selbstzerstörerisch wirken; geschwächte Regenerationskraft; Flucht in geistiges Außenseitertum; seine Empfindlichkeiten durch harte Drogen zerstören wollen; in seiner energetischen Hingabefähigkeit ausgenutzt werden; masochistische Dispositionen...

(z.B. G. Casanova, F.A. Mesmer, Raffael, G. Washington)

Mondknoten in der Waage (Anlage)
oder 7. Feld (Aufgabe)

Selbstverwirklichung über Ästhetik, Kunst und Liebe; Öffnungsbereitschaft durch Partnerschaften; Interessenvielfalt dient der schrittweisen Entpolarisierung des Denkens; Diplomatie; Sensibilität; Kontaktfreude; Einfühlungsvermögen; harmonische Grundeinstellung; sprachliches Differenzierungsvermögen; Suche nach Gedankenaustausch; erleichterter Zugang zur Esoterik; bildhaftes Assoziationsvermögen; Intuition; fantasievolle Gegensatzvereinigung; harmonische Gewichtung feiner Energien; Sehnsüchte nach liebesmystischer Vereinigung; Beeindruckbarkeit...

Flucht in ästhetische Besonderheitsvorstellungen; Verletzbarkeit durch allzu große Offenheit; in Abhängigkeit von ästhetischen Wertmaßstäben geraten; an zu hohen Vorstellungen von Partnerschaft scheitern; sich in Märchenwelten zurückziehen; sich in Schwärmereien verzehren; verfeinertes Differenzierungsvermögen führt zu Entscheidungsschwierigkeiten; sich den harten Konfrontationen des Lebens entziehen wollen; Zwiespalt von Kontaktoffenheit und Wünschen nach Isolation; extremes Schwanken zwischen Hoch- und Tiefzuständen; durch die Wünsche, es allen gerecht machen zu wollen, in Vollzugszwang geraten; Gefahr der Unterdrückung persönlicher Wünsche und Intentionen; utopische Verherrlichung der Welt; verworrene esoterische Weltbildvorstellungen; sich Harmonie vorgaukeln; Narzißmus; Leichtgläubigkeit; wenig Widerstandskraft...

(z. B. J. Baez, A. Graham-Bell, J. Lennon, Novalis)

Medium Coeli in der Waage

In unseren Breiten immer mit einem Schütze- oder Ziegenfisch-Aszendenten verbunden.

Künstlerisch-sozialer oder psychologisch-pädagogischer Beruf; berufliches Durchsetzungsvermögen ist von harmonischer Partnerschaft abhängig; Organisationstalent; schriftstellerische Ambitionen; verantwortliche Identifikation mit ästhetischen Wertvorstellungen; durch seine berufliche Rolle innere und äußere Harmonie herstellen wollen; harmonische Transzendierung der Wirklichkeit; Realität als schöner Traum; Entwicklung eines magischen und mystischen Bewußtseins; Bewußtsein, daß das polare Sein durch Liebe überwunden werden kann; berufliches Einfühlungsvermögen; Diplomatie und Weisheit; sein Wissen dienend zur Verfügung stellen; Konsequenzen aus sensibler Gewichtung ziehen; Politik des Ausgleichs und Friedens betreiben; Disharmonie auf Unverständnis zurückführen (eigentlich ist die Welt in Harmonie); das sogenannte ›Gute‹ im Menschen sehen …

Zu hohe berufliche Idealvorstellungen aufbauen; Berufswechsel; wenig eigene Durchsetzungskraft; sich in eine heile Welt zurückziehen; sich rollenmäßigen Konflikten entziehen; esoterische oder künstlerische Besonderheitsvorstellungen; sich in seinen positiven Intentionen mißverstanden fühlen; an der materialistischen Umsetzung scheitern; Widerspruch von Traumberuf und Wirklichkeit; Ästhetizismus; berufliche Entscheidungsschwierigkeiten; schwankendes berufliches Engagement; wenig Ausdauer; weitreichende Fantasien vergessen Naheliegendes; Schwierigkeiten im Umgang mit Geld oder Besitz (Leichtsinnigkeit); reduzierter Ehrgeiz; leichte Beeinflußbarkeit; Abhängigkeit von atmosphärischer Entspanntheit …

(z. B. H. Chr. Andersen, H. Hesse, M. Kagel, F. Lehar)

Aszendent in der Waage

In unseren Breiten immer mit einem Krebs- oder Löwe-Medium-Coeli verbunden

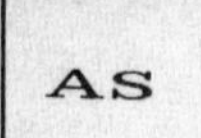

Entwicklung eines harmonischen Weltbildes und einer harmonischen Persönlichkeit; Transzendierung des Egos durch Öffnung gegenüber der Umwelt; positive Gewichtung von Partnerschaft und Liebe; Entdeckung, daß Disharmonie auf mangelnder Liebe und Unverständnis beruht; Entwicklung weiser Gerechtigkeits-, Freiheits- und Friedensliebe; humanitäre Ideale; soziale Einfühlungsgabe und Hilfsbereitschaft; psychologisches, philosophisches und esoterisches Verständnis; Erkenntnis, daß Bewußtseins- oder Wissenserweiterung zur Harmonie führt; Weitergabe von Wissen und Weisheit; den gedanklichen und energetischen Austausch suchen; den Mitmenschen oder Partner positiv motivieren; Konflikte durch umfassende Erklärungen und eigene Neutralität entschärfen; die innere mit der äußeren Welt in Einklang bringen wollen; differenzierte Gewichtung feinerer Energieformen; nicht das »entweder-oder« sondern das »sowohl als auch« anstreben...

In seiner positiven Intention mißverstanden werden; sich in eine eigene ästhetische Welt zurückziehen; Disposition zur narzißtischen Eigenliebe; Entscheidungsschwierigkeiten; durch die eigene Gutgläubigkeit ausgenutzt werden; wenig Widerstandsbereitschaft; sich enttäuscht von der Welt zurückziehen; Inkonsequenz; gröbere Ebenen mit zu feinen Gewichten beurteilen; sentimentale Harmonievorstellungen; esoterische Schwärmereien; Überempfindlichkeit auf ästhetische oder sinnliche Reize; darunter leiden, daß Weichheit von anderen nicht als Weisheit, sondern Dummheit angesehen wird; in seiner Gastfreundschaft ausgenutzt werden; mit männlichen Formen von Aggressivität und Unbeugsamkeit nur schwer fertig werden; unter der Gefühlskälte der materialistischen Welt leiden...

(z.B. G. Gurdjieff, J.F. Kennedy, L. Klages, A. Schweitzer)

WAAGE

Mit dem Herbstanfang, dem Zeichen Waage, nähern wir uns der Yin-Hälfte des Tierkreises, dem Innenweg, dem dunklen und geheimnisvollen seelischen Bereich der astro-energetischen Mysterien. Von Widder bis Jungfrau ging es um das Bewußtwerden und die Durchgeistigung der äußeren Welt sowie die Entwicklung von Ichbewußtsein und Durchsetzungskraft. Mit der Waage beginnt eine Annäherung an die innere Welt, den Mikrokosmos, das Tiefenselbst, den Partner, die Menschen als Gesamtheit, den Kosmos. Sind die Frühlings- und Sommerzeichen stärker auf das Leben, die äußere Realität ausgerichtet, beginnt mit der Waage eine erste Orientierung am Tod (Vorbereitung auf Skorpion und Ziegenfisch) bzw. am Nachtodverbleib. Diese Perspektive erfordert es, daß ein Zugang zu den göttlichen Bildekräften der Seele gefunden werden muß, um auf diejenige Welt vorbereitet zu sein, die auch jenseits von Raum, Zeit und Form wirkt. Die Waage ist von einer Vereinigungssehnsucht mit dem Ewiggöttlichen resp. Ewigdämonischen getragen, wobei sie in einem komplizierten Balanceakt Himmel und Erde, Seele und Geist, Innen und Außen, Yin und Yang, Mann und Frau etc. einander zuführen möchte, denn in ihr schlummert bereits die Erkenntnis des Skorpion-Mysteriums: wie oben, so unten. In diesem Wunsch nach liebender Vereinigung mit dem Ganzen, der harmonischen Verbindung der Gegensätze, dem kosmischen Mandala und letzter Vervollkommnung, schwankt sie zwischen Traumidealen und der Realität, Märchen und Wirklichkeit, Euphorie und Depression, Angespanntheit und Gelöstheit, Wortbekenntnissen und Herzensneigungen wie ein empfindlicher Seismograph, wobei diese inneren Kämpfe und Ungleichgewichtigkeiten der Umwelt meist verborgen bleiben – denn um andere nicht zu belasten, zeigt die Waage nach außen hin immer ein freundliches, höfliches oder wenigstens neutrales, zuvorkommendes Wesen. Sie muß ihren empfindlichen und sensiblen inneren Kern, den Wunsch nach allumfassender Liebe, Frieden, Schönheit und Vollkommenheit als geheimen Herzenswunsch behüten, da die anders geartete Realität diesen Idealen größtenteils entgegenwirkt.

Um in einer harten, fordernden und prüfenden Welt bestehen zu können, trifft auf die Waage sehr gut das mittelalterliche Bild des Igels zu, der unter einem Panzer von Stacheln einen empfindlichen weichen Kern verbirgt. Nach außen hin zeigt die Waage ein sanguinisches, optimistisches, heiteres, selbstsicheres und diplomatisches Image, während sich im Innern gefühlsmäßige Hochs und Tiefs abwechseln. Sie steht quasi unter dem magischen Bann, der Umwelt mit gleichbleibender, jedoch unverbindlicher Freundlichkeit gegenüberzutreten und innere Stürme und Kämpfe hinter dieser Maske zu verbergen.

Der oberflächliche Betrachter – dies nicht ahnend – kommt somit sehr häufig zu Fehleinschätzungen von waagebetonten Menschen und ist dann über sogenannte »plötzliche« Reaktionen und Entscheidungen erstaunt, zu denen sie sich hinter ihren undurchsichtigen Vorhängen über Monate und Wochen hindurchgerungen haben, ohne andere daran teilnehmen zu lassen. Entschei-

dungen dauern bei Waage-Menschen (im Gegensatz zu Widder-Menschen) in der Regel außerordentlich lange und werden nach allen Richtungen hin gründlich bedacht und abgewogen. Das vorausplanende Langzeitdenken ist eine Stärke der Waage. Ein Entscheidungsdruck kann sie deswegen vor schier unlösbare Probleme stellen. Die Waage fühlt sich dann wie innerlich gelähmt und ist unfähig, irgend einer äußeren Beschäftigung nachzugehen. Sie flüchtet sich in ihre Traum- und Fantasiewelt und igelt sich in einen Wall von Phlegma und Apathie ein oder betäubt sich mit allen Formen von sinnlichen Genüssen. Dieser Verpuppungszustand gilt immer als ein Zeichen innerer Problematik und Entscheidungsbildung. Ist der wichtige Entschluß jedoch einmal gefaßt, kann sich das Bild schlagartig umkehren, und wir finden dann einen äußerst aktiven und bis zur Selbstaufgabe arbeitenden Menschen, dem nichts schnell genug gehen kann. Auch diese Phase dauert jedoch nur so lange, bis eine neue innere Entscheidung ansteht. Waage-Menschen schwanken ständig zwischen diesen Extremen: manchmal in kurzen, unmerklichen Rhythmen und ein anderes Mal in monatlichen bis jährlichen Schwingungsperioden. In ihren passiven Zeiten nutzt der Waage kein äußerer Antrieb, kein Drängen und Drohen, im Gegenteil, dies treibt sie nur noch mehr in eine apathische Abwehrhaltung. Man ist gut beraten, sie in diesem Zustand in Ruhe zu lassen und sie auch in ihren aktiven Perioden nicht zu bremsen: sie muß vorarbeiten!
Wie entsteht nun diese Waage-Problematik? Man muß sich hier vorstellen, daß es die vordringlichste Aufgabe der Waage ist, Gegensätze zu vereinen – zum inneren Mandala der Harmonie zurückzuführen. Jede Entscheidung fordert jedoch polarisierendes, wertendes, teilendes Denken. Die Waage als erdfernes, kardinales Luftzeichen hat die Möglichkeit, aus ihrer entpersönlichten Vogelperspektive die Relativität der Gegensätze, bzw. deren gegenseitige Bedingtheit, gut zu erkennen. Diese Per-

spektive verpflichtet sie jedoch dazu, ihre Urteile nach allgemein kosmischen bzw. menschlichen Maßstäben zu fällen, die individuell-subjektives Denken überschreiten müssen. Das Ziel der Waage ist es, Weisheit zu entwickeln – nicht zu Verurteilungen, sondern gerechten Beurteilungen zu gelangen und irdisches Augenblicksdenken durch zeitloses grenzüberschreitendes Denken zu ersetzen. Hinzu kommt, daß die Waage ein subtiles Wissen über die Macht des Karma (= Gesetz von Ursache und Wirkung) besitzt und sich scheut, spontane, unreflektierte Entscheidungen zu treffen, die schädliche Rückwirkungen auf individuelles Schicksal haben könnten. In ihr schlummert die Weisheit des tibetischen Luftelement-Buddhas (Amoghasiddhi): Karma muß vollendet werden. Das volle Verstehen dieser Erkenntnis beinhaltet jedoch, daß sich die Waage mit den Widder-Kräften vereinen muß, denn Karma läßt sich nur durch Taten (Widder) vollenden, die einem Weisheitsdenken (Waage) entspringen. Viele waagebetonte Menschen drücken sich nun vor diesem karmischen Tun, indem sie nach außen hin phlegmatisch reagieren, sich in gedankliche Luftschlösser, kreatives, aber unrealisierbares Denken flüchten oder sich in musisch-ästhetische Kristallkugeln zurückziehen, um ihre Augen vor dem Profanen und Naheliegenden zu verschließen. Sie gehen gerne den Weg des geringsten Widerstandes und versuchen, den inneren Widder zu verdrängen, um die schöne, heile Scheinwelt nicht zu zerstören. Sie veranstalten wahre gedankliche und künstlerische Akrobatenkunststücke, um sich vor dringend notwendigen, einfachen Handlungen (Karmavollendung) zu drücken. Gerechterweise muß hier jedoch gesagt werden, daß die Waage nur über geringe physische Kräfte verfügt und mit ihren Energien sehr haushalten muß. Um so mehr besitzt sie jedoch gedankliche und magisch-psychische Kräfte, die immer dann aktiviert werden, wenn es darum geht, Harmonie in irgendeiner Form herzustellen. Innerhalb der Gesellschaft sind

Waage-Menschen engagierte Vermittler und Diplomaten und nehmen bei extremen Standpunkten des Gesprächspartners oft die Meinung des anderen Extrems an, auch wenn die Ansicht, die sie dann vertreten, gegen ihre persönliche Einstellung ist. Es geht der Waage *grundsätzlich* um einen Weg der Mitte, der Versöhnung, des Friedens. Alle Formen von Streit, Krieg, Spannung und Aggression sind für Waage-Menschen unerträglich. Sie entfalten dann ihre stärksten Gegenwaffen, den Charme oder den äußerst beweglichen Intellekt. Nutzen beide Mittel nicht, kann ein kämpferisches Denken entwickelt werden, oder die Waage zieht sich mimosenhaft in ihr inneres Schneckenhaus zurück und wartet eine entspanntere Situation ab. Wenn sie sich jedoch allzu ungerecht behandelt fühlt, kann es passieren, daß sie sich radikal von einem Menschen trennt, wobei alle Versöhnungsversuche nichts mehr helfen. – Möchte die Waage auf der einen Seite als eine weitgehend unpersönliche Schieds- und Vermittlungsinstanz angesehen werden, hat sie auf der anderen Seite ein ausgeprägtes Bedürfnis nach Liebe und partnerschaftlicher Ergänzung, obwohl diese Seite der Waage oft mißinterpretiert wird. Selbst wenn eine enge Liebesbeziehung eingegangen wird, möchten sich waagebetonte Menschen doch unabhängig und frei fühlen, obwohl sie dies dem Partner nur ungern zugestehen. Liebe ist für sie eher ein Spiel mit der Magie der Liebeskräfte und eine Suche nach eitler Selbstspiegelung als der Wunsch nach fester Bindung, Häuslichkeit und Geborgenheit, wie dies bei Stier oder Krebs der Fall ist. Waage-Menschen möchten ihre Liebe eigentlich mehr breit und allgemein streuen. Ihnen liegt mehr am Wohlergehen der Menschheit als an dem des individuellen Menschen. Sie sind im Grunde ihres Herzens ausgesprochene Altruisten und ähneln hierin den Schütze- und Fischekräften. Können sich diese hohen Idealerwartungen jedoch nicht erfüllen und werden von der Allgemeinheit mißverstanden oder mit Füßen getreten, *dann* kann es sein, daß Waage-Menschen ihre ganze Liebe auf *einen* Menschen konzentrieren, wobei dieser Partner sozusagen symbolisch für die ganze Menschheit steht. Im Gegensatz zu anderen Tierkreiszeichen, die sich ebenfalls um den Problemkreis »Liebe« drehen (z.B. Skorpion, Fische, Stier), geht es der Waage weniger um den sinnlichen Exzeß als vielmehr um Suche nach durchgeistigter Liebe, die Verwirklichung gemeinsamer Ideale, die zwischenmenschliche Harmonie, die Entwicklung eines ästhetischen Weltbildes. Nicht Reibung, sondern Gleichklang – nicht Rivalität, sondern Ergänzung – nicht häusliche Bürgerlichkeit, sondern gemeinsame geistige Höherentwicklung werden gesucht. Im Gegensatz zum Widder ist die Waage in der Liebe kein Eroberungstyp, sondern will vielmehr – ähnlich der Thematik des Dornröschen-Märchens – vom Partner entdeckt und aus ihren verzauberten Träumen wachgeküßt werden. Obwohl sie sich der eigenen Reize und Ausstrahlungs-Magie bewußt ist, bleibt sie doch immer in einer abwartenden, passiven Haltung. Wenn dieser Bann jedoch gebrochen ist und echte Gefühle der Liebe erwidert sind, zeigt sich die Waage in all ihrer inneren Schönheit und Farbigkeit. Sie wirft die schützenden Igelborsten und Masken ab und ist in der Lage, sich total zu öffnen, hinzugeben und zu bezaubern, was bis hin zu liebesmystischen Vereinigungserlebnissen führen kann, wenn alle Ichvorstellungen und Absichten aufgegeben werden.

Wenn du in deinen Träumen und Meditationen in ferne Märchen- und Zauberländer reist, paradiesische Götterwelten betrittst, dir erhabene und schillernd-farbige Schönheit begegnet – dann bist du im Reich von Waage und Venus, die ja in jedem individuellen Karmagramm mehr oder weniger stark vertreten sind. Der Schlüssel für diese geheimnisvolle Welt, deren Spektrum von verführerischer Sinneslust über die ästhetisch-verzauberten Märchenwelten von Oscar Wilde oder Donovan bis hin zur tibetanischen Mystik reichen kann, ist die von John

Lennon verbreitete Erkenntnis von: ›All you need ist love‹.
Liebe ist in unserer Vorstellungswelt ein sehr dehnbarer Begriff, und dies ist der heikle Punkt des Waage-Mysteriums, denn es hat wie alle übrigen Tierkreiskräfte auch kosmisch-pädagogische und prüfende Funktionen und soll auf die harten Forderungen des nachfolgenden Skorpion-Zeichens vorbereiten, das einen totalen Ichtod fordert, um zur inneren Wandlung und Befreiung zu gelangen.
Auch in der höheren Oktave der Waage-Liebe mußt du erst die Materie, den Tod, dein Ich überwunden haben, um Vollendung über dieses Zeichen zu verwirklichen. Hältst du diesen hohen Anforderungen nicht stand, wirst du zu einem Spielball von Waage und Venus, die dich dann in Liebesleid, Täuschungen und karmische Verbindungen verstricken, dich mit Gefühlen und Illusionen verzaubern und deinen Verstand außer Gefecht setzen. Genau dies ist die Art und Weise, durch die dir diese Kräfte mitteilen wollen, daß du dein Bewußtsein über »Liebe« noch erweitern mußt.
Sowohl Kalifornien mit seiner Flower-Power-Hippie-Bewegung als auch Tibet mit seiner allumfassenden Bodhisattva-Liebe als Fundament der buddhistischen Philosophie sind von einer höheren Oktave des Waage-Zeichens

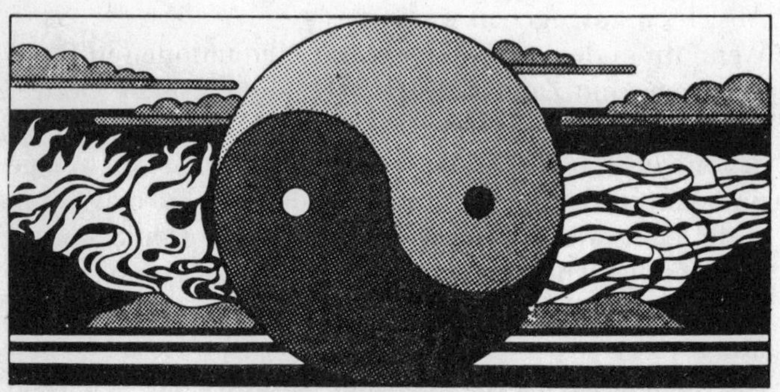

geprägt, doch findest du Auswirkungen dieser Tierkreiskraft auch in der Schönheit einer Blüte, der Harmonie eines Mandalas, der Transparenz eines klaren Herbsttages, einer ästhetischen Landschaft, im Lächeln eines Menschen, der Vollkommenheit einer Buddha-Abbildung, dem strahlenden Blau des Himmels, dem Klang einer harmonischen Tonschwingung (z. B. dem hellen Vibrieren einer Zimbel) oder dem befreienden Gefühl allumfassender Liebe. Um jedoch in diese fernen und ätherischen Bereiche zu dringen, bedarf es der Meisterung der Realität, der Ichüberwindung und der Karmavollendung durch Weisheit und Tat. Genau dies ist es, was waagebetonte Menschen am meisten zu lernen haben.

VENUS

Die Venus, im Asiatischen *der* Venus (– in Form eines vermittelnden weisen alten Mannes) ist – obwohl einer der erdnächsten und erdähnlichsten Planeten – eine Energie, deren hintergründiges Wirken und Wesen sich nur schwer entschlüsselt. Schlagworte wie Liebe, Harmonie, Vereinigung, Polaritätsüberwindung, Mandala-Kraft etc. liegen einem schnell auf den Lippen, ohne daß man ihren tieferen Sinn näher hinterfragt. Gibt es nicht zehntausende Arten von Liebe, unendlich viele widersprüchliche Vorstellungen von Harmonie (man denke hier auch an die unterschiedlichen ›Paradies‹-Visionen der Religionen: des Aufgehens in reines Licht, des Aufenthalts in märchenhaften Landschaften, in denen Milch und Honig strömt oder der Verschmelzung mit der offenen Leere-Dimension), eine Unzahl von Vereinigungssehnsüchten, Millionen Wege von Diplomatie, unendlich viele, den Zeitströmungen unterliegende Schönheitsideale? – Heißt Liebe nur himmelwärts gerichtete Selbstaufgabe engelhafter ›Hosianna-Sphären‹? – Kann sie sich nicht auch in Strenge, Zorn, Unnachgiebigkeit oder gar Haß zeigen? – Ist Venus mythologisch nicht gleichermaßen mit dem Göttervater Jupiter-Zeus und dem Höllenfürsten Pluto vermählt? – Göttin und Hexe in einem? – Sind unsere Liebes- und Harmonievorstellungen nicht durch 2000 Jahre Christentum völlig eingeengt, polarisiert und ausschnitthaftig? – Muß Liebe überhaupt etwas

mit ›gut‹ zu tun haben? – Was ist unsere Definition von ›gut‹? – Ist Liebe nicht eher eine Form neutraler Weisheit? – Gibt es überhaupt Zustände wie Nicht-Liebe oder Disharmonie oder ist nicht *alles* Harmonie und Liebe, nur daß wir dies in unserer subjektiven Befangenheit nicht als solches erkennen?
Viele Fragen, wenig Antworten. Jeder kennt jedoch Augenblicke in seinem Leben, in denen ihm selbst das größte Chaos harmonisch erscheint und hinter finsteren, oft leidvollen Bewußtseinswolken die Welt urplötzlich in einem klaren Licht einer ewigen Grundharmonie aufblitzt, die weder gut noch böse, weder hell noch dunkel, weder schön noch unschön kennt. Wo sich selbst ein häßlicher und trostloser Ölfleck als ein Mysterium von Regenbogengefunkel enthüllt und dadurch den kostbarsten aller Edelsteine in den Schatten stellt. Flashs, in denen sich alle Gewohnheitswerte unseres getrübten Bewußtseins umkehren, wir die Welt mit anderen Augen sehen, Kinderaugen, die unbelastet aller Vorgewichtungen dem verborgenen Zauber des Seins gegenübertreten. Verfolgen wir diese Gedankengänge, gelangen wir von den zweifelhaften Liebes- und Harmonievorstellungen zu einer wirklich wesenhaften Schlüsseleigenschaft von Venus: Magie und Zauber (Verzauberung). Als schaumgeborene Tochter des mystisch-gewaltigen Neptun-Poseidon, Symbol des allesdurchdringenden und alles bedingenden Eros steht sie ihm darin in nichts nach und lockt uns mit ihrem Liebeszauber sowohl in subtil-esoterische Licht-, Zwielicht- und Dunkelwelten als auch in alle nur erdenklichen profanen Verstrickungen, bedient sich dabei aller magischen Raffinessen, einfach um uns das Magisch-Illusionshafte unseres Seins durch angenehme, aber auch bittere Erfahrungen immer wieder ins Bewußtsein zu rufen. Hierdurch bereitet sie uns auf den transsaturnalen Bereich vor, eine Welt jenseits des Raum-Zeit-Gefüges und jenseits des polaren und zweckorientierten Gewohnheitsdenkens. An unser Ego gebun-

den (Venus befindet sich im Horoskop immer in Sonnennähe), verleitet sie uns aber auch, selbst ›Weh-Nuß‹ zu spielen, und dies gibt meist reichlich Konflikte, da wir Liebes- oder Charmezauber anwenden, ohne zu wissen, wohin wir andere und uns selbst damit bringen. Wir gleichen Kapitänen, die zu einer Seefahrt einladen, und dies ohne alle Meereskenntnisse, Zielvorstellungen oder Kompaß. Der Schiffbruch ist beinahe vorprogrammiert. Ich muß heute noch still amüsiert an den Anfang der siebziger Jahre denken, als durch Plutos Eintritt in die Waage das Wort Tantra und Liebesmagie in aller Munde lag und sich jeder, der etwas auf sich hielt, mit wenig mehr als einer oberflächlichen Ahnung in die absurdesten erotischen Abenteuer stürzte und mit ›wissenden‹ Augen, einfallsreichen Hippie-Kostümierungen und allerlei Geheimnistuerei nach ekstatischer Erleuchtung strebte. Vielleicht haben es einige geschafft, doch was in erster Linie zurückblieb, war ein wüster Kinderboom (Vater unbekannt) und ein neurotisches Beziehungsgeflecht, das einen schalen Geschmack und einen Haufen Verwirrung zurückließ. Asiens jahrtausendealtes Wissen um manche Geheimnisse aus Venus' Schatztruhe läßt sich eben nicht so ohne weiteres auf westliche Verhältnisse übertragen. Wer Venus in ihrem äußerst vielschichtigen und bedeutungsvollen östlichen Gewande begreifen möchte, kommt um ein tieferes Studium von Hinduismus, Buddhismus oder Taoismus nicht herum.
Doch mit Zauber allein ist Venus nicht zu erklären. Venus als Königin des Luftelements ist auch Denken und Weisheit, wobei sie uns Wege aufzeigen möchte, uns aus den selbstgeschaffenen Ursache-Wirkung-Verstrickungen (= Karma) herauszulösen. Dies ist jedoch nur möglich, indem sie unseren polaren Denkverkrustungen durch ein differenzierteres, weiteres und grenzüberschreitendes Begreifen entgegenwirkt. Hier ist ihre Sonnen- resp. Egonähe sehr hilfreich, da sie sozusagen an der Quelle des Übels arbeiten kann, denn es sind aus-

nahmslos unsere Ich-Vorstellungen, die uns von der Ganzheit und der damit verbundenen ursprünglichen Harmonie isolieren. Durch wissensmäßige Horizontausweitung in den eso- und exoterischen Bereich hinein (an der natürlich auch Merkur, Uranus und alle übrigen Planeten mitwirken) versucht sie unser Ego umsichtiger, sensibler, vorsichtiger, transparenter, flexibler und offener zu gestalten und es langsam an ein Du- und Wirbewußtsein zu gewöhnen. Dies verlangt natürlich mancherlei (weibliches) Geschick, vielleicht sogar ein bewußtes In-die-Irre-Schicken, um durch daraus resultierende leidvolle Rückspiegelungen das Ego zur Selbstreflexion und zum Umdenken anzuregen. Venus' Wege und Möglichkeiten sind niemals direkt. Ihre Stärke zeigt sich vielmehr in weiser List, Diplomatie, Wunschkraft, Dissonanzleid und in Gefühlen, die das Lernen belohnen, wie Erleichterung, Entspannung, Gelöstheit. Während sie mit unablässiger Ausdauer unser Ego nach Harmonie und karmischer Ent-Bindung suchen läßt, verweilt ihr Bewußtsein, unter geheimnisvollen Schleiern verborgen, in der strahlenden Regenbogenklarheit zeit- und grenzenloser Harmonie. Wie wär's mit ›Paradise now‹!?

Timothy Leary – Kurzbiographie

T. Leary wurde am 22. 10. 1920 um 10 h40 m in Springfield (Mass.) als einziger Sohn katholischer Eltern geboren und streng religiös erzogen. Nach dem Schulabschluß wurde er Kadett in West Point, um eine militärische Karriere einzuschlagen. Er brach jedoch diese Ausbildung ab. Ein Unfall auf dem Schießplatz nahm ihm 50% seiner Hörfähigkeit. 1950 promovierte er an der kalifornischen Universität zum Dr. phil. mit einer Arbeit über klinische Psychologie und wirkte anschließend als Testpsychologe. Nach dem frühen Tod seiner Frau reiste er als Gastlektor in der Welt herum (Mexiko, Italien, Dänemark). Im Herbst 1960 machte er in Mexiko seine ersten einschneidenden Erfahrungen mit der psychedelischen Droge Psilocybin. Auf diesen ersten Trips machte er bereits einige wichtige Entdeckungen: »Ich begriff, daß ich gestorben war, daß ich, T. L., der naive, unbeschwerte T. L., tot war. Ich drehte mich um und sah meinen Körper auf dem Bett liegen. Mein Leben lief noch einmal vor mir ab (..). All das sprengte die Grenzen meines Verstandes... Die Entdeckung, daß das menschliche Gehirn in seinen Möglichkeiten unbegrenzt ist und

über bisher unbekannte Anschauungsformen des Raumes und der Zeit verfügt, stimmte mich froh und erfüllte mich mit Ehrfurcht...« Zusammen mit R. Alpert, der am selben Institut in Harvard arbeitete, experimentierte er mit seinen Studenten die Möglichkeiten psychedelischer Drogen, nahm Kontakte mit A. Huxley auf, wurde 1962 von der Universität vertrieben, mietete ein leerstehendes Hotel an der Pazifikküste Mexikos, veranstaltete dort 14tägige psychedelische LSD-Kurse – bis ihn die mexikanische Regierung außer Landes verwies. 1963 gab er zusammen mit Metzner und Alpert die Zeitschrift ›Psychedelic Review‹ heraus und ein Jahr später ›The Psychedelic Experience‹, ein Handbuch mit Anweisungen, wie man unter LSD eine Reise in die Nachtodwelt – wie sie im Tibetanischen Totenbuch beschrieben wird – bewerkstelligen soll. Leary setzte sich jetzt lautstark für die Legalisierung von LSD ein, wurde mehrmals wegen Drogenbesitz verhaftet und gab 1968 sein Buch ›Politik der Ekstase‹ heraus, in dem er die Gründung einer psychedelischen Wissenschaft forderte, praktische Tips für LSD-Trips gab (inneres und äußeres Setting) und sich zum Hinduismus bekannte.
Nachdem er 1970 zu zweimal zehn Jahren Gefängnis verurteilt wurde, schwenkte er radikal um und schloß sich mit gleichem Fanatismus militanten Gruppen an, forderte jetzt anstatt Gewaltlosigkeit und Liebe den totalen Krieg mit den Mitteln der Maschinenpistolen und des Kampfes, was ihm in der psychedelisch-spirituellen Bewegung die letzten Sympathien raubte.

Der Waage-Einfluß in Learys Karmagramm

Wie in jedem individuellen Karmagramm ist es auch hier schwierig, die Eigenarten eines einzigen, wenn auch bedeutungsvollen Aspekts – der Sonne in der Waage – gegenüber der starken Skorpionbetonung (durch Merkur = Intellekt; Venus = Harmonie und Mondknoten = Kontakte), Jungfrau-Aspektierung (durch Jupiter = Ideale; Saturn = Ratio und MC = Karriere) sowie der Wassermannbetonung (durch Mond = Seele) und dem Schütze-Aszendenten (= Religion, Philosophie) herauszulesen.

Das Waage-Thema äußert sich bei Leary in dem starken Interesse an Psychologie, der unendlichen Neugier, einen gedanklichen Zugang zum seelischen Bereich, den Geheimnissen der Innenwelt zu finden. Auch der ursprüngliche Wunsch, mit diesem Wissen sich selbst und anderen Menschen helfen zu wollen, entspricht den Idealen des Waage-Zeichens. Die systematische Verwissenschaftlichung seelischer Bildekräfte durch die Testpsychologie (vgl. Biographie) entspringt jedoch der starken Jungfrau-Betonung (Systematik, Gründlichkeit, Suche nach »objektiven« Beweisen) in Learys Karmagramm. In der Wirksphäre der Waage (40. Lebensjahr) beginnt für Leary ein neuer Lebensabschnitt. Mit Hilfe der psychedelischen Drogen findet er einen direkten Weg zum visionären Bereich mikrokosmischer Realität. Er kommt in Kontakt zu den göttlich-archaischen Kräften des Tiefenselbst. Auf Waage-Art setzt er sich sofort dafür ein, daß auch anderen Menschen die Möglichkeit dieser Innenreise gegeben wird, wobei er auf seinem lautstarken, fanatischen und undiplomatischen Werbefeldzug für LSD eher einem Elefanten im Porzellanladen gleicht und hier seinen starken Skorpion- und Schütze-Einflüssen unterliegt. Aus dem breiten Spektrum psychedelischer Erfahrungsmöglichkeiten greift Leary auf die typische Waage-Thematik zurück: er proklamiert die Möglichkeiten liebesmystischer Erfahrungen, fordert ein ästhetisches Set und Setting (innere und äußere Vorbereitung auf den Trip), setzt sich für Gewaltlosigkeit, Flower-Power und psychedelische Kunst ein und weist seine Anhänger auf die Möglichkeiten der tibetanischen Mystik hin. In seiner luftigen und leichten Art übersieht er

aber, daß er allmählich in eine Art Märtyrerrolle hineingedrängt wird (Skorpion), zieht sich nach seiner Gefängnisverurteilung gekränkt und verletzt in sein mimosenhaftes Inneres zurück, zeigt seine sprichwörtlichen Igelborsten in Form eines radikalen Umschwenkens in den kämpferisch-politischen Underground und entspricht in dieser Verhaltensweise dem extremen Hin-und-her-Schwanken der Waage. Leary hatte seine Möglichkeiten weit überschätzt und sich in einer Fülle gedanklicher Wege und Perspektiven verrannt, ohne den Weg der kleinen Schritte zu berücksichtigen, ohne einen Bezug zur Realität herzustellen.
Obwohl er sicherlich von den besten Absichten getragen war, hat er ein kreatives, aber in seiner Vielfalt ungenießbares gedankliches Chaos hinterlassen, ist mit seinem Intellekt und Siebenmeilenstiefeln in kürzester Zeit durch beinahe sämtliche Weltreligionen und Philosophien spaziert, hat in Sekundenschnelle das Tibetanische Totenbuch kommentiert und revidiert, ohne den dahintersteckenden Geist von Ruhe und Gelassenheit verwirklichen zu können, und man kann nur froh sein, daß er in seiner aktiven und hektischen ›Macher-Zeit‹ nicht auch noch eben schnell eine neue Astrologie begründet hat. Wir finden bei Leary alle gebündelten Waage- und auch Wassermannkrankheiten (L.'s Mond steht im Zeichen Wassermann) vereint: gedankliche Zersplitterung, Oberflächlichkeit, allzu schnelles und bewegliches Denken ohne Realitätsbezug, Unausgeglichenheit, Sprunghaftigkeit und mangelnde Ausdauer, geistiger Hochmut, Entwicklung utopischer Ideale, Unvereintsein von Kopf und Herz. Man sollte hierbei jedoch nicht vergessen, daß die Welt gedankliche Inspirationen braucht, auch wenn der Vermittler dieses Wissen sie selbst nicht verwirklichen oder in seinen Konsequenzen überblicken kann. Leary versuchte eine Synthese zwischen Westen und Osten zu initiieren, dem Innen- und Außenweg, und brachte in diesem Wunsch ein echtes Waage-Ideal zum Ausdruck.

Dieser Gedanke, den wir heute weiterspinnen, ist sicherlich von einer so großen Dimension, daß wir menschliche Schwächen (nach Waage-Art) mit viel Liebe, Höflichkeit und Diplomatie übersehen wollen.

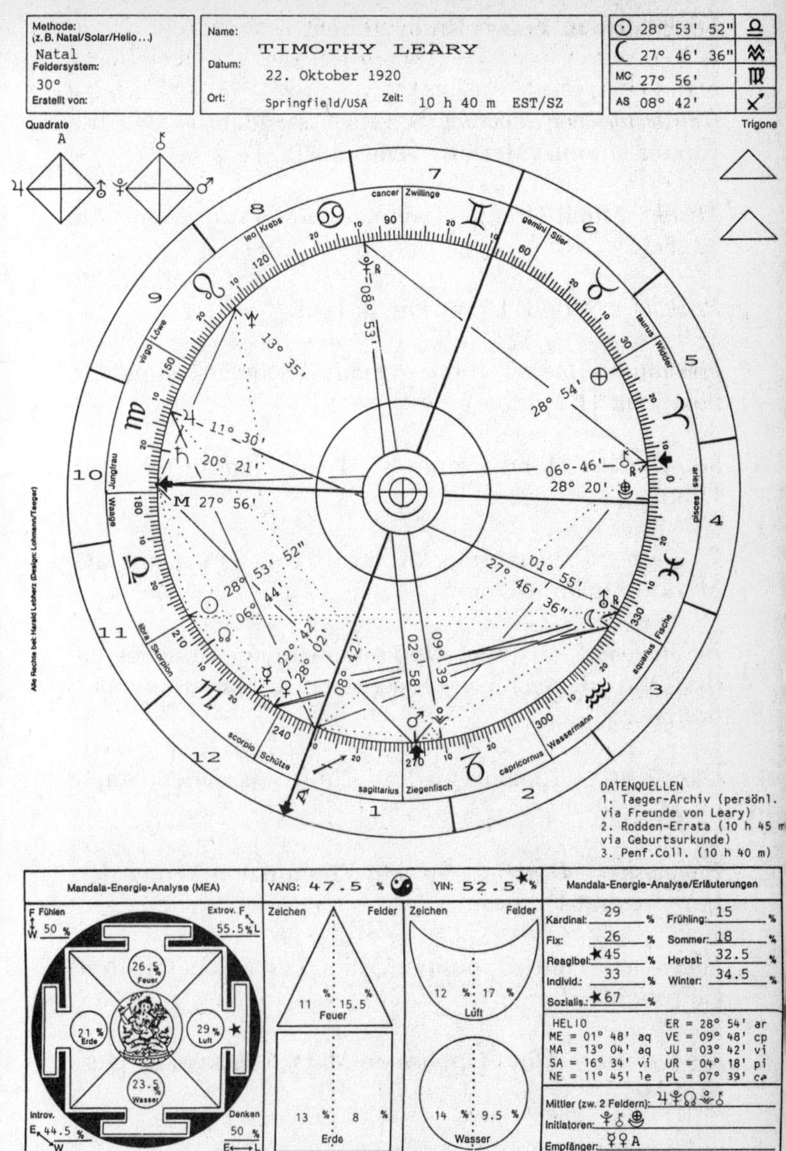

Methode: (z.B. Natal/Solar/Helio...)
Natal
Feldersystem:
30°
Erstellt von:
Name:
TIMOTHY LEARY
Datum:
22. Oktober 1920
Ort:
Springfield/USA
Zeit:
10 h 40 m EST/SZ
28° 53' 52"
27° 46' 36"
MC 27° 56'
AS 08° 42'
Quadrate
A
Trigone
cancer Zwillinge
gemini Stier
taurus Widder
aries
pisces
Fische
aquarius
Wassermann
capricornus
Ziegenfisch
sagittarius
Schütze
scorpio
Skorpion
libra
Waage
Jungfrau
virgo
Löwe
leo
Krebs
08° 53'
13° 35'
28° 54'
11° 30'
20° 21'
06°-46'
28° 20'
M 27° 56'
28° 53' 52"
06° 44'
22° 42'
28° 02'
08° 42'
02° 58'
09° 39'
27° 46' 36"
01° 55'
Alle Rechte bei: Harald Lebberz (Design: Lohmann/Taeger)
DATENQUELLEN
1. Taeger-Archiv (persönl. via Freunde von Leary)
2. Rodden-Errata (10 h 45 m via Geburtsurkunde)
3. Penf.Coll. (10 h 40 m)
Mandala-Energie-Analyse (MEA)
YANG: 47.5 %
YIN: 52.5 %
Mandala-Energie-Analyse/Erläuterungen
F Fühlen W 50 %
Extrov. F L 55.5 %
26.5 % Feuer
21 % Erde
29 % Luft
23.5 % Wasser
Introv. E W 44.5 %
Denken E L 50 %
Zeichen
Felder
11 % 15.5 % Feuer
13 % 8 % Erde
12 % 17 % Luft
14 % 9.5 % Wasser
Kardinal: 29 %
Fix: 26 %
Reagibel: 45 %
Individ.: 33 %
Sozialis.: 67 %
Frühling: 15 %
Sommer: 18 %
Herbst: 32.5 %
Winter: 34.5 %
HELIO
ME = 01° 48' aq
MA = 13° 04' aq
SA = 16° 34' vi
NE = 11° 45' le
ER = 28° 54' ar
VE = 09° 48' cp
JU = 03° 42' vi
UR = 04° 18' pi
PL = 07° 39' ca
Mittler (zw. 2 Feldern):
Initiatoren:
Empfänger: A

Stichworte zu Learys Karmagramm

(Intellektuelle) Religiosität: Schütze-Aszendent (– Quadrat Jupiter-Uranus)/Merkur, Venus im 12. Feld

Mystik: Mond-Uranus-Konjunktion/Merkur, Venus im 12. Feld

Psychologe: Mond, Uranus im 3. Feld

Humanitäre Ideale: Jupiter-Quadrat-Schütze-Aszendent, Sonne im 11. Feld

Schriftsteller: Mond-Uranus (3. Feld), Merkur-Quadrat-Uranus

Wissenschaftler: Jungfrau-MC im 10. Feld/Saturn am MC/Merkur-Quadrat-Uranus

Revolutionär: Uranus-Opposition-Jupiter/Uranus-Quadrat-Aszendent/Chiron-Opposition-MC/Mars-Konjunktion-Vesta

Guru-Rolle: Jupiter-Quadrat-Schütze-Aszendent/Sonne im 11. Feld

Progressives Denken: Merkur-Konjunktion-Venus/Merkur-Quadrat-Uranus

Fanatismus: Pluto-Opposition-Mars, Vesta/Mars-Quadrat-Chiron, MC

Militarismus: Pluto-Opposition-Mars, Vesta/Mars-Quadrat-MC

Plötzliche Gesinnungswandel: Uranus-Konjunktion Mond, Uranus-Opposition-Jupiter/Chiron-Opposition-MC

Märtyrerrolle: Merkur-Venus-Konjunktion (Skorpion) im 12. Feld/Neptun-Trigon-Aszendent

Das Wechselspiel von Widder und Waage

Verwirklichung der Harmonie durch Taten

Auf die Struktur und Dynamik des individuellen Mikrokosmos übertragen, spürst du das Wechselspiel von Waage und Widder tagtäglich in dir. Jeder Neuanfang eines Projekts, und sei es auch nur das Malen eines Bildes, das Schreiben eines Briefes, das Putzen einer Wohnung, das Kennenlernen eines Menschen, der Beginn einer Reise, das Aufstehen am Morgen, die ersten Schritte in der Befolgung eines neuen Lebensideals, der Anfang eines Berufes – kurzum jede Initialkraft, die zu Taten führt –, ist auf deine inneren Mars-Widder-Energien zurückzuführen.

Die Waage-Venus-Kräfte verzögern diese Spontaneität eines ewigen Neuanfangs, indem sie alle Projekte zuerst abwägen und durchdenken möchten, denn sie kennen das unerbittliche Gesetz von Ursache und Wirkung und möchten den Widder vor allzu heftigen karmischen Verstrickungen bewahren. Ihr wichtigstes Grundprinzip ist der Wunsch nach Harmonie. Jedes Drängen nach neuer Aktivität wird von der Waage aufgefangen und dahingehend geprüft, ob die zu erwartenden Früchte dieses Tuns dazu beitragen können, zu innerem Gleichklang und Vervollkommnung zu gelangen. Auf das tägliche Leben übertragen, finden wir die Waage in den inneren Kämpfen, die zur Entschlußbildung führen, dem Abgleiten in Tagträume und Fantasien, dem Bestreben, Situationen und eigene Aktivitäten zu entschärfen, die Spitzen und Kanten des Lebens abzurunden, die Existenzbedingungen (Set und Setting) zu verschönern, nicht aus dem inneren Gleichgewicht zu fallen, zu vermitteln, Frieden zu stiften oder Harmonie auszustrahlen. Wir verspüren die Reaktionen der eigenen Waage-Venus-Kräfte in den Gefühlen von Glück, Freude und Zufriedenheit, wenn wir ein Projekt erfolgreich zu Ende geführt haben, quasi dessen Früchte genießen und durch unser karmisches Tun dem schrittweisen Aufbau des inneren Mandalas nähergekommen sind.

In der Betrachtung der höheren Oktave von Widder und Waage, dem Alpha und Omega des Tierkreises, sollte dem Weisheitsdenken der Waage eine weise Verwirklichung durch Taten (Widder) folgen, wodurch individuelles, negatives Karma abgebaut wird und der Aufbau von neuen irdischen Karmaenergien vermieden werden kann. Der tibetische Guru DROM (ca. 1000 n. Chr.) faßt dies wie folgt zusammen:

»Wenn ihr reine Weisheit habt und ihr habt keine reinen Taten und verliert euch in ungestümem Tun, ohne auf die Ursache und Wirkung von Karma zu achten, werdet ihr weder euch selbst noch anderen von Nutzen sein, und sogar eure reine Weisheit wird scheitern. Solltet ihr reine Taten, aber keine Einsicht von der wesentlichen Leere aller Dinge haben, so wird es euch nicht möglich sein, euch selbst und anderen zu helfen, und eure reinen Taten werden sich in das Gegenteil verkehren. Wenn ihr nicht reine Weisheit und reine Taten vereinigt, werdet ihr unvermeidlich auf schlechte Pfade gelangen. Daher ist es notwendig, daß ihr beides lernt.«

Widder	Waage
alles muß erfahren werden	alles muß durchdacht sein
Ichbezogenheit	Dubezogenheit
spontanes Denken führt zum Handeln	abwägendes Denken führt zum Handeln
Männlichkeit	Weiblichkeit (Androgynität)
Extroversion	Introversion
gewaltsame Veränderungen	friedliche Veränderungen
Choleriker	Sanguiniker – Phlegmatiker
physische Kräfte	psychische Kräfte
Entschlossenheit	Unentschlossenheit
die Herausforderung suchen	die Vereinigungsliebe suchen
Aktivität	Passivität
einseitige Urteile	mehrschichtige Beurteilungen
Direktheit, Offenheit	Diplomatie
Gefühle werden gezeigt	Gefühle werden versteckt
Tatenmensch	Gedankenmensch
unbeugsam	nachgebend
Vielseitigkeit im Tun	Vielseitigkeit im Denken und Fühlen
Offensive	Defensive
Verschärfung und Dramatisierung	Entschärfung und Harmonisierung

Gemeinsam

Organisationstalent, Suche nach Harmonie, Idealismus, Neugierde (Erweiterung des Horizontes), Kontaktfreude, Vielseitigkeit, Freiheitsliebe, Desillusionierung der Welt, Individualismus, der Wunsch nach Karmavollendung . . .

Der Grüne Weg

Tantrische Arbeit mit dem Luftelement in der Tradition des indotibetischen Buddhismus

> »Das Auftrennen der Welt in Sehenden und Gesehenes teilt die Welt nur scheinbar und nicht wirklich. Denn die Welt bleibt stets von sich selbst ununterschieden. Der Dualismus ist mit anderen Worten Illusion – er scheint vorhanden zu sein, doch fehlt ihm jegliche Realität.«
>
> *Ken Wilber (in ›Psychologie in der Wende‹)*

Vorbemerkung: Bevor wir den ersten Gang einlegen und uns auf Grünes Licht – freie Fahrt – einstellen, ein kurzes, nachdenkliches Verweilen vor dem Rot und Gelb des Stopsignals. Irgendwie stößt mich der unklar definierte, vorschnell gebrauchte und inhaltsleere Begriff Meditation etwas ab. Viele stellen sich darunter ein dösiges und wirklichkeitsfernes Dahinträumen vor, ein einfaches Abschalten vom Alltagsstreß. Auf der Suche nach einer treffenderen Wortumschreibung greife ich lieber auf Begriffe wie ›Innere Arbeit‹, ›geistiges Jogging‹, ›Selbsterfahrung‹ oder ›Weg zur Selbstverwirklichung‹ zurück, wobei mir die Bilder von der inneren Arbeit oder des Geistestrainings eigentlich am besten gefallen. Beinhalten sie doch Aktivität, Wachsamkeit, Konzentration und andauerndes Bemühen. Innere Arbeit ist schlicht und einfach der Versuch, unser inneres Potential sinnvoll zu nutzen und mit den Aspekten des eigenen Selbst in Verbindung zu treten. Hierbei unterscheidet sich der Energieaufwand von dem der äußeren Arbeit eigentlich nur wenig. Sogenannte ›Erfolge‹ fallen einem auf beiden Arbeitsebenen durchaus nicht in den Schoß, und es gilt eine ganze Reihe frustrierender Nicht-Erfahrungen zu überstehen, um den inneren Geist-Psyche-Körper vorsichtig in den Griff zu bekommen und die Zufahrtsstraßen zu den inneren Kraftquellen von all dem Schotter und Ballast zu befreien, den uns unser Ego oder persönliches Bewußtsein immer wieder in den Weg legen. So ist denn wohl *Geduld* eine der unabdingbarsten Voraussetzungen auf dem nicht immer einfachen Weg der Selbstverwirklichung. Täglich 10 oder 20 Minuten geistiges Jogging erscheinen mir über die Jahre summiert weitaus effektiver als periodische Gewaltkuren, deren mühsam aufgebaute Kraftfelder häufig nicht gehalten werden können, was zur Folge haben kann, daß die Entwicklung in eine unbefriedigende und disharmonische Berg-und-Tal-Fahrt mündet. Meinen Erfahrungen zufolge ist es auch wenig ratsam, sich zu sehr an Äußerlichkeiten wie spezielle Körperhaltungen (z. B. Lotos-Sitz), Weihrauch, Kerzen, Altäre, Rituale etc. zu halten. All dies *kann* nämlich auch durchaus das Gegenteil bewirken und den Geist von seinem jeweiligen Arbeitsziel ablenken. Meine Empfehlung ist es, sich eher auf ein gleichmäßig konzentriertes, kontinuierliches geistiges Jogging einzurichten, in dem Bescheidenheit, Freude und Selbstkritik wichtigere Attribute sind als aller äußerer Glanz.

In der nachfolgenden Stichwortliste – ganz allgemein – einige günstige Konstellationen für tiefere Selbsterfahrungen. Allen voran exakte Transite von *Pluto,* Neptun, oder Uranus auf die Planeten des individuellen Geburtsbildes (hervorzuheben sind exakte *Konjunktionen,* Trigone, Sextile). Weiterhin genaue Mond-, Venus- oder Jupitertransite auf die Planeten *Pluto,* Neptun, Uranus oder Venus unseres Horoskops sowie aktuelle Vollmond- oder Neumondkonstellationen mit einer Wirkbreite von ± 1–2 Tagen. Beachtung sollte man auch dem inneren Neu- und Vollmond schenken, der sich immer dann einstellt, wenn der lf. Transit-Mond in Opposition oder Konjunktion zur eigenen Geburtssonne steht. Zur Aktivierung der mystischen Erlebnisebene eignen sich lf.

Mondstellungen in Krebs, Skorpion und Fische. Innere Klarheit und Konzentration können durch Mondtransite in den Zeichen Ziegenfisch, Stier und Jungfrau erleichtert werden. Befindet sich der lf. Mond in Widder, Löwe oder Schütze, ist der geistige Energiehaushalt überaus rege, wachsam und differenziert, und läuft der Mond durch die Zeichen Waage, Wassermann oder Zwillinge, aktiviert sich die innere Denk- und Intuitionskraft, die sich häufig in einem besonders farbintensiven Bilddenken (etwa im Bereich des Stirnchakras) zeigt.
Es ist die Mannigfaltigkeit der sich ständig verändernden Konstellationen, die es verhindern, daß sich stereotype, täglich wiederholende Erlebnisse des Innenweges einstellen. Daher ist Flexibilität, Erwartungslosigkeit und Offenheit von großer Bedeutung. – Offenheit heißt aber auch, sich mit dem gesamten inneren und äußeren Universum harmonisch vereinen und die Früchte der inneren Arbeit mit allen teilen zu wollen. Ohne freundschaftliches ›Wir-Gefühl‹ als Ausgangsbasis geistiger Übungen landet man leicht in einem Ego-Abseits. Der Innenweg kann dann schnell zu einem Martyrium werden, in dem sich als Folge von Ursache und Wirkung die Stacheln des eigenen Egos gegen sich selbst richten. Eine künstlich aufgesetzte Wir-Euphorie ist natürlich genauso fehl am Platze und fällt bei der ersten echten Bewährungsprobe in sich zusammen.
Meiner Meinung nach entsteht bei umsichtiger Handhabung der Jogging-Empfehlungen ganz langsam und organisch – beinahe wie von selbst – ein Gefühl der Ego-Transzendenz und Allverbundenheit, dem sich niemand zu entziehen vermag. Überdies kann man getrost darauf vertrauen, daß die Welt der inneren Geheimnisse derart in sich verschlüsselt und energetisch abgesichert ist, daß sie sich nur *dem* öffnet, der die natürlich gewachsenen Voraussetzungen der stufenweisen Ego-Überwindung bereits entwickelt hat. Ein hundertprozentiger Selbsttest in dieser Richtung ist es, einfach die inneren und äuße-

ren Rückwirkungen seines Tuns zu beobachten. Resultieren aus ihnen Leid und Verwicklung anstatt eines positiven Feedbacks von Glück und Entwicklung, so läuft irgend etwas im inneren Arbeitsprozeß schief. Ich denke, daß jeder einzelne von uns in der Lage ist, genügend Sensibilität und Selbstkritik zu entwickeln, diese Vorgänge auch weitgehend unabhängig von persönlichen Lehrern, Institutionen oder Bücherwissen steuern zu können, und appelliere an den mündigen Menschen, sich kreativ und intelligent mit einigen der hier vorgeschlagenen Geistesübungen auseinanderzusetzen.

West meets East

> »Die östliche Mystik hat es vor allem darauf abgesehen, den menschlichen Geist von Wörtern und Erklärungen zu befreien. Beide, Buddhisten wie Taoisten, sprechen von einem ›Netzwerk von Worten‹ oder einem ›Netz von Begriffen‹. Solange wir Dinge erklären wollen, sind wir vom ›Karma‹ gebunden, gefangen in unserem Netzwerk der Begriffe. Worte und Erklärungen zu überschreiten bedeutet, die Fesseln des Karma zu sprengen und die Befreiung zu erreichen.«
>
> *Fritjof Capra (aus ›Der Kosmische Reigen‹)*

Es gibt nicht so etwas wie ein asiatisches oder ein westlich-astrologisches Luftelement. Die Unterschiede bestehen lediglich in der Interpretation oder Handhabung ein und derselben Uressenz. Wir können also getrost unsere Tierkreiszeichen Waage, Wassermann und Zwillinge resp. deren planetare Entsprechungen Venus, Uranus und Merkur mit den Qualitäten der Luftelementsfamilie des buddhistischen Mandalas (symbolisiert durch den grünen ›Amoghasiddhi-Buddha‹) in Zusammenhang bringen. In beiden Systemen wird die Luft mit dem schnellen und beweglichen Denken sowie der Harmonisierung durch weise und flexible Handhabung denkerischer Entschiedenheit in Verbindung gebracht. Beide Traditionen erkennen in ihr den Drang zum Perfektionismus und die Problematik, Entscheidungen herbeizuführen. Letzteres kommt bei uns über das gleichnishafte Bild der Waage (abwägendes Denken) und im Nördlichen Buddhismus über das Symbol des Schwertes (Ent-Scheidungen treffen) zum Ausdruck (Schwert = frühes Symbol des Tantrismus für das Luftelement, später durch das Doppel-Vajra ersetzt). Die flexible Verbundenheit mit Allem zeigt sich in unserer astrologischen Interpretation des Luftelements als Hang zu Kommunikation, Diplomatie, Wir-Idealen und Harmoniebereitschaft. Im mehr bildlich orientierten Nördlichen Buddhismus drückt sich dies sowohl im Symbol des Windpferds aus, durch das alle Himmelsrichtungen und Elemente untereinander kommunikativ verbunden werden, als auch im Bild eines Doppel-Vajras oder Mandalas (beide Begriffe sind in ihrer Essenz identisch). Als einem

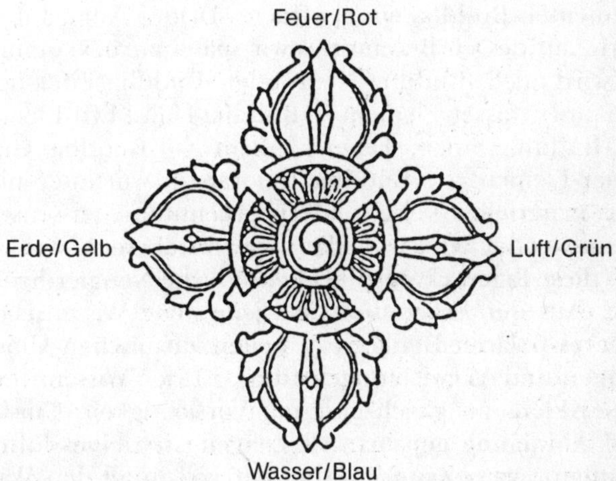

Das Doppel-Vajra- oder Mandala-Symbol des Luftelements bringt die generelle Aufforderung zur Karmavollendung auf allen Elementen-Ebenen zum Ausdruck.

derart neutralen und egoüberwindenden Element kommt der Mandala-Energie eine gewisse Kühle und ein überpersönlicher Abstand zu, wie wir ihn auch aus der astrologischen Deutung her kennen. Seine Tendenz zur Entpolarisierung spiegelt sich in der (androgynen) Doppelnatur, die männliches und weibliches in sich hermaphroditisch vereinen möchte (z. B. ersichtlich aus den Doppelzeichen Waage, Zwillinge und Wassermann). Im buddhistischen Tantra wird diese Doppelnatur dadurch zum Ausdruck gebracht, daß der Luftelements-Buddha zusammen mit den beiden mythologischen Hauptkontrahenten Schlange und Adler (resp. Naga und Garuda) dargestellt wird. So wird denn sein Thron von acht Vogelmenschen (Garudas/geistige Energien) bewacht, während er selbst von einer Aureole von Schlangen (Nagas resp. Kundalini-Energie/psychische Kräfte) umgeben ist. Seine rechte erhobene Hand symbolisiert Furchtlosigkeit und Schutzgewährung in der Verwirklichung des eigenen Karmas. In vielen Darstellungen trägt er als einziger Elementen-Buddha ein geöffnetes Drittes Auge auf der Stirn, auf dessen Bewandtnis wir später zurückkommen. Er wird auch ›Buddha Neid‹ oder ›Buddha Eifersucht‹ genannt (Wasser-Element= ›Buddha Haß‹, Erd-Element = ›Buddha Stolz‹, Feuer-Element = ›Buddha Gier‹, Äther-Element = ›Buddha Ignoranz‹), worunter nicht etwa materieller Neid, sondern Erkenntnis-, Wissensvorsprungs- oder Wissensneid etc. zu verstehen ist. Wir würden diese Eigenschaft wohl eher tödliche Neugierde nennen. Aus der Erkenntnis, daß jede neue Wissensebene unseres polaren Denkens zu neuen karmischen Umsetzungen und Verwicklungen führt, ist der Wissensdrang dieses Elements gleichzeitig mit Vorsichtigkeit, Umsicht und Abwägung gepaart. Als Zeitgenossen eines luftelementgeprägten Zeitalters sind wir voll in all den Wahn der nie endenden Wissensrevolution integriert und versuchen durch ein gepuschtes Lern- und Lebenstempo uns dem jeweils neuesten Erkenntnisstand anzupassen,

ihn karmisch zu verwirklichen. Dies bringt uns einerseits in ständigen Vollzugszwang, Unruhe und Nervosität, und vermittelt uns andererseits ein ganzheitlicheres und umfassenderes Wissen von uns selbst und dem kosmischen Ganzen, dem Welten-Mandala. In der buddhistischen Tradition stellt man sich den kommenden Buddha, auch Maitreya, ›der Liebende‹ genannt, als eine Weisheitsemanation des Luftelements vor, dessen Lehren zu einem erweiterten astrologisch-esoterischen Elementenverständnis von Universum und Mensch führen sollen. Im buddhistischen Tantra wird das Luftelement mit der Lichtqualität Grün in Verbindung gebracht, wobei man sich Grün als eine komplexe Verbindung aller Farblichter vorstellt. Worauf sich unser Ausspruch ›Grün vor Neid‹ zurückführen läßt, weiß ich nicht, doch paßt er in das Bild der asiatischen Esoterik. In der östlichen Mythologie werden mit dem Luft- oder Windelement Titanengötterwelten und Planetengottheiten assoziiert, die sog. Asuras, die sich in einem anfangslosen Kampf mit den himmlischen Gottheiten (Devas) befinden. Mit diesen streiten sie sich um die Früchte des wunscherfüllenden magischen Erkenntnisbaumes (Weltenbaum = Analogie zur Wirbelsäule), dessen Wurzeln die Asuras umhegen und dessen Baumkrone (Brahma – oder Scheitelchakra) sich – für sie nur schwer erreichbar – in den himmlischen Welten der Devas entfaltet. In der nachfolgend behandelten Feinstoffanatomie unseres Chakren- und Nadi-Körpers spiegelt sich dies im Spannungsverhältnis des untersten Wurzelchakras (= zentraler Sitz des Luftelements) und des obersten Scheitelchakras (= zentraler Sitz des Äther-Elements) wider.
Während wir uns in der herkömmlichen Astrologie damit begnügen, unsere Elemente, Tierkreiszeichen, Planeten etc. zu analysieren oder durch Astrodrama energetisch bewußt zu machen, geht man im Geistestraining des buddhistischen Tantra (Tantra = Arbeit im Verborgenen) viele Schritte weiter. Man bezieht nämlich die Eigen-

schaften der Elemente als wesentliche Faktoren in die innere Chakren- und Nadi-Arbeit mit ein. Nadis sind körperanatomisch nicht auszumachende Energiekanäle, die unseren gesamten Körper mit einem filigranen Leitungsnetz durchziehen und durch die subtile, elektrisch zu umschreibende Energien (auch Prana- oder Kundalini genannt) fließen. Sie sind es, die im eigentlichen Sinne unseren Körper beleben, ihn durchgeistigen. Die östliche Akupunktur benutzt einige der Energielinien, die sich auch z. T. auf der Hautoberfläche befinden, um Energiestaus oder Energiemängel durch entsprechende Manipulationen zum Fließen oder Auffüllen zu bringen. Im buddhistischen Geistestraining reduziert man seine Konzentration auf drei Haupt-Nadis, die sich parallel zur Wirbelsäule vom Steißbeinansatz resp. der Sexualgegend über Hals, den höchsten Scheitelpunkt des Schädels bis zum Punkt zwischen den beiden Augenbrauen (Nasenwurzel) hinziehen. Vereinfacht kann man sie sich parallel zueinander vorstellen, wobei sich die linke und rechte Nadi an verschiedenen Hauptpunkten mit der zentralen Nadi knotenförmig überschneiden. Diese Punkte, Energieschaltstellen, Lotoszentren oder Chakren sind: das Sexualchakra, das Steißbein- oder Wurzelchakra, das Nabel-, Herz-, Kehlkopf-, Scheitel- und Stirnchakra. (Wichtig zu erwähnen wäre z. B. noch das Fußchakra, in dem sich die ruhende Kundalini- oder Schlangenenergie befindet, das jedoch im buddhistischen Tantra kaum Beachtung findet.) In der astrologischen Esoterik wird dem Sexualchakra Merkur, dem Wurzelchakra der Mond, dem Nabelchakra Venus, dem Herzchakra die Sonne, dem Kehlchakra Mars, dem Scheitelchakra Saturn und dem Stirnchakra Jupiter zugeordnet. Inwieweit diese Entsprechungen stimmig sind, vermag ich nicht zu entscheiden. Was sich vom Wurzel- und Sexualchakra ausgehend durch die linke und rechte Nadi nach oben windet, sind feine elektrische Lichtimpulse, die wir Schlangen-, Naga-, Prana-, Kundalini-, Libido- oder Lebens-

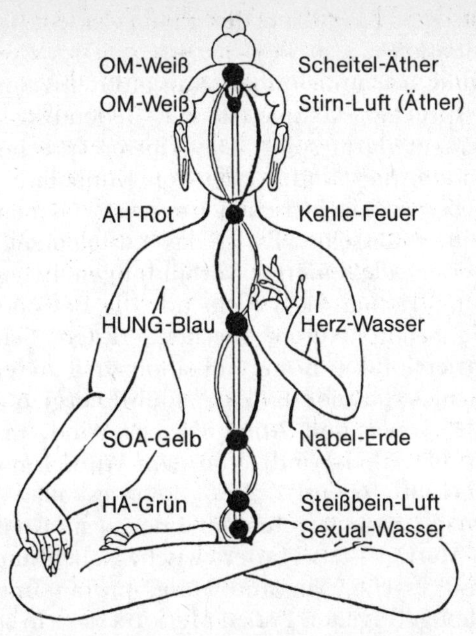

energie nennen. Sie werden auch in weibliche und männliche, resp. Mond- und Sonnenenergiekanäle unterteilt bzw. ganz allgemein als die Kanäle der inneren Winde oder des Luftelements bezeichnet. In den meisten tantrischen Übungen stellt man sich die mittlere Nadi als leer vor. Die 7 Hauptchakren stehen in Analogie zu den 5 Elementen: Sexualchakra-Wasser, Wurzelchakra (Aftergegend)-Luft, Nabel-Erde, Herz-Wasser, Kehlkopf-Feuer, Scheitel-Äther, Stirn-Luft. Was wir als Ausstrahlung oder Aura eines Menschen empfinden, sind Folgen elektromagnetischer Intensivierungen über eines der o. a. Chakren. Sind alle Chakren gleichermaßen belebt bzw. hat sich die positiv und die negativ geladene Kundalini über die Schaltstellen auch in die mittlere Nadi gefüllt, spricht man vom Zustand der Erleuchtung, des Erwachens oder der Peak-Eperience, die von tausender-

lei mystischen Zuständen der Raum-Zeit-Enthobenheit, Selbstinitiation u. v. m. begleitet ist.
Der Grund, warum ich überhaupt auf den Feinstoffkörper zu sprechen komme, ist die Bedeutung, die das Windelement darin spielt. Die Tibeter sprechen gerne von Winden, die Hindus eher von Kundalini: wir vielleicht lieber von elektrischen Impulsen. Gemeint ist jedoch immer dasselbe. Es ist das Luftelement, das im wesentlichen alle inneren Verbindungen herstellt und das aus tantrischer Sicht nicht nur die Bewußtseinsformen wie Sehen, Hören, Riechen, Tasten, Schmecken transportiert und in Kommunikation zueinander bringt, sondern auch die anderen Elementen-Energien von Wasser, Erde, Feuer und Äther (Wasser-Wind, Erd-Wind, Feuer-Wind, Äther-Wind). Von dem Wunsch nach Harmonie erfüllt (Venus/Waage), dient es allen inneren Energien als eine Art Reittier oder – in Analogie zu Hermes-Merkur – als Mittler zwischen oben und unten, Geist und Psyche, Yin und Yang, profan und heilig. Gleich den geflügelten Füßen Merkurs ist es in ständiger Bewegung, und gleich seinem berühmten Schlangenstab, der nichts anderes symbolisiert als das Kundalini-Nadi-Chakren-System, weiß es um die hermetischen Geheimnisse der Relativität des menschlichen Universums.
Bevor wir die Mandala-Kraft in uns aktivieren, fassen wir noch einmal zusammen, was für ein voraussichtliches Resultat dieses Tun langfristig bringen wird. Durch den ›Grünen Weg‹ verstärkt sich in uns astrologisch gesehen unsere persönliche Venus-, Uranus- und Merkur- resp. Waage-, Wassermann- und Zwillingethematik (auch Planeten des siebten, elften und dritten Feldes). Eine Venus-Waage-Verstärkung bedeutet ein Mehr an magischem Potential (Venus als die große Zauberin), überpersönlicher Liebesfähigkeit (Venus Urania), innerer Blumigkeit, Farbigkeit und Fantasie, esoterischem Wissensdurst, spontaner Hingabefähigkeit, musischen Ambitionen, aber auch Entscheidungs- und Umsetzungsschwie-

rigkeiten (bedingt durch das Gewahrsein karmischer Folgen). Die Intensivierung des Merkur-Zwillinge-Themas beinhaltet eine Forcierung der gedanklichen Vielseitigkeit, Schnelligkeit und Wachheit, der Kommunikationsfreude, sprachlichen Gewandtheit und unorthodoxer Umsetzungen. Aber auch hier besteht wegen der karmischen Verfänglichkeit eine Tendenz zu diplomatischen Kompromissen. Über Uranus-Wassermann verstärkt sich in uns die Intuitionskraft, die Fähigkeit, weite gedankliche Bögen zu spannen, Weisheit aus Paradoxien zu entwickeln, den Zeitgeist zu erfassen, sich Traditionen unverbunden zu fühlen, das Unmögliche als Möglichkeit zu erwägen, verschiedenste Wissensgebiete zusammenzuführen (East meets West) oder zu spontanen Entschlüssen zu gelangen. – Alles in allem entwickelt sich durch Luftelementsaktivierung unser Wesen zu einem bunten und schillernden Geschöpf. Für manch einen schwer greifbar oder einzuordnen. Doch voller genialer Ideen, Intuitionen und mehrschichtig paradoxen Sichtweisen. Schnell, reagibel, fantasiebegabt, improvisationsgewandt und voller blumig-magischer Brisanz. Jederzeit bereit, sich für die Ideale einer ichüberschreitenden Ganzheit hinzugeben. Bald aufbrausend – gewaltig wie ein mächtiger Sturm, bald sprunghaft wie ein böiger Wind, bald sanft wie eine milde Brise, bald schweigend wie eine dornröschenhaft-träumende, unbewegliche Luftsäule, doch allzeit voll der sonderbarsten Überraschungen und Wendungen. – Tantrisch gesehen gibt es dieser Charakterskizze wenig hinzuzufügen. Auch hier werden die Anhänger der Karma-(= Ursache/Wirkung), Prajna-(= Weisheitswissen), Khadga-(= Schwert der Ent-schiedenheit) oder Vishvavajra-(= Mandala oder Doppelvajra)Familie (alles Bezeichnungen für das Luftelement) als spontan, gedankenaktiv, zaubergewaltig (vor allem in Form der Grünen Tara), wechselmütig und voller Weisheitswissen um geheime karmische Zusammenhänge beschrieben.

Übungen mit dem inneren Luftelement
Aktivierung des Stirnchakras

> »Reine Weisheit besteht in der Erkenntnis, daß alles Existierende im Grunde frei ist von den beiden Extremen – dem Äternalismus, das Extrem von Existenz, und dem Nihilismus, das Extrem von Nichtexistenz. Alle Erscheinungen haben keine *wirkliche* Existenz. Mögen sie nun innerlich oder äußerlich erscheinen, ihre Existenz ist nur relativ. Sie sind wie Träume, Illusionen. Außerdem ist reine Weisheit das Begreifen, daß alle Dinge nur eine Projektion des eigenen Geistes sind. Dies begreifend, werdet ihr weder nach anderen Dingen suchen noch irgendwelche Bindungen haben.«
>
> *Geshe Drom (tibetischer Lehrer des 10. Jhd.)*

Obwohl die inneren Winde resp. die Schlangen- oder Kundalini-Energien in Wirklichkeit den ganzen Körper und alle Chakren und Nadis durchziehen, werden ihnen in der buddhistischen Esoterik zwei spezielle Chakren, das Stirn- und Wurzelchakra, als Zentren besonders hoher Luftaktivität zugeordnet. Diese beiden Chakren gelten in der mystischen Physiologie als Eingangs- und Ausgangsöffnungen der Mandalakraft. Das Stirnchakra, auch Windchakra oder Drittes Auge genannt, hat seinen Sitz exakt zwischen den Augenbrauen, dort wo die Nasenwurzel in die Stirn übergeht. Es ist das bestgeeignete Projektionsfeld für unsere inneren Bilder und Visionen, eine Art Filmleinwand unserer Gedankenassoziationen und mystischen Erfahrungen. Um diesen energetischen Punkt zu spüren, schließe beide Augen und richte sie innerlich auf die Nasenspitze. Konzentriere dein Bewußtsein auf den Augenbrauenpunkt und versuche dabei, deine Stirn und auch alle anderen Gesichtsmuskeln völlig zu entspannen (nach und nach auch Schultern, Arme, Füße, die Atmung etc.). Lasse dich von aufkommenden Gedanken und Gefühlen nicht weiter beeindrucken. Betrachte sie wie langweilige, dich weiter nicht betreffende Filme und lenke deine Aufmerksamkeit immer wieder auf den Nasenwurzelpunkt. Stelle dir dein Bewußtsein in strahlendes Licht transformiert vor, das sich dir in diesem Chakra als grün, goldfarben, leuchtend indigo-blau, orangerot oder intensiv weiß zeigt. Da du über das Luftelement mit allen anderen Elementen und deren Lichtfarben verbunden bist (Wasser-blau, Erde-gelb, Feuer-rot, Äther-weiß), kann dein Bewußtsein dort jede mögliche Farbschwingung annehmen. Wenn es dir hilft, berühre das Chakra ganz leicht mit einem Finger. Solltest du auch vielleicht am Anfang keine klaren Lichter sehen, so spürst du vielleicht, daß sich dort eine feine Wärme entwickelt, oder es zeigen sich allerlei Muster oder filigrane Gebilde – alles Anzeichen, daß sich dein Bewußtsein in dieses Chakra verlagert. Im fortgeschrittenen Stadium kann es dir passieren, daß sich deine ganze innere Stirnfläche in eine leuchtende Projektionsleinwand verwandelt. Falls du weißt, wie ein Vajra, Mandala resp. Doppelvajra aussieht, versuche dein Bewußtsein in diese Form zu bringen. Im Hinblick auf die spätere Tara-Meditation kannst du dir auch eine vielblättrige, hellblaue, rosafarbene oder weiße Päonienblüte (ähnlich einer voll aufgeblühten Pfingstrose) oder eine sechsblättrige Lotosblüte vorstellen. Viele dieser Symbole stellen sich aber auch ganz von selbst, d. h. ohne willentliche Fixierung ein. Du kannst auch versuchen, durch geeignete Hintergrundmusik, das Anschlagen einer Zimbel oder das Sprechen eines sog. Keimklangs (Bija) die Wirkung zu intensivieren. Der männliche Keimklang für das Luftelement ist HA und der weibliche dTAM. Du kannst während des gleichmäßigen Ein- und Ausatmens ganz leise HA oder dTAM nach innen rufen oder dir den Klang als kleine grüne Lichtkugel im Stirnchakra vorstellen. Solltest du z. B. an Traumarbeit interessiert sein, die es dir ermöglicht, mit einer Art Bewußtseinsrest dein Traumleben zu beobachten oder es gar zu lenken, kannst du vor dem Schlafen diese Übung wiederholen und dir im Windchakra eine weiße, grüne oder andersfarbige Lichtkugel von der Größe einer Erbse oder eines Samenkorns vorstellen.

Was auch immer sich dir über das Stirnchakra zeigt – sei es auch noch so bescheiden oder noch so grandios –, schenke ihm keine übertriebene Bedeutung, sondern betrachte es als einen subjektiven Beweis für das Vorhandensein deines inneren Feinstoffkörpers. Die Erfahrungen sollen dich lediglich ermutigen, mit komplexeren Übungen fortzufahren – und, um ein wenig buddhistisches Salz hinzuzustreuen, alle Phänomene sind ihrem tieferen Wesen nach gleichermaßen leer wie relativ existierend.

Die hellblaue Päonien- oder Pfingstrosenblüte (skr. Upala-Blüte) ist das Hauptsymbol der Grünen Tara und steht für ein unentwegt knospendes und mannigfaltiges Bewußtsein. Die Farbe Hellblau deutet u. a. darauf hin, daß die Tara-Weisheit der Erkenntnis des Leerezustandes des Seins entspringt. (Die Päonie sollte nicht mit der Lotosblüte des Feuer-Elements verwechselt werden.)

Yoga des inneren Feuers

Bringe deine Wirbelsäule in eine senkrechte Position (Küchenstuhl, Lotossitz, auf dem Rücken liegen oder stehen), entspanne deinen Körper und stell dir vor, daß du anstatt durch die Nasenlöcher durch dein Windchakra einatmest. Die Luft steigt von dort aus zur Scheitelhöhe deines Schädels, von wo sie durch die linken und rechten Nadikanäle nach unten fließt und in Höhe des Nabelchakras in die mittlere oder zentrale Nadi mündet. Das Nabel-Chakra wird in der westlichen Esoterik auch das Liebes- oder Venus-Chakra genannt. Stelle dir die zentrale Nadi wie eine fingerbreite, durchsichtige, geradlinige und leere Lichtröhre vor, die vom Scheitel- bis zum Wurzelchakra führt und die etwas unterhalb des Nabelchakras einen kleinen Glutfunken von der Größe eines Samenkorns enthält. Bemühe dich, die Wärme in der Nabelgegend zu spüren. Versuche mit deinem Bewußtsein dem Herunterpressen der Luftenergie durch die linke und rechte Nadi zu folgen, oder schlucke nach jedem Einatmen, was einen ähnlichen Effekt hat. Stelle dir gleichzeitig vor, daß du bei angehaltenem Atem durch ein leichtes Zusammenziehen der Schließmuskeln ebenfalls Luftenergie vom grünstrahlenden Wurzel- oder Steißbeinchakra in die zentrale Nadi hinaufpumpst. Durch die einfließende Atemluft von oben und die Windenergie von unten heizt sich der Lichtfunke in Nabelhöhe von Atemzug zu Atemzug stärker an und beginnt zu glühen und schließlich zu flammen. Wiederhole diesen Vorgang so lange, bis du ein deutliches Wärmegefühl in der Nabelgegend spürst. Stelle dir vor, daß sich allmählich der ganze mittlere Kanal in eine Flammenröhre verwandelt, die alle darüber und darunter liegenden Chakren aktiviert und energetisch reinigt. In dem Augenblick, in dem die Flammen das Scheitelchakra erreichen, bringen sie eine sich dort befindende weiß-silbrige Nektar-Energie zum Schmelzen, worauf diese langsam die zentrale Nadi hinabfließt und zu euphorisch-ekstatischen Erfahrungen führt, die sexuellen Glückszuständen gleichen. Sobald der herabfließende Nektar mit dem lodernden Funken des Nabelchakras zusammentrifft, werden dort gewaltige Kräfte frei (als wenn man Benzin in Feuer gießt) und man erlebt einen neuen ekstatischen Höhepunkt. Erreicht die Flüssigkeit das unterste Chakra, beginnt sie sich durch das gesamte Nadi-Netzwerk des Körpers zu verteilen, bis dein gesamter Körper mit strahlend-weißer Lichtflüssigkeit angefüllt ist. – Diese ›Yoga des inneren Feuers‹ genannte Übung dient nicht nur der bewußteren Wahrnehmung der verschiedenen Hauptchakren, sondern auch ganz allgemein der Reinigung der Windkanäle. Das sexuell-ekstatische High, das hierbei erfahren werden kann, soll einen Vorgeschmack für ein vertieftes tantrisches Training bieten. Die Übung selbst verlangt einige Geduld, und man sollte sich auch an Teilergebnissen erfreuen. Ein unnötiges Puschen kann gefährlich sein. Ratsam ist es, sich auf maximal 10–20 tiefe Atemzüge pro Session zu beschränken (nicht mehr als 8–10 Minuten täglich).

Tara-Venus-Analogien

> »Verkörperte Gedankenformen hängen wie Wassertropfen des Meeres aneinander und bilden in ihrer Gesamtheit die äußere Welt. Mögen die Dinge auch in äußerer Gestalt in Erscheinung treten, ihre wahre Wesenheit ist nur der Gedanke als Ding an sich, als Geist. Die Zweiheit liegt in der Erscheinung, nicht im Wesen.«
>
> *Evans-Wentz (aus ›Yoga und Geheimlehren Tibets‹)*

Das Wort Tara leitet sich aus dem Sanskrit ab und bedeutet soviel wie Stern. Ich maße mir nicht an, definitiv zu behaupten, daß Tara identisch mit dem Morgen- und Abendstern Venus sei. (Sie wird auch häufig mit dem Neumond resp. dem Mondthema im allgemeinen in Verbindung gebracht.) Eine Analogie liegt aber nahe, verkörpert sie doch Schönheit, magischen Zauber, aktive Hilfsbereitschaft, Beweglichkeit und Spontaneität und wirkt vor allem auf das Denkhandeln ein, wobei sie falsche Denkmuster, dualistische Sichtweisen und Täuschungen überwinden hilft und somit eine reife Antwort auf unser recht unklares westliches Venus-Bild bietet. Die personifiziert dargestellte weibliche Luftelementsgöttin Tara ist neben Manjushri, Vajrapani, Chenrezia und der Weißen Tara eine der populärsten Schutzgottheiten des Nördlichen Buddhismus, über die es eine Unzahl von Legenden, Geschichten, Lobpreisungen, Kulte, Entstehungsmythologien, wissenschaftlichen Untersuchungen, Meditationsanleitungen etc. gibt. Wenn ich nachfolgend von Tara spreche, so meine ich damit nicht eine außenstehende, von uns getrennt existierende Gottheit, wie es in theistischen Religionen begriffen wird, sondern die Verkörperung einer Weisheit, die jedem von uns innewohnt und die durch spezielle Praktiken des Geistestrainings wachgerufen werden kann. Tara, das ist ein verschütteter oder schwer zugänglicher Teil unseres Selbst und nicht etwas, das von außen in uns hineindringt!
Dem beweglichen Luftelement entsprechend hat sie viele

Gesichter, die über das ganze Spektrum von zornig bis lieblich, über heldenhaft und entschlußkräftig bis weiblich und anmutig reichen. Sie ist eine unermüdlich treibende Kraft, ständig auf dem Sprung, ihr Weisheitswissen durch Denken und Tun praktisch unter Beweis zu stellen. Sie ist ständig abrufbereit, das Elementen-Mandala harmonisch zusammenzuhalten und entstehende Spannungen, die sich uns in Form von Ängsten, Gewissenszwiespälten, Handlungsgelähmtheiten (als Folge von Unentschiedenheiten) etc. darstellen, zu überwinden, unsere Energien in Fluß zu bringen. Hierbei ist sie neben einer grundsätzlich positiven Eingestimmtheit hauptsächlich von der Erkenntnis motiviert, daß es keine Zeit zu verlieren gilt, da jedwede denkerische Neulandgewinnung im Zuge der unendlichen Wiedergeburtsspirale eine Verwirklichung nach sich ziehen muß. Karma kann also nur dadurch zum Stillstand kommen, wenn die denkerischen Ursachen durch höhere *Ein*-Sicht und Weisheit relativiert und somit quasi aufgehoben sind, was ein entsprechendes Handeln und Tun nach sich zieht. – Da wir uns nur mühsam von der Spur dualistischen Denkens lösen können, bedarf es wohl schon erleuchtungsähnlicher Gewichtungen eines denkerisch-paradoxen Erfassens der Synchronizität von Leere und Sein, um den groben und subtilen karmischen Fallstricken zu entgehen. Auf diesem Weg steht uns die Tara-Energie unentwegt zur Seite. Hierbei blickt sie vom Standpunkt höchster Wirklichkeit und Erkenntnishelle auf unser karmisches Schlamassel. Wer kann es ihr dabei übelnehmen, daß sie hin und wieder von heiligem Zorn ergriffen wird, um uns aus dem lethargischen Dämmerzustand wachzurütteln, der uns alle unsere Erkenntnisse und Weisheiten immer wieder vergessen läßt. Hierbei behandelt sie uns nicht mit Moralin-Spritzen, sondern appelliert an den mündigen, karmisch selbstverantwortlichen Menschen, endlich aufzuwachen, sein geistiges Potential voll auszunutzen und den bequemen Selbsttäuschungen den Krieg

zu erklären. – All dies widerspricht unserem herkömmlichen astrologischen Venus-Bild der großen Liebeszauberin und Verblenderin, ja es bildet beinahe eine Art Antibild zur östlichen Tara. – Sind unsere verkorksten Harmonie- und Liebesvorstellungen in ihrer ewigen Unerfüllbarkeit nicht gerade die Warnschilder, die uns die höhere Tara-Venus in ihrem größten Mitempfinden in den Weg gestellt hat?: ›Vorsicht – Sackgasse – so geht's nicht weiter!‹ – Oder hat sie der große Bluff vom lieben Gott, der alles wundersam lenkt und uns nach dem Tode in engelsamen Gewahrsam nimmt, so ungeheuerlich erregt, daß wir nur den Saum ihres tieferen Wesens wahrnehmen durften? – Am Beginn des New Age liegt es an uns, die Komplexität des Waage-Venus-Themas von Grund auf neu zu entdecken und der karmischen Wahrheit ins Gesicht zu blicken.
Bevor du mit deiner täglichen Tara-Session anfängst, solltest du immer ein wenig über die Karmagesetzmäßigkeit von Ursache und Wirkung nachdenken, die sich im alltäglichen Leben – 24 Stunden rund um die Uhr – präsentiert. Nimm den Vorsatz mit, diesen Karmakreislauf durch die Entwicklung von weisen, wohlabgewogenen und harmoniefördernden Entscheidungen zu einem Stillstand zu bringen. Wünsche dir ein bißchen mehr Einblick in das höchste Seinsverständnis der Relativität aller Phänomene, und – most important – wünsche dir, daß deine Waagschalen diese Erkenntnisse so stark gewichten lernen, daß du sie in den Lebensalltag hineintragen kannst. Bringe – astrologisch übersetzt – deinen Saturn in die Waage. Entwickle auch ein Gefühl von Offenheit und medialer Verbundenheit mit allen Elementenenergien deines Mandalas, das eine Spiegelung des großen Weltenganzen darstellt.

Übungen mit dem weiblichen Aspekt des Luftelements (Grüne Tara)

Bringe dich jetzt wieder in eine bequeme Sitzhaltung (eine halbwegs senkrechte Wirbelsäule ist wegen des erleichternden Energieflusses in den Nadis und Chakren empfehlenswert) und beginne nach und nach deinen ganzen Körper zu entspannen. Laß den Atem ruhig und gleichmäßig ein- und ausfließen und alle Gedanken und Bilder wie ferne Filme an dir vorbeiziehen. Wenn es dir hilft, arbeite ein wenig mit dem Stirnchakra. Stelle dir dort z. B. regenbogenfarbenes Licht oder ein Doppelvajra-Mandala vor. Auch im Steißbeinchakra kannst du dir grünes oder vielfarbiges Licht vorstellen, das sich über die Nadis durch den ganzen Körper verteilt. Oder mache eine Atemübung mit dem Yoga des inneren Feuers oder versuche dich einfach innerlich leer und erwartungslos zu machen. Bist du derart zur Ruhe gekommen, versuche dich langsam so unendlich zu verkleinern, daß du schließlich in einer unermeßlich großen schwarzblauen und unergründlichen kosmischen Leere verschwindest, dich völlig darin auflöst. Kein Oben, kein Unten, kein Rechts, kein Links, keine Form, kein Klang – einfach nur unbegrenzter Raum. Verweile, solange du kannst, in diesem Zustand. Dies ist tief betrachtet eigentlich der wichtigste Teil der gesamten Übung. Wenn dich die Auflösung in schwarzblaues (genauer: lapislazuliblaues) Licht zu sehr erschreckt, versuche dir einen unendlichen Raum aus diffus strahlendem hellblauen Licht vorzustellen, das, ohne eine ersichtliche Quelle zu haben, klar wie ein morgendlicher Frühlingshimmel strahlt. Dieser konzeptfreie, nondualistische Seinszustand ist die eigentliche Essenz der Tara-Weisheit.

Erst wenn du es wirklich nicht mehr aushalten kannst und du unbedingt etwas sein möchtest, versuche dein gesamtes Selbst, dein Bewußtsein, alles, was du darstellst, in den mächtig vibrierenden Klang dTAM überzuführren, den du leise vom Herzen her nach innen oder außen rufst. Aus der Schwingung des dTAM formt sich jetzt dein Bewußtsein zu einer smaragdgrün leuchtenden Lichtkugel von der Transparenz einer Seifenblase, von der in alle Himmelsrichtungen grüne und regenbogenfarbene Lichtbündel mit der Intensität von Millionen von Laserstrahlen die Unendlichkeit des Raums durchmessen, um nach einer Weile in dich zurückzukehren. Verweile in diesem grünen Lichtkugelzustand bzw. der Schwingung dTAM, solange du vermagst. Beende deine Meditation durch Rückauflösung in die tief- oder hellblaue Leere, aus der du spontan mit deinem normalen Körper entspringst.

Nur wenn es dich unbedingt weiter treibt, einen Feinstoffkörper (ähnlich unserem menschlichen Körper, jedoch aus reinem Licht gestaltet) zu besitzen, gehe mit der Übung weiter. Stelle dir vor, daß deine grüne Bewußtseinskugel bereits die Essenz der Luftelementsweisheit, d. h. die Überwindung des dualistischen Denkens, falscher Sichtweisen und Täuschungen darstellt und du durch das Aussenden dieser Lichtqualität das gesamte Universum von seiner Unwissenheit befreit hast. Die Millionen von Laserstrahlen kehren nach getaner Arbeit in deine grüne dTAM-Kugel zurück, und dein Bewußtsein verwandelt sich in eine voll entfaltete, hellblaue, aus feinstem Licht gestaltete Päonienblüte, das Hauptsymbol tarahafter Weisheit. Im Blüteninnersten strahlt weiterhin dein Herzensbewußtsein in Form der grünen Klangschwingung dTAM. Fühle dich eins mit all der Schönheit, Knospigkeit und Jugendlichkeit dieser Pfingstrosenblüte. Erblicke in ihr den Inbegriff deines venushaften Wesens. Betrachte das ganze Universum angefüllt mit Milliarden blauer und regenbogenfarbener Blüten der Tara-Energie. Versuche so lange wie möglich in diesem Zustand zu verweilen. Wenn es dich nicht weiter reizt, einen Formkörper anzunehmen, beende die Session mit der Rückführung in den Leerezustand. Be-

trachte alle visuellen Phänomene als reine Luftspiegelungen, die ihrem Wesen nach leer und traumgeboren sind.
Möchtest du weitergehen, löst sich jetzt dein blumiges Selbst in regenbogenstrahlendes Licht auf, das sich in die smaragdgrüne Tara-Göttin verwandelt, mit der du in Aussehen, Wesen, Denken und Bewußtsein völlig identisch bist. Du besitzt jetzt einen transparenten grünen Lichtkörper, wie man ihn z. B. aus 3-D-Hologrammen kennt. Du sitzt auf einer mehrfarbigen, geöffneten Lotos-Lichtblüte, auf der eine milchig weiß strahlende Vollmondscheibe als Sitzkissen liegt. Du hast das Aussehen eines 16jährigen halb lächelnden, halb zornigen und voll erblühten Mädchens mit langem schwarzglänzenden Haar, das mit Lotos- und Päonienblüten sowie kostbaren Edelsteinen geschmückt ist. Dein Körper ist in kostbare Seidengewänder gehüllt, und du sitzt in einer Art halbem Schneidersitz. Dein rechter Fuß ragt aus der Lotosblüte heraus – Zeichen deiner ständig aktiven Hilfsbereitschaft. Mit deiner offen nach oben geöffneten rechten Hand (in Höhe des rechten Knies) bringst du die Aufforderung zur Karmaverwirklichung zum Ausdruck, während deine linke, in Herzhöhe nach außen gerichtete Hand höchste Schutzgewährung auf diesem Wege bedeutet. Beide Hände halten die Stengel einer hellblauen Upala-Blüte des blumigen Leerebewußtseins. (Weitere Details s. Abb.) Um dich herum versammelt befinden sich Heerscharen von Göttern (Devas) und Gegengöttern (Asuras oder Titanen), unzählige Elementargottheiten der 5 Elemente (wie Brahma, Shiva, Vayu, Ganesha, Indra), Nagas, Dämonen, Dakinis (weibliche Erleuchtungswesen), Buddhas und Bodhisattvas aller Elemente und Himmelsrichtungen, kurz alle Wesensenergien deines inneren Universums, die dir ihre Verehrung erweisen. Auch deine Sinnesorgane (Denken, Hören, Sehen, Riechen, Schmecken, Fühlen) nehmen eine feinstoffliche Form an und erscheinen dir als Tara-ähnliche Göttinnen,

um dein höchstes Bewußtsein zu aktivieren. Über deinem Kopf schwebt der männliche Luftelementsbuddha Amoghasiddhi, umgeben von einer vielfarbig leuchtenden Schlangenaureole auf seinem von acht Garuda-Vögeln bewachten Thron.

Bei allem ist es weniger wichtig, daß du die zahllosen Gottheiten und Wesen, die dich verehren, klar und detailliert erkennst. Es reicht völlig, wenn du ein angenehmes Gefühl entwickelst, von allen Energien deines inneren Mandalas umgeben zu sein – mit ihnen einen harmonischen Zusammenklang bildest. Du kannst dir auch zusätzlich vorstellen, daß dich all deine Freunde, dein Vater, deine Mutter, aber auch all deine Feinde in Form von taraähnlichen Gottheiten umgeben und dir freundliche Regenbögen zusenden. Etwas unterhalb deines Herzchakras versuche dir den grünen Keimklang dTAM als eine intensiv leuchtende Lichtkugel vorzustellen. Im Herzchakra selbst befindet sich eine blaue Lichtkugel, die sich aus dem Klang HUNG formt, der die Anwesenheit des Wasserelements und seiner Illusionsweisheit symbolisiert. Im Kehlchakra bildet sich aus dem Klang AH eine rote Lichtkugel des Feuerelements und seiner differenzierenden Weisheit, im Stirn- oder Windchakra aus der Schwingung OM (gespr. AUM) die weiße Lichtkugel des Äther-Elements, der ›Alles ist Geist‹-Erkenntnis, im Nabelchakra aus dem Klang SO (gespr. SO(a)) die gelbe Kugel des Erd-Elements und seiner Weisheit der Ursprungsgleichheit und aus der Keimsilbe HA die grüne Lichtkugel des Luft-Elements und seiner Karma-Weisheit (Wurzelchakra). Von all diesen verschiedenfarbenen Lichtkugeln, die die Größe von Wassertropfen haben, emanieren regenbogenfarbene Weisheitsstrahlen, von denen sich die männlichen und weiblichen Elementenbuddhas angezogen fühlen und durch das Scheitelchakra hindurch mit dir verschmelzen. Du hast jetzt das Gefühl, mit allen 5 Elementen auf höchster Ebene verbunden zu sein. Es ist wichtig, daß du dir das so intensiv und wirklich visualisierst, wie es nur irgendwie geht. Versuche alle Vorstellungen an dein gewöhnliches Selbst vollständig aufzugeben und benutze dazu all deine Imaginationskraft. Betrachte dich als ein voll erleuchtetes Wesen resp. als ein voll erwachter Buddha. Dies ist die wichtigste Aufgabe auf dieser Formkörperebene. Während du jetzt das Tara-Mantra sprichst, kannst du dir vorstellen, daß aus jeder Pore deines Lichtkörpers Millionen kleiner grüner Taras austreten, die sich über das gesamte Universum verteilen, um durch ihr magisches Wirken und ihre Belehrungen die Weisheit der Karmaverwirklichung zu verbreiten und dualistisches Denken zu desillusionieren.

Wenn dir diese Vorstellung schwerfällt, versuche durch das Mantra im Herzen soviel grünes Licht wie möglich in alle Himmelsrichtungen zu schicken, das nach der Mantrarezitation wieder in dein Herz zurückkehrt. Sprich jetzt: OM TARE TUTARE TURE SVAHA so lange und häufig wie möglich und stelle dir dabei vor, daß durch die Kraft dieser Vokal- und Konsonantenfolgen auch die letzten Unklarheiten und subtilen Täuschungen des Denkens überwunden werden. Am Ende deiner Mantraübung kehren die von dir ausgesandten Millionen von grünen Taras wieder zurück und verschmelzen mit dir wie Schneeflocken, die in Wasser fallen.
Jetzt lösen sich alle anderen dich umgebenden Energiewesen in Regenbogenlicht auf und verschmelzen ebenfalls mit dir, worauf sich auch dein eigener Lichtkörper langsam in Licht auflöst und mit der grünen Keimsilbe dTAM verschmilzt. Als letztes bleiben nur noch die grüne dTAM-Kugel und die blaue HUNG-Kugel des Herzchakras übrig. Nun löst sich dein dTAM-Bewußtsein des Luftelements in die blaue HUNG-Lichtklangkugel des Wasserelements auf, bis sich diese allmählich so stark verkleinert, daß sie völlig im offenen Raum der Leere verschwindet. Versuche diesen Zustand so lange wie möglich zu halten und dabei zu einer völligen inneren Ruhe und einem befreienden Glücksgefühl zu gelangen. Dann manifestiere dich ganz spontan aus der Leere heraus als Grüne Tara in Menschengestalt. Visualisiere in deinem Stirnchakra ein weißes OM-Licht, in der Kehle ein rotes AH- und im Herzen ein blaues HUNG-Licht. Alternativ kannst du dir auch vorstellen, daß eine kleine Grüne Tara etwas oberhalb deines Scheitelchakras auf einer Lotos-Mondscheibe sitzt und dich in allen gefährlichen Alltagssituationen beschützt.
Versuche so viel wie möglich von deinen Einsichten und Erfahrungen, die dir dieses tantrische Geistestraining vermittelt hat, in dein Alltagsleben zu integrieren und bewußtseinsmäßig festzuhalten und probiere einmal in

allen Menschen Grüne Tara-Buddhas zu erkennen und sie auf dieser höheren Stufe anzusprechen. Der Illusionshaftigkeit deines Geistestrainings bewußt, gilt es *trotzdem* deine *volle* Imaginationskraft einzusetzen, um diese Übung effektiv werden zu lassen. Hierbei kannst du ruhig ein wenig stolz auf die kleineren und größeren Fortschritte dieses Trainings sein. Behalte vor allem auch eine ständige Wachsamkeit gegenüber karmischen Abläufen und falle nicht in alte Denkmuster zurück.

Obwohl ich mich bemüht habe, eine vereinfachte Form des Tara-Trainings (unter weitgehender Umschiffung buddhistischer Fachausdrücke) zu entwerfen, wird es doch manch einem befremdlich vorkommen, sich mit Bildern, Lichtern und Mantren zu identifizieren. Hier gilt es, nicht allzuschnell die Flinte ins Korn zu werfen, sondern sich Zeit zu geben, sich Schritt für Schritt oder auch nur ausschnitthaftig mit den verschiedenen Übungsabschnitten vertraut zu machen. Der Abschnitt über den Formkörper der Grünen Tara ist nicht unbedingt der wichtigste. Entscheidend ist, wie bei allen tantrischen Übungen, ein Gefühl oder gar eine Erfahrung für den Leerezustand zu entwickeln, so daß im Anfang und Ende des Tara-Szenariums eigentlich der Hauptschwierigkeitsgrad zu sehen ist.

Möge das Training des Grünen Weges in Verbindung mit unseren astrologischen Einsichten ein direktes Verstehen individuellen Karmas erleichtern und ein wenig dazu beitragen, den Wassermann-Waage-Zeitgeist des New Age etwas menschlicher, essentieller, fröhlicher und ungebundener zu gestalten. Möge es uns gelingen, über unsere engen Ego-Grenzen hinweg ein Gefühl der offenen Verbundenheit zu entwickeln. Dies zu erreichen hängt von den Hier-und-heute-Umsetzungen jedes Einzelnen ab. Ein Warten auf Godot ist wirklich absurd und auch ein Maitreya-Buddha kann unser persönliches und kollektives Karma nicht mit einer Armbewegung vom

Tische wischen. Wir landen halt immer wieder bei uns selbst, und mag uns das am Anfang auch wenig schmekken, löffelt sich die Karmasuppe mit reichlich grünen Kräutern gewürzt doch gleich viel leichter.

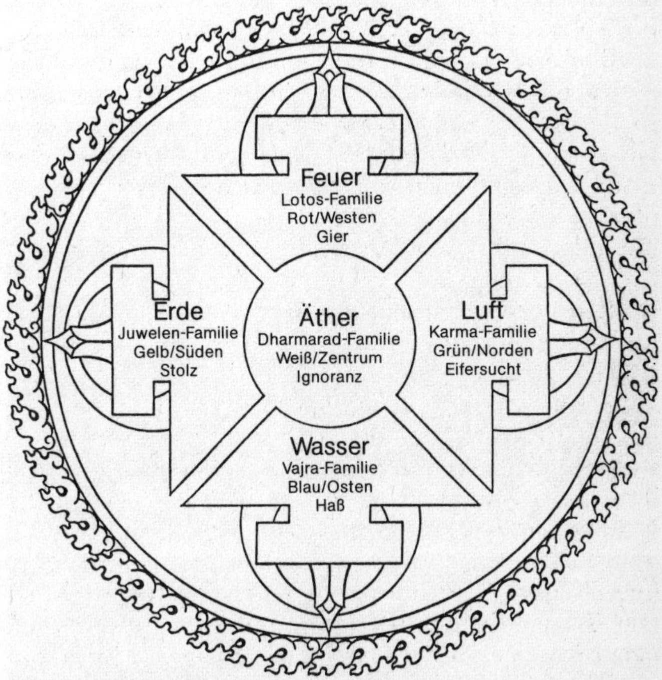

Das vereinfachte Schema des Elementen-Mandalas stellt die Komplexität des inneren und äußeren Universums in Form eines harmonischen Psychogramms dar.

STIER
&
SKORPION

Transformation von Materie in Geist

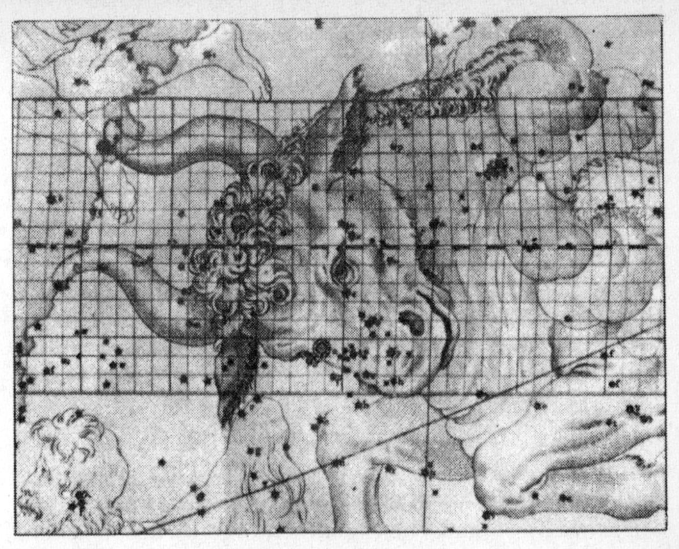

STIER

Stier in Stichworten

2. Zeichen im Tierkreis / Frühlingsmitte / Planetenherrscher: Erde (heliozentrisch und die Halbsumme Erde-Mond (EMH) / Erd-Element / Yang / Fixzeichen / Oppositionszeichen: Skorpion / Felder bzw. Häuserentsprechung: 2. Feld (Einstellung zu Besitz und Materie) /Einflußsphäre: 6.–12. Lebensjahr / Tagesentsprechung: die dritte und vierte Stunde nach Sonnenaufgang / Länderentsprechungen: Polen, Persien, Griechenland, z. T. Vorderer Orient / Städte: Zürich, Moskau, Warschau / psychische Entsprechungen: Wirklichkeitssinn, Ausdauer, Beharrlichkeit, Logik, Sinnlichkeit / Temperament: phlegmatisch (bei starken Venus-Aspekten auch sanguinisch)/ somatische Entsprechungen: Hals, Nacken, Kehlkopf, Schilddrüse, Stimmbänder, Nieren, Hormondrüsen, z. T. Fortpflanzungsorgane (in der Regel eine gute physische Konstitution)/ Alchemie: Kupfer (Cuprum), Messing, Basen, Türkis, Koralle, Saphir, Rosenquarz, Marmor/ Farbentsprechungen: Enzianblau, Orange, Gelb, aber auch alle Erdfarben wie Braun, Olivgrün, Ockergelb/ asiatische Tierkreisentsprechung: Stier/ Formen: kantig, kubisch, massiv, schwer/ Esoterik: Nabelchakra (Manipura)/ Stier-Zeitalter: 4000–2000 v. Chr./ I-GING-Entsprechungen: *Dsin* = Der Fortschritt; *Guai* = Der Durchbruch, Entschlossenheit; *Dsien* = Die Entwicklung (allmählicher Fortschritt)/ Mythologien, Märchen: Mythologien des Dionysos-Kultes, die Sagen über den Minotaurus, (Dionysos), Krishna und Radha, die Mythe über den hinduistischen Weltenstier Nandi (Reittier Shivas), der stierköpfige Totengott Yama, Yamantaka (Buddhismus).

Stier – Geborene

(mit Sonne im Stier)

Fred Astaire (MO=ge / AS=sa), Johannes Brahms (MO=sa / AS=ar), Georges Braque (MO=ar / AS=sa), Teilhard de Chardin (MO=ge / AS=ge), Nikita Chruschtschow (MO=aq / AS=le), Salvador Dali (MO=ar / AS=ca), Donovan (MO=vi), Fernandel (MO=li / AS=ge), Sigmund Freud (MO=ge / AS=sc), Lama A. Govinda (MO=ar), Rudolf Heß (MO=cp / AS=ca), Richard Heyer (MO=vi / AS=vi), Adolf Hitler (MO=cp / AS=li), Jim Jones (MO=ar / AS=sc), Immanuel Kant (MO=ar / AS=aq), Jeddu Krishnamurti (MO=sa / AS=aq), W. J. Lenin (MO=aq / AS=sc), Udo Lindenberg (MO=sa / AS=ge), Niccolò Machiavelli (MO=aq / AS=cp), Yehudi Menuhin (MO=cp / AS=cp), Joan Mirò (MO=ca / AS=sc), Christian Morgenstern (MO=sa / AS=ge), Novalis (MO=ta / AS=le), Papst Johannes Paul II. (MO=ta / AS=ca), Maximilien Robespierre (MO=ar / AS=aq), William Shakespeare (MO=li / AS=ca), Orson Welles (MO=aq /AS=ge), Leonardo da Vinci (MO=pi / AS=sa), Lama Thubten Yeshe (MO=li / AS=ta), Buddha Shakyamunis Geburtstag wird bei Vollmond im Stier gefeiert.

Anmerkung: MO= Mond, AS= Aszendent;
ar= aries= Widder, ta= taurus= Stier, ge= gemini= Zwillinge, ca= cancer= Krebs, le= leo= Löwe, vi= virgo= Jungfrau, li= libra= Waage, sc = scorpio= Skorpion, sa= sagittarius= Schütze, cp= capricornus= Ziegenfisch, aq= aquarius= Wassermann, pi= pisces= Fische.

Planeten im Stier und 2. Feld

Sonne im Stier (Anlage) oder 2. Feld (Aufgabe)

Vernunft; Ausdauer; Selbstbewußtsein; Logik; analytisches, systematisches, wissenschaftliches, forschendes, kausales, realitätsbezogenes, praktisches Denken; Bedächtigkeit; Beharrlichkeit; Traditionsbewußtsein; Sinnlichkeit; Besitzstreben; Anhänglichkeit; gutes Gedächtnis; zuverlässig und gründlich in der Arbeit; kunsthandwerkliche Begabung...

Spätentwickler; langsames und umständliches Denken; unflexibel; Phlegma; konservativ; Materialismus; Neigung zu dogmatischer Besserwisserei; schwache Einfühlungsgabe; wenig Anpassungsbereitschaft; Egoismus; Partnerschaftsprobleme (z. B. Eifersucht...)

Mond im Stier (Anlage) oder 2. Feld (Aufgabe)

Gefestigtes Gefühlsleben; die Gefühle gut kontrollieren können; Naturliebe; musische Begabung (Architektur, Bildhauerei, Kunsthandwerk), ausgeprägter Sammlertrieb (Kunst und Antiquitäten); Freude am Psychologisieren (sich dem seelischen Bereich kritisch und analytisch nähern); Genußfreude; Gutmütigkeit; konservativ; nur schwer etwas glauben können (Skepsis); ausdauernd in der Arbeit; Streben nach materieller Sicherheit; Häuslichkeit...

Seine Gefühle anderen nicht zeigen können (Verschlossenheit); sich nur schwer einem Menschen oder einer Situation hingeben können; wenig Flexibilität; wenig Einfühlungsgabe und Instinkt; mangelnde Spontaneität; sich in Beweissucht verrennen...

(z. B. W. v. Braun, C. G. Jung, K. Marx, Ouspensky)

Merkur im Stier (Anlage) oder 2. Feld (Aufgabe)

Analytisches, praktisches, geradliniges, realistisches, psychologisierendes, gründliches Denken; Sicherheits- und Besitzdenken; Sparsamkeit; gutes Gedächtnis; Interesse an Wissenschaft und Forschung; beruflicher Ehrgeiz; Organisationstalent; kaufmännische Begabung; gute Konzentration; Nervenstärke; schriftstellerische Ambitionen (Fachbuchautor, Wissenschaft)...

Beweistüchtigkeit; materialistisches Denken; z. T. Zynismus; Dogmatismus; Neigung zum Geiz; schwerfälliges, starrköpfiges Denken; Umständlichkeit; Skepsis; konservativ; wenig Phantasie; Reserviertheit; Einseitigkeit...

(z. B. S. Freud, A. Govinda, F. A. Mesmer, Chr. Morgenstern)

Venus im Stier (Anlage) oder 2. Feld (Aufgabe)

Suche nach gefühlsmäßiger Geborgenheit; gerne dauerhafte und enge Partnerschaften eingehen; Sicherheits- und Besitzstreben; Ästhetik; kunsthandwerkliche Begabung (z. B. Töpferei); Körperfreundlichkeit; Sinnlichkeit; Liebe zum Luxus; Häuslichkeit; Sammeln von Kunst und Antiquitäten; Kochkunst; Charme; Warmherzigkeit...

Eifersucht; Neigung zu Sentimentalität und Kitsch; leicht kränkbar; Partnerprobleme; Narzißmus; Bequemlichkeit; Genußsucht; über die eigenen Verhältnisse leben; Egoismus...

(z. B. J. Cocteau, Leonardo, Th. Mann, R. Wagner)

Mars im Stier (Anlage) oder 2. Feld (Aufgabe)

Unermüdlich und ausdauernd in der Arbeit; Ehrgeiz; sich allen Widerständen widersetzen; Besitzstreben; starke physische Energien; Durchsetzungsvermögen; Beharrlichkeit; politisches Engagement; Idealismus; Führungsansprüche; sich für die Verwirklichung einer Idee voll und ganz einsetzen; Mut; Sinnlichkeit; handwerkliche Fähigkeiten...

Nicht aus sich herauskönnen; engstirniges Verfolgen eines Ziels; Fanatismus; Despotentum; autoritär; Neigung zu Gewalttätigkeit; Machthunger; starke sexuelle Spannungen; Egozentrik; Eifersucht...

(z. B. A. Hitler, F. Kafka, J. Stalin, R. Steiner)

Vesta im Stier (Anlage) oder 2. Feld (Aufgabe)

Festhalten am einmal Erworbenen resp. als richtig Erkannten; Unbeeinflußbarkeit (autarke Lernprozesse); Ehrung überlieferter

Ethik- und Moralvorstellungen; ausgeprägte Konsequenz- und Prinzipientreue; Ehrlichkeit; Zuverlässigkeit; Selbstdisziplin; methodisches Arbeiten; Engagement in Wissenschaft und Forschung; Ausdauer und Konzentrationsfähigkeit; Sicherheitsdenken; Pflichtbewußtsein; Organisationsvermögen; kunsthandwerkliche und künstlerische Begabungen (auch Kochen, Mode, Design, Werbung); Körperbewußtsein; sich mit der eigenen Arbeit identifizieren (Arbeitsethik); menschliche Anhänglichkeit; sachdienliche Hilfsbereitschaft; geradliniges Denken...

Unentwegte Eigenüberprüfungen können Entwicklungsverzögerungen und Minderwertigkeitskomplexe hervorrufen; konservative Festgefahrenheit; Ungläubigkeit; Orientierungsschwierigkeiten in mehrschichtig-subtilen Denkbereichen; unter selbstauferlegten Sachzwängen leiden; im Moral- und Disziplinkorsett gefangen sein; Prinzipienreiterei (Halsstarrigkeit); Naivität; Unnachgiebigkeit und Sturheit; Autoritätsprobleme; in roboterhaft festgefahrenen Verhaltensmustern funktionieren (Wiederholungszwänge); Tendenz zu Schuldkomplexen; Schwierigkeiten in der individuellen Vergangenheitsbewältigung; Umständlichkeit; Fixierungsproblematik; Unterdrückung der eigenen seelischen, instinktiven und intuitiven Energien durch Wille und Prinzip (oft entgegen einem tieferen Wissen)...

(z. B. H. v. Ditfurth, S. Freud, P. Picasso, Th. Ring)

Jupiter im Stier (Anlage) oder 2. Feld (Aufgabe)

Entwicklung von Ausdauer und Geduld in der Idealverwirklichung; soziales Engagement; dauerhafte, geistige Freundschaften suchen; starkes politisch-idealistisches Interesse; Besitzstreben (dabei aber Großzügigkeit); Geschäftstüchtigkeit; Organisationsgabe; hohe moralische und ethische Grundsätze; optimistische Lebenseinstellung; Freiheitsliebe; kunsthandwerkliche Begabung...

Liebe zur Bequemlichkeit; Genußfreude; engstirniges, z.T. fanatisches Verfolgen von Idealen; Neigung zur Pedanterie; Spätentwickler; Neigung zur radikalen Philosophie des »Alles oder nichts«...

(z.B. M. Gandhi, J. Lennon, M. Luther King, Mao Tsetung)

Saturn im Stier (Anlage) oder 2. Feld (Aufgabe)

Ausgeprägter Lebensernst; Realismus; Sicherheitsdenken; Gewissenhaftigkeit; Ausdauer, Geduld; engagierte, harte Arbeiter; Ehrgeiz; Karrieredenken; Sparsamkeit; Pflichtgefühl; Selbstgenügsamkeit; Erdverbundenheit; Konsequenz; kaufmännische Begabung; Selbstdisziplin...

Schwerfälligkeit; Einseitigkeit; Hartnäckigkeit; konventionelles Denken; Vorurteile; Dickköpfigkeit; Pedanterie; übertriebene Arbeitsintensität; Partnerschwierigkeiten (häufige Trennungen); Gefahr der Isolation...

(z.B. V. van Gogh, F.A. Mesmer, P. Picasso, M. Ali)

Chiron im Stier (Anlage) oder 2. Feld (Aufgabe)

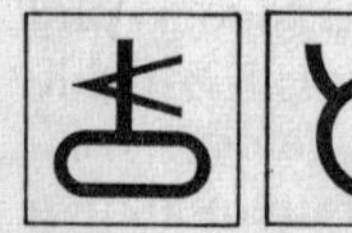

Obwohl stärker traditionellen Werten verbunden, besteht ein Bemühen, sich Neuzeitkriterien schrittweise oder auch über Entwicklungsbrüche anzunähern; Interesse an Philosophie und Okkultismus (Raum-Zeit-Relativierungen), kunsthandwerkliche oder künstlerische Neigungen; Erfindungsgabe; Außenseitertum im Rahmen des Bürgerlichen; Arbeit in Therapie- und Heilberufen; z.T. Besitz paranormaler Fähigkeiten; Körper- und Ernährungsbewußtsein; eigentümliche Einstellung zu Besitz (Schwanken zwischen Materialismus und Gebefreudigkeit); Organisationsgabe; zeitkritisches Denken; kausalanalytisches Vernunftdenken, Streben nach materieller Selbständigkeit; beruflicher Ehrgeiz und Ausdauer; Pflichtbewußtsein...

Anpassungsschwierigkeiten an den Zeitgeist, zwischen physischen und metaphysischen Weltbildern schwanken; Kompromißschwierigkeiten; Fixierungsprobleme; geringe Flexibilität; okkulte Leichtgläubigkeit; Ignorierung veränderter Wirklichkeit; Risiko- und Sicherheitsängste; materieller Egoismus; Skepsis gegenüber Fremden; Gefahr von Minderwertigkeitskomplexen; langsame Problemverarbeitungen; Neigung zum Nachtragen; Eigenbrötlertum; Kommunikationsscheu; Umständlichkeit...

(z.B. G. Apollinaire, Georges Braque, Karl Jaspers, Alfred Witte)

Uranus im Stier (Anlage) oder 2. Feld (Aufgabe)

Gedankliche Einfälle und Intuitionen werden gerne schriftstellerisch oder künstlerisch festgehalten; Eingebungen und originelle Gedanken über Liebe, Sexualität, Tod und Nachtodverbleib; Interesse an okkultem Wissen; dem Zeitgeist kritisch gegenüberstehen (konservativ); gute Konzentrationsgabe; kaufmännische Phantasie; außergewöhnliche

Geldquellen; Sammeln außergewöhnlicher Kunstgegenstände...

Neigung zu Ironie und Sarkasmus; schwer Anschluß finden an die Gemeinschaft; konservative Vorurteile; intellektueller Hochmut; Starrsinn, okkulte Fehlspekulationen...

(z. B. Dante Alighieri, Hölderlin, G. B. Shaw, E. Swedenborg)

Neptun im Stier (Anlage) oder 2. Feld (Aufgabe)

Der Wunsch nach Transzendierung eines materialistischen Weltbildes; Beschäftigung mit Liebes- und Todesmystik; Erotik; Interesse an Esoterik und Okkultismus; das wissenschaftlich-systematische Erforschen von Grenzgebieten; künstlerische Begabungen; Vergänglichkeitsbewußtsein; Hellsichtigkeit...

Illusionen über die Macht des Geldes; sinnliche Verführbarkeit; Vermarktung der Geheimwissenschaften; schwere Bewältigung individueller irdischer Aufgaben...

(z. B. G. Apollinaire, A. Einstein, G. Gurdjieff, H. Hesse)

Pluto im Stier (Anlage) oder 2. Feld (Aufgabe)

Mit traditionellen Lebensformen und Weltbildern brechen wollen; Entdeckerfreude; Erforschung der Gesetzmäßigkeiten von Tod und Wiedergeburt; die magischen Kräftemöglichkeiten der Menschen erforschen wollen; Interesse an Tiefenpsychologie; starke Suggestivwirkung; bis zur Selbstaufgabe arbeiten können...

Neigung zu Gewalttätigkeit; okkulter Größenwahn; Despotentum; unter sexuellen Triebspannungen leiden; Gefahr des Mißbrauches dunkelmagischer Kräfte...

(z. B. A. Adler, Shri Aurobindo, Cl. Debussy, A. Kubin)

Mondknoten im Stier (Anlage) oder 2. Feld (Aufgabe)

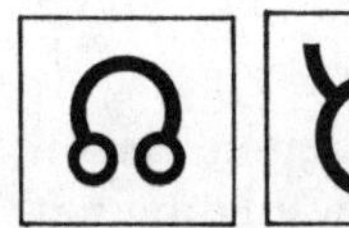

Suche nach dauerhaften Partnerbindungen; sich im häuslichen Bereich gut verwirklichen können; gute Kommunikation in der eigenen Arbeitswelt; Streben nach materieller Sicherheit; vorsichtig im Umgang mit Menschen...

Kontaktschwierigkeiten; sich nur schwer dem anderen gegenüber öffnen können; Partnerprobleme, Schwierigkeiten in der Gruppe und Gemeinschaft...

(z. B. G. Casanova, H. Göring, O. Wilde, J. R. R. Tolkien)

Medium Coeli im Stier
In unseren Breiten immer mit einem Löwe- oder Jungfrau-Aszendent verbunden.

Wissenschaftlich-forschender (Naturwissenschaft: z. B. Medizin), schriftstellerisch-musischer oder kaufmännischer Beruf (z. B. Kunsthandel, Verlagswesen); Organisationstalent; starker beruflicher Ehrgeiz; Durchsetzungsvermögen; Ausdauer; Pflichtbewußtsein; Gründlichkeit in der Arbeit...

Übertriebenes Sicherheitsdenken; Gefahr der Überarbeitung; Materialismus; sein Ego durch den Beruf zu sehr aufbauen; Unnachgiebigkeit; Autorität; Mißtrauen; Einzelgängertum...

(z.B. H. v. Kleist, N. Kopernikus, W. Penn, F. Sauerbruch)

Aszendent im Stier
In unseren Breiten immer mit einem Ziegenfisch- oder Wassermann-Medium-Coeli verbunden.

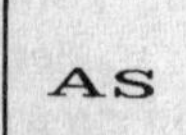

Aufbau einer gefestigten Persönlichkeit; Realitätsbewältigung mittels Vernunftdenken; Entwicklung von Durchsetzungsvermögen. Selbstbewußtsein, Verantwortungsbewußtsein, Sicherheitsdenken; Ausdauer und Ehrgeiz; Häuslichkeit; einen Zugang zu den Künsten finden; über das Gesetz des Karma und Sinnfragen des Lebens reflektieren...

Kontaktschwierigkeiten; Egoismus; Schwerfälligkeit; unflexibel im Denken; Materialismus; sexuelle Problematik...

(z.B. L. van Beethoven, W. Busch, Ch. Manson, R. Wagner)

STIER

Die Sonne tritt im Höhepunkt des Frühlings in das Kraftfeld des Stieres und verfestigt die ideellen Triebenergien des vorangehenden Widder-Zeichens, verleiht ihnen Richtung, Ordnung und Form. Der Stoffwechsel von Pflanze und Tier regeneriert sich, erste Blüten gelangen zur Entfaltung. Der Mensch beginnt mit seinem sprichwörtlich gewordenen Frühjahrsputz, bringt Haus oder Wohnung in Ordnung und spiegelt in diesem Tun symbolisch die Entschlackung innerer Stoffwechselvorgänge wider. Auch seine seelische Gestimmtheit verjüngt sich. Er fühlt sich wieder jugendlich und unternehmungsfreudig, seine sexuellen Energien werden aktiviert, und er entwickelt häufig eine dionysische Naturzugewandtheit sowie eine zunehmende Außenbezogenheit, die sich jedoch von der ungestümen Art des Widder-Naturells unterscheidet. In dem frühlingshaften Grundgefühl des Stier-Themas schwingen immer ein wenig Vorausschau, Vernunft und Erdbezogenheit mit. In Erwartung des Sommers entwickelt sich ein ungeheurer Verkaufsboom, – das Frühlingshafte ›materialisiert‹ sich, verlangt nach einer äußeren Form. So wie die Tiere in dieser Zeit ihr Fell und Gefieder wechseln und an sicheren Plätzen ihre Höhlen und Nester bauen, so hat der Mensch das Bedürfnis, sich neue Kleider anzuschaffen oder die Wohnung umzugestalten. Automarkt, Mode-Industrie, sogar der Büchermarkt eröffnen – wie auch die Universitäten und Hochschulen – ihre Saison. Obwohl das Frühjahr bereits mit dem Widder beginnt, scheint es erst mit dem Fixzeichen Stier in seiner irdischen Relevanz zu Buche zu schlagen. Ähnlich wie sich das Stier-Thema in seinen kollektiven Bezügen auswirkt, zeigt es sich auch individuell im stiergeprägten Menschen. Viele von ihnen verwenden zeitlebens eine ungeheure Energie in den Auf- und Ausbau ihres Hauses oder ihrer Wohnung.

Ausgestattet mit handwerklicher Begabung, künstlerischem Geschmack und der inneren Sehnsucht nach häuslicher Geborgenheit, Sicherheit, Eigentum und Bodenständigkeit basteln, sägen, hämmern, gestalten und schmücken sie ihr Heim, bis auch der letzte Quadratzentimeter fein säuberlich verplant ist. Ganz prinzipientreue Stier-Geborene sind sogar manchmal von dem Wunsch erfüllt, ihr Haus Stein für Stein selbst zu mauern und zu zimmern sowie ein Stück eigenes Land zu bebauen. Sind die Haus- und Wohnungsprojekte dann in aller Perfektion vollendet, verlieren sie schnell ihren Reiz, und es werden bereits Pläne für ein neues, vielleicht größeres oder solideres Heim geschmiedet. Mit der gleichen zähen Ausdauer, Systematik, Detailliebe und Gründlichkeit, mit der sich stierbetonte Menschen einen festen äußeren Rahmen konstruieren, bauen sie sich auch ihr inneres geistiges Haus oder Weltbild. Sie legen hierbei großes Gewicht darauf, sich ein selbsterarbeitetes und nach den Kriterien der Vernunft funktionierendes geistiges Konzept von der Welt zu ›erdenken‹. Stiermenschen lehnen es grundsätzlich ab, etwas leichthin zu glauben, es sei denn, es hat sich durch jahrhundertealte Traditionen abgesichert und bewährt. Ihr inneres Motto ist: ›ich prüfe‹, wobei ihr Prüfstein die ›Kritik der reinen Vernunft‹ ist. Buddha, der unter dem Sonnenzeichen Stier geboren sein soll, gilt nicht ohne Grund als ein Meister sachlicher und realitätsbezogener Philosophie. Er erklärt uns auf eine einfache und unwiderlegbare Art und Weise, daß alles Geschehen auf dem kausalen Gesetz von Ursache und Wirkung beruht, das er Karma nennt. Mit beinahe wissenschaftlicher Trockenheit hat er bereits vor ca. 2500 Jahren durch deduktive Logik über Naturgesetze wie Materie, Antimaterie, Atomstruktur, Relativitätstheorie, Magnetströme sowie das Vorhandensein von Mikroben etc. gelehrt. Immer wieder forderte er seine Schüler zu einer kritischen Überprüfung seiner Lehren auf und verwarf alle Formen religiöser Gefühlsschwelgerei und blinden Glaubens als irrelevant. Betrachten wir uns einige Schriften eines anderen bekannten Stier-Geborenen, Immanuel Kant, so können wir schon aus Titeln wie ›Kritik der reinen Vernunft‹, ›Religion innerhalb der Grenzen der bloßen Vernunft‹, ›Kritik der Urteilskraft‹ etc. die schon beinahe pathologischen Sicherheitsbestrebungen nach Objektivität und Vernunft um jeden Preis herauslesen. Wenn wir dann Kants Forderung von: ›Handle so, daß die Maxime deines Willens jederzeit zugleich als Prinzip einer allgemeinen Gesetzgebung gelten könne‹, lesen, geraten wir schnell an die Grenzen der Anwendbarkeit des Stier-Weltbildes: es wird unrealistisch, da es einen konstruierten und gefühlskalten Supermann fordert, der einen Inbegriff von Selbstbeherrschung, Moral, Ethik und Vernunft darstellt. Es besteht die Gefahr dogmatischer Verhärtung, der wir auch in den seelenlos-materialistischen Theorien von Karl Marx begegnen (Sonne und Mond im Stier), und es wird am Wesen und den geistigen und astroenergetisch-vielschichtigen Strukturen des Menschen vorbeitheoretisiert, was einen ausgezeichneten Nährboden für alle nur erdenklichen Formen von seelischen oder triebhaft-bedingten Neurosen und Psychosen bietet. Kant hat sich an dem wunden Punkt, der sexuellen Problematik des Stier-Themas, vorbeigeschummelt bzw. diese durch Willen und Vernunft kategorisch zu unterdrücken versucht.

Auch Freuds funktionelle und wissenschaftsunterkühlte Form von Psychoanalyse konnte kein Ganzheitsbild des Menschen ergeben. Ihnen allen fehlte die Einbeziehung des Numinosen. Ihr intellektuell-materialistisches Weltbild und ihre fehlende gedankliche Flexibilität und Einfühlungsgabe erlaubten es ihnen nicht, subjektive Erfahrungswahrheiten (z. B. grenzüberschreitendes mystisches Erleben, Herzensbewußtsein etc.) als wichtigen Bestandteil menschlicher Höherentwicklung zu erkennen. Auch Buddhas Lehre der Vernunft ist erst tausend Jahre später durch den indotibetischen Vajrayana-Buddhismus zu höherer Vollkommenheit gelangt, als sie mit tantrisch-mystischen Lehren, der Entwicklung des Mitleidsbewußtseins (Bodhicitta) und den Bodhisattva-Tugenden des Mahayana kombiniert wurde.
Eine Gemeinsamkeit der skorpion- und stierbetonten Menschen ist die Beharrlichkeit und Eigensinnigkeit, mit der Ziele – manchmal rücksichtslos – verfolgt werden. Sie können regelrecht von einem Gedanken besessen sein und sind in der Lage, eher die ganze Welt in Flammen aufgehen zu lassen, als die fixe Verranntheit in eine tief verwurzelte Idee aufzugeben. Obwohl Stierbetonte in der Regel ausgesprochen gutartig – manchmal sogar kindlich-naiv – sein können, gibt es doch auch den wutschnaubenden und blind wütenden Stier, bei dem alle inneren Vernunftsicherungen durchbrennen und der zu einem Spielball der nunmehr ungebändigten innerseelischen Skorpion-Pluto-Energien wird. Sie entwickeln dann einen dämonischen Fanatismus und Größenwahn, wie ihn Hitler oder Robespierre demonstriert haben. In diesem Zusammenhang ist es vielleicht interessant, daß das Nazi-Regime und dessen Philosophie auffallend von der Stier-Skorpion-Thematik bestimmt war, dargestellt durch die führenden Köpfe Hitler, Goebbels und Göring (Hitler: Sonne, Venus, Mars im Stier / Goebbels: Sonne, Merkur, Mars, Uranus im Skorpion / Göring: Mond, Aszendent, Uranus im Skorpion). In Hitler finden wir

alle Stier-Eigenschaften in ihren negativen Auswirkungen. Er hat tatsächlich in einer für ihn subjektiv richtigen Interpretation Kants Forderungen erfüllt und die Maxime seines Willens zu einem Prinzip allgemeiner Gesetzgebung gemacht. Seine fanatische Unbeirrbarkeit, seine Blut-und-Boden-Pamphlete, sein Bestreben nach Zucht, Moral und Pflichtbewußtsein des deutschen Volkes – selbst das Braun der Uniformen (Erdfarbe) – entsprechen der Stier-Thematik. Auch sein ›musisches‹ Steckenpferd, die massive, erdhafte, klotzige Architektur (also das eingangs zitierte Haus) erfüllte den Stier-Archetypus. Mit Goebbels kam das numinose, irrationale Moment ins Spiel: die Massensuggestion, die Haßkampagnen, die psychischen Giftstachel, die Anstiftung zur (unterschwellig sexuell-pervertierten) Verstümmelung und Vergasung von Millionen von Menschen. Die oppositionellen Stier-Skorpion-Kräfte peitschten sich schließlich gegenseitig zu einem gigantomanischen Horror- und Wahnsinnsregime hoch, bis beinahe die ganze Welt in Brand gesteckt war. Dabei geschah natürlich alles unter dem Deckmantel von Vernunft, Pflichtbewußtsein, Unabwendbarkeit und wissenschaftlicher Systematik (Rassenforschung usw.). Ganz zweifellos scheint die Ratio ein gefährliches und manipulierbares Ding zu sein – vor allem, wenn sie mit dem persönlichen, niedrigen Ich oder den egoistischen Willensenergien zusammentrifft.

Nach diesen extremen Beschreibungen von Wirkebenen und Gefahren des Zeichens Stier wollen wir uns mit dessen normalen Charakterprägungen und der spirituellen Aufgabenstellung beschäftigen. Im buddhistischen Rad der zwölf Ursachen des abhängigen Entstehens finden wir nach der Analogie zum Widder-Zeichen (blinde Frau = Unwissenheit) die Entsprechung zum Stier-Thema, die durch einen Töpfer, der am Töpferrad ein Gefäß formt, bildlich dargestellt wird. A. Govinda schreibt hierzu in den ›Grundlagen tibetischer Mystik‹: »So wie der Töpfer die Formen der Töpfe gestaltet, so formen wir unseren

So wie der Töpfer die Formen der Töpfe gestaltet, so formen wir unseren Charakter und unser Schicksal.

Charakter und unser Schicksal – oder richtiger: unser Karma – durch unsere Taten in Werken, Worten und Gedanken. (...) Denn Charakter ist nichts anderes als die durch wiederholte Taten gebildete Tendenz unseres Wollens. (...) Wir schaffen durch Taten, Worte und Gedanken aus dem noch ungeformten Material unseres Lebens und unserer Sinneseindrücke die Gefäße unseres künftigen Bewußtseins, nämlich das, was diesem Bewußtsein Form und Richtung gibt.«

In das astroenergetische Denken übertragen heißt dies, daß nach dem spontanen und unreflektierten Handeln des Widder-Zeichens im Stier eine erste Bewußtheit über Richtung, Sinn und Folgen des Tuns entwickelt werden muß. Es gilt, die Naturgesetzmäßigkeit des Karma (Ursache-Wirkung) zu erkennen und erste Eigenverantwortlichkeit für sein Denken und Handeln zu übernehmen. Davon ausgehend, daß jeder der eigene Töpfer seines Karmas ist und man niemanden – außer sich selbst – für die Art und Weise der Beschaffenheit seines Lebensweges verantwortlich machen kann, muß man nun sorgsam prüfen, welche Gedanken, welches überlieferte Wissen oder welche Weltbilderklärung man in sich hineinläßt, da all diese Informationen und Angebote karmische Spuren hinterlassen und früher oder später verarbeitet werden müssen. Das unbewußte Ahnen dieser Gesetzmäßigkeit führt zu der berechtigten Bedächtigkeit und kritischen Vorsichtigkeit, mit der stierbetonte Menschen an das Leben herangehen. Eindrücke oder Gedanken von außen dringen nur zögernd ein und unterliegen einem langwierigen Prüfungs- und Vorverdauungsprozeß, bis die Information vollständig assimiliert ist. Wenn letzteres eintritt, ist dies tatsächlich ein dauerhafter Bestandteil und Besitz der Persönlichkeit geworden: es hat sich Karma gebildet, das sich in der einen oder anderen Form in diesem oder einem nächsten Leben positiv oder negativ auswirkt. Da diese Grundprogrammierung von so fundamentaler Bedeutung ist, sollte man stierbetonte Menschen zu nichts drängen oder ihnen gewaltsam – quasi im Schnellverfahren – Weltbilder oder Gedanken aufpfropfen, die sich später als Ballast oder Unsinn erweisen. Sie besitzen noch nicht das flexible, oberflächliche und leichte Denken des nachfolgenden Zwillinge-Zeichens und sind nicht an intellektuellen Akrobatenkunststücken interessiert, sondern möchten ihr Wissen ›nutzbringend‹ anwenden. Dies spiegelt sich nicht nur in handwerklichen Begabungen, Geld- und Besitzdenken o. ä. wider, sondern beim spirituell-orientierten Stiermenschen auch in der Überlegung, wie er religiöse oder philosophische

Erkenntnisse dazu benutzt, bereits vorhandenes Karma abzutragen bzw. zu verwirklichen. Beim unentwickelten Typ kann sich die stoische Ruhe in Sturheit verwandeln, sein grundsätzlich positiv zu bewertendes Phlegma läuft Gefahr, in Melancholie, Pessimismus und Selbstmitleid zu münden, und seine Erdgebundenheit erschöpft sich in endlosen Eß- und Trinkgelagen. Daß sie ihrem Wesen nach konservative Gewohnheitsmenschen sind und sich selbst und ihren in langwierigen Prüfungsprozessen erwählten Partnern treu bleiben, macht sie zu Menschen, auf die man sich verlassen kann und die in ihrer regelmäßigen Arbeitsamkeit zwar keine spekulativen Extravaganzen veranstalten, aber mit ihrer Ausdauer in langsamer Geradlinigkeit die Ziele erreichen, die für andere nur Luftschlösser geblieben sind. Genußfreude, Sinnlichkeit und Begabung für Musik und Kunsthandwerk (Töpferei, Mode, Weberei, Architektur etc.) sind die erdhaften Eigenschaften dieses Zeichens. Wir finden hier Künstler wie Dali, Leonardo da Vinci, Gropius u.a., und in der Musik reicht das Spektrum von Brahms über Wagner (Venus, Merkur, Aszendent im Stier) bis zu Donovan und Eric Burdon.

Erde – planetare Stierentsprechung und Mythologien zum Stier-Thema

Von der astrologischen Schlußfolgerung ausgehend, daß alle Planeten unseres Sonnensystems Vertreter bzw. Manifestationen der Tierkreismysterien sind, müssen wir selbstverständlich den blauen Planeten Erde, der uns allen am nächsten ist, in unser Entsprechungssystem mit eingliedern, was bis jetzt nicht getan wurde. Diese schwere gedankliche Unterlassungssünde wurzelt wahrscheinlich in dem immer noch vorhandenen mittelalterlichen Irrglauben, daß unsere Erde der Mittelpunkt des Universums sei und sich hierdurch aller astroenergetischen Zuordnungen enthebe. Es ist anscheinend nicht tief genug ins Bewußtsein des astroenergetisch orientierten Menschen gedrungen, daß die Erde eine Planetenkugel unter vielen anderen ist, und unser Sonnensystem nur eines unter Milliarden und Abermilliarden von z. T. weitaus größeren Systemen darstellt, die, so behauptet es die asiatische Philosophie, alle von eigenen Tierkreisrädern resp. mystischen Kraftfeldern umgeben sind. Vielleicht aus einer inneren Ängstlichkeit heraus, mit den ›ehrwürdigen‹, aber oft auch revisionsbedürftigen Traditionen der mittelalterlichen Astrologie zu brechen, wagt niemand, die Erde als Herrschergestirn des Zei-

Anmerkung: In der alten Astrologie wurden dem Stier (und wird es z. T. auch heute noch) der Planet Venus, Regent des Waage-Zeichens, zugeordnet. Man sprach in diesem Zusammenhang von der irdischen oder dunklen Seite der Venus (›Venus Pandemos‹, ›Venus Telluria‹ oder ›Venus Vulgivaga‹). Sie wurde für den Stier uminterpretiert und galt jetzt als Göttin der Sinnenlust, Sexualität und des weltlichen Geschmacks. Ähnliche Doppelfunktionen hatten früher auch Merkur (für Zwillinge und Jungfrau), Saturn (für Ziegenfisch und Wassermann) und Jupiter (für Schütze und Fische) zu erfüllen. Mit der Zuordnung des Mondes zum Stier-Thema war die alte Astrologie schon dicht an einer Erd-Analogie angelangt.

chens Stier zu betrachten, obwohl sich dies in vielerlei Hinsicht anbietet. Schließlich ist sie es, die uns in ihrem Schwerebann hält, uns einen grobstofflichen Körper, eine realgebundene Manifestation ermöglicht, uns in ein begrenztes Ordnungssystem zwingt und in diesen Eigenschaften symbolisch als unser schutzgewährendes planetares Haus bzw. als eine Stätte der Karmaverwirklichung fungiert (Eigenschaften des Stiers). Eine kleine Schwierigkeit besteht darin, daß wir alle astroenergetischen Berechnungen auf die Erde beziehen (geozentrisches Weltbild), also die Himmelskonstellationen zur Zeit einer Geburt von dem jeweiligen Ort der Weltkugel aus sozusagen mathematisch fotografieren. Damit ignorieren wir, daß die Erde sich ja auch im Tierkreis bewegt und somit Einflüssen des Zodiaks unterliegt. Wenn man sich die beiden uns Erdbewohnern subjektiv am größten erscheinenden Himmelskörper, Sonne und Mond, einmal als riesige mediale Reflektoren vorstellt, so ist es ihnen möglich, den Stand der Erde im Tierkreis von ihrer Position aus auf unsere Welt zurückzuspiegeln, wodurch die Körper-Geist-Manifestation des Menschen zwei zusätzliche Strahleninformationen erhält, nämlich die der heliozentrischen (sonnenbezogenen) Erdbestrahlungen und die der lunaren (mondbezogenen) Erdbestrahlungen (vgl. hierzu: »Der Übergang vom geozentrischen Individualkarmagramm zum heliozentrischen Kollektivkarmagramm«).

Wenn wir die Erde in unser Horoskop mit einbeziehen wollen, müssen wir dies aus heliozentrischer, d.h. sonnenbezogener Sicht tun, wobei die Erde sich von der Sonne aus betrachtet immer exakt gegenüber dem Sonnenstand des Geburtsbildes befindet. Steht die Horoskop-Sonne also beispielsweise auf 13 Grad Stier, so hält sich unsere Erde in 180-Grad-Opposition auf 13 Grad Skorpion auf. Ganz verallgemeinernd läßt sich also sagen, daß durch das Sonnen- und Erdzeichen immer die *ganze* Tierkreisachse, in unserem Beispiel von Stier und

Skorpion, aktiviert ist (Achse des geistigen und physischen Ichs). Da nun Erde und Mond eine zusammengehörige astronomische Einheit darstellen, versuchen sich ihre Energiestrahlungen in der Halbdistanz (Halbsumme) zwischen beiden Körpern zu vereinen. Diesen Punkt nennen wir Erde-Mond-Halbsumme bzw. EMH. Neben der EMH gibt es über 100 weiterer Halbsummen (z. B. zwischen Merkur und Uranus, Merkur und Neptun etc.), die alle als sensitive Punkte eine Bedeutung haben und dem Fortgeschrittenen als zusätzliche Deutungshilfen dienen. Die EMH berechnet sich, indem man die kürzeste Winkeldifferenz zwischen Erde und Mond feststellt, diese halbiert und zum Erde- resp. Mondstand

addiert oder subtrahiert (Beispiel: Erde=13 Grad Skorpion, Mond=13 Grad Ziegenfisch: EMH=13 Grad Schütze). Wie man rechnerisch leicht nachprüfen kann, befindet sich die Halbdistanz Erde–Mond immer in Quadratur (90-Grad-Aspekt) zur Halbsumme Sonne–Mond (Akz. SMH/ in unserem Beispiel auf 13 Grad Fische), so daß sich körperlich-seelische (EMH) und geistig-seelische (SMH) Prozesse ständig wechselseitig aktivieren. Nun habe ich beobachtet, daß beide Halbsummen besonders stark auf lf. Transitbestrahlungen des Planeten Pluto (›Opponent‹ des Erd-Stier-Themas) reagieren. Wirft Pluto einen aktuellen Winkel auf die Mitten von Erde–Mond oder Sonne–Mond, löst dies entscheidende Entwicklungsschübe aus, unser erdbezogenes Denken und Handeln (=Karma) einer geistigen Verwirklichung näher zu bringen. Er erzwingt hierbei eine Umsetzungs-Synthese, die den jeweils augenblicklichen Erkenntnisständen entspricht.
Über die Tierkreis- und Felderstellung der EMH läßt sich die erdbezogene karmische Aufgaben- und Umsetzungsaufforderung herausanalysieren (EMH=karmischer Realisator). Hierbei muß das Resultat dem Erdganzen, dem sozialen Umfeld in einer offenen, selbstlosen Art und Weise zur Verfügung gestellt werden und stellt sozusagen ein karmisches Recycling dar. Zusammen mit der Erde repräsentiert die EMH das Stier- oder Erdthema unseres Horoskops, das immer auch an das Sonnenthema angekoppelt ist.
Um einige Wirkungen von Pluto-Transiten zu illustrieren, nachfolgend ein paar Beispiele bekannter Persönlichkeiten. So entstand z. B. Einsteins Relativitätstheorie (1915) bei Plutos Trigon zu seiner EMH, Heideggers Hauptwerk ›Sein und Zeit‹ (1926–27) bei einer Pluto-Opposition, Huxleys Veröffentlichung von ›Schöne neue Welt‹ (1932) bei einem Pluto-Trigon, Learys ›Politik der Ekstase‹ (1968) bei Plutos Opposition, Marx' Veröffentlichung des ›Kapitals‹ (1867) bei einem Pluto-Quadrat

oder Messners Besteigung des Nanga Parbat und Mount Everest (1980) bei einem Pluto-Trigon zur EMH (Einstein: EMH-4 Grad Skorpion/4. Feld; Marx: EMH-13 Grad Wassermann/12. Feld; Messner: EMH-21 Grad Zwillinge/12. Feld). Hierbei sind die exakten Aspekte Plutos (etwa gradgenaue Konjunktionen, Quadrate oder Trigone) meist viel weniger von Bedeutung als deren Unschärfe- oder Verzögerungsspannungen von plus/minus 5 Tierkreisgraden. Das hängt damit zusammen, daß die EMH keine spontanen karmischen Realisationen bewirkt, sondern langfristige Prozesse in Gang setzt, was dem ebenfalls langsamen Lauf Plutos durch den Tierkreis entspricht. Bei einer EMH von 13 Grad Schütze ist z. B. das Pluto-Trigon von 13 Grad Löwe weit weniger wirksam, als wenn es aus dem Bereich von 14–17 Grad Löwe einwirkt. Eine Wirkungsintensivierung bei Transit-Unschärfen gilt ganz allgemein für alle Transitauslösungen von Neptun und Pluto auf die Planeten, Halbsummen und sonstigen Faktoren des Geburtsbildes. Neben einer zusätzlichen Sensibilität auf Neptun-Transite scheint die EMH (und SMH) auf Transite der übrigen Planeten wenig zu reagieren (zu kurze Wirkungsanlaufphase).

In der Mythologie aller großen Kulturen und Religionen dieser Welt stoßen wir immer wieder auf den Stier als Symbol der Fruchtbarkeit und des Todes. Der Hindugott Shiva beispielsweise wird in seiner Funktion als Fruchtbarkeitsgott auf dem Weltenstier Nandi reitend dargestellt. Auch Vishnus menschliche Inkarnation durch die Gottheit Krishna weist Analogien zum Stier-Thema auf. Krishna, Sohn einer Kuhhirtin, muß in seinem Leben mehrfach Stierdämonen besiegen, was die Überwindung irdischen, körperbezogenen und triebhaften Karmas symbolisiert. Eine andere Hindugottheit, Yama, Herrscher des Todes und irdischer Reichtümer, erscheint immer reitend oder stehend auf einem Stier. Sein dämonisches Gesicht wird häufig von Stierhörnern gekrönt, und sein Penis befindet sich in voller Erektion. Zusammen mit seiner weiblichen Entsprechung Yami schildern ihn die Mythologien als ersten Menschen der Schöpfung. Auf eine sinnbildliche Art vereinigt Yama die Stier-Skorpion-Thematik, denn als erste menschliche Verkörperung (Stier) war er natürlich auch der erste Tote auf der Welt und somit ein Opfer der ihm selbst innewohnenden Pluto-Skorpion-Kräfte (Nachtodverbleib). In dieser Doppelfunktion gilt er auch als Höllenfürst, Totenrichter und ›Herr der Toten‹, der mit seiner Fangschlinge die verstorbenen Seelen der Menschen ergreift und in die Unterwelt führt. In den westlichen Dionysos-Mythen begegnen wir Stier-Kulten zur Zeit des frühminoischen Kreta (Minotaurus-Sagen). Hierbei ist es interessant, daß die Verehrung des Stieres im Stierzeitalter (4000–2000 v. Chr.) ihren Höhepunkt hatte und auch hier in Zusammenhang mit Erotik, Fruchtbarkeit auf der einen Seite und dem Tod auf der anderen Seite gebracht wurde: Der Stier, ein magisches Geschenk des Meergottes Neptun-Poseidon (Neptun = regierender Planet des Zeichens Fische und Erzeuger der Illusions- und Majawelt), entsteigt dem Meer und zeugt in wilder Leidenschaft mit der Gemahlin des Königs Minos einen stierköpfigen Menschen, den Minotaurus, der in ein Labyrinth gesperrt wird, um dort Menschen zu töten. Vergleichen wir dieses Labyrinth mit den Leidenschaften und Todesängsten des Menschen, so versucht die Mythe einen Ausweg aus der Problematik in Form des Ariadne-Fadens aufzuzeigen: Durch systematische Vernunft (Stier) und intellektuelle List (Zwillinge) kann man sich einen Weg durch den gefährlichen Irrgarten des Lebens bahnen – sich schrittweise der Konfrontation mit den inneren Dämonen nähern, um diese schließlich zu besiegen und Befreiung zu erlangen.

Sigmund Freud – Kurzbiographie

Sigmund Freud wurde am 6. Mai 1856 um 18 h 30 m in Freiburg in Mähren geboren und wuchs in Wien in ärmlichen, kleinbürgerlichen Verhältnissen als Sohn eines Stoffhändlers auf. Nach der Schulzeit schwankte er zwischen der Wahl eines Jura- oder Medizinstudiums, entschied sich dann aber ziemlich lustlos für letzteres, spezialisierte sich auf das Gebiet der Neurologie, betrieb anatomische Forschungen über die Geschlechtsdrüsen der Aale und bestand 1881 verspätet sein Medizinexamen. Nach einer Studie über die schmerzstillende Wirkung von Kokain fuhr er nach Frankreich, um dort die Möglichkeit der Hypnose zu studieren (zur Behandlung der Hysterie). Freud litt in dieser Zeit selbst unter hysterischen Neurosen und entdeckte Anfang der neunziger Jahre die Methode der freien Assoziation, bei der der Patient entspannt auf einer Couch liegt und spontan jeden Einfall, der ihm durch den Kopf geht, erzählt. Der Psychoanalytiker sitzt hierbei – dem Patienten unsichtbar – am Kopfende, notiert die Assoziationen und bespricht sie anschließend. Diese Methode wurde allgemein als der Beginn der Psychoanalyse angesehen.

1897 entdeckte Freud den sogenannten ›Ödipuskomplex‹ (frühkindliche Verliebtheit in die Mutter und Eifersucht dem Vater gegenüber).

Um 1900 erschien sein Buch ›Die Traumdeutung‹. Freud unterzog hierbei die Träume seiner Patienten einer Inhaltsanalyse und ließ den Träumer Assoziationen hierzu erzählen. Sein Interesse galt hierbei ausschließlich den persönlichen und unbewußten Wünschen, sexuellen Motivationen und Traum-Reminiszenzen an vergangene Lebensabschnitte. Freud nannte seine Traumdeutungsexperimente einen Königsweg (via regia) in das Unbewußte. Obwohl Freud ein offenes, aber ängstliches Ohr für okkulte Theorien hatte, lehnte er es ab, den Träumen – über das persönliche Unbewußte hinaus – einen mythologisch-archetypischen Sinn zuzugestehen. Er war einzig bemüht, alle seelischen Vorgänge mit seinem funktionellen Konzept sexueller Triebenergien (Libido), dem Wechselspiel von Masochismus/Sadismus sowie Inzest- und Narzißmustheorien usw. zu erklären.
1902 kam Freud in Kontakt mit C. G. Jung, der einige Jahre sein Schüler wurde, sich aber recht bald von der Freudschen Sexualtheorie distanzierte, denn, so C. G. Jung: »Sie macht den Fehler der Einseitigkeit und Ausschließlichkeit, und überdies begeht sie die Unvorsichtigkeit, den unfaßbaren Eros mit einer groben Sexualterminologie festlegen zu wollen. Freud ist eben auch ein typischer Vertreter der materialistischen Epoche, deren Hoffnung es war, die Welträtsel einmal im Reagenzglas zu lösen.«

Der Stier-Einfluß in Freuds Geburtsbild im Vergleich zum skorpionbetonten Karmagramm Hans Drieschs

Freud hat seine Geburtsthematik auf geradezu treffende Art und Weise erfüllt. Er benutzte die dem Stier eigenen Medien von Vernunft, Logik und Wissenschaft dazu, die geheimen Mächte der Triebe und der unbewußten Tiefen der Seele (Skorpion) systematisch zu erforschen. Hierbei war er immer ängstlich darauf bedacht, den okkulten und magischen Aspekt dieser Thematik zu ignorieren, da dies sein funktionales Weltkonzept völlig ins Schwanken gebracht hätte. Sein ›aufgeklärter‹ Geist, durch den Skorpion-Aszendenten beunruhigt und aufgewühlt, ließ es nicht zu, so großartige Psychologien wie die der Astrologie oder Religionsphilosophie zur Aufhellung seiner inneren Probleme heranzuziehen, wie dies z.B. C.G. Jung versuchte. Ein anderer Zeitgenosse Freuds, der Begründer der parapsychologischen Wissenschaft, Hans Driesch (28. 10. 1867, 17 h 00 m OZ, Kreuznach), versuchte, das Wesen der Psyche vom Skorpion her wissenschaftlich zu ergründen. Driesch hatte fünf Planeten im Skorpion-Zeichen (Sonne, Mond, Merkur, Venus, Saturn) und ging von der Voraussetzung aus, daß numinose Kräfte das Wesen des Menschen mitbestimmen oder überhöhen können. Ihm stellte sich das Problem, wie man diese Fakten einer ungläubigen und naturwissenschaftlich orientierten Welt und vor allem sich selbst beweisen könne, während Freud mehr darauf aus war, den okkult und mystisch angehauchten Psychologen seiner Zeit zu demonstrieren, daß sie unsinnigem Hokuspokus anheimgefallen seien, wobei doch alles mit der einfachen Ratio zu erklären sei. Freud und Driesch suchten also beide nach Belegen für oder wider die Existenz des Numinosen; hierbei waren sie gleichermaßen von inneren Zweifeln und Ängsten motiviert, in der einen oder anderen Richtung eines Besseren belehrt zu werden. Sie verbohrten sich dabei beinahe fanatisch in die fixe Idee, ihr Problem durch den neuen Wissenschaftsgott und dessen Bibel, die klinisch saubere Objektivität, beglaubigen zu lassen. Obwohl sie hierbei sicherlich von den besten Absichten und pionierhaften Idealen getragen wurden, mußten sie sich früher oder später in dem Netz selbstauferlegter naturwissenschaftlicher Gebundenheit verfangen und einen Punkt erreichen, der mit den Methoden der normalen Logik nicht überschreitbar ist, nämlich den Punkt totaler Subjektivität: des Erlebens und Durchlebens seelischer Inhalte ohne die Zuhilfenahme grenzsetzender Gedanken, des ›Sich-fallen-Lassens‹ in ein Meer unermeßlicher Dimensionen, Mysterien, Paradoxien und magischer Realitäten. Um diesen gefährlichen Strom durchschiffen zu können, bedarf es weitaus mehr als das Verpacken seelischer Inhalte in intellektuelle Oberbegriffe wie ›Abwehr-Neurose‹, ›Fehlleistung‹, ›Inzestscheu‹, ›Ödipuskomplex‹ (Freud) oder ›Seelenfeld‹, ›ESP‹, ›Psi‹ etc. (Driesch). Die Wissenschaft ist in letzter Konsequenz immer nur Vorbereitung auf dem Wege des Menschen zur Annäherung an die Dimensionslosigkeiten des Numinosen, sozusagen eine Vorstufe, ein Hilfswerkzeug, um die Bereiche, die wir vage mit Religion oder Mystik umschreiben, gefahrlos anzusteuern. Diesen weiterführenden Anschluß, der ihr Vorhaben legitimiert hätte, haben sich sowohl Freud als auch Driesch freiwillig verbaut und sind somit in einer Sackgasse innerer Unerlöstheit, pedantischer Verhärtung und Ungeistigkeit gelandet. Weder das Stier- noch das Skorpion-Thema lassen sich lösen durch Aussprüche wie:

»Auf die Dauer kann der Vernunft und der Erfahrung nichts widerstehen, und der Widerspruch der Religion gegen beide ist allzu greifbar ... Unser Gott Logos wird von diesen Wünschen verwirklichen, was die Natur außer uns gestattet« (Freud).

Oder: »Mit den ›mystischen‹, ›irrationalen‹ Neigungen der Gegenwart hat die Parapsychologie gar nichts zu tun. Sie ist Wissenschaft, ganz ebenso, wie Chemie und Geologie Wissenschaften sind. Unmittelbar ›schauen‹ tut sie gar nichts (...). Parapsychologie steht somit im Dienst echter Aufklärung, denn rational arbeiten heißt ›aufklärend‹ arbeiten« (Driesch).

Methode: (z.B. Natal/Solar/Helio...) Natal	Name: SIGMUND FREUD	☉ 16° 19' ♉
Feldersystem: 30°	Datum: 06. Mai 1856	☽ 14° 30' ♊
Erstellt von:	Ort: Freiberg/Mähren Zeit: 18 h 30 m OZ	MC 19° 50' ♌
		AS 07° 28' ♏

Quadrate

Trigone

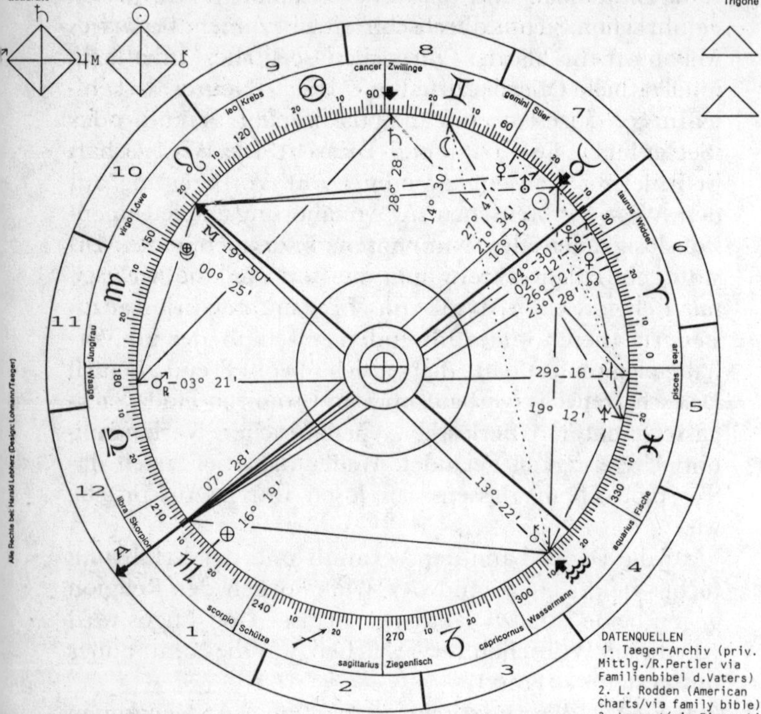

DATENQUELLEN
1. Taeger-Archiv (priv. Mittlg./R.Pertler via Familienbibel d.Vaters)
2. L. Rodden (American Charts/via family bible)
3. Lescaut(via Biographie)
4. Ebertin (Pluto): 14 h 00 m

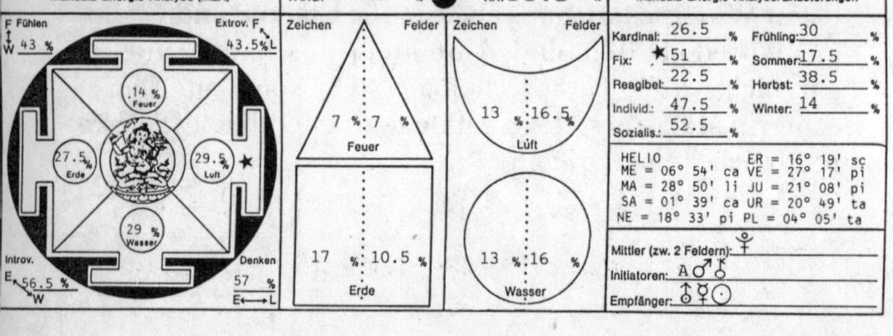
Mandala-Energie-Analyse (MEA)

YANG: 41.5 % YIN: 58.5 %

F Fühlen W 43 % | Extrov. F L 43.5%

Feuer 14 % | Erde 27.5 % | Luft 29.5 % | Wasser 29 %

Introv. E W 56.5 % | Denken E L 57 %

	Zeichen	Felder
Feuer	7 %	7 %
Luft	13 %	16.5 %
Erde	17 %	10.5 %
Wasser	13 %	16 %

Mandala-Energie-Analyse/Erläuterungen

Kardinal:	26.5 %	Frühling:	30 %
Fix:	51 %	Sommer:	17.5 %
Reagibel:	22.5 %	Herbst:	38.5 %
Individ.:	47.5 %	Winter:	14 %
Sozialis.:	52.5 %		

HELIO ER = 16° 19' sc
ME = 06° 54' ca VE = 27° 17' pi
MA = 28° 50' li JU = 21° 08' pi
SA = 01° 39' ca UR = 20° 49' ta
NE = 18° 33' pi PL = 04° 05' ta

Mittler (zw. 2 Feldern):
Initiatoren: A ♂ ⚷
Empfänger: ⚷ ☿ ☉

Stichworte zu Freuds Karmagramm

Sexuelle Problematik: Skorpion-Aszendent (Opposition Pluto) / Mars in Waage und Venus im Widder / Pluto Konjunktion Venus, Vesta im 6. Feld / Karmaquadrat: Mars, Jupiter, Saturn (unterdrückte Libido, Vater- und Männlichkeitskonflikte) / starke Stierbetonung durch 4 Planeten / Sonne und Uranus im 7. Feld (Partnerproblematik) / Halbquadrat Mond-Venus / Saturn, Mond im 8. Feld

Wissenschaftliche Ambitionen: Saturn in den Zwillingen auf der Quadratspitze zu Mars, Jupiter / starke Stierbesetzung, vor allem: Konjunktion Merkur-Uranus / Erde im 1. Feld

Skepsis (Angst) gegenüber feinstofflicher Wirklichkeit: Skorpion-Aszendent-Opposition-Pluto / Stierbesetzung, Zwillingebesetzung durch Mond und Saturn

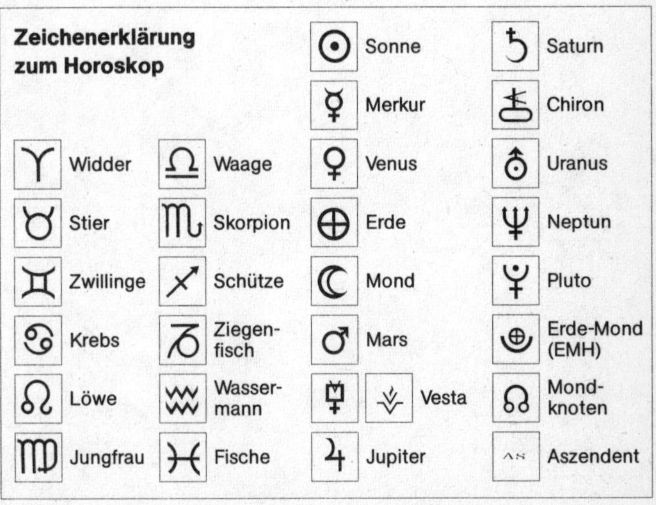

Überzeugungskraft, Idealismus: Sonne-Quadrat-MC / Jupiter-Opposition-Mars

Intellektuelles Interesse an der Psyche: Mond und Saturn (in den Zwillingen) / Stierbesetzung / Vesta-Pluto-Konjunktion

Unter Beweiszwang leiden: Stierbesetzung, vor allem Merkur im Stier / Saturn auf Karmaquadratspitze / Zwillingebesetzung (vor allem Mond in den Zwillingen) / Vesta-Opposition-Aszendent

Intuitions- und Assoziationsgabe: Merkur Konjunktion Uranus Mond-Quadrat-Neptun

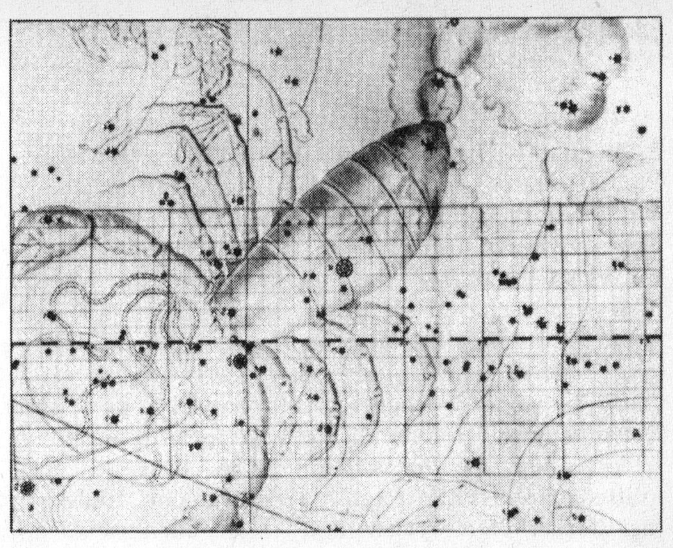

SKORPION

Skorpion in Stichworten

8. Zeichen im Tierkreis/Herbstmitte/ Planetenherrscher: Pluto (Gott der Unterwelt, Höllenfürst) / Wasserelement / Yin / Fixzeichen / Oppositionszeichen: Stier / Felder- bzw. Häuserentsprechung: 8. Feld (Tod und Wiedergeburt) / Einflußsphäre: 42.–48. Lebensjahr (sog. Midlife Crisis) / Tagesentsprechung: die dritte und vierte Stunde nach Sonnenuntergang/ Länderentsprechung: Japan, Norwegen, Bayern, Israel/ Städte: Tokyo, Hiroshima, München, Tel Aviv/ Wochentag: evtl. Dienstag/ psychische Entsprechung: Triebhaftigkeit, Leidenschaft, Mut, Entschlossenheit, die magischen und suggestiven Seelenkräfte Selbstdisziplin, Haß / Temperament: cholerisch (bei starker Pluto-Verletzung) – sonst auch melancholisch/ Somatische Entsprechung: Geschlechtsorgane (Gonaden), Unterleib, After (Hämorrhoiden), Ausscheidungsorgane, Erneuerung der roten Blutkörperchen, Zellbildung, körperliche Deformationen/ Alchemie: Plutonium, Eisen, Stahl, Säuren, Rubin, Magnetstein, Tigerauge, Diamant/ Farbentsprechung: Intensivrot, Schwarz, Weiß/ Asiatische Tierkreisentsprechung: Schaf (Widder)/ Formen: aufplatzende, berstende Formen, Deformationen, bizarre spitze und scharfe Formen/ Esoterik: Wurzelchakra als Sitz der Kundalini, Sexualchakra, jedoch auch ein außerkörperliches Kraftzentrum oberhalb des Scheitelchakras/ Skorpionzeitalter: 16000 bis 14000 v. Chr./ I-GING-Entsprechungen: *Kan* = Das Abgründige, das Wasser; *Schi* = Das Heer; *Go* = Die Umwälzung/ Mythologien, Märchen: der Mythos von Orions Kampf mit dem Skorpion, Mythen über Nachtodzustand (Hades, Bardo), Höllenweltschilderungen, Märchen von Schwarzmagiern, Hexen und giftigen Tieren (Schlangen, Kröten, Spinnen), geheimen und unsichtbaren Mächten, okkulten Machtkämpfen, Gruselmärchen – die buddhi-

stische Skorpiongottheit Rahula sowie der schwarze Reichtumsgott Kubera, Analogien zum Bodhisattva Vajrapani, Guhyasamaja-Tantra, Vajrakila. Der asiatische Drachen-Archetyp als Behüter der Lebensenergie.

Skorpion-Geborene
(mit Sonne im Skorpion)

Christian Barnard (MO=ca / AS=ge), Richard Burton (MO=vi / AS=le), Albert Camus (MO=aq / AS=vi), Prinz Charles von England (MO=ta / AS=le), Marie Curie (MO=pi / AS=aq), F.M. Dostojewskij (MO=ge / AS=ca), Hans Driesch (MO=sc / AS=ta), Indira Gandhi (MO=cp / AS=le), Art Garfunkel (MO=ge / AS=le), Charles de Gaulle (MO=ar / AS=li), André Gide (MO=ca / AS=li), Joseph Goebbels (MO=cp / AS=le), Billy Graham (MO=sa / AS=ar), Selma Lagerlöf (MO=ta / AS=le), Martin Luther (MO=ar / AS=le), Charles Manson (MO=aq / AS=ta), Theophrastus Paracelsus (MO=sa / AS=cp), Pablo Picasso (MO=sa / AS=le), Erwin Rommel (MO=ta / AS=cp), Friedrich von Schiller (MO=le / AS=le), Leo Trotzki (MO=le / AS=le), Voltaire (MO=cp / AS=cp).

Anmerkung: MO= Mond, AS= Aszendent;
ar= aries= Widder, ta= taurus= Stier, ge= gemini= Zwillinge, ca= cancer= Krebs, le= leo= Löwe, vi= virgo= Jungfrau, li= libra= Waage, sc = scorpio= Skorpion, sa= sagittarius= Schütze, cp= capricornus= Ziegenfisch, aq= aquarius= Wassermann, pi= pisces= Fische.

Planeten im Skorpion und 8. Feld

Sonne im Skorpion (Anlage) oder 8. Feld (Aufgabe)

Sich gerne schwierige Ziele setzen; Gefühlsreichtum; Großzügigkeit; Ehrgeiz; Mut; Willensstärke; Zähigkeit; ausdauernd in der Arbeit; scharfer und beweglicher Intellekt; Interesse an Okkultismus und den Fragen von Tod und Wiedergeburt; Sinnlichkeit; starke Sexualität; Begeisterungsfähigkeit; hellseherische Begabung; starke suggestive Ausstrahlung; magische Kräfte; Führungsansprüche; Durchsetzungsvermögen; Philosophie des ›Alles oder nichts‹; kämpferische Dynamik; aufopferungsvoll in Freundschaft oder Partnerschaft...

Launenhaftigkeit; Unnachgiebigkeit; Verschlossenheit; Herrschsucht; sich nur schwer anderen unterordnen oder öffnen können; Eitelkeit; Eifersucht; z. T. Gefühlskälte; Neigung zum Fanatismus; Rücksichtslosigkeit; nachtragend; Liebe kann schnell in Haß umschlagen; leicht kränkbar; autoritär; Stolz; Ungeduld; Gefahr masochistischer oder sadistischer Gefühle; sexuelle Probleme...

Mond im Skorpion (Anlage) oder 8. Feld (Aufgabe)

Tiefe und enge Gefühlsbindungen eingehen wollen, starke Intuition; okkulte, hellseherische, magische Fähigkeiten; Einfühlungsgabe; Leidenschaftlichkeit; suggestive, teilweise dämonische Ausstrahlung; leichter Zugang zum Bereich des kollektiven Unbewußten; Interesse an Mystik und Parapsychologie; gefühlsmäßige, non-verbale Kommunikation (mit den Augen, Mimik und Ausstrahlung sprechen), sich in Beruf und Arbeit stark engagieren; Treue; Anhänglichkeit; Aufopferungsbereitschaft...

Selbstzerstörerische Gefühle; Gefahr gefühlsmäßiger Isolation; starke Launenhaftigkeit und innere Unruhe; Eifersucht; sich von dunkler Magie angezogen fühlen; unter unergründlichen inneren Ängsten leiden; Einzelgängertum; nur schwer zur inneren Ruhe kommen; latente Anlagen zu Hysterie; subtile Herrschsucht...

(z. B. H. Driesch, A. Hitchcock, Nostradamus, S. Muktananda)

Merkur im Skorpion (Anlage) oder 8. Feld (Aufgabe)

Tiefgründiges, originelles, intuitives, vielschichtiges, kritisches, einfühlsames, psychologisierendes Denken; Interesse an der Erforschung des archaischen Unbewußten; gute Beobachtungsgabe; gedanklich hinter die Gesetzmäßigkeiten von Tod und Wiedergeburt kommen wollen; fasziniert von okkulten Wissenschaften; starke Suggestivkraft durch Worte; Diskutier- und Redegewandtheit; das Wesen des Geheimnisvollen gut in Worte kleiden können...

Emotionelles, unruhiges Denken; Übertreibungen; Ironie, Zynismus; Subjektivität; destruktives Denken; anderen mit Gedanken Angst einjagen; Fanatismus; sich in obskure okkulte Ideen verrennen; Hartnäckigkeit; Gefahr des intellektuellen Hochstaplertums...

(z. B. J. Goebbels, B. Graham, R. D. Laing, Fr. v. Schiller)

Venus im Skorpion (Anlage) oder 8. Feld (Aufgabe)

Sich gut für den Partner oder ein Ideal aufopfern können; tiefe und schicksalhafte Liebesbindungen eingehen; ausgeprägte Sinnlichkeit und Sexualität; die Thematik von Liebe und Tod; Liebesmagie; Interesse an Religion und Mystik; spirituelle Außenseiterwege gehen; starke psychische Kräfte; Engagiertheit in der Arbeit (gerne schwierige Aufgaben übernehmen); mediale Veranlagung; dem Zeitgeist voraus sein; künstlerische Ambitionen, sich für positive kollektive Ideale einsetzen...

Eifersucht, erniedrigende, selbstzerstörerische Gefühle haben (Neigung zum Masochismus); Gefühlsschwankungen; Haß-Liebe; Emotionalität; Übertreibungen; Fanatismus; sich in eine fixe Idee verbeißen; sexuelle Perversionen...

(z. B. M. Curie, Mahatma Gandhi, T. Leary, Ch. Manson)

Mars im Skorpion (Anlage) oder 8. Feld (Aufgabe)

Gefühlsstärke (psychische Energien); alle Kräfte in den Dienst *eines* Ideals stellen (Alles oder nichts); engagiertes Arbeiten bis zur Selbstaufgabe; kämpferischer Einsatz der Energien für Ideale, die dem Kollektiv dienen; Ehrgeiz; mit der Schwierigkeit der Aufgabe wächst das Engagement; Durchhaltevermögen; Mut; Selbstbewußtsein; Führungsansprüche; Kritiklust; Suggestivkraft; Dynamik; Regenerationsfähigkeit...

Rücksichtslosigkeit; Eifersucht; sexuelle Leidenschaftlichkeit; Egozentrik; innere Rastlosigkeit; fanatische Verbohrtheit; Anmaßung; übereilte, unüberlegte Taten; Psychoterror; sadistische Neigungen; Haßliebe...

(z. B. J. Hendrix, M. Luther, A. Schweitzer, Ravi Shankar)

Vesta im Skorpion (Anlage) oder 8. Feld (Aufgabe)

Tiefenpsychologisches und magisch-okkultes Denken; Analyse des Absurden, Dekadenten und Grotesken; Untergrundarbeit; sozialreformerisches Arbeiten; Aufzeigen sozialer Mißstände; Randgruppenarbeit; Zeitgeistpionier; Bruch mit traditionellen Tabus und Arbeitsmethoden; zeitkritische Philosophie; denkerisches Sprengen irdisch-relevanter Kriterien (Überwindung dualistischer Moralmaßstäbe); Vorstoß zur makro- oder mikrokosmischen Wirklichkeit; politisches Engagement; Selbstaufgabe im Beruf; wissensmäßige Konfrontationen suchen; bohrendes Forscherdenken; Mut zum Außenseitertum; Transformation sexueller Energien durch Arbeit; Suche nach übergreifenden philosophischen Weltkonzepten (z. B. Atomphysik, Astrophysik, Buddhismus, Tantra); Suggestivkraft...

Hang zum Märtyrertum; Fixierung auf Vorstellungsbilder; Arbeitsfanatismus (bis hin zur Destruktivität); Extremismus; Radikalismus; Sendungsbewußtsein; mangelnde Diplomatie durch extreme Offenheit; Gefahr des Absinkens in kriminelle Bereiche; Expansion ins Maßlose und Gigantische; Selbstüberheblichkeit; diktatorische Ambitionen; Gefahr des Verlusts ›normaler‹ Wertmaßstäbe; Prinzip des ›Alles oder nichts‹; Lust am Perversen; entpersönlichtes Betrachten des Menschen (der Menschheit); sich in okkulten Spekulationen verstricken; innere Ruhelosigkeit...

(z.B. Isaac Asimov, F. Fellini, U. Meinhof, G. Meyrink, J. Stalin)

Jupiter im Skorpion (Anlage) oder 8. Feld (Aufgabe)

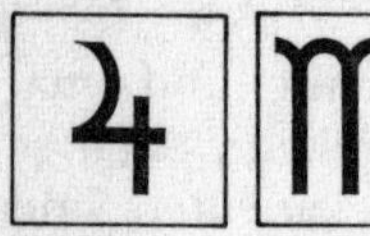

Die eigenen Ideale zielstrebig und kompromißlos in die Tat umsetzen; Entwicklung eines okkulten oder magischen Weltbildes; Philosophieren über die tiefgründigen Hintergründe von Sexualität und Liebe; sich eine okkulte Guru-Rolle aufbauen; Arbeit im Untergrund; Unterstützung von Außenseiterwegen; sonderbare und tiefgehende Freundschaften eingehen; Interesse an Spiritismus und Paraphänomenen; Unterdrückten helfen...

Emotionalität; Launenhaftigkeit; Depressionen; Exaltiertheit; Mißbrauch okkulter Kräfte; subtiles Despotentum; sexuelle Schwierigkeiten...

(z.B. E. von Däniken, E. Kästner, L. Tolstoi, A. Crowley)

Saturn im Skorpion (Anlage) oder 8. Feld (Aufgabe)

Entschlossenheit; Ausdauer; Überzeugungskraft; Ehrgeiz; Selbstdisziplin; Neigung zur Askese; beherrschte Sexualität; die Maja der sexuellen Triebkraft desillusionieren wollen; Todesmystik, Erfahrung der Welt als Leid; Lebensernst; nüchterne und sachliche Einstellung zu Liebesbeziehungen; Verantwortungsbewußtsein; Perfektionismus in der Arbeit...

Gefühlskälte; Verschlossenheit; Melancholie; Angst vor dem Tod; sexuelle Spätentwickler; Lebensfeindlichkeit; Sarkasmus; Gefahr des Puritanertums; Engstirnigkeit; Neigung zum Pessimismus; wenig Idealismus; Verschwiegenheit; trockener Humor; Unblumigkeit; Kontaktarmut...

(z. B. J. W. v. Goethe, Sven Hedin, H. v. Kleist, K. Kollwitz)

Chiron im Skorpion (Anlage) oder 8. Feld (Aufgabe)

Suche nach zeitgemäßen Transformationen (Kanalisationen) von Libido-Energien in geistige Potenzen; Entwicklung durch inneres ›Stirb und werde‹; experimentelles Erforschen von Wirklichkeitsbegrenzungen; forschende Unnachgiebigkeit; Infragestellen religiöser Weltbilder; Selbst- und Arbeitsdisziplin; Risikobereitschaft; Mut; Suggestivkräfte; Interesse an Tiefenpsychologie, Magie, Sexualität, Tod, Grenzwissenschaft, Psychodrama; Regenerationsfähigkeit; analytischer Scharfsinn; häufige Berufswechsel; Ehrgeiz und Karrierestreben, große Phantasie- und Vorstellungskraft; sich bedingungslos für Ideale oder Freunde einsetzen; Engagement für soziale Außenseitergruppen...

Instinktlosigkeit; sexuelle Desorientierung oder Pervertiertheit; selbstzerstörerische Tendenzen; Überkompensation sexueller Probleme (z. B. durch extreme Selbstdisziplin, Arbeitswut, Vernunft oder moralische Engherzigkeit); Tiefenängste (Ängste gegenüber dem eigenen Tiefenselbst); Mißbrauch der eigenen Suggestiv-Magie (Power-Spiele); Haßliebe in bezug auf Partnerschaft, Arbeit, Realität; Gefahr von Maßlosigkeit und Zynismus;

Suizidneigungen; Herrschsucht; Launenhaftigkeit; Trieb- und Aggressionsgesteuertheit; sich in obskure okkulte Theorien verrennen; seine wahren Gefühle verstecken (Heuchelei); in emotionaler Unterkühltheit erstarren...

(z. B. M. C. Escher, Joseph Goebbels, Wilhelm Reich, Carl Zuckmayer)

Uranus im Skorpion (Anlage) oder 8. Feld (Aufgabe)

Starke Intuitions- und Erfindergabe; revolutionäre technische und wissenschaftliche Entdeckungen machen; Interesse an okkulten Wissenschaften; Bruch mit traditionellen Weltbildern; mediale Veranlagung (Telepathie); Einfälle werden engagiert in die Tat umgesetzt; paradoxes und originelles Denken; Vielschichtigkeit...

Ruheloses und nervöses Denken; Ironie; Galgenhumor; sich zu sehr in utopischen und okkulten Theorien verlieren; gedanklich ›ausflippen‹; Pessimismus; einfache Zusammenhänge übersehen; den Bezug zur Realität verlieren...

(z. B. F. Chopin, N. Kopernikus, I. Newton, W. Reich)

Neptun im Skorpion (Anlage) oder 8. Feld (Aufgabe)

Ausgeprägte Erotik; sexuelle Hingabebereitschaft; Fantasiereichtum; Beschäftigung mit Todesmystik; mediale Veranlagung; Sensibilität; Interesse an psychedelischen Drogen und den Möglichkeiten der Meditation; die dunklen Bereiche des Unbewußten durchleben wollen; das Wesen sogenannter ›Schwarzer Magie‹ begreifen lernen; leichter Zugang zu den Bereichen des archaischen Tiefenselbst…

In Fantasiewelten flüchten; mystische Schwärmerei; selbstzerstörerische Neigungen; Gefahr von psychischen Erkrankungen (Verfolgungswahn, Horror-Trips, psychische Inflation)…

(z. B. H. Chr. Andersen, A. Dürer, H. Heine, Michelangelo)

Pluto im Skorpion (Anlage) oder 8. Feld (Aufgabe)

Revolutionäres Bewußtsein; sich für die Verwirklichung neuer kollektiver Ideale einsetzen (Sozialismus, Kommunismus); über starke okkulte Kräfte verfügen; Intuition; hellseherische Begabung; Mut; Überzeugungskraft; Eingespanntsein in Massenschicksal; Aufbau eines neuen spirituellen Bewußtseins; Brüche mit der Tradition…

Einzelgängertum; Verschlossenheit; Selbstüberzogenheit; Partnerschwierigkeiten; sich in destruktiven Fantasien verlieren; andere beherrschen wollen…

(z. B. A. Cagliostro, Th. Paine, Paracelsus, Sokrates)

Mondknoten im Skorpion (Anlage) oder 8. Feld (Aufgabe)

Kommunikation über okkulte Fragen; Interesse an Astrologie und Esoterik; sich mit dem Schrecken des Todes auseinandersetzen; Freiheitsliebe; sich gut in der eigenen Arbeit verwirklichen können; reiches Fantasie- und Traumleben...

Einzelgängertum; Verschlossenheit; Selbstüberzogenheit; Partnerschwierigkeiten; sich in destruktiven Fantasien verlieren; andere beherrschen wollen...

(z. B. W. Disney, F. Kafka, E. A. Poe, H. Toulouse-Lautrec)

Medium Coeli im Skorpion
In unseren Breiten immer mit einem Ziegenfisch- oder Wassermann-Aszendenten verbunden.

Starke berufliche Engagiertheit; Forscherdrang; sich für außergewöhnliche Berufe, wie z. B. Astroenergetik, Tiefenpsychologie, Hypnose, Tiefseeforschung, Hellseherei oder ähnliches interessieren; Risikofreudigkeit; unkonventionelle Ziele verwirklichen; Idealismus; häufiger Berufswechsel; Ehrgeiz; Willenskraft...

Gefahr der Überarbeitung; Rücksichtslosigkeit; Ruhelosigkeit; Egozentrik; seinen Beruf zu wichtig nehmen; Gefahr des Materialismus...

(z. B. E. Coué, C. G. Jung, J. C. Lilly, E. Swedenborg)

Aszendent im Skorpion
In unseren Breiten immer mit einem Löwe- oder Jungfrau-Medium-Coeli verbunden.

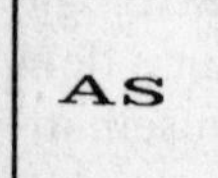

Lernen müssen, mit den eigenen Triebspannungen umzugehen; vielschichtiges, tiefgründiges Denken; durch Leid motiviert sein, sich selbst zu entwickeln; Suggestivkräfte; schnelle Entschlußkraft; Direktheit; hohe Ansprüche an sich selbst und andere stellen...

Eifersucht; Haßliebe; Partnerprobleme; Gefahr von seelischen Erkrankungen (Depression, Größenwahn); Negativismus; Suizidgedanken; übertriebenes Geltungsbedürfnis; sich die Zuneigung anderer erkämpfen wollen; ›Psycho-Fighting‹; seine eigenen Kräfte überschätzen...

(z.B. H. v. Karajan, F.W. Nietzsche, O. Spengler, R. Steiner)

SKORPION

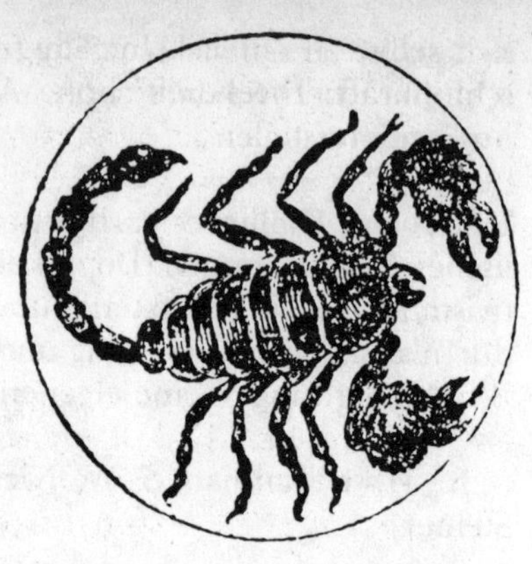

Suchen sich die Lebensenergien zur Zeit der Sonnenregentschaft im Stier eine neue, beständige Form im Außen und eine Verfestigung durch Vernunft im innermenschlichen Bereich, so bewirken die gleichen Energien unter der Regentschaft des Skorpions zur Zeit der Herbstmitte die Deformation, Transformation und das Sterben in der Natur sowie eine Rückbesinnung auf die gewaltigen Ausmaße archaischer Seelenkräfte und Gefühle. Der Skorpion führt den Menschen in die verborgenen Tiefen seiner vulkanischen Urmeere und konfrontiert ihn mitleidlos mit den dunklen und unerlösten Schichten seines dämonischen und instinkthaften Tiefenselbst. Er zerstört in uns gewaltsam die Illusionen von ewiger Jugend, Frühlingseuphorie, Sicherheitsbestreben und den Glauben an Karmabewältigung durch einen absoluten Weg irdischer Außenbezogenheit. Alles, was der Mensch sich mühsam aufgebaut hat, alle Balkengerüste seiner selbstherrlichen Vernunft; seine ängstlichen Bestrebungen, irrationalen und magischen Weltbildern zu entfliehen, indem er sich ein sicheres Haus, eine Festung der Ratio baut; seine heimlichen Wünsche, das Leben funktionell und wissenschaftssteril über das Medium der Gedanken in den Griff zu bekommen: all dies gerät durch die Skorpionkräfte ernsthaft ins Schwanken. Die geradlinigen und einfachen Bewußtseinskonzepte des Stiers entpuppen sich plötzlich als ein intensiver Versuch, die Zugänge zu der Welt des kollektiven Unbewußten verkrusten zu lassen, Schutzmauern und Staudämme zu errichten, um irdisches resp. menschliches Leben zu ermöglichen. In dieser Funktion gleicht der Stier der Versteinerungs- und Erdschicht, die uns vor den glühenden und lebensfeindlichen Lavamassen des Erdinneren bewahrt. Bleiben wir bei diesem Bild, so müssen wir feststellen, daß die obere Schutzschicht (Stier) größtenteils nichts anderes als erkaltete Lava (Skorpion) ist, d. h. daß die Skorpion-Kräfte nicht nur Leben zerstören, sondern es überhaupt erst ermöglichen bzw. tragen. Auf den seelischen Bereich bezogen besagt dies, daß unser bewußtes Bemühen, mittels Astroenergetik, Psychologie, Religions- und Naturwissenschaft etc. das Wesen menschlichen Seins zu studieren, nichts anderes symbolisiert als eine humushafte Umschichtung, Abkühlung und Verarbeitung skorpionischer Urenergien. Immer wieder aufs neue versuchen wir alle innerseelischen Vulkanausbrüche der Sexualität und Leidenschaft durch Psychologisieren und Vernunft zu entschärfen und einzudämmen – unsere inneren Dämonen gefügig zu machen –, d. h. in positiver Interpretation, daß der Skorpion uns den brisanten psychischen Treibstoff für geistige und seelische Entwicklung liefert. Wir stehen somit vor dem scheinbaren Paradoxon, daß eine destruktive, dunkle, sogenannte ›höllische‹ Kraft uns zwingend motiviert, nach geistiger Befreiung und Höherentwicklung zu streben. Die alchemistische Transformation in verfeinerte Seinszustände gleicht der Geburt des aus der Asche entstiegenen Phönix-Vogels und weist Analogien zu den alten Symbolen des Skorpion-Mysteriums ›Adler und Schlange‹ auf: durch Überwindung (Kanalisierung) der fesselnden Leidenschaften und ichbezogenen Sexualität (Schlange) befreit sich der Mensch und wird ein adlergleiches Geistwesen (in der asiatischen Mystik finden wir diesen Vorgang im Naga- und Garuda-Thema widergespiegelt). Hierbei ist es wichtig zu wissen, daß das Loslösen von den emotionellen Tiefenschichten des Skorpions auf vielerlei Art und Weise in Angriff genommen werden kann. Im Ur-Buddhismus (Hinayana) beispielsweise spricht man von Triebversiegung mittels der Kriterien der Vernunft (Lösung des Skorpion-Themas vom Stier aus betrachtet). Buddha empfahl seinen Schülern, vollständig auf die Ausübung von Sexualität zu verzichten, und er untermauerte dies durch die Erkenntnis, daß die gesamte Welt der Erscheinung illusionär sei, es daher kein Objekt triebhafter Anziehung oder Abstoßung geben könne. Statt dessen lehrte er, daß die Tugenden der Reinheit, Sittlichkeit, Moral, Logik und Selbstbeherrschung als Werkzeuge zur inneren Befreiung angewandt werden sollten. Auch im Zen-Buddhismus (Mahayana) gilt das selbstdisziplinierte Abtöten jeglicher Art von Gefühlen als ein Weg zur geistigen Vollkommenheit. Erst im indotibetischen Vajrayana-Buddhismus behandelt man das Skorpion-Thema auf eine originellere Art. Unter Einbeziehung des Wissens um die Mayabeschaffenheit allen Seins und der Entwicklung eines selbstlosen Herzensbewußtseins nähert man sich in der tantrischen Meditation auch den archaischen und dunklen Tiefenkräften und beschwört die inneren Höllenfürsten und Totengottheiten (z. B. Yama, Yamantaka, Rahula), ihre Kräfte in den Dienst geistiger Höherentwicklung zu stellen, sich quasi selbst zu befreien, indem man sie an ihre eigene Illusionshaftigkeit, Vergänglichkeit und Unerlöstheit erinnert. Man transformiert somit auf einem direkten mystischen Weg »dunkelmagische« in »weißmagische« Energien. Hierdurch macht man sich die erschreckenden Kräfte des archaischen Unbewußten zum Freund und Mitstreiter und hat überdies durch den Prozeß der Annäherung an jene Gelegenheit, Furchtlosigkeit und Selbstüberwindung zu üben. Um so einen Weg gefahrlos zu beschreiten, bedarf es einer wichtigen Voraussetzung, nämlich der Ich-Überwindung. Man muß durch die Pforten vieler mystischer Tode gegangen sein und sämtliche Vorstellungen von Besitzdenken sowie alle inneren Ängste hinter sich gelassen haben (Lösung der Skorpion-Problematik vom Skorpion aus betrachtet). Geschieht die Konfrontation mit den o. a. seelischen Mächten gewaltsam oder unvorbereitet, kann es zur berühmten ›psychischen Inflation‹, zum Horror-Trip oder zur wahnhaften Gemütserkrankung führen. Der Skorpion erzeugt dann tatsächlich ein höllisches, selbstzerstörerisches und mörderisches Inferno.

Wiederum andere Formen des tantrischen Buddhismus und des Hinduismus beziehen sexuelle Übungen in den religiösen Weg des Geistestrainings mit ein. Im Christentum und Islam wird Sexualität teilweise tabuisiert und dadurch ein krasses schizoides Denken aufgebaut, das panische Angst vor den dunklen Kräften einsuggeriert und damit den Menschen immer mehr von seiner Ganzheit entfernt. Ganz allgemein muß festgestellt werden, daß Religiosität, welcher Art sie auch sein mag, auf das allerengste mit dem Skorpion-Mysterium verbunden ist. Man möchte sogar weitergehen und behaupten, daß die Skorpion-Welten die geheimen und motivhaften Triebfedern – sozusagen der Stein des Anstoßes – für die Religionen dieser Erde darstellen. Alle Religionen suchen nach neuen, durchgeistigten Formen der Liebe, die das skorpionisch Triebhafte hinter sich lassen; alle wollen Befreiung von gefühlsmäßigem Leid, das durch den Skorpion (aber auch von Krebs und Fisch) hervorgerufen wird; alle beabsichtigen eine Überwindung der dunkelmagischen Kräfte, die zu einem großen Teil durch die Skorpion-Energien symbolisiert sind. Alle wissen oder ahnen, daß geistige Wiedergeburt in höheren Schwingungsebenen nur durch Überwindung des Ichs erlangt werden kann. Ohne die schwierige und geheimnisvolle Transformation durch den Skorpion und die damit ver-

bundene Leidüberwindung ist weder Religiosität noch Geistwerdung möglich! Da der Mensch im heutigen Wassermannzeitalter weniger durch religiöses Dogma, Vernunft, Askese oder langwierige Tantra-Übungen anzutörnen ist, gilt es, neue Wege zur Meisterung des Skorpion-Themas zu entwickeln. Vielleicht hilft uns hierbei die Enttabuisierung der Sexualität, das freie Ausleben und gemeinsame Besprechen triebhafter Probleme, die bewußte Verarbeitung seelischen Leids in einer Gruppe. Eventuell verliert auch das sogenannte Dunkle oder Böse dadurch seinen Reiz, daß die Medienüberflutung uns mit so vielen Grausamkeiten und Horrormeldungen konfrontiert, daß wir eines Tages beim abendlichen Krimi, den Tagesmeldungen oder dem Pornostreifen nur noch ärgerlich reagieren können und uns die einseitige Übersättigung zum alternativen Nachdenken zwingt. Gerade die Überspitzungen und Auswüchse des heutigen Materialismus, das ungeheuerliche Anwachsen psychischer Erkrankungen, das Umsichgreifen von Haß- und Kriegsgedanken, die zunehmende Umweltvergiftung, quasi die augenblickliche kollektiv-menschliche Hölle (Anm.: Der Skorpion und sein Herrscher Pluto wirken auch stark auf das Kollektivschicksal) bieten den besten Nährboden, um stark genug motiviert zu sein, nach Auswegen zur Überwindung menschlichen Leids zu suchen und zeitgemäße Formen der Religiosität und Spiritualität aufzuspüren.
Im Grunde genommen müssen wir jedoch dem Skorpion, der die heutige Zeit so spürbar mitbeeinflußt, dankbar sein, daß er uns genügend Zündstoff bietet, unser geistiges Phlegma abzulegen, und zur Umschichtung menschlicher Wertvorstellungen, einer Transformation des Zeitgeistes mahnt.
Bei unseren Betrachtungen über den Skorpion-Archetyp haben wir nur einige wenige kollektive Aspekte dieses äußerst schwierigen und stark mystisch-okkulten Tierkreiszeichens angeschnitten, das sich in die große Thematik von Tod und Wiedergeburt, die Philosophie des

›Stirb und werde‹ oder, noch allgemeiner, durch die Begriffe Wandlung bzw. Transformation zusammenfassen läßt. Es ist nicht einfach, eine Kraft, die mittels ihrer suggestiven, gefühlsmäßigen Wirkung und ihrer unendlichen Tiefendimensionen sehr stark vom subjektiven Erleben abhängig ist, durch ein System von verbalen und logischen Überlegungen zu beschreiben. Der Intellekt, bzw. dessen Entsprechung durch die Planetengottheit Merkur, kann uns jedoch ein gutes Stück auf dem Weg zu einem vertieften Verständnis der Skorpion-Welten begleiten. Ist man aber an den Pforten zum geheimnisvollen Bereich der Unterwelt angelangt, stehen uns die Verstandeskräfte als Hilfswerkzeuge nicht mehr zur Verfügung, d. h., wir müssen in diesem Augenblick durch das wichtige Stadium der furchtlosen Ichvergessenheit und erreichen hierdurch das Aufsteigen in höchste geistige Regionen. Durch diesen alchemistischen Wandlungsprozeß bewahrheitet sich das Orakel des Skorpion-Mysteriums: »Wie oben, so unten.«

Dieser Darstellung folgend, müßte man somit meinen, daß skorpionbetonte Menschen besonders religiös oder mystisch interessiert wären, was in Wirklichkeit recht selten der Fall ist. Obwohl sie oft ein magisch orientiertes Weltbild und die Gesetzmäßigkeiten von Tod und Wiedergeburt akzeptieren, lehnen sie alle Auswüchse dekadenter Heiligtuerei und das Nachäffen religiöser Riten und Formerstarrungen rigoros ab. Diese Versuche scheinen ihnen schlechtweg als ungeistig, unehrlich und minderwertig. Mit einem scharf analysierenden und durchbohrenden Blick, der röntgenartig hinter äußeres Gehabe zu schauen vermag, können sie sehr wohl den tatsächlich um geistige Befreiung ringenden Menschen von einem esoterischen und religiösen Narziß oder gar einem kirchlichen Verwaltungsbeamten unterscheiden. Niemand anders weiß es besser als sie, daß wirkliche geistige Befreiung ein unsagbar leidvoller und dorniger Weg seelischer Kämpfe und Krisen ist, denn ohne die innere

Hölle durchwandert und verwirklicht zu haben, erscheint ihnen das Gerede von der Ganzheit, Vollendung und geistiger Größe als ein reines Lügenmärchen. Der spirituell geneigte Skorpion-Mensch liebäugelt immer ein wenig mit der Geisteswelt Japans (Anm.: Der japanische Kulturraum wird vom Zeichen Skorpion regiert), in dem satorihafte Erleuchtungszustände mit Erlebnissen wie ›offene Weite – nichts von heilig‹ beschrieben werden. Sein Ziel ist die vollkommene Überwindung dualistischen Denkens durch Kriterien wie gut oder böse, heilig oder unheilig. Durch echte Geistestransformation hat man sich auch von den beengenden Häuten religiöser Gebundenheit, Dogmatik und ängstlichen Lebensperspektiven zu befreien. Indem man den oppositionellen Stier bezwungen hat, gelten nicht mehr irdische Moral- und Tugendbegriffe. Ähnlich einem mystischen Adler, Vogelmenschen oder Garuda, der alle Grenzen und Begrenzungen durchbricht, befindet sich der Geist in einem Zustand unendlicher Leichtigkeit, Weite und Unermeßlichkeit.

Zwei Eigenschaften erschweren es den skorpionbetonten Menschen, die ungeheuerlichen Möglichkeiten ihrer astralen Thematik zu erfüllen: zum einen ist dies ihr leidenschaftliches und verzehrendes Bedürfnis nach Erotik und Sexualität und zum anderen ihr ausgeprägtes Stolz- und Ichbewußtsein (vor allem bei Sonne oder Mars im Skorpion). Manchmal leiden sie unter der inneren Widersprüchlichkeit unerlöster Triebe, die zwischen Aggressivität und Selbstzerstörung schwanken können und andererseits den hohen Idealen der Geistwerdung und Befreiung im Wege stehen. Unbewußt tragen sie in sich das Wissen, daß sexuelle Bindungen früher oder später gefühlsmäßiges Leid erzeugen und darüber hinaus schwerwiegende magische und karmische Rückbindungen an die Partner verursachen – daß Liebe ein gefährliches Spiel mit okkulten Kräften sein kann und auf das engste mit den Todesmysterien verbunden ist. Das japanische Sprichwort, daß jede Liebe einen kleinen Tod symbolisiert, ist in diesem Zusammenhang von größter Bedeutung. Obwohl mit dieser Wahrheit der innerliche Tod gemeint ist, läuft der yanghaft betonte Skorpion Gefahr, diesen Prozeß zu veräußerlichen. Durch Fehlidentifikationen können dann Haß, Grausamkeit oder Sadismus entstehen, die beispielsweise Triebtäter wie Harrmann mit seinen 27 Mordopfern oder Jürgen Bartsch mit seinen Leichenverstümmelungen (beide haben starke Skorpion-Besetzung) hervorbringen. Beim introvertierten Skorpion-Menschen können die gleichen Motive in die entgegengesetzte Richtung umschlagen, und es entstehen masochistische Gefühle, Wünsche nach Selbstbestrafung und im letzten Extrem Todessehnsucht und Selbstmordgedanken. Gelingt es nicht, einen wie auch immer gearteten Weg der Mitte zu beschreiten, wird gerne die Flucht in eine unterkühlte und selbstdisziplinierte Unpersönlichkeit gewählt. Der französische Astrologe Barbault nennt dies den Jungfrau-Skorpion-Typ. Die triebhaft-innere Unruhe wird dann durch eine übersteigerte Reinlichkeit, pedantische Ordnungsliebe, Arbeitswut, Moralismus oder überspitzte Formen von Pflichtgefühl mit beinahe krankhafter Akribie überdeckt. Aus der Angst, die inneren Dämonen wieder aufzuwecken, zeigt man sich nach außen hin überlegen, reserviert, sachlich – vielleicht sogar zynisch, sarkastisch oder kontaktfeindlich. Man soll sich jedoch hiervon niemals täuschen lassen, denn hinter dieser Fassade brodelt ein Vulkan der Leidenschaften, dessen eisbedeckte Kappe Ausbrüche nicht verhindern kann. Als ein fixes, d. h. ichzentriertes Zeichen sind skorpionbetonte Menschen ausgesprochene Individualisten und hassen alle Formen von Zwang, Einengung und übergeordneter Autorität. Ihr starker Wille, ihre Entschlußkraft, Vitalität und schöpferische Kreativität erleichtern es ihnen, sich im Leben eine Rang- und Machtposition zu erkämpfen, wobei sich häufig der Einsatz ihrer Energien mit der

Schwierigkeit einer Aufgabenstellung verdoppelt. Indem sie dann förmlich über sich hinauswachsen, verlieren sie ihre Maßstäbe und können in ihrer engagierten Ungeduld und Rücksichtslosigkeit gegen sich selbst und andere, aber auch durch Verbohrtheit und Fanatismus dem Größenwahn und der Selbstherrlichkeit anheimfallen. Gegenüber Menschen, die sie einmal in ihr Herz geschlossen haben, beweisen sie manchmal eine rührende, beinahe hündische Anhänglichkeit. Oft haben sie auch musische Anlagen, die sie vor allem in den Medien der Bildhauerei, der Malerei, des Tanzes, aber auch in emotionsgeladener Pop-Musik (Grace Slick, Ike Turner, Dr. John, Art Garfunkel) ausleben können.

Rahula ist eine der großen, geheimen tantrischen Schutzgottheiten Tibets und eine Manifestation des Skorpion-Mysteriums. Rahula wird auch als Manifestation des Mondknotens und Überwacher religiöser Gelübde verehrt.

PLUTO

Bis zum Jahre 1930 blieb der Planet Pluto den Fernrohren der Wissenschaft verborgen. Mit einer Umlaufzeit von 248 Jahren, einer Temperatur von minus 230° Celsius und einer exzentrischen Planetenbahnellipse führt er bereits rein astronomisch ein recht sonderbares Leben. Seine Entdeckung fiel sicherlich nicht zufällig in die zeitliche Nähe des Beginns der Atomforschung, des Wassermannzeitalters und des zweiten Weltkrieges. Pluto, auch Hades, Aides, Dis oder Orkus genannt, wird in der Mythologie als Gott der Toten, Höllenfürst – aber auch als Fruchtbarkeitsgott und Reichtumsspender – verehrt. Er ist ein Sohn von Saturn und Mond sowie ein Bruder von Zeus und Neptun. Er gilt als einer der undurchsichtigsten und geheimnisvollsten Planetengötter. Sein Reich der Schattenwelt wird von dem dreiköpfigen Höllenhund Cerberus bewacht, und man sagt ihm nach, daß er über eine unsichtbar machende Tarnkappe verfügt, da alle sterblichen Wesen, die ihn ohne diese Kappe sähen, vor Schreck zu Stein erstarren würden. Obwohl er durchaus furchteinflößend wirken kann, zeigt er sich den Menschen gegenüber auch hilfreich und großzügig, was ihm den Namen ›der unterirdische Zeus‹ oder ›Eubulos‹ (der Wohlratende) eingebracht hat. In der astroenergetischen Deutung werden ihm die okkulten und suggestiven Energien zugeschrieben. Er aktiviert die archaischen, unbewußten Triebkräfte, die den Menschen zwingend zur seelischen Höherentwicklung und Geistwerdung drängen. Im exoterischen Bereich kann er zu Macht, Reichtum und Einflußnahme verhelfen. Auf der körperlichen Ebene bewirkt er die Regenerationsfähigkeit der Zellbildung, kann aber auch Mißbildung, Unfälle oder Verkrüppelungen hervorrufen. Seine ›positive‹ respektive

›negative‹ Wirkung hängt vollständig von dem individuellen Bewußtseinsstand und der inneren Bereitwilligkeit zur Geistvollendung ab. Die einseitig negativen Darstellungen der Pluto-Kräfte in der astrologischen Literatur spiegeln nichts anderes als den engen Horizont der Autoren wider bzw. deren Angst vor ihren eigenen unerlösten Tiefendimensionen. So wie die Mars-Widder-Energien im exoterischen Bereich zerstörend und in diesem Sinne aufbauend wirken, verursacht Pluto im innerseelischen Bereich eine ständige seelische Mutation von Sterben und Wiedergeburt, d. h., er intensiviert täglich aufs neue die dunklen Gefühlsteile und fordert hiermit die Bewußtseinskräfte auf, jene Energien zu verarbeiten und sie dadurch zu entschärfen bzw. abzutöten. Mit anderen Worten: Er drängt zur positiven Karmaverwirklichung und arbeitet somit Hand in Hand mit seinem Bruder, dem Göttervater Zeus-Jupiter, wobei sich wiederum der Leitsatz des Skorpion-Mysteriums »Wie oben, so unten« bewahrheitet.

Über die individuelle Bedeutung des Pluto (= geistig-seelische Transformation) hinaus hat dieser Planet wegen seiner langsamen Wanderung im Zodiak auch starken Einfluß auf kollektives Geschehen (z. B. politische Reformen, Zeitgeistneuerungen, Naturkatastrophen, neue Wissenschaftserkenntnisse, Wandlungen in Kunst und Technik etc.).

Von entscheidender Wichtigkeit für den Einzelnen sind die Transitbestrahlungen, die der jeweils aktuelle Pluto-Stand auf die Planeten des Geburtsbildes in Form von Konjunktionen, Oppositionen, Quadraten, Trigonen etc. ausübt. Sie signalisieren meist die einschneidendsten Persönlichkeitstransformationen, karmischen Entscheidungen und Initiationen, denen wir im Laufe unseres Lebens ausgesetzt sind, und stellen im Vergleich zur Tragweite anderer Planetentransite (etwa von Saturn, Uranus oder Neptun) alles in den Schatten. Dies ist daher zu erklären, daß Pluto in der Tierkreisachse Stier-Skorpion der plane-

Der Bodhisattva Vajrapani verkörpert im Tantra das höchste Bewußtsein des Wasserelements, wobei er sexuelle Energie und Haß in geistige Entschiedenheit, Illusionsbewußtsein und magische Potenz transformiert. In astro-energetischer Analogie kann er gleichermaßen der Pluto- als auch der Jupiterqualität zugeordnet werden.

tare ›Kontrahent‹ der Erde (Stier) ist, was uns Erdbewohner besonders empfindlich für seine Bestrahlungen macht. Betrachten wir hierbei unser irdisches Sein einmal unter der Perspektive eines leidvollen Zustandes (etwa in der Interpretation der meisten Weltreligionen), möchten uns Pluto-Transite in all ihrer energetischen Brisanz dazu verhelfen, unser erdbezogenes Karma schneller und entschiedener zu verwirklichen, uns von irdischen Haftungen und Verstrickungen zu befreien. Hierbei entwickelt er die Strenge und Radikalität eines im Grunde seines Herzens freundlich gesinnten Zen-Meisters, nur daß wir all das Positive und Hilfreiche dieser Wandlungsmöglichkeiten immer erst im nachhinein erkennen. In seiner aktuellen Wirkung hält uns Pluto einen unerbittlichen Spiegel all unserer verdrängten und in der Tiefe unserer Seele unerlöst vor sich hin schwelenden Probleme, unterdrückten Wünsche und insgeheim gewonnenen, aber nicht ausgelebten Weisheiten entgegen und drängt uns schmerzlich zu erkenntnisrelevanten Entscheidungen, die unser Tiefenselbst schon lange getroffen hat, die von unserem Bewußtsein jedoch nicht akzeptiert wurden. Gleich einem inneren Vulkanausbruch schleudert er uns all den unverarbeiteten Ballast, alle ganz tief als richtig erkannten Einsichten, all unser magisches Erkenntnispotential in die ›lichten‹ Höhen unseres persönlichen Selbst und zwingt uns durch Leidensdruck, dem Falschspiel unseres trägen und bequemen Bewußtseins ein Ende zu setzen und Ent-Scheidungen zu treffen, die im Einklang mit unserem archaischen Selbst stehen. Hierbei läßt er keine Kompromisse zu und peinigt das sich ihm mit tausend Ausreden entziehen wollende Ego so lange, bis es sich endlich den höheren resp. tieferen Erkenntnissen stellt, um ein lange überfälliges karmisches Großreinemachen in die Wege zu leiten. Dieser Prozeß ist um so unangenehmer, desto stärker sich das Bewußtsein des Einzelnen gegenüber den Energien des Tiefenselbst verkrustet und abgesondert hat, zu einem ängstlich bewachten Ghetto von Konventionen, Höflichkeitsformen, Selbstbetrug, Dumpfheit und Schönfärberei geworden ist, nur noch mechanisch funktioniert und sich verhält wie ein materialistischen Sicherheitsängsten verschriebener Polizeistaat.

Pluto fordert den ehrlichen und ganzen Menschen in all seiner direkten, spontanen und paradoxen Weisheit. Er hält wenig von Diplomatie und Rücksichtnahme, verbirgt jedoch hinter seiner rauhen Fassade ein außerordentlich hilfsbereites und selbstaufopferndes Wesen. Vor allem wenn seine unergründlichen Röntgenaugen *echtes* Bemühen oder *echte* Notlagen erkennen. Er ist auf tiefere Art und Weise ein gerechter und weiser Menschenfreund als der eher selbstgerechte und leicht zu blendende Göttervater Jupiter-Zeus, sein sog. ›himmlischer‹ Counterpart. Wohl dem, der seine Pluto-Transite als Heilkrisen betrachtet, Medizin aus der Schatzkammer der eigenen Unterwelt, Transformationsschübe zu einer höheren Form des Menschseins, Eigeninitiationen und Anschluß an den freien Strom der Kundalini und ihrer archaischen Weisheit. Und sei es auf Kosten viel zu enger und viel zu früher Harmonievorstellungen. Zu einem umfassenden Bild von Ganzheit gehört nicht nur das fälschlicherweise der Waage angedichtete Regenbogenparadies märchenhafter Verklärtheit, sondern ganz entschieden und basishaftig auch das magische Dunkel plutonischer Dimensionen.

Anmerkung: Dem Meditierenden (vor allem tantrischer Methoden) kann gar nicht genug empfohlen werden, sich in Zeiten von Pluto-Transiten (Orbiswirkung plus/minus 5 Grad) besonders intensiv mit meditativen Praktiken zu beschäftigen. Durch die Pluto-spezifische Aktivierung des Kundalini- und Chakrensystems und den damit verbundenen erleichterten Zugang zu den Archetypen- und Energiemanifestationen des Tiefenselbst sind Realisationen ganz erheblich erleichtert (dies gilt gleichermaßen für Lichtkörper-, Licht-, Klang-, Mandala-, Traumyoga- wie Leereübungen). Analog der spezifischen Energie, die durch Pluto angeregt wird (z. B. Transite auf Sonne, Mond, Venus, Merkur etc.), ist es für buddhistisch Orientierte natürlich sinnvoll, entsprechende Meditationen über Amitayus (Sonne), Weiße Tara (Mond), Grüne Tara (Venus), Manjushri (Merkur) etc. oder deren elementare Chakren-Entsprechungen (Feuer-Kehlchakra, Äther-Scheitelchakra, Luft-Wurzel- oder Stirnchakra, Wasser-Sexual- oder Herzchakra etc.) anzugehen. Dem an Traumarbeit Interessierten wird sich im engeren Umfeld von Pluto-Transiten (Orbis plus/minus 2 Grad) die Möglichkeit bieten, besonders tiefe Schlüsselträume zu analysieren oder sich gar durch Traumyoga direkt am Traumgeschehen zu beteiligen. Weniger geeignet bzw. vorsichtiger zu behandeln sind Pluto-Transite auf den Planeten Mars (Gefahr unkontrollierbarer und aggressiver Energieschübe).

Charles Manson – Kurzbiographie

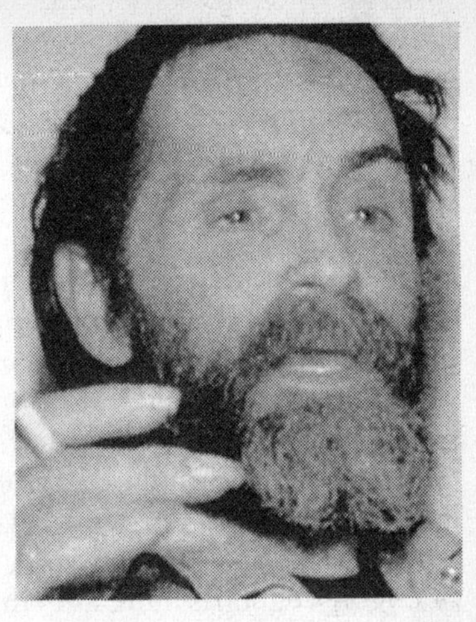

Charles Manson wurde am 12. November 1934, um 16 h 40 m in Cincinnati (Ohio, USA) geboren und wuchs anfangs bei seiner Mutter auf. Seit seinem 14. Lebensjahr verbrachte er die meiste Zeit in Besserungsanstalten und Gefängnissen, er knackte Autos, fälschte Schecks und schickte seine minderjährigen Freundinnen auf den Strich. 1959 wurde er mit 5jähriger Bewährungsfrist entlassen, hatte jedoch noch mehrmals wegen Kuppelei mit Gerichten zu tun und nutzte seine Gefängnisaufenthalte (Anfang der sechziger Jahre) mit dem Studium okkulter Literatur (Magie, Hypnose, Freimaurerei, Rosenkreuzertum, Scientology).
Wenig später träumte er von einer Karriere als Pop-Star und lernte intensiv Gitarre und Gesang. 1967, im Alter von 32 Jahren, wurde er aus dem Gefängnis entlassen und siedelte sich in Kalifornien an, das voll in der Blüte der Hippie-Bewegung stand. Nach ersten Kontakten mit LSD kam er auf einen Christus-Kreuzigungs-Trip, identifizierte sich mit Jesus Christus und schuf sich schnell eine Anhängerschaft, die sich auf einer sexuellen Basis und der Anerkennung von Mansons Sendungsbewußt-

sein aufbaute. Mit speziell präparierten Schulbussen fuhr die Manson-Gruppe kreuz und quer durch Kalifornien, nahm immer neue Drop-outs auf und entwickelte eigene Kulte (z. B. das Fußeküssen als ein Symbol der Unterwerfung, Sexualriten, symbolische Kreuzigungen usw.). Die Gruppe (Family) lebte von Scheckbetrug, Prostitution, Überfällen und gelegentlichen Statisten-Jobs in Hollywood-Filmen. Mißverstandene psychedelische Erfahrungen führten zu obskuren okkulten Theorien, Satanskult und Schwarzer Magie. Manson nannte seine Bewegung jetzt »The Final Church«. Die Family etablierte sich auf einem ehemaligen Filmgelände und bestritt ihren Unterhalt teilweise aus der Vermietung von Reitpferden. Sie lehnte strikt alle Formen von Alkohol ab und lebte nach strengen vegetarischen Regeln. Manson ließ sich als Satan verehren und übte einen breiten suggestiven Einfluß aus. Er diffamierte die Frauen seiner Gruppe, wo immer er konnte, brachte sie in eine sexuelle Ergebenheit, empfand aber starken Haß sowohl dem weiblichen Geschlecht als auch den Negern gegenüber. Seine eigenen Innenwelten, seine Psyche, jagten ihm oft Angst ein, er fürchtete sich vor der Hingabe an die unermeßlichen Tiefen des seelischen Bereiches. »Das eigentliche Wesen des erweiterten Bewußtseins ist Angst, bis in die Unendlichkeit hinein.«

Im Sommer 1969 schickte Manson Mitglieder seiner Family zu verschiedenen Mordaufträgen nach Los Angeles. Nach der rituellen Hinrichtung eines Drogendealers, der Mansons Guru-Rolle nicht akzeptieren wollte, überfielen sie die Polanski-Villa und ermordeten dort alle fünf Bewohner – einschließlich der schwangeren Schauspielerin Sharon Tate. Wenig später tötete die Manson-Gruppe auch noch die Millionärsfamilie La Bianca. Manson selbst war zwar immer Rädelsführer der Gruppe, aber wahrscheinlich an keinem der Morde direkt beteiligt. Im November 1969 wurde die Family verhaftet und Charles Manson in einem aufsehenerregenden Prozeß zum Tode verurteilt.

Der Skorpion-Einfluß in Mansons Karmagramm

Um es vorwegzunehmen: Natürlich entwickelt sich nicht jeder skorpionbetonte Mensch zu einem Charles Manson, doch jeder von uns trägt einen kleinen Keim dieser Anlagen in sich. Denken wir nur an die angenehme Gänsehaut, die wir beim Lesen der Horrorgeschichten von E. A. Poe (Skorpion-Aszendent) empfinden oder beim Betrachten der grausamen Zerstückelungsszenen von Picassos ›Guernica‹. Millionen Menschen ließen sich von Goebbels (Skorpion) zu Haß, Mord und sadistischem Gemetzel an Juden antreiben, und wenn wir uns die heutigen Massenmedien anschauen, wird dort unter dem scheinheiligen Mantel von Entrüstung ein Riesengeschäft mit den Informationen über grausame Brutalität getrieben. Ein ganzer Berufszweig lebt von der Gier der Menschheit nach Obszönität, Perversitäten, der Lust an der Zerstörung und dem sogenannten ›Bösen‹.
Fotos von verstümmelten Vietnam-Kindern gewinnen internationale Fotopreise, und das Fernsehen kann kaum noch mithalten im Erfinden neuer subtiler Mordmethoden in den allabendlichen Krimis. Die geheimen und unterdrückten inneren Pluto- und Skorpionkräfte können hierdurch ein Ventil finden, sich auf einem Alibi-Außenweg abzureagieren. Wir wären blind, wenn wir diesen archetypischen Wesenszug der menschlichen Psyche in einem Anflug von Moralisierungsdogma oder Schönfärberei übersehen würden. Zur kosmischen und somit auch menschlichen Ganzheit gehören ganz unauslöschlich auch die dunklen, archaischen und höllischen Kräfte. Sexuell stimulierte Massenmörder wie Harrmann, Bartsch oder Manson (alle Sonne im Skorpion) haben innere Bremsbarrieren überschritten und ihren Kräften und Leidenschaften gehorcht, die von anderen Menschen nur mühevoll kontrolliert, aber jederzeit, z. B. durch eine Massenhysterie, entfesselt werden können. Auch in der sogenannten spirituellen Szene gibt es genü-

gend psychisch labile Menschen, die ein Opfer dunkelmagischer Leidenschaften werden und schwarze Messen oder Satanskult betreiben. Eine Kultivierung dieser Weltschau finden wir z. B. in einigen afrikanischen Riten, teilweise im Voodoo-Kult oder der alten tibetischen Bön-Religion. Im hinduistischen Kali-Kult z. B. wurden Menschen zerstückelt und als Opfer gebracht; bei den rituellen aztekischen Festen wurden teilweise einige hundert Menschen gleichzeitig getötet, und in der römischen Antike ergötzte man sich in den Kampfarenen an ausgeklügelten bestialischen Mordmethoden, die denen der Manson-Morde in nichts nachstehen. Daß sich diese Kräfte auch in den positiven Dienst spiritueller Entwicklung stellen lassen, finden wir im Mahayana-Buddhismus bestätigt (Wandlung des Höllenfürsten Yama in den hilfreichen Bodhisattva Yamantaka).
Manson war von dem tiefen Wunsch erfüllt, die Mystik und Magie des Skorpion-Zeichens zu ergründen. Wertet man seine Biographie aus, kann man hieraus ein ganzes Lehrbuch über dieses Tierkreiszeichen ableiten. Hierbei ist allerdings zu berücksichtigen, daß er sich stark mit okkulter Astrologie beschäftigt hat und möglicherweise in einen ähnlichen wahnhaften Erfüllungszwang getrieben wurde wie der amerikanische Underground-Filmer Kenneth Anger. Anger, der in seinem Geburtsbild einen Skorpion-Aszendenten hatte, versuchte diese Thematik künstlerisch in Filmarbeiten über brutale Sexualität, Satanskulte usw. umzusetzen. Beide, Manson und Anger, waren stark von den verworrenen Geheimlehren und astrologischen Schriften Aleister Crowleys beeinflußt und somit in der Interpretation des Skorpion-Mysteriums vorprogrammiert. (Hierin zeigt sich wieder einmal, wie groß die Verantwortung spirituell engagierter Astrologen bezüglich ihrer subjektiven Deutung astraler Prägekräfte ist, denn ohne Zweifel sind die höllischen Innenkräfte des Menschen nicht *Ziel* der spirituellen Entwicklung, sondern Durchgangsstadium, um ein höheres,

selbstloses und allumfassendes kosmisches Bewußtsein zu entwickeln, welches in *Überwindung* von Leid besteht und *nicht* in Anhäufung neuer Karmaspuren und zwangsneurotischer magischer Rückbindungen.) Anstatt die Skorpionkräfte als Illusions-, oder Maya-Prüfinstanzen zu erkennen, die die Ich- und Selbstaufgabe provozieren sollen, identifizierte sich Manson mit der Gewalt und Macht des plutonischen Größenwahnsinns und schließlich mit dem Satan selbst. Eine Thematik, die etwas an die ›Faust‹-Problematik oder den ›Zauberlehrling‹ von Goethe (Goethe hatte einen Skorpion-Aszendenten) erinnert. Der gefährliche und zu vielen Mißverständnissen führende Orakelsatz »Wie oben, so unten« verführte Manson und seine Anhänger zur Rechtfertigung skrupelloser Anwendung von Gewalt und Verbrechen, zur totalen Tabulosigkeit. Manson verdrehte diesen Satz gerne in seinen Lieblingsausspruch »Es gibt weder Gut noch Böse« und zog dann daraus Schlüsse wie »Du kannst das Töten nicht töten« oder »Wenn du bereit bist, dich töten zu lassen, mußt du selbst bereit sein, zu töten«. Dieses Vorgehen gleicht ein wenig der Selbstrechtfertigung vieler Leute, die, wenn ihnen alles mißlingt, den Erkenntnissatz »Alles ist eins« im Munde führen, aber ein »Alles ist egal« meinen und hiermit aufs trefflichste zum Ausdruck bringen, daß sie die gewaltige Tragfähigkeit der »Alles ist eins«-Lehre auch nicht einmal annähernd begriffen haben. Mit einem durchgeistigten, hohen Bewußtsein ist die Entwicklung nichtpolaren Denkens sicherlich erwünscht und das Zeichen hoher Meisterschaft. Doch müssen hierfür Prämissen geschaffen werden, die Manson nicht verwirklichen konnte: vollkommene innere Gelassenheit, Hingabe an den Lebensstrom, Herzensweisheit, die Entwicklung innerer Heiterkeit und Gelöstheit sowie vollkommene Ichlosigkeit. Genau dieses Bewußtsein ist es, das durch die Wandlung des Skorpion-Mysteriums entstehen soll.

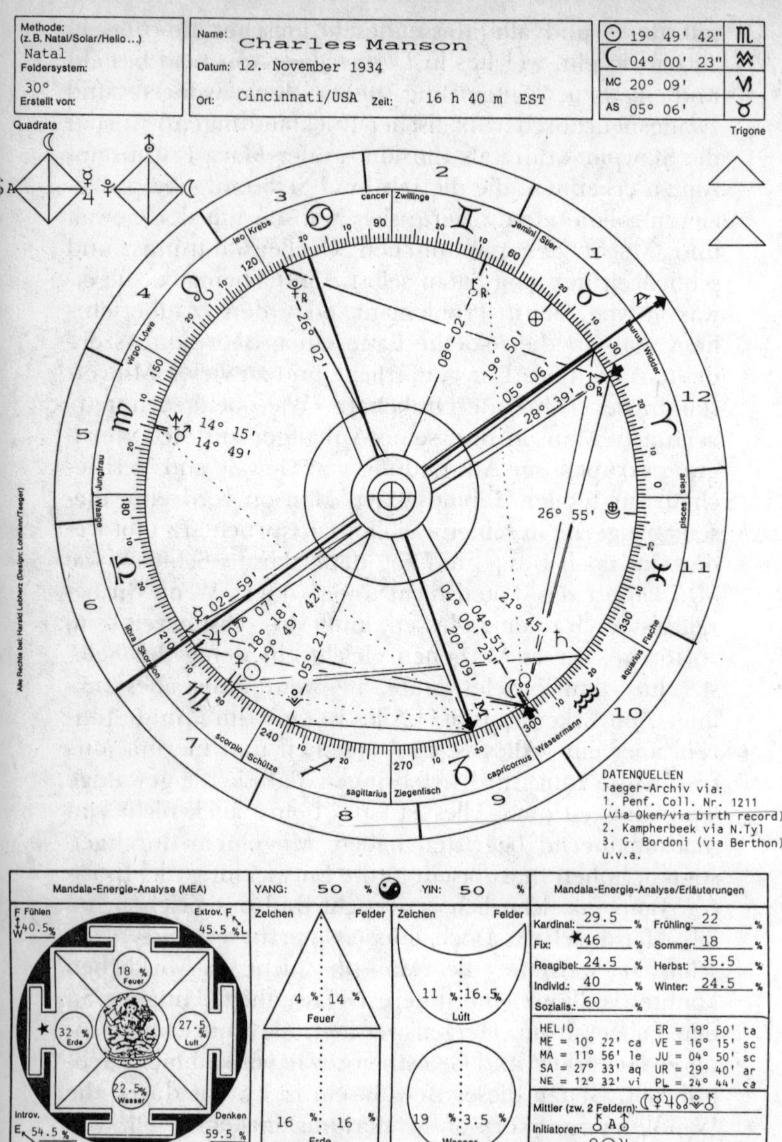

Methode:
(z. B. Natal/Solar/Helio ...)
Natal
Feldersystem:
30°
Erstellt von:
Name: Charles Manson
Datum: 12. November 1934
Ort: Cincinnati/USA Zeit: 16 h 40 m EST
☉ 19° 49' 42" ♏
☽ 04° 00' 23" ♒
MC 20° 09' ♑
AS 05° 06' ♉
Quadrate
Trigone
26° 02'
08° 02'
19° 50'
05° 06'
28° 39'
14° 15'
14° 49'
26° 55'
02° 59'
07° 07'
18° 18'
19° 49' 42"
05° 21'
04° 00' 23"
04° 51'
20° 09'
21° 45'
cancer Zwillinge
leo Krebs
Jemini Stier
virgo Löwe
taurus Widder
Jungfrau
Waage
aries
pisces
libra Skorpion
aquarius Fische
scorpio Schütze
capricornus Wassermann
sagittarius Ziegenfisch
Alle Rechte bei: Harald Lebherz (Design: Lohmann/Taeger)
DATENQUELLEN
Taeger-Archiv via:
1. Penf. Coll. Nr. 1211
(via Oken/via birth record)
2. Kampherbeek via N.Tyl
3. G. Bordoni (via Berthon)
u.v.a.
Mandala-Energie-Analyse (MEA)
YANG: 50 %
YIN: 50 %
Mandala-Energie-Analyse/Erläuterungen
F Fühlen W 40.5 %
Extrov. F L 45.5 %
18 % Feuer
32 % Erde
27.5 % Luft
22.5 % Wasser
Introv. E W 54.5 %
Denken E L 59.5 %
Zeichen Felder
4 % 14 % Feuer
16 % 16 % Erde
11 % 16.5 % Luft
19 % 3.5 % Wasser
Kardinal: 29.5 %
Fix: 46 %
Reagibel: 24.5 %
Individ.: 40 %
Sozialis.: 60 %
Frühling: 22 %
Sommer: 18 %
Herbst: 35.5 %
Winter: 24.5 %
HELIO
ME = 10° 22' ca
MA = 11° 56' le
SA = 27° 33' aq
NE = 12° 32' vi
ER = 19° 50' ta
VE = 16° 15' sc
JU = 04° 50' sc
UR = 29° 40' ar
PL = 24° 44' ca
Mittler (zw. 2 Feldern):
Initiatoren:
Empfänger:

Stichworte zu Mansons Karmagramm

Gruppen- und Kommunen-Ideale: Wassermannbetonung durch Mond, Saturn, Mondknoten / 7-Feld-Besetzung (Jupiter, Venus, Sonne) / Uranus am Aszendenten / Mond am Medium Coeli

Okkultismus-Interesse: Uranus im 12. Feld / Skorpion- und Wassermannbetonung / Pluto im 3. Feld (Quadrat Uranus, Opposition Mond) / Jupiter, Merkur-Opposition-Uranus (12. Feld)

Starke Sexualität: Skorpion- und Stier-Betonung / Sonne-Venus-Konjunktion (Skorpion / 7. Feld) / Quadratspannung Venus-Saturn

Bisexualität: Wassermann- und Skorpionbetonung / Mars-Neptun-Konjunktion (Jungfrau) / Sonne-Venus-Konjunktion / Uranus-Opposition-Merkur / Chiron-Vesta-Opposition

Fanatismus: Stier-Skorpion-Achse / Jupiter-Konjunktion-Merkur (Skorpion) / Pluto-Opposition-Mond, MC

Guru-Rolle: starke Jupiter-Aspektierung durch Merkur und Aszendent / Mond am MC (Quadrat Jupiter) / MC im 9. Feld / Merkur-Opposition-Uranus

Emotionalität: Pluto-Opposition-Mond, MC / Mars-Neptun-Konjunktion (in Jungfrau) / Jupiter-Mond-Quadrat

Suggestivkräfte: Pluto-Opposition-Mond, MC / Betonung der Skorpion-Stier-Achse / Mars-Neptun im 5. Feld / Merkur-Jupiter-Konjunktion (Opposition Aszendent) / Sonne-Venus-Konjunktion

Verschiebung moralischer Wertmaßstäbe: Mars-Neptun-Konjunktion in Jungfrau / Vesta-Opposition Chiron / Skorpion-Stier-Achse / Pluto-Opposition Mond, MC / Saturn im Wassermann / Uranus am Aszendenten

Das Wechselspiel von Stier und Skorpion

Erzeugen, doch nicht besitzen

Jeder Mensch ist sein Leben lang mit der inneren Stier-Skorpion-Problematik konfrontiert, egal ob diese Zeichen nun direkt durch Planeten in den entsprechenden Tierkreisabschnitten, durch Felderspitzen oder durch Betonung des 2. oder 8. Feldes ausgelöst sind oder nicht. Es ist der Kampf zwischen den konservativen, materiellen und auf Sicherheit bedachten Bewußtseinskräften

Der schneebedeckte Vulkan ist ein Sinnbild des Stier-Skorpion-Archetyps, der hinter der Materie schlummernden Urgewalt, des beunruhigenden Wechselspiels von Sicherheit und Zerstörung, von Fruchtbarkeit und Tod, von Verfestigung und Auflösung, Ratio und Trieb. Wen verwundert es, daß das Skorpionland Japan den Fujijama als meditatives Gleichnis und kontemplative Erkenntnis relativer Wirklichkeit so häufig in seiner Kunst darstellt?

und den inneren seelischen Trieben, die immer wieder zu einem Bruch, einer Auflösung festgefahrener Weltbilder, zu einer Reform des Lebensstatus, zur Befreiung von materiellen Rückbindungen auffordern. Hierbei ist es wichtig zu wissen, daß die Pluto-Skorpion-Kräfte sehr viel mit dem geheimnisvollen und tief verborgenen *vorgeburtlichen* Karma des Menschen zu tun haben und darauf drängen, den Ballast leiderzeugender seelischer Spannungen in möglichst kurzer Zeit und durch den Einsatz aller zur Verfügung stehenden Energien loszuwerden. Eine der Ursachen für diese starke innere Unruhe ist das subtile Wissen des Skorpions um die Begrenztheit des Lebens durch den Tod. Dieser Zeitdruck motiviert das innere Tiefenselbst, welches nach Befreiung und Erlösung strebt, unablässig und auf teilweise drastische sowie gefühlsstachelige Art, nicht irgendwo auf der Wegstrecke zu stagnieren und sich selbstzufrieden in eine pseudosichere Erdbezogenheit zurückzuziehen. Jede neue gefühlsmäßige Bindung an reale Formen und Vorstellungen, jeder Wunsch, etwas besitzen zu wollen, schafft zukünftiges irdisches Karma. Der einzige Ausweg, den widersprüchlichen Tendenzen der Stier-Skorpion-Energien zu begegnen, besteht darin, Gelassenheit im Tun zu entwickeln, das eigene Ich zu überwinden oder, wie es das Tao Te King formuliert:

Erzeugen, doch nicht besitzen; tun, doch nicht darauf bauen; leiten, doch nicht beherrschen – dies nennt man mystische Tugend.

Stier	Skorpion
Vernunft	Gefühl
Suche nach Form	Suche nach Befreiung von Form
Wissenschaftliches Weltbild	Magisches Weltbild
Physische Energien	Psychische Energien
Rationales, objektives Denken	Emotionales, subjektives Denken
Außenbezogenheit	Innenbezogenheit
Zentrierung	Dezentrierung
Aufbau	Zerstörung
Eindenken	Einfühlen
Zeugung	Tod
Endlichkeit	Unendlichkeit
Konstruktivität	Destruktivität
Aufbau zukünftigen Karmas	Abbau vergangenen (auch vorgeburtlichen) Karmas
Langsame Entschlußbildung	Schnelle Entschlußbildung
Phlegma	Cholerik
Innere Ruhe	Innere Unruhe
Konservieren	Reformieren
Beständigkeit	Unbeständigkeit
Gefühlsarmut	Gefühlsreichtum
Logik des Bewußtseins	Logik der Seele
Offenheit	Verborgenheit

Gemeinsam

Eifersucht, Fanatismus, Unbeirrbarkeit, Sexualität, Probleme mit der Triebhaftigkeit, Pflichtbewußtsein, Engagement, starker Wille, starke Ausrichtung auf den Partner, Konsequenzbereitschaft, Arbeitsamkeit.

ZWILLINGE
&
SCHÜTZE

Idee und Ideal
Expansion des Wissens

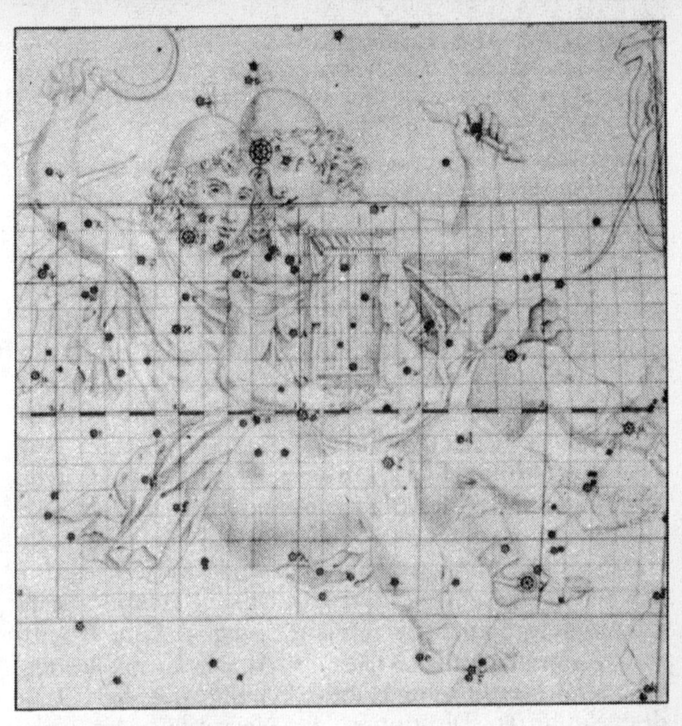

ZWILLINGE

Zwillinge in Stichworten

3. Zeichen im Tierkreis/Frühlingsende/ Planetenherrscher: Merkur in all seinen Aspekten (›Hermes Trismegistos‹, ›Hermes Psychopompos‹)/ Attribute: Schlangenstab und geflügelte Füße/ Element: Luft/ Yin (neutral)/ soziales, reagibles Zeichen/ Oppositionszeichen: Schütze/ Felder- bzw. Häuserentsprechung: 3. Feld (Ausbildung, Studium, Kontakte, Intellekt)/ Einflußsphäre: 12.–18. Lebensjahr/ Tagesentsprechung: 5. und 6. Stunde nach Sonnenaufgang/ Länderentsprechungen: große Teile der USA, evtl. Norwegen und Ägypten/ Städte: New York, Frankfurt (Oder)/ Los Angeles, Stuttgart, Tanger/ Wochentag: Mittwoch (dem Merkur geweihter Tag)/ psychische Entsprechungen: beweglicher Intellekt, Kontaktfreude, das eindimensionale Denken, Vielseitigkeit, Lebhaftigkeit, Diplomatie, Oberflächlichkeit/ Temperament: sanguinisch/ Somatische Entsprechungen: Lunge, Luftröhre, Atem, Stoffwechsel, Nervensystem, Gleichgewichtssinn, Arme und Hände, Schultern, Zunge, Teile des Neuhirns, Disposition zu Nervosität/ Alchemie: Quecksilber (Merkurius), Salze, Zinnober, Edeltopas, Tigerauge, Halbedelsteine/ Farbentsprechungen: Gelborange, Zitronengelb, Gelbgrün, Hellgrün/ Asiatische Tierkreisentsprechung: Tiger/ Formen: Linien, leichte, luftige, verspielte Formen, Zweidimensionalität, konstruierte, jedoch weiche und fließende Formen wie Ellipsen, Hyperbeln, etc./Esoterik: Merkur gilt als Mitregent über das Sexualchakra/ Zahlen: 2 oder 4/ Zwillinge-Zeitalter: 6000–4000 v. Chr./ Merkur-Jahre: 1935, 1942, 1949, 1956, 1963, 1970, 1977, 1984, 1991, 1998/ I GING-Entsprechungen: *Mong* = Die Jugendtorheit, *Siau Tschu* = Des Kleinen Zähmungskraft, *Gou* = Das Entgegenkommen/ Mythologien, Märchen: der Mythos von Kastor und Pollux, Mythen über Hermes-Merkur – den Götterboten,

aber auch Gott der Diebe, Kaufleute (Merkator) und Zuhälter, Elementarwesen der Luft, Mythen um die Hindu-Götter Vayu und Brahma, den Bodhisattva Manjushri – Märchen von Kobolden, geschäftigen Geistern, listigen Tieren (Fuchs, Elster).

Zwillinge-Geborene

(mit Sonne in den Zwillingen)

Dante Alighieri (MO=vi / AS=ge), Alice Bailey (MO=li / AS=le), Josephine Baker (MO=li / AS=le), Paul McCartney (MO=le / AS=ar), Dalai Lama (Tenzin Gyathso) (MO=le / AS=sa), Sir Arthur Conan Doyle (MO=aq / AS=ge), Albrecht Dürer (MO = ge / AS=vi), Bob Dylan (MO=ta / AS=sa), M. C. Escher (MO=ge / AS=vi), Anne Frank (MO=le / AS=le), Judy Garland (MO=sa / AS=ca), Paul Gauguin (MO=vi / AS=le), Allen Ginsberg (MO=pi / AS=pi), Che Guevara (MO=ta / AS=cp), John F. Kennedy (MO=vi / AS=li), Henry Kissinger (MO=li / AS=ge), Theo Lingen (MO=sa / AS=ca), Thomas Mann (MO=ca / AS=vi), Franz Anton Mesmer (MO = aq / AS=ge), Marilyn Monroe (MO=aq / AS=le), Henri Rousseau (MO=ca / AS=aq), Jean-Paul Sartre (MO=aq / AS=sc), Robert Schumann (MO=vi / AS=cp), Oswald Spengler (MO=aq / AS=sc), Richard Strauss (MO=vi / AS=ca), Igor Stravinsky (MO=ca / AS=vi).

Anmerkung: MO= Mond, AS= Aszendent;
ar= aries= Widder, ta= taurus= Stier, ge= gemini= Zwillinge, ca= cancer= Krebs, le= leo= Löwe, vi= virgo= Jungfrau, li= libra= Waage, sc= scorpio= Skorpion, sa= sagittarius= Schütze, cp= capricornus= Ziegenfisch; aq= aquarius= Wassermann, pi= pisces= Fische.

Planeten in den Zwillingen und 3. Feld

Sonne in den Zwillingen (Anlage) oder 3. Feld (Aufgabe)

Intelligenz; Wißbegierde; Weltoffenheit; Interessenvielfalt; Redetalent; praktisches, rationelles Denken; Geselligkeit; Kontaktfreude; rasche Auffassungsgabe; Anpassungsfähigkeit; Diplomatie; Diskutierfreude; Intuition; Erfindungs- und Improvisationsgabe; Reisefreude; Geschäftstüchtigkeit; Lebhaftigkeit; Unternehmungslust; Interesse an Wissenschaft, Literatur, Massenmedien; Freiheitsliebe; Reaktionsschnelle; Unverbindlichkeit; Begeisterungsfähigkeit...

Innerliche Zwiegespaltenheit (dualistisches Denken); Nervosität; Unbeständigkeit; übertriebene Skepsis; Geschwätzigkeit; Verdrehen von Worten und Meinungen; berechnendes Denken (Intrigen); Unentschlossenheit; Oberflächlichkeit; Gefühlskälte; Luftschlösser bauen; Neugier; Selbstüberzogenheit (Arroganz); Besserwisserei; das Leben als zu spielerisch einschätzen; Ironie und Sarkasmus; negatives Denken; Anlage zu Depressionen; schwache Selbstdisziplin; wenig Ausdauer...

Mond in den Zwillingen (Anlage) oder 3. Feld (Aufgabe)

Intellektualisierung des seelischen Bereichs; ausdrucks- und bilderreiche Sprache; Intuition; Kontakt- und Kommunikationsfreude; gedankliche Originalität und Kreativität; Veränderungsliebe; Wissensdurst; gute Assoziationsfähigkeit; schillerndes Gefühlsleben; schnelle Auffassungsgabe und Entschlußkraft (Spontaneität); Interesse an Okkultismus oder Psychologie; schriftstellerische Begabung; Unabhängigkeitsliebe; mit anderen gern über die eigenen Gefühle sprechen; ungern feste seelische Bindungen eingehen; Reiselust...

Probleme mit den eigenen Gefühlen (intellektuelle Gefühlsverdrängung); Gefühle anderer mißinterpretieren oder übergehen; Gefühlskälte; wenig Ausdauer; innere Unruhe; Nervosität; krankhafte Neugierde; Labilität; Gefahr gefühlsmäßiger Zersplitterung; Skepsis; unter einem dauernden inneren Denkzwang leiden; Konzentrationsschwäche; Launenhaftigkeit; Hochmut...

(z. B. F. M. Dostojewskij, A. Dürer, S. Freud, F. Kafka)

Merkur in den Zwillingen (Anlage)
oder 3. Feld (Aufgabe)

Zweckdenken; ungebundenes, freiheitliches Denken; gute und scharfe Kritikfähigkeit; Witzigkeit und Schlagfertigkeit; rhetorische Begabung; Intellektualität; unpersönliches Denken; Gedanken- und Einfallsreichtum; Veränderungsliebe; Kontakt- und Kommunikationsfreude; gerne Wissensinformationen vermitteln; sezierendes, analytisches, karikierendes Denken; schriftstellerische, journalistische oder kaufmännische Begabungen; ausgleichendes, vermittelndes, diplomatisches, politisch oder sozial engagiertes Denken; das Leben gedanklich leichtnehmen...

Nervosität; Oberflächlichkeit; Sprunghaftigkeit; intellektuelles Mißtrauen; Gefühlskälte; Pessimismus; Zwiespältigkeit; mangelnde Konsequenzbereitschaft; vorschnelle

Entschlüsse fassen; schwache Konzentrationsgabe; Reizbarkeit; Unehrlichkeit; Geschwätzigkeit; schlecht zuhören können...

(z. B. P. McCartney, H. Kissinger, M. Robespierre, J.-P. Sartre)

Venus in den Zwillingen (Anlage) oder 3. Feld (Aufgabe)

Ästhetisches, auf Ausgleich bedachtes Denken und Fühlen; Intuition; künstlerische Begabung für Graphik und Schriftstellerei; schillerndes und bewegliches Gefühlsleben; Anpassungsfähigkeit; Kontaktfreude; vielseitige Interessen; diplomatisches Geschick; Charme; Leichtlebigkeit; Reisefreude; unkonventionelle und kurzzeitige Liebesbeziehungen eingehen; Freiheitsliebe; gute Gesellschafter (leichte Konversation); kaufmännische und journalistische Fähigkeiten...

Leichtsinnigkeit in Partnerbeziehungen; Realitätsferne; Bau von Luftschlössern; mangelnde Ernsthaftigkeit; Gefahr der Interessenverzettelung und des schöngeistigen Snobismus; schwache Konzentration; Geschwätzigkeit...

(z. B. John F. Kennedy, Chr. Morgenstern, Novalis, W. Shakespeare)

Mars in den Zwillingen (Anlage) oder 3. Feld (Aufgabe)

Bewegliches, vielseitiges und engagiertes Denken; idealistische Begeisterungsfähigkeit; emotionell-mitreißende Rhetorik; Debattierfreude; scharfer und kritischer Verstand; häufig wechselnde Interessen und Beschäftigungen; revolutionäres Denken; Erfindergabe; unkonventioneller und sporadischer Einsatz von Energien; schriftstellerische, journalistische Begabung; soziales Interesse; Reisefreude; schnelle Entschlußkraft...

Gedankliche Subjektivität; emotionelles Denken; sich intellektuell zur Schau stellen; Aggressivität; wenig Ausdauer; Voreiligkeit; intellektuelle Vorurteile aufbauen; Sarkasmus; gedankliche Unruhe; Unfallneigung; sich in Wortspaltereien verlieren; Zynismus...

(z. B. W. v. Braun, R. Dutschke, M. Luther King, J. Ringelnatz)

Vesta in den Zwillingen (Anlage) oder 3. Feld (Aufgabe)

Der Intellekt als Arbeitsplattform; – die Welt als Spiel gedanklicher Möglichkeiten; unkonventionelles und intuitives Arbeiten (auch Teamarbeit); originelle Erfindungsgabe; literarische, wissenschaftliche und rhetorische Neigungen (z. B. Wissenschaftsjournalismus); schnelle Auffassungsgabe; Spitzfindigkeit; wacher Intellekt; luftige Aufbereitung von Sachwissen; Informationsfiltrierung; Freude am Gedankenaustausch; Wissensdurst; Arbeit mit Jugendlichen; weite moralische Kriterien (Toleranzfähigkeit); kaufmännische Ambitionen; Freude an Spekulationen; materielle Unbefangenheit; spielerische Einstellung zur Arbeit...

Die Tragweite des eigenen Tuns nicht immer ermessen können; Realitäts- und Umsetzungsängste; mangelnde

Ausdauer und Konzentration in der Arbeit; voreilige Schlüsse ziehen; unrealistische Arbeitseinteilung; Leichtsinnigkeit; wenig Gründlichkeit im Detail; Verwechslung denkerischer Möglichkeit mit der Wirklichkeit; Unzuverlässigkeit; Ordnungs- und Methodikprobleme; Neigung zur Interessenzersplitterung; schwankende Selbstdisziplin (Arbeiten nach dem Lustprinzip) und Eigenverantwortung; wenig konsequente Selbstkritik, intellektueller Bluff; seinen Verpflichtungen nicht nachkommen; Sachzwängen aus dem Wege gehen...

(z. B. Niels Bohr, Frédéric Chopin, Friedrich der Große, Jules Verne)

Jupiter in den Zwillingen (Anlage) oder 3. Feld (Aufgabe)

Intellektuelle Begeisterungsfähigkeit; geistige Expansion; viele freundschaftliche Beziehungen eingehen; Freude am Philosophieren; Interesse an lebenslanger Weiterbildung (mehrere Studien oder Berufe); Sprachbegabung; Interessenvielfalt; Erfindergabe; Spaß am paradoxen oder absurden Denken; Kommunikationsfreude; Liebe zur Diskussion und geistigen Auseinandersetzung; gesellschaftliche Gewandtheit; wissenschaftliches oder schriftstellerisches Engagement; Freidenker; starkes gedankliches Interesse an okkulten Lehren, Parapsychologie und Esoterik; sich für sozial schwache Menschen engagieren; Reisefreude; Gerechtigkeitsliebe; intellektueller Wagemut...

Konzentrationsschwäche; Ruhelosigkeit; gedankliche Verworrenheit; voreiliges und subjektives Denken; Gefahr intellektueller Hochstapelei; schwache nervliche Konstitution; dualistisches Denken; sich gedanklich nicht festlegen wollen; List und Verschlagenheit; unorganisches und chaotisches Denken...

(z. B. S. Beckett, Th. A. Edison, E. Fuchs, E. T. A. Hoffmann)

Saturn in den Zwillingen (Anlage) oder 3. Feld (Aufgabe)

Gedanklich eigene Wege gehen; zu intellektuellen Konsequenzen bereit sein; kühler, sachlicher und berechnender Verstand; gutes Erinnerungsvermögen; Logik; sich klar artikulieren können; vielseitiges und originelles Denken; Scharfsinn; ›kreative Skepsis‹; Zweckdenken; Streben nach Objektivität; Lerneifer; den ernsthaften Gedankenaustausch suchen; starke kaufmännische, literarische oder wissenschaftliche Begabungen; Interesse an Astrologie, Parapsychologie, Esoterik...

Mangelnder Lebensernst; pessimistisches Denken; Ironie und Sarkasmus; Neigung zu Depressionen (Melancholie); nachtragendes Denken; Mißtrauen; Anpassungsschwierigkeiten; Pedanterie; sich in seinen gedanklichen Anschauungen verhärten; Gefahr von Geiz...

(z. B. G. Harrison, J. Hendrix, A. Watts, O. Wilde)

Chiron in den Zwillingen (Anlage) oder 3. Feld (Aufgabe)

Weite gedankliche Bögen ziehen; originell-intuitives Denken; Toleranz; Redegewandtheit; Sinn für Humor; Kommunikationsliebe;

Tradition und Zeitgeist zusammenführen wollen; sich gut in andere hineindenken können (telepathische Veranlagung); Engagement für soziale Randgruppen; Improvisationsgabe; Gedankenverspieltheit; Interessenvielfalt; spontane Reisefreude; globales und raum-zeittranszendierendes Denken; Show-Talent; intellektuelle Unbefangenheit; Spekulations- und Experimentierfreude; schriftstellerische oder journalistische Ambitionen...

Nervosität; Sprunghaftigkeit; sich unverstanden fühlen; schnell den gedanklichen Faden verlieren; Konzentrationsschwierigkeiten; Entscheidungsschwierigkeiten; Wortverdreherei (Doppelzüngigkeit); Neigung zu euphorisch-melancholischen Gefühlsschwankungen; Ängste und Unsicherheiten hinter intellektuellem Zynismus verstecken; sich in abgehobenen Spekulationen verlieren; Kritikempfindlichkeit; Leichtgläubigkeit; Gefahr intellektuellen Hochmuts (und der daraus folgenden Isolation); gedankliche Lösungen mit Wirklichkeits-Lösungen verwechseln (den Gedanken für die Tat nehmen); unter Zwängen der Allinformiertheit leiden (krankhafte Neugier); Blackouts gedanklicher Orientierung...

(z. B. Warren Beatty, E. von Däniken, Glenda Jackson, Elvis Presley)

Uranus in den Zwillingen (Anlage)
oder 3. Feld (Aufgabe)

Starke Intuition; Einfallsreichtum; Erfindergabe; bewegliches, progressives, originelles Denken; Redegewandtheit; humanitäre Ideale; Interesse an Ideengemeinschaften; Gedankensprünge; Lern- und Wißbegierde; Vielseitigkeit; bilderreiches und assoziatives Denken; Idealismus; Organisationsgabe; Zukunftsdenken; schriftstellerische oder wissenschaftliche Begabung; zu unerwarteten und spontanen Entschlüssen gelangen; Forschergeist; Entwicklungssprünge machen...

Oberflächliches, unruhiges, neugieriges Denken; Interessenzersplitterung; Widersprüchlichkeit; unrealistische und utopische Gedanken; absurde Ideen aufbauen; Verworrenheit; schwache Konzentration; Nervosität...

(z. B. Sven Hedin, M. Jagger, R. Steiner, Swami Vivekananda)

Neptun in den Zwillingen (Anlage)
oder 3. Feld (Aufgabe)

Hohe gedankliche Einfühlungsgabe; kriminalistischer Scharfsinn; die geheime Welt der Mystik mit dem Intellekt erforschen wollen; diplomatisches Feingefühl; Kommunikation über metaphysische Grenzfragen; sich von okkulten Wissenschaften angezogen fühlen; telepathische Eigenschaften; bilderreiche und fantasievolle Sprache; Versuche, durch paradoxes oder absurdes Denken die Grenzen der Vernunft zu sprengen; Begabung für Poesie und Psychologie...

Schlechte Konzentrationsgabe; unklaren und verworrenen Gedanken nachgehen; gedanklichen Täuschungen unterliegen; Hinterlistigkeit; metaphysische Fehlspekulationen; sich in intellektuelle Traumschlösser verrennen; theatralisches Denken...

(z. B. B. Brecht, A. Christie, A. Hitchcock, W. Reich)

Pluto in den Zwillingen (Anlage)
oder 3. Feld (Aufgabe)

Einen breiten gedanklichen Einfluß auf die Gesellschaft ausüben; technisches oder futurologisches Denken; kritischer Verstand; Erfindungsreichtum; neue Formen der Kommunikation entwickeln (Massenmedien); wissenschaftliche oder literarische Entdeckungen machen; sprachlich-intellektuelle Suggestivkräfte entwickeln; geistige Transformation durch Überwindung des dualistischen Denkens; Begeisterungsfähigkeit; Vielseitigkeit; die Grenzen von Sprache und Denken erkennen...

Intellektueller Hochmut; die eigenen Fähigkeiten überschätzen; auf andere Menschen gedankliche Macht ausüben wollen; zu vorschnellen Entscheidungen gelangen; Mißbrauch okkulten Wissens (Leichtsinnigkeit)...

(z. B. S. Dali, W. Disney, I. Newton, J. R. R. Tolkien)

Mondknoten in den Zwillingen (Anlage)
oder 3. Feld (Aufgabe)

Suche nach neuen und vielseitigen Kommunikationsformen; sich am besten durch das Medium der Sprache und des Denkens mitteilen können; Organisationstalent; Freiheitsliebe; geistige Aktivität; diplomatisches Geschick; Sprachbegabung; literarisches Interesse; Selbstverwirklichung durch Entwicklung eines flexiblen und kreativen Intellekts...

Oberflächlichkeit in zwischenmenschlichen Beziehungen; Interessenzersplitterung; Labilität...

(z. B. Sri Aurobindo, V. van Gogh, R. D. Laing, Fr. v. Schiller)

Medium Coeli in den Zwillingen

In unseren Breiten immer mit einem Jungfrau-Aszendenten verbunden.

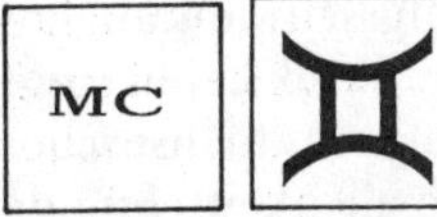

Berufe, die mit Wissensvermittlung, Kommunikation, Massenmedien, Journalismus, Literatur, Reisen, sozialem Engagement oder Wissenschaft zusammenhängen; Freude an Teamarbeit; unkonventioneller, bohémienhafter Lebensstil; sich berufliche Unabhängigkeit erarbeiten wollen; evtl. wechselnde Berufsziele (Weiterbildung, Zweitstudien etc.); sich ungern in eine feste Berufsrolle hineinzwängen lassen; starker Intellekt...

In Geldangelegenheiten zu leichtsinnig sein (wenig Sicherheitsdenken); berufliche Unentschlossenheit; wenig Ausdauer und Durchsetzungsvermögen; unrealistische Berufsvorstellungen; undurchsichtige, unseriöse Geldgeschäfte; wenig Selbstdisziplin; leichte Beeinflußbarkeit; Gefahr der Persönlichkeitsspaltung...

(z. B. Ch. Baudelaire, R. Heyer, A. Kubin, W. A. Mozart)

Aszendent in den Zwillingen

In unseren Breiten immer mit einem Wassermann- oder Fische-Medium-Coeli verbunden.

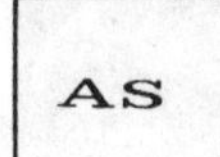

Originelles und kreatives Denken; gute Intuition und Formulierungsgabe; funktionelles, sachliches Denken; Anpassungsfähigkeit; Kontakt- und Kommunikationsfreudigkeit; gedankliche Reaktionsschnelle; technisches oder wissenschaftliches Interesse; sich ein aufgeschlossenes und progressives Image geben; Neigungsvielfalt; rhetorische Begabung; Empfindsamkeit; kaufmännisches Denken; Wißbegierde; psychische Vitalität...

Unentschlossenheit; Labilität; innere Unausgeglichenheit und Zerrissenheit; häufige Meinungsschwankungen; wenig Ausdauer; Sarkasmus; Ironie, Mißtrauen und Skepsis; Perioden pessimistischen Denkens; dualistisches Denken; Gefahr des Geizes; Oberflächlichkeit; Freude an Wortspaltereien; das Leben zu einseitig intellektuell betrachten; Gefühlskälte; Nervosität; Neugierde; Altklugheit...

(z.B. H. Heine, J. Kepler, B. Shaw, F.J. Strauß)

ZWILLINGE

Es gibt überhaupt kein klar getrenntes Schwarz und Weiß. Alle Dinge sind voneinander abhängig. Dunkelheit ist ein Aspekt des Lichts und Licht ist ein Aspekt der Dunkelheit. So kann man nicht eine Seite verurteilen und alles auf der anderen aufbauen.

Tschögyam Trungpa

Die Energie der Zwillinge beschließt das erste Quartal des Tierkreisjahres, den Frühling, und bereitet den Sommeranfang, der durch das Zeichen Krebs eingeleitet wird, vor. Die drei Frühlingszeichen Widder, Stier und Zwillinge bieten verschiedene Möglichkeiten des Umgangs mit Ideen und Gedanken an. Der Widder entwickelt die Ideenzündung, entflammt sich für seinen Einfall und bindet diesen Gedanken an sein kämpferisches, aggressives und männliches Ego. Er ist weder durch Argumente ablenkbar noch durch sachliche Kritik zu beeinflussen, sondern eher im Gegenteil dadurch noch intensiver bestärkt, über alle Widerstände hinaus seine Idee, die er zu einem Ideal hochstilisiert, notfalls auch kriegerisch oder kämpferisch durchzusetzen. Die Idee nimmt von ihm Besitz, erfüllt ihn mit eigentlichem Leben und duldet kein Wenn und Aber. Keine Kontrollinstanzen können ihn kanalisieren. Er ist total parteiisch und ganz Emotion. Sein Gedanke gibt ihm das Gefühl der Überlegenheit. Schon in leichter Kritik sieht er eher einen persönlichen Angriff als eine Hilfe. Durch die Stier-Energie bleiben die Gedanken zwar weiterhin an das Ego angeschlossen, erfahren jedoch eine Abkühlung und Kanalisierung durch ein dem Erdelement innewohnendes Bestreben nach Überprüfung von Ideen an den Kriterien der Umsetzbarkeit in der äußeren, grobstofflichen Wirklichkeit. Gedanken werden hier nicht mehr hitzig und möglicherweise kurzlebig verfochten, sondern beginnen sich zu kristallinen Strukturen zu formen. Sie sind wiederholbar und werden dauerhaft an die individuelle Person gebunden, auch wenn die Flamme der Begeisterung schon längst erloschen ist. Dieses charakteristische Merkmal des Erdelements führt zu Tradition und Konservatismus. Erst in den Zwillingen erhält das Denken eine spielerische und nicht unbedingt mit dem Ego verbundene Dimension. Der Intellekt und die Sprache erfahren eine soziale Komponente. Wissen ist nicht Machtinstrument einzelner privilegierter Individuen, sondern Allgemeingut, das Völker und Kulturen entstehen ließ. Das Zwillinge-Zeichen vereinigt in sich die spontane Begeisterungsfähigkeit des Widders sowie die Sehnsucht nach gleichzeitiger Objektivität und Wirklichkeitsnähe des Stiers in seinem Doppelcharakter des saturnhaften Pollux und des mondhaften Kastor. Es bereitet die tiefe seelische Dimension des nachfolgenden Zeichens Krebs vor, den archaischen, magischen und metaphysischen Bereich. Durch eine unentwegte Erweiterung des Wissens helfen die Zwillinge und ihr Planet Merkur, Unbehagen gegenüber den dunklen Schichten der inneren und äußeren Welt abzubauen. Hierdurch wird angstfreies Erleben, ›der Sprung ins Wasser‹, vorbereitend ermöglicht.

Die Mythologie beschreibt Kastor und Pollux als Söhne von Leda, die sich in derselben Nacht mit Zeus-Jupiter – dem Schwan – und dem Menschenkönig Tyndareos vereinigte. Dies führte dazu, daß einer der Zwillinge, Pollux, ein Unsterblicher der Götterwelten war und seinem Bruder Kastor ein menschliches Schicksal zuteil wurde. In ihrer Jugend wurden die beiden Brüder von Jupiter und Merkur beschützt und ausgebildet. Obwohl unzertrennlich, hatten sie doch verschiedene Charaktere: der sterb-

liche Kastor war eher materiell und gefühlsmäßig spontan veranlagt. Er liebte die Veränderung, Zerstreuung, war Schwankungen unterworfen und hatte wenig Ausdauer. Sein unsterblicher Widerpart Pollux galt als selbstbeherrscht, realistisch, kühl, grüblerisch, kritisch und ironisch. Er neigte eher zu einer geistigen und ästhetischen Verarbeitung der Welt. Die Mythologie berichtet weiter, daß Kastor bei dem Kampf um eine Viehherde getötet wurde, worauf Pollux seinen Göttervater Zeus bat, hilfreich einzugreifen. Dieser bot einen Kompromiß an: Beide Brüder könnten sich jeweils einen Tag im Himmel des Olymp und in der Totenwelt des Hades aufhalten.
Kastor und Pollux wurden in der Antike wie Unsterbliche verehrt, man brachte sie in Zusammenhang mit Schlangen- und Quellgottheiten. Sie galten als Schutzpatrone der Freundschaften, Schirmherren der Jünglinge, Retter von in Seenot geratenen Menschen und Beschützer von fairen Kampfspielen. Sie wurden auf weißen Rössern reitend dargestellt und als ›Retter der Menschen‹ angerufen.
Die Zwillinge repräsentierten das Prinzip der Bruderliebe in einer platonischen und geistigen Interpretation. Wie es der Sichtweise des Luftelements entspricht, betrachten auch sie die Mitmenschen als gleichberechtigte Partner und nicht als konkurrierende Rivalen. Als sogenannte veränderliche oder soziale Energieform (Labilzeichen) vertreten sie kollektives Verantwortungsbewußtsein und überwinden Widerstände und Widersprüche der Welt durch Herstellen von Verbindungen, Informationsfluß, Kompromißbereitschaft, Diplomatie, schnelles Reaktionsvermögen und neutrale Stellungnahmen. Hierbei kommt ihnen ihre Kontaktbereitschaft und geschickte Formulierungsfähigkeit zu Hilfe. Ihre Wißbegierde ist genauso stark wie ihr Verlangen, die gewonnenen Informationen wieder weiterzuleiten. Bösartige Zungen machen hieraus eine Tendenz zur Neugier und Klatschsucht. Die Motivation jedoch – in ihrem positiven

Kern – entspringt der Liebe zu jedweder Form von Sein, sei sie nun dunkel oder hell, schön oder häßlich, männlich oder weiblich. Um allen widersprüchlichen Bereichen gerecht zu werden, bemüht sich die Zwillinge-Energie, dermaßen viele und prismenhaft weit gestreute Informationen zu sammeln, daß sie zu umfassenden Beurteilungen, die mehrere Gesichtspunkte in sich vereinen, gelangen kann. In dieser Funktion leisten die Zwillinge Vorarbeit für das Zeichen Waage, wobei sie die Recherchen leisten, das Informationsangebot liefern, welches der Waage dann als Material dient, um zu umsichtigen und Harmonie vermittelnden Beurteilungen zu gelangen. Dieser Prozeß wiederum bereitet den befreiten, kollektiv, oder kosmisch orientierten Wassermannmenschen vor. Der Zwillinge-betonte Mensch (also vorwiegend jemand, der Sonne, Mond, Aszendent oder Merkur in diesem Zeichen hat) begreift die Welt als ein Netzwerk von gedanklichen Abläufen. Auf sensible Art und Weise *denkt* er sich in eine Sache ein, in die sich andere Menschen vielleicht mit ihren Gefühlssensoren hineintasten (Vorgehensweise des Wasserelements). Die Zwillinge arbeiten sich durch intellektuelles Beobachten und gedankliches Nachvollziehen bis zu den Türen der verborgenen Quellen (Bezug der Zwillinge zu den Quell- und Schlangengöttern), der irrationalen Motive jedweden Seins vor. Sie beherrschen nicht die archaische Form der nonverbalen Kommunikation, das mystische Erfassen der Mond-, Neptun- oder Pluto-Ebene, sondern versuchen der Psyche durch logisches oder intuitives Denken auf die Schliche zu kommen. Das Land der Psycho*logie,* die USA, steht unter dem Zeichen Zwillinge.
Der Zwillinge-Typ ist ein Kontaktmensch, der lockere, d. h. freie Beziehungen sucht, deren Basis gleichgeartete Interessen, Austausch von Meinungen und Sichtweisen, sowie das spontane Angehen gemeinsamer Aktionen ist. Zwillinge lieben in Beziehungen eine echte Wechselwirkung, d. h., keiner der Partner darf eine dauerhaft-ein-

deutig dominierende Stellung einnehmen. Jeder Beteiligte sollte eine individuelle Persönlichkeitsstruktur behalten, jedoch zu offenem Gedankenaustausch bereit sein. Der Zwillinge-Mensch liebt keine Geheimnistuerei unter Freunden, da er hierin einen Vertrauensmißbrauch sieht. Wie es in der Kastor-und-Pollux-Mythologie anklingt, sucht er bei seinen Mitmenschen eher geschwisterliche Liebe als rollenfixierte Partnerschaft. Er möchte innerlich frei bleiben und trotzdem das Gefühl haben, mit vielen Menschen herzlich und kameradschaftlich verbunden zu sein. Er verschenkt sein Herz gerne, doch ohne damit automatisch Copyrights zu erteilen. Gefühle und Leidenschaften besitzen keine lange Dauer; er ist eher gedanklich als gefühlsmäßig von Menschen fasziniert. Sein Wesen entspricht einem schillernden Schmetterling, der unbekümmert von Blüte zu Blüte fliegt und sich analog hierzu aus vielen kleinen Erlebnissen und Begegnungen puzzlehaft ein Bild von der Welt zusammenfügt. Die Denkmechanismen der Zwillinge-Energie gleichen einer nie versiegenden sprudelnden Quelle. Sie sind unentwegt damit beschäftigt, ihren intellektuellen Horizont zu verändern und zu erweitern. Das Wesen der Zwillinge ist nicht zielorientiert, wie die oppositionelle Jupiter-Schütze-Energie, sondern unentwegt offen für neue denkerische Impulse. Da der Zwillinge-Archetyp ähnlich wie Waage und Wassermann widerspruchslos auf mehreren Ebenen gleichzeitig zu denken vermag, kann hieraus in manchen Fällen nervliche Überbelastung oder Chaos entstehen. Zwillinge-Geborene sollten darauf achten, Ruhepausen in Form von Spaziergängen oder ausreichenden Schlafphasen einzuhalten.

Die Doppelnatur des Zwillings, seine Kastor-und-Pollux-Natur, ermöglicht es ihm, mit sich selbst Zwiesprache zu halten, d. h. sich gleichzeitig als engagiert Handelnder und als anonymer Beobachter seines eigenen Handelns und Denkens zu sehen. Hierin besteht seine größte Entwicklungsmöglichkeit, aber auch gleichzeitig sein größtes

Problem. Durch die Fähigkeit, sich von außen beurteilen zu können (eine Begabung, die im Planeten Uranus ihren Höhepunkt findet) besitzt er das Potential, Abstand zu sich selbst zu gewinnen, zu abstrahieren, sich selbst in Frage zu stellen, sein eigener kritischer Freund zu sein, sich emotionsfrei analysieren oder über sich selbst amüsieren zu können. Daß bei diesem Vorgehen die Persönlichkeit nicht auseinanderfällt, symbolisiert die unzertrennliche Bruderliebe von Kastor und Pollux. Natürlich kann es vorübergehende Dissonanzen zwischen den lunaren und saturnalen Anteilen der Persönlichkeit geben, d. h. der Zwilling durchläuft abwechselnd Perioden luftiger Leichtlebigkeit und ernsthaft grüblerischer Infragestellung seiner selbst. Er ist also natürlichen astro-rhythmischen Schwankungen ausgesetzt, wie wir sie auch bei Waage und Wassermann finden können. Gleichmaß und Ausdauer sind nicht Motoren, die das Luftelement, sondern das »gegensätzliche« Erdelement aktivieren. Luftelementsbetonte Menschen entwickeln sich schubweise und nicht kontinuierlich. Zeiten der Lethargie werden von Perioden höchster geistiger Aktivität abgelöst. Wer dieses Naturphänomen positiv begreift und weiß, daß ein Tief immer die Vorbereitung für ein Hoch ist, wird aufhören, sich gegen dieses innere Auf und Ab zu wehren. Er wird mit dem krampfhaften Versuch aufhören, aus einer Tiefphase eine Hochphase zu konstruieren, und damit beginnen, seinen geschwächten Zustand als eine Art Kururlaub zu nutzen, in dem die Erfahrungen der High-Phase verarbeitet und integriert werden können.

Die Zwillinge, Vertreter des Luftelements

Das mediale und neutrale Luftelement versucht die verschiedenen Tierkreisarchetypen in ihrer scheinbaren Gegensätzlichkeit zu entspannen, um dadurch Harmonie herzustellen. Es ist tendenziell darauf ausgerichtet, von Bindungen materieller, gefühlsmäßiger oder geistiger Art zu befreien, und wirkt gegen alle separatistischen Bestrebungen, individuellen Vorrechte und Besonderheitsvorstellungen. Seine Stichworte sind Gleichberechtigung, Brüderlichkeit und Freiheitsliebe. Alle Formen von traditionellen Verhärtungen und Konventionen müssen über Bord geworfen, eingefahrene Denkbahnen

aufgelöst, Kompromisse entwickelt und neuartige Wege erdacht werden, um das Sein zu entpolarisieren. Hierzu bedarf es eines revolutionären, intuitiven, kühlen, manchmal auch paradoxen, schnellen und beweglichen Denkens und Handelns.

Dem Luftelement gehören die drei Zeichen Waage, Wassermann und Zwillinge an. Wir finden hier keine tierische, d. h. keine instinktmäßig gebundene Form als Symbol, sondern abstrakte Beschreibungen für ein elementares Prinzip, das offen für neue Entwicklungen und Interpretationen ist. Über das Luftelement mit seinen Planetenherrschern Venus, Uranus und Merkur findet im höheren Sinne die eigentliche Menschwerdung statt: die Loslösung von archetypischen Fixierungen. Dies kann nur durch die Entwicklung von Widerspruchsfreiheit, d. h. Entspannung umgesetzt werden. Alle Formen von einseitigem Verständnis, d. h. von subjektiver Stellungnahme, werden überwunden, indem eine Sache aus verschiedensten Blickwinkeln widerspruchslos gesehen werden kann. Der energetische Charakter des Luftelements besteht entweder darin, alle Betrachtungsweisen gleichberechtigt und ohne emotionale Bevorzugung nebeneinander stehen zu lassen oder auf diplomatische Art und Weise größere Bögen zwischen polaren Möglichkeiten zu ziehen bzw. einen Kurzschluß zwischen Plus- und Minuspolen vorzubereiten. Wir können das Luftelement mit Instanzen wie dem ›Roten Kreuz‹, der ›UNO‹ oder der ›UNESCO‹ vergleichen, die sich darum bemühen, neutral, vorurteilslos und reaktionsschnell auftretende Spannungen zu entschärfen.

In seiner beweglichen und gasförmigen Natur versucht das Luftelement räumliche und zeitliche Blockierungen des Erdelements zu überwinden und reagibel wie Quecksilber oder ein Gedankenblitz zu wirken. In der materialisierten Welt werden ihm das Nervensystem, die schnellen Medien (bei denen teilweise das Transportmittel ja Luft oder Äther ist), Phänomene der Synchronizität und Tele-

pathie sowie das parallele, d. h. mehrebnige Denken zugeordnet.
Ohne in idealistische Schwelgerei zu verfallen, ist es von dem Wunsch nach mehr Menschlichkeit getragen sowie der Weisheit, daß durch schnellen Informationsaustausch Fehlfixierungen, Verhärtungen, Mißverständnisse und alle Formen von energetischen Polarisierungen abgebaut werden können. Mehr als die anderen beiden Luftzeichnungen Waage und Wassermann begreifen sich die Zwillinge als Mensch unter Menschen, eingebunden in ein soziales Kommunikationssystem, als Mittler und Vermittler. Aus dem Verständnis des Luftelements heraus stellt sich seine Zwiespältigkeit als Weisheit dar, seine Doppelnatur als Selbstlosigkeit, seine unterkühlte Art als zwingende Vorbedingung für Neutralität, sein reaktionsschneller Intellekt als Instrument, um Kompromisse schließen zu können, seine Unbeständigkeit als geistige Offenheit, seine bisexuellen Neigungen, um weiblichen und männlichen Anteilen (Sonne und Mond) gleichermaßen gerecht zu werden, sowie sein unkonventioneller Lebensstil als Ausdruck freiheitlichen Denkens.

MERKUR

»Ich denke, also bin ich.«

Der Götterbote Merkur mit seinen Attributen: Schlangenstab (»Caduceus«), geflügelten Füßen, Füllhörnern, den Symbolen seines vielfältigen, polaritätsüberwindenden Denkens.

Der Planet Merkur oder Hermes (Nabu in Babylon, Thot in Ägypten, Buddha in Indien, Manjushri in China) ist der kleinste, gleichzeitig auch der schnellste und sonnennächste Planet unseres Systems. In nur 88 Tagen umrundet er das Zentralgestirn und dreht sich dabei in 59 Tagen einmal um die eigene Achse. Er ist ein Planet der Extreme: auf seiner sonnenzugewandten Seite herrschen Temperaturen um 425° C und auf der sonnenabgewandten Seite eine Kälte von –170° C. So sind denn auch Zwiespältigkeit und Beweglichkeit charakteristische Attribute des Merkur-Hermes. In der westlichen Mythologie wird er als Sohn des Göttervaters Zeus-Jupiter und der Nymphe Maja beschrieben. Kaum einen Tag alt, erfand er die Lyra, ein betörendes Instrument aus einem Schildkrötenpanzer, einer Rindshaut und 7 Saiten aus Schafsdarm (Schildkröte = Symbol für das Universum/ Rindshaut = Symbol für die Erde/ 7 Saiten = Symbol für die 7 klassischen Planeten) und betörte damit seinen Bruder, den Sonnengott Apollo, dem er vorher auf listige

Art und Weise seine Rinderherde entwendet hatte. Hermes stahl dermaßen charmant, daß ihm die Götter nichts übelnahmen und Apollo ihm den goldenen Stab des Reichtums übergab (Merkur als Schirmherr des Handels; Merkator = Kaufmann), Macht über 3 Göttinnen der Wahrsage- und Orakelkunst (die ›hermetischen Wissenschaften‹ wie Astrologie, Alchemie, Medizin und Orakeldeutung stehen unter der Schirmherrschaft von ›Hermes Trismegistos‹), Herrschaft über die Viehzucht (Hermes als Natur- und Hirtengott) sowie das Privileg, die verstorbenen Seelen bis an die Pforten des Hades, die Welt Plutos, des Gottes der Unterwelt, zu geleiten. Neben diesen freiwillig geschenkten Gaben erstahl sich Merkur-Hermes auf geschickte Art das Schwert des Kriegsgottes Mars und den Schamgürtel der Liebesgöttin Venus. Seine Hauptattribute jedoch sind der Schlangenstab (›Caduceus‹) und seine geflügelten Reiseschuhe. In den Kunstwerken der Antike wird er als anmutiger und verschmitzter Jüngling dargestellt, als Götterbote, Mittler zwischen den himmlischen und den menschlichen Welten, Gott des Schlafes und des Traums, der Rede, Schrift und des Erinnerungsvermögens, aber auch als Schutzpatron der Diebe und Zuhälter. Aus diesen scheinbar widersprüchlichen Aufgabenbereichen des Merkur können wir bereits die Hauptfunktion jener planetaren Energie ableiten, die gerade darin besteht, Widersprüche entweder durch Kompromisse (Diplomatie), Austausch von Argumenten (geschickte Anwendung von Wissen, Intellekt, sprachlicher Differenzierung) oder durch List (in positiver Motivation: eine Form von Weisheit) zu überwinden. Um diesen Ansprüchen gerecht zu werden, muß Merkur einen unparteiischen, anonymen, beweglichen und emotionsfreien Charakter haben, wie wir ihn im abstrakten, logischen Denken finden. Die merkuriale Form des Denkens ist von der Intention getragen, Harmonie und Ausgleich durch Austausch von Informationen herzustellen. Dieser Vorgang hilft, energetische

Blockierungen zu überbrücken. Die Erweiterung des Wissens (ohne emotionelle Identifizierungen) quasi aus streng neutraler Sicht ermöglicht es, mehr Verständnis und Toleranz zu entwickeln: Numinose Ängste werden abgebaut und letztlich Ergänzungspole wie Seele und Geist, Sonne und Mond, Yin und Yang, männlich und weiblich wissensmäßig einander angenähert und deren Vereinigung vorbereitet. Die mythologische Beschreibung spiegelt diese Eigenschaft oder besser dieses Anliegen Merkurs in seiner Mittlerfunktion zwischen der Welt der Menschen und der lichten Götterwelt des Zeus auf der einen Seite sowie der Unterwelten auf der anderen Seite wider. Er spielt hierbei eine ähnliche Rolle wie die Göttin Venus, die nach der griechischen Überlieferung den Tag mit dem Göttervater Zeus und die Nacht mit dem Höllenfürsten Pluto verbringt. Beide Planeten gehören dem Luftelement an, das eine Vereinigung aller Gegensätze anstrebt. Aus einer Verbindung von Merkur-Hermes und Venus-Aphrodite entstand dann auch der sagenhafte Hermaphrodit, ein zweigeschlechtliches Wesen, das höchste Verehrung von Menschen und Göttern erlangte.

Das Merkur-Symbol, der Schlangenstab Caduceus, hat eine tiefe und verborgene Bedeutung. Um einen zentralen Stab, der der menschlichen Wirbelsäule entspricht, winden sich sinusförmig eine schwarze und eine weiße Schlange, deren Köpfe sich am oberen Ende polar, neugierig und sehnsüchtig nach Vereinigung strebend, ge-

Auf diesem tibetischen Thangka finden wir die Hauptproblematik menschlichen Seins symbolisch dargestellt: die Wünsche nach Überwindung der Polaritäten von Yin und Yang, Seele und Geist, männlich und weiblich, widergespiegelt in den mythologischen Formen vom Garuda (Vogelwesen-Geist-Yang) und den Nagas (Schlangenwesen-Seele-Yin). Auf der linken Seite des Lebensflusses befinden sich zwei nach Erleuchtung strebende Menschen, denen das andere Ufer, die Vollendung, die Buddhaschaft, in erreichbare Nähe gerückt ist. Nur durch Verschmelzung von Yin und Yang, Sonne und Mond, Naga und Garuda kann das gefährliche Wasser durchschifft werden und höchste Verwirklichung entstehen.

genüberstehen. Es sind die weiblichen und männlichen Kundalini-Energien (auch Sonnen- und Mondenergien genannt), die sich nach der feinstofflichen Anatomie in unsichtbaren Kanälen längs der Wirbelsäule hinaufschlängeln und sich in 7 Hauptzentren oder Chakren vereinen. In der Planetenzuordnung finden wir Merkur zusammen mit Pluto im Sexualchakra. Er ist die planetare Energie, die psychische oder gefühlsmäßige Abläufe analysiert und dadurch eine energetische Wandlung bewirken kann. Das Verstehen seelischer Abläufe kann dazu verhelfen, neurotische oder psychotische Blocks aufzulösen. Diese Möglichkeit macht sich die Psycho*logie* und die Psycho*analyse* zunutze (in der astrologischen Sprache: Arbeit des Merkur an der Peripherie des Mond-Bereichs). Merkur ist das Medium, das zu einem Verständnis der gewaltigen sexualmagischen Energien führen kann, er hilft uns die plutonischen Triebkräfte zu begreifen und ein anwendbares Wissen daraus zu ziehen, wie wir es z. B. in der östlichen Tantra-Wissenschaft oder im indischen Kamasutra finden. Der Götterbote Merkur hat hier die Fähigkeit, durch intellektuelles Verarbeiten die Verwandlung der leiderzeugenden plutonischen Energien in die befreiten geistigen Bereiche des Jupiters zu bewirken. Diese Transformation setzt ein großes Potential frei, Basis der spirituellen Weiterentwicklung der Menschheit.

Ohne auf Details näher einzugehen, zeigt uns das Symbol des Caduceus, daß die Merkur-Energie darum bemüht ist, im Vorfeld späterer Vereinigung der polaren Energien Mittlerdienste zu leisten. Der Verschmelzung von Seele und Geist, Yin und Yang, oben und unten, oder, genauer formuliert, der höchsten Erleuchtung (energetisch gesehen ein Kurzschluß der Sonnen- und Mondenergien) geht eine wissensmäßige Annäherung voraus: Die Polaritäten erklären sich, versuchen, sich in ihren verschiedenartigen Wesen verstandesmäßig zu erfassen. In seiner Mittlerfunktion zwischen Sonne und Mond

Merkur als Einer und Brückenbauer zwischen der Welt der Sonne und des Mondes.

darf der Verstand (Merkur) weder an das Ego (Sonne) noch an die Seele (Mond) angeschlossen sein. Er muß einen neutralen Status einnehmen – beide Seiten verstehen können. Merkur-Wissen wird dementsprechend 2-dimensional (ohne Gefühlsdimension), wie in einer Bibliothek oder einem Computer, gespeichert oder abgerufen. Fixierungen (Wissen als Machtfaktor) und Emotionalisierungen (z. B. Propaganda) von Wissensdingen beruhen auf Vermischungen der Merkur-Energie mit speziellen Tierkreiskräften oder Verbindungen mit anderen planetaren Energien (Konjunktionen, Quadrate etc.). Merkur selbst, d. h. der kühle Intellekt, ist immer um eine überpersönliche, allgemeingültige Stellungnahme bemüht. Dies führt in der Astrologie dazu, daß enge Konjunktionsverbindungen des Merkur mit der Sonne (verbrannter Merkur) oder mit dem Mond (verwässerter Merkur) als unglücklich gelten.

Verbindungen des Merkur mit Saturn führen zu einem materiebezogenen, analytischen, grüblerischen und systematischen Denken, während Beziehungen zu Uranus in intuitives, spontanes, wirklichkeitsüberspannendes und originelles Denken münden. Da im Wassermannzeitalter die denkerische Dimension, der Austausch von Information, die Expansion von Wissenschaft, die Magie

des Intellekts von höchster Bedeutung sind, hat die Stellung des Merkur im individuellen Karmagramm ein großes Gewicht bekommen. Dies führte wohl auch dazu, daß man zu Beginn der neuen Ära den Menschen nach seinem Intelligenzquotienten bewertete, d. h. seine Merkur-Qualitäten testete.
Der allgemeine Ruf nach mehr Menschlichkeit drückt die Sehnsucht nach dem Antipoden Merkurs aus: den Jupiter-Energien des persönlichen, zielgerichteten, idealisierten und geistig dimensionierten »Denk-Handelns«.

Das Merkursymbol leitet sich esoterisch vom Kundalini-System ab, dem Wechselspiel der yinhaften und yanghaften Schlangenenergien, die sich im menschlichen Sein erkennen und vereinen wollen. Im Vorfeld dieser Vereinigung bemüht sich Merkur um eine wissensmäßige Annäherung beider Kontrahenten, wobei er selbst einen neutralen Status bewahrt.

M. C. Escher – Kurzbiographie

Maurits Cornelius Escher wurde am 17. Juni 1898 um 11.30 Uhr als jüngster Sohn des Hydraulik-Ingenieurs G. A. Escher in Leeuwarden, Holland, geboren. In Arnheim besuchte er ohne Erfolg eine Oberschule, blieb zweimal sitzen und zeigte kaum irgendwelche Begabungen. Die einzige Beschäftigung, die ihm ein wenig Spaß bereitete, bestand darin, Linolschnitte anzufertigen. Auf Wunsch seines Vaters ging Escher 1819 nach Haarlem, um dort Architektur und dekorative Künste zu studieren. Er lernte dort hauptsächlich graphische Techniken und Holzschnitt bei seinem portugiesischen Lehrer Samuel Jesserun de Mesquita. Er galt als ein fleißiger, aber unbegabter Schüler: »... er ist zu verbissen, zu literarisch-philosophisch; dem jungen Mann fehlt es an Stimmungen und spontanen Einfällen, er ist zuwenig Künstler...« (aus Eschers Zeugnis). Seine Leidenschaft für Holzschnitt und Graphik teilte er mit einem anderen, weitaus berühmteren Zwillinge-Geborenen: Albrecht Dürer. 1922 reiste Escher nach Spanien und Italien, um dort Holzschnitte von Landschaften anzufertigen. 1924 heiratete er die Graphikerin und Malerin Jetta Umiker. Zusammen mit Jettas Eltern zogen sie nach Rom und richteten sich dort ein Studio ein. 1926 wurde ihr erster Sohn geboren. Sie lebten bis 1935 in Rom und unternahmen viele Studienreisen in die Abruzzen, nach Sizilien, Korsika oder Malta. Als Künstler war er noch ziemlich unbekannt; er hatte nur einige wenige kleine Ausstellungen beschickt und einige Bücher illustriert. Obwohl politisch uninteressiert, fühlte sich Escher vom italienischen Faschismus abgestoßen und zog 1935 mit seiner Familie in die Schweiz. Hier fühlte er sich jedoch von den kargen Bergen und den langen Wintern erdrückt und begann wieder im Mittelmeerraum herumzureisen, um Studien zu betreiben. Besonders fasziniert war er von den maurischen Ornamenten der Alhambra in Granada. Dort fertigte er viele Skizzen an, die die Basis für sein späteres graphisches Werk wurden. Nach mehrjährigem Aufenthalt in Brüssel zog Escher 1941 nach Holland, wo seine größte künstlerische Schaffensperiode begann. Erst ab 1950 wurde sein Name allmählich bekannt, und er konnte einen Teil seines Einkommens aus dem Verkauf von Drucken beziehen. Diese späte Karriere beruhte nicht auf den jahrzehntelang betriebenen Landschafts- und Städtebildern, sondern auf den neueren Graphiken einer mathematisch-magischen Welt, den berühmten Metamorphosen abstrakter Muster in organische Formen oder den originellen perspektivischen Spielereien einer endlos scheinenden Welt. Die letzten Jahrzehnte arbeitete Escher mit der Regelmäßigkeit und Pedanterie eines Bürokraten. Eine unfreiwillige Arbeitspause gab es nur 1962, als er sich einer schweren Operation unterziehen mußte. 1970 zog er nach Nord-Holland in ein Haus für alternde Künstler und starb dort am 27. März 1972.

Der Zwillinge-Einfluß in Eschers Karmagramm

Es ist bezeichnend, daß Eschers graphisches Werk ausgerechnet im Zwillinge-Land Amerika, in der Zeit der psychedelischen Hippie-Kultur, eine Renaissance fand. Seine Mandala-Zeichnungen, magischen Ouroboros-Schlangen und Möbiusschen Unendlichkeitssymbole entsprachen den mystischen Sehnsüchten und metaphysischen Überlegungen dieser Zeit, die auch Hesse, C. G. Jung, A. Crowley sowie Astrologie, Buddhismus oder Magie neue Bedeutung gab. Escher selbst hatte sich weder mit Meditation noch psychedelischen Drogen oder mystischen Grenzfragen beschäftigt. Er war häufig erstaunt über Interpretationen seiner Bilder. (»Einst rief mich eine Dame an und sagte: ›Herr Escher, ich bin fasziniert von Ihrem Werk. In Ihrem Blatt ›Reptilien‹ haben Sie schlagend die Reinkarnation dargestellt.‹ Ich antwortete: ›Madame, wenn Sie das darin sehen, wird es wohl stimmen.«) Er selbst hat niemals die Tiefe seiner Bilder bewußt gespürt. Sein eindimensionales und polares Denken und sein schwach ausgeprägtes Wasser-Element (11) klammerten mystische Ergriffenheit, seelisches Bewegtsein aus. Neben Sonne, Neptun, MC, Pluto und Merkur steht bei Escher auch der Mond im Zeichen Zwillinge in einer genauen Opposition zu Saturn im Schützen. Wie im Artikel über den Krebs beschrieben, symbolisiert der Mond die seelische Dimension, das archaische oder magische Unbewußte, den Bereich der Instinkte und der Urarchetypen. Im Mondbereich sind alle kollektiven, mythischen, überindividuellen Bilder gespeichert, das verborgene Erbgut der Menschheit, die gemeinsame Grundlage religiösen, magischen oder mystischen Denkens und Handelns unterschiedlichster Kulturräume.

Es ist ein Verdienst C. G. Jungs, die energetischen Urbilder der Seele, d. h. des Mondbereichs, aufgespürt und in allen Religions- und Kulturräumen gleichermaßen wiedergefunden zu haben. Nun sind diese Urbilder nicht nur kollektiv nachweisbar, sondern auch in jedem Individuum in Form von Träumen, spontaner Malerei, magischen Verhaltensmustern oder durch meditative Erfahrungen entdeckbar. Zu den von Jung beschriebenen Archetypen gehören u. a. kreisförmig zentrierte geometrische Muster, sogenannte Mandalas, wie wir sie z. B. im tibetischen, aztekischen oder christlichen Kulturraum dargestellt finden, chthonische Tierweltarchetypen wie Schlangen, Echsen, Frösche, Insekten, Drachen, die sich in den Schwanz beißende Schlange Ouroboros (Unendlichkeitssymbol) oder verschiedene Vogelarten (als Geist-Symbol). Mehr abstrakte Eigenschaften des Mond-Bereichs finden wir in dessen Bestreben, Raum und Zeit zu transzendieren, visuelle Metamorphosen der Wirklichkeit hervorzurufen, Gewohnheitsdenken und fixierte Sichtweisen aufzulösen. Das mondhafte Bewußtsein transformiert die materielle Wirklichkeit, führt Vernunft und Logik ad absurdum, sprengt alle Grenzen, führt aber zu neuen Zwängen, den magischen Urbildstrukturen.

In der Regel erfahren wir die Bildersprache der Seele und ihr energetisches Streben, die Realität als Illusion transparent werden zu lassen, nur im Stadium der frühen Kindheit, seltenen spontanen Bewußtseinszuständen, im Traumbereich oder durch spirituelle Praktiken. Die Jungsche Psychoanalyse entdeckte jedoch noch eine weitere Möglichkeit, mit der Seele in Kontakt zu treten: die künstlerische Kreativität (Malerei, Plastik, Musik, Tanz). Hierzu ist es notwendig, eine innere Sensibilität zu entwickeln: Befreiung von gedanklichen Konzepten und Fixierungen, Lösung von angelernten Verhaltensmechanismen. Man muß in den Zustand einer gewissen kindhaften Naivität gelangen, um die tiefe seelische Bilderwelt in Fluß bringen zu können. Eine mystische, magische oder religiöse Vorbildung ist sehr oft hinderlich, da hierdurch Erwartungshaltungen entstehen können, die die eigentliche Tiefenaussage verfremden. Escher besaß anscheinend diese kindhafte Natur, die auf eine spielerisch-ernsthafte Weise seelische Geheimnisse auf das Papier bannen konnte. Der Umfang seines späten Lebenswerks läßt darauf schließen, daß er eine starke Faszination an der graphischen Kristallisation unbewußter Archetypen gehabt haben muß. Hätte man ihm zu Lebzeiten überzeugend klarmachen können, daß er mit seinem Werk ein moderner Alchemist und Mystiker sei, hätte er möglicherweise seine Schaffenskraft und seine Originalität verloren. Escher fühlte sich beim Herstellen seiner Bilder wie ein nach Objektivität strebender Wissenschaftler, der seine Entdeckungen sachlich protokolliert, innerlich jedoch scheinbar unberührt bleibt. Diese Wesenheit umschreibt sehr schön die Zwillinge-Natur, die die Welt aus einer neutralen und abstrakten, zweidimensionalen Perspektive betrachten möchte. »Ich wollte nie etwas Mystisches darstellen; was manche Leute geheimnisvoll nennen, ist nichts als eine bewußte oder unbewußte Täuschung! Ich habe ein Spiel gespielt, mich ausgelebt in Bildgedanken mit keiner anderen Absicht, als die Möglichkeit des Darstellens selbst zu untersuchen. Alles, was ich in meinen Bildern biete, sind Berichte meiner Entdeckungen.«

In Eschers perspektivisch raffinierten Bildern finden wir den Versuch, die dreidimensionale Welt des Seelischen in die zweidimensionale Ebene des konstruierenden, versachlichenden und abstrahierenden Intellekts zu transformieren. Dieser Vorgang verlangt eine ausgeprägte mathematische Begabung, eine Freude am kalkulierten Effekt, widergespiegelt im Geburtsthema der Mond-Saturn-Opposition von Zwillinge zu Schütze. Die gleichzeitige Saturn-Merkur-Opposition fordert ihn zu kristalliner Denk- und Formungsstrukturierung auf. Seine sensible Einfühlungsgabe in den metaphysischen Bereich verdankt Escher der Sonne-Neptun-Konjunktion in den Zwillingen.

Ein weiteres wichtiges Kriterium für Eschers Zwillinge-

Naturell finden wir in seiner Freude daran, Widersprüchliches in seinen Bildern zu vereinen. Er stellt Abstraktes und Organisches gegenüber, versucht durch raffinierte Perspektive den Eindruck von oben und unten, rechts und links zu relativieren, bringt konvexe und konkave Formen zusammen, zeichnet ineinanderverwobene Engel und Teufel, Ornamente von schwarzen und weißen Menschen, usw.

»Das Gute kann nicht ohne das Böse existieren, und wenn man einen Gott akzeptiert, dann muß man auf der anderen Seite dem Teufel einen gleichwertigen Platz geben. Das ist das Gleichgewicht. Ich lebe von dieser Dualität. Aber das scheint auch nicht erlaubt zu sein. Die Menschen werden über diese Dinge gleich so tiefsinnig, daß ich bald überhaupt nichts mehr davon verstehe. Doch in Wirklichkeit ist es sehr einfach: weiß und schwarz, Tag und Nacht – der Graphiker lebt davon.«

Obwohl die Graphik Eschers heute eine weite Verbreitung hat, streitet man sich immer noch ein wenig, ob es sich bei ihm um einen Künstler oder einen zeichnerisch begabten Handwerker und Geometriker handelt. In der Tat hat sich Escher selbst niemals als ein Künstler verstanden, sondern als ein Konstrukteur visueller Gesetzmäßigkeiten, als ein methodischer und ausdauernder, manuell begabter Denker. Zusammen mit einer ernsthaften Selbstkritik weisen diese Charakteristika auf Eschers Jungfrau-Aszendenten hin, der das planende, ordnende und detailliebende Prinzip darstellt. Auch wenn wir sowohl in seinen Bildern als auch in Eschers Karmagramm keinen Hinweis auf künstlerische Genialität haben (wenige Venus-Spannungen), finden wir in ihm doch einen sensiblen und nach Objektivität strebenden Biographen und Archivar seelischer Urbilder und mondhafter Metamorphosekräfte, einen Erbauer paralogischer Welten (Konjunktion Merkur, Pluto), einen Diplomaten graphischer Annäherungen zwischen Seele und Ratio, Logik und Paralogik.

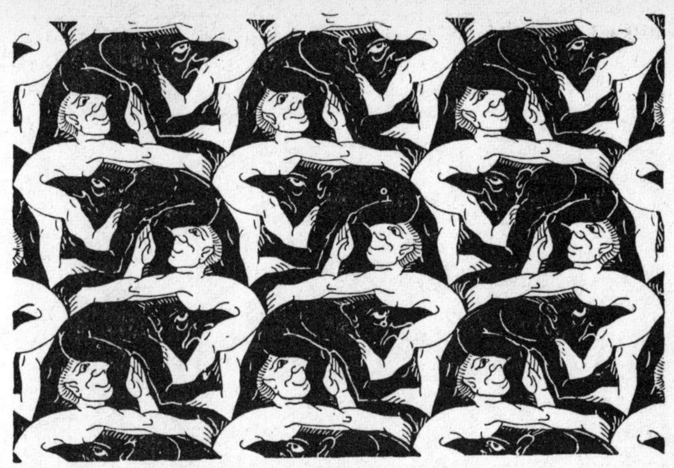

Der gebeugte, pessimistische, dunkle Mann (Kastor-Archetyp) und der aufwärtsstrebende, optimistisch blickende weiße Mann (Pollux-Archetyp) sind auf diesem Bild ornamenthaft ineinander verschlungen, bedingen sich gegenseitig. Auf eine treffende Art symbolisiert diese Graphik das Zwillinge-Naturell Eschers, ohne daß ihm dies vielleicht selbst bewußt geworden ist.
(Ausschnitt aus der Lithographie »Begegnung«, 1944.)

Methode: (z. B. Natal/Solar/Helio ...)	Name:	MAURITS C. ESCHER	☉ 26° 13' 24" ♊
Natal	Datum:	17. Juni 1898	☽ 07° 33' 52" ♊
Feldersystem: 30°	Ort:	Leeuwarden/NL Zeit: 11 h 30 m Amstd. Zt.	MC 19° 45' ♊
Erstellt von:			AS 22° 18' ♍

Quadrate

Trigone

DATENQUELLEN
Taeger-Archiv via
Penfield-Collection Nr. 606
(-personal)
-Geburtsstunde evtl.spekulativ

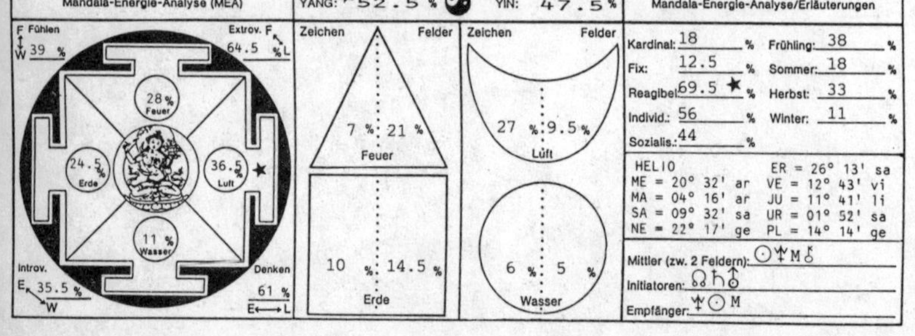
Mandala-Energie-Analyse (MEA)

F Fühlen W 39 % · Extrov. F L 64.5 % · 28 % Feuer · 24.5 % Erde · 36.5 % Luft ★ · 11 % Wasser · Introv. E W 35.5 % · Denken E L 61 %

YANG: ★ 52.5 % · YIN: 47.5 %

	Zeichen	Felder
Feuer	7 %	21 %
Erde	10 %	14.5 %
Luft	27 %	9.5 %
Wasser	6 %	5 %

Mandala-Energie-Analyse/Erläuterungen

Kardinal:	18 %	Frühling:	38 %
Fix:	12.5 %	Sommer:	18 %
Reagibel:	69.5 ★ %	Herbst:	33 %
Individ.:	56 %	Winter:	11 %
Sozialis.:	44 %		

HELIO

	ER = 26° 13' sa
ME = 20° 32' ar	VE = 12° 43' vi
MA = 04° 16' ar	JU = 11° 41' li
SA = 09° 32' sa	UR = 01° 52' sa
NE = 22° 17' ge	PL = 14° 14' ge

Mittler (zw. 2 Feldern): ☉ ♆ M ⚷

Initiatoren: ☊ ♄ ⛢

Empfänger: ♆ ☉ M

Stichworte zu Eschers Karmagramm

Graphische Abstraktionsgabe: starke Zwillinge-Betonung (6 Aspekte) / Jungfrau-Aszendent / Opposition Saturn zu Merkur und Mond

Berufliche Manifestation seiner sensitiven Persönlichkeit: Konjunktion Sonne-Neptun im 10. Feld

Konstruktionsgabe, mathematische Genialität: Merkur-Opposition zu Uranus und Saturn / Trigon Venus-Uranus / Jungfrau-Aszendent

Paralogische Denkstrukturen: Konjunktion Pluto-Merkur in den Zwillingen / Chiron-Konjunktion-Uranus / Vesta-Opposition-Mars

Ausdauer und Detailliebe in der Arbeit: Mars im Stier / Opposition Merkur-Saturn / Jungfrau-Aszendent / Erde-Mond (EMH) im 6. Feld (Fische)

Reisefreude: Mond, Merkur, Pluto im 9. Feld in den Zwillingen / Jupiter im 1. Feld / Medium Coeli im 9. Feld

Originelle musische Begabung: Venus-Trigon-Uranus / Jupiter in der Waage / Venus-Trigon-Chiron

Operation (1962): Neptun (transit) Opposition zu Mars (radix) im 8. Feld

Stil- und Themenwandel in Eschers Werk (1937): Pluto (transit) Konjunktion Venus (radix) / Mondknoten im Ziegenfisch / Jungfrau-Aszendent

Todeskonstellation (27. 3. 1972): Pluto (transit) Konjunktion Jupiter (radix) / Neptun (transit) Opposition Mond (radix) / Saturn (transit) Opposition Uranus (radix) / Mars (transit) Opposition Uranus (radix)

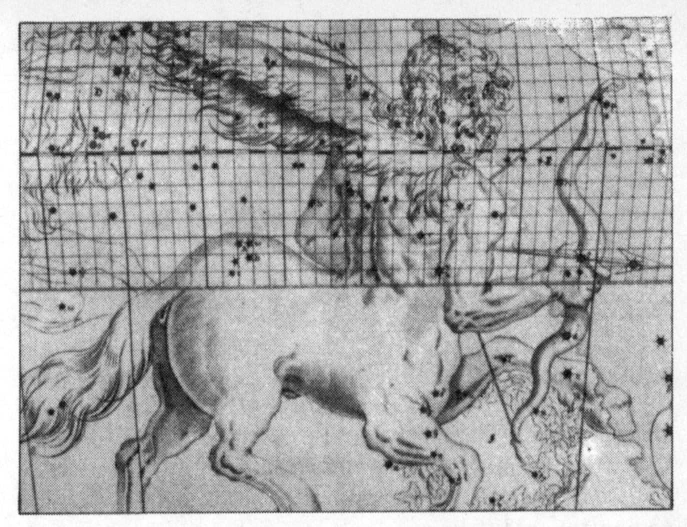

SCHÜTZE

Schütze in Stichworten

9. Zeichen im Tierkreis / Herbstende / Planetenherrscher: Jupiter-Zeus (Attribute: Zepter, Donnerkeil, Adler und Blitz) / Element: Feuer/ Yang/ soziales, reagibles Zeichen / Oppositionszeichen: Zwillinge / Felder- bzw. Häuserentsprechung: 9. Feld (Philosophie, Ideale, Reisen) / Einflußsphäre: 48.–54. Lebensjahr / Tagesentsprechung; die 5. und 6. Stunde nach Sonnenuntergang / Länderentsprechungen: Ungarn, Irland, südliches Spanien, Mexiko, Australien, Teile Nordafrikas / Städteentsprechungen: Budapest, Dublin, Sydney, Köln, Mexiko-City / Wochentag: Donnerstag (dem Jupiter geweihter Tag) / Psychische Entsprechungen: Idealismus, geistige Expansion, Hilfsbereitschaft (Jovialität), Optimismus, Hochmut / Temperament: cholerisch / Somatische Entsprechungen: Hüftbereich (Hüften, Hüftgelenke, Leisten, Oberschenkel), Leber, Blutkreislauf, vegetatives Nervensystem, Hypophyse/ Alchemie: Zinn (Stannum), Lapislazuli, Türkis, Saphir, Rubin, Koralle / Farbentsprechungen: Purpur, Indigo, Lapislazuliblau, Zinnoberrot / asiatische Tierkreisentsprechung: Affe / Formen: sich nach außen öffnende Spiralen, barock-ornamentale Formen, offene, dynamische, extrovertierte, expandierende Formen, Formvielfalt, aggressive, spitze Formen / Esoterik: Stirnchakra (Entwicklung des sogenannten »Dritten Auges«, im buddhistischen Tantra auch Kehlchakra / Schütze-Zeitalter: 18 000–16 000 v. Chr. und 6000–8000 n. Chr. / Jupiter-Jahre: 1931, 1938, 1945, 1952, 1959, 1966, 1973, 1980, 1987, 1994, 2001 / I GING-Entsprechungen: *Tung Jen* = Gemeinschaft mit Menschen, *I* = Die Mehrung, *Yü* = Die Begeisterung / Mythologien, Märchen: alle Mythen über den Göttervater Zeus-Jupiter (bzw. den Donnergott Wotan), die Kentauren-Mythen, Märchen von Salamandern, hilfreichen Dämonen, gutar-

tigen Riesen etc., Mythen um Fruchtbarkeitsgötter, Wetter- und Blitzgottheiten, lebensverlängernde Gottheiten, im Buddhismus: der Bodhisattva Vajrapani (auch Pluto-Analogie), Roter Chenrezig, Hayagriva (pferdeköpfige Gottheit großer magischer Brisanz), Garuda, im Hinduismus: Analogien zu Indra und Shiva

Schütze-Geborene

(mit Sonne im Schützen)

Ludwig van Beethoven (MO=sa / AS=ta), Hector Berlioz (MO=sc / AS=ca), William Blake (MO=ca / AS=ca), Willy Brandt (MO=le / AS=ar), Maria Callas (MO=li / AS=sc), Winston Churchill (MO=le / AS=li), Sammy Davis jr. (MO=vi / AS=ar), Walt Disney (MO=li / AS=vi), Jean Genet (MO=le / AS=le), Heinrich Heine (MO=li / AS=ge), Jimi Hendrix (MO=ca / AS=sa), Curd Jürgens (MO=pi / AS=sc), Ludwig Klages (MO=ar / AS=li), Paul Klee (MO=pi / AS=aq), M. Köhnlechner (MO=ge / AS=sc), Guru Mahara Ji (MO=ca / AS=li), Jim Morrison (MO=ta / AS=aq), Kaiser Nero (MO=le / AS=sa), Gérard Philipe (MO=ge / AS=ta), Edith Piaf (MO=ge / AS=sc), Giacomo Puccini (MO=ca / AS=li), Bhagwan Shree Rajneesh (MO=cp / AS=ge), Rainer Maria Rilke (MO=aq / AS=vi), Thomas Ring (Astrologe) (MO=pi / AS=ca), Frank Sinatra (MO=pi / AS=li), Henri de Toulouse-Lautrec (MO=li / AS=sc), Liv Ullmann (MO=li / AS=le), Carl Maria v. Weber (MO=sc / AS=le).

Anmerkung: MO= Mond, AS= Aszendent;
ar= aries= Widder, ta= taurus= Stier, ge= gemini= Zwillinge, ca= cancer= Krebs, le= leo= Löwe, vi= virgo= Jungfrau, li= libra= Waage, sc= scorpio= Skorpion, sa= sagittarius= Schütze, cp= capricornus= Ziegenfisch, aq= aquarius= Wassermann, pi= pisces= Fische.

Planeten im Schützen und 9. Feld

Sonne im Schützen (Anlage) oder 9. Feld (Aufgabe)

Geistige Expansion; Idealismus; Optimismus; starke Sexualität; Führungsansprüche; ein geistiger Lehrer oder Guru sein wollen; Begeisterungsfähigkeit; Selbstvertrauen; Interesse an Philosophie und Religion; Jovialität; Freiheitsliebe; humanitäre Ideale; Großzügigkeit; Reisefreude; soziales Engagement; Abenteuerlust; Interessenvielfalt; Verehrung von Moral und Tugenden; Direktheit und Offenheit im Denken; Hilfsbereitschaft; Entwicklung von Lebensweisheit; geistige Aktivität; Sportlichkeit; Organisationsgabe; Individualismus; Einsatzfreude; Eifer...

Neigung zu cholerischen Wutausbrüchen und Ungerechtigkeit; Hochmut; geistige Arroganz; Reizbarkeit; Mißtrauen; schwache Entschlußkraft; spießbürgerliche Konventionen übernehmen; Heuchelei; Egoismus; Stolz; wenig Diplomatie; Gefühlsschwankungen; Ungeduld; Übertreibungen; pathetisches, moralisierendes und weitschweifiges Reagieren; innere Widersprüche zwischen geistigen Höhenflügen und leidenschaftlicher Sinnlichkeit; eigene Kräfte und Möglichkeiten überschätzen: Gefahr von Streß; Selbstgerechtigkeit; geistiger Bluff...

Mond im Schützen (Anlage) oder 9. Feld (Aufgabe)

Gefühlsmäßige Extrovertiertheit; Gefühlsidealismus; Euphorie; Begeisterungsfähigkeit; Optimismus; gute Intuitionen; reges

Traum- und Fantasieleben; vielseitige Interessen (vor allem Psychologie, Religion, Philosophie, Okkultismus); die Gefühle direkt und offen zeigen; schauspielerische Begabung (Show); Rhythmus- und Musikgefühl; Reisefreude (Auslandsreisen); Sportlichkeit; Freiheitsliebe; soziales Engagement; Dynamik und Aktivität; guruhafte Führungsansprüche; über starke magische Kräfte verfügen...

Launenhaftigkeit (»himmelhoch jauchzend – zu Tode betrübt«); Anlage zur Hysterie; Unbeherrschtheit; Cholerik; Egozentrik; dramatische Übertreibungen; aus sich selbst ein Mysterium machen; Affektiertheit; innere Unruhe; Impulsivität; Hitzigkeit; Klatschhaftigkeit; um jeden Preis beeindrucken wollen; Taktlosigkeit; wenig Einfühlungsgabe; Exaltiertheit; Vorurteile; schnelle Verletzbarkeit; Stolz; Gefahr ideeller Zersplitterung; »divahaftes« Benehmen; Überspanntheit; idealistische Träumerei; Heuchelei; Selbstgerechtigkeit; übertriebene Subjektivität...

(z. B. R. Alpert [Ram Dass], L. v. Beethoven, R. Shankar, E. Swedenborg)

Merkur im Schützen (Anlage) oder 9. Feld (Aufgabe)

Idealistisches Denken; philosophische, philanthropische und sozialpolitische Gedanken; vielseitige Interessen; joviales und freiheitliches Denken; intellektuelle Führungsansprüche; Ehrgeiz; Reisefreude, Einfälle spontan verwirklichen wollen; Großzügigkeit in geldlichen Angelegenheiten; geistige Aktivität; Offenheit; Wissensdrang; Diskussionsfreude; zielstrebiges Denken; schriftstellerische Begabung; Redetalent; andere Menschen gedanklich mitreißen können;

Interesse an Politik, Religionsphilosophie, Literatur (Poesie), Musik, Theater, Esoterik...

Hitziges, voreiliges, subjektives Denken; Denken in gigantischen Maßstäben (Größenwahn); Gefahr von Fanatismus und Selbstüberheblichkeit; Übertreibungen; idealistische Schwärmerei; aggressiver, kämpferischer Verstand; weitschweifiges und unrealistisches Denken; traditionsverhafteter und bürgerlicher Intellekt; Heuchelei; gedankliche Hochstapelei; Geltungssucht; voreilige Entscheidungen treffen; Nervosität; Ungerechtigkeit; Labilität; Unentschlossenheit; schlechte Konzentration; wenig Ausdauer; Gereiztheit; Prahlerei; Liebe kann schnell in Haß umschlagen...

(z.B. M. Luther, Mao Tse-tung, J. Stalin, F. Zappa)

Venus im Schützen (Anlage) oder 9. Feld (Aufgabe)

Idealistische, geistige Liebe; liebevolle Lebensbejahung; starkes soziales Engagement; Hilfsbereitschaft; humanitäre Ideale; aktives Interesse an Religion und Philosophie; die eigene Harmonie durch das Leben in ideellen Gruppen oder religiösen Gemeinschaften finden; die Gefühle offen und ehrlich zeigen (Aufrichtigkeit); Geselligkeit; Kommunikationsfreude; starkes Selbstwertgefühl; Hochherzigkeit; ungerne feste Partnerbindungen eingehen; Großzügigkeit; Begabung für Musik, Tanz, Schauspielerei; expressive und dekorative Kunst; Sportlichkeit; Interesse an geistiger und künstlerischer Weiterbildung; hohe ethische Moralvorstellungen...

Stolz; Egozentrik; sich in der Rolle des guruhaften Mäzens gefallen; mangelnde Diplomatie; Geltungsbedürfnis; wenig Sensibilität in Liebesdingen; starke Leidenschaftlichkeit; idealistische Schwärmerei; Konzentrationsschwäche; pathetische Gefühlsäußerungen (Übertreibungen); Liebe zu veräußerlichter und pompöser Kunst; Interessenzersplitterung...

(z. B. Friedrich d. Große, G. Gurdjieff, J. Hendrix, A. Schweitzer)

Mars im Schützen (Anlage) oder 9. Feld (Aufgabe)

Begeisterungsfähigkeit; Idealismus; Zielstrebigkeit; Überzeugungskraft; Durchsetzungsvermögen; Hilfsbereitschaft; Tatenreichtum; Aktivität; große physische Kraftreserven; starkes Selbstbewußtsein; Extrovertiertheit; Ehrgeiz; Freimütigkeit; vielseitige Engagiertheit; Impulsivität; Beweglichkeit; Mut; Reise- und Unternehmungsfreude; Drang nach Erweiterung des geistigen Horizonts; die eigenen Weltanschauungen verteidigen; Liebe zu Abwechslung und Abenteuer; Freiheitsdrang; Willensstärke; Pioniergeist...

Cholerik; Aggressivität; Jähzorn; Aufschneiderei; idealistische Hochstapelei; Exaltiertheit; unkontrolliertes Handeln; Effekthascherei; Arroganz; übertriebenes Geltungsbedürfnis; Egoismus; »über Leichen gehen«; Gefahr idealistischer Zersplitterung; theatralisches Gehabe; vorschnelle Entscheidungen treffen; Tendenz zu Fanatismus oder Dogmatismus; Selbstgerechtigkeit; Taktlosigkeit; Rechthaberei; innere Unruhe; Nervosität; wenig Toleranz; Verbissenheit; Unfallneigung; Disposition zu Kreislauf- und Drüsenüberfunktion...

(z. B. J. Joplin, C. G. Jung, J. Kerouac, Ludwig XIV.)

Vesta im Schützen (Anlage) oder 9. Feld (Aufgabe)

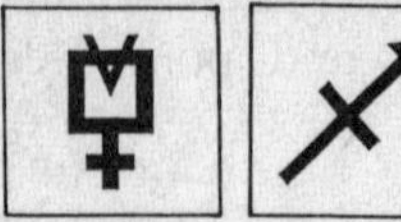

Idealistisches und soziales Arbeitsengagement; humanistische Bestrebungen; Gesellschaftskritik; schauspielerische und pädagogische Begabung; Interessenvielfalt; religiös- oder weltbildgebundenes Arbeiten; Freiheitsbestrebungen (im Rahmen bürgerlicher Normen); wissenschaftliche Ambitionen (z. B. Psychologie, Soziologie); Reisefreude (Bildungs- oder Arbeitsreisen); unorthodoxe Arbeitsmethoden; Arbeit in alternativen Randgruppen; politisches Interesse; Wissensdurst; Führungsqualitäten (als Lehrer, Therapeut oder Heiler); hohe Arbeitsmoral; Festhalten geistiger Prinzipien; soziale Hilfsbereitschaft; Diskussionsfreude; analytisch-geisteswissenschaftliche Begabung...

Guruhafte Überheblichkeit; Übernahme dualistisch-bürgerlicher Wertmaßstäbe; Tendenz zur Scheinheiligtuerei; viel versprechen – wenig halten; seine Ego- und Profit-Intentionen hinter altruistischem Tun verstecken; sich unrealistische Arbeitsziele stecken; Neigung zur Geheimniskrämerei und Pseudoaufgeschlossenheit; schwankende Urteilsfindungen; anderen nach dem Mund reden (Unaufrichtigkeit); Geltungsdünkel; Kompensation von Minderwertigkeitskomplexen durch betont moralisches Auftreten; Tendenz zur Besserwisserei und Nörgelei; Unklarheit über das eigene Rollenbild; sich unersetzlich fühlen; Kauzigkeit; schwache Selbstkritik; Übertragung persönlicher Konflikte auf die Gesellschaft als Ganzes; im geistigen Mittelpunkt stehen wollen...

(z. B. Francis Bacon, Mahatma Gandhi; Immanuel Kant, Oswald Spengler)

Jupiter im Schützen (Anlage) oder 9. Feld (Aufgabe)

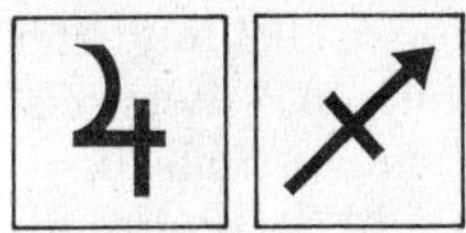

Geistige Führungsansprüche (Guru-Rolle); Idealismus; Begeisterungsfähigkeit; geistige Expansion und Dynamik; Unternehmungsfreude; Optimismus; Freiheitsliebe; Gerechtigkeitssinn; Großzügigkeit; Offenheit; Mäzenatentum; Großherzigkeit; Suche nach Erweiterung des Horizonts; Kameradschaftlichkeit; Entwicklung von Lebensweisheit; starkes Engagement in Fragen der Philosophie-, Religions-, Sozialethik; schöpferische Kräfte (Genialität); rhetorische und schriftstellerische Begabungen; Jovialität; Sammlerleidenschaft; Extrovertiertheit; vielschichtige und schillernde Persönlichkeit; Individualist...

Vorschnelle Entschlüsse; Diskrepanz zwischen Geist und Triebhaftigkeit; Gefühlsschwulstigkeit; Taktlosigkeit; fanatische Schwärmerei; Gefahr hysterischer Übertreibungen (»Panikmache«); Neigung zu Cholerik und Größenwahn; Emotionalität; Exaltiertheit; Pathos; Affektiertheit; schulmeisterliches Belehren; die eigenen Kräfte überschätzen; schauspielerisches Gehabe; Altväterlichkeit; spirituelle Eitelkeit; Selbstüberzogenheit; Egozentrik; Überheblichkeit; Hitzköpfigkeit; Interessenzersplitterung; Unfallgefahr; Disposition zu Depressionen...

(z. B. H. Chr. Andersen, W. v. Braun, H. Hesse, F. Hölderlin)

Saturn im Schützen (Anlage) oder 9. Feld (Aufgabe)

Ernsthaftes, grüblerisches Nachdenken über den Sinn der Existenz; Interesse an Metaphysik, Astrologie, Nachtodphilosophien;

kritische, sachliche und bescheidene Einstellung dem Leben gegenüber; Ideale müssen dem Sicherheitsdenken Genüge tun; Ausdauer in der Verwirklichung der Ideale; strenge Gerechtigkeitsvorstellungen; Altersweisheit; sich moralische Prinzipien aufbauen; Selbstdisziplin; gute Konzentrationsgabe; Arbeitsamkeit; unermüdliches Erarbeiten einer Führungsposition; Ehrgeiz; Sparsamkeit...

Gehemmte Entfaltung der Persönlichkeit; sich von der Gemeinschaft absondern; Neigung zu Pessimismus, Ironie und Zynismus; sich schnell verletzt oder beleidigt fühlen; Mißtrauen; Selbstgerechtigkeit; Hochmut; Kauzigkeit; »gebremste Vitalität«; Gefahr der Geizigkeit; starke Stimmungsschwankungen; Verschlossenheit; Skepsis; Vorurteile haben; Ängstlichkeit gegenüber dem Leben; Melancholie...

(z.B. A. Adler, M. Gandhi, E.A. Poe, A. Warhol)

Chiron im Schützen (Anlage) oder 9. Feld (Aufgabe)

Infragestellung bürgerlicher Lebensphilosophien, Traditionen und Religionen; ausgeprägte Freiheits- und Unabhängigkeitsliebe; ›die Dauer im Wandel suchen‹; Interesse an Esoterik und neuen Religionsformen (New Age); geistige Beweglichkeit; Veränderungs- und Reiseliebe; Diskussionsfreude; schriftstellerische oder rhetorische Begabungen; Interessenvielfalt; Suche nach geistiger Herausforderung und Freundschaft; Entwicklung humanitärer Ideale; soziales Engagement; Organisationstalent; Gerechtigkeitssinn; Interesse an therapeutischen Berufen...

Anschlußschwierigkeiten an den Zeitgeist (mangelnder Mut, bürgerliche Werte zu transzendieren); Realitäts-

und Umsetzungsängste; Entscheidungsschwierigkeiten; zwischen Euphorie und Depression schwanken; Sprunghaftigkeit im Denken; Konzentrationsschwierigkeiten; Gefahr von Selbstgerechtigkeit und Überheblichkeit; Kaschierung geistiger Unsicherheiten durch guruhaftes Rollenverhalten; Besserwisserei und Aggression; z.T. sexuelle Orientierungsschwierigkeiten (Bindungsängste); kleinbürgerliche Wertmaßstäbe hinter einem Mantel von gespielter Progressivität verstecken; Imponiergehabe; Probleme in der Entwicklung individueller moralischer Gewichtungen; Leichtgläubigkeit; Verantwortungsängste...

(z.B. Luis Buñuel, Linda Lovelace, Carroll Righter)

Uranus im Schützen (Anlage) oder 9. Feld (Aufgabe)

Religionsphilosophische und gesellschaftsverändernde Reformen durchführen wollen; der Wunsch, naturwissenschaftlich-technologisches Denken mit Religion und okkulten Wissenschaften zu verbinden (z.B. neue Formen der Astrologie, Entwicklung der Parapsychologie etc.); sprunghafte Geistesentwicklung; Erfindungsreichtum; häufige Weltbildänderungen; Intuition; Ablehnung von Tradition und Konvention; Interessenvielfalt; futurologische oder utopische Ideale entwickeln...

Intellektuelle Exzentrik; verworrene und chaotische Weltbildvorstellungen durchsetzen wollen; Übertreibungen; zu vorschnellen Entschlüssen gelangen; unrealistische Zielvorstellungen haben; Gefahr der Bewußtseinsspaltung; Unregelmäßigkeiten des Kreislaufs...

(z.B. W. Disney, E. Kästner, K. Marx, A. de Saint-Exupéry)

Neptun im Schützen (Anlage) oder 9. Feld (Aufgabe)

Starke Fantasie; Intuition; der Wunsch, durch geistige Expansion die Grenzen der Vernunft und Realität zu transzendieren (z. B. durch das Medium der Musik); Selbstlosigkeit und Hilfsbereitschaft; der Versuch, mystisches oder okkultes Wissen in das eigene Weltbild zu integrieren; Interesse an Meditation und magisch-mystischen Erfahrungen; erotische Verfeinerungen; allgemeine Steigerung der Sensibilität...

Idealistische Träumereien; auf religiöse Scharlatane hereinfallen oder anderen falschen spirituellen Rat geben; die eigenen magischen Kräfte mißbrauchen; religiösem Wahn oder Sektierertum anheimfallen; spiritueller Hochmut; verworrene und chaotische Weltbildvorstellungen; Neigung zu Süchtigkeiten (Betäubungsdrogen); gefährliche mystische Spielereien mit der Sexualität...

(z. B. Fr. Chopin, R. Santi, R. Schumann, R. Wagner)

Pluto im Schützen (Anlage) oder 9. Feld (Aufgabe)

Gewaltsame Transformation überalterter religiöser Weltbildvorstellungen; geistiger Umbruch; Entwicklung neuer Formen von Religiosität, die mit den wissenschaftlichen Erkenntnissen in Einklang stehen; Beginn eines veränderten sozialen Menschheitsbewußtseins; neuartige geistige Führungspersönlichkeiten; Wiederentdeckung eines zeitgemäßen magischen Bewußtseins...

Mißbrauch okkulter Mächte zu egoistischen Zwecken;

geistiger Hochmut; die eigenen Kräfte überschätzen; sich in der Vielfalt esoterischer Möglichkeiten verzetteln; Disharmonie zwischen Erkenntnisstand und animalischer Triebhaftigkeit...

(z. B. Dante, W. Blake, J. W. von Goethe, M. de Nostradamus

Mondknoten im Schützen (Anlage) oder 9. Feld (Aufgabe)

Suche nach Kommunikation mit anderen über Fragen der Weltanschauung, Religion und Erziehung; Idealismus; Weltzugewandtheit; Extroversion; vielseitige Interessen; soziales Engagement; Wunsch nach geistiger Partnerschaft und ideeller Zusammenarbeit; Versuch einer Symbiose zwischen Geist- und Triebleben; anderen ein Helfer, Lehrer oder Guru sein wollen...

Zu hochtrabende geistige Idealvorstellungen entwickeln; Hochmut; Interessenzersplitterung; Egozentrik; Ungeduld in Zielverwirklichungen; Schwärmereien...

(z. B. Cl. Debussy, J. Haydn, Fr. W. Nietzsche, P. Picasso)

Medium Coeli im Schützen

In unseren Breiten immer mit einem Wassermann- oder Fische-Aszendenten verbunden.

Berufe, die den eigenen Idealen und Weltbildern entsprechen; künstlerische, philosophische, religiöse, soziale oder politische Berufe; berufliche Engagiertheit (Berufung); Berufe, die eine Ausweitung des geistigen Horizonts ermöglichen oder mit Reisen zusammenhängen; Optimismus; Dynamik; Aktivität; Expansionswille; beruflicher Ehrgeiz; Verantwortungsbewußtsein; Führungsqualitäten; Organisationsgabe; Spiritualität; Unternehmungsgeist; Pioniergeist; Guru-Rolle; Freiheitsliebe...

Sich beruflich verzetteln; Selbstsicherheit vortäuschen; Überheblichkeit; Größenwahn; Überschätzung der eigenen physischen Kräfte; Bürgerlichkeit; Selbstgerechtigkeit; innere Unruhe; Egozentrik; altväterliche Besserwisserei; idealistische Verstiegenheit; Heuchelei; Schwärmerei; geistige Hochstapelei; Veräußerlichung von Religion und Philosophie...

(z. B. K. Adenauer, M. Curie, H. Graf Keyserling, A. v. Wallenstein)

Aszendent im Schützen
In unseren Breiten immer mit einem Waage- oder Jungfrau-Medium-Coeli verbunden.

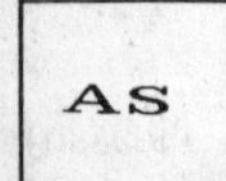

Idealismus; Begeisterungsfähigkeit; Optimismus; Überzeugungskraft; Vitalität; Enthusiasmus; Interessenvielfalt; Reisefreude; Unternehmungsgeist; soziales, religiöses oder philosophisches Engagement; Direktheit; Entwicklung von Altersweisheit; Suche nach geistiger Expansion; anderen Menschen Guru, Lehrer oder Vorbild sein wollen; sich selbstsicher und zielbewußt geben; Freiheitsliebe; eine Autorität darstellen wollen; sich für die Lösung gesellschaftlicher Probleme einsetzen; Agilität...

Gefühlsmäßige Unbeherrschtheit; Neigung zu Übertreibungen; Selbstgerechtigkeit; durch Wortgewaltigkeit und Gefühlspathos beeindrucken wollen; übertriebene Moralvorstellungen; wenig Einfühlungsgabe; Taktlosigkeit; Egoismus; anderen geistige Autorität vorgaukeln, die nicht vorhanden ist; den Bezug zur Realität verlieren; Anmaßung; unreflektierte und spontane Entscheidungen treffen...

(z.B. B. Brecht, L. Caroll, Chr. F.S. Hahnemann, T. Leary)

SCHÜTZE

Mit dem reagiblen Zeichen Schütze wird der Herbst, die Phase der Reifung und Vervollkommnung, beendet. Nach der Harmonisierung des Denkens und Fühlens (Waage) und der Zerstörung archetypischer, seelischer Bildfixierungen (Skorpion) werden durch den Schützen sozial orientierte Leitbilder und konstruktive Lebensphilosophien entwickelt. Weltzugewandt und begeisterungsfähig, voll von Optimismus und einem tiefen Glauben an das Gute im Menschen erfüllt, bildet er einen Gegenpol zum nachfolgenden Ziegenfischzeichen. Regiert von einem kühlen, sachlichen und kritischen Verstand, sind die Maßstäbe des Ziegenfisches eher Vergänglichkeit, Tod und Wiedergeburt.

Im Schützen erscheint das Leben als ein Füllhorn unbegrenzter Möglichkeiten, ein Fest göttlicher Energien, ein nie versiegender Quell geistigen Wachstums, eine Manifestation höherer Ordnung und allumfassender Gerechtigkeit. Er entwickelt ein tiefes Vertrauen in den Sinn des kosmischen Plans und begreift sich dabei als Vertreter dieser höheren Prinzipien. Mit der Flamme der Begeisterung versucht er seine Mitmenschen zu motivieren und aufbauendes Denken, Vitalität, Lebensmut und Unternehmungsgeist zu vermitteln. Ähnlich wie die anderen beiden Feuerzeichen Löwe und Widder ist dabei sein Blick auf eine bessere und idealere Zukunft hin ausgerichtet. Er möchte alle geistigen Kapazitäten voll zur Entfaltung bringen und träumt von einem fernen Atlantis, einem Goldenen Zeitalter auf Erden. Den Schütze-Archetypen finden wir in den sonnigen und lichterfüllten Paradiesvorstellungen der Weltreligionen wieder (z. B. Christentum, Islam, Hinduismus, Amitabha-Kult, etc.). Er hat einen bacchantischen oder dionysischen Charakter (Dionysos=Jupiter), d. h. eine stark sinnliche Komponente, in der Liebe, Erotik und Rausch eine dominierende Rolle spielen. Auch in der Mythologie haben die Kentauren, Symbolbilder der Schützen, Bezüge zu den Jupiter-Mysterien. Sie entstammen einer Verbindung der Wolkengöttin Nephele mit Jupiter-Zeus und leben in den Welten des Olymp. Als wilde und ungestüme Wesen sprechen sie gerne dem Rauschgetränk Nektar zu und sind von großer Leidenschaftlichkeit erfüllt. Der Kentaur ist ein Wesen mit dem Oberkörper eines Menschen und dem Unterkörper eines Pferdes. Ähnlich wie bei den oppositionellen Zwillingen besitzt der Schütze also eine Doppelnatur: einen animalischen, dunklen, triebhaften Anteil und einen zur Geistwerdung strebenden menschlichen oberen Part.

Der differenzierte Schütze-Typ (mit Sonne, Mond, Aszendent oder Jupiter im Schützen) entwickelt sein geistiges Potential aus der Transformation von sexuellen oder Libidoenergien in eine idealisierte Form von Bewußtseinserweiterung, d. h., sein spirituelles Engagement ist ein sublimierter Eros. Sowohl die Gurukulte mit ihrer unterschwelligen Erotik als auch die sexuellen Tabus und Einschränkungen der Religionen haben eine enge Beziehung zum Jupiter-Schütze-Bereich. So wie die Lotosblüte ihre Nährstoffe aus dem Schlamm zieht, können wir verallgemeinernd sagen, daß geistige Energie und Kreativität in der Tiefe der animalischen Triebspannungen wurzelt. Der starke Wunsch nach Durchgeistigung entspricht also der Sehnsucht des Menschen nach Befreiung von magischen oder instinktgebundenen Zwängen, von den Leidenschaften, die Leid erzeugen. In der Logik des Tierkreises spiegelt sich diese Thematik in der Aufeinanderfolge von Skorpion und Schütze wider, den mythologischen Analogien zu Himmel und Hölle, Hades und Olymp. Energetisch gesehen arbeiten beide Zeichen mit der gleichen Urkraft, die Kundalini, Libido oder Sexualität genannt werden kann. Wirkt diese im Skorpion eher destruktiv und selbstzerstörerisch (Ich-Tod), verwandelt sie sich durch den Schützen in eine konstruktive und das Ego überschreitende dynamische Energie. Aus Zerstörung resultiert Aufbau, aus Tod folgt Leben, Dunkelheit bedingt das Licht. Bei der Berücksichtigung der Doppelnatur des Schützen ist es natürlich utopisch, davon auszugehen, daß alle schützebetonten Menschen sich für religiöse und philosophische Ideale ereifern würden oder von Geburt an zum Guru und spirituellen Führer auserwählt wären. Jeder zwölfte Mensch ein Weltenlehrer – was für eine bedrückende Vorstellung und was für ein weltanschauliches Chaos, wenn man bedenkt, wie viele widersprüchliche Heilsbotschaften die Welt schon in Krieg und Unterdrückung gebracht haben. Es gehört nämlich zum Wesen der Jupiter-Schütze-Schwingung, die jeweilige philosophische Erkenntnis als der »Weisheit letzten Schluß« und mit größter energetischer Überzeugungskraft in den Raum zu stellen. Sein sogenannter »heiliger Zorn«, psychologisch formuliert, seine Neigung zur Cholerik, kann einschüchternd, bluffend oder theatralisch wirken. Dieser wird häufig genug als Mittel zum Zweck, um eigene Fehler und Schwächen zu kaschieren, wirkungsvoll eingesetzt.

Der Jupiter-Schütze-Archetyp birgt in sich die Gefahren der Selbstherrlichkeit und Selbstüberzogenheit. Man ist versucht, selbst einmal die Rolle des Göttervaters Zeus zu übernehmen und dessen Privilegien dafür zu benutzen, egoistische Ziele zu verfolgen. Was die niedere Form der

Zwillinge-Energie mit Redegewandtheit, Schlagfertigkeit und listiger Diplomatie erreichen kann, versucht der Schütze mit scheinbar engagierter, angsteinflößender geistiger Autorität. Beide Zeichen bergen die Gefahr in sich, durch einen vorgetäuschten Altruismus unedle Motive zu verbergen. Nicht zufällig ist Merkur ein Sohn Jupiters.

Der durchschnittliche Schützetyp lebt seine Doppelnatur darin aus, daß Phasen starker Sexualität, Erotik und Leidenschaft sich mit Perioden geistiger Aktivität und idealistischer Begeisterung ablösen oder sich miteinander mischen. Er empfindet hierin keinen Widerspruch. Probleme ergeben sich erst dann, wenn er sich sowohl religiösen Moralvorstellungen verbunden fühlt als auch sexuelle Unabhängigkeit und Freiheit anstrebt. Als Folge läuft er dann Gefahr, ein Doppelleben zu führen, und muß dann – ähnlich dem Zwilling – zu inneren und äußeren Kompromissen bereit sein, da ihm sein geistiger Stolz Heuchelei verbietet. Seine individuelle Lebensphilosophie muß es ihm ermöglichen, Bögen zu ziehen zwischen seinen Wünschen nach Freiheit, Unabhängigkeit und menschheitsbezogenen Idealvorstellungen auf der einen und seinen moralischen, ethischen und leidenschaftlichen Bindungstendenzen auf der anderen Seite.

Der indische Guru Bhagwan Shree Rajneesh (Sonne im Schützen) wurde durch den Versuch einer solchen Synthese weltberühmt. Das christliche Abendland empfand seine ›neuartige‹, wassermannaufbereitete Form des Schützearchetypen, freie Sexualität, überkonfessionelle Religiosität und Philosophie miteinander zu verbinden, als fremdartig. In anderen religionsphilosophischen Systemen jedoch, wie dem Hinduismus, Buddhismus und Taoismus, waren die Bereiche Sexualität und höchste philosophische Einsicht oder Erleuchtung durch die tantrische Praxis der Liebesmystik schon immer miteinander verbunden, nicht Widerspruch, sondern Bedingtheit.

Weitere Charaktermerkmale des Schützen sind seine Offenherzigkeit, Großzügigkeit und Hilfsbereitschaft, die ihn als soziale Energieform auszeichnen. Häufig kann man auch eine starke Musikalität und Freude am Rhythmus und Tanz finden. Seine Neigung, Dinge zu dramatisieren, ihnen durch emotionale Aufladung Gewicht zu verleihen und sich mit ihnen identifizieren zu können, macht Schütze-betonte Menschen auch zu großartigen und differenzierten Schauspielern und Künstlern (vor allem bei Mond im Schützen).

Oft genug kommen wir an den Wahrheitsgehalt einer Sache weder mit Wissen noch mit analytischer Gründlichkeit oder passiver Einfühlsamkeit heran, sondern müssen unsere inneren Jupiter-Schütze-Energien aktivieren, um uns quasi hysterisch in sie hineinzusteigern, uns ganz mit ihr zu identifizieren. Kleine, aber oft entscheidende Dinge erhalten durch die emotionale Aufblähung und eine damit verbundene geistige Gewichtung höchste energetische Aussagekraft und werden durch jenen Prozeß überhaupt erst verständlich. Dies kann einerseits zu Exaltiertheit und andererseits zur Entwicklung hoher Weisheit und Einsicht führen. Häufig genug treffen wir das eine in Gefolgschaft des anderen.

Achtung! Wenn ein derartiges energetisches Gemisch durch einen Menschen spricht, befinden wir uns in einer Audienz des Zeus-Jupiter, der bunten und schillernden Welt des Jupiter-Schütze-Archetyps.

Schütze, Vertreter des Feuerelements

Luft- und Feuerelement befinden sich in unentwegter Wechselwirkung, was sich im Tierkreis darin manifestiert, daß sie sich diametral gegenüberliegen. Die Feuer-Luft-Achse bildet die Quelle der Dynamik, den kosmi-

schen Antriebsmotor, die gedankliche und geistige Initialzündung, welche die Veränderung bestehender Zwänge bewirkt und somit keine Stagnation zuläßt. Ihrem Wesen nach ist sie revolutionär und unberechenbar. Das Wasserelement mit seinen magisch-archetypischen Grundformen und Mustern sowie das zur Kristallisation, damit aber auch zur Verhärtung tendierende Erdelement erfahren durch die Feuer-Luft-Achse unentwegt neue, dem Zeitgeist entsprechende Interpretationen und Idealisierungen. Diese Achse sorgt dafür, daß das Sein in einer ständigen geistigen und gedanklichen Umschichtung bleibt. Ihre paradoxe Doppelnatur kann einerseits aggressive Expansion und Chaos hervorrufen, andererseits aber auch gedanklich gewichtete Ordnung durch Engagement und höhere Zielsetzung erzeugen. Einzig und allein das geschickte, positiv motivierte Umgehen mit diesen Energieformen ermöglicht geistiges Wachstum und Widerspruchsfreiheit, d. h. Harmonie.
Das Feuerelement bewirkt eine emotionale Gewichtung der gedanklichen Vielfalt des Luftelements. Gefühl (Wasser), Intellekt (Luft) und Vernunft (Erde) erfahren durch seine geistige Dimension eine energetische Durchdringung. Das Feuerelement gleicht einem Schmelztiegel, in dem seelische Impulse, Intuitionen und realistische Überlegungen Initialzündungen hervorrufen. Diese spontanen »Aha-Erlebnisse« führen anders als beim kühlen und unbeteiligten Luftelement zu personifizierten Reaktionen, subjektiven, geistig differenzierten Gewichtungen, die spontanes und engagiertes Handeln nach sich ziehen. Ähnlich wie das Luftelement ist das Feuerelement von dem Impuls getragen, Ideen zu verbreiten. Seine Gedanken gleichen jedoch eher einer Fackel, die enthusiastisch weitergegeben wird, aktivierend wirkt, geistig mobilisiert und neue Wege initiiert.
Obwohl das Feuerelement eine starke soziale Komponente in sich trägt, symbolisiert es gleichzeitig den Prozeß der Individuation. Das Bestreben, eine Idee für sich in

Anspruch zu nehmen, ist mit der Problematik des geistigen Stolzes und der Entwicklung von Überlegenheitsgefühlen verbunden.
Geistige Rivalität jedoch, die spirituelle Olympiade (Anmerkung: auch die antiken Olympischen Spiele waren dem Göttervater Jupiter-Zeus und somit dem Feuerelement geweiht) führt zu gesellschaftsverändernder Kreativität und symbolisiert im positiven Sinne das geistige Leistungsprinzip. Über den Umweg der Individualisierung besitzt das Feuerelement also erneut eine ausgeprägte kollektive Komponente. Von den drei Feuerzeichen Widder, Löwe und Schütze hat letzteres als sogenannte soziale oder reagible Energieform am intensivsten das Bestreben, der Menschheit als engagierter Ideenvertreter dienen zu wollen. Obwohl ausgeprägter Individualist, formt er sich sein Weltbild nach humanitären Gesichtspunkten. Der Schütze begegnet der Ideenvielfalt der Zwillinge mit einer umfassenden und vielschichtigen Zielstrebigkeit. Finden wir im Widder die leidenschaftliche Entflammung für eine Idee und im Löwen die souveräne Identifikation hiermit, so erlangt diese im Schützen ihre Reifung und soziale Verbreitung.

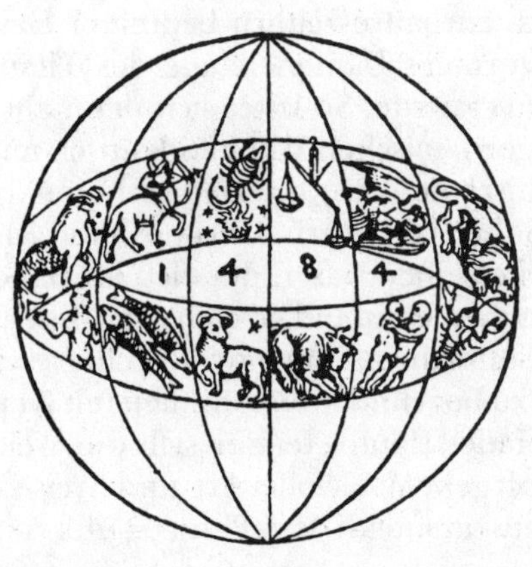

JUPITER

Jupiter-Zeus ist der größte Planet unseres Sonnensystems. Er zieht wie ein riesiger aufgeblähter Gasballon (seine Bestandteile sind Wasserstoff und Helium) seine Bahn um die Sonne und ist von ca. 16 Monden umgeben. Seine vier bedeutendsten Satelliten sind Io, Europa, Ganymed und Kallisto, die teilweise größer als der Planet Merkur sind. Bestimmte Jupiterrhythmen sind für die periodisch wiederkehrenden Sonnenfleckentätigkeiten mitverantwortlich. Von Jupiter geht eine dermaßen starke Energie aus, daß man diese auf der Erde in Form von Radiostrahlung messen kann. Sein sogenanntes ›rotes Auge‹ ist ein jahreszeitlich bedingter Gaswirbel, der früher als zorniges Dämonenauge des Titanen Jupiter-Zeus gedeutet wurde. So leitet sich denn auch das Wort ›Wut‹ vom germanischen Wotan (identisch mit dem Donner- und Blitzgott Zeus) ab. Der Lichtgott Jupiter-Zeus gilt als ein Sohn von Saturn (Chronos) und Rhea (Mond). Er entthronte seinen Vater, der sich als unbeschränkter Weltenherrscher empfand, durch eine List und bestieg selbst den Götterthron, um eine gerechtere und freiheitlichere Ära zu begründen. Zusammen mit Neptun (Poseidon) und Hades (Pluto) teilt er sich die Weltherrschaft, wobei er auf geheimnisvolle Art und Weise mit seinem Bruder Pluto identisch ist (Pluto = der unterirdische

Zeus). Ihn, den Gott der Zeugung und Fruchtbarkeit, Naturdämon und Oberhaupt der Feuergeister, beschreibt die griechische Mythologie als einen Casanova des Olymp. Er unterhielt mit unendlich vielen Göttinnen, weiblichen Elementarwesen, aber auch Frauen des Menschengeschlechts Verhältnisse, wobei er als Liebhaber ständig Form und Aussehen änderte. Merkur-Hermes, der Sonnengott Apoll sowie der Kriegsgott Ares gelten als seine Geschöpfe. Verschiedentlich verwandelte er sich auch in Tiergestalten, wie in einen Stier, einen Schwan oder einen Satyr. Sein Hauptsymboltier jedoch ist der Adler, der sich in freiem Flug als König der Lüfte, die Bedingtheiten, Grenzen und Verstrickungen des irdischen Lebens überblickend und frei von den kleinlichen Spielarten und Zwängen der materiellen Welt, in majestätischem Schwung in die reinen Dimensionen geistiger Klarschau erhebt. Er etabliert sich als der ›Weitschauende‹ und ›Hüter der Freiheit‹ (weitere Beinamen Zeus-Jupiters) und vereint in sich Attribute sowohl der irdischen als auch der göttlichen Ebenen. Im östlichen Kulturbereich finden wir eine Entsprechung im Garuda, einem stierhörnigen Vogelmenschen, der adlergleich, Symbol höchster Befreiung und größter Macht, ein mythologisches Reittier göttlicher Wesen und Erzfeind der Schlangendämonen ist. Adler und Schlange sind archetypische Darstellungsformen der Polaritäten Seele und Geist, Yin und Yang. Aus dieser Analogie geht hervor, daß Jupiter-Zeus und seine Symbole Adler und Zepter (oder Vajra) das geistige oder yanghafte Prinzip verkörpern.
Vajrapani (übersetzt: der Donnerkeilträger) wird in Tibet als Blitz- und Wettergott verehrt und angerufen. In seiner tieferen tantrischen Bedeutung symbolisiert dieser zornige Bodhisattva (siehe Abb.) die geistige Transformation von Haß, Gefühlen, Emotionen, Leidenschaften, Eigenschaften des polaren Yin-Elements Wasser. Vajrapani wird meist zusammen mit dem Adlermenschen Ga-

Vajrapani – gleichermaßen Pluto- wie Jupiterentsprechung – verwandelt die Kundalini in hohe geistige Erkenntnisse und vajrahafte (diamantene) Entschiedenheit und Klarheit.

ruda angerufen und gilt im Tantra als eine der stärksten magischen Energieformen. In der basishaft-energetischen Identifikation von Jupiter und Pluto (Kundalini) kann Vajrapani gleichermaßen als Manifestation Plutos betrachtet werden. Mythologisch leitet er sich von dem hinduistischen Donner- und Blitzgott Indra ab. Die indische Astrologie nennt Jupiter auch Guru, Vajraguru oder Brihaspati. Analog zur griechischen Mythologie gilt er als Lehrer der Götter und Menschen sowie wunderkräftiger Magier. Zusammen mit Tara (einer Venus-Entsprechung) zeugt er den Gott Buddha (Merkur). Ähnlich wie im Westen gilt er auch hier als Schutzherr der Religion und des Priestertums. Seine Symbole sind ein goldener Topf, ein Rosenkranz sowie religiöse Manuskripte. Sein mythologisches Reittier ist der Elefant, seine Farben Purpur und Dunkelblau (Symbole aktiver Religiosität), sein Tag der Donnerstag, sein Stein der Rubin oder die Koralle.

Jupiter, der innere Guru und Begeisterer, der selbst aus den alltäglichen und profanen Begebenheiten Anstöße und optimistische, lebenzugewandte Energien ziehen kann, spiegelt sich in dem geistigen Weltbild eines Menschen wider. Ständig auf Expansion des menschlichen Bewußtseins bedacht, sucht er nach neuen Idealen und Philosophien, um sein geistiges Selbst zu erweitern. Wir finden hier sowohl den Weltreisenden, Forscher als auch den Lebenskünstler und Idealisten. Es muß nicht jeder Priester oder Guru sein, um mit diesen Energien gezielt umzugehen. Jede Form von gegenseitiger Begeisterung oder von »Antörnen«, jede idealistische Gruppe oder Gemeinschaft, jede Form von lebenzugewandter Aktion trägt den Jupiter-Charakter in sich. Hierbei ist es interessant, wie sich das Image einer planetaren Energie im Laufe der Weltenzeitalter, bzw. gerade jetzt, im Übergang zwischen Fische- und Wassermannzeitalter, verändert. Jupiter (im Fische-Zeitalter Regent dieses Zeichens) wirkte sich in den vergangenen 2000 Jahren wie folgt aus: *Glaube* an religiöse Ideale; bedingungslose Unterwerfung unter den Vertreter dieses Glaubens (Priester oder Guru); soziales Mitempfinden mit den Gleichgläubigen – kämpferische Auseinandersetzung mit den Andersgläubigen; monotheistische Strukturen; Selbstgerechtigkeit der privilegierten geistigen Herrscherschicht; Expansion (Jupiter) gefühlsmäßiger, mystischer, esoterischer Wissensdinge (Fische-Jungfrau-Achse). Wort und

Schrift des Gurus oder Religionsgründers waren unantastbar – Kritik daran ein Bruch mit dem Göttlichen, was in mehr oder weniger allen Religionen der letzten Jahrtausende ein qualvolles Höllendasein nach sich ziehen mußte.

Das moderne, z. Zt. entstehende neue Jupiter-Image kommt zum Ausdruck in Wortfindungen wie: New Age, neue Spiritualität, Umweltbewußtsein, Sozialismus... Gurus der Jetztzeit müssen es sich gefallen lassen, angreifbar zu sein. Geschützte Intimsphäre oder Unantastbarkeit entfallen. Man möchte wissen, was der Papst zu Mittag ißt, ob Shree Rajneesh eine Freundin hat oder wo der Dalai Lama Ferien macht. Bibel- und Glaubensregeln steht man skeptisch gegenüber, Philosophien müssen von jedem einzelnen nachprüfbar sein. Sie sollten das Individuum denkerisch aktivieren, kreativ anregen. Privilegien geistiger Autorität reduzieren sich, man begegnet ihnen von Mensch zu Mensch. Philosophien sind weniger auf das Jenseits als auf das Hier und Jetzt ausgerichtet. Der Wassermann geht also ganz respektlos mit dem Göttervater Zeus um, denn schließlich ist Uranus, der Herrscher des Wassermanns, der göttliche Ahnherr aller anderen planetaren Energien. Den kollektiv wirkenden Jupiter nennen wir heute den Zeitgeist. Neue philosophische Erkenntnisse entstehen jetzt seltener in einer Meditationsklause oder einem Kloster als vielmehr in denkerischen Laboratorien der Atomphysik, Biochemie, Umweltforschung, der modernen Astronomie, Astrophysik, Medizin, Psychologie und sonstiger Technologien. Die heutige Erkenntnisfindung beruht also auf nachprüfbarem, allgemeingültigem Wissen und weniger auf einer genialen intuitiven Einsicht auserwählter oder begnadeter Mystiker, wie dies im Fische-Zeitalter üblich war. Die schnellen Medien (Möglichkeiten des uranisch gefärbten Merkur) ermöglichen es jedem einzelnen, an der Entwicklung neuer Zeitgeistideale teilzunehmen, einem enttabuisierten Prozeß, der sich in ständiger Wandlung und

Erweiterung befindet. Der alte Blitz- und Donnergott Jupiter verliert im luftelementgebundenen Wassermann seine Zornigkeit, Unantastbarkeit und heilige Wut. Er erhält einen kühlenden Schauer aus den Amphoren des Aquarius und bekommt durch seinen Sohn und Kontrahenten Merkur-Hermes ein entpersönlichteres und sachlicheres Wesen. Das Verhältnis von Guru (Jupiter) und Schüler (Merkur) dreht sich um, und Jupiter muß bei seinem Sohn die Schulbank drücken. In der traditionellen Sichtweise müssen wir Jupiter mit dem altväterlichen und jovialen Lehrer gleichsetzen und Merkur mit dem wißbegierigen und schnell reagierenden Schüler. Merkur sammelt Wissensinformationen wie in einem Computer, wobei er sich nicht mit bestimmten Ideen und Informationen zu identifizieren braucht, sondern sich eher als neutraler Verwalter seiner Computerprogramme begreift. Er nutzt sein Wissen auf geschickte Art, um sich nicht in den Widersprüchlichkeiten des Lebens zu verfangen und um damit das gesamte Spektrum des Seins tolerieren zu können. Er trägt in sich eine stark pantheistische Tendenz, was sich auch darin widerspiegelt, daß er Attribute verschiedener Götter in sich vereint (z. B. die Symbole von Mars, Venus, Jupiter, Sonne). Für ihn ist es unvorstellbar, daß es auf Wissen Copyrights gibt oder daß man sich mit Wissen, das doch Allgemeingut ist, identifizieren kann.

Dem Riesentitanen Jupiter jedoch erscheint Wissen eher als ein gefährlicher Machtfaktor, der nur bevorzugten und reifen Menschen in die Hände gegeben werden darf. Er kann sich Wissen nur idealisiert, d. h. personifiziert vorstellen – seine Tendenz ist also immer zentralistisch. Er symbolisiert dies auch als größter Planet, der von einer Unzahl von Monden begleitet wird: Als Sonnensystem im Sonnensystem. Für ihn ist Wissen nichts Kühles und Abstraktes, sondern zündender Funke, begeisternde Aktivität oder vernichtender Zorn. Wissen muß immer *eine* Richtung haben, ein Fernziel, muß Wi-

Yin und Yang, Sonne und Mond, symbolisiert im Doppel-Drachen, der sogenannten »materia prima« oder Kundalini, werden vom Geist (Adler = Jupiter) befruchtet.

derstände überwinden. Als Lehrer der Götter und Menschen beansprucht Jupiter, Ideen zu vertreten, die weitgehend allen Sichtweisen (in ihrer sogenannten positiven Komponente) gerecht werden. Da es seine Intention ist, sich mit seinen Ideen zu identifizieren, führt dies leicht zu Überlastung oder Aufgeblähtheit und ständiger streßhafter, titanenhafter Überanstrengung. Er kann keinen Gedanken, den er einmal in sein Herz geschlossen hat, loslassen (Ursache seines konservativen Image). Wir können Merkur mit einem Wissensmanager vergleichen, dessen Beruf eher einen Job-Charakter trägt, während Jupiter ein Wissensmanager aus innerer Überzeugung und Profession ist. Das Merkur-betonte Wassermannzeitalter expandiert in seiner Wissenserweiterung dermaßen schnell, daß eine Personifikation nicht mehr möglich ist; Spezialisierungen sind daher unerläßlich, das Ideal personifizierter Allwissenheit, wie es dem alten griechischen Ideentum entspringt, dessen oberstes Gottheitsideal Zeus-Jupiter war, muß sich einer neuen Form von geistigem Sozialismus beugen. Jupiter im Wassermannzeitalter gehört zu einer der problematischsten planetaren Energien. Merkuriale (intellektuelle) Überbelastung, Entseelung und Unterkühlung führen zur Abspaltung oder Desorientierung des Jupiter-Bereiches beim Individuum. Begeisterung, positives und aufbauendes Denken, lebenzugewandte Philosophien, idealistisches Engagement entfalten sich nur noch schwer, es macht sich eher ein desillusionistisches und realistisches Denken breit, das mehr saturnale als jupiterhafte Züge aufweist und das in dem (für Jupiter) total unakzeptablen Statement ›No future‹ vorläufig endet.

Henri de Toulouse-Lautrec – Kurzbiographie

Henri-Marie-Raymond de Toulouse-Lautrec-Monfa wurde am 24. November 1864 um 6 h 00 m in dem südfranzösischen Ort Alby als Sohn des Grafen von Toulouse geboren. Sein Vater galt als ein Einzelgänger, Abenteurer und Exzentriker, der eine starke Leidenschaft für die Jagd hatte und wenig Familiengefühl besaß. Da er von seiner Frau getrennt lebte, übernahm diese hauptsächlich die Erziehung des jungen Henri. Er galt als ein eigensinniges und mitunter herrisches Kind, das seiner Originalität und Vitalität wegen jedoch von der ganzen Familie geliebt wurde. Er besaß eine ausgeprägte Tierliebe (besonders zu Pferden) und ein früh entwickeltes zeichnerisches Talent. Sein gesundheitlicher Allgemeinzustand war geschwächt. Nach zwei schweren Knochenbrüchen (1878 und 1879) mußte er sich mit einem Dasein als Krüppel abfinden, was ihm später den Beinamen »Der größte Zwerg der Welt« einbrachte (Lautrec maß ganze 1,52 Meter). Er überspielte sein körperliches Leiden durch seinen hochentwickelten Geist, Esprit und eine witzige Form von Sarkasmus. So verglich er sich selbst mit dem armen Apostel Simon an der Kathedrale von Alby: »ein Hinkebein mit hängendem Kopf und zu kurzen Beinen«. Als er 1881 in Paris durchs Abitur fiel, ließ er sich Visitenkarten drucken mit der Aufschrift: »Henri de Toulouse-Lautrec, in Französisch durchgefallen«. Lautrec studierte in den Pariser Ateliers des taubstummen Tiermalers Princeteau sowie der akademischen Maler Bonnat und Cormon (1881–1886). Er liebte das lockere Leben eines Kunststudenten am Montmartre, hatte stets einen großen Freundes- und Bekanntenkreis um sich herum, war ein Freund exzentrischer Feste, hatte eine Vorliebe für Travestien und Verkleidungen, galt als Gourmet (»Ich bin naschhaft wie eine Prälatenkatze«) und Freund des Alkohols. Berühmt waren sein Scharfsinn und seine Schlagfertigkeit, und er liebte die Cafés, Kabaretts, Bars und Bordelle, das Theater, den Zirkus und das Radrennen. Beinahe jeden Abend war er mit Skizzenblock und Bleistift auf Zechtour und aufs engste mit Schauspielern, Chansonniers, Kabarettisten, Tänzerinnen und Freudenmädchen befreundet. Lautrec war ein fester Bestandteil des Pariser Nachtlebens, ein »Historiker der Pariser Freude«. Für das Moulin Rouge, das Cabaret von Aristide Bruant, die Chansonette Yvette Guilbert oder den weiblichen Tanzstar Jane Avril entwarf er seine berühmt gewordenen Plakate. Mit lebendigem zeichnerischem Duktus bannte er die Welt des Cancan und der unterschwelligen Kneipenerotik. Geschwächt vom starken Alkoholkonsum und den Folgen einer Syphiliserkrankung, reiste Lautrec viel in Europa umher, um sich von seinem anstrengenden Pariser Leben zu erholen. Er bereiste nicht nur Frankreich, sondern auch Holland, Belgien, Spanien und England und verbrachte jedes Jahr mehrere Monate auf dem Schloß seiner Mutter in der Nähe von Bordeaux. 1899 wurde Lautrec in eine Nervenklinik eingeliefert, um eine

Alkoholentziehungskur zu absolvieren, die jedoch wenig fruchtete. Henri de Toulouse-Lautrec starb am 9. September 1901 um 2.15 Uhr morgens auf dem Schloß seiner Mutter. Kurz vorher empfing der Todkranke, nur mit einem Hemd Bekleidete einen jungen Priester mit den Worten: »Hochwürden, ich bin entzückt, Sie kennenlernen zu dürfen, und ich bitte Sie sehr, es mir nicht nachzutragen, daß es in einer so unanständigen Form geschieht. Aber Sie werden begreifen, daß ich Sie lieber heute sehe als später, wenn Sie mit Ihrer kleinen Glocke erscheinen werden.« Lautrecs künstlerischer Nachlaß bestand aus etwa 600 Gemälden, Tausenden von Skizzen und Zeichnungen, 350 Lithographien und 30 Plakaten.

Der Schütze-Einfluß in Toulouse-Lautrecs Karmagramm

Findet man in Eschers Werk eine unterkühlte, abstraktlogische und überindividuelle Darstellungsform einer Welt des Intellekts, begegnen wir in Toulouse-Lautrec einem vollkommen gegensätzlichen Naturell: einem feurigen, lebendigen, subjektiv erlebenden und auf ironische Art karikierenden Geist (Venus im Ziegenfisch), einem Biographen vitaler Lebenzugewandtheit und sinnlicher Genußfreude – einem echten Schütze-Typen (Sonne, Jupiter und Merkur im Schützen und im Widderfeld). Selbst Verkrüppelung und Krankheit können diesen Künstler nicht in pessimistische Weltabgewandtheit treiben. Er ist wie jeder Jupiter-betonte Mensch ein unentwegter Optimist mit großer Regenerations- und Schöpferkraft, schwärmerischen Idealen und ausgeprägter Reisefreude: ein Kontaktmensch, der den geistigen Austausch liebt, Freundschaften kultiviert, freundliche menschliche Schwächen seiner selbst (gespiegelt in der Pariser Gesellschaft) lebendig und dramatisch mitteilt. »Das Leben ist schön! Wie schön das Leben ist! Man ist häßlich, aber das Leben ist schön!« Wie schon oben erwähnt, steht der Schütze-Archetyp im Spannungsfeld von Trieb und Geist, zwischen Leidenschaft und Weltbildfindung, Sex und Streben nach Erleuchtung. Wie wir bereits wissen, liegt die Beantwortung nicht in einem ›Entweder-Oder‹, sondern in einem ›Sowohl-Als-auch‹ (Welt des Tantra): Auf eine möglicherweise ungeschickte, aber nichtsdestoweniger originelle Art bemüht sich Toulouse-Lautrec um eine solche Synthese, indem er eine Verbindung zwischen der Welt der Kunst und der Sinnenfreuden herzustellen bemüht ist. Wenn Lautrec den Eros teilweise im Bordell- oder Kneipenmilieu ansiedelt (was in seiner Zeit als höchst anrüchig galt), vulgäre Nutten porträtiert oder Zeichnungen von lesbischen Liebesspielen anfertigt, dürfen wir nicht vergessen, daß er nicht nur Schütze ist, sondern auch einen gewichtigen Skorpion-Aszendenten besitzt (mit Pluto-Opposition). Gerade soziale oder reagible Zeichen wie Zwillinge, Jungfrau, Schütze oder Fisch reagieren besonders stark auf die energetische Intention ihres Aszendenten. Mit etwas sensibler Einfühlungsgabe läßt sich die verborgene Dominanz des Skorpion-Aszendenten in beinahe allen Lebensphasen Lautrecs aufspüren: seine Verkrüppelung, seine »pervertierten sexuellen Fantasien«, sein Zynismus, seine Syphiliserkrankung, sein selbstzerstörerischer Alkoholismus, die verzerrten Proportionen seiner Figuren, die Sprengung graphischer und stilistischer Tabus, vor allem aber auch seine Liebe zum Skorpion-Land Japan (Lautrec war ein Sammler und Bewunderer japanischer Kunst, plante mehrmals eine Japanreise und kleidete sich gern in Kimonos).

Bei aller Lust an der dunklen und scheinbar zerstörerischen Form ausgelebter Begierde blieb Lautrec immer seinem Schütze-Archetypen treu und gab ihm einen lebensbejahenden und aufbauenden Charakter: »Immer und überall drückt sich im Häßlichen Schönes aus, und das zu entdecken, wo niemand es sieht, ist passionierend.«

Links: *Lautrecs Skorpion-Aszendent erklärt seine Liebe zum Skorpion-Land Japan und dessen Kultur. Er war nicht nur Sammler japanischer Kunst, sondern trug zu Hause oder auf Künstlerparties gerne japanische Kimonos.*

Rechts: *Lassen sich die plakativen Effekte in Lautrecs Graphik auf seinen Waage-Mond zurückführen, stehen Vitalität und hintergründige Erotik seines Werks für seine Schütze- und Skorpion-Thematik.*

Von den zehn uns bekannten Planeten des Sonnensystems besitzen nur zwei scheinbar einen eindeutigen weiblichen Charakter: Mond und Venus. Diese beiden Yin-Energien befinden sich in Lautrecs Karmagramm an exponierter Stelle. Sie stehen auf der Spitze eines halbvollen Quadrates, einer sogenannten Karmastruktur. Planet, Zeichen und Feld dieser markanten Konstellation besitzen einen ausgeprägten energetischen Erfüllungszwang. Wen verwundert es also, daß Lautrec mit einer wahren Besessenheit Bilder von Frauen und weiblichen Akten anfertigte? Er suchte nicht die vordergründige, ästhetische und bezaubernde weibliche Schönheit, sondern vor allem deren magische, animalische und erotische Tiefe (Opposition Mond-Neptun; Opposition Venus-Uranus).

Als extrovertierter Schütze-Mensch veräußerlicht er

seine karmische Thematik und zeichnet den *Körper* von Frauen und keine geheimnisvollen Seelenbilder. Seine Mutterbindung verarbeitet er nicht im psychoanalytischen Sinne, sondern lebt jedes Jahr mehrere Monate bei der Mutter, er erforscht die weibliche Magie nicht als Mystiker oder Naturromantiker, sondern an Orten fleischlicher Wollust und sinnlicher Pervertiertheit. Seiner erdzeichenbetonten Venus (Ziegenfisch; Stierfeld) ist Liebe weniger Mystik und Vereinigungssehnsucht als vielmehr vermarktete Sexualität und körperlicher Kontakt. Daß hinter dieser äußerlichen Betrachtung von Liebe und deren künstlerischer Umsetzung starke irrationale Faktoren spürbar sind, spiegelt sich in der atmosphärischen, teilweise unwirklichen Gestaltung seiner Bilder wider und ist Ausdruck der Quadratspannungen von Mond und Neptun auf Venus. Die Wünsche, eine vordergründige Wirklichkeit zu sprengen, sind mit Sicherheit auch die verborgenen Motive von Lautrecs Alkoholismus (Mond-Neptun-Opposition), denn Rausch ist nicht nur Verdrängung, sondern auch Ausweitung und Grenzüberschreitung. In seinem Ausspruch »Ich habe versucht, wahr zu sein und nicht traumhaft zu verfälschen« spiegelt sich neben einer scheinbar nüchternen Aussage vor allem auch sein inneres Problem: die Spannung zwischen Traum und Wirklichkeit (Mond in der Waage; Venus im Ziegenfisch). Lautrecs empfindsamer Waage-Mond entwickelt durch das Venus- und Uranus-Quadrat eine neue (Uranus) Form künstlerischer Ästhetik (Venus), eine malerisch (Waage) anmutende Graphik (Ziegenfisch). Der Waage-Mond in Lautrecs Karmagramm bewirkt nicht nur sein wirkungsvolles Form- und Farbgefühl, sondern vor allem auch seinen ästhetischen Snobismus, den er mit einem anderen berühmten Waage-Menschen seiner Zeit teilt: Oskar Wilde (Sonne und Venus in der Waage). In der Tat hat sich Lautrec mehrmals vergeblich bemüht, Wilde persönlich portraitieren zu dürfen.

Auch wenn wir sein spannungsgeladenes und interessantes Karmagramm an dieser Stelle nicht umfassend und befriedigend deuten können, fällt uns doch der Unterschied zu Eschers Geburtsthema ins Auge: Lautrec deckt menschliche Schwächen auf, idealisiert die Lust am Leben und wendet sich ganz der äußeren Wirklichkeit zu; Eschers Abstraktionsgabe ermöglicht es, das Dasein symbolisch zu beschreiben, als ein Gedankenspiel, eine zweidimensionale Welt der Gegensatzbestimmung. Er ist auf der Suche nach allgemeingültigen Gesetzmäßigkeiten, ein Wissenschaftler, der sich mit seinem Werk nicht zu identifizieren braucht; Lautrec hingegen Lebenskünstler und geistsprühender Individualist, begeisterter Mitakteur und gleichzeitiger Biograph des großartigen und faszinierenden Theaters des Lebens.

Jane Avril
Jardin
de Paris

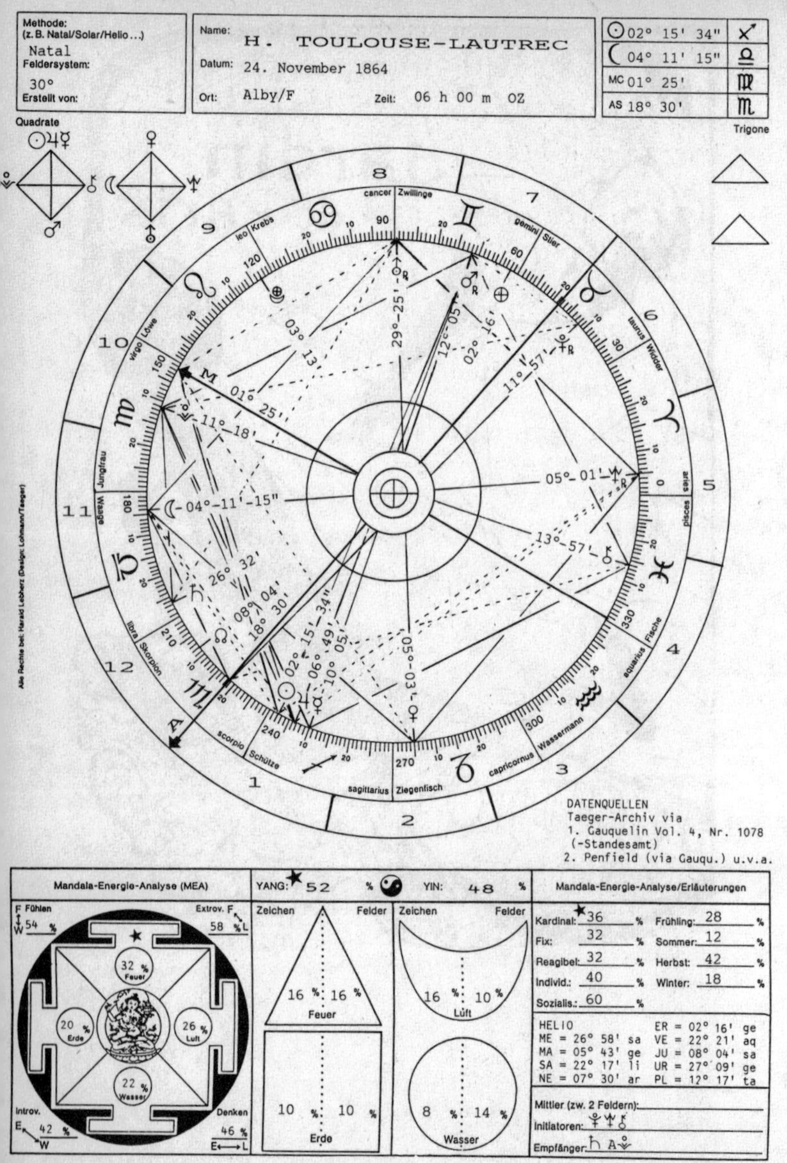
Methode:
(z. B. Natal/Solar/Helio ...)
Natal
Feldersystem:
30°
Erstellt von:
Name: H. TOULOUSE-LAUTREC
Datum: 24. November 1864
Ort: Alby/F
Zeit: 06 h 00 m OZ
02° 15' 34"
04° 11' 15"
MC 01° 25'
AS 18° 30'
Quadrate
Trigone
cancer Zwillinge
leo Krebs
gemini Stier
virgo Löwe
taurus Widder
Jungfrau
Waage
aries
pisces
libra Skorpion
Fische
aquarius
scorpio Schütze
Wassermann
capricornus
sagittarius Ziegenfisch
29°-25'
03° 13'
12°-05'
02° 16'
01° 25'
11°-18'
11° 57'
05°-01'
04°-11'-15"
13°-57'
26° 32'
08° 04'
18° 30'
02°-15'-34"
06° 49'
10° 05'
05°-03'
Alle Rechte bei: Harald Lebherz (Design: Lohmann/Taeger)
DATENQUELLEN
Taeger-Archiv via
1. Gauquelin Vol. 4, Nr. 1078
(-Standesamt)
2. Penfield (via Gauqu.) u.v.a.
Mandala-Energie-Analyse (MEA)
F Fühlen W 54 %
Extrov. F L 58 %
32 % Feuer
20 % Erde
26 % Luft
22 % Wasser
Introv. E W 42 %
Denken E L 46 %
YANG: 52 %
YIN: 48 %
Zeichen Felder
16 % 16 % Feuer
10 % 10 % Erde
Zeichen Felder
16 % 10 % Luft
8 % 14 % Wasser
Mandala-Energie-Analyse/Erläuterungen
Kardinal: 36 %
Fix: 32 %
Reagibel: 32 %
Individ.: 40 %
Sozialis.: 60 %
Frühling: 28 %
Sommer: 12 %
Herbst: 42 %
Winter: 18 %
HELIO
ME = 26° 58' sa
MA = 05° 43' ge
SA = 22° 17' li
NE = 07° 30' ar
ER = 02° 16' ge
VE = 22° 21' aq
JU = 08° 04' sa
UR = 27° 09' ge
PL = 12° 17' ta
Mittler (zw. 2 Feldern):
Initiatoren:
Empfänger:

Stichworte zu Toulouse-Lautrecs Karmagramm

Graphische Begabung: Venus im Ziegenfisch (2. Feld) / Saturn Halbquadrat Merkur / Jungfrau-MC / Vesta in Jungfrau (am MC)

Malerische Begabung: Waage-Mond (Opposition Neptun) / Venus-Opposition-Uranus

Vitalität, Lebensbejahung: Sonne, Jupiter, Merkur im Schützen (1. Feld) in Mars-Opposition / Erde-Mond (EMH) in Löwe, 9. Feld

Neigung zu Cholerik und Launenhaftigkeit: Sonne, Jupiter, Merkur (Schütze) in Opposition zu Mars (Zwillinge) / Mond in der Waage; Skorpion-Aszendent

Sexualität, Erotik: Venus und Mond auf Karmaquadratspitzen / Skorpion-Aszendent (mit Pluto-Opposition) /

starke Mars-Jupiter-Spannung / Neptun-Mond-Opposition

Frauen- und Mutterbeziehung: Starke Mond- und Venusspannungen / Vesta am MC

Reisefreude: Schütze-Betonung / Mars in den Zwillingen

Expressionismus: Feuerelements-Betonung (32%) / Sonne, Jupiter-Quadrat-MC

Kontaktfreude: Waage-Mond / Jupiter-Merkur-Konjunktion

Angst vor dem Alleinsein: Nichtbewältigter Saturn und Mondknoten im 12. Feld / Mond im 11. Feld (Opposition Neptun)

Unfalldisposition: Mars in Opposition zu Sonne, Jupiter, Merkur / Pluto im 6. Feld / Chiron-Quadrat-Mars, Merkur

Alkoholismus: Mond-Neptun-Opposition / Skorpion-Aszendent

Todeskonstellation: (09. 09. 1901) Mars (Transit) Konjunktion Jupiter (radix) / Jupiter (transit) Konjunktion Venus (radix) / Saturn (transit) Konjunktion Venus (radix) / Uranus (transit) Opposition Mars (radix)

Das Wechselspiel von Zwillinge und Schütze

Idealisierung von Gedanken

Im Grunde ist das Wechselspiel von Zwillinge und Schütze eine differenzierte Variante der Waage-Widder-Thematik; auch hier soll entspannendes, entpolarisierendes und umfassendes Denken zu engagiertem, idealistischem Handeln führen. Der Zwilling sammelt auf eine spielerische und abstrakte Art *die* umfassende Informationsfülle, die dem Schützen als Basis seiner flexiblen geistigen Gewichtung dient. Gespannt beobachtet der Schütze-Jupiter-Archetyp die unentwegte gedankliche Arbeit der Zwillinge-Merkur-Energien, die wie ein steter Quell intellektuelle Brücken und Bögen zwischen jedweder Form von Gegensätzlichkeit schlagen, ohne von diesen neuen Möglichkeiten und Perspektiven innerlich berührt zu werden. Der Zwillinge-Archetyp überläßt es dem Schützen, sich über die neuen gedanklichen Synthesemöglichkeiten aufzuregen, sie zur Zündung zu bringen, sie in die geistige Dimension zu transformieren, mit

Leben zu erfüllen. Die abstrakte gedankliche Synthese des Zwillings findet einen individuellen Verfechter, eine menschliche Manifestation, einen sozial engagierten Menschen, dessen kollektives Verantwortungsbewußtsein ihn dazu drängt, diesen nunmehr energetisch aufgeladenen Gedanken vorbildhaft zu verkörpern und wirkungsvoll weiterzugeben. In diesem Prozeß trifft der Schütze eine einseitig positive, lebenzugewandte und auf Entwicklung ausgerichtete subjektive Auswahl aus den denkerischen Möglichkeiten des Zwillings, d. h., er selektiert Gedanken an den Kriterien eines vitalen Lustprinzips. Auf eine hintergründige Art müssen ihn Gedanken erotisch stimulieren und ihm einen sozialen oder spirituellen Einfluß bzw. eine Ausweitung seiner Persönlichkeit ermöglichen. Der Schütze klammert Gedanken an Vergänglichkeit, Reduzierung oder Kristallisierung, wie sie das nachfolgende Zeichen Ziegenfisch anstrebt, weitgehend aus. Da dem Zwilling kristalline, am Tod orientierte, theoretische, lebenabgewandte denkerische Assoziationen eher fremd sind, kann der Schütze nur einen Teil des Zwillinge-Potentials ausnutzen. Dieser andere, sogenannte dunkle Teil des Zwillinge-Archetyps findet seine Gewichtung im Zeichen Ziegenfisch. Da die Zwillinge ein neutrales Zeichen sind, liefern sie bereitwillig Ideen und gedankliche Arbeit für so unterschiedliche Weltbilder wie die des Jupiter und des Saturn (»Das Leben ist Freude« – »Das Leben ist Leid«).

Da die konsequente Weiterentwicklung beider Weltbilder in den Zustand der Harmonie führen kann, ist die Aufgabe von Hermes-Merkur voll erfüllt: ein Mittler zwischen den Welten, ein Diplomat der Entspannung, ein Wegbereiter der Erkenntnis zu sein.

Zwillinge	Schütze
neutrales, objektives Denken	engagiertes, subjektives Denken
intellektuelles Gewichten	geistiges Gewichten
verborgenes, diplomatisches Denken	offenes, geradliniges Denken
Wissen	Weisheit
Einfallsreichtum	idealistische Vielfalt
objektive Gerechtigkeit	subjektive Gerechtigkeit
Idee	Idealismus
Entpolarisierung	Polarisierung
Wißbegierde	Begeisterungsfähigkeit
kurzfristige Interessen	langfristige Ziele
Spiel mit Gedanken	Identifikation mit Gedanken
Sanguiniker	Choleriker
Defensive	Offensive
Versachlichung von Gedanken	Dramatisierung von Gedanken
theoretisches Denken	praktisches Denken
Gefahr des Minderwertigkeitskomplexes	Gefahr der Selbstüberheblichkeit
konventionsfreies Denken	konventionelles Denken
wissenschaftliches Weltbild	philosophisches Weltbild
Intuition	Inspiration
triebentspanntes Denken	emotionales Denken

Gemeinsam

Freiheitsdrang, soziales Engagement, Interessenvielfalt, Kommunikationsfreude, Flexibilität, Reiselust, Gerechtigkeitsliebe, Lerneifer, Disposition zu nervösem Streß, Freude an Übertreibungen, Lebenzugewandtheit, Reaktionsschnelligkeit.

KREBS & ZIEGENFISCH

Im Spannungsfeld von
Rückbindung und Ent-Bindung,
Geburt und Wiedergeburt

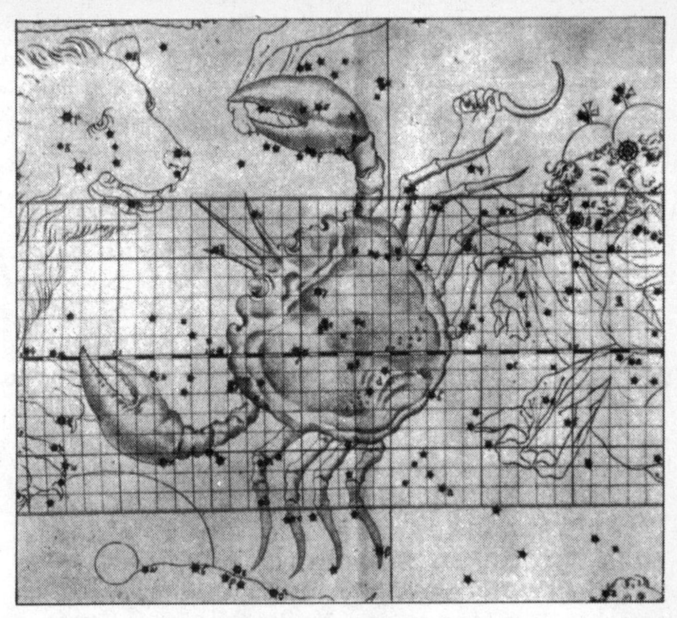

KREBS

Krebs in Stichworten

4. Zeichen im Tierkreis / Sommeranfang / Planetenherrscher: bislang Mond, ›Königin der Nacht‹ (Luna, Isis, Hekate) / Element: Wasser/ Yin/ kardinales, initiierendes Zeichen / Oppositionszeichen: Ziegenfisch / Felder- bzw. Häuserentsprechung: 4. Feld (›Wo komme ich her?‹), Beziehung zu Mutter und Familie, seelische Selbstverwirklichung, die eigene Weiblichkeit, magisches Weltbild / Einflußsphäre (Felderwanderung): 18.–24. Lebensjahr / Tagesentsprechung: die 7. und 8. Stunde nach Sonnenaufgang / Länderentsprechungen: England, Holland, große Teile von Schwarzafrika / Städteentsprechungen: Venedig, Amsterdam, Wien, evtl. New York / Wochentag: Montag (dem Mond geweihter Tag) / psychische Entsprechungen: die Tiefenpsyche, archaische, instinktmäßige Reaktionsformen, die Welt der Archetypen / Temperament: melancholisch / somatische Entsprechungen: Magen- und Verdauungssystem, Wasserhaushalt, Lymphsystem, Schleimhäute, psychische und psychosomatische Erkrankungen / Alchemie: Silber (Argentum), Jade, Mondstein, Speckstein, Marmor, Perlen / Farbentsprechungen: Weiß, Silber, Grau, Schwarz, fahles Grün oder Braun / Formen: weiche, fließende, runde Formen / asiatische Tierkreisentsprechung: Hase/ Esoterik: Wurzelchakra (Muladhara) / Zahlen: 0, 4 oder 8/ Krebs-Zeitalter: 8000–6000 v. Chr./ Mondjahre: 1936, 1943, 1950, 1957, 1964, 1971, 1978, 1985, 1992, 1999/ I-GING-Entsprechungen: *Kun* = das Empfangende, die Erde; *Kan* = das Abgründige, das Wasser; *Bi* = das Zusammenhalten/ Mythologien, Märchen: alle Mythen von Hexen, Zauberinnen und Elfen; Fruchtbarkeitsgöttinnen, Kult der Großen Mutter (Magna Mater), Todesmystik, Initiationsriten; Zauberspiegel, Zaubertränke; chthonische Tierweltarchetypen: Schlangen, Frösche, Kröten, Schildkröten, Skorpione, Insekten, Spinnen,

Würmer/ Bezüge zu den buddhistischen Göttinnen der Weißen Tara, Schwarzen Tara, Palden Lhamo, Ekajati, Mamaki, der schwarzen löwenköpfigen Dakini; zu den hinduistischen Göttinnen Radha, Parvati, Kali (Durga) / entsprechend den beiden Hauptphasen des Mondes unterscheidet man zwischen geheimnisvoll-schönen, verführerischen und elfenhaft-weiblichen Wesen (Vollmond-Archetypen) und angsteinflößenden, vampirhafthexenhaften Vertreterinnen dunkler Ausstrahlung (Neumond-Archetypen) – in Märchen sind das häufig die gute und die böse Schwester

Krebs-Geborene

(mit Sonne im Krebs)

Alexander der Große (MO=ge / AS=ar), Jean Anouilh (MO=cp / AS=ar), Louis Armstrong (MO=li / AS=ar), G. J. Caesar (MO=aq / AS=sa), Marc Chagall (MO=aq / AS=sc), J. Chamberlain (MO=ta / AS=ca), Jean Cocteau (MO=vi / AS=ca), John Dee (MO=cp / AS=le), Edgar Degas (MO=cp / AS=aq), Ernest Hemingway (MO=cp / AS=vi), Gustav Hertz (MO=le / AS=sa), Hermann Hesse (MO=pi / AS=sa), Franz Kafka (MO=ge / AS=le), Hermann Graf Keyserling (MO=cp / AS=pi), Käthe Kollwitz (MO=li / AS=vi), Carl Orff (MO=aq / AS=ca), George Orwell (MO=ca / AS=vi), Marcel Proust (MO=ta / AS=ar), Rembrandt (MO=sc / AS=sc), Wilma Rudolph (MO=li / AS=ca), Peter P. Rubens (MO=cp / AS=sc), Jerry Rubin (MO=aq / AS=vi), Ferdinand Sauerbruch (MO=ca / AS=vi)

Anmerkung: MO= Mond, AS= Aszendent;
ar= aries= Widder, ta= taurus= Stier, ge= gemini= Zwillinge, ca= cancer= Krebs, le= leo= Löwe, vi= virgo= Jungfrau, li= libra= Waage, sc= scorpio= Skorpion, sa= sagittarius= Schütze, cp= capricornus= Ziegenfisch, aq= aquarius= Wassermann, pi= pisces= Fische.

Planeten im Krebs und 4. Feld

Sonne im Krebs (Anlage) oder 4. Feld (Aufgabe)

Gefühl; Introversion; Weiblichkeit; Familiensinn; Sparsamkeit; Sammlertrieb; Einfühlsamkeit; Tiefgründigkeit; Einbildungskraft; Fantasie; Ehrgeiz; Tatendrang; Hilfsbereitschaft; konservativ und traditionsgebunden; Intuition; Gedächtnisstärke; Häuslichkeit; Treue; Individualismus; Naturliebe; Romantik; Suche nach Transzendenz und Ausweitung der eigenen Persönlichkeit; Interesse an Metaphysik, Magie, Mystik; Intuition; Originalität...

Wankelmütigkeit; Launenhaftigkeit; Unausgeglichenheit; Mißtrauen; Sentimentalität; Egozentrik; subtile Machtentfaltung; hypnotische, suggestive Unterdrükkung anderer; irrationale Ängste werden durch übertriebenen Realismus kaschiert; Sparsamkeit kann in Geiz umschlagen, Mitleid in Selbstmitleid; nachtragend; emotionale Verbissenheit; gefühlsmäßige Verschlossenheit; Geheimnistuerei; Kontaktschwierigkeiten; leicht kränkbarer Stolz; Eifersucht; gefühlsmäßiges Anhaften an Menschen und Dingen führt zu Abhängigkeit und Unselbständigkeit; bewußter oder unbewußter Mißbrauch magischer Kräfte; Neigung zu Depressionen oder Melancholie; sektiererische Naturverbundenheit...

Mond im Krebs (Anlage) oder 4. Feld (Aufgabe)

Ausgeprägte Weiblichkeit (stark Yin); die Umwelt wird schwingungsmäßig-atmosphärisch erfaßt; Gefühlsbetontheit; Erlebnistiefe; Introversion; Empfindsamkeit; Romantik; Naturverbundenheit; hingebungsvoll; nachgiebig; weich; seelische Beeindruckbarkeit; aufnehmend; empfangend; benötigt Phasen der Stille und Einsamkeit; mediale Hilfsbereitschaft; Anspruchslosigkeit; Anpassungsfähigkeit; unbewußte magische Kräfte; Mütterlichkeit; Häuslichkeit; starkes Traumleben; Vergänglichkeitsbewußtsein; Grenzzustände zwischen Traum und Wirklichkeit; Einfühlungsgabe; die weibliche Logik; telepathische oder nonverbale Kommunikation; hellseherische Begabungen...

Stark stimmungs- und gefühlsabhängig; Launenhaftigkeit (Luna = Mond = Laune); schwierige Realitätsbewältigung; Verträumtheit; Gefühlsregungen können schwer intellektuell oder verbal erklärt werden; Wille und Antriebskraft sind geschwächt; in ihrer Diffusität für andere Menschen schwer zu erfassen; Versponnenheit; labiles Nervensystem; Hypersensibilität; Hysterie; leichte Beeinflußbarkeit; fühlen sich schnell gekränkt; Selbstmitleid; Inkonsequenz; Übertreibungen; Neigung zu Depressionen; Mißbrauch magischer Suggestivkräfte; Projektion eigener Gefühle auf andere; Todesängste; Verschlossenheit; irrationale Ahnungen können als belastend empfunden werden; Schwierigkeit, ein ordnendes und planendes Bewußtsein zu entwickeln; geschwächtes Zeitbewußtsein...

(z.B. A. Besant, W. Blake, C. Debussy, J. Joplin)

Merkur im Krebs (Anlage) oder 4. Feld (Aufgabe)

Denken ist immer mit einer gefühlsmäßigen Komponente verbunden; einfühlsamer Verstand (Fühl-Denken); starke Intuition;

verinnerlichtes Denken; beweglicher, vielschichtiger Intellekt; intellektuelle Beeindruckbarkeit; gedankliches Interesse an metaphysischer oder seelischer Problematik; bildhaftes, symbolhaftes Denken; poetisches, literarisches Denken; ausgeprägte Vorstellungskraft; Hilfsbereitschaft; Erinnerungsvermögen; mitfühlendes Denken; Sammlertrieb; telepathische Veranlagung; Tiefendenken; assoziatives Denken; Psychologisieren; osmotisches Denken; Interesse an kollektiven Entwicklungen; grenzüberschreitendes Denken...

Konzentrationsstörungen; Subjektivität; Stimmungs-, Launenabhängigkeit; verschwommenes, weitschweifiges Denken; unklare Zielvorstellungen; Versponnenheit; konservatives Denken; mangelnde Flexibilität; Unbeständigkeit; Realitätsferne; zu starke Gefühle können das Denken blockieren; negativistisches, pessimistisches Denken; gedankliche Beeinflußbarkeit; Sprunghaftigkeit; Voreingenommenheit; skurrilen, okkulten Ideen anhängen; nicht zwischen Dichtung und Wahrheit unterscheiden; gedankliche Klarheit führt nicht unbedingt zur Realisierung; Verbalisierungsschwierigkeiten; abstraktes Denken fällt schwer; gehemmte Kommunikation...

(z. B. G. J. Caesar, A. Dumas, A. Huxley, C. G. Jung).

Venus im Krebs (Anlage) oder 4. Feld (Aufgabe)

Empfindsamkeit; Hingabefähigkeit; Mütterlichkeit; Harmoniesuche in einer natürlichen und organischen Lebensweise; Natur- und Körperliebe; Abbau gefühlsmäßiger Dissonanzen; Schaffung atmosphärischer Harmonie; häusliche Ästhetik; betonte Weiblichkeit; ausgeprägtes Traum- und Fantasieleben; Vereinigungssehnsucht mit der Seele; musische

Begabungen (Musik, Poesie, Lyrik); Einfühlsamkeit; Intuition; Ästhetik der Metaphysik; aufopfernd in Partnerbeziehungen; Selbstlosigkeit; Interesse an Liebesmystik; Medialität; psychologische und psychoanalytische Begabung; nonverbales Verstehen...

Übertriebene, mimosenhafte Empfindlichkeit (sich in sein ›Schneckenhaus‹ zurückziehen); Neigung zu gefühlsmäßigen Übertreibungen; überschwengliche, bemutternde Liebe; romantisch-idealisierte Partnervorstellungen (Schwärmerei); Gefühlsschwankungen (Depressionen, Melancholie); Sentimentalität; übertriebenes Körper- und Ernährungsbewußtsein; Konzentrationsstörungen (Tagträumerei, Traumtänzer); falsch verstandenes Mitleid; übertriebene Verliebtheit in die eigene Weiblichkeit; Antriebsarmut; Wankelmütigkeit; konservative Ästhetik; übertriebenes Psychologisieren; Entschlußlosigkeit (es allen recht machen wollen); übertriebene Neugierde; Fehleinschätzungen durch Euphorie; egoistischer Mißbrauch liebesmagischer Gesetzmäßigkeiten...

(z.B. H. de Balzac, J. Baker, St. George, I. Stravinsky)

Mars im Krebs (Anlage) oder 4. Feld (Aufgabe)

Direktes Ausleben seelischer Impulse; gefühlsengagiertes Handeln; Weiblichkeitsideale; spontane Begeisterungsfähigkeit; häusliche Ideale; emotionale Stärke; kollektiver oder politischer Führungsanspruch; Verteidigung der eigenen Gefühle; Begeisterungsfähigkeit für philosophische und metaphysische Fragen; ausgeprägte Suggestivwirkung; Reaktionsschnelle; Beschützerinstinkt; Unternehmungslust; Ausweitung der Persönlichkeit durch breitgestreute

Aktivität; Reisefreude; Verfechter außergewöhnlicher und risikofreudiger Ideen; seelische Aktivität; angeregtes Traum- und Fantasieleben; außergewöhnliche Vorstellungskraft; Transformation gefühlsmäßiger oder seelischer Fixierungen; die Natur oder Natürlichkeit als eine geistige Herausforderung...

Extreme subjektive Stellungnahmen; Neigung zu Impulsivität und Jähzorn; Leidenschaftlichkeit; eventuell gestörtes Verhältnis zur Familie oder Mutter; Launenhaftigkeit; dämonische, selbstzerstörerische Neigungen; aggressives Traum- und Fantasieleben; gefühls-chaotische Tendenzen; eingebildete Feinde (Spiegelfechterei); psychotische Dispositionen; gegen die eigene Weiblichkeit ankämpfen; Egozentrik; phasenweise Antriebsarmut; Gefahr aggressiven Sektierertums; Selbstüberschätzung; vorschnelle Urteilsbildungen; Selbstgerechtigkeit; Affekthandlungen; schnelle Verletzbarkeit; nachtragend; Minderwertigkeitsgefühle; seelische Dramatisierungen...

(z. B. A. Camus, J. Cocteau, J. Krishnamurti, O. Spengler)

Vesta im Krebs (Anlage) oder 4. Feld (Aufgabe)

Die Arbeit im Verborgenen und in der Zurückgezogenheit; Tiefendenken; die Wirklichkeit als Traum, Zauber und Magie begreifen; Intuitions- und Erfindungsgabe; denkerische Aufarbeitung von Instinkten und Gefühlen; gefühlsmäßige Verantwortung übernehmen; Traumarbeit; Ernährungsbewußtsein; Familienverbundenheit; Umweltbewußtsein; pädagogisch-sozial orientiertes Arbeiten; psychoanalytisches Einfühlungsvermögen; häusliches Organisationstalent; Naturliebe; Gefühlsethik; Begabung für Heilberufe; Randgruppen-Orientierung; Introversion; Traditionsbewußtsein (konservatives Weltbild); philosophische Ambitionen; Aufopferungsfähigkeit...

Gefühlsmäßige Fehleinschätzungen; ängstliche Projektionsmechanismen; andere an den eigenen Entscheidungen nicht teilnehmen lassen; Neigung zu religiöser oder metaphysischer Schwärmerei; verbale Gehemmtheit; sich arbeitsmäßig übernehmen; Verschleierung der eigenen Interessen und persönlichen Probleme (Geheimniskrämerei); Kritikempfindlichkeit; Abhängigkeit von atmosphärischen Gegebenheiten; Gewissens- und Schuldkonflikte; leichte psychische Überlastbarkeit; Probleme mit dem Mutter- und Frauenbild; sich klärenden Auseinandersetzungen entziehen; Mystifizierung der eigenen Persönlichkeit; Realitäts- und Versagerängste...

(z.B. Charles Baudelaire, Albert Einstein, C.G. Jung, F. Sauerbruch)

Jupiter im Krebs (Anlage) oder 4. Feld (Aufgabe)

Extrovertiertes Gefühlsleben; schauspielerische Begabung; Idealisierung der äußeren und inneren Weiblichkeit; religiös oder weltanschaulich motivierte Reisen; Bewußtwerdung seelischer Inhalte; Gefühlsreichtum; Idealisierung von Natur und Familie; sein Weltbild guruhaft verbreiten wollen; soziales oder politisches Engagement; Interesse an Naturreligion, Psychologie, Parapsychologie oder Astrologie; Suggestivwirkung; sich emotional mit seinen Ideen identifizieren; starke Gewichtung von Instinkten und seelischen Impulsen; bewegtes Fantasie- und Traumleben; Verteidigung ethischer Grundsätze; tiefe, karmisch motivierte Freundschaften eingehen; Entwicklung eines magischen Weltbildes; verborgene Hintergründe durchgeistigen wollen (der Kampf des Adlers mit der Schlange); Beschützerinstinkte; vielschichtige Interessen; freundschaftliche bzw. kameradschaftliche Beziehungen zu Frauen (auch zur eigenen Mutter)...

Gefühlsexaltiertheit; Gefühlspathos; aus sich selbst ein Mysterium machen; mit seiner Sensibilität beeindrucken wollen; wechselnde Ideale; spannungsreiches Traum- und Fantasieleben; sich mit archetypisch-seelischen Inhalten identifizieren; Entwicklung destruktiver Ideale; Gefahr des Mißbrauchs der eigenen guruhaften Position; Überschätzung der Suggestivkräfte; übergewichtete Freund-Feind-Bilder; Probleme mit dem inneren und äußeren Guru; Spannungen zwischen äußeren sozialen Verpflichtungen und dem Wunsch nach Zurückgezogenheit; schwach entwickelte Objektivität und Abstraktionsfähigkeit; die eigene Launenhaftigkeit wird geistig oder philosophisch kaschiert...

(z. B. M. Claudius, P. van Dyck, J. Joplin, F. Kafka)

Saturn im Krebs (Anlage) oder 4. Feld (Aufgabe)

Gefühle werden an der Wirklichkeit überprüft; kritisches Analysieren eigener und fremder Gefühle; Prinzip der Desillusionierung; Selbstbeherrschung; seelische Regungen ernst nehmen; sich gefühlsmäßig ungern beeinflussen lassen; Einzelgängertum; Grüblernatur; stabile, dauerhafte Gefühle; psychologische und psychoanalytische Begabung; Abbau von Todesängsten; Überprüfung des magischen Weltbildes; Wiedergeburtsbewußtsein; sich für andere verantwortlich fühlen; Versuch der Kartographierung der seelischen Innenräume; Sammlertrieb; Traumanalyse; gutes Erinnerungsvermögen; gefühlsmäßige Erfahrungen fordern Konsequenzen; Gewichtung metaphysischer Realität; Interesse an Naturwissenschaften; die Tragweite seelischer Verwicklungen erkennen und bremsen wollen; Beschäftigung mit dem Gesetz des Karma (Ursache und Wirkung)...

Seelischer Spätentwickler; Schwierigkeiten mit weiblichen Bezugspersonen (auch mit der eigenen Mutter); konservative Gefühle; Neigung zu Depressionen und Melancholie; Gefühlskälte; wahre Gefühle werden verborgen gehalten; geschwächter Zeitsinn; Neigung zu Sarkasmus; Pessimismus; Gefahr eines materialistischen Weltbildes; Verdrängung seelischer Inhalte; verzögerte Wirklichkeitsbewältigung; Entscheidungsschwierigkeiten; auf Gefühle anderer keine Rücksicht nehmen; Hilfsbereitschaft wird erst im kritischen Ernstfall aktiviert; Gefahr von Dogmatismus; der seelische Bereich wird als Belastung empfunden; die eigene Weiblichkeit nicht akzeptieren wollen; den natürlichen Instinkten mißtrauen; sich innerlich verhärten...

(z. B. H. de Balzac, U. Lindenberg, Michelangelo, L. Minelli)

Chiron im Krebs (Anlage) oder 4. Feld (Aufgabe)

Gefühlsmäßige Absicherungen schaffen; über starke Suggestivkräfte verfügen; schauspielerische Begabung (dramatische Rollen); psychologisches (auch massenpsychologisches) Einfühlungsvermögen; Kultivierung überlieferter Gefühlswerte; Infragestellung traditioneller Glaubenspostulate; familiäres, soziales und politisches Engagement; Entwicklung von Gemeinschafts- und Gruppengefühl; Berufs- und Karriereorientiertheit; Interesse an metaphysischen Weltbilderklärungen; Aufopferungsfähigkeit; Sparsamkeit; Häuslichkeit; Phantasie- und Einbildungskraft; Streben nach gefühlsmäßiger Unabhängigkeit und Transformation der kollektiven Archetypen (Entwicklung des ›Stirb und werde‹)...

Gefahr machtkaschierter Minderwertigkeitsgefühle (Suizidgefährdung/Psychodrama); subtil-magische Machtausweitung; Festhalten an Gefühlsklischees führt zur Konfrontation mit sich verändernden Werten der Gegenwart; psychische Black-outs können zur Gewissenlosigkeit und zum Verlust aller moralischen Werte führen (Größenwahn, psychische Inflation); Selbsttäuschungen; Probleme mit dem inneren Frauenbild und sexuellen Tabus; Gefühlsfanatismus; hysterische Veranlagung; Fatalismus; sich von numinosen Kräften bedroht fühlen; bizarres Traumleben; Gefahr von Instinktverlust oder Instinktchaos; Taktlosigkeit...

(z. B. Joan Baez, T. E. Lawrence, Liv Ullmann, A. Hitler)

Uranus im Krebs (Anlage) oder 4. Feld (Aufgabe)

Unkonventionelles, gedankliches Erforschen seelischer oder metaphysischer Wirklichkeit; Initiationsträume; kreativ-chaotisches Traum- und Fantasieleben; Entwicklung unkonventioneller Gefühlsmuster; paradoxe Reaktion auf seelische Impulse; unorganische seelische Entwicklung; neuartige und zeitgemäße Einstellungen zum Bereich des Weiblichen und zur eigenen Weiblichkeit finden wollen; sich von seelischen Zwängen lösen; spontanes seelisches Verstehen (Aha-Erlebnisse); Interesse an Okkultismus, esoterischen Wissenschaften und neuartigen Wiedergeburtstheorien; bilder-, symbolreiches, assoziatives Denken; lockere freundschaftliche Beziehungen suchen; Ablösung der Familienstruktur durch Wohngemeinschaft oder Großfamilie; Ausweitung des Begriffs ›natürlich‹; Zugang zu moderner oder abstrakter Kunst; die eigenen Gefühlsregungen unbeteiligt (aus der Vogelperspektive) betrachten können; umweltpolitisches Engagement; spontane Entwicklungsschübe; wissenschaftliche Erfindergabe; schnelle, unkonventionelle Hilfsbereitschaft...

In Relation zu Uranus im Luftelement (Waage, Wassermann, Zwillinge) ist die Intuitionsbereitschaft und die Entwicklung neuartiger und revolutionärer Denkformen verzögert; Launenwillkür; Gefühlskälte; chaotische Gefühlsreaktionen; Neigung zu innerer Zersplitterung; Gefühle falsch einordnen; Diskrepanz zwischen Fühlen und Denken; Schwierigkeiten im familiären Bereich; schizoide Dispositionen; sich in obskure okkulte Theorien verrennen; Leichtgläubigkeit; mit den Gefühlen anderer spielen; Entwicklung utopischer Fantasien; Ungeduld; die Gesetze der Zeit übergehen wollen; die Macht des psychischen Bereichs unterschätzen; krampfhafte Originalität; schwach entwickelte gefühlsmäßige Verantwortung; gestörtes Verhältnis zur eigenen Weiblichkeit...

(z. B. M. Curie, H. Driesch, Leonardo da Vinci, J. Sibelius)

Neptun im Krebs (Anlage) oder 4. Feld (Aufgabe)

Naturmystik; Suche nach mystischer Verschmelzung der Seele mit dem kosmischen Ganzen (›unio mystica‹); Faszination am Geheimnisvollen; ausgeprägte Sensibilität und Medialität; erleichterter Zugang zu den archetypischen Formkräften der Seele; intensive Reaktionen auf atmosphärische Schwingungen; die Welt als Traum oder Illusion empfinden können; spontanes Mitempfinden; Hilfsbereitschaft; Selbstaufgabe; Mitleid; soziales Engagement; telepathische und hellseherische Neigungen; Initiationsträume; Hintergrundarbeit; Bemühung um ganzheitliches Erfassen; nonverbale (mystische) Kommunikation; Einfühlungsgabe; reduziertes Ich-Bewußtsein; nichts als Zufall begreifen (»Alles hat einen verborgenen Sinn«); glauben können...

Ängste vor irrationalen Energieformen; psychotische Disposition (Verfolgungswahn); Selbstüberschätzung; Überbewertung von Gefühlen; täuschen und getäuscht werden; Bezüge zur Wirklichkeit verlieren; Passivität; Überempfindlichkeit kann zur Hysterie führen; Tagträumerei; Drogenmißbrauch; Beeinflußbarkeit; Launenhaftigkeit; Disposition zu Depressionen und Melancholie; Lebens- oder Todesängste; Sentimentalität; Kontaktscheu; Selbstmitleid; Persönlichkeitsverlust; Gefahr der psychischen Inflation; Gefahr des Mißbrauchs geheimen Wissens; schwach entwickeltes Raum-Zeit-Bewußtsein; Mimosenhaftigkeit; Leichtgläubigkeit...

(z. B. M. Claudius, S. Dali, H. v. Karajan, J.-P. Sartre)

Pluto im Krebs (Anlage) oder 4. Feld (Aufgabe)

Transformation durch Überwindung innerer seelischer Krisen und Leidzustände; Lösung von traditionellen gefühlsmäßigen Klischees; Befreiung von magischen Fixierungen archetypischer Bilder; Entmystifizierung der Seele durch Psychologie und Psychoanalyse; Wandlung der Familienstruktur; Lösung von sexuellen und religiösen Tabus; Änderung des Bildes von Frau und Weiblichkeit; sozialpolitisches Engagement; Interesse an Magie, Mystik, Okkultismus; irrationale Energie als Machtfaktor (Suggestivkräfte); sensible Reaktion auf hintergründige Kollektivschwingungen (Zeitgeist); spannungsreiches Traum- und Fantasieleben; Entwicklung durch energetische Umschichtungen des seelischen Bereiches...

Selbstüberheblichkeit; Aufbau sexueller Abhängigkeiten; Mißbrauch magischer und suggestiver Kräfte; Neigung zu seelischen Grausamkeiten (Spektrum von Masochismus bis Sadismus); Egozentrik; extreme Gefühlsschwankungen; selbstzerstörerische Gefühle; psychische Machtkämpfe; Tendenz zu Dramatisierung und Selbstmitleid; bis zu den Grenzen der eigenen und fremden seelischen Belastbarkeit vorstoßen wollen; Typ des Großmagiers; Unterdrückung von Gefühlen; Mißbrauch sogenannter natürlicher Energieformen; beeinflußbar durch Kollektivpsychosen...

(z.B. J.P. Belmondo, J. Carter, Shree Rajneesh, E. v. Swedenborg)

Mondknoten im Krebs (Anlage) oder 4. Feld (Aufgabe)

Nonverbale Kommunikation; mit anderen Menschen über seelische Problematik sprechen wollen; seelische Aktivität (Körper, Ausstrahlung, Gesten, Musik, Tanz als Ausdrucksmedien); intrapersonelle Kommunikation; Anschluß an die seelischen Tiefenschichten herstellen wollen (auch durch Hilfsmittel wie Meditation oder Drogen); Gedankenaustausch über metaphysische Grenzfragen, Philosophie und Mystik; sozialer Anschluß durch aktive Hilfsbereitschaft;

Naturmystik; Einfühlsamkeit; bilder- und symbolhaftes Assoziationsvermögen; Suche nach Transzendenz und Auflösung...

Nonverbale Kommunikation kann zu Mißverständnissen führen; mangelnde Resonanz führt zu Isolation; Gefahr unreflektierten Drogengebrauchs; komplizierte Beziehungen zur Mutter und zu Frauen; Probleme, Fantasie und Wirklichkeit in Einklang zu bringen; sich von numinosen Energien bedroht fühlen; Geheimniskrämerei...

(z. B. A. Adler, C. Castaneda, Ch. Chaplin, J. Cocteau)

Medium Coeli im Krebs
In unseren Breiten immer mit einem Waage-Aszendenten verbunden.

Berufe, die mit Natur, Ernährung, Körper, Medizin, Psychologie, Esoterik, Astrologie, sozialem Engagement oder Pädagogik zusammenhängen; Berufe, in denen Fingerspitzengefühl, Einfühlungsgabe, Hingabefähigkeit, weibliche Weisheit, Nächstenliebe und psychologischer Scharfsinn gefordert werden; obwohl Teamarbeit möglich, wird lieber ein eigenständiger Beruf gewählt; starke gefühlsmäßige Identifikation mit der beruflichen Rolle; Verantwortungsbewußtsein; Festhalten an Erfahrungswerten (in dieser Hinsicht konservativ)...

Gefahr gefühlsmäßiger Dominanz; Dissonanz zwischen Traumberuf und Wirklichkeit; mangelnde Ausdauer und Durchsetzungskraft bei fehlendem Feed-back; Unentschlossenheit bei der Berufswahl; berufliches Engagement ist Stimmungen und Launen unterworfen; Mißerfolge wirken sich schnell psychosomatisch aus; Familie und Heim können eine stärkere Faszination haben als Beruf und Karriere...

(z.B. D. Bowie, A. Christie, Ch. de Gaulle, L. Klages)

Aszendent im Krebs

In unseren Breiten immer mit einem Fische- oder Widder-Medium-Coeli verbunden.

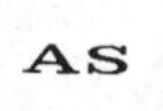

Entwicklung eines Zugangs zur seelischen Dimension; Suche nach der eigenen Weiblichkeit; Antworten auf Tod, Vergänglichkeit und Wiedergeburt; Streben nach einfühlsamer Hingabe; Faszination an Metaphysik, Mystik, Okkultismus, Grenzüberschreitung unter Zuhilfenahme von Musik, Kontemplation oder Naturbetrachtungen; Aktivierung latenter Sensibilitäten; Gewichtung von Ahnungen, Instinkten und Träumen; Verantwortung für Gefühle übernehmen; Entwicklung von Vertrauen in den Fluß kosmischen Geschehens; Annäherung an höchste weibliche Weisheiten wie: »Alles ist Einbildung oder Spiegelung«...

Sich von der Umwelt mißverstanden und isoliert fühlen; gefühlsmäßig dominieren wollen; Egozentrik; Gefahr der Hypochondrie; Disposition zu Depressionen, Melancholie und Selbstmitleid; Umsicht und Sparsamkeit kann in Geiz umschlagen (gefühlsmäßiges Klammern an einmal Erworbenes); Todesängste; Sensibilität kann in Hysterie münden; von seelischen Zwängen beherrscht sein; passive Gleichgültigkeit; das Leben vorwiegend als Leiden begreifen (ohne konstruktive Alternativen zu entwickeln); sich von metaphysischen Eingebungen täuschen lassen...

(z.B. W. Blake, H. Blavatzky, E. v. Däniken, E. Jünger)

KREBS

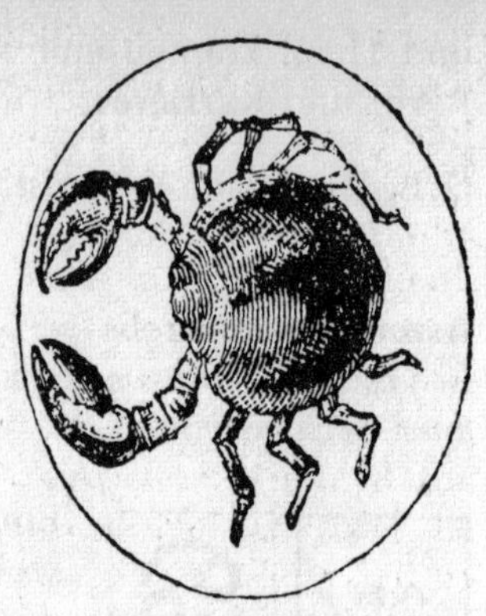

Könnten wir weisen den Weg,
es wäre kein ewiger Weg.
Könnten wir nennen den Namen,
es wäre kein ewiger Name.
Was ohne Namen,
ist Anfang von Himmel und Erde;
was Namen hat,
ist Mutter der zehntausend Wesen.
Lao-tse, 1. Kap. Tao-Te-King

Der Krebs als kardinale und somit stärkste Energieform des Wasserelements umschreibt in seiner Thematik so komplexe Bereiche wie: Seele, Ursprung, Mythos, Weiblichkeit, Unendlichkeit, Magie, Illusion, Tod und Geburt, Natur, Gefühle und Instinkte, Wesen der Mütterlichkeit oder Initiation. Die Krebsenergie rührt Fragen nach dem Ursprung auf: Wo komme ich her? Was ist mein Urgrund? Warum bin ich geboren? Warum muß ich sterben? Ist Wirklichkeit Traum und Einbildung? Fühle ich mich im Mutterschoß des Daseins geborgen oder eingeengt? Werde ich gelebt oder bestimme ich das Leben? Lohnt es sich festzuhalten oder ist alles im Fluß?
Der Krebs konfrontiert uns im weitesten Sinne mit der Vergangenheit, den Dimensionen der Unendlichkeit, der Entstehung des Universums und, damit verbunden, des Lebens überhaupt. Durch seine Tendenz zur Verschleierung, symbolhaften Verbildlichung, gefühlsmäßigen Irritation, Verzauberung oder Erlebnistiefe und doppelbödigen »Moral« entzieht er sich immer wieder aufs neue den Zugriffen des zweidimensionalen Denkens. Sein Naturell läßt sich nur durch Hingabe, Erlebnisse oder Eigeninitiationen (Traum, Meditation, Psychedelik) ergründen. Um sich durch ihn beeindrucken zu lassen, bedarf es eines reduzierten Egos und einer magi-

schen Erlebnisbereitschaft, wie wir sie bei den sogenannten primitiven Kulturen und archaischen Religionen vorfinden, die auch heute noch auf unserer Welt existieren. Denn die Sprache von Krebs und Mond ist im wahrsten Sinne des Wortes primitiv, d. h. ursprünglich, überindividuell, vom Ego unbeeinflußbar und zeitlos.

In das Wasserelement des Krebses eintauchen heißt nach den letzten Lebensgeheimnissen suchen, den Bildekräften der Maja auf die Schliche kommen. Da wir alles Sein auf dieses Element zurückführen können, müssen in ihm alle Widersprüchlichkeiten in paradoxer Gleichzeitigkeit enthalten sein. »Das Geheimnis der Maja ist die Wesensgleichheit des Entgegengesetzten. Maja ist eine gleichzeitige und in der Gleichzeitigkeit aufeinanderfolgende Offenbarung von Energien, die miteinander uneinig sind, Vorgängen, die sich widersprechen und gegenseitig aufheben: Schöpfung und Zerstörung, Entwicklung und Auflösung, das Traumidyll der inwendigen Schau des Gottes und die öde Null, der Schrecken der Leere, das furchtbare Unendliche. Maja ist der ganze Kreislauf des Jahres, der alles hervorbringt und alles wieder fortnimmt« (Heinrich Zimmer).

In der griechischen Mythologie wird diese gebärende und verschlingende Urenergie mit der in den Sümpfen hausenden hundertköpfigen Hydra umschrieben, die Herakles vernichten wollte. Doch aus jedem Schlangenkopf, den er ihr abschlug, wuchsen zwei neue Köpfe nach (der Krebs steht für die natürliche Regenerationsfähigkeit). Als Herakles jedoch begann, die Köpfe mit glühendem Holz auszubrennen, schien er Erfolg zu haben, und die Mondgöttin Hera eilte der Hydra zu Hilfe, indem sie einen riesigen Krebs schickte, der Herakles von hinten angriff. Nachdem Herakles ihn mit einem kräftigen Tritt getötet hatte, wurde der Krebs als Sternbild an den Himmel gesetzt. Herakles vollendete sein Werk. Nur den mittleren Schlangenkopf, der als unsterblich galt, vergrub er tief in der Erde und rollte einen Felsen darüber.

Die sterblichen Köpfe der Hydra symbolisieren die positiven, aber auch destruktiven Gefühle, Instinkte und Leidenschaften, die subtilen Wünsche nach Ausweitung, Wachstum, Machtentfaltung, Gier und persönlicher Einflußnahme, die durch Erkenntnis (Feuer) besiegbar sind. Der unsterbliche Kopf der Hydra umschreibt die göttliche Schöpfungsenergie, den Kundalini-Archetyp, die zeitlosen magischen Gesetze, den allesdurchwirkenden Zauber, der uns die Wirklichkeit träumen läßt.
Treten Menschen oder – global gesehen – Kulturen in Kontakt mit der Archaik der Seele und ihren Energiebildern, sind Reaktion und Verarbeitung ganz von der Vorentwicklung des Bewußtseins abhängig:

1. die Bilder sind so stark, daß Psychosen und Schizophrenien auftauchen können
2. man kann die Manifestationen der Seele als Halluzinationen oder gedankliche Fehlleistungen einordnen (Skepsis, Widerstände der Ratio, Verdrängung)
3. man geht im psychologischen und psychoanalytischen Sinne auf sie ein (Betrachtung der Seele als Außenstehender)
4. man möchte sich deren Kraft einverleiben, um a) magische Stärke oder b) Wissen und Weisheit hieraus zu ziehen
5. man betrachtet die magische Projektion als eine vom eigenen Selbst getrennte Energie, die man kultisch und rituell verehrt (magische Religiosität)
6. man identifiziert sich mit der Projektion und vollzieht destruktive oder heilende Handlungen (Schwarze oder Weiße Magie)
7. man läßt die magische Projektion – ohne auf sie einzugehen, aber auch ohne sie abzulehnen – wie einen unwirklichen Traum an sich vorüberziehen (Erkennen des Illusionscharakters, Vorgehensweise des Mystikers) oder
8. man verschmilzt mit der Projektion, deren Relativität man kennt, und erfährt diesen Zustand als Eigeninitiation oder Erleuchtungsstufe (Tantra).

Der Zusammenhang von Wasser und Initiationen spiegelt sich z. B. in der Taufe, rituellen Waschungen oder dem kultischen Besprengen mit Wasser, also immer dann, wenn wir in den geheimnisvollen Bann seelischer Wirklichkeit treten.

Die Tendenz des Krebses, rückwärts in die Zeit zu gehen, um letztlich in die Zeitlosigkeit zu gelangen, führt psychologisch übersetzt und auf die Spanne eines Lebens übertragen zu Schwerpunkten wie Mutter- oder Familienbindungen und deren Problematik, zu frühkindlicher, sogar pränataler Beeinflußbarkeit und Prägung sowie zu verlangsamter Entwicklung, Konservativismus, einem geschwächten Raum-Zeit-Bewußtsein und den Wünschen nach Absonderung von den ständigen Neuerungen und Anforderungen des Zeitgeistes. Krebsbetonte Menschen sind ganz mit ihrer Vergangenheitsbewältigung beschäftigt, ziehen sich in ihren Panzer zurück, um hier ihre empfindsamen seelischen Weichteile zu kultivieren (mondhaftes Vorgehen) oder zu verarbeiten (saturnales Vorgehen). Hierzu suchen sie gerne Szenarien sogenannter »unverfälschter Natur« (Naturidylle), eine sogenannte »natürliche« Lebensweise, worunter Krebsbetonte häufig eine vegetarische Ernährung verstehen, oder die Nähe des Wassers. Um sich noch mehr von den Zugriffen zeitlicher Evolution abzusondern, bauen sie sich eine Welt im kleinen, einen Staat im Staate (z. B. Heim und Familie) auf, die sie gleich einem magischen Schutzmantel atmosphärisch aufladen. Der Krebs benötigt dieses suggestiv entstandene Kraftfeld zur Spiegelung seines Selbst, zur Inspiration, zur Entwicklung seiner Träume und Fantasien, zum Erfahren von Reaktionen auf seine Wirkung, zur Vermittlung des Gefühls mütterlichen Schutzes. In seiner Intention, Sicherheit zu verbreiten, steht der Krebs dem Ziegenfisch in nichts nach, nur daß seine Form von Sicherheit auf Vertrauen in eine irrationale Welt von Schwingungen aufbaut, während die Sicherheit des Ziegenfischs auf klaren, allgemein nachvollziehbaren, rationalen Erkenntniskonsequenzen basiert. Die Sicherheit des Ziegenfischs erarbeitet sich aus der Reduzierung durch Desillusionierung und umschreibt einen zunächst als schmerzvoll empfundenen Prozeß eines stetigen Verlustes falscher Vorstellungsbilder, gefühlsmäßiger Einstellungen und seelischer Bindungen. Die Sicherheit, die man durch den Krebs erfährt, ist genau gegenteiliger Natur, denn sie besitzt das Naturell einer Hydra, deren hundert Schlangenköpfe (hundert ist hier nur ein Symbol für Unendlich) die starke Tendenz zu Ausweitung, Wachstum und magischer Einflußnahme symbolisieren. Sich sicher *fühlen* heißt also, daß man mit einem seiner hundert Schlangenköpfe eine gefühlsmäßige Bindung zu einer Sache herstellt, sie mit Vorstellungsbildern besetzt, und das hieße dann, mittelalterlich ausgedrückt, Magie betreibt. Sicherheitsvorstellungen des Krebses beruhen also auf einer subtilen Besitznahme, der immensen Hintergrundenergie der inneren Einstellung und Einbildung. Da nun unentwegt neuartige Dinge oder Situationen in den Gesichtskreis treten, muß die Hydra ständig neue Schlangenköpfe produzieren, um der veränderten Lage in der oben beschriebenen Weise gerecht zu werden. Die Tendenz zur Bindung und somit zur karmischen Verstrikkung führt – großflächiger gesehen – zur Gesetzmäßigkeit der Wiedergeburt, die in energetische Entflechtung und neuerliche Verflechtung mündet. Der Mutterschoß symbolisiert also die Lust am Wachstum, die karmische Rückbindung, die Frucht der Einbildung, die Stärke der Illusion, die Einflußintensität und Tragweite von Magie. Betrachtet man nun das Leben, d.h. den Mutterschoß, als Leid oder Leidverursacher, als Energie, die uns nicht befreit, sondern bindet, so kann man, wie auch im Saturn-Artikel angedeutet, den Buddhismus, aber auch Christentum, Islam und andere Hochreligionen als Reaktionen oder Antworten auf den Krebs-Archetyp deuten. Um die Befreiung von den Verhaftungen dieses

Archetyps symbolhaft zu demonstrieren, ranken sich mancherlei Legenden um die Geburten von Weltenlehrern. Man stellt sich vor, daß sie übernatürlich, d. h. auf wundersame Art und Weise geboren werden, wie z. B. bei Buddha, der aus der Hüfte ausgetreten, bei Christus, der jungfräulich geboren sein soll, oder beim tibetischen Guru Padmasambhava, der sich spontan in einer Lotosblüte manifestiert haben soll.

Auch die Unterdrückung der Frau in den verschiedenen Religionssystemen spiegelt sich in den saturnalen Überlegenheitsgefühlen dieser Philosophien und Glaubenseinstellungen wider. Hierbei müssen wir aber unbedingt bedenken, daß es uns die Erfahrung von Leid und Zwang überhaupt erst ermöglicht, uns von etwas befreien zu wollen. D. h., das Wasserelement – vorrangig Krebs und Mond – mit seinem illusionserzeugenden Bann gebärt aus sich selbst auch die Möglichkeit zur Eigenbefreiung, indem es zu Reaktionen herausfordert und somit Lernvorgänge der Loslösung initiiert. Diese stille und teilweise auch selbstlose Arbeit darf nicht als negativ, sondern muß als hilfreich empfunden werden. Indem uns die Frau (Mond, Krebs) auf geheimnisvolle Weise gebiert, aufzieht und bemuttert und der Mann (Saturn) für materielle Sicherheit und Entwicklung der Erkenntnis sorgt, stehen wir als Kind im Wechselspiel von Seele und Vernunft, Ausweitung und Kristallisation, Leid und Desillusionierung. In der Regel entwickeln wir uns in der Spanne zwischen Kind und Greis vom Mond weg und auf den Saturn zu, wobei wir uns am Ende einer optimalen Entwicklung nicht in unerreichbarer Mondferne bewegen, ganz im Gegenteil uns in der Wirksphäre des Krebses und des Mondes viel gelassener, d. h. angstfreier, bewegen können, da unser Kristall sich ja dadurch formt, daß wir die Schätze des Meeres heben, das Wesen des Wasserelements erkennen und damit unser innerstes und tiefstes Wesen durchsichtig machen. Letztendlich besteht auch ein Diamant »nur« aus Wasserstoff.

Der Schlangenkönig Nagaraja, in der asiatischen Mythologie Herrscher über das Wasserelement, behütet die Schätze der Weltenseele (geheimes Wissen, magische Waffen). In der tibetischen Darstellungsweise erscheint er auf der Meeresoberfläche und hält in seinen Händen den wunscherfüllenden Edelstein, der Macht über die Illusionskräfte der Maja besitzt.

MOND

(Artemis/ Chandar/ Ischtar/ Isis/ Kali/ Luna/ Magna Mater/ Maja/ Rhea/ Selene/ Shakti/ Soma/ Tara/ Yin)

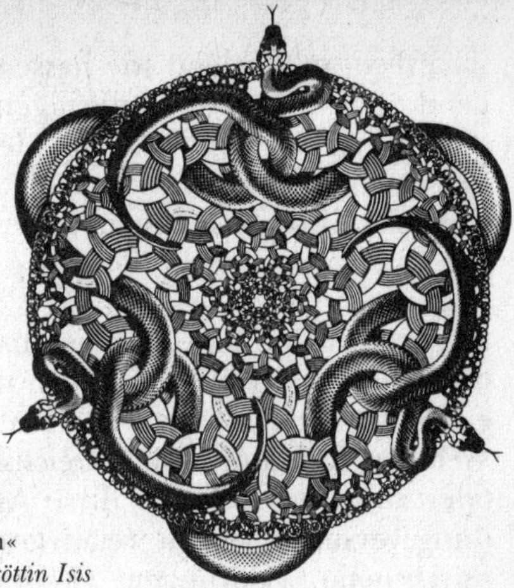

»Ich bin alles, was da ist, was da war und was da sein wird, und meinen Schleier hat kein Sterblicher gehoben«
Inschrift am Tempel der Mondgöttin Isis

Über den Mond, das der Erde nächste Gestirn, Hauptsymbol der Yin-Energie, Thema unzählig vieler Märchen und Mythen aller Kulturen, gäbe es – im wahrsten Sinne des Wortes – unendlich viel zu berichten, denn er (oder besser sie) ist Energie, die Zeit und Raum überwindet. Obwohl selbst formlos, kann er doch Millionen von Gesichtern annehmen. Er ist die Maja oder illusionserzeugende Energie, die die magische Kraft besitzt, in jedwede bildhafte Form zu metamorphieren. Identisch mit der mystischen Soma- oder Nektarenergie, dem Unsterblichkeitselixier der Götter und Dämonen, dem legendären Zaubertrank, verleiht er übernatürliche Kräfte. Der Mondbereich unterliegt einer eigenen paralogischen Gesetzmäßigkeit und entzieht sich immer wieder aufs neue den Zugriffen des analysierenden Denkens. Jedem Rätsel, das er aufgibt, folgt sogleich ein neues: Er repräsentiert das Geheimnisvolle an sich und gleicht einer Sphinx ohne Anfang oder Ende.
Jenseits polarer Denkinterpretationen ist die Seele (Mond) eine der scheinbar widersprüchlichsten Energien. Sie ist zugleich göttlich wie dämonisch, hell und rein wie dunkel und selbstzerstörerisch, selbstlos wie leiden-

schaftlich, mitfühlend wie hassend, befreiend wie zwingend, fruchtbar wie todbringend, gebärend wie verschlingend. Sie ist gleichzeitig Medizin und Gift. Sie läßt sich nur erfassen, wenn man sie von innen her begreift oder sich ihrer magischen Faszination entzieht und sie von außen her beschreibt (Vorgehensweise von Saturn oder Ziegenfisch).

Religion, Philosophie, Wissenschaft, Poesie und Kunst – quasi alles menschliche Streben nach Erkenntnis – stellt einen Versuch dar, das rätselhafte Sein, die numinose Welt des Yin- oder Mondbereichs zu erhellen, zu deuten oder zu erforschen. All diese Annäherungs- oder Findungsversuche jedoch relativieren sich immer wieder durch neue Erklärungen, Theorien und Entdeckungen. Es ist ein Spiel, das sich in alle Unendlichkeit fortsetzen wird, eine energetische Durchdringung des Yang mit dem Yin, den lichten Höhen des Bewußtseins mit den verborgenen Tiefen der Weltenseele.

Exoterisch gesehen entspricht der Mondbereich der Natur, der Kollektivpsyche, dem gesamten Sein und seiner hintergründigen Wirklichkeit. Da die Sprache des Mondbereichs aus gefühlsmäßig besetzten Bildern besteht (Sprache des Traums, mystischer und magischer Symbole der Archetypen), reagiert sie auch auf Eindrücke der äußeren Realität in Korrelation zu den inneren, instinktmäßig angelegten Urbildern. Die Reaktion auf das Wechselspiel äußerer und innerer Bilder drückt sich in Stimmungen und Launen aus, deren eigentliche Ursache meist schwer zu ergründen ist (Arbeitsbereich der Psychoanalyse, Psychologie oder Esoterik). Dies liegt z.T. auch daran, daß wir den Zugang zum magischen Weltbild der lunaren Energie verloren haben. Diese Weltbilder der Naturreligionen, des Schamanismus oder des Tantra gehen davon aus, daß Wirklichkeit nur Gaukelspiel, Illusion oder magischer Zauber sei, täuschender Ausdruck numinoser Bildekräfte. Jeder Gegenstand, jeder Ausschnitt der Natur gilt ihnen als beseelt oder als verborgener Wohnsitz elementarer Geister, Dämonen oder Gottheiten. Einfühlsame Reaktionen auf ein derartiges Weltbild finden wir in der frühkindlichen Entwicklungsphase, bei einfachen und naturverbundenen Menschen, bei sensitiv oder medial Veranlagten, Personen mit meditativen oder psychedelischen Erfahrungen, aber auch (unverarbeitet) bei bestimmten Arten von Geisteserkrankungen. Künstlerisch oder religiös interpretiert ist das lunare Weltbild sozusagen gesellschaftsfähig und Ausdruck höchster Bewunderung (z. B. Goethes »Faust II«, die »Göttliche Komödie« von Dante, Kindermärchen, Surrealismus, Dadaismus, Wiener Schule [Ernst Fuchs], Tantra-Kunst Asiens, christlich gefärbte Heilige und Mystiker des Mittelalters etc.). Außerhalb dieses elitären Rahmens jedoch würde es die Normen einer im saturnalen Sinne aufgeklärten und verfestigten Gesellschaftsstruktur beunruhigen, die Werte und Grenzen der Vernunft sprengen und die Welt in ein gefühlsmäßiges und verwirrendes Chaos führen.

Die magische Handlung, das Ritual beruht auf einem geistigen Vorgang, bei dem die Seele kooperativ die gefühlsmäßige Komponente, die tiefe Ergriffenheit von Vorstellungsbildern oder gefühlsmäßig besetzten Einbildungen beisteuert. Die Vorstellungsgabe, Fantasie und tiefe Berührtheit (rein subjektive Eigenschaften), die Kraft und Intensität der Aufladung der seelischen Bilder steht in direkter Wechselwirkung mit der Intensität und somit der Wirksamkeit magischer Praxis. Sowohl auf- als auch abwertend kann man also sagen: Magie beruht auf Einbildung. Von dieser Definition ausgehend können wir den Begriff Magie auf den Alltag ausweiten. In diesem Sinne sind wir alle Hobbymagier, ob wir dies nun wissen oder nicht. Angewandte Magie ist also nicht eine besondere Disziplin von Okkultismus oder Religion, sondern ein psycho-logischer Ablauf, der erst dadurch einen besonderen Status erhält, daß er bewußt und zielgerichtet eingesetzt wird.

Beim Aufeinanderprall bzw. beim Zusammenspiel von Vernunft und Seele (Saturn und Mond) werden, zeitlich verzögert, die mondhaften Energien in ihrem Bestreben nach endloser Auswucherung durch die Gesetze von Zeit und Raum in ihrem Wachstum gebremst. Ohne die hemmende Wirkung des Saturn würde sich die Seele zu einem Riesenkoloß, einem gefährlichen Polyp aufblähen, das Sein erschiene uns als eine sich ständig wandelnde Fata Morgana, der Mensch wäre ein Spielball von Ängsten, Instinkten, magischen Verstrickungen. Er hätte keinen Halt, keinen Mittelpunkt, alles würde gleichzeitig passieren, das Sein entspräche einem chaotischen Alptraum, einem Inferno ungezügelter göttlicher oder dämonischer Machtausweitung, wie es in den Ursprungsmythologien vieler Kulturen geschildert wird. Auf das innere Wesen des Menschen übertragen, käme dieser Zustand der sogenannten »psychischen Inflation« gleich, bei der die Seele mit ihren Gefühlen, Bildern und magischen Zwangsvorstellungen vom Individuum Besitz ergreift, wobei es nicht imstande ist, diese Unzahl von Impulsen zu ordnen, als seine eigenen Seeleninhalte zu erkennen und sie sinnvoll zu handhaben. Die Annäherung an den seelischen Bereich sollte also langsam und unter Einbeziehung einer höheren Form von Vernunft stattfinden. Der Sprung ins Wasser erfordert behutsame und schrittweise Vorbereitungen, bei denen die Ängste gegenüber den unbekannten seelischen Archetypen abgebaut werden müssen. Ein Schlüsselweg hierfür ist eine Kombination von astroenergetischen Studien, philosophischen Motivklärungen und meditativen oder tantrischen Übungen. Nur eine derartig ganzheitliche Durchdringung der seelischen Basis ermöglicht Angstfreiheit, Klarheit und Erleuchtung. Gelassenheit, Selbstvertrauen, spontane Hilfsbereitschaft, Weisheit, Raum-, Form- und zeitliche Ungebundenheit und größtes weißmagisches Energiepotential sollen sich (nach buddhistischer Vorstellung) als Früchte höchster Vervollkommnung einstellen. In der indotibetischen Praxis gibt es einen Weg des sogenannten weiblichen »Mutter-Tantras«, auf dem sich der Übende mit bestimmten Seelenarchetypen wie Dakinis, Hexen oder Göttinnen während der Meditation identifiziert, um sich an deren Weisheitsenergie anzuschließen, deren magische Initiation zu erhalten und somit stufenweise mit den eigenen Seeleninhalten vertraut zu werden und zu verschmelzen. Auf diesem yinhaften Weg zur Erleuchtung gilt z. B. die Tantra-Praxis über die Mondgöttin ›Weiße Tara‹ als besonders erfolgverheißend. Es heißt, wer das Bewußtsein der Weißen Tara

Die Weiße Tara, tibetische Göttin des Mondes und höchster Erleuchtung, symbolisiert die Mond-Energie in ihrem reinen und klaren Aspekt des Vollmondes.

erlangt habe, sei frei von jedweder Furcht, erkenne die Leerheit oder Illusionshaftigkeit aller Phänomene (Realität wird wie ein Traum erlebt), sei im Zustand eines vollkommenen inneren Gleichgewichts, losgelöst von Konzepten und Erwartungen und im Besitz hilfreicher magischer Kräfte. Eine weitere Eigenschaft dieses höchsten Mondbewußtseins ist Mitempfinden und Hilfsbereitschaft. »In der buddhistischen Lehre ist der Mond am Himmel das Symbol für Mitgefühl, dessen Bild sich in hundert mit Wasser gefüllten Schüsseln spiegelt. Der Mond fordert nicht: ›Wenn du dich mir öffnest, werde ich dir einen Gefallen tun und auf dich scheinen.‹ Der Mond scheint einfach. Es geht darum, nicht jemandem einen Gefallen zu erweisen oder ihn glücklich machen zu wollen. Es gibt kein Publikum, kein Ich oder Du. Es geht um die offene Gabe, völlige Großzügigkeit ohne die relativen Begriffe von Geben und Empfangen. Das ist die wesentliche Offenheit des Mitgefühls: sich öffnen ohne Forderung.« (Tschögyam Trungpa)
Um den Mondbereich zu aktivieren, bedarf es Situationen, die einen tiefen Eindruck hinterlassen, gefühlsmäßig berühren, ergreifen, atmosphärisch wirken, mütterliche Instinkte mobilisieren oder einen magischen Zauber ausüben. Der Mond hat also nicht nur eine passive, aufnehmende, empfangende, empfindende oder bewahrende Funktion, wie sie in vielen astrologischen Interpretationen beschrieben wird, sondern stellt eine *Energie* dar, die eine Richtung (Ausweitung), ein Bewußtsein (verborgenes magisches Wissen, Instinkte), Denkmechanismen (bildhaftes Denken, instinkthaftes Erfassen, paralogische Assoziationen und Reaktionen) sowie innere und äußere Aktivität bewirkt. Wenn wir über das Yin und seine Hauptanalogie, den Mond, sprechen, vergessen wir viel zu häufig, daß wir es hier mit einem unermeßlichen Kraftpotential zu tun haben, das in seiner Mächtigkeit dem Yang-Bereich in nichts nachsteht, auch wenn die energetischen Prozesse des Yin stiller und ver-

borgener ablaufen, nicht mit soviel Glanz und Gloria und exaltierter Offensichtlichkeit.

Denken wir z. B. nur daran, daß der Mond den 28tägigen weiblichen Biorhythmus bestimmt, den periodischen Zyklus der Frau, das Pflanzenwachstum, die Gezeiten und das Wetter beeinflußt, bestimmte Gemütserkrankungen (Vollmondempfindlichkeit, Mondsüchtigkeit) hervorruft u. v. m.

Das Yin in seiner selbstlosen und sozialen Orientierung identifiziert sich nicht mit seinem Denken, Fühlen und Handeln und stellt sich somit nicht in den Mittelpunkt, wie es das Yang tut. Da dieses Naturell von unserer yangbetonten Gesellschaft als minderwertig angesehen wird, führte dies zur Unterdrückung der Frau, zur Ächtung magischen Wissens, ritueller Praktiken und esoteri-

scher Weltbilder (Hexenverbrennungen, Ablehnung der Astrologie, Verurteilung sogenannter psychedelischer Erfahrungen, Verbannung der Metaphysik in die Bereiche Kunst, Philosophie oder Religion), zur Verdrängung von Gefühlen, Ahnungen oder Instinkten, zur Vorherrschaft des Wissens gegenüber der Weisheit, zu Brutalität anstatt zu Hilfsbereitschaft, zu Umweltzerstörung anstatt zu Naturliebe. Glücklicherweise ist jedoch mit Beginn des Wassermannzeitalters ein vorsichtiger Prozeß der Rehabilitierung des Yin in Gang gekommen, man beginnt, die Seele in Form der Psychologie und Psychoanalyse zu deuten, d.h. ihr ein Gewicht zu geben, Frauen beginnen sich ihrer Unterdrückung bewußt zu werden, Männer begeben sich auf die Suche nach ihrer eigenen Weiblichkeit. Astrologie, Spiritualität, Philosophie oder Tantra gewinnen an Bedeutung. Es wächst eine größere Toleranz gegenüber Außenseitern, das allgemeine Interesse

Der Mond als Gottheit archaischen Ursprungs und des Pflanzenwachstums

richtet sich auf Grenzfragen zwischen Wissenschaft und Metaphysik, Tod und Leben. Der Wassermann mit seinen beiden Amphoren, die den Yin- und Yang-Energien entsprechen und die er über der Welt ausgießt, wird sich bemühen, eine gleichstarke Gewichtung und gegenseitige Durchdringung beider Urenergien zu ermöglichen.

Hermann Hesse – Kurzbiographie

»Es war ein Traum. –
Vor mir unendlich lag
das bleiche Meer,
verlassen war der Strand;
der Sturm hat ausgetobt,
trüb scheint der Tag
und Wolkenzüge flattern
übers Land.«

Hermann Hesse

Hermann Hesse wurde am 2. Juli 1877 um 18.40 Uhr in Calw (Württemberg) als Sohn eines evangelischen Missionars geboren. »Meine Geburt geschah in früher Abendstunde, an einem warmen Tag im Juli und die Temperatur jener Stunde ist es, welche ich unbewußt mein Leben lang geliebt und gesucht und, wenn sie fehlte, schmerzlich entbehrt habe.«

Aufgrund der Missionarstätigkeit des Vaters kam er bereits als kleines Kind in Kontakt mit Religion und asiatischen Philosophien und wurde in der Entwicklung seiner Fantasie vom Elternhaus stark unterstützt: »Er beobachtet den Mond und die Wolken, fantasiert lang auf dem Harmonium, malt mit Bleistift oder Feder ganz wunderbare Zeichnungen, singt wenn er will ganz ordentlich und an Reimen fehlt es ihm nie.« (Hesses Mutter)

Hesse quält sich schlecht oder recht durch die Schulzeit (er war einzig an griechischer Philosophie interessiert) und kommt 1891 auf ein evangelisches Seminar, flieht zweimal aus dem Kloster und macht einige schwere seelische Krisen durch. Er besucht erfolglos andere Schulen, beginnt eine Buchhändlerlehre, steht an der Drehbank in einer Turmuhrenfabrik, übersteht einen Selbstmordversuch, verfällt einem wahren Literaturrausch, veröffentlicht erste Gedichte, tritt literarischen Zirkeln bei, macht viele Wanderungen und reist 1901 nach Italien. Schon im Alter von 13 Jahren war es Hesse klar, daß er Schriftsteller werden würde: »Von meinem 13. Jahr an war mir das eine klar, daß ich entweder ein Dichter oder gar nichts werden wollte.« Vom Militär wird er wegen starker Kurzsichtigkeit befreit. Die damit verbundenen Nerven- und Kopfschmerzen verfolgen ihn ein Leben lang. 1904 heiratet er seine erste Frau und zieht mit ihr aufs Land, denn Hesse liebt nichts mehr als die Naturidylle. Beim Ausbruch des ersten Weltkrieges dient Hesse in der Kriegsgefangenenfürsorge, gerät jedoch dadurch in eine starke physische und psychische Krise mit nachfolgenden Depressionen und absolviert eine umfangreiche Jungsche Psychoanalyse. 1918 wird seine Frau in eine Nervenheilanstalt eingeliefert. Seine drei Kinder werden bei Bekannten untergebracht. Die Bücher »Demian«, »Klingsors letzter Sommer« und »Siddhartha« erscheinen. Hesse zieht in das Tessin und beginnt neben seiner schriftstellerischen Tätigkeit mit der Malerei. 1924 geht er erneut eine dreijährige Ehe ein; die Romane »Kurgast«, »Steppenwolf« und »Narziß und Goldmund« erscheinen. 1931 wagt er eine dritte Ehe, schreibt die »Morgenlandfahrt« und beginnt am »Glasperlenspiel«.

Obwohl Hesse viel auf Reisen war, lebte er zeit seines Lebens zurückgezogen und galt als ein kontaktscheuer und arbeitsamer Mensch. Seine Werke wurden in 49 Sprachen übersetzt und fanden vor allen Dingen in Japan und den USA ihre stärkste Resonanz (in den USA wurden bis 1973 acht Millionen und in Japan sechs Millionen seiner Werke verkauft). 1946 erhielt er den Nobelpreis für Literatur; er litt damals schon, ohne dies zu wissen, an unheilbarer Leukämie. Im Laufe seines Le-

bens schrieb Hesse neben seinen berühmten Romanen mehr als 3000 Rezensionen für eine Unzahl deutscher Zeitungen und Zeitschriften.
Am Morgen des 9. August 1962 stirbt Hermann Hesse in Montagnola (Tessin) im Schlaf an einer Gehirnblutung.

> »Was du liebtest und erstrebtest,
> was du träumtest und erlebtest,
> ist dir noch ungewiß,
> ob es Wonne oder Leid war?
> Gis und As, Es oder Dis –
> sind dem Ohr sie unterscheidbar?«
>
> *Hermann Hesse*

Der Krebs-Einfluß in Hesses Karmagramm

> »Klage der Sehnsucht und Lachen des Wissenden, Schrei des Zorns und Stöhnen der Sterbenden, alles war eins, alles war ineinander verwoben und verknüpft, tausendfach verschlungen. Und alles zusammen, alle Stimmen, alle Ziele, alles Sehnen, alle Leiden, alle Lust, alles Gute und Böse, alles zusammen war die Welt. Alles zusammen war der Fluß des Geschehens, war die Musik des Lebens.«
>
> *Aus »Siddhartha«*

In derselben sensiblen Verarbeitung, literarischen Aufbereitung, atmosphärischen Verdichtung und metaphysischen Tiefgründigkeit findet die Krebs-Energie durch Hermann Hesse einen adäquaten Biographen und enthusiastischen Vertreter. Über Hesses Leben und Werk lassen sich die Höhen und Tiefen der Krebs-Energie, wie Depressionen und romantische Naturschwärmerei, Selbstmordgefühle und erhabene Gefühle des Eins-Seins, Ausweitung und Isolation, magische Ängste und mystische Gelassenheit aufs trefflichste ableiten. Wer sich vom Zauber von Hesses Werk einfangen läßt, kann mehr über den Krebs-Archetyp kennenlernen, als es durch das

Studium astrologischer Literatur möglich wäre. Seine Werke sind autobiographische Seelenbilder, künstlerische Fotografien seiner Stimmungen, Gefühle und Einstellungen, Protokolle seines seelischen Reifungsprozesses, symbol- und bilderhafte Umschreibungen Yin-hafter Weisheit, Versuche, Unaussprechliches literarisch auszumalen, Impressionen eine Form zu geben und Hintergründiges geheimnisvoll anzudeuten. Der energetischen Aufforderung seines Schütze-Aszendenten nachkommend, verarbeitet er seine seelischen Erkenntnisse über die geistige Dimension, lebenzugewandte Philosophie und eine persönliche Art religiöser Zusammenschau, die westliches und östliches Gedankengut miteinander zu verbinden sucht. All seine inneren Kämpfe, all sein Ringen und Leiden sind Vorbereitungen auf die Alters-Synthese durch die Schütze-Qualität. Um Heiterkeit, Gelassenheit und Lebenzugewandtheit entwickeln zu können, muß er den magischen Dschungel innerer Unerlöstheit durchwandern, seinen echten Gefühlen freien Lauf lassen, um die Erfahrung reflektierend zu gewichten und in positive Erkenntnis zu transformieren.

In seinem Alterswerk, dem »Glasperlenspiel«, zieht er ein Resümee seiner oft leidvollen Wanderung vom Krebs zum Schützen: »Diese Heiterkeit zu erreichen, ist mir, und vielen mit mir, das höchste und edelste aller Ziele. Sie ist weder Tändelei noch Selbstgefälligkeit, sie ist höchste Erkenntnis und Liebe, ist Bejahen aller Wirklichkeit, Wachsein am Rand aller Tiefen und Abgründe, sie ist eine Tugend der Heiligen und der Ritter, sie ist unstörbar und nimmt mit dem Alter und der Todesnähe nur immer zu. Sie ist das Geheimnis des Schönen und die eigentliche Substanz jeder Kunst... Auch wenn ganze Völker und Sprachen die Tiefe der Welt zu ergründen suchen, in Mythen, Kosmogonien, Religionen, ist das Letzte und Höchste, was sie erreichen können, diese Heiterkeit.«

Sein gesamtes dichterisches Werk ist, wie sonst kaum so

offenkundig, millionenfach publizierte Seelenspiegelung, Psychoanalyse und Eigentherapie. Hesse *mußte* schreiben, um überleben zu können. In der Ausbreitung seiner Gefühle, der Darstellung seiner verborgensten Intimsphäre ist er, ähnlich wie Henry Miller, ein offener und ehrlicher Mensch, der nur das beschreiben kann, was er wirklich erlebt und empfindet, der zwar poetisch verklärt, aber nichts vertuscht.

Die Krebs-Thematik spiegelt sich u. a. in seiner schwärmerischen Naturverehrung (Romantik, Naturidylle), seinen Problemen mit Frauen (veräußerlichter Seelenarchetyp), seiner Suche nach mystischer Ausweitung und Transzendenz (z. B. in ›Siddhartha‹), seiner Beschäftigung mit Wiedergeburt, seinen seelischen Krisen und in seiner magischen und bildreichen Sprache wider.

Erst im Alter von etwa vierzig Jahren konnte sich Hesse, unterstützt durch die Jungsche Psychoanalyse, von den Verhaftungen seelischer Magie und mütterlicher Bindung lösen. Diesen Prozeß des Umbruchs und Neubeginns beschreibt er in seinem Roman ›Demian‹, in dem der Knabe Emil Sinclair seinem inneren Dämon (Max Demian) begegnet, sich dadurch von seiner Kindheit löst und die unendliche Dimension der Seele entdeckt. Mit der Hilfe von Pistorius gelingt es Sinclair, diese urgewaltige Welt zu ordnen und zu beherrschen und seiner Sehnsucht zur Mutter zu entsagen. Durch diesen Prozeß der Ablösung findet Sinclair den Weg zur Freiheit und zur Eigenverantwortlichkeit. Der Vorgang umschreibt einen energetischen Ablauf, der eigentlich dem oppositionellen Ziegenfisch-Archetypen zugeordnet ist. Wir werden jedoch in Hesses Karmagramm vergeblich nach Planeten im Ziegenfisch suchen, dafür aber eine Mond-Saturn-Vesta-Konjunktion in den Fischen (auf der Karmaquadratspitze) finden, die eine Synthese zwischen Krebs- und Ziegenfischthema auf eine denkerische oder literarische Art und Weise bewirken möchte. Unverarbeitet kann diese Konjunktion Depressionen, Melancholie und Kontaktarmut hervorrufen. »Seltsam, im Nebel zu wandern! Leben ist Einsamsein. Kein Mensch kennt den andern, jeder ist allein« (1906). Findet sie jedoch eine positive Verwirklichung, führt sie zur inneren Freiheit, Klarheit und Erkenntnistiefe, Selbstbeherrschtheit, Angstfreiheit und Desillusion. Auch Hesses Neigung zu Verzicht und Askese, widergespiegelt im Mönchsleben des Narziß (›Narziß und Goldmund‹) und in ›Siddhartha‹, hat ihren Ursprung in dieser Mond-Saturn-Vesta-Konjunktion. In beiden Romanen vermittelt Hesse das Gefühl, daß sowohl der Weg der Askese (Mond-Saturn) als auch der Weg offener und wacher Weltzugewandtheit (Schütze-Aszendent) zu Befreiung und Erlösung führen kann, und akzeptiert damit auf harmonische Art und Weise sein inneres, scheinbar widersprüchliches Wesen.

»Mein Leben, so etwa nahm ich mir vor, sollte ein Transzendieren sein, ein Fortschreiten von Stufe zu Stufe, es sollte ein Raum um den anderen durchschritten und zurückgelassen werden, so wie eine Musik Thema um Thema, Tempo um Tempo erledigt, abspielt, vollendet und hinter sich läßt, nie müde, nie schlafend, stets wach, stets vollkommen gegenwärtig.«

»Ich war ein Suchender und bin es noch, aber ich suche nicht mehr auf den Sternen und in den Büchern, ich beginne die Lehren zu hören, die mein Blut in mir rauscht. Meine Geschichte ist nicht angenehm, sie ist nicht süß und harmonisch wie die erfundenen Geschichten, sie schmeckt nach Unsinn und Verwirrung, nach Wahnsinn und Traum wie das Leben aller Menschen, die sich nicht mehr belügen wollen.« *Demian*

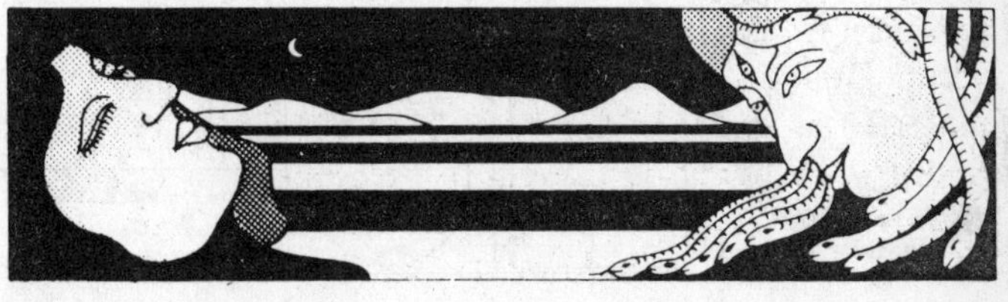

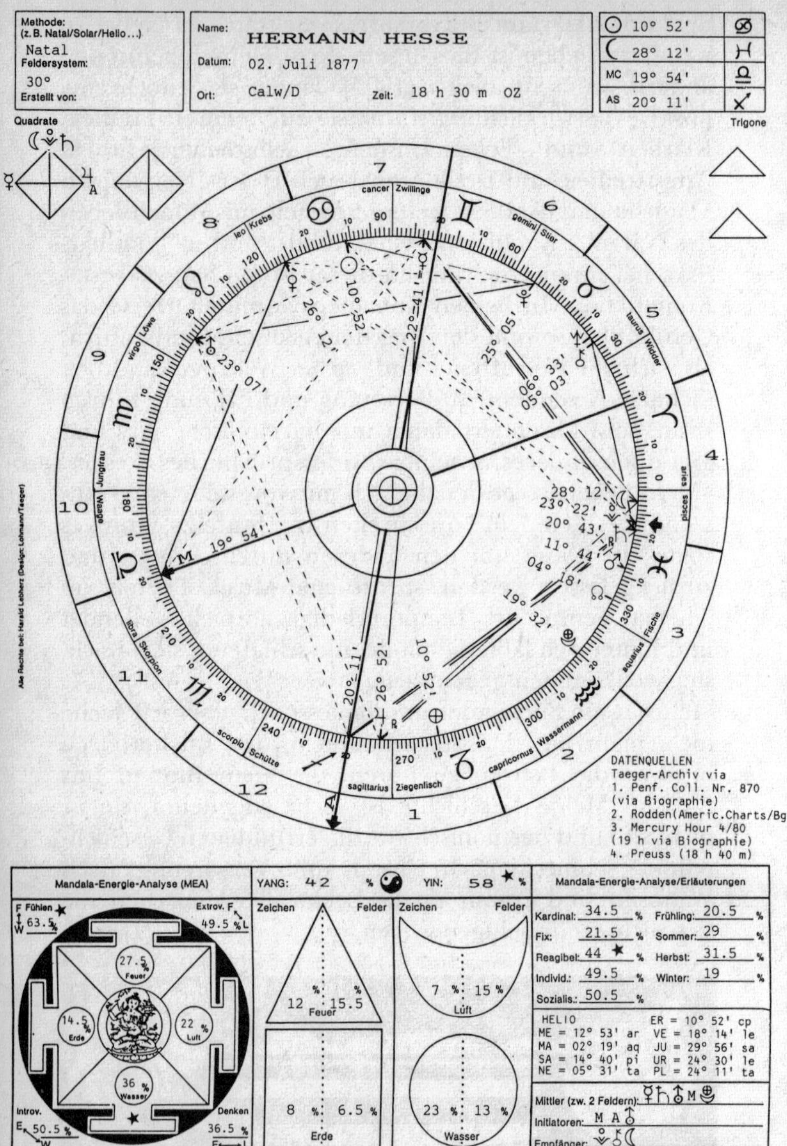
Methode:
(z. B. Natal/Solar/Helio...)
Natal
Feldersystem:
30°
Erstellt von:
Name: HERMANN HESSE
Datum: 02. Juli 1877
Ort: Calw/D
Zeit: 18 h 30 m OZ
10° 52'
28° 12'
MC 19° 54'
AS 20° 11'
Quadrate
Trigone
Alle Rechte bei: Harald Lebherz (Design: Lohmann/Taeger)
DATENQUELLEN
Taeger-Archiv via
1. Penf. Coll. Nr. 870
(via Biographie)
2. Rodden(Americ.Charts/Bg.)
3. Mercury Hour 4/80
(19 h via Biographie)
4. Preuss (18 h 40 m)
Mandala-Energie-Analyse (MEA)
YANG: 42 %
YIN: 58 %
Mandala-Energie-Analyse/Erläuterungen
Fühlen 63.5 %
Extrov. F 49.5 % L
27.5 % Feuer
14.5 % Erde
22 % Luft
36 % Wasser
Introv. E 50.5 % W
Denken 36.5 % E L
Zeichen
Felder
12 % 15.5 % Feuer
8 % 6.5 % Erde
7 % 15 % Luft
23 % 13 % Wasser
Kardinal: 34.5 %
Fix: 21.5 %
Reagibel: 44 %
Individ.: 49.5 %
Sozialis.: 50.5 %
Frühling: 20.5 %
Sommer: 29 %
Herbst: 31.5 %
Winter: 19 %
HELIO
ER = 10° 52' cp
ME = 12° 53' ar
VE = 18° 14' le
MA = 02° 19' aq
JU = 29° 56' sa
SA = 14° 40' pi
UR = 24° 30' le
NE = 05° 31' ta
PL = 24° 11' ta
Mittler (zw. 2 Feldern):
Initiatoren: M A
Empfänger:

Stichworte zu Hesses Karmagramm

Literarische und musische Verarbeitung der Lebensthematik: Besetzung des 3. und 7. Feldes / Waage-MC / Venus-Trigon-Mond / Venus-Quadrat-MC / Merkur-(Zwillinge)-Sextil-Uranus / Merkur-Trigon-Waage-MC / Venus-Sextil-Pluto / Merkur-Jupiter Opposition / EMH im 3. Feld

Magie, Mystik, Metaphysik: starke Krebs- und Fischebesetzung / Venus im 8. Feld / Neptun-Halbquadrat-Merkur / Pluto-Quadrat-Uranus/ Waage-MC / Saturn, Vesta, Mond (4. Feld, Fische)

Weltzugewandte Philosophie und Religion: Jupiter-Konjunktion-Schütze-Aszendent / Waage-MC / Mars-Trigon-Sonne/ Erde im 1. Feld

Partnerproblematik (Frauen): Sonne, Merkur im 7. Feld, Konjunktion Mond-Vesta-Saturn / Dominanz durch Ju-

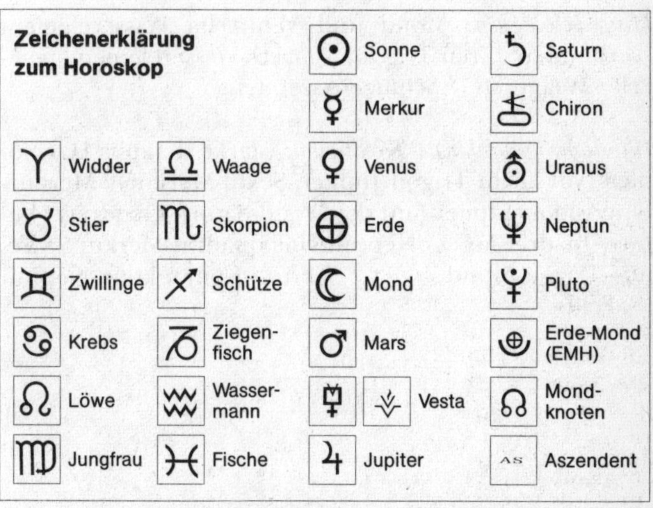

piter am Aszendenten / Krebsbesetzung / Neptun-Chiron-Konjunktion (5. Feld)

Krankheitsanfälligkeit (Augen, Rheuma, Leukämie): Konjunktion Mars-Saturn (in den Fischen) / Sonne-Halbquadrat-Pluto / Saturn-Quadrat-Jupiter / Pluto im 6. Feld / Vesta-Konjunktion-Saturn

Isolation, Verzicht: Konjunktion Mond-Saturn (Fische) / Saturn-Quadrat-Jupiter und Merkur/ Krebs-Sonne / Merkur-Opposition-Aszendent

Seelische Empfindsamkeit: Krebs- und Fischebetonung / Venus-Trigon-Mond / Neptun-Halbquadrat-Merkur / Mond auf Quadratspitze/ starkes Wasserelement (36%)

Geistige und seelische Transformation: Venus im 8. Feld / Venus-Sextil-Pluto / Uranus-Quadrat-Pluto / Jupiter am Schütze-Aszendenten / Mars-Trigon-Sonne / Jupiter-Trigon-Uranus / Mond, Vesta, Saturn im 4. Feld

Hingabefähigkeit: Mond und Venus im Wasserelement (verbunden durch Trigon) / starkes Wasserelement generell / Waage-MC / Schütze-Aszendent

Intuition, gedankliche Kreativität: starke Uranus-Harmonien (vor allem Trigon-Jupiter, Sextil-Merkur) / Merkur-Opposition-Jupiter (auf das Mond-Saturn-Quadrat) / Venus-Quadrat-MC / Neptun-Halbquadrat-Merkur / Venus-Trigon-Mond / Chiron-Konjunktion-Neptun (5. Feld)

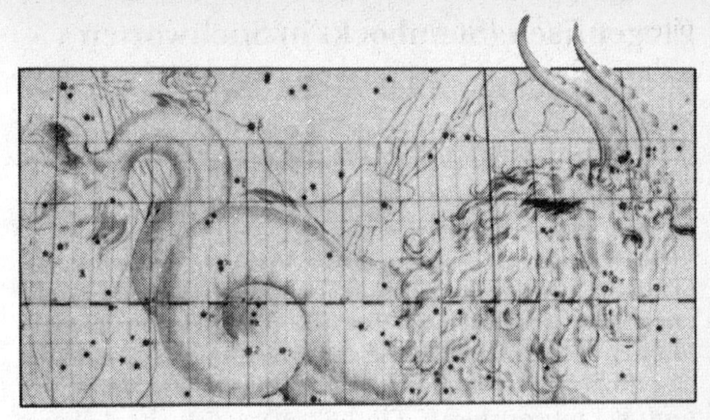

ZIEGENFISCH

Ziegenfisch (Steinbock) in Stichworten

10. Zeichen im Tierkreis / Winteranfang / Planetenherrscher: Chronos-Saturn (Gott von Zeit, Tod und Karma, »Hüter der Schwelle«, »Herr des Karma«, aber auch Fruchtbarkeitsgott und Gott der Aussaat) / Symbole: z. B. Schlüssel, Buch, Sichel, Rabe/ Element: Erde / Yang / kardinales, initiierendes Zeichen / Oppositionszeichen: Krebs / Felder- bzw. Häuserentsprechung: 10. Feld (Beruf, Rolle, höchstes Bewußtsein, Einstellung zu Arbeit und Verantwortung) / Einflußsphäre: 54.–60. Lebensjahr / Tagesentsprechung: 7. und 8. Stunde nach Sonnenuntergang / Länderentsprechungen: Teile des vorderen Orients und Nordafrikas, evtl. Afghanistan und Albanien, Teile Südchinas/ Städte: Kopenhagen, Bremen, Brüssel, Flensburg, Moskau, Osnabrück / Wochentag: Samstag (dem Saturn geweihter Tag) / psychische Entsprechungen: Konzentration, Ausdauer, Selbstbeherrschtheit, Methode und Plan, kritischer Realismus / Temperament: phlegmatisch / somatische Entsprechungen: Knochengerüst, Zähne, Gelenke, Haare, Nägel, Galle, Knie; Disposition zu Verdauungsstörungen, Gicht, Rheuma, Arteriosklerose, Gallensteine, Beteiligung an Nieren- und Blasensteinen / Alchemie: Blei (Plumbum), Schwefelsalze, Diamant, Saphir, Onyx, Quarzkatzenauge, Granit/ Farbentsprechungen: kaltes Hellblau, Türkis, Weiß oder Schwarz / asiatische Tierkreisentsprechung: Hahn oder Vogel / Formen: kubische oder kristalline Strukturen, begrenzende Linien, konzentrische Kreise, Symbole, Geometrie, Buchstaben, Zahlen, Schrift, Architektur, Städteplanung, Konstruktionszeichnungen / Esoterik: Chronos-Saturn gilt als Regent über das Scheitel-Chakra (Sahasvara-Padma) / Zahlen: 7 oder 21 / Steinbock-Zeitalter: 4000–6000 n. Chr. / Saturn-Jahre: 1937 / 1944 / 1951 / 1958 / 1965 / 1972 / 1979 /

1986 / 1993 / 2000 / I-GING-Entsprechungen: *Sü* = das Warten (die Ernährung); *Gen* = das Stillhalten, der Berg; *Da Tschu* = des Großen Zähmungskraft / Mythologien, Märchen: Mythen um die Kämpfe zwischen Saturn und seinem Vater Uranus sowie Kämpfe zwischen Saturn und seinem Sohn Jupiter; Elementarwesen der Erde: Zwerge, Gnome, Kobolde, Schätzehüter; Märchen und Erzählungen über den Tod (Sensenmann, Skelettmann); »Saturnalien«: römisches Fest zu Ehren des Saturn, an dem für einen Tag die Standesunterschiede aufgehoben waren. In der hinduistischen und buddhistischen Mythologie Analogien zum Todesgott Yama. Im christlichen Kulturraum ist ein angstbesetztes, negatives Bild von Saturn entstanden. Wir müssen ihn hier in Zusammenhang mit Erzählungen über Mephisto oder Satan bringen.

Ziegenfisch-Geborene
(mit Sonne im Ziegenfisch)

Konrad Adenauer (MO=ar / AS=pi), Joan Baez (MO=ge / AS=ar), Maurice Béjart (MO=sa / AS=ca), David Bowie (MO=le / AS=li), Carlos Castaneda (MO=ta / AS=ta), Paul Cézanne (MO=pi / AS=sc), Cicero (MO=le / AS=cp), Marlene Dietrich (MO=le / AS=vi), Federico Fellini (MO=cp / AS=vi), Herrmann Göring (MO=sc / AS=sc), Franz Grillparzer (MO=ta / AS=ar), Gustav Gründgens (MO=vi / AS=cp), George Gurdjieff (MO=cp / AS=li), Conrad Hilton (MO=ta / AS=sa), Janis Joplin (MO=ca / AS=aq), Johannes Kepler (MO=ge / AS=ge), Hildegard Knef (MO=ge / AS=sc), John C. Lilly (MO=vi / AS=cp), Jack London (MO=le / AS=ge), Martin Luther King (MO=pi / AS=ta), Mao Tse-tung (MO=le / AS=cp), Henry Miller (MO=sc / AS=ar), Sir

Isaac Newton (MO=ca / AS=li), Richard Nixon (MO=aq / AS=vi), Nostradamus (MO=sc / AS=pi), Max Pechstein (MO=ta / AS=ca), Edgar Allen Poe (MO=pi / AS=sc), Elvis Presley (MO=pi / AS=sc), Maria Schell (MO=vi / AS=ca), Helmut Schmidt (MO=vi / AS=vi), Albert Schweitzer (MO=ar / AS=li), Josef Stalin (MO=vi / AS=cp), Rod Stewart (MO=sa / AS=ta), J. R. R. Tolkien (MO=pi / AS=le), Vivekananda (MO=li / AS=cp), Alan Watts (MO=vi / AS=sa), Paramahansa Yogananda (MO=le / AS=le), Carl Zuckmayer (MO=li / AS=le).

Anmerkung: MO= Mond, AS= Aszendent;
ar= aries= Widder, ta= taurus= Stier, ge= gemini= Zwillinge, ca= cancer= Krebs, le= leo= Löwe, vi= virgo= Jungfrau, li= libra= Waage, sc= scorpio= Skorpion, sa= sagittarius= Schütze, cp= capricornus= Ziegenfisch, aq= aquarius= Wassermann, pi= pisces= Fische.

Planeten im Ziegenfisch und 10. Feld

Die nützlichsten Erfahrungen sind die schlechten.
Thornton Wilder

Sonne im Ziegenfisch (Anlage) oder 10. Feld (Aufgabe)

Praktisches, kritisches, analytisches Denken; Vernunftmensch; Ausdauer und beruflicher Ehrgeiz; geradlinige, logische Denkstrukturen; Desillusionierung und formelhafte Reduzierung des Seins führen zu einem klaren Urteilsvermögen; Anspruchslosigkeit und Einfachheit; Selbstdisziplin; Ergebnisse abstrakten Denkens verlangen konsequente Umsetzungen; starke Gewichtung und Identifikation mit Körper und Materie; seine persönlichen Anlagen und Neigungen selbstkritisch erkennen oder auch vermarkten können; Entwicklung der Persönlichkeit über die berufliche Rolle; hohes soziales Verantwortungsbewußtsein; Freude an politischer Arbeit; weitreichende, planende Zielvorstellungen; Bemühung um Objektivität; Zuverlässigkeit; ernsthafte und solide Freundschaften eingehen (häufig auf der Basis gemeinsamer Arbeit oder Arbeitsteilung)...

Unterdrückung gefühlsmäßiger oder seelischer Regungen kann in Zynismus oder Sarkasmus münden; überbetonter Materialismus; ängstliche Skepsis gegenüber metaphysischer oder irrationaler Wirklichkeit; Tendenz zur Verhärtung oder Isolation; Kontaktschwierigkeiten; Gefühle anderer ignorieren oder verletzen; Rücksichtslosigkeit (mangelnde Diplomatie); Gefahr konservativen dogmatischen Starrsinns; Festhalten an Prinzipien; berufliches Machtstreben; Pedanterie; Bürokratisierung des Lebens; Spätentwickler; übertriebene Skepsis kann zu paranoiden Zuständen führen; Zukunftsängste; leicht kränkbarer Stolz...

Mond im Ziegenfisch (Anlage) oder 10. Feld (Aufgabe)

Ausdauer; Selbstbeherrschung; Pflichtbewußtsein; Wünsche nach Objektivität und Klarheit; Ernsthaftigkeit; Interesse an Forschung, Wissenschaft oder psychoanalytischen Theorien (auch Astrologie); Gefühlsstabilität; gefühlsmäßige Klarheit und Ausgeglichenheit; sich gefühlsmäßig stark mit der beruflichen Rolle identifizieren; seelische Inhalte werden an der Wirklichkeit überprüft; Suche nach sozialer oder politischer Verantwortung; schauspielerische Begabung; Desillusionierung der Weiblichkeit; naturalistisches Weltbild; Kristallisation der Seele; Streben nach gefühlsmäßiger Unabhängigkeit; bizarre seelische Ästhetik (der Zauber von Schneekristallen); Interesse an angewandter Magie; die Seele als Ursache-Wirkung-Mechanismus erkennen...

Seelischer Spätentwickler; Gefühlskälte; Kontaktarmut kann zu Melancholie und Depressionen führen; schwierige Beziehung zu Frauen und zur Mutter; geschwächte Hingabe- und Einfühlungsfähigkeit; mangelnde Flexibilität; Minderwertigkeitskomplexe; Ehrgeiz kann zu berechnender Rücksichtslosigkeit führen; seelische Schwerfälligkeit; Verbohrtheit; Mißtrauen; Nachahmung traditioneller Verhaltensmuster; Gefühle können nicht frei fließen; seelische Verdrängungsmechanismen; unechte, konstruierte Gefühlsreaktionen; trockener Humor; Ironie; Gefühle berechnend und egoistisch einsetzen; Machtgelüste...

(z. B. I. Gandhi, G. Gurdjieff, A. Hitler, Shree Rajneesh)

Merkur im Ziegenfisch (Anlage) oder 10. Feld (Aufgabe)

Zweckgebundener Verstand; Vernunft; Ratio, ökonomische, wirtschaftliche Überlegungen; denkerische Konzentration auf Beruf, Karriere und Sicherheit; gründlicher, kritischer, praktischer Intellekt; kaufmännische Begabung; geradliniges, objektives, abstrahierendes Denken; Systematik und Methode; gute Konzentrationsfähigkeit; Sparsamkeit; Ausdauer und Ernst; konsequentes Denken; starke Erinnerungsfähigkeit; Verantwortungsbewußtsein; forschender und kritischer Geist; soziales und politisches Denken; auch Interesse an der Logik des Okkultismus und der Metaphysik; pädagogische Ambitionen; Scharfsinn; Organisationstalent; mathematische Begabung...

Einseitige, starre Ansichten; Ungläubigkeit; Spott und Ironie; übertriebene Skepsis; nachtragendes Gedächtnis; Pedanterie; wenig gedankliche Flexibilität (konservatives Denken); seelischer Wirklichkeit kritisch gegenüberstehen; berechnender, gefühlsarmer Verstand; schwache gedankliche Fantasie; Nüchternheit; wenig Sinn für Humor; Sparsamkeit (Geiz); übertriebene denkerische Gewichtung von Körperlichkeit und Tod (Neigung zu Hypochondrie); Intoleranz; Kommunikationsstörungen; Ausnutzen von Freundschaften...

(z. B. K. Adenauer, B. Brecht, Cicero, F. Fellini)

Venus im Ziegenfisch (Anlage) oder 10. Feld (Aufgabe)

Harmoniefindung durch Wirklichkeitsbewältigung; rationale Einstellung zu Partnerschaft und Liebe; Selbstbeherrschung; starke (auch materielle) Verantwortung in Partnerschaften; Interesse an angewandter Kunst, Kunsthandel, Graphik, Karikatur, Schauspielerei; realistische Fantasie; vernunftorientierte Intuition; Desillusionierung von Beziehungsklischees; praktische Ästhetik (Architektur, Wohnung, Kleidung, Industriedesign); langfristige Freundschaften eingehen; Entwicklung eines exklusiven Geschmacks; Körperliebe; Liebe ohne Leidenschaft; gedankliche Beschäftigung mit Liebe-Tod-Vergänglichkeit; angewandte Liebesmagie (die Wissenschaft vom Tantra); okkultes Interesse; pädagogische Begabung...

Sympathiegefühle werden ungern zur Schau gestellt (Reserviertheit); Gefühle werden unterdrückt; reduzierte Spontaneität; entseelte Einstellungen zu Kunst (Kunst als Kapitalanlage); Gefahr der Frigidität; schwierige Partnerfindung; Ängste, sich anderen gegenüber zu öffnen; Verschlossenheit; kalkulierendes Spiel mit Gefühlen; Disposition zu Depressionen; Gefühle heucheln; unter konservativen ästhetischen Zwängen leiden; vordergründige Ästhetik erschwert ein tieferes, metaphysisches Verstehen; unterkühlter Charme und reduzierte Blumigkeit; mimosenhafte, ängstliche Reaktionsformen...

(z. B. W. Disney, G. Gründgens, C. Jürgens, E. Presley)

Mars im Ziegenfisch (Anlage) oder 10. Feld (Aufgabe)

Organisationsgabe; vernünftiger, kalkulierter Einsatz der eigenen Energien; Entwicklung praktischer Lebensideale; beruflicher Ehrgeiz und Wille; Arbeitseifer; Durchsetzungskraft; Selbständigkeit; ausdauernder Einsatz der Energie; die »Do it yourself«-Karriere; Geradlinigkeit; hellseherische oder okkulte Kräfte; materialistische Expansion; Disziplin; Planung langfristiger Aktionen; emotionales politisches und soziales Engagement; Triebstrukturierung; dynamisches, konstruktives Handeln; Prinzipien des Wirtschaftswachstums; Vermarktung der eigenen Ideale; kreative Kritikfähigkeit...

Machtstreben; Materie und Körper als Widerstand und Einengung empfinden; durch destruktive Wünsche Körper und Raum zerstören; Lust an dunklen Formen der Magie; Triebhemmungen; sexuelle Problematik durch bürgerliche Moral; selbstzerstörerische Aggressionen; Krankheitsanfälligkeit; Todesängste; Disposition zu endogenen Depressionen; Rücksichtslosigkeit; Trotz; Eigensinn; Selbstüberschätzung; Entwicklungshemmungen; nachtragende Aggressivität; reduzierte Selbstwertgefühle; unterdrückte Männlichkeit; dogmatische Ideale...

(z. B. A. Breton, A. Crowley, W. Disney, A. Krupp)

Vesta im Ziegenfisch (Anlage) oder 10. Feld (Aufgabe)

Kaufmännische Begabung (gut haushalten können), dabei aber auch materielle Anspruchslosigkeit; hohe Arbeitsethik; starkes Pflichtgefühl der Sache gegenüber; Interesse an wissenschaftlicher Forschung; Entdeckerfreude; analytischer Scharfsinn; sachdienliche Hilfsbereitschaft; Reduzierung auf das Wesentliche; Verantwortungsbewußtsein; Liebe zur Zurückgezogenheit (z. B. Landleben); genaue Trennung von Arbeits- und Privatbereich; beruflicher Ehrgeiz; weit planendes Sicherheitsdenken; Interesse an Okkultismus und Grenzwissenschaften; Rationalität; gutes Abstraktionsvermögen; gesunde Selbstkritik; trockener Humor; Ordnungsliebe; Engagement für alte oder kranke Menschen; Ernährungsbewußtsein...

Neigung zu Geiz (am falschen Ende sparen); unter den Zwängen der kausalen Logik leiden (Neigung zu Depressionen); ironisch-sarkastische Denkweisen; prinzipienhafte Unnachgiebigkeit (Starrsinn); Instinkt- und Gefühlsarmut; Menschenfeindlichkeit; Kontaktschwierigkeiten; sich in Arbeitsstreß verwickeln; Versuche, die stark rationale Komponente durch Drogen oder Flucht in Phantasiebereiche zu überwinden; sich zu einer Arbeitsmaschine degradieren; den eigenen Gefühlen mißtrauen; Gefahr der Überhandnahme eines mechanistischen oder materialistischen Weltbildes; niemanden richtig an sich heran lassen können (Aufbau eines unpersönlichen Schutzschildes); Isolationsängste; Überkompensation von Minderwertigkeitskomplexen in Statusehrgeiz; mangelnde Einfühlungsgabe; Taktlosigkeit...

(z. B. R. Ebertin, T. Leary, Luigi Nono, A. Onassis)

Jupiter im Ziegenfisch (Anlage)
oder 10. Feld (Aufgabe)

Ethik und Moral spiritueller Verantwortung; realistische und sozial engagierte Idealvorstellungen verwirklichen; Weltbildentwicklung über Beruf und Karriere; politische Führungsqualitäten; kaufmännische und ökonomische Interessen; praktische Lebensphilosophie; Faszination an traditioneller Religiosität; ernsthaftes und kritisches Überprüfen von Weltbildangeboten; Idealisierung der beruflichen Tätigkeit; kritisches Philosophieren über Materialismus; freundschaftliche Kritik üben; Faszination an okkulten Lehren (der Wunsch, Schicksal formelhaft berechnen zu können); Pflichteifer; dauerhafte, evtl. berufsbezogene Freundschaften eingehen; konsequente Umsetzung von Ideen; Widerstände aktivieren den geistigen Stolz...

Egozentrischer Mißbrauch von Führungseigenschaften; verzögerte geistige Entwicklungen; Verstrickung in bürgerliche Normvorstellungen; religiösen und philosophischen Neuerungen skeptisch gegenüberstehen; geistiger Materialismus; Probleme mit guruhaften Autoritäten; Übernahme sozialer und politischer Normen führt zu Erstarrung und Konservatismus; Verfechtung altmodischer Ideale; reduzierte geistige Kreativität; pädagogische Schulmeisterei; Zwiespalt zwischen lebensbejahenden (Jupiter) und lebensverneinenden (Saturn) Neigungen; Gefahr des Mißbrauchs okkulten Wissens; Überschätzung der inneren Guruqualitäten; unterkühlter geistiger Idealismus; Triebhemmungen; geistige Prinzipienreiterei kann zu Stagnation von Entwicklung führen...

(z. B. W. Brandt; C. Castaneda, W. Heisenberg, K. Marx)

Saturn im Ziegenfisch (Anlage) oder 10. Feld (Aufgabe)

Entwicklung höchsten Wirklichkeitsbewußtseins; Ausweitung des Realitätsbegriffs in den metaphysischen Bereich; okkulte Interessen; Wiedergeburtsbewußtsein; Gesetzmäßigkeit von Ursache und Wirkung; »Alles erkennen bedeutet Absonderung«; Todes- und Vergänglichkeitsbewußtsein; Ausdauer; Zielstrebigkeit in Karriere und Beruf; Sieg der reinen Vernunft; kühles Durchsetzungsvermögen; Sparsamkeit; Bedürfnislosigkeit; Entwicklung von Selbstbeherrschung; logisches, sachliches, kalkulierendes Denken; ausgeprägte Konzentrationsfähigkeit; sinnvolle Beschränkung; Streben nach kristalliner Klarheit; den Kern einer Sache erfassen können; Selbstdisziplin; Planung und Organisation; mathematisch-abstrakte Denkstrukturen; Reduzierung auf das Wesentliche...

Kontaktarmut; Isolationswünsche können in Kauzigkeit umschlagen (Sonderlinge, Eigenbrötler); Dogmatisierung der Kriterien der Vernunft; Überlegenheitsgefühle; Hochmut; seelische Verdrängungsmechanismen; Triebhemmungen; Spätentwickler; gefühlsmäßige Verschlossenheit; mangelnde Diplomatie (Taktlosigkeit); enge Pflicht- und Moralbegriffe; Mißtrauen; Sarkasmus und Ironie; Unbeugsamkeit; Neigung zu asketischem Puritanertum; Pedanterie; kritisierende Arroganz; Desillusion kann in Depression münden; Neigung zu Todesängsten und Hypochondrie; reduzierte Hingabefähigkeit; Konservatismus...

(z.B. Sri Aurobindo, Th. Dreiser, I. Kant, L. Klages)

Chiron im Ziegenfisch (Anlage)
oder 10. Feld (Aufgabe)

Schrittweise Anpassung traditioneller Werte an den Zeitgeist; Initiierung neuer Arbeitsmethoden; kritische Bestandsaufnahme des Zeitgeistes, neuartige Annäherungen an die Wirklichkeit; Streben nach materieller Selbständigkeit; historische, politische und okkulte Interessen; beruflicher Ehrgeiz (oft Spätentwickler oder Erfüllung im Zweitberuf); kaufmännische Talente; Außenseiterberufe (z.B. in Wissenschaft, Forschung, angewandter Kunst, Verlagswesen, Pädagogik); Systematik und Vernunftdenken; Erarbeitung eines Lebensplans; Ernährungs- und Körperbewußtsein; Einsatz moderner Arbeitsmittel (z.B. Computer) und Arbeitsstrategien (z.B. Marketing); unternehmerische Risikobereitschaft...

Unter Arbeitsstreß leiden; Entscheidungs- und Konsequenzschwierigkeiten; Überbewertung der eigenen Arbeit (auch Arbeitsscheu); sich der Verantwortung und Wirklichkeit entziehen; umständliche und unorganisierte Arbeitsmethoden; Anpassungsschwierigkeiten im Arbeitsbereich; Besonderheitsvorstellungen; wenig Kooperationsfähigkeit; Einzelgängertum; Tendenz zur Nörgelei; wenig Selbstkritik und Ausdauer; die eigenen Fehler auf andere projizieren; Versagerängste; in bürgerlichen Klischees oder Erwartungen verhaftet sein; unter selbstverursachter Isolation leiden; Zeitgeistprobleme; materieller Egoismus; Mißgunst...

(z. B. Walt Disney, Enrico Fermi, Margaret Mead, Anaïs Nin)

Uranus im Ziegenfisch (Anlage)
oder 10. Feld (Aufgabe)

Forscher, Wissenschaftler, Metaphysiker; Entwicklung realisierbarer Intuitionen; Erweiterung traditioneller Denkmuster; wirtschaftliche und soziale Reformideen; technisches, funktionales Denken; Berufswechsel; theoretisches Denken; Körper und Materie aktivieren die Intuitionsgabe; mathematische und physikalische Begabung; abstrahierendes Assoziationsvermögen; spontane Konzentrationsfähigkeit; intuitives Erfassen von Tod und Vergänglichkeit; Streben nach materieller Unabhängigkeit; sich von traditionellen Moralklischees befreien wollen; Verbindungen zwischen verschiedenen Wissenstraditionen herstellen; alte Ideen in neue Zusammenhänge stellen; Außenseiterberufe; kaufmännische Originalität; unkonventionelle Arbeitseinteilung; telepathische und okkulte Dispositionen...

In Relation zu Uranus im Luftelement (Waage, Wassermann, Zwillinge) geschwächte Intuition und reduzierte gedankliche Flexibilität; den eigenen Intuitionen mißtrauen; keine großen Gedankensprünge wagen; traditionelle Verhaftetheit; übertriebenes Nutzdenken; innerer Zwiespalt zwischen revolutionärem und konformistischem Denken; berufliche und materielle Fehlspekulationen; Beweissucht; Unbeugsamkeit und Starrsinn; Gefahr des Mißbrauchs okkulten Wissens; Zukunftsängste; geschwächte Risikobereitschaft; Gefangensein in der Zeitmoral; sich an Ideologien klammern; Sachlichkeitszwänge; Isolation gegenüber dem Zeitgeist; Gefühlsarmut; materialistisches Denken erschwert die Entwicklung eines kosmischen Bewußtseins; gehemmter Assoziationsfluß...

(z. B. M. Eddy Baker, Th. Paracelsus, L. Tolstoi, T. Williams)

Neptun im Ziegenfisch (Anlage)
oder 10. Feld (Aufgabe)

Systematische Erforschung paranormaler Hintergründe; Interesse an Astromedizin, Homöopathie, Akupunktur und anderen Formen sensibler Medizin; Überprüfung religiösen und esoterischen Wissens; Auflösung beruflicher Rollenfixierungen; Transzendenz von Raum und Zeit; Faszination an Todesmystik und Nachtodverbleib; Erforschung psychedelischer und meditativer Bewußtseinszustände; Sensibilisierung des Umwelt- und Körperbewußtseins; Relativierung wissenschaftlicher Gesetzmäßigkeiten; Tendenz zur Auflösung wirtschaftlicher und sozialer Traditionen; praktische Nächstenliebe; realistische Anwendung sensibler Fähigkeiten; Verfeinerung sozialer Strukturen; Desillusionierung der Erotik und Sexualität; Entwicklung geistiger und esoterischer Verantwortung; Ausweitung oder Auflösung traditioneller Religionen; Überprüfung sozialethischer Normen; Lösung von materialistischen Weltbildern; konstruktive, ›architektonische‹ Fantasie; Ernährungsbewußtsein; Selbstverwirklichung in der Einsamkeit; Arbeit in Randgruppen...

Mangelnde Einfühlungsgabe; Festhalten an obskuren politischen oder esoterischen Theorien; nicht glauben oder vertrauen können; Reduzierung von Ergriffenheit und Beeindruckbarkeit; Diskrepanz zwischen lebendiger Erfahrung und Versachlichung; Problematik von Grenzüberschreitung und Grenzsetzung; zwanghaftes Nutzdenken kann zu einem Mißbrauch mystischer Gesetzmäßigkeiten führen; Reduzierung des Eros kann zu Fantasielosigkeit und Unkreativität führen; Instinktverlust; Fehlspekulation; erschwerte nonverbale Kommunikation; irrationale Ängste; Disposition zu Verfolgungswahn; Anlage zu hysterischen, psychosomatischen Erkrankungen; Detailbesessenheit; geschwächter Wirklichkeitssinn; berechnende Hilfsbereitschaft; Tendenz zu Haarspalterei (ähnlich wie bei Neptun in Stier und Jungfrau); Schwierigkeiten im Umgang mit Besitz und Geld...

(z. B. Ch. Baudelaire, Th. Paracelsus, Sokrates, L. Tolstoi)

Pluto im Ziegenfisch (Anlage) oder 10. Feld (Aufgabe)

Geistige Transformation durch Lösung von Körper- und Besitzvorstellungen; starkes kollektives und politisches Engagement; Bruch mit traditionellen Werten; über starke okkulte Kräfte verfügen; kollektive Suggestivwirkung; weitreichendes Planen; Beschäftigung mit den Gesetzmäßigkeiten von Wiedergeburt (Nachtodverbleib); Freude am Umstrukturieren; formgeberische Begabung; Sprengung der Grenzen der Vernunft; berufliches Durchsetzungsvermögen; Selbstdisziplin; körperliche Regenerationsfähigkeit; ausdauernder Wille; Entwicklung neuer Weltbilder; Erneuerungsstreben; Befreiung von zwanghaften Logismen; originelle, tiefgründige Denkweisen; Sprengung bürgerlicher Sexualmoral; Kampf gegen eine Bürokratisierung des Lebens...

Gefahr der Selbstüberschätzung (Größenwahn); despotische Veranlagung; Unterdrückung sexueller Energien kann zu Genialität oder Wahnsinn führen; Disposition zu körperlicher Selbstzerstörung; Gefahr des Mißbrauchs magischer Energien; egoistische Ziele hinter dem Deckmantel der Vernunft verbergen; Reichtum als Machtfaktor; Neigung zu dogmatischen Verhärtungen bis hin zum Fanatismus; Überstrapazierung des Körpers; keine Grenzen kennen; gewalttätige Überwindung von Widerständen; Disposition zu psychosomatischen Erkrankungen; Existenzängste; innere Spannung zwischen destruktiven und konstruktiven Kräften; berufliche Autoritätskonflikte; mangelnde Ausdauer und Geduld; Wirklichkeit wird als Bedrohung empfunden; erschwertes Raum-Zeit-Bewußtsein...

(z.B. F. Hölderlin, Napoleon, Kaiser Nero, Novalis)

**Mondknoten im Ziegenfisch (Anlage)
oder 10. Feld (Aufgabe)**

Kommunikation über berufliche Zusammenarbeit; Austausch sachlicher und zur Realitätsbewältigung beitragender Information;

ernsthafte, zu Konsequenzen führende Gespräche suchen; Interesse an Tod, Wiedergeburt, Okkultismus; das Leben unter den Kriterien der Vergänglichkeit beurteilen; dauerhafte und ernste Freundschaften eingehen; wissenschaftliche, forschende und kaufmännische Ambitionen; Harmoniefindung in der Isolation; innere Annäherung von Seele und Geist durch kritisches und analytisches Denken; Entwicklung eines Körper- und Krankheitsbewußtseins; Selbstverwirklichung im Alter; Kontakt zu älteren und reiferen Menschen; ausdauernde Ideale; planende und organisatorische Begabung; Ernährungsbewußtsein; Konzentrationsgabe; Verantwortungsbewußtsein...

Kommunikationshemmungen; schwer zuhören können (mangelnde Einfühlungsgabe und Fantasie); Gefahr der Stagnation durch Festhalten an konservativem Gedankengut; Aufbau ethischer und moralischer Dogmen; wenig Flexibilität; Starrsinn; Sicherheitsängste; Disposition zu Hypochondrie; schwierige Lösung von Vater und Elternhaus; Spätentwickler; wenig Spontaneität; Fehlspekulationen; Ironie; Sarkasmus...

(z. B. H. Bogart, Dalai Lama, J. F. Kennedy, R. Steiner)

Medium Coeli im Ziegenfisch

In unseren Breiten immer mit einem Widder- oder Stier-Aszendenten verbunden.

MC ♑

Starker beruflicher Ehrgeiz; Wißbegierde; Berufe, die mit Geschichte, Politik, Pädagogik, Wirtschaft, Wissenschaft oder Management zu tun haben; Rollenidentifikationen; Verantwortungsbewußtsein; Ausdauer, Zielstrebigkeit; Ernsthaftigkeit; Berufsethos; Durchsetzungskraft; Selbstkritik; Sparsamkeit; wirtschaftliche Umsichtigkeit; Pflichtbewußtsein; Selbstdisziplin; Standhaftigkeit; Führungsqualität; konstruktives und plastisches Gestaltungsvermögen (z. B. Architektur, Plastik); Methodik; Gründlichkeit...

Späte Berufsfindung (Zweitberuf, Spätstudium); Neigung zum Strebertum; Überbetonung der beruflichen Sphäre kann zu Streß und Krankheit führen; Bürokratisierung des Alltags; Konservativismus; mangelnder Teamgeist (beruflicher Einzelgänger); bürgerliche Berufsklischees; altmodisches Gedankengut vertreten; mangelnde Risikobereitschaft; Mißtrauen; Gefahr von Geiz; Pedanterie; Prinzipienreiterei; Starrheit; Gewissensängste; seinen eigenen Begabungen mißtrauen; Versagerängste; Voreingenommenheit; Härte und Rücksichtslosigkeit; Materialismus...

(z. B. J. Cash, Chr. W. Gluck, A. Graham-Bell, L. Minelli)

Aszendent im Ziegenfisch
In unseren Breiten immer mit einem Skorpion- oder Waage-MC verbunden.

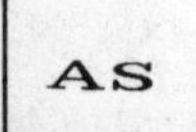

Arbeit an der Erweiterung seines Wirklichkeitsbegriffs; Entwicklung von Eigenverantwortung; Außenseiterwege; Aufbau eines geordneten, klaren strukturierten Weltbildes, das den Gesetzen von Ursache und Wirkung unterliegt; Akzeptierung der inneren und äußeren Wirklichkeit; kritisches und analytisches Denken; Erforschung politischer und sozialer Zusammenhänge; Interesse an Philosophie; dauerhafte Freundschaften und Kontakte eingehen; umsichtige Lebensplanung; Arbeitsmoral; Analyse des Lebens aus der Perspektive der Vergänglichkeit; Ernsthaftigkeit;

Körperbewußtsein; Anspruchslosigkeit; Hintergrundarbeit; praktische Lebenshilfen geben; Suche nach Objektivität; Selbstbeherrschung; Konzentrationsfähigkeit; Vervollkommnung in der Zurückgezogenheit...

Reserviertheit; Kommunikationsstörungen; Lebens- oder Todesängste; Pessimismus; Verödung des seelischen Bereichs; Gefühlskälte; übertriebenes Nutzdenken; Probleme mit der eigenen Weiblichkeit; seelische Verdrängungsmechanismen; Weltfremdheit; Humorlosigkeit; Überlastung durch Arbeit; übertriebene Ausdehnung des Verantwortungsbewußtseins; Mißtrauen; Übernahme überholter bürgerlicher Wertmaßstäbe; asketische Strenge; sexuelle Probleme; Wortklauberei; Verschlossenheit; Melancholie; Gefühlskälte; wenig Familiensinn...

(z. B. R. Ebertin, G. Gründgens, C. G. Jung, N. Machiavelli)

ZIEGENFISCH

»Man lebt wie ein glücklicher Fels inmitten des Meeres; man steht unverrückbar fest.« *Henry Miller*

Ähnlich dem Kentaur des Schütze-Archetyps, halb Pferd – halb Mensch, umschreibt das Symbol des Ziegenfischs (heute verflachenderweise Steinbock genannt) einen inneren Entwicklungsprozeß, eine Metapher menschlicher respektive kosmischer Problematik. Natürlich könnten wir auch andere Vorstellungsbilder für die Ziegenfisch-Energetik aufbauen, wie z. B.: der oben zitierte Felsen im Wasser, der Diamant, der alchimistische Läuterungsofen, der Eremit in der Höhle oder eben auch der auf hohen Gipfeln verweilende Steinbock. All diesen Bildern gemeinsam ist die Tendenz zur Konzentrierung, Absonderung, Reduzierung, Klärung, ernsthaften Durchdringung, Verzicht, Widerstand, Befreiung von vegetativen oder natürlichen Wachstumszwängen. Dies heißt, es wird ein Weg der »Ent-Bindung« umschrieben, der dem krebsarchetypischen Weg der Rück-Bindung diametral entgegensteht. Das Bild des Ziegenfischs (ein Wesen mit Fischeschwanz und Ziegenoberkörper) umschreibt nun genauer, von was sich diese Energie entbinden möchte, nämlich, analog zum Kentaur, symbolisiert der obere Teil des Fabelwesens die Entwicklungsrichtung und der untere Teil (Fischeschwanz) diejenige Wesenheit, die transformiert und damit überwunden werden will. Der

Fisch bedeutet in diesem Zusammenhang: mystischer, magischer und vorgeschichtlicher Urgrund und damit verbunden auch die verborgenen Ursachen wiedergeburtlicher Bedingtheit. Er umschreibt den dunklen Bereich des »Wo komme ich her?«, die individuelle Verflochtenheit in mythologisches und archaisches Geschehen. Er symbolisiert das Yin, die Seele, das Urmutterhafte, die Wirkebene Neptuns, Plutos und des Mondes. Da sich alle Mythologien auf die Vorstellung eines Urozeans und somit auf das Wasserelement zurückführen lassen, können wir verallgemeinernd sagen, daß der Fischeschwanz ein abgekürztes Symbol für das Sein überhaupt beschreibt.
Die Ziege wiederum (auch der Steinbock gehört zu den Ziegen) gehört zu denjenigen Säugetieren, denen es gelungen ist, sich in den unwirtlichen und kalten Höhenregionen oder vegetationsarmen Wüstenlandschaften in großer Anspruchslosigkeit und Einsamkeit einen Lebensraum zu schaffen. Als Tier der Berge hat es sich, symbolisch gesprochen, am weitesten den fruchtbaren Lebensräumen entzogen und betrachtet zusammen mit dem Adler (Jupiter-Symbol) den Lebensozean aus einer höheren, einsameren, freieren und emotional unverhafteteren Perspektive. Der Berg, den die Ziege so mühelos meistert, ist ein uraltes Erkenntnissymbol (Berg der Erkenntnis, Stufenleiter der Erleuchtung). Der Vorgang seiner Bezwingung umschreibt gleichzeitig die Eigenschaften des Ziegenfisch-Themas: durch körperliche und geistige Arbeit müssen Widerstände überwunden werden (einen Berg Arbeit vor sich haben); es bedarf der Geduld, Planung und Ausdauer; man kann keinen unnötigen Ballast mitschleppen, d. h., man muß sein Gepäck vorher auf das Nötigste reduzieren; man ist auf seiner einsamen Wanderung weitgehend von der Hilfe anderer Menschen abgeschnitten; es bedarf höchster Konzentration, um nicht abzustürzen; man muß sich auf sich selbst verlassen können (Eigenverantwortung); die Motivation

muß gewissenhafter Ehrgeiz sein; man braucht einen praktischen Verstand und einen gut funktionierenden, d. h. verläßlichen Instinkt, um eventuelle Gefahren meistern zu können; die eigene Energie muß sinnvoll eingeteilt werden; man muß sich vor unnötigen Risiken absichern und ein hohes Maß an Selbstdisziplin, Ruhe, Besonnenheit, Kalkül und Umsicht entwickeln, um das gesetzte Ziel gefahrenlos zu verwirklichen. Jeder Schritt höher entzieht uns ein wenig mehr dem Jahrmarkt und Gaukelspiel des Lebens und bringt uns einen Schritt näher an die Wahrheit der Eigenverantwortlichkeit und scheinbaren Einsamkeit des Mikrokosmos Mensch, der allein geboren wird und allein stirbt. Sich auf neue Abhängigkeiten einzulassen wird jetzt als Angst und mangelnde Selbsterkenntnis entlarvt, d. h., man erfährt, daß verantwortliche Erkenntnis in einen glückhaften Zustand mündet, der der Wahrheit des menschlichen Seins aufs tiefste entspricht. In die weit unter einem liegenden Täler zurückschauend, erkennt man seine eigene Vergangenheit, größere Zusammenhänge und Funktionen seines individuellen Lebensplans, fühlt sich dem magischen Zauber der Lebensvielfalt enthoben und entdeckt über sich die Unendlichkeit des Raums, erspürt das Vorgefühl der Freiheit und steht doch noch mit beiden Beinen auf der Erde und weiß, daß man den Berg wieder hinuntersteigen muß, um die neu gewonnenen Erkenntnisse am Leben zu schleifen und zu polieren, sie ihrer härtesten Bewährungsprobe auszusetzen. Der Saturn- und Ziegenfisch-Archetyp weiß genau, daß Erkenntnis an und für sich noch gar nichts bedeutet. Sie muß überprüft und innerlich bewahrt werden, muß dem Leben standhalten wie der Fels in der Brandung, muß zur Ver-wirklichung, d. h. zur Überwindung der Wirklichkeit führen. Wie viele andere Tierkreis-Archetypen hat also auch der Ziegenfisch eine paradoxe Vorgehensweise: er arbeitet besonders intensiv an und in der Wirklichkeit, aber nicht weil ihn diese fasziniert, sondern weil er weiß, daß dies

die einzige Möglichkeit ist, sich ihr auf Dauer zu entziehen. Der Ziegenfisch ist also entgegen vielen landläufigen Meinungen keine materialistische, sondern eine Materie-überwindende Energie, ein Zeichen höherer Psychologie und Esoterik, von der Ursache-Wirkung-Weisheit getragen, daß die immense Gewalt der magischen Illusionskräfte (Wasser-Element) nur durch ein noch stärkeres energetisches Erkenntnisbemühen und zähes Überwinden von Widerständen brechen kann.
Krebs und Ziegenfisch repräsentieren also das Wechselspiel von Zauber und Gegenzauber, Illusion und Desillusion, Weichheit und Härte, Täuschung und Erkenntnis, Vegetation und Kristallisation, Organik und ›Anorganik‹. Hierbei ist es wichtig zu verstehen, daß Ziegenfisch und Krebs bzw. deren Regenten Saturn und Mond nicht gegeneinander, sondern miteinander arbeiten. Mond und Saturn sind mythologisch miteinander verheiratet. Die Mond-Krebs-Energie entwickelt ihre magischen Reize, um auf die in ihr verborgenen Schätze aufmerksam zu machen, die erkennt und gehoben werden wollen, deren Wesen jedoch so brisant ist, daß ein ungewichtetes und unverarbeitetes Erkennen zur psychischen Inflation, zur Geistesgestörtheit führen kann. Die Täuschungs- und Verdunklungsmanöver des Krebses aktivieren die Kräfte des Ziegenfisches in ihrer Suche nach Klarheit und Transparenz und lassen ihn behutsam und verantwortungsbewußt mit den dem Krebsbereich abgerungenen Erkenntnissen umgehen. Der Ziegenfisch läutert und verdichtet also mit einem hohen Maß an Ethik (die in seiner heimlichen Liebe zum Wasserelement wurzelt) das Wesen des Krebses, d. h. sein eigenes Wesen, das durch den Fischeschwanz seine wasserelementsbezogene Abstammung verrät. Er nimmt sozusagen Abstand von sich selbst, um sich dadurch in konzentrierter Form wiederzubegegnen. Der Ziegenfisch ist also kein Feind der Seele, sondern ihr Erforscher und Nutzbarmacher, er ist Seele in kristallisierter Form, Befreier von sich selbst.

In der Praxis haben ziegenfischbetonte Menschen keinen leichten Stand in der Gesellschaft. Ihrer Intention nach sind sie, ähnlich wie Krebsbetonte, soziale und hilfsbereite Menschen, die jedoch in ihrem Wunsch zu helfen auf Ablehnung und Mißverständnis stoßen. Wer möchte schon aus seinen Träumen und Illusionen gerissen werden, wer vermag das helle Licht unerbittlicher Klarheit zu ertragen, wer möchte sich über seine dunklen magischen Spiele bewußt werden, wer möchte wirklich von seinen masochistischen oder sadistischen Leidzuständen befreit werden, wer möchte vernünftig und ernsthaft sein, wer möchte auf etwas verzichten, wer möchte die Tragweite seines Denkens und Handelns erkennen – wer möchte sich selbst begegnen? Jeder Mensch weiß, daß dieser Prozeß der Klärung und Härtung eigentlich notwendig wäre, und erfindet doch ein Leben lang Selbsttäuschungen und Ausflüchte, entwickelt eine enorme Alibifantasie und entzieht sich damit immer wieder aufs neue der Aufforderung zur Selbstverwirklichung. Niemand möchte die Mühsal der großen Bergbesteigung und entsagenden Befreiung auf sich nehmen, keiner möchte die Unannehmlichkeiten der Eigenverantwortlichkeit wahrnehmen, sondern überträgt diese lieber auf Vater, Mutter, Familie, Partner, Autorität, Milieu, Zeitgeist, Staat, Welt und – wenn auch das alles nicht mehr reicht – auf einen numinosen Gott. Er sucht niemals die Ursachen dort, wo sie zu finden sind, nämlich in sich selbst. All das, was ihn zum Ziegenfisch-Thema und dessen Erkenntnisweg führen könnte, entspricht nicht den gesellschaftlichen Normen. Nirgendwo wird die positive Entfaltungsmöglichkeit durch Einsamkeit und Isolation propagiert. Einsamkeit ist eine Krankheit. Niemand weist einen darauf hin, daß Gefühle Leid und Illusion erzeugen. Gefühle sind Reichtum. Klarheit, d. h., reduziertes Gefühlsleben wird als Gefühlskälte, ja als Krankheit empfunden. Überall wird stillschweigend vertuscht, daß Reichtum materielle Abhängigkeit und Belastung ist.

Meditation, Askese, Konzentration und Kristallisation: Eigenschaften des hochentwickelten Ziegenfisch-Archetyps.

Menschen, die diesen Dingen entsagen, gelten als dumm oder als belächelte Aussteiger. Alle Menschen suchen nach rauschhafter Lebensfaszination. Wer vom Tod spricht, bricht Tabus. Alle Welt betäubt sich durch äußere Verpflichtungen. Wer Selbstwertgefühl hat, gilt als Außenseiter. Alle Welt sucht nach Befreiung, indem sie neue Bindungen eingeht. Wer Bindungen abschneidet, gilt als gesellschaftsfeindlich. – Kurzum, dort, wo der Ziegenfisch seine erkenntnisphilosophische Weisheit helfend zur Verfügung stellen könnte, wird er von der Gesellschaft gemieden und ins soziale Abseits gedrängt. Nur in Politik, Beruf und Wirtschaft werden sein hohes Verantwortungsbewußtsein und sein kühler Verstand geschätzt. Sein sensibles, introvertiertes und verfeinertes inneres Wesen muß vor der Umwelt verborgen werden, um das Wachsen des inneren Kristalls nicht zu gefährden. Hierdurch kann der Ziegenfisch in einen Konflikt zwischen äußerer und innerer Verantwortung geraten, die in Extremen wie ehrgeizige Arbeitswut oder Weltabkehr und Pessimismus gipfeln kann. Um bei unserem Bild der Bergbesteigung zu bleiben, wäre es für ziegenfischbetonte Menschen gut, wenn sie ihr Leben so planen könnten, daß Phasen der Isolation (Bergaufstieg – Selbstüberprüfung – ernsthafte Reflexion – konsequente Erkenntnisgewichtung) mit Phasen der sozialen Konfrontation (Bergabstieg – Realitätshärtung – praktische Er-

kenntnisverwirklichung) abwechseln. Diese Form der Reifung und Verwirklichung entspricht, wie schon im Saturn-Artikel erwähnt, der befreienden Vorgehensweise vieler weiser, erleuchteter, verantwortungsbewußter und nach Klarheit strebender Menschen. Sie sind im eigentlichen Sinne die Realisten dieser Welt, die die Chancen ihrer Lebensspanne im vollen Umfang erkannt und gewichtet haben. In diesem Sinne ist Weltabkehr keine Flucht, wie es die Gesellschaft suggerieren möchte, sondern eigentliche Geburt, Öffnung des kostbaren inneren Auges, behutsame Abnabelung vom mütterlichen Krebs-Archetypus, Beginn der Menschwerdung und Erkenntnis der Wirklichkeit. Bleibt zu hoffen, daß diese Einsicht nicht erst im fernen Ziegenfisch-Zeitalter (4000–6000 n. Chr.) zu einer Selbst-verständlichkeit wird.

SATURN

»Ich war bereits ein Philosoph, als ich noch in den Windeln lag. Ich war aus Prinzip gegen das Leben.«
Henry Miller

Chronos-Saturn, »Herr der Zeit«, »Hüter der Schwelle«, »Hüter des Buches mit den sieben Siegeln«, »Gott des Todes und der Wiedergeburt«, Herrscher über das esoterisch bedeutsame Scheitelchakra, repräsentiert eine wenigstens ebenso geheimnisvolle planetare Energie wie der Mond. Wie bei keinem anderen Planeten ist sein Image durch die Unkenntnis der traditionellen Astrologie auf eine beschämende Art und Weise verzerrt worden. Er ist zum Sündenbock, Leidensverursacher Nr. 1, Personifikation des Bösen (Satan), Verursacher von Krankheit, Tod, Isolation und Beschränkung degradiert worden. Seine Tendenz zur Abkehr von der Welt wurde als lebensfeindlich interpretiert, seine Leidenschaftslosigkeit als Hemmung, seine Härte und Strenge als Tyrannei, seine Gefühlskälte als Bedrohung, seine Beharrlichkeit als Eigensinn. Der jupiterorientierte Mensch des vergangenen Fische-Zeitalters konnte der Saturn-Energie keine positive Seite abgewinnen, denn der Weg über Saturn führt zur karmischen Selbstverantwortung, während das jupitergeartete Weltbild eher das Gefühl vermittelt, durch die Hände einer gewaltigen (meist personifizierten) göttlichen Energie fremdgesteuert zu werden, d. h., man hatte einen Übertragungsmechanismus gefunden, um die saturnalen Forderungen zu umgehen (»Der Mensch denkt, Gott lenkt«). Das saturnale Weltbild beruht auf der (nicht resignativ gemeinten) Feststellung: Das Leben ist Leid; Leid beruht auf Illusionen und Gefühlen; um von Leid frei zu werden, müssen Gefühle und Illusionen überwunden werden (durch Ursache-Wirkung-Denken); durch Überwindung von Gefühlen und Illusionen entwickeln sich Klarheit und Erleuchtung. Dieser gesamte Ablauf umschreibt eine Reduzierung auf das Wesentliche, das kein »Sowohl-Als-auch« (Weisheit des Luftelements), sondern ein von der ernsthaften Logik abgeleitetes und emotionsfreies »Entweder-Oder« fordert: eine klare Ent-scheidung. Diese Härte und Strenge empfindet das menschliche Naturell nicht als hilfreich oder weise, sondern als angsterzeugende Belastung und unangenehmen Zwang. Doch gerade indem Saturn Zwänge ausübt, ist seine langfristige Intention auf Befreiung ausgerichtet: Loslösung von irdischen Verhaftungen und Verstrickungen, den karmischen Rückbindungen. Saturn ist der Planet der Verwirklichung durch Kristallisation. Seine Symbole sind der »Stein der Weisen« und der »Diamant« als bildhafte Analogien des tantrischen Erleuchtungsweges (Diamantweg). Als esoterisch bedeutsame Energie bewirkt Saturn nicht nur Umsetzung im materiellen Rahmen, sondern vor allem auch auf den feinstofflichen Ebenen. Er bemüht sich um Ursache-Wirkung-Klarheit in den bedeutungsvollen, aber auch täuschenden und undurchsichtigen esoterischen Bereichen, die wir mit Worten wie Tantra, Astrologie oder Okkultismus umschreiben, indem er diese sachlich, konsequent und essentiell wie eine verfeinerte, praxisbezogene Naturwissenschaft behandelt. Er geht diese Thematik nicht schwärmerisch an, sondern mit höchster Konzentration und zweckdienlicher Sachlichkeit und gibt den in der Seele schlummernden Energien die ihnen gemäße Form und Aussage, strukturiert die Potenzen des Wasserelements wie die Kälte, die Schnee und Eiskri-

stalle zaubert. Hierdurch macht er Verborgenes sichtbar und greifbar, wobei er sich nicht von der magischen Ästhetik faszinieren läßt (wie z. B. die Waage), sondern einen kühlen Kopf behält, Gesetzmäßigkeiten und Funktionen erkennt und diese geschickt und ausdauernd dazu verwendet, Verwirklichung zu erreichen.
Führt der Weg des Mondes zu Glauben, Vertrauen und Rückbindung (Wiedergeburt, Religion), so endet das saturnale Weltbild in Absonderung, Lösung von Haftungen und dem Bewußtsein karmischer Selbstbestimmung (Konsequenz der Erkenntnis – letztlich Befreiung von Wiedergeburt).
Im asiatischen Weltbild, speziell im Buddhismus, findet Saturn seine höchste Ausprägung und Ehrung – im westlichen Materialismus seine niedrigste Umsetzungsstufe. Wäre Buddha Shakyamunis Karmagramm bekannt, würde man dort mit Sicherheit eine starke Saturnstellung vorfinden. Buddhas Philosophie strahlt in allen Prämissen und Ableitungen saturnale Weisheit aus: in der Tendenz zu Verzicht und Askese; in der Entwicklung sachlicher, nachprüfbarer denkerischer Verarbeitung des Seins; in der Einsicht »Leben ist Leid« und vor allen Dingen in einer geistigen Durchdringung der Ursache-und-Wirkung-Gesetzmäßigkeiten oder, wie es der Lieblingsslogan des Dalai Lama umschreibt: ›Alles entsteht in Abhängigkeit‹ (dependent arising). »Und so verkünde ich: In diesem Körper, der mit Denken und Unterscheidungsvermögen ausgestattet ist, ist die Welt und die Entstehung der Welt und die Aufhebung der Welt und der Pfad zur Aufhebung der Welt.« (Buddha Shakyamuni)
Es ist klar, daß eine derartig desillusionierende Interpretation im jupiterorientierten Westen auf Ablehnung und Widerstand stößt und als pessimistisch, lebensfeindlich und gefühlsarm gedeutet wird. In Wirklichkeit ist Saturn und dessen Manifestation durch die buddhistische Philosophie weder negativ noch positiv, weder pessimistisch noch optimistisch, sondern läßt sich als ein Weg der Mitte

In dieser symbolhaften Darstellung von Ziegenfisch-Saturn wird das Wesen des Krebs-Archetyps in seiner saturnalen Durchdringung erleuchtet. Indem Saturn mit einem Schlangenbogen (Kopf der Hydra) auf dem Krebs Geige spielt, weist er auf die Vergänglichkeit von Gefühlen und Stimmungen hin. Der ihn begleitende schwarze Adler oder Garuda umschreibt die geistige Potenz des Saturn, die auf Befreiung von seelischen Verhaftungen ausgerichtet ist.
Der fischehafte Unterkörper demonstriert, daß die Saturn-Ziegenfisch-Energie dem Wasser, dem seelischen Bereich, entstiegen ist. Totenkopf, Eule und brennendes Strohbündel sind zusätzliche Symbole der fundamentalen Vergänglichkeitserkenntnis.

Saturn (vorne rechts) als Sublimator der geistigen Jupiter-Energien (König mit Adler) und der harmonisierenden Venus-Energien (Königin mit Schwan).

umschreiben. Das Sein wird zwar durch analytische Ableitungen als Zauber, Illusion oder Einbildung erkannt, aber deshalb nicht negativ gewichtet. Saturnale Klarschau führt viel eher dahin, daß, so wie das Yin anlagemäßig im Yang enthalten ist, sich auch in der Wirklichkeit die Leere finden läßt bzw. Leere und Wirklichkeit die Kehrseiten derselben Medaille sind. Obwohl diese Aussage paradox klingt, ist sie doch Ausdruck höchster Logik und entspringt der janushaften Doppelköpfigkeit des mythologischen Chronos-Saturn.
Wie ist es nun möglich, zu den lichten Erkenntnisgipfeln des Saturn vorzudringen? Indem wir ganz einfach seinen Charakter imitieren, oder besser noch, indem wir uns mit seiner Schwingung, seinem Temperament, seinem Wesen von innen her identifizieren, um uns dadurch im

positiven Sinne einer Energie zu öffnen, die, verglichen mit Merkur- oder Venus-Themen, in uns ein recht stiefmütterliches Dasein führt. Ohne die Früchte unseres Bemühens schon klar vor Augen zu haben, müssen wir hierbei in den sauren Apfel beißen und den Mut aufbringen, Selbstdisziplin, Ausdauer, Konsequenzbereitschaft und Geduld zu riskieren, und in Kauf nehmen, daß unsere zartesten Träume, Hoffnungen, Wünsche und verdrängten Komplexe, Zielvorstellungen und Weltbilder aufgedeckt und somit desillusioniert werden.
Wir müssen also »angenehme« Selbsttäuschungen aufgeben, uns von der Faszination der Gefühle lösen, aus Befangenheiten befreien und uns vorsichtig an die zunächst bitter, später aber als befreiend erfahrbare Helligkeit des kristallinen Bewußtseins gewöhnen. Hierzu müssen wir erst einmal Abstand nehmen, uns zeitweise von der Welt isolieren, um somit auch rein äußerlich eine Umgebung zu schaffen, in der saturnale Energien zur Entfaltung gelangen können. Dies ist keine Weltflucht, sondern beruht auf Ernsthaftigkeit und Verantwortungsbewußtsein.
Alle großen Erkenntnisse, Philosophien, Religionen usw. sind durch Menschen initiiert worden, die ihre Einsichten und ihre Kraft aus den Phasen des Rückzugs und der Weltabgewandtheit gezogen und somit den Saturn-Ziegenfisch-Archetyp akzeptiert haben. »Sie haben sich selbst mit der Einsamkeit, mit dem grundlegenden psychologischen Alleinsein verheiratet. Sie brauchen keine ablenkende Unterhaltung für den Körper oder die Seele. Das All-Ein-Sein wird zu ihrem Begleiter, zu ihrer spirituellen Gefährtin, zum Teil ihres Wesens. Wo immer sie auch gehen, sind sie allein; was immer sie auch tun, sie sind allein. Ob sie sich gesellschaftlich mit Freunden in Verbindung setzen oder alleine meditieren – das Alleinsein ist die ganze Zeit über da. Jenes Alleinsein bedeutet Freisein, fundamentale Freiheit.« (Tschögyam Trungpa)
Die befreienden Einsichten und Resultate von Kontem-

plation, Konzentration oder Meditation können nun, nach dem Rückzug, ihre Bewährung und Umsetzung finden und sozial wirksam werden. Auch im alltäglichen Bereich sind wir in der Lage, den Saturn-Ziegenfisch-Archetyp an uns zu beobachten: z. B. wenn wir uns einen Augenblick zum Nachdenken zurückziehen und damit Abstand und Klärung gewinnen (ähnliches passiert, wenn wir einen Spaziergang oder eine Wanderung machen).

Um die saturnale Energie sinnvoll in unser Leben zu integrieren, ist es also wichtig, den Zustand zeitweiser Isolation als positive Möglichkeit des Erkenntnisgewinns zu nutzen, das Dasein aus der Perspektive des Todes, der Vergänglichkeit zu betrachten, feinere Wirklichkeiten kritisch zu gewichten, Ursachen von Leidzuständen zu analysieren, Konzentrationsgabe und Selbstverantwortung zu entwickeln. In diesem Zusammenhang ist auch eine Beschäftigung mit dem buddhistischen Weltbild sinnvoll. Wenn wir unserem inneren Saturn auf diese Art und Weise mehr Gehör schenken, hört er auf, unser Widersacher und Feind zu sein. Er verliert seine Teufelsfratze, verwandelt sich in einen strahlenden Diamanten und leuchtet uns als strenger, aber kostbarer Lehrer den Weg zur Selbstverwirklichung.

Henry Miller – Kurzbiographie

»Die Pforte des Schoßes immer nur eingeklinkt. Furcht und Sehnsucht. Tief im Blut die Lockung des Paradieses. Das Jenseits. Immer das Jenseits. Es muß alles mit dem Nabel angefangen haben.«
Henry Miller

Henry Miller wurde am 26. Dezember 1891 um 12.30 Uhr in New York als Sohn einer deutschstämmigen Schneiderfamilie geboren. Biographie und Werk weisen Analogien zur späteren Beatnik-Bewegung (z. B. Jack Kerouac) auf. Miller war ein Kind der Straßen und Slums New Yorks, mit großer expressiver Fantasie begabt und von einem abgrundtiefen Haß gegen seine Mutter erfüllt, mit der er sich innerlich erst im greisen Alter aussöhnen konnte. »Gegen sie, gegen alles, was sie verkörperte, richtete sich meine zügellose Energie. Bevor ich fünfzig war, habe ich nicht ein einziges Mal liebevoll an sie gedacht.« Mit achtzehn verläßt er die Schule, arbeitet in einer Zementfabrik und beginnt intensiv Athletik zu betreiben (Fahrradsport). Von einem ungeheuerlichen Wissensdurst getrieben, beschäftigt er sich mit Religion, Philosophie, Jazz, Boxsport, Kunst und Literatur. »Mein Wissensdurst und meine Neugier treiben mich gleichzeitig in alle Richtungen voran.« Ein entscheidendes Ereignis war für ihn die Begegnung mit den mystischen und okkulten Lehren der Theosophie (1912). Er begegnete dort der Welt Swedenborgs, Jakob Böhmes und Meister Eckeharts, beschäftigte sich mit dem Tibetanischen Totenbuch und Lehren der Wiedergeburt. Sein anarchistisches Wesen spiegelte sich in seiner Verehrung der radikalen Frauenrechtlerin Emma Goldman wider (»Zurück zur Unverantwortlichkeit der anarchischen Menschen«). 1914 versuchte er sich vergeblich in der Schneiderwerkstatt seines Vaters, schloß 1917 seine erste Ehe, übte sich in literarischen Versuchen und jobte sich als Geschirrspüler, Kellner, Zeitungsbote, Totengräber und Stenotypist durchs Leben. 1924 beschloß er, nie wieder einen Job zu übernehmen, professioneller Schriftsteller zu werden, und heiratete seine zweite Frau June Smith, ein New Yorker Taxigirl. Sie bestätigte ihn in seinen schriftstellerischen Bemühungen, und sie verkauften im Künstlerviertel Greenwich-Village Prosagedichte und Aquarelle. Als Maler war Miller Autodidakt und brachte es zu 20 internationalen Ausstellungen: »Der Ruf der Farbe rührt mich an. Manchmal beantworte ich ihn, zuweilen verwirrt er mich.« 1928 reiste er zum ersten Mal nach Europa (Paris). Nach seiner zweiten Europareise (1930) beschloß er, (für beinahe zehn Jahre) in Paris ansässig zu werden, und wurde dort von der amerikanischen Schriftstellerin Anais Nin beeinflußt, einer esoterisch und spirituell engagierten Frau. Im Pariser Stadtteil Clichy vollendete er sein erstes bedeutendes Buch: »Wendekreis des Krebses«, eine surreale Collage sexueller und metaphysischer Verflochtenheit. »Der ›Wendekreis des Krebses‹ ist ein mit Blut getränktes Testament, das die verheerenden Wirkungen meines Kampfes im Bauch des Todes zeigt. Der starke Geruch des Sexus, den das Buch ausströmt, ist in Wirklichkeit das Aroma der Geburt.« Schriftsteller, die ihn in dieser Zeit stark beeindruckten, waren z. B. D. H. Lawrence, Dostojewskij, Graf Keyserling, William Blake, Blavatsky, Krishnamurti und Nietzsche. 1936 erscheint »Schwarzer Frühling« und 1939 »Wendekreis des Steinbocks«, »... vielleicht das beste Buch über die Welt des Weiblichen, das je geschrieben wurde« (Perles). 1935 trifft er mit dem Astrologen und Magier Conrad Moricand zusammen und beschäftigt sich mit Alchemie, Astrologie und Telepathie. Obwohl Millers astrologisches Wissen recht unvollständig und vordergründig ist, prägt es doch ab 1935 deutlich sein Schaffen. Über Griechenland, dessen alte Philosophie er sehr ehrt, fährt er 1945 nach New York zurück und beginnt dort mit seinen Arbeiten an »Stille Tage in Clichy«, »Die Welt des Sexus« und »Die rosarote Kreuzigung«. Er siedelt nach Kalifornien über und heiratet 1944 zum dritten Mal. 1947 beginnt er mit den Arbeiten an »Plexus«, fährt wieder für einige Zeit nach Europa und schließt Ende 1953 seine vierte Ehe mit Eve McClure. 1956 stirbt seine Mutter (»Als sie starb, fühlte ich eine Befreiung... Sie stand mir im Wege, mein ganzes Leben lang, sie war ein Zwillingstyp...«).

Aus der letzten Bemerkung können wir gut das niedrige Niveau von Millers astrologischem Weltbild entnehmen. Henry Miller ist jetzt ein erfolgreicher Schriftsteller und veröffentlicht im gleichen Jahr »Big Sur and the Oranges of Hieronymus Bosch«, in dem er eine neue paradiesische und mystische Weltordnung entwirft. Im Alter von 75 Jahren heiratet Miller zum fünften Male. Diesmal eine über 40 Jahre jüngere Japanerin. Auch diese Ehe ist nur von kurzer Dauer. »Kein Zweifel, das Trugbild von der unsterblichen Liebe hatte ihn ein weiteres Mal genarrt: ein fast Achtzigjähriger, noch immer unbeirrt und unbelehrt, auf der Suche nach dem makellosen Engelwesen, das zugleich die Herrin wäre, der er sich unterwarf: die Befleckte, doch makellos unter ihren Makeln, die unauffindbare Namenlose, die auf Erden nicht existiert« (W. Schmiele). 1969 wird »Wendekreis des Krebses« verfilmt, und kurze Zeit später schreibt er »Die schönen Torheiten des Alters«, eine surreale, mystische und psychologische Autobiographie. »Jetzt war ich reif für die Swedenborgsche Phase, mit anderen Worten, für den Übergang zur Mystica-dolorosa-Gestalt. Engel umschwärmen mich wie betrunkene Tauben. Sprachen, die ich vergessen hatte, kamen mir ungeheißen und syntaktisch perfekt über die Lippen. Ich verkehrte so mühelos mit den Verstorbenen wie mit den Nachbarn von nebenan.«

Miller, der durch seine freien sexuellen Schilderungen und Fantasien berühmt wurde, wollte im Alter hiervon nichts mehr hören: »Ich mache mir nicht mehr die Bohne aus Sex und all diesem Kram.« 1973 mußten drei herzchirurgische Eingriffe (Kunststoffimplantate) vorgenommen werden, und er erlitt einen Schlaganfall mit den Folgen einseitiger Erblindung und Ertaubung. In seinem Spätwerk »Mutter, China und die Jenseitswelt« versöhnt er sich mit seiner Mutter, die ihm in einer jenseitigen Welt erscheint und ihm die Fragen seines Lebens beantwortet. In dieser Traumerzählung bemüht er sich um Sinnklärungen von Tod und Wiedergeburt (»Sex ist einer der neun Gründe für die Reinkarnation«).

Der Ziegenfisch-Einfluß in Millers Karmagramm

> »Nur der Narr, der absolute Narr... ist frei, die Tiefen auszuloten und die Himmel zu durchstreifen. Seine Unschuld bewahrt ihn. Er braucht keinen Schutz.«

Ganz ähnlich wie Hermann Hesse ist Miller ein Leben lang damit beschäftigt, den Krebs-Archetypen, das Weibliche, die Seele, die Welt der Gefühle, die Leidenschaften, die Welt von Esoterik, Magie und Wiedergeburt zu suchen, zu erfahren und zu verarbeiten. Nicht so vordergründig wie bei Hesse ist jedoch Millers Kampf mit einem weiteren wichtigen Krebs-Archetypen: der Mutter. Die Auseinandersetzung mit dem mütterlichen Prinzip spiegelt sich sowohl in Millers Mond-Mars-Uranus-Konjunktion im Skorpion als auch in seiner Venus- und Merkur-Opposition zum Krebs-IC wider. Er versucht diesen Urkonflikt sowohl in erfolglosen Partnerschaften (Dreier-Konjunktion im 7. Feld) als auch durch Astrolo-

gie, Psychologie und Esoterik (starke Aspektierung des Jupiter in den Fischen) zu lösen.
Miller projiziert auf seine Mutter alle magischen Aspekte, die der Krebs-Energie innewohnen. Sie ist für ihn eine Hexenmutter, eine Giftmischerin und Dämonin, die ihn in das Leid dieser Welt hineingestoßen hat, um ihn sich selbst zu überlassen und unter deren hypnotischem Bann er sich zeitlebens sieht: »Es war ein Schatten der Mißbilligung, schweigsam und hinterhältig, wie ein Gift, das einem langsam in die Adern geträufelt wird.« Miller kann die im Nichts wurzelnden und illusionserzeugenden Kräfte des Krebses nur sehr viel langsamer (Ziegenfisch-Betonung ist häufig eine Entwicklungsverzögerung) als Hermann Hesse positiv integrieren. Obwohl ihm, genauso wie Hermann Hesse, die buddhistische Lehre bekannt gewesen ist, schreckt ihn die Vorstellung des Nichts, er fühlt sich von ihr wie von einer Hydra oder Spinne bedroht: »Die Mütter des Menschengeschlechts tragen den gähnenden Abgrund des Nichts zwischen ihren Beinen.« Oder: »Wieder sehe ich die großen, ausgestreckt daliegenden Mütter von Picasso, ihre Brüste sind mit Spinnen bedeckt, ihre Legende ist tief im Gewirr verborgen... Große Hure und Menschenmutter mit Gin in den Adern. Mutter aller Dirnen, Spinne, die uns in ihr logarithmisches Grab einrollt. Unersättliche Teufelin, deren Lachen mir das Herz zerreißt! Ich blicke hinunter in diesen eingesunkenen Krater, diese verlorene und spurlos vergangene Welt, und ich höre die Glocken läuten.« Seine Mutter, die ihn lieber als Erdarbeiter oder Schneider denn als Schriftsteller sehen wollte, erschreckt ihn noch auf ihren Begräbnisfeierlichkeiten: »Als wir sie begruben, geschah etwas Seltsames, ... sie konnten den Sarg nicht in die richtige Position bringen, um ihn in das Grab hinabzulassen. Es war, als ob sie sich uns noch immer widersetzte. Und vorher, in der Leichenhalle, in der sie sechs Tage lang aufgebahrt lag, öffnete sich jedesmal, wenn ich mich über sie beugte, eines ihrer Augen und starrte mich an.«

Aus dieser Haßliebe zur magischen Dimension der Mütterlichkeit (Konjunktion Mars-Mond im Skorpion) zieht Miller seine Hauptenergie für sein literarisches Schaffen (analog der Mond-Saturn-Konjunktion bei Hesse). Der Mond-Mars-Konflikt findet jedoch nicht nur über die Schriftstellerei (Sextil zu Merkur und MC), sondern auch über eine geistige Verarbeitung mystischer Gesetzmäßigkeiten (Trigon zu Jupiter in den Fischen) eine positive Verarbeitungsmöglichkeit. »Die Magie existiert seit frühester Zeit, die Wissenschaft erst seit gestern. Gestern kann zweitausend Jahre zurückliegen, oder zehntausend Jahre. Jahre bedeuten nichts.« Neben der Durchdringung des Weiblichen durch Millers Ziegenfisch-Betonung können wir aus den starken atmosphärischen Schilderungen magischer, masochistischer oder sadistischer Gefühle der Leidenschaften und der Sexualität auch viel über Millers Erfahrungen mit dem Skorpion-Archetyp lernen. Der Skorpion, mütterliches, archaisches, selbstzerstörerisches, triebbetontes und dunkles Zeichen der Initiation, Transformation und Wiedergeburt, wird, da sich auch Uranus in diesem Zeichen aufhält, auf eine collagehafte, assoziative, bildhafte, revolutionäre und chaotisch anmutende Art und Weise beschrieben.
Miller erfaßt seine Skorpion-Energie als eine morbide Welt des Horrors und der masochistisch-sexuellen Ohnmacht: »Der Körper des jungen Mannes krümmt und windet sich; er ist an starke Pfähle gefesselt und liegt am Erdboden. Die tätowierten Augen sind krampfhaft aufgerissen und zucken angstvoll. Wir sehen die Augen ganz aus der Nähe, die Aderstränge treten hervor. Alraunes Körper zuckt krampfhafter; ihre Vulva sieht wie ein tätowiertes Auge aus. Der junge Mann bäumt sich auf, seine Adern treten heraus und schwellen so an, daß sie schließlich platzen. In diesem Augenblick bietet sich Alraune in ihrer obszönsten Stellung dar, die Vulva zuckt, die Augen zerspringen.« Daß das sogenannte Obszöne mystischen Einwirkungscharakter trägt und den Ich-Tod vor-

aussetzt, wie es vor allem auch das Tantra beschreibt, ist Miller in der Verarbeitung des Skorpion-Archetyps klargeworden: »Alle gewaltsamen Manifestationen strahlender Kraft haben ein obszönes Leuchten (...), alle Bekehrungen finden während des Bruchteils eines Sekundensplitters statt. Die Befreiung bedeutet das Abwerfen von Ketten, das Zerreißen des Kokons. Obszön sind die ankündigenden und vorangehenden Bewegungen der Geburt (...). Das Obszöne hat alle Eigenschaften eines verborgenen Zwischen. Es ist unermeßlich wie das Unbewußte selbst.« Die Vereinigung mit den mütterlichen Prinzipien des Krebses ist für Miller nur im Jenseits der magischen Nachtodwelt (Skorpion) möglich. So ist es denn bezeichnend, daß die Versöhnung mit seiner leiblichen Mutter in einer visionär erlebten mystischen Traumwelt stattfindet. Sein eigenes Ego, sein eigener Wille, mußte vorher sterben: »Ich war mir nicht ganz klar darüber, daß ich gestorben war – bis ich meine [verstorbene] Mutter auf mich zukommen sah.«

Ein anderes wichtiges Thema, das Miller beschäftigte, finden wir in der Ziegenfisch-Venus im 10. Feld widergespiegelt: die Suche nach Ganzheit, Harmonie, höherer Form von Liebe. Dieses Thema darf man nicht mit der Skorpion-Problematik durcheinanderbringen. Es wird sozusagen separat bearbeitet. Zunächst einmal findet er über sein 7. Feld heraus, daß sich seine hohe Vorstellung von der Liebe nicht über Partnerschaft verwirklichen läßt: »Ich betrachte die Ehe als den Tod der Liebe«, »Ich bin in der Liebe ständig frustriert gewesen«. Dann beschäftigt er sich mit umfassenderen Formen der Liebe durch östliche Religionsphilosophie und Esoterik, um schließlich in den »Oranges of Hieronymus Bosch« eine harmonische Weltordnung zu entwerfen, »als der Mensch noch eins mit der Schöpfung war, als der Löwe friedlich neben dem Lamm lag«. Auf der Suche nach der Liebe befragt Miller in seinem Alterswerk »Mutter, China und die Jenseitswelt« seine verstorbene Mutter hierzu. Sie antwortet: »Das ist der ganze Sinn der Liebe, deine andere Hälfte zu finden. Manchmal dauert die Suche Jahrtausende.«

Millers Widder-Aszendent symbolisiert uns dessen revolutionäre, aber weltzugewandte Suche nach einem durchgeistigten Lebenssinn, nach Ideen kämpferischer Verantwortlichkeit und individuellem Engagement. Mit dem Widder-Archetyp kann er den Mut entwickeln, Konventionen zu sprengen, Tabus zu ignorieren und expressive

Saturn und Ziegenfisch: Ordnung, Planung und Nutzbarmachung der äußeren und inneren Natur.

Direktheit zu entwickeln. Der Widder verleiht ihm die ihm eigene impulsive Naivität, aber auch Anflüge von Selbstherrlichkeit und Größenwahn. Ein wirklicher Anarchist ist er nur theoretisch gewesen. Wollte er anfangs noch die Welt in Flammen legen, begriff er doch schnell, daß die ewigen Gesetze der Wiedergeburt dadurch nicht zu sprengen sind. Seiner Ziegenfisch-Energie verdankt er es, daß er sein brisantes energetisches Gemisch (Skorpion und Widder) zu erkennen und zu verarbeiten vermochte und dadurch innere Harmonie fand: »Wenn ein Mensch das Alter erreicht hat und seine Mission erfüllt, hat er ein Recht, sich in Frieden dem Gedanken an den Tod zu widmen. Er braucht keine anderen Menschen, er kennt sie schon und hat genug von ihnen gesehen. Was er braucht, ist Frieden.«

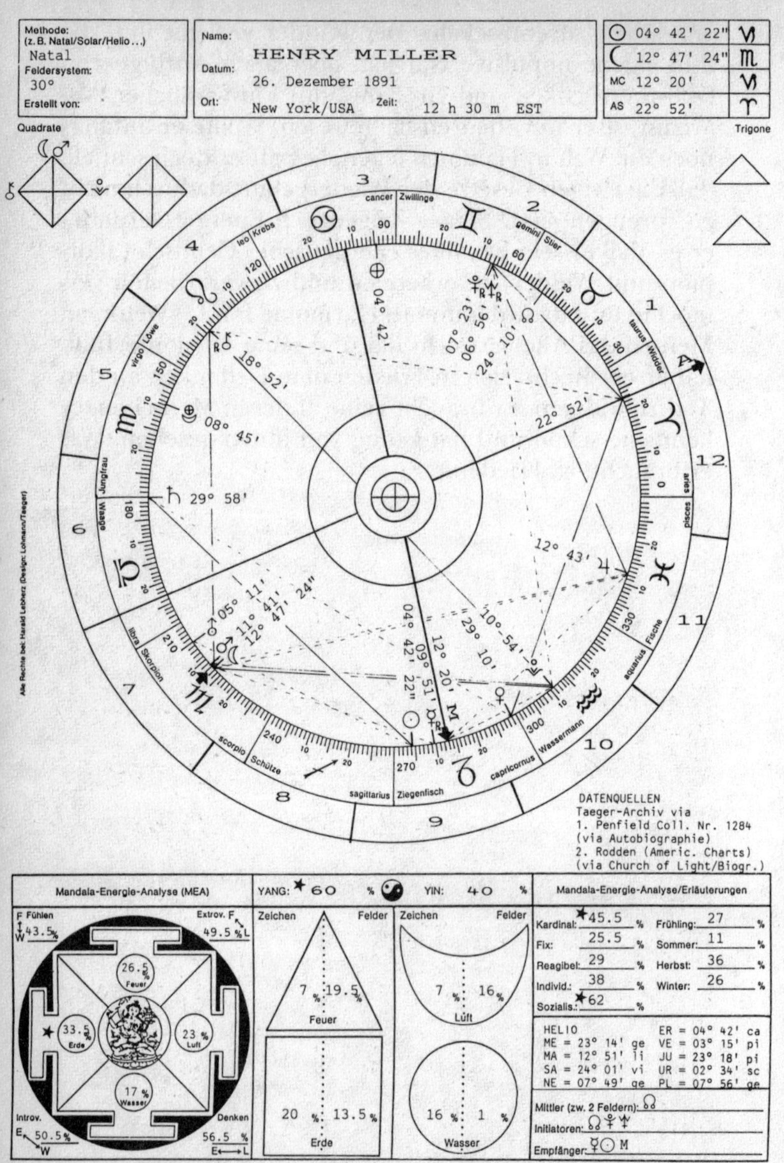
Methode:
(z. B. Natal/Solar/Helio ...)
Natal
Feldersystem:
30°
Erstellt von:
Name:
HENRY MILLER
Datum:
26. Dezember 1891
Ort:
New York/USA
Zeit:
12 h 30 m EST
☉ 04° 42' 22" ♑
☽ 12° 47' 24" ♏
MC 12° 20' ♑
AS 22° 52' ♈
Quadrate
Trigone
cancer Zwillinge
gemini Stier
taurus Widder
aries
pisces
Fische
aquarius
Wassermann
capricornus
sagittarius Ziegenfisch
Schütze
scorpio
Skorpion
libra
Waage
Jungfrau
virgo Löwe
leo Krebs
04° 42'
07° 23'
06° 56'
24° 10'
18° 52'
08° 45'
22° 52'
29° 58'
12° 43'
05° 11'
11° 41'
12° 47' 24"
04° 42' 22"
09° 51'
12° 20'
29° 10'
10° 54'
DATENQUELLEN
Taeger-Archiv via
1. Penfield Coll. Nr. 1284
(via Autobiographie)
2. Rodden (Americ. Charts)
(via Church of Light/Biogr.)
Alle Rechte bei: Harald Lebherz (Design: Lohmann/Taeger)
Mandala-Energie-Analyse (MEA)
YANG: 60 %
YIN: 40 %
Mandala-Energie-Analyse/Erläuterungen
F Fühlen W 43.5 %
Extrov. F L 49.5 %
26.5 % Feuer
33.5 % Erde
23 % Luft
17 % Wasser
Introv. E W 50.5 %
Denken E L 56.5 %
Zeichen Felder
7 % 19.5 %
Feuer
20 % 13.5 %
Erde
Zeichen Felder
7 % 16 %
Luft
16 % 1 %
Wasser
Kardinal: 45.5 %
Fix: 25.5 %
Reagibel: 29 %
Individ.: 38 %
Sozialis.: 62 %
Frühling: 27 %
Sommer: 11 %
Herbst: 36 %
Winter: 26 %
HELIO
ME = 23° 14' ge
MA = 12° 51' li
SA = 24° 01' vi
NE = 07° 49' ge
ER = 04° 42' ca
VE = 03° 15' pi
JU = 23° 18' pi
UR = 02° 34' sc
PL = 07° 56' ge
Mittler (zw. 2 Feldern): ☊
Initiatoren: ☊ ♇ ♆
Empfänger: ☿ ☉ M

Stichworte zu Millers Karmagramm

Mutter-Problematik: Konjunktion Mond, Mars, Uranus (Skorpion / 7. Feld) / Krebs-IC / Vesta-Quadrat-Mond

Schriftstellerische Ambitionen: hohes Erdelement / Merkur am MC / Merkur-Sextil-Mond, Mars / Jupiter-Sextil-MC / Erde im 3. Feld (Trigon Uranus)

Sexuelle Problematik: Skorpion- und Widderbesetzung / Pluto, Neptun-Quadrat-Jupiter / Venus-Quadrat-Aszendent / Vesta-Quadrat-Mars

Neigung zu Masochismus: hohe Skorpionbesetzung / Jupiter-Quadrat-Pluto, Neptun / Saturn-Quadrat-Sonne

Interessenvielfalt, Reisefreude: Merkur und Venus am MC / Widder-Aszendent / Sonne und Merkur im 9. Feld / Mars-Trigon-Jupiter / Venus-Quadrat-Aszendent / Jupiter im 11. Feld / MC im 9. Feld

Mystik, Esoterik, Astrologie: Jupiter in den Fischen / Pluto, Neptun-Quadrat-Jupiter / Ziegenfischbesetzung (Sonne, MC, Merkur, Venus) / Uranus im Skorpion / Pluto, Neptun-Halbquadrat-Aszendent

Suche nach Harmonie und höherer Liebe: Venus im 10. Feld (Trigon zu Saturn) / Mond, Mars-Trigon-Jupiter / Neptun-Halbquadrat-Aszendent / Vesta-Trigon-Neptun, Pluto

Magische Ängste: Konjunktion Mond-Mars im Skorpion / Konjunktion Pluto / Jupiter in den Fischen / Saturn-Quadrat-Sonne

Anarchismus, Revolution: Konjunktion Mars, Uranus, Mond (Skorpion) / Widder-Aszendent / Uranus-Sextil-Sonne / Jupiter-Quadrat-Pluto / Chiron-Quadrat-Mars / Chiron-Opposition-Vesta

Ehrgeiz, Selbstsicherheit: Ziegenfisch-Betonung / Widder-Aszendent / Saturn-Trigon-Venus (im 10. Feld) / Mars, Jupiter-Sextil-MC / Pluto-Halbquadrat-Aszendent / Merkur und Venus am MC / Yang-Betonung (60%)

Tod, Wiedergeburt: Skorpionbesetzung / Ziegenfischbesetzung / Jupiter in den Fischen / Pluto, Neptun-Quadrat-Jupiter / Konjunktion Mond-Uranus

Gemeinsamkeiten mit H. Hesse: starke Mond-Konjunktionen im Wasser-Element / Krebs-Ziegenfisch-Achse / starke Jupiter-Stellung / Feuerzeichen-Aszendent / Venus-MC-Verbindungen / Merkur-MC-Verbindungen / Besetzung des 7. Feldes / Jupiter-Mond-Verbindungen / Vesta-Mond-Verbindung

Das Wechselspiel von Krebs und Ziegenfisch

Wo komme ich her? – Wie gehe ich weiter?

Kommen wir über den Krebs-Archetypen zu unseren verborgenen Wurzeln, unserer dunklen metaphysischen Vergangenheit, dem mütterlichen Schoß der Unendlichkeit, den archetypischen Gesetzmäßigkeiten seelischer Eingebettetheit in ein Dickicht irrationaler und gefühlsmäßiger Abhängigkeiten (Prinzipien der Rückbindung), so bemüht sich die oppositionelle Ziegenfisch-Energie um Erkenntnis und Analyse dieser Ursprünge durch Vereinfachung, Reduzierung oder Abstrahierung und somit um eine schrittweise Entzauberung respektive ›objektive‹ Verarbeitung seelischer Verhaftungen. Während sich der Krebs jedoch in seinem archaischen und mütterlichen Wesen geborgen und subjektiv sicher fühlt, möchte sich der Ziegenfisch von seinen seelischen Nabelschnüren loslösen, sich vom Yin-Bereich emanzipieren, den Kreislauf der Wiedergeburt sprengen, nicht auf Ahnungen und Instinkte bauen, sondern lichte Klarheit und Gewißheit entwickeln, den Gewalten des Lebensstroms mit Widerstand entgegentreten. Da die materielle Wirklichkeit (Ziegenfisch-Erdelement) nichts anderes ist als kristallisierter bzw. formadäquater Ausdruck magischer, mystischer und seelischer Wirklichkeit (Krebs-Wasserelement), ist Entsagung von veräußerlichter Wirklichkeit gleichzeitig Entsagung von metaphysischer Verhaftung.

Der Ziegenfisch reagiert also nicht negativ auf die Krebs-Energien, deren hintergründiges Wesen er sichtbar macht. Er löst sich nur aus dem gefühlsmäßigen Bann, den magischen Fesseln, den hydrahaften Zugriffen, die dem Krebs-Charakter innewohnen. Die Arbeit des Ziegenfischs besteht also darin, Ängste und Faszinationen zu

überwinden, einen Zustand der Nichtanziehung und Nichtabstoßung anzustreben, der die Voraussetzung für klare Entscheidungen ist. Da er sich mit seinem Fischeunterkörper im seelischen Bereich verankert sieht, kann er nicht begreifen, daß man sein eigenes Wesen ablehnend oder anziehend finden, sich quasi in sich selbst verstricken kann. Indem er sich dadurch Klarheit über seine eigene Natur verschafft und diese als sachgegebene Basis betrachtet, kann er jetzt nach sinnvollen Wegen und Möglichkeiten forschen, sein Potential praktisch einzusetzen, seinen unerlösten seelischen Bereich zu ent-wickeln und dadurch einen verläßlichen Halt in sich selbst, also Selbstvertrauen und Eigenverantwortlichkeit herstellen.
Dieser Vorgang der Durchdringung und Kristallisierung ist nicht nur Karmabewältigung, sondern automatisch auch die Vorstufe zur höheren Menschwerdung durch die Löwe-Wassermann-Achse.

Krebs	**Ziegenfisch (Steinbock)**
gefühlsmäßiges Erfassen	rationales Verarbeiten
Ausweitung,	Kristallisation,
Grenzenlosigkeit	Grenzsetzung
verantwortungsbewußtes	verantwortungsbewußtes
Yin	Yang
Zeitlosigkeit	Zeitsetzung
Illusion	Desillusion
(Verzauberung)	(Entzauberung)
verborgene Wirklichkeit	äußere Wirklichkeit
Rückbindungen	Ent-Bindungen
Verschwommenheit	Klarheit
Glauben	Prüfen
organisches Wachstum	anorganisches Wachstum
Subjektivität	Objektivität
einfühlsame	erkenntniskonsequenter
Hingabe	Widerstand
magische oder	sachliche oder
archaische	wissenschaftliche
Kommunikation	Kommunikation
Ergriffenheit	Distanziertheit
offene	beschränkende
Reflexion	Konzentration
Ursache	Verwirklichung
irrationales Fühlen	kausales Denken
magisches Weltbild	okkultes Weltbild
Ahnung	Gewißheit
Energetik seelischer Bilder	Energetik abstrakter Logik
Empfänglichkeit	kritische Verschlossenheit
Selbstlosigkeit	Selbständigkeit

Gemeinsam

Sensibilität, Introversion, Verantwortungsbewußtsein, Wiedergeburtsbewußtsein, Arbeit im oder am seelischen Bereich, Bindungsproblematik, Neigung zur Isolation, Gewichtung illusionserzeugender Energien, Bewältigung der inneren und äußeren Natur (Ausweitung-Reduzierung), Erfahrung und Verarbeitung des Ursache-Wirkung-Gesetzes, soziales Engagement, Reaktion auf magische Gesetzmäßigkeiten (aktiv oder passiv)

LÖWE & WASSERMANN

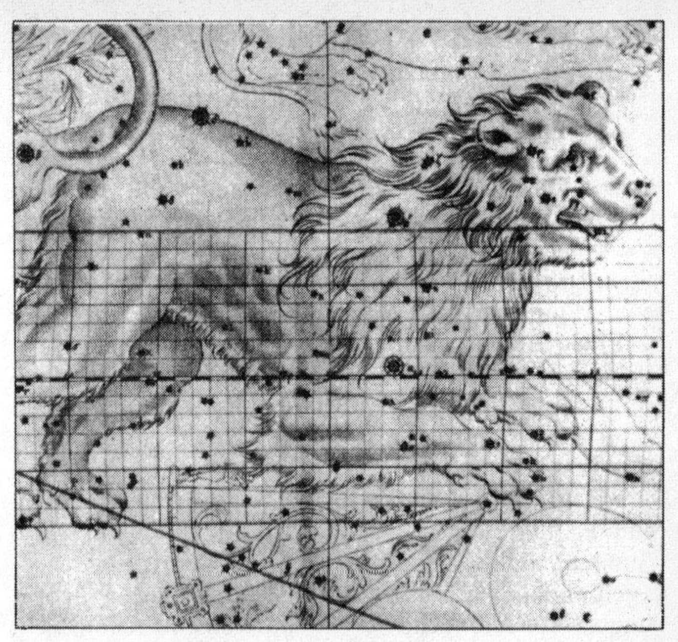

LÖWE

Löwe in Stichworten

5. Zeichen im Tierkreis / Sommermitte / Herrscher: Sonne (Helios, Apollo) / Element: Feuer / Yang / fixierendes Zeichen / Oppositionsenergie: Wassermann / Felder- bzw. Häuserentsprechung: 5. Feld (Entwicklung des geistigen Differenzierungsvermögens, das Sein als energetische Manifestation des Geistes, ideelle oder geistige Selbstverwirklichung, Integration yanghafter Männlichkeit, spirituelles Weltbild) / Einflußsphäre (Felderwanderung): 24.–30. Lebensjahr / Tagesentsprechung: 9. und 10. Stunde nach Sonnenaufgang / Länderentsprechungen: Frankreich, Teile von China / Städteentsprechungen: Köln, Peking, evtl. Los Angeles, Paris / Wochentag: Sonntag (der Sonne geweihter Tag) / Psychische Entsprechungen: Individuationsprozeß, Durchgeistigung der inneren und äußeren Welt, spirituelle Selbstfindung, Fixierung der Persönlichkeit / Temperament: cholerisch-phlegmatisch / Somatische Entsprechungen: Herz und Kreislauf, Wirbelsäule, Blutkreislauf, Wachstumshormone / Alchemie: Gold (Aurum), Diamant, Rubin, Goldquarz, Chrysoberyll / Farbentsprechungen: Purpurrot, Orange, Gold, Weiß, Türkis / Formen: barocker Formenreichtum, sich entwickelnde Spiralen, großflächige Raumaufteilung, Dekorfreudigkeit / Asiatische Tierkreisentsprechung: Drache / Esoterik: Herzchakra (Anahata-Chakra), im Buddhismus Kehlchakra / Zahlen: 1, 3 oder 12 / Löwe-Zeitalter: 10 000–8000 v. Chr./ Sonnenjahre: 1933, 1940, 1947, 1954, 1961, 1968, 1975, 1982, 1989, 1996, 2003, 2010 / I-GING-Entsprechungen: *Kien* = das Schöpferische; *Da Yu* = der Besitz von Großem; *Fong* = die Fülle / Mythologien, Märchen: alle Heldenmythen, vor allem die Herakles-Sage, Märchen von gerechten Königen und weisen Autoritäten, heroische und ästhetische oder würdevolle Tierarchetypen wie Pfau,

Löwe, Adler, der asiatische Drache, Hirsch; Bezüge zum buddhistischen Amitabha-Kult (Buddha Amitabha wird in der Sonne verehrt und gilt als Symbol unermeßlicher Kraft, geistiger Ästhetik und der Unsterblichkeit) sowie zu Chenrezig, Amitayus, Ushnishavijaya, Hayagriva, Shri Mahamaya, die Sonnengöttin Marici. Im Hinduismus Analogien zum Shiva-Kult, Sonnengott Surya, Feuergott Agni.

Löwe-Geborene

(mit Sonne im Löwen)

Sri Aurobindo (MO=sa/AS=le), Helena Blavatzky (MO=li/AS=ca), Emily Brontë (MO=ca/AS=sc), Fidel Castro (MO=aq/AS=sc), Coco Chanel (MO=pi/AS=sa), Matthias Claudius (MO=ge/AS=ge), Claude Debussy (MO=ca/AS=le), Henry Ford (MO=aq/AS=sc), Franz Joseph I. (MO=le/AS=li), Mata Hari (MO=pi/AS=sc), Alfred Hitchcock (MO=sc/AS=le), Aldous Huxley (MO=ta/AS=ge), Mick Jagger(MO=ta/AS=le), Carl G. Jung (MO=ta/AS=cp), Jacqueline Kennedy (MO=ar/AS=sc), Peter Kreuder (MO=ar/AS=sa), Alfried Krupp (MO=li/AS=sc), Dino de Laurentis (MO=cp/AS=le), Alan Leo (MO=ar/AS=le), Guy de Maupassant (MO=ca/AS=vi), Benito Mussolini (MO=ge/AS=sc), Napoleon Bonaparte (MO=cp/AS=sc), Bernard Shaw (MO=ta/AS=ge), Andy Warhol (MO=sa/AS=vi), Mae West (MO=ge/AS=le)

Anmerkung: MO= Mond, AS= Aszendent;
ar= aries= Widder, ta= taurus= Stier, ge= gemini= Zwillinge, ca= cancer= Krebs, le= leo= Löwe, vi= virgo= Jungfrau, li= libra= Waage, sc= scorpio= Skorpion, sa= sagittarius= Schütze, cp= capricornus= Ziegenfisch, aq= aquarius= Wassermann, pi= pisces= Fische.

Planeten im Löwen und 5. Feld

Sonne im Löwen (Anlage) oder 5. Feld (Aufgabe)

Identifikationen mit geistigem Differenzierungsvermögen; Entwicklung positiver, lebenzugewandter Ideale; als geistige Autorität Verantwortung übernehmen wollen; Selbstverantwortung; Eigenständigkeit; Optimismus; Kreativität; Begeisterungsfähigkeit; Regenerationskraft; geistige Vorstellungskraft; Interesse an Philosophie, Kunst und Religion; Großzügigkeit; Unabhängigkeitsliebe; Selbstachtung; Willensstärke; Mut; Wirkungsbewußtheit; Durchsetzungskraft; Individualismus; sonniges Naturell; starke physische Konstitution; die Welt als Manifestation geistiger Energien; Ringen um geistige Synthese; spirituelle Überzeugungskraft...

Stolz; Hochmut; Persönlichkeitskult; Gefahr des Mißbrauchs geistiger Macht; geringe Hingabefähigkeit; Egoismus; Anpassungsschwierigkeiten; durch starke Projektionen den anderen nicht wahrnehmen können; Herrschsucht; leichte Verletzbarkeit; unrealistische Dramatisierungen und Überspitzungen; Phlegmatik; mangelnde Flexibilität; geistiger Dogmatismus; eigene Schwächen nicht zugeben können; Standesdünkel; Illusionen von Sendungsbewußtsein aufbauen; durch Dramatisierungen bluffen; unter dem Zwang stehen, beeindrucken zu müssen; Pathos; unter dem eigenen väterlich-männlichen Image leiden; emotionale Gereiztheit; Fehlidentifikation mit geistigen Werten; Spannungen zwischen Trieb und Geist...

Mond im Löwen (Anlage) oder 5. Feld (Aufgabe)

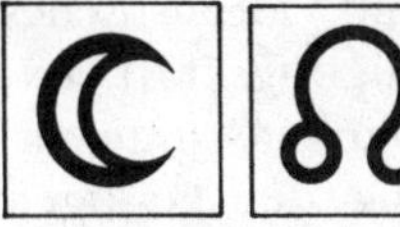

Identifikation mit seelischen Inhalten und Gefühlen; bewegtes Traum- und Fantasieleben; Gestaltungskraft; Selbstvertrauen; Gefühle geistiger Verantwortung; künstlerische Kreativität; aktives Mitleid; sich für Schwächere einsetzen; Gerechtigkeitsempfinden; Unternehmungsgeist; Risikofreude; seine Gefühle schauspielerisch und dramatisch wirksam umsetzen können; der Wunsch, positiv beeinflussen zu wollen; geistige Differenzierung seelischer Energien; Begeisterungsfähigkeit; Rhythmusgefühl; Extroversion; politisches Engagement; Geistesgegenwart; repräsentieren wollen...

Autoritätsprobleme mit der Mutter und mit Frauen; wenig Hingabefähigkeit; Anlage zu Hysterie und Cholerik; Stolzgefühle; sich grundlos persönlich angegriffen fühlen; Egozentrik; subtile Machtkämpfe austragen; Selbstliebe und Eitelkeit; Disposition zur Selbstherrlichkeit, Größenwahn und Fanatismus; Anpassungsschwierigkeiten; Projektion der eigenen seelischen Problematik auf andere; Selbstüberzogenheit; ausgeprägte Subjektivität; sich selbst nur schwer neutral beurteilen können; Anerkennungsdrang; autoritäre und despotische Neigungen; vorschnelle, emotionale Entschlüsse fassen; Arroganz; Impulsivität; Eigensinnigkeit; Zuneigung erzwingen wollen; Besonderheitsvorstellungen führen zu Kontaktschwierigkeiten...

(z.B. P. McCartney, Friedrich der Große, M. Gandhi, Mao Tse-tung)

Merkur im Löwen (Anlage) oder 5. Feld (Aufgabe)

Selbständiges und idealistisches Denken; Überzeugungskraft; Extroversion des Denkens; intellektuelle Gewichtung der geistigen Dimension; originelles, individuelles Denken; naives, zielstrebiges und direktes Denken; Optimismus und Selbstvertrauen; Interesse an Kunst, Philosophie und Religion; lehrer- oder guruhafte Weitergabe des Wissens; großzügiges Denken; spirituell orientierte Reisen; Enthusiasmus; denkerische Kreativität und Fantasie; künstlerische Begabungen; geistige Konfrontation und Austausch suchen; Identifikation mit gedanklichen Erkenntnissen; Kunst als Informationsträger; geistige Initialzündungen vermitteln wollen; farbige, plastische und bilderreiche Sprache...

Konzentrationsschwierigkeiten, Gefahr polarisierenden und subjektiven Denkens; Wissensdünkel; wenig gedankliche Flexibilität; reduzierte Selbstkritik; vorschnelle Entscheidungen treffen; Schwierigkeiten zu neutralen und objektiven Urteilen zu gelangen; Kontakt- und Kommunikationsschwierigkeiten; intellektueller Bluff; Egozentrik; Neigung zu hysterischen und dramatischen Übertreibungen; Voreiligkeit; selbstgerechtes Denken; rechthaberisch; Unnachgiebigkeit; sich in andere Menschen nur schwer hineindenken können; gedankliche Fehlidentifikationen; autoritäres Verfechten von Gedanken; Diskrepanz zwischen Gedankenpathetik und Wirklichkeit; Präzisierungsschwierigkeiten; gedankliche Fehler nicht eingestehen wollen (Stolz)...

(z. B. F. Castro, E. Hemingway, M. Jagger, Napoleon)

Venus im Löwen (Anlage) oder 5. Feld (Aufgabe)

Harmoniefindung über geistige Differenzierung; Ästhetisierung des eigenen Egos; starke künstlerische Gestaltungskraft; schöpferische Entfaltung des Individuums; Entwicklung künstlerischen Geschmacks; schauspielerische Begabung; Farb- und Formsinn; Kunstliebhaber; Warmherzigkeit; expressive Demonstration der Weiblichkeit; sich um eine Synthese verschiedener philosophischer und religiöser Konzepte bemühen; optimistische Weltzugewandtheit; Interessenvielfalt; erotische Ausstrahlung; Unternehmungslust; sein geistiges Potential anderen zur Verfügung stellen wollen; Hingabe an spirituelle Ideale; Ausstrahlungskraft; Großzügigkeit; geistige Partnerschaften suchen...

Dekorative Vordergründigkeit; partnerschaftliche Dominanzprobleme; Narzißmus und Eitelkeit; Bequemlichkeit; Selbstüberschätzung; unter dem Zwang, im Mittelpunkt stehen zu müssen, leiden; Vergnügungssucht; Neigung zu Hysterie und Übertreibung; geistige Eifersucht; Snobismus; wenig Einfühlungsgabe; oberflächliche Kontakte; Kontaktschwierigkeiten durch autoritäre Ausstrahlung; emotionale Erregbarkeit (Stolz); Besonderheits- oder Auserwähltheitsvorstellungen; in Geschmacksfragen dominieren wollen; Harmonie vortäuschen; Schwierigkeiten, neutrale Stellungnahmen zu entwickeln...

(z. B. C. Debussy, Ludwig XIV., M. Reinhardt, B. Shaw)

Mars im Löwen (Anlage) oder 5. Feld (Aufgabe)

Selbstbewußtsein; Ehrgeiz; Zielstrebigkeit; Willenskraft; Identifikation mit geistigen Idealen; Begeisterungsfähigkeit; Optimismus; starke Trieb- und Regenerationskraft; starke physische Energien; Durchsetzungswille; starke Männlichkeit; Drang zur Selbstdarstellung; schauspielerische und dramatische Begabung; Einsatz der ganzen Persönlichkeit; Verteidigung individueller Vorstellungen; künstlerische Kreativität; Souveränität; Führungsanspruch; Vitalität; Risikofreude...

Selbstüberschätzung; geistiger Bluff; Ungeduld; Egoismus; männlicher Stolz; sich ohne Grund persönlich angegriffen fühlen; herrisch; Hochmut; idealistische Verbohrtheit; wenig Kompromißbereitschaft; übertriebenes Geltungsbedürfnis; Gefahr des Mißbrauchs geistiger Macht; Machtspiele; Disposition zu Cholerik; Kontaktschwierigkeiten; Großspurigkeit; Imponiergehabe; sexuelle Aggressivität; Dissonanzen zwischen Trieb und Geist; diktatorische Ambitionen...

(z. B. G. Danton, C. Jürgens, Le Corbusier, I. Stravinsky)

Vesta im Löwen (Anlage) oder 5. Feld (Aufgabe)

Entwicklung durch absicherndes geistiges Differenzieren; Herzensgewichtungen; Erarbeitung eines Selbstbildes; sich mit seiner Arbeit identifizieren; geistigen Idealverwirklichungen nachgehen; sich für sozial Schwächere einsetzen; Selbstdarstellung oder Selbstfindung über Musik und Kunst; konservative Wertmaßstäbe; geistige Jovialität; Freude an der

Auseinandersetzung mit spirituellen und politischen Weltbildern; Organisationstalent; Entwicklung eigenständiger Entscheidungen; geistige Konsequenzen ziehen; differenzierte Selbsteinschätzung (sich der eigenen Wirkung bewußt sein); geistige Prinzipientreue; Verteidigung der individuellen Freiheitsräume; Unabhängigkeitsliebe...

Erstarrung in weltbildhaften Begrenzungen; sich vor geistiger Eigenverantwortung drücken; schwache Selbstkritik; reduzierte gedankliche Flexibilität; Selbstherrlichkeit und Selbstgerechtigkeit; verbale Gehemmtheit; geistiger Bluff; Autoritäts- und Anpassungsprobleme (auch im Arbeitsbereich); sich unangenehmen Pflichten entziehen (Tendenz zur Faulheit); viel Wind um nichts machen; Launenhaftigkeit; Überschätzung der eigenen Arbeit; sich mit fremden Federn schmücken; durch Ichbestimmtheit andere in ihrer Art nicht wahrnehmen oder akzeptieren; Probleme mit dem Vater- und Männerbild; langsame Urteilsfindungen...

(z. B. Anton Bruckner, Bob Dylan, Linus Pauling, F. J. Strauß)

Jupiter im Löwen (Anlage) oder 5. Feld (Aufgabe)

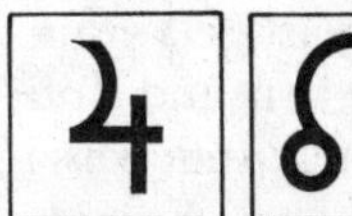

Identifikation mit geistigen Differenzierungen; Optimismus; Selbstbewußtsein; Entwicklung einer lebenzugewandten Philosophie; Großzügigkeit; Interessenvielfalt; Organisationstalent; geistiger Führungsanspruch; Mäzenatentum; Ehrgeiz; starke physische, geistige und sexuelle Energien; starke Männlichkeit; expressive, schauspielerische Talente; Herzenswärme; Großmut; gerne als Guru oder Lehrer tätig sein wollen; politisches Engagement; spirituell motiviertes Reisen; geistige Freundschaften suchen; ideelle Verantwortung übernehmen...

Spirituelle Eitelkeit; Diskrepanzen zwischen Idealen und Wirklichkeit; geistiger Hochmut; Standesdünkel; seine geistigen Kompetenzen überschreiten; schwärmerische Übertreibungen; Fehlidentifikationen mit geistigem Gedankengut; Prahlerei; Genußsucht; Persönlichkeitskult betreiben; unter dem Zwang, bewundert werden zu müssen, stehen; Kontaktstörungen durch Überheblichkeit; um jeden Preis beeindrucken wollen; Selbstgefälligkeit; seinen geistigen Einfluß mißbrauchen; Disposition zu Größenwahn, Egozentrik, Pathetik, Besserwisserei; Disposition zu Hysterie und Cholerik...

(z. B. Sri Aurobindo, H. v. Kleist, R. Steiner, E. Taylor)

Saturn im Löwen (Anlage) oder 5. Feld (Aufgabe)

Realisierung geistiger Entwicklungen; geistige Differenzierung an den Kriterien der Wirklichkeit; Desillusion egohafter Fixierungen; Selbstbeherrschung; realistischer Einsatz der eigenen Suggestivkraft; Ehrgeiz; ausdauernder Wille; kritische Selbsteinschätzung; Interesse an okkulten und metaphysischen Philosophien; Lebensernst; geistige Verantwortung übernehmen; Gedanken über Leben und Tod; ernsthaftes Überprüfen der Lebensideale; geistige Disziplin; erzieherisch wirken wollen; politisches Engagement; Interesse an surrealen und metaphysischen Aspekten in Kunst und Literatur (M. Chagall, J. Cocteau, J. Ensor, G. de Chirico); gedämpfter Optimismus; Festhalten an geistigen Werten; Ichfixierungen als leidvolle Fehlidentifikationen erfahren; Reduzierung geistiger Expansion durch Beschränkung auf wesentliche Grundlagen...

Vater- und Autoritätsproblematik; verzögerte geistige Entwicklung; Triebprobleme (Verdrängungen); Lebensängste; starker Geltungsdrang; geistiger Dogmatismus; Kontaktschwierigkeiten; Gefahr des Mißbrauchs ichgebundener magischer Macht; zeitlich verzögerter Individuationsprozeß; Minderwertigkeitskomplexe werden durch Arroganz kaschiert; andere in ihrer geistigen Entwicklung unterdrücken und beherrschen; geschwächte Lebensenergie; Disposition zu Hartherzigkeit; Disposition zu okkulten Verfolgungsängsten (Paranoia); Selbstgerechtigkeit; Machtstreben und Egoismus; Prinzipienreiterei; geistige Überlegenheitsgefühle; Sarkasmus; seine Persönlichkeit verbergen...

(z. B. D. Bowie, J. Ensor, A. Hitler, E. John)

Chiron im Löwen (Anlage) oder 5. Feld (Aufgabe)

Ausgeprägtes Streben nach geistiger Unabhängigkeit und Individualität; schrittweise Abnabelung von spirituellen und religiösen Traditionen (Ablösung durch Entwicklung von Selbstvertrauen); Führungsqualitäten; Show-Begabung; Organisationstalent; Karriere- und Berufsorientiertheit; künstlerische Neigungen (Musik, Malerei, Dichtung, Show-Business); geistige Außenseiterwege riskieren; Idealismus; Optimismus; Großzügigkeit; Offenheit, Kindlichkeit und Naivität; spontane Entscheidungskraft; Hilfsbereitschaft; Glaube an eine bessere Welt; Willensstärke; Differenzierungsvermögen (Neuordnung geistiger Werte)...

Übertriebene Selbstdarstellungen; Selbstüberzogenheit; seine Ängste hinter geistigem Bluff oder gespielter Selbstsicherheit verstecken; sein konservatives Wesen mit einem progressiven Image bemänteln; seinen Einfluß mißbrauchen; Stolz und Egoismus; Fehler nicht eingestehen wollen; Besonderheitsvorstellungen; Selbstentfremdung durch den Zwang, immer die Rolle des Starken spielen zu müssen und sich dauernd wie auf einer Bühne beobachtet zu fühlen; dramatische Effekthascherei; Prestigedünkel; Probleme mit dem inneren Männlichkeits- oder Vaterbild; insgeheime Ängste eines Ichverlusts; Gurugehabe; die eigenen Grenzen nicht mehr kennen...

(z. B. Janis Joplin, Ronald Reagan, Barbara Streisand, Paul Verlaine)

Uranus im Löwen (Anlage) oder 5. Feld (Aufgabe)

Wunsch nach Befreiung von Identifikationszwängen; Persönlichkeitsfindung durch Auseinandersetzung mit dem sozialen Umfeld; Suche nach zeitgemäßen geistigen Idealen; sich von zentralistischem oder monotheistischem Gedankengut befreien wollen; Anpassung der individuellen Struktur an den Zeitgeist; neue Wege in Kunst, Literatur und Philosophie suchen; spontane schöpferische Kreativität; geistiges Assoziationsvermögen; spontane Entschlußkraft; Unabhängigkeitsliebe; sich dem Einfluß spirituellen Dogmas entziehen; originelle geistige Synthesen herstellen; Benutzung okkulten Wissens zum höheren Individuationsprozeß; exzentrischer Geschmack; antiautoritäre Ideale; Verbindungen zwischen Philosophie und Wissenschaft; unkonventionelle Freundschaft und Erotik; Entwicklungssprünge; sich nicht zum Sklaven eigener geistiger Konzepte machen; Lösung von traditionellen Männlichkeitsbildern...

Disposition zu geistiger Verwirrung (Schizophrenie); verworrene okkulte und spirituelle Ideen; Autoritätskonflikte; wenig Ausdauer in der Idealverwirklichung; übertriebene Zurschaustellung der eigenen Intuitionskraft; unter Originalitätszwängen leiden; wenig geistige Verantwortung entwickeln; Anpassungsschwierigkeiten im sozialen Umfeld; Eigensinn; Ziellosigkeit; schwankendes Selbstbewußtsein; Unentschlossenheit; geistiger Wankelmut; Fehlidentifikationen mit okkulten Energien; leichtsinnige geistige Differenzierungen; Diskrepanz zwischen kosmischem Bewußtsein und Ego; spontaner Größenwahn; Stolz fragwürdiger Genialität; Widerspruch: sich gleichzeitig anonym und individuell sehen wollen; Fehlgewichtung geistiger Impulse...

(z. B. Sri Aurobindo, E. Cayce, A. Crowley, G. Gurdjieff)

Neptun im Löwen (Anlage) oder 5. Feld (Aufgabe)

Transzendierung des Ego; sensibles geistiges und esoterisches Differenzierungsvermögen; Hingabe an geistige Ideale; verfeinerter geistiger Stolz; Grenzüberschreitung durch Philosophie, Religion und Kunst; geistige Gewichtung mystischer Wirklichkeit; subtile Ausweitung des Ichs; geistige Impulse empfangen und reflektieren; aktive Hilfsbereitschaft; das Sein als Manifestation geistiger Energien betrachten; Individuation durch Initiation; Medium für geistige Inspiration; kreatives Traum- und Fantasieleben; erotische Verfeinerungen; geistige Eigentumsvorstellungen aufgeben; Begabung für subtile Schauspielerei und Dramatisierung; Mystifizierung des eigenen Selbst; telepathische Sendefähigkeiten besitzen; Relativierung von Egofixierungen...

Fehlidentifikationen mit mystischen Energien; aus sich

selbst ein Geheimnis machen; obskuren geistigen oder esoterischen Idealvorstellungen folgen; unklare Selbstvorstellungen entwickeln; die eigenen Grenzen nicht einschätzen können; geistige Beeinflußbarkeit und Labilität; religiöse Schwärmerei; Selbstüberschätzung; Gefahr okkulten Machtmißbrauchs; mit Sensibilitäten beeindrukken wollen; Auserwähltheitsgedanken und Sendungsbewußtsein; subtile Besitznahme anderer; sein schöpferisches Potential nicht ausnutzen können; Sucht nach Selbstbestätigung; Pathos; Narzißmus; Priester- oder Gott-Fehlidentifikationen; spirituelles Sektierertum; starke erotische Fixierungen; hinter sozialem Engagement ein starkes Ego vertuschen...

(z. B. G. Grass, Che Guevara, T. Leary, W. A. Mozart)

Pluto im Löwen (Anlage) oder 5. Feld (Aufgabe)

Lösung von traditionellen geistigen Idealen; Bruch mit geistigen Autoritäten; Bewußtseinserweiterung durch Initiation und magische Transformation; Transformation sexueller in geistige Energien; Entwicklung durch geistige Konfrontation; starke schöpferische, künstlerische und erotische Kraft; Durchsetzungsstärke; geistige Regenerationskraft; Bruch mit alten Männlichkeitsvorstellungen; engagierte Lebenzugewandtheit; Weltverbesserung; individuelle Magie; spirituelle Revolution; Brüche in der Persönlichkeitsentwicklung; Selbstverwirklichung durch Selbstzerstörung; Begeisterungsfähigkeit; hohe Selbstanforderungen; das geistige Risiko und Abenteuer suchen; Befreiung durch radikales Ausleben der geistigen Kapazitäten; Entwicklung durch geistige Machtkämpfe...

Egohafter Mißbrauch geistiger Macht; spiritueller Größenwahn; übertriebenes Geltungsbedürfnis; unreflektierter Haß auf autoritäre Strukturen; sein Weltbild zum Maßstab aller Dinge machen; egoistischer Mißbrauch magischen Einflusses; geringe soziale Verbundenheitsgefühle; Selbstverherrlichung; Stolz kann in Haß umschlagen; unter dem Zwang stehen, suggestiv beeinflussen zu müssen; übertriebene Selbstwertgefühle; sich nur schwierig relativieren können; Disposition zu Verfolgungswahn; weltverbessernder Fanatismus; Diskrepanz zwischen Trieb und Geist; durch geistige Autorität sexuelle Abhängigkeiten schaffen; subtile Machtspiele; sadistische Dispositionen; erschwerte Hingabefähigkeit; Projektion eigener Unzulänglichkeit auf andere...

(z. B. P. McCartney, A. Garfunkel, J. Hendrix, J. Lennon)

Mondknoten im Löwen (Anlage) oder 5. Feld (Aufgabe)

Geistigen Austausch suchen; Kommunikation über individuelle Problematik; Harmonie durch positive Integration des yanghaften Weltbildes (›Alles ist geistigen Ursprungs‹); Suche nach geistiger Verantwortung; Entwicklung einer lebenzugewandten, individuellen Philosophie; Selbstverwirklichung durch spirituelles Engagement; geistiges Differenzierungsvermögen; Mut zur Individuation; seine individuelle Beschaffenheit als kostbar und einmalig gewichten; Öffnungsbereitschaft gegenüber männlichen Bezugspersonen; eine Lehrer- oder Gururolle verantwortungsbewußt akzeptieren; Synthesen scheinbar widersprüchlicher Weltanschauungen herstellen; Individuation durch Spiegelung im künstlerischen Schaffen; aufopfernde väterliche Liebe; bewußtseinsmäßige Durchdringung numinoser Prägekräfte; soziale Unabhängigkeit anstreben; kreative Außenseiterwege gehen; geistiges Vorbild sein wollen; geistige Erkenntnisse werden mutig in die Tat umgesetzt; Befreiung von allgemeinen ethischen und moralischen Zwangsvorstellungen...

Schwierigkeiten mit dem weiblichen Bereich; einseitige Glorifizierung des männlichen und geistigen Bereichs; Egozentrik; Fehlidentifikation mit magischer Wirklichkeit; in einer Gururolle verhaftet sein; Intoleranz gegenüber anderen Weltbildern; Selbstherrlichkeit; Kreativitätszwänge; idealistische Verzettelungen; geistige Überlegenheitsgefühle; nicht nachgeben wollen; Aufwertung von ›stark‹, Abwertung von ›schwach‹; unkritische Selbstbeurteilung; Egoismus mit Freiheit verwechseln; Dominanzprobleme in Freundschaften; auf andere nur eingehen können, wenn sie sich dem eigenen Machteinfluß unterwerfen; Trieb-Geist-Dissonanz; skurriles Sendungsbewußtsein; spirituelle Schwärmerei; geistiger Narzißmus...

(z. B. J. Baker, H. Blavatzky, A. Gide, J. Morrison)

Medium Coeli im Löwen

In unseren Breiten immer mit einem Waage- oder Skorpion-Aszendenten verbunden.

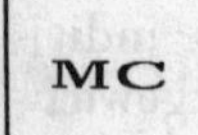

Geistige Selbstverwirklichung durch Beruf und Rolle; Verbreitung persönlicher Ideale; Durchsetzungskraft; hohes geistiges Verantwortungsbewußtsein; als geistige Autorität dienen wollen; Gewichtung individueller Besonderheit (z. B. durch Psychoanalyse); berufliche Risikobereitschaft (geistige Pionierarbeit); sich mit seiner Öffentlichkeitsarbeit identifizieren; Einzelgängertum; künstlerische und spirituelle Kreativität; Entfaltung und Kristallisation des geistigen Differenzierungsvermögens; Politik des Geistes;

aufbauende Arbeit; sich als positive Imagefigur zur Verfügung stellen; ernsthafte Auffassung des eigenen Gurutums; Beruf ist Profession; Überzeugungskraft; Verwirklichung geistiger Zielvorstellungen; geistige Formung und Individuation durch Überwindung von Widerständen; Höchstleistung durch faire geistige Auseinandersetzungen; Streben nach höherer Gerechtigkeit...

Rollenmäßige Egozentrik; Fehlidentifikationen mit geistigen Wertvorstellungen; unter Zwängen der Persönlichkeitsdarstellung leiden; dramatisierende Übergewichtung der beruflichen Arbeit; Scheitern an unrealistischen Zielvorstellungen; unter den eigenen Imagezwängen leiden; berufliche Einflußnahme als magisches Machtspiel betrachten; Selbstüberschätzung; sich schwer unterordnen können; unter geistigem Perfektionismus leiden; seine eigenen Kräfte überschätzen; sich auf Erfolg ausruhen; Schwierigkeiten in der Teamarbeit; geistige Abhängigkeiten herstellen; durch zu starke Ausstrahlung andere in ihrer Entfaltung hemmen; Selbstverherrlichung; andere Autoritäten nur schwer anerkennen können; Vermarktung geistiger Werte; Dissonanz geistiger Einstellung und innerer Realisierung; Vaterproblematik; Triebprobleme...

(z. B. A. Adler, S. Freud, Napoleon, M. Thatcher)

Aszendent im Löwen
In unseren Breiten immer mit einem Stier- oder Widder-MC verbunden.

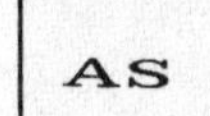

Entwicklung eines persönlichen geistigen Weltbildes; Gewichtung individueller Werte; Aufwertung der eigenen Persönlichkeit; Prozeß der Individuation; Streben nach sozialer Unabhängigkeit; Entwicklung von Selbstverantwortung; Entscheidungsfreiheit; Abbau autoritärer Abhängigkeiten; das Sein als geistige Manifestation begreifen wollen; seine eigene Männlichkeit akzeptieren; Entwicklung künstlerischer, geistiger und philosophischer Kreativität; lernen, sich auf sich selbst zu verlassen; Durchsetzungsvermögen individueller Vorstellungen; dramatisierende Gewichtung des Lebens; Extroversion; schauspielerische Begabung; Außenseiterwege riskieren; Entwicklung künstlerischen Geschmacks; ideelles Engagement; Individualismus...

Übergewichtung der eigenen Persönlichkeit; Kontaktschwierigkeiten; Selbstgerechtigkeit; seine Kompetenzen überschreiten; Selbstanmaßung; Auserwähltheitsvorstellungen; Unnachgiebigkeit; Angst, Schwächen zuzugeben; Sucht nach Anerkennung; Autoritätsprobleme; Fehlidentifikationen mit magischen Energien; Dissonanzen zwischen Trieb und Geist; sich in subtile Machtkämpfe verstricken; soziale Anpassungsprobleme; Einengung durch Stolz; Bluff (›Mehr scheinen als sein‹); Pathos; das eigene weibliche Wesen nicht zeigen können; eingebildete Standesdünkel; sich angegriffen fühlen (Disposition zu Paranoia)...

(z. B. O. v. Bismark, A. Hitchcock, K. Jaspers, Rod Steiger)

LÖWE

»Denn Personen sind Selbstheiten, und in gewisser Hinsicht war ich nun ein Nicht-Selbst und gewahrte dabei das Nicht-Selbst der Dinge meiner Umgebung, und gleichzeitig war ich es.«

A. Huxley

Der Löwe-Archetyp als oppositioneller Mitgestalter des Wassermann-Zeitalters gehört zwar zu den geheimen Zeitidolen (wie die Jungfrau im Fische-Zeitalter), stößt aber gleichermaßen auf gesellschaftlichen Widerstand, Ablehnung und kritische Distanz. Alles, was der Löwe in den vergangenen Jahrtausenden als Attribute seiner Machtentfaltung zur Schau stellen konnte, wie Prunk, Glorifizierung individueller Werte, hierarchische Gliederung, Zentralismus, die Expansion des geistigen Autoritätsprinzips, Herrschsucht, Kultivierung des Ego oder Männlichkeitsbestimmung, findet im beginnenden Wassermann-Zeitalter oberflächlich betrachtet wenig Begeisterung, sondern erhält eine zeitgemäße Modifizierung. Das Wassermann-Zeitalter zeigt dem Löwen seine Grenzen in Form von sozialer und spiritueller Gleichberechtigung, Integration und Verantwortung.
Herrschte im Fische-Zeitalter ein *Glaube* an Autoritäten, so muß der heutige löwebetonte Mensch seine Autorität immer wieder aufs neue unter Beweis stellen. Er muß sich mehr und mehr daran gewöhnen, durch das Team oder das Kollektiv auf seine Eigenschaften und Qualifikationen hin überprüft zu werden. Privilegien sind unmodern: man will den Kanzler Fahrrad fahren oder se-

geln sehen und nicht im Rolls-Royce oder auf einer Luxusyacht. Vorbei ist die Zeit der einsamen Entscheidungen. Das soziale Echo einer persönlichen Idee entscheidet. Mit anderen Worten: Die persönliche Verantwortung wird mehr und mehr durch die kollektive Verantwortung abgelöst oder wenigstens durch sie verändert. Dies heißt natürlich nicht, daß Selbstverantwortung ganz aus der Mode käme und wir zu computergesteuerten Marionetten degradiert würden, wie es die Science-Fiction-Welle ängstlich vorausahnt, sondern daß sich individuelle in kollektiver Verantwortung widerspiegelt und in Harmonie mit ihr steht.

Sowohl die Sonne als auch der Löwe sind sehr stark an der Entwicklung des *persönlichen* und des *überpersönlichen* Egos beteiligt, wobei sich das persönliche Ego im Laufe seiner Entwicklung schrittweise an die Entwicklung des höheren Egos annähert. Dieses höhere Ego mit seinen allgemeingültigen geistigen Werten symbolisiert im Wassermann-Zeitalter die kollektiven Grundlagen an und für sich oder – weiterentwickelt – die geistige Gesetzmäßigkeit des Universums. Insofern kann man sagen, daß der Wassermann eine Weiterentwicklung des Löwen ist und beide Energien in ihrem tieferen Verständnis identisch sind: man muß nur immer ›Ich‹ durch ›Wir‹ ersetzen.

Da das persönliche Ich durch die Spiegelung im Kollektiv ständig Korrekturen ausgesetzt ist, verhilft der Wassermann-Archetyp dem Löwen zu einer beschleunigten Entwicklung des überpersönlichen geistigen Ichs, das dem Löwen latent innewohnt. Der Löwe strebt in seinem verborgenen Wesen immer nach Identifikationen mit überindividuellen Werten, die er als Individuum vorbildhaft nach außen repräsentieren möchte. Er sehnt sich nach Toleranz und Gerechtigkeit und transformiert in seiner Entwicklung enge und subjektive Kriterien durch seine geistige Weiterentwicklung und Verarbeitung in immer weitflächigere und überindividuellere Grundvorstellungen und verpuppt sich dabei von einem machtmotivierten Egoisten in einen wertneutralen menschlichen Idealisten. Solch ein Tun verlangt Beherztheit und Mut, denn es gilt, sich nach und nach von Trieben, Instinkten und ängstlichem Wissen zu lösen, sich nicht von ihnen beherrschen zu lassen und deren Vormachtstellung – den zwölf Taten des Herakles gleich – zu besiegen, um ganz mit dem Herzen identisch zu werden, das nach allgemeiner Menschenliebe und geistiger Klarheit strebt und das sich nichts sehnlicher wünscht, als Mensch und All in geistiger Harmonie zu sehen.

Die Motive des Löwen sind veredelnder und idealisierender Natur. Sie basieren auf der Traumvision eines selbstverantworteten, befreiten und geistig erleuchteten Menschen unter Menschen und entsprechen eher paradiesischen Jenseitsvorstellungen, Atlantissehnsüchten und Bildern eines Goldenen Zeitalters als den Intentionen des persönlichen Egos wie: kleinlicher Machtkampf, Stolzblockiertheit oder Selbstverherrlichung.

Während des Prozesses der Individuation, d. h. der Entwicklung zum höheren geistigen Menschen, dem transformierten Löwe-Wassermann-Menschen, muß man zunächst alle Spielarten des *persönlichen* Egos durchlaufen, um durch dessen gesellschaftliche Konfrontation motiviert diese eigenen Werte in Frage zu stellen. Die ständige Umformulierung und Erweiterung der Werte muß immer durch das Individuum selbst getragen werden, um die neuen Erkenntnisse auch integrieren und persönlich vertreten zu können. Dies heißt mit anderen Worten, der Mensch wird nicht sozial durch kommunistische Propaganda und sozialistisches Dogma, sondern – langfristig – nur durch eigene Einsicht, Ausdehnung der Verantwortung, Entwicklung menschlicher Qualitäten und langsame Abnabelung vom persönlichen Ego.

Der Löwe als eine aufbauende, konstruktive, lebenzugewandte und kreativ wirkende Energie bewirkt eine Absonderung von der magischen und nur schwer durchschaubaren Dominanz des Weiblichen. Durch ihn stirbt das Gefühl der Fremdverantwortung, des Geborgenseins im mütterlichen Schoß der Existenz. Der Mensch wird sozusagen erwachsen und entbindet sich von der Fürsorge des Elternhauses, d. h. von den Fixierungen der Vergangenheit. Er besitzt aber noch nicht die Zukunftsorientiertheit des Wassermanns, sondern entdeckt den Status des Augenblicks, die Befreitheit von fremden Projektionen. Wie die Sonne bemüht sich die Löwe-Energie um eine geistige Gewichtung von Gefühl und Verstand und ist dabei von dem Bestreben motiviert, die innere mit der äußeren Welt in einen freundschaftlichen Kontakt zu bringen, ohne daß der eine oder der andere Bereich eine Dominanz erhält. Die Persönlichkeit und die äußere Welt müssen sich einander angleichen und sich ebenbürtig spiegeln. Wird das Gefälle zu groß, entstehen Extreme wie Minderwertigkeitskomplexe oder Größenwahn oder eine Mischung aus beidem (Sublimierung des Minderwertigkeitskomplexes). Eine derart signalisierte Entgleisung der Löwe-Energie ist immer ein Hinweis darauf, daß die Expansion des geistigen Differenzierungsvermögens durch planetare Einflüsse oder Betonungen anderer Tierkreisenergien blockiert ist und die Abnabelung vom seelischen Bereich noch nicht vollzogen wurde.

Wir haben es dann mit dem niederen, krebsgebundenen Löwe-Typen zu tun, dem Löwen, der nach rückwärts in den Tierkreis schaut und dessen Hinterläufe noch im Mondbereich haften. In diesem Fall verbinden und fixieren sich Gefühl und Ego und münden in unreflektierte Machtausweitung: eine extrovertierte Inflation des Ego. Dies führt zu Machtrausch und Selbstüberheblichkeit und trägt plutonischen, d. h. selbstzerstörerischen Charakter in sich. Im anderen Extrem kann diese Konstellation das geistige Rückgrat sowie das Gefühl der Selbstverantwortung brechen. Das Ego scheitert dann ohnmächtig an der gefühlsmäßigen Dominanz der Mond-Krebs-Energie und entwickelt Minderwertigkeitsvorstellungen, d. h. Angst vor der Selbstbestimmung.

Jeder Mensch durchläuft in seiner Entwicklung zwischen dem 18. und dem 24. Lebensjahr das 4. Feld (die Analogie zur Krebsthematik) und beginnt sich vorsichtig vom Elternhaus, vor allem der Mutter, sowie von alten seelischen Verhaftungen zu befreien. Man beginnt in diesem Stadium ein eigenständiges Gefühlsleben zu entwickeln, übernimmt Verantwortung für seine eigene Weiblichkeit und lernt, Gefühle zuzulassen und abzugeben bzw. andere Menschen in den eigenen gefühlsmäßigen Verantwortungsbereich mit einzuschließen. Durch diesen hier etwas abgekürzt umschriebenen Vorgang kann jetzt als nächste Stufe der zweite wichtige Abnabelungs- und Individuationsprozeß stattfinden: die Ablösung von den geistigen Werten des Vaters und die Entwicklung eigener geistiger Differenzierungskriterien. Wir befinden uns hier im 5. Feld, das der Löwe-Energie entspricht und das

wir zwischen dem 24. und 30. Lebensjahr durchwandern. Wir entdecken in dieser Phase unser männliches Wesen, unsere Kreativität, unsere idealistischen Qualitäten und unsere individuellen Merkmale, die uns von anderen Menschen unterscheiden. Neben der Verschiedenheit der *persönlichen* Egos spüren wir in dieser Zeit auch die Notwendigkeit, uns mit den allgemeinen und traditionellen Werten des *überpersönlichen* Egos, d.h. den geistigen Verarbeitungsangeboten von Religion, Philosophie und Wissenschaft auseinanderzusetzen.

Wenn wir uns mit unserem inneren Mann, d.h. unserem natürlichen Wesen, identifizieren, sondern wir uns vom Weiblichen ab, um uns ihm erneut, aber diesmal in klarer Bewußtheit zu nähern. In diesem Zustand wähnt man sich zwar der Krebs-Energie überlegen, ist aber ihrem Faszinationsbereich noch nicht entzogen. Die polare Herausforderung und Ergänzung wird gesucht, der androgyne Zustand jedoch, den die oppositionelle Wassermann-Energie anstrebt, ist noch nicht erreicht. Die seelische und geistige Selbstfindung von Krebs und Löwe mündet also weitgehend in Rollenfixierungen (männlich –weiblich) und kann in der bewußten Identifikation noch nicht austauschbar erlebt werden (wie im Wassermann). Erst durch die an den Löwen angrenzende Jungfrau-Energie kann eine vorläufige Neutralisierung durch die Entwicklung der sozialen Verantwortung erreicht werden. Im Zeichen Jungfrau angekommen, müssen das *persönliche* Ego des Löwen und die *persönlichen* Gefühle der Krebs-Hydra überwunden sein. Die *überpersönlichen* Kriterien von Löwe und Krebs, das magische und geistige Weltbild, müssen, in deren archetypischem Sosein, über das jungfräuliche Medium der objektivierenden Wissenschaftlichkeit eine kritische Synthese erfahren. Über die Waage-Energie findet dann eine ästhetische Gewichtung, polare Entspannung und mystische Vereinigung der Yin-Yang-Disharmonie der höheren Krebs-Löwe-Thematik statt. Durch die Verschmelzung der überindividuellen Sonnenoktave mit den kollektiven Archetypen des Krebses ist man nunmehr mittels der Waage-Energie in der Lage, einen Standpunkt jenseits seelischer und geistiger Opposition einzunehmen. Dank dieser Wertneutralität ist es dem Menschen zum ersten Mal möglich, sein Ego zu überschreiten, die äußere Welt und das Du unvoreingenommen zu betrachten und dadurch *die* Harmonie zu entdecken, die in der rollenspezifischen Subjektivität nicht erkennbar ist.

Beide Zeichen, Waage und Löwe, zeichnen sich durch eine besondere künstlerische und ästhetische Gestaltungskraft aus und werden deshalb häufig miteinander in Bezug gesetzt. Die künstlerische Motivation des Löwen bzw. der Sonne beruht immer auf einer Selbstdarstellung, Selbst-Verherrlichung oder spiegelt einen gesellschaftlichen oder geistigen Status wider. Sie ist nicht vom persönlichen oder überpersönlichen Ego zu trennen: Sie ist entweder extrovertierte gestalterische Verarbeitung individueller Problematik (eine Widerspiegelung der kämpferischen Auseinandersetzung zwischen persönlichem und überpersönlichem Ego) oder wurzelt in der Motivation, allgemeine geistige Werte (Religion, Weltbild) durch künstlerische Umsetzung und Betonung gegenüber den gewöhnlichen persönlichen Kriterien und Bereichen hervorzuheben. Der Löwe möchte strahlen, beeindrucken, glorifizieren, die Macht des Geistes und des männlichen, solaren Weltbildes demonstrieren. Hierbei läuft er häufig Gefahr, ins Dekorative und Exklusive abzugleiten, d.h., Kunst wird schlichtweg benutzt, um Eindruck zu schinden oder geistiges Niveau vorzutäuschen. »Kunst ist, so vermute ich, nur etwas für Anfänger oder aber für solche entschlossene Sackgäßler, die sich dafür entschieden haben, sich mit dem Einsatz fürs Sosein zufriedenzugeben, lieber mit Sinnbildern als mit dem, was sie versinnbildlichen, mit dem trefflich komponierten Kochrezept statt der wirklichen Speise« (A. Huxley). Die Kunst ist dann zu einer reinen Repräsentations-

und Imagefigur degradiert und als gesellschaftlicher Machtfaktor ins Spiel gebracht. Die Demonstration geistiger und künstlerischer Macht wird von den verschiedenen gesellschaftlichen Systemen und nationalen Gruppierungen noch immer als Mittel der subtilen Politik eingesetzt und hoch subventioniert.

Die künstlerische Gestaltungsmotivation der Waage beruht in ihrer Intention darauf, die Ästhetik und Harmonie eines von Gegensätzen befreiten Zustandes in einer möglichst allgemeingültigen Art und Weise darzustellen, den Menschen aus seinem polaren Spannungsfeld herauszuheben und in das Reich der grenzüberschreitenden Fantasie zu führen. Die Waage, kollektiv am besten in der künstlerischen Tradition des Waage-Landes Tibet widergespiegelt, rührt immer wieder die Vereinigungssehnsucht mit dem Mystischen an, das in den Symbolen des Tantra seine höchstmögliche Umsetzungsform findet.

Haben wir den niederen Löwe-Typen dadurch charakterisiert, daß ihm die Abnabelung aus dem Krebs-Bereich nicht vollständig gelungen ist, möchte ich zum Abschluß auch den höheren Löwe-Typ beschreiben, dem diese Loslösung geglückt ist und dessen Kopf und Vorderläufe der Jungfrau zugewandt sind. Bei ihm mischen sich nicht geistige Werte mit Gefühlen egozentrischer Machtausweitung. Er ist vielmehr darum bemüht, sein mühsam erarbeitetes geistiges Differenzierungsvermögen einer möglichst objektiven wissensmäßigen Prüfung zu unterziehen. Er möchte seine geistige Potenz verantwortungsbewußt und dienend dem sozialen Ganzen zur Verfügung stellen. Hierbei ist er ängstlich darauf bedacht, sein *persönliches* Ego auszuschalten und zu unvoreingenommenen geistigen Beurteilungen zu gelangen. Seine Motivationen sind rein und klar und basieren auf hohen ethischen Bildern. Er begreift die Ernsthaftigkeit und Tragweite geistiger Entscheidungen. Man findet unter den Jungfrau-orientierten Löwe-Typen viele religiöse und weltanschaulich orientierte Menschen, die über ein großes Potential von Toleranz und menschlicher Reife verfügen. Soziale Verantwortung ist für sie immer eine Synthese aus Vorbildhaftigkeit und praktischer Hilfsbereitschaft. Sie verkörpern gleichzeitig geistige Größe und gewissenhafte soziale Hingabe.

SONNE

Von eurem Scheitel bis zu den Fußsohlen könnt ihr nichts finden, das Ich ist, wie sehr ihr auch sucht und euren Geist anstrengt, es genau zu erforschen. Dies ist die Ichlosigkeit der Person. Versteht auch, daß der Geist des Suchers keine wesenhafte Existenz hat – dies ist die Ichlosigkeit der Erscheinungen.

Drom, tibetischer Lehrer

Unsere Sonne ist in Relation zu den anderen Sonnen der zahlreichen Milchstraßensysteme ein mittelgroßer Stern, der unserem augenblicklichen astronomischen Wissensstand entsprechend von neun planetaren Energien und deren Monden umkreist wird. Auf sie beziehen wir im wesentlichen unsere Zeitvorstellung. Das Jahr wird an dem scheinbaren Durchlauf der Sonne durch die 12 Tierkreis-Energien festgelegt, aber auch das sogenannte »Große Jahr« der 2000-Jahre-Zyklen bezieht sich auf die Sonne (Wanderung des Frühlingspunktes durch eine Tierkreis-Energie). Sie selbst dreht sich in ca. 26 Tagen einmal um ihre eigene Achse und hat ein knapp anderthalbmillionenfaches Erdvolumen. Ihre Oberflächentemperatur beträgt etwa 5500° Celsius, ihr Durchmesser dreieinhalbmal die Entfernung Erde–Mond. In ihrem Kern verwandelt sie seit Milliarden von Jahren Wasserstoff in Helium und gleicht somit einem riesigen Kernreaktor. Die bei diesem Umwandlungsprozeß freiwerdende Energie ist eine elektromagnetische Strahlung, die wir mit dem abstrakten Wort ›Licht‹ umschreiben. Der Brennvorrat an Wasserstoff reicht noch für etwa 10 Milliarden Jahre. Die Sonne, einschließlich ihrer Trabanten, zu denen auch unsere Erde zählt, befindet sich am äußeren Rande unserer Milchstraßenspirale, nimmt mit 270 Sekundenkilometern an der allgemeinen Rotation der Milchstraße teil und bewegt sich mit 20 Sekundenkilometern vom galaktischen Zentrum weg auf das Sternbild des Herkules zu, das in den Koordinaten unseres Tierkreises Anfang Ziegenfisch (Steinbock) lokalisierbar ist (Apex). Erscheint sie uns subjektiv gesehen als eine riesige Energiequelle, so ist sie in Relation zu den Millionen von Milchstraßen mit ihren Milliarden von Sonnensystemen ein Stern unter vielen, ein mittelgroßer Gigant, der den übergeordneten Milchstraßengesetzmäßigkeiten unterliegt. Sie ist also nicht, wie in einigen antiken Sonnenkulten angenommen wurde, Maßstab aller Dinge, sondern eine sich ständig transformierende, sich selbst aufzehrende vitale Größe mit begrenzter Existenzdauer und eingespannt in allgemeine kosmische Gesetze, ein Atom des riesigen und geheimnisvollen kosmischen Organismus. Die wassermannhafte Relativierung unseres Sonnenatoms, die wir zur Zeit wohl wissensmäßig, aber noch nicht geistig erfaßt haben, wird in den kommenden 2000 Jahren eine der vornehmsten Aufgaben der uranisch gefärbten Bewußtseinserweiterung sein. Unserem augenblicklichen Bewußtseinszustand entsprechend stehen wir erst am Anfang des solaren Ablösungsprozesses, d. h., wir lösen uns von der sonnengebundenen Faszination, den hierarchischen Strukturen, den monotheistischlichten Gott-Archetypen, der Autoritätsunterwürfigkeit, der Männlichkeitsfixierung, den Individualismuszwängen, der Heroik und der Dominanz des Geistigen. Wenn sich unser augenblickliches Weltbewußtsein auch am besten in Radarantennen und Weltraumraketen, also vorwiegend sonnenabgewandten Symbolen widerspiegelt, sollten wir die Sonne als wichtigstes *geistiges Beziehungsorgan* nicht ausklammern, sondern quasi als Basis benutzen, mit der wir uns den höheren kosmischen Dimensionen stellen. Mit anderen Worten: Wir müssen unser persönliches und überpersönliches geistiges Ich, unser inneres Zentrum, unsere ›individuelle‹ Sonne erfahren und geistig verarbeiten. Jeder einzelne ist sowohl Sonnensystem als auch Galaxis, kann aber erst in das innere Milchstraßenbewußtsein dringen, wenn die näherliegende geistige Selbstverwirklichung, d.h. die spontane und unverhaftete Identifikation mit den Energiemanifestationen des geistigen Selbst, möglich geworden ist.

So wie wir zwei Löwe-Typen kennen (den niederen Krebs-orientierten und den höheren Jungfrau-orientierten Löwen), gibt es auch im solaren Bereich eine niedere, unreflektierte und eine höhere, erkenntnisrelevante und erleuchtete Form des Umgangs mit der inneren Sonne: das *persönliche* und das *überpersönliche* Ich. Das persönliche Ego ist ein Sammelsurium von Fehlidentifikationen mit Wünschen, Trieben, Machtausweitung, Größenwahn, Stolz, Neid, Haß, Minderwertigkeitskomplexen, ungelösten Autoritätskonflikten und fragwürdiger Selbstgerechtigkeit. Ohne die Dinge zu hinterfragen, gehen wir oft leichtfertig mit Ich-Identifikationen um: »Das bin ich«, »So bin ich«, »Ich entscheide«, »Ich reagiere« etc. Wir tun so, als wäre dieses Ich etwas Greifbares, Festes oder Endgültiges. Wir registrieren viel zuwenig, daß das vermeintliche Ich und dessen geistige Einstellungen und Differenzierungen ständigen Transformationen, Umschichtungen und Lernprozessen unterworfen ist, sich dauernd formt, bildet und erweitert. Es ist also auf alle Fälle keine reale oder fixe Größe, sondern stellt einen dynamischen Prozeß dar, der rein subjektiv und spontan Augenblickseinstellungen wiedergibt. Anstatt nun die Relativität dieses Ichs zu akzeptieren, identifizieren wir uns immer wieder aufs neue mit Bildern und Gedanken, die ihrem Wesen nach fließend und ohne Dauer sind. Durch diese Fehlprogrammierung geraten wir in Ich-Krisen, bei denen alte geistige Einstellungen von neuen Sichtweisen abgelöst werden. Es bricht etwas zusammen, was seiner Natur nach nie fest war, sondern Rhythmus, Wandlung, Energiefluß. Erst wenn uns dieses Ego bewußt wird und zur Last fällt, d. h. als Leidverursacher Nr. 1 entlarvt ist, ist man dazu motiviert, nach Mitteln und Wegen Ausschau zu halten, diesen Zustand der inneren Sonnenfinsternis in die strahlende geistige Klarheit der höheren Sonnenoktave zu verwandeln.

Obwohl die Sonne einer bestimmten Tierkreis-Energie, dem Löwen, zugeordnet wird, ist sie ihrem tieferen Wesen nach frei von Tierkreis-Identifikationen. *Jede* x-beliebige Identifikation kann vorwiegend auf das solare Prinzip zurückgeführt werden. So wie das Sonnenlicht durch das Prisma in verschiedene Farbanteile, d. h. verschiedene energetische Grundmuster aufgespalten wird, so vereinigt die Sonne in sich alle elementaren Bestandteile des Seins in Form einer intensiven energetisch-vitalen Vereinigung. In ihr sind die vier Elemente, alle neun uns bekannten planetaren Energien, männliches und weibliches, Yin und Yang, gleichermaßen enthalten und zu einer energetisch brisanten, lichten Manifestation verschmolzen. Kann man unter einer bestimmten Sichtweise die Weltenseele in ihrem undurchsichtigen magischen Aspekt auf den Mondbereich zurückführen, so hat der Weltengeist, d. h. die aktive und bewußte Identifikation mit Erleuchtungsenergie, seinen Brenn-Punkt in der Sonne.

Die Sonne symbolisiert also eine lebendige, reagible geistige Kraft, die, anders als der Kristall des Saturn, den *vitalen Prozeß* der Selbstverwirklichung, der Verschmelzung seelischer Inhalte (Wasserstoff) in geistige Klarheit und Freiheit (Helium) bewirkt, während über Saturn sozusagen das abgekühlte Resultat, der kristalline Endzustand dieses Transformationsvorganges zum Ausdruck kommt. Beide Energien, Sonne und Saturn, haben objektive und überpersönliche Motivationen und münden beide in Selbstverantwortung (extrovertiert, introvertiert). Sie umschreiben nur verschiedene Stadien der Entwicklung wie Gärung und Reife, Expansion und Reduktion, vitale Klärung und Abgeklärtheit. Saturn ist also keine Gegensonne, wie so oft behauptet wird, sondern deren Realisator. Indem er die geistige Dimension nach Ursache- und Wirkungskriterien strukturiert und somit auf das Wesentliche reduziert, bietet Saturn der Sonne sozusagen Energiesparprogramme an, die sogenannte ›höhere geistige Vernunft‹, die das innere und äußere solare System in ihren Grenzen begreift und Fehlidentifikationen des persönlichen Egos erkennen läßt. Saturn reflektiert und kühlt das Sonnenlicht, um die uranisch-kosmische Perspektive vorzubereiten.

Die Sonne (Surya in Indien, Helios in der griechischen, Apollo in der römischen Kultur, Re in Ägypten, Schamasch in Babylon, Amaterasu in Japan) erhält in der esoterischen Chakren-Lehre des Hinduismus eine herausragende und basishafte Bedeutung. Ihr wird das sogenannte *Herz*-Chakra zugeordnet, eine wichtige geistige Schaltzentrale, die nicht unbedingt identisch mit dem physischen Herzen ist, sich aber in dessen Nähe befindet. Nahezu alle bedeutenden Religionen und Philosophien beziehen sich auf das Herzchakra bzw. auf das Herzensbewußtsein bzw. die höhere solare Oktave. Die innere geistige Sonne nimmt die Funktion einer Schaltstelle zwischen Kopf und Bauch, Intellekt und Gefühl, Seele und Verstand wahr. In ihr findet die entscheidende Feuerprobe statt, inwieweit man sich mit seinen gedanklichen und seelischen Inhalten im liebevollen Sinne identifizieren kann, d. h. geistige Verantwortlichkeit zu übernehmen bereit ist. Wir umschreiben diesen Vorgang mit Worten wie »Herzensverantwortung«, »Herzensprüfungen« oder »in das eigene Herz schließen«. Aus all diesen Umschreibungen geht hervor, daß das Herz einen gewissen neutralen und überindividuellen Charakter hat. Es läßt sich nicht betrügen und scheint ein sich intellektuellen und gefühlsmäßigen Zugriffen entziehendes eigenes Bewußtsein zu besitzen. In vielen Religionen wird es mit

Sonne und Mond sind die astrologischen Hauptsymbole für Yin und Yang, Seele und Geist. Ihre gegenseitige Durchdringung und Verschmelzung führt zur Ganzheit und Befreiung. Obige Abbildung symbolisiert das scheinbare Gegeneinander, das, durch das freundliche Gesicht der Sonne angedeutet, in ein Miteinander münden möchte. Kleidung und Gesicht des Sonnenarchetyps veranschaulichen den Wunsch des Löwen nach Individualität, während Nacktheit und Gesichtslosigkeit der Mondgöttin deren archetypischen und zeitlosen Charakter widerspiegeln.

dem Besitz eines göttlichen Bewußtseins assoziiert oder als Quelle geistiger Liebe betrachtet. Im buddhistischen Tantra wird das Herz seltener mit der Sonne oder dem Feuerelement, sondern mehr mit den höheren Qualitäten des Wasserelements bzw. dessen Weisheitswissen um Leere und Sein in Verbindung gebracht. Hierbei geht man jedoch davon aus, daß über das Wasserelement eine Synthese der übrigen Elemente-Erkenntnisse (Erde, Feuer, Luft, Äther) stattfindet.

Das Herz symbolisiert also unsere innere Mitte, unseren geistigen Standpunkt, unsere spirituelle Basis, unsere höhere Persönlichkeit, unser geistiges Differenzierungskriterium, unsere verborgene Kraftquelle, unseren alchimistischen Läuterungsofen, unser Brennglas und ist ein Ort sowohl der [illegible]ewährung als auch der Selbstbewahrung. In [illegible]nden Bewertungen und Gewichtungen statt, die ob[illegible] und unten miteinander verschmelzen und somit zu einer höheren Wahrheit führen, die wir als sogenannte ›allgemeine geistige Werte‹ umschreiben. Das Herzensbewußtsein signalisiert uns seine Zustimmung oder Ablehnung durch Gefühle wie Euphorie, Ekstase, Glück oder aber durch Kälte, Neid oder Haß. Immer wenn wir unser persönliches Ego quasi zwanghaft an unser Herz, d. h. an unsere Sonne, anschließen wollen, reagiert es schmerzhaft und signalisiert uns dadurch, daß wir einen falschen Weg eingeschlagen (gebrochenes Herz, Herzlosigkeit, Herzbeklemmung, Herzeleid, Herzensangst, herzzerreißend etc.), d. h. unser Herz zur dunkelmagischen Machtausweitung und nicht als Lichtbringer und Vermittler überindividueller geistiger Liebe verwendet haben. Wir leben dann an unserem Herzen vorbei bzw. ignorieren dessen gefühlsmäßige Alarmsignale und flüchten einseitig oder abwechselnd in die Extreme der Kopflastigkeit oder der seelischen Befangenheit. Aus der Mitte herausgehen heißt, sein inneres Gleichgewicht verlieren, sich Eigenverantwortung und Selbstprüfungen entziehen, sich selbst nicht akzeptieren können, sich vor geistiger Klarheit drücken, sich selbst belügen wollen, vor der höheren Menschwerdung davonlaufen.

So wie die Sonne als geistiges Beziehungsorgan Verantwortung für die sie umkreisenden Planeten übernimmt, müssen wir von unserer inneren Sonne, unserem Herzen aus Beziehung – d. h. klare und positiv motivierte Identifikationen mit den verschiedenen widersprüchlichen Energien in uns – herstellen, diese nicht von uns abspalten, sondern bewußt integrieren und für sie, d. h. für uns, Verantwortung übernehmen. Erst wenn wir alle planetaren Energien wie Merkur, Venus, Mars, Jupiter, Saturn etc. in unser Herz geschlossen haben, uns mit deren Weisheit identisch fühlen können, kommt unser Herz in Harmonie mit seinen Trabanten, kann sich selbst akzeptieren und lieben. Hierbei entwickelt es innere

Wärme und Leuchtkraft und ist in der Lage, davon abzugeben und seinen Mitmenschen in Offenheit zu begegnen. Jetzt erst ist der Startschuß gefallen, sich dem sozialen und kosmisch orientierten Wassermannbewußtsein nähern zu können. »In diesem Fall braucht man sich nicht mehr nach innen zu konzentrieren, sondern kann sich immer mehr nach außen entfalten. Je mehr dies geschieht, um so näher kommt man der Erfahrung einer Existenz ohne Zentrum.« (Tschögyam Trungpa) Die Entwicklung des höheren geistigen Ichs, die spontane Herzensintuition, die Befreiung von seelischen und intellektuellen Widersprüchen oder – altertümlich ausgedrückt – die Herzensweisheit entspricht einem aktiven und flexiblen Erleuchtungsbewußtsein und mündet in kreative und liebevolle kollektive Verantwortung. Es ist ein Zustand absoluter Angstfreiheit, und man ist in der Lage, aus sich selbst heraus zu leben, an das große Energiereservoir der Sonne angeschlossen zu sein und eine Lichtquelle für andere zu werden. Alles Tun ist jetzt in seiner Intention bindungsfrei, da die eigentliche Ursache für Bindungen, die Angst (auch Intellekt ist angstmotiviert), transformiert worden ist. Man kann das Bücherstudium ad acta legen, seine seelischen Bindungsprobleme vergessen und sich ganz dem Augenblick anvertrauen, der erleuchteten Identifikation mit dem Hier und Jetzt. Punkt und Kreis, Symbole der Sonne, Individuum und Allheit, sind jetzt aufs innigste miteinander verschmolzen, befinden sich in einer erleuchteten Wechselwirkung.

»Das Ich ist einem Kreis vergleichbar, der keinen Umfang hat; es ist somit ›Shunyata‹, Leere. Es ist der Mittelpunkt eines solchen Kreises, befindet sich aber auch an jeder Stelle dieses Kreises. Das Ich ist der Punkt absoluter Subjektivität, der das Gefühl der Unendlichkeit oder Ruhe vermitteln kann. Aber da sich dieser Punkt überallhin, an beliebig viele Stellen verschieben läßt, ist er in Wahrheit kein Punkt. Der Punkt ist der Kreis, und der Kreis ist der Punkt.« (Richard de Martino).

Aldous Huxley – Kurzbiographie

Aldous Huxley wurde am 26. 7. 1894 um 1.20 Uhr in Goldalming, Surrey (England), geboren und wuchs in einer angesehenen Gelehrtenfamilie auf. Er wurde im Eton-College erzogen und erblindete im Alter von sechzehn Jahren (Pluto-Transit in genauer Konjunktion mit Jupiter-Radix; Uranus-Transit in genauer Opposition mit Merkur-Radix; Neptun-Transit Quadrat Saturn-Radix und Mars-Radix). Die einjährige vorübergehende Erblindung faßte der junge Huxley relativ gelassen auf, lernte in dieser Zeit Blindenschrift und nahm Klavierunterricht. Nach der Krankheit begann er ein Studium in Oxford und habilitierte über englische Literatur.

Ab 1919 arbeitete er als Journalist und Kunstkritiker und veröffentlichte erste literarische Werke, die einen gewissen zynischen Pessimismus ausstrahlten (›Parallelen der Liebe‹ – 1925; ›Kontrapunkt des Lebens‹ – 1928). Anfang der dreißiger Jahre wurde Huxley stark vom Buddhismus beeinflußt und verwandelte sich vom amüsiert beobachtenden Satiriker in einen leidenschaftlichen Reformator, der darum bemüht war, der Welt durch Konzepte einer neuen universalen und mystischen Religionsphilosophie zu helfen. »Schöne neue Welt« (1932) symbolisiert den Abschluß der ersten Lebensphase und signalisiert den Beginn einer lebenzugewandten und konstruktiven gesellschaftsphilosophischen Orientierung. In der nachfolgenden Zeit setzte er sich stark mit der Problematik des persönlichen und des überpersönlichen Egos auseinander, denn er erkannte, daß erst die Transzendenz des persönlichen Egos das Ideal des sozialen Menschen ermöglicht.

Ab 1938 lebte Huxley in Kalifornien, wo er einen Lehrauftrag erhielt. Im Zeitraum von 1941 bis 1955 erschienen die Romane »Die graue Eminenz« (1941), »Zeit muß enden« (1945), »Affe und Wesen« (1949), »Die Teufel von Loudun« (1952), »Das Genie und die Göttin« (1955). In den fünfziger Jahren entdeckte Huxley die Möglichkeit, mittels psychedelischer Drogenerfahrungen (anfangs mit Mescalin) die Welt der Mystik nicht nur geistig abstrakt, sondern subjektiv nachvollziehbar, als eine der großen Perspektiven des Fortbestehens mystischer Tradition für den neuzeitlichen Menschen, zu verstehen. Findet sich in seinen beiden Essays »Die Pforten der Wahrnehmung« (1954) und »Himmel und Hölle« (1956) hierzu ein vorsichtiger und kritischer Ansatz, so mündet die psychedelische Möglichkeit in seinem 1962 erschienenen Roman »Eiland« in die großartige Vision einer harmonischen zukünftigen Gesellschaft, in der durch gezielt herbeigeführte psychedelische Initiationen Bewußtseinserweiterung, d. h. Entfaltung des überpersönlichen Egos, und selbstlose, universale Liebe entstehen. In seinen letzten Lebensjahren unternahm Huxley viele Eigeninitiationen mit LSD und setzte sich dafür ein, daß die Erfahrungen dieser Ebene als Grundlage höchster Naturwissenschaft allgemeine Anerkennung fänden. Am 22. 11. 1963 starb Huxley in Hollywood an einem unheilbaren Krebsleiden, das er im letzten Koma mit einer Überdosis LSD beendete (Mond im Wassermann; Pluto-Transit Quadrat Neptun-Radix; Uranus-Transit Quadrat Pluto-Radix; Saturn-Transit Trigon Saturn-Radix).

Der Löwe-Einfluß in Huxleys Karmagramm

Wie Hermann Hesses Jupiter am Schütze-Aszendenten guruhaft nach außen wirkt, indem er sich um eine geistige Synthese der traditionellen östlichen und westlichen Philosophie bemüht und somit widersprüchliche Strömungen der Vergangenheit zusammenführt, um dadurch in der Gegenwart anzukommen, so ist auch Aldous Huxley mit einer Jupiter-Aszendent-Konjunktion – diesmal jedoch im Luft-Zeichen Zwillinge – darum bemüht, großflächige Synthesen herzustellen und als geistige Autorität zu dozieren.
Obwohl Huxley im Grunde seines Wesens (Löwe-Sonne und Stier-Mond) ein konservativer Mensch ist, kommt er durch die Verpflichtungen seines Wassermann-MC und seines Zwillinge-Aszendenten nicht darum herum, sich mit Zukünftigem auseinanderzusetzen und einen inneren Streit zwischen den alten geistigen Werten der östlichen und westlichen Kultur *und* den Intentionen des Zeitgeistes auszutragen. Er muß also noch einen Schritt mehr als Hesse riskieren, denn seine Aufgabe liegt darin, Östliches und Westliches an der Wassermann-Energie zu relativieren. Man spürt in seinem gesamten Werk die Haßliebe gegenüber dem Wassermann. Er fühlt sich von ihm in seiner Individualität (Löwe-Sonne) und seinen gefühlsmäßigen Verhaftungen (Stier-Mond) aufs ärgste bedroht, kann dieser Konfrontation jedoch durch das Wassermann-MC und durch die Betonung des 11. Feldes bewußtseinsmäßig nicht ausweichen.
In seinem berühmten Roman »Schöne neue Welt« (1932) findet diese Problematik ihre deutlichste Ausformung. Huxley entwirft hier ein sarkastisches Bild einer zukünf-

tigen Gesellschaft, in der die alten Werte von Kunst und Religion überwunden sind, in der Individualismus als asozial gilt und in der der kollektive Mensch durch Drogen gesteuert wird. Er steht diesem Zukunftsbild, das er rational vorausahnt, zwar zu diesem Zeitpunkt noch unversöhnlich gegenüber, doch allein der Tatbestand, daß er sich überhaupt mit dieser Thematik auseinandersetzt, weist schon darauf hin, daß er im Grunde genommen um eine positive Annäherung an den Wassermann-Geist bemüht ist und das Schöne der neuen Welt begreifen möchte.

Wie angedeutet, ist ein Teil seiner Problematik auf den Stier-Mond zurückzuführen, der durch die Uranus-Opposition dazu motiviert wird, sich von alten Gefühlsklischees zu lösen. So beschreibt er also in »Schöne neue Welt« voller Bestürzung genau das, was sich aus dieser Lösung ergeben könnte: Kinder werden durch künstliche Befruchtung erzeugt, wachsen ohne beschützende Familie auf und werden in einer normierenden Erziehung darauf trainiert, gefühlsmäßige Fixierungen abzubauen; die Verfestigung in der Vergangenheit, der historischen und politischen Entwicklung ist ebenfalls unerwünscht, um dadurch eine wertungsfreie Zukunftsorientiertheit zu ermöglichen (»Geschichte ist Mumpitz«); Partnerbeziehungen verlaufen anonym und unverbindlich und werden durch einen »Sexualhormonkaugummi« künstlich initiiert; natürliche Körper- und Tastempfindlichkeit werden durch Drogen und eigens dafür hergestellte »Fühlfilme« oder »Duftorgeln« stimuliert. »... sie sind nicht mehr von Müttern und Vätern geplagt, haben weder Frau noch Kind, noch Geliebte, für die sie heftige Gefühle hegen könnten, und ihre ganze Normung ist so, daß sie sich kaum anders benehmen können, als sie sollen.« Die andere Komponente, die sich gegen das Wassermann-Bewußtsein wehrt, ist die Löwe-Sonne, die sich nicht von den Identifikationen mit den alten geistigen Werten trennen mag. Huxley regt sich auf:

»Wisch, wisch, wisch – weg waren Odysseus und Hiob, weg waren Jupiter und Buddha und Jesus. Wisch, wisch – und die kleinen alten Dreckhäufchen, genannt Athen und Rom, Jerusalem und das Reich der Mitte, weg waren sie. Wisch – leer war die Stelle, wo einst Italien blühte. Wisch – die Kathedralen; wisch – König Lear und die Philosophie Pascals. Wisch – die Matthäuspassion; wisch – Mozarts Requiem; wisch – die Neunte. Wisch, wisch, wisch ...«

Neben dieser beunruhigenden Klarheit, daß er all diese Dinge tatsächlich wegwischen müßte, um sich von der irdisch-historischen der neuartigen galaktisch-unendlichen Dimension zuwenden zu können, der wissenschaftsfundierten Bewußtseinserweiterung, fühlt sich Huxley in der Entfaltung seiner Individualität und seiner geistigen Eigenbestimmtheit bedroht, da er spürt, daß der zukünftige Mensch sich überindividuellen wissensmäßigen Erkenntnissen und sozialen Ideen bereitwillig stellen wird. Da er rein theoretisch die Notwendigkeit zur kollektiven Integration begriffen hat, aber diese geistig noch nicht vertreten kann, baut er in seinen Roman Inseln für Individualisten (Löwe-Sonne), Reservate für den magischen Menschen, den Indianer (Neptun und Pluto im 12. Feld) sowie eine kollektive, normierte Kastenhierarchie (Löwe-Wassermann-Achse) ein und spiegelt dadurch seine innere Dissonanz wider, die auch mit Hilfe späterer psychedelischer Drogenexperimente niemals vollständig überwunden werden konnte. Die Korrektur oder Bestätigung der Religion durch die Wissenschaft, respektive deren symbiotische Durchdringung, die dem Menschen der 80er Jahre bereits viel leichter fällt, war für Huxley zu diesem Zeitpunkt noch eine Frage des »Entweder-Oder«. Er fühlte sich in einem Zwiespalt zwischen Instinkt und Glauben auf der einen Seite sowie Intellekt und Naturwissenschaft auf der anderen Seite. »Gott ist unvereinbar mit Maschinen, medizinischer Wissenschaft und allgemeinem Glück. Man muß wählen. Unsere Zivilisation hat Maschinen, Medizin und Glück gewählt.«

Erst in seinem 1962 erschienenen Spätwerk »Eiland« wagt er den Versuch, Naturwissenschaft, Technik, östliche Weisheit und Mystik zu einer neuen und zeitgemäßen Form zu verschmelzen. Hierzu dient den Bewohnern der utopischen Insel Pala eine magische Droge, die Huxley moksha-Medizin nennt (moksha = Befreiung) und deren Handhabung Initiationscharakter trägt.
Die größte Spannung in Huxleys Karmagramm besteht in der Opposition von Mars und Saturn (von Widder zur Waage, bzw. vom 10. zum 4. Feld). Die Tendenz zur geistigen und harmonischen Verfestigung, zu traditionellen Partnervorstellungen und die Wünsche nach mystischer Klarheit (Saturnbereich) stehen im Widerspruch zum spontanen Handeln, zur Risikofreude und zu gesellschaftlichem Revoluzzertum (Marsbereich). Um diese innere Spannung zu lösen, benutzte Huxley zweierlei: 1. die Sublimierung beider Themen durch literarisches Wirken (Mars-Saturn lösen sich beide über Merkur an der Karmaquadratspitze), indem er Kunstkritik, Philosophie, Mystik und ästhetische Differenzierung auf der einen Seite (Saturn in der Waage) und Gesellschaftskritisches, Revolutionäres und Zeitgeist-Erschlüsselndes (Mars im 10. Feld) miteinander in Beziehung bringt; 2. die intellektuelle Gewichtung psychedelischen Drogenerlebens und die dementsprechende eher wissenschaftlich motivierte Experimentierfreude, die aus dem Trigon von Saturn zu Neptun (in Zwillinge im 12. Feld) hervorgeht. Saturn-Neptun-Verbindungen (vor allem über das Luftelement) finden in der Neuzeit häufig eine Realisierung durch sogenannte künstlich hervorgerufene mystische Erlebnisse, wobei die verborgene (Neptun) Wirklichkeit (Saturn) auf eine luftelementadäquate, d. h. wassermanngerechte Art und Weise erkannt und differenziert werden kann. Im Zeitalter der Fische-Jungfrau-Achse wurden vergleichbare Erfahrungen unter Einbeziehung der Askese und bestimmter religiöser Tugenden (Jungfrau) auf eine vergleichsweise langwierige und so-

genannte ›organische‹ Art und Weise gemacht. Im Wassermannzeitalter hat diese Vorgehensweise wenig Zukunft, und es finden ›anorganische‹ Abkürzungen durch psychedelische Drogen statt, die zu gleichen mystischen Initiationen führen können. Der »Nachteil« der synthetischen Erleuchtung oder psychedelischen Bewußtseinserweiterung besteht möglicherweise darin, daß die das Wassermannzeitalter mitprägende Löwe-Energie eine geistige Verarbeitung, Differenzierung und Integration dieser Erlebnisse fordert, d. h. in große geistige Verantwortungen mündet, die vielen Drogenbenutzern gar nicht klar ist. Dies hat dazu beigetragen, daß das Image der psychedelischen Möglichkeit ein so niedriges Niveau ausstrahlt.
In diesem Sinne ist es Huxley hoch anzurechnen, daß er seine ganze geistige Autorität – entgegen aller gesellschaftlichen Normung – gezielt dazu verwendet, die neuen Perspektiven chemisch initiierter Grenzüberschreitung und mystischer Relativierung des Seins als eine bedeutende Zukunftsperspektive engagiert zu vertreten (Mond im 11. Feld). Huxley wirft hierbei seine akademischen Barrieren nicht so unreflektiert weg wie beispielsweise Timothy Leary oder Richard Alpert, sondern versucht, ähnlich wie Alan Watts, kulturelle und philosophische Werte der östlichen und westlichen Vergangenheit mit dem eigenen psychedelischen Erleben in Beziehung zu bringen – oder eher noch: Durch das Erleben motiviert, fühlt er die geistige Verpflichtung, vergangene esoterische und philosophische Weltbilder neu in das Scheinwerferlicht der geistigen Aufmerksamkeit zu rücken. Seine beiden in den 50er Jahren entstandenen Essays »Die Pforten der Wahrnehmung« und »Himmel und Hölle«, in denen er seine Erlebnisse mit Meskalin zum Anlaß nimmt, einen Streifzug durch das westliche und östliche Kulturangebot zu machen, sind auf eine weltweite positive Resonanz gestoßen. Auch wenn der Tonfall etwas lehrmeisterlich (Jupiter am Aszendenten)

und die geistigen Synthesen ein wenig zu konstruiert und intellektualisiert wirken (hoher Luftelementsanteil), spürt man doch, daß sich Huxley durch diese beiden Werke einen Zugang zur psychedelischen Realität erkämpft hat. In seinen späteren Experimenten mit LSD identifiziert er sich bereits weitaus stärker mit dem Gedanken, daß drogeninduziertes mystisches Erwachen der zukünftigen Menschheit von größtem Nutzen sein wird. Er fordert eine systematische Erforschung und allgemeine Anwendung psychedelischer Drogenerlebnisse und geht sogar so weit, die Psychedelik als die eigentliche Naturwissenschaft zu bezeichnen. Durch eine weltweite Ausbreitung psychedelischer Selbst-Erkenntnis (gemeint ist in diesem Zusammenhang das höhere oder das überpersönliche Selbst) erhofft sich Huxley eine enorme kollektiv bedeutsame Wissenserweiterung und Harmonisierung der Welt durch das Erwachen eines höheren Lie-

besbewußtseins, das der Herzensliebe des Sonnenarchetyps entspricht. Huxley schreibt in diesem Zusammenhang 1962 an den Entdecker des LSD, Albert Hofmann: »Ich bin zuversichtlich, daß diese und ähnliche Untersuchungen zur Ausarbeitung einer eigentlichen ›Naturwissenschaft‹ der visionären Erfahrung in all ihren verschiedenen, durch Unterschiede in der körperlichen Verfassung, dem Temperament und der beruflichen Tätigkeit bedingten Spielarten führen werden und gleichzeitig zu einer Technik der ›angewandten Mystik‹, einer Technik, die den Menschen hilft, größtmöglichen Gewinn aus ihrer transzendentalen Erfahrung zu ziehen und die Einsichten aus der ›anderen Welt‹ für die Angelegenheiten dieser Welt nutzbar zu machen. Das ist es im wesentlichen, was wir weiterentwickeln müssen – die Kunst, mit Liebe und Intelligenz das weiterzugeben, was wir in der Vision und in der Erfahrung der Selbst-Transzendierung und des Eins-Seins mit dem Universum aufgenommen haben.«

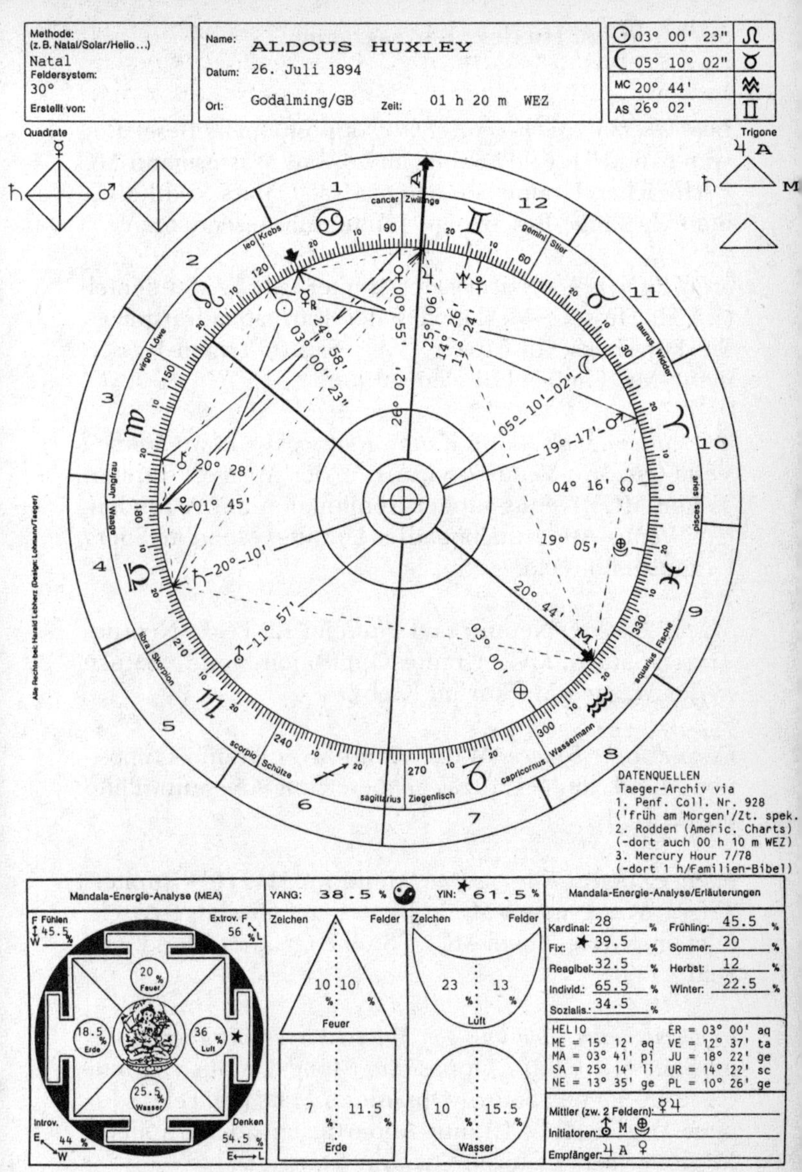

Methode:
(z. B. Natal/Solar/Helio ...)
Natal
Feldersystem:
30°
Erstellt von:
Name: ALDOUS HUXLEY
Datum: 26. Juli 1894
Ort: Godalming/GB
Zeit: 01 h 20 m WEZ
☉ 03° 00' 23" ♌
☾ 05° 10° 02" ♉
MC 20° 44' ♒
AS 26° 02' ♊
Quadrate
Trigone
cancer Zwillinge
Krebs
leo
gemini Stier
Löwe
virgo
taurus Widder
Jungfrau
Waage
aries
pisces
libra
Skorpion
Fische
squarius
scorpio
Schütze
capricornus
Wassermann
sagittarius Ziegenfisch
00° 55'
25° 06'
14° 26'
11° 24'
24° 58'
03° 00' 23"
26° 02'
05° 10' 02"
19° 17'
20° 28'
04° 16'
01° 45'
19° 05'
20° 10'
20° 44'
11° 57'
03° 00'
Alle Rechte bei: Harald Lebherz (Design: Lohmann/Taeger)
DATENQUELLEN
Taeger-Archiv via
1. Penf. Coll. Nr. 928
('früh am Morgen'/Zt. spek.
2. Rodden (Americ. Charts)
(-dort auch 00 h 10 m WEZ)
3. Mercury Hour 7/78
(-dort 1 h/Familien-Bibel)
Mandala-Energie-Analyse (MEA)
YANG: 38.5 %
YIN: 61.5 %
Mandala-Energie-Analyse/Erläuterungen
F Fühlen 45.5 % W
Extrov. F 56 % L
20 % Feuer
18.5 % Erde
36 % Luft
25.5 % Wasser
Introv. E 44 % W
Denken 54.5 % E L
Zeichen Felder
10 % 10 % Feuer
23 % 13 % Luft
7 % 11.5 % Erde
10 % 15.5 % Wasser
Kardinal: 28 %
Fix: 39.5 %
Reagibel: 32.5 %
Individ.: 65.5 %
Sozialis.: 34.5 %
Frühling: 45.5 %
Sommer: 20 %
Herbst: 12 %
Winter: 22.5 %
HELIO
ME = 15° 12' aq
MA = 03° 41' pi
SA = 25° 14' li
NE = 13° 35' ge
ER = 03° 00' aq
VE = 12° 37' ta
JU = 18° 22' ge
UR = 14° 22' sc
PL = 10° 26' ge
Mittler (zw. 2 Feldern): ☿♃
Initiatoren: M
Empfänger: ♃ A ♀

Stichworte zu Huxleys Karmagramm

Individualität und neues Zeitalter: oppositionelle Besetzung vom 5. und 11. Feld / Sonne im Löwen / Wassermann-MC / schwaches Uranus-Sonne-Quadrat / Mars-Sextil-MC / hohe Zwillinge-Besetzung / Jupiter am Aszendenten

Schriftstellerische Ambitionen: Jupiter am Aszendenten (s. a. H. Hesse) / Merkur auf der Karmaquadratspitze / Merkur-Halbsextil-Jupiter / Saturn-Trigon-Wassermann-MC / hohes Luftelement (36%)

Beschäftigung mit Kunst, Kultur, Philosophie: Löwe-Sonne / Vesta-Quadrat-Venus / Saturn in der Waage / Jupiter-Trigon-MC / Venus-Jupiter-Konjunktion am Aszendenten / Venus-Anderthalbquadrat-Uranus / Mond im Stier / Uranus im 5. Feld.

Mystik, Esoterik: Neptun und Pluto im 12. Feld / Neptun-Trigon-Saturn, MC / Uranus-Opposition-Mond / Saturn in der Waage / Merkur im Krebs.

Psychedelische Drogen: Wassermann-MC / Uranus-Opposition-Mond / hohe Luftzeichenbesetzung / Neptun, Pluto im 12. Feld

Ideelles Zeitgeist-Engagement: Mond im 11. Feld / Jupiter-Trigon-Wassermann-MC / Jupiter am Zwillinge-Aszendenten / Mars-Sextil-MC / Sonne-Quadrat-Mond (11. Feld)

Problematik der Ablösung von historischer Verhaftung: Mond im Stier (11. Feld) / Opposition Mond-Uranus / Mond-Quadrat-Sonne / Saturn-Opposition-Mars (10. Feld) / Jupiter-Trigon-MC / Uranus-Anderthalbquadrat-Jupiter / MC im 8. Feld / Chiron-Quadrat-Jupiter

Bemühungen um Anonymität und Wissenschaftlichkeit: starkes Luftelement / Wassermann-MC / Uranus-Opposition-Mond / Saturn-Quadrat-Merkur / Jupiter in den Zwillingen / Saturn-Trigon-MC / Mond im Stier (11. Feld) / Vesta-Quadrat-Aszendent, Jupiter

Synthese von östlichem und westlichem Geistesgut: starkes Luftelement / Wassermann-MC / Jupiter in den Zwillingen / Venus im 1. Feld (Krebs) / Merkur auf der Quadratspitze / Sonne-Quadrat-Mond / Neptun, Pluto im 12. Feld (Zwillinge) / EMH im 9. Feld.

Sich als Zeitguru verpflichtet fühlen: Jupiter am Aszendenten / Jupiter-Trigon-Wassermann-MC / Mars (Widder) im 10. Feld / Uranus-Anderthalbquadrat-Jupiter / Chiron-Quadrat-Aszendent / EMH im 9. Feld

Intellektualisierung der Mystik: hohes Luftelement (schwaches Wasserelement) / Merkur im Krebs (Quadrat Saturn) / Neptun, Pluto in den Zwillingen (im 12. Feld) / Jupiter am Zwillinge-Aszendent

Disposition zu Krebs (Kehlkopf): Opposition Mars-Saturn (Trieb–höhere Vernunft) / Merkur auf der Quadratspitze / intellektuelle Überbelastung (hohes Luftelement) / Zeitgeistängste: Mond im 11. Feld (mit Opposition) / Neptun und Pluto im 12. Feld / Wassermann-MC im 8. Feld.

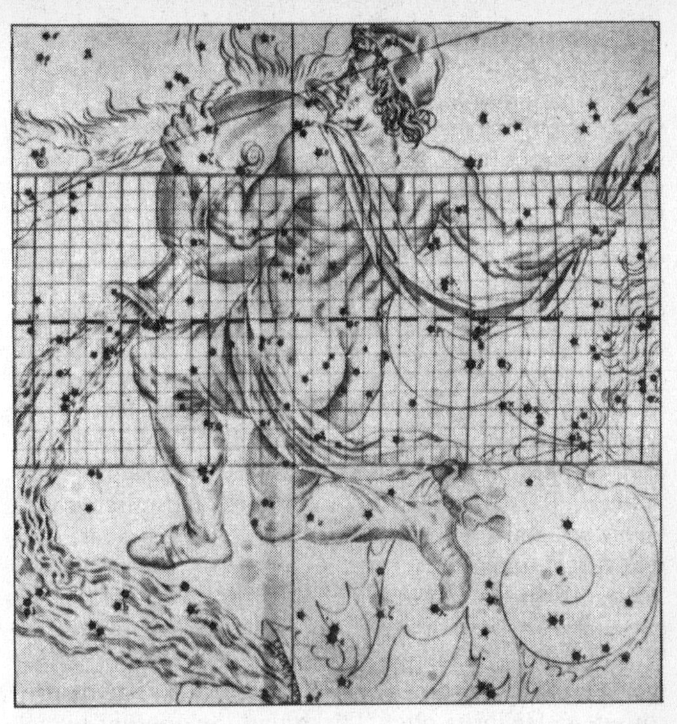

WASSERMANN

Wassermann in Stichworten

11. Zeichen im Tierkreis / Wintermitte / Planetenherrscher: Uranus und Chiron / Element: Luft / Yin (neutral) / fixierendes Zeichen / Oppositionszeichen: Löwe / Felder- bzw. Häuserentsprechung: 11. Feld (Entwicklung des Zeitgeistbewußtseins, Gruppenarbeit, soziales Bewußtsein, Freundschaften, kosmisches Bewußtsein) / Einflußsphäre (Felderwanderung): 60.–66. Lebensjahr / Tagesentsprechung: 9. und 10. Stunde nach Sonnenuntergang / Länderentsprechungen: Schweden, Dänemark, USA (Mitregentschaft) / Städte: Hamburg, Sydney, Hongkong / kein spezieller Wochentag / psychische Entsprechungen: Intuition, ›anorganisches‹ Wachstum, Chaos, Spontaneität, Relativierung des Ego durch kosmisches Bewußtsein, spiritueller Sozialismus / Temperament: sanguinisch / somatische Entsprechungen: Unterschenkel, Waden, Beziehungen zur Zirbeldrüse, Rhythmusstörungen und Verkrampfungen im Körper, Disposition zu Schizophrenie/Alchemie: Uranium, Aluminium, Aquamarin, Türkis, synthetische Edelsteine / Farbentsprechungen: Hellblau oder Türkisblau, Smaragdgrün, intensives Weiß / asiatische Tierkreisentsprechung: Hund / Formen: bizarrer und chaotisch anmutender Formenreichtum, willkürliche, spontane Kunst wie Surrealismus, Dadaismus, Aktionskunst, Sprengung ästhetischer Normvorstellungen, Computer- und Laserkunst / Esoterik (zusammen mit Saturn): Beziehungen zum Scheitelchakra (Sahasrara-padma), außerkörperliche Chakren/ Zahlen: 8, 11 oder 0 / Wassermann-Zeitalter: ca. 2000–4000 nach Chr. / Merkur-Jahre weisen uranische Färbung auf: 1935, 1942, 1949, 1956, 1963, 1970, 1977, 1984, 1991, 1998, 2005, 2012/ I-GING-Entsprechungen: *Tung Jen* = Gemeinschaft mit Menschen; *Go* = die Umwälzung; *Huan* = die Auflösung/Mythologien, Märchen: Sagen um den göttlichen Mundschenk Ganymedes, My-

then um die Auseinandersetzung von Uranus und Saturn, Mythen um Venus-Urania, Legenden um wunderbare oder ungeschlechtliche Zeugungen, bizarre Märchenfiguren wie Irrlichter; spontane Erscheinungen, die paradoxe Märchenlogik im allgemeinen; im Buddhismus: Analogien zur »Grünen Tara« (spontane, unkonventionelle und aktive Hilfsbereitschaft) sowie zu Vishvapani und Damtzig Dorje; im Hinduismus: Analogien zum Schöpfergott Brahma und zum Windgott Vayu.

Wassermann-Geborene

(mit Sonne im Wassermann)

Alfred Adler (MO=ar / AS=sc), Hans Bender (MO=sc / AS=li), Humphrey Bogart (MO=ca / AS=ge), Bert Brecht (MO=li / AS=sa), André Breton (MO=ar / AS=li), Lewis Carroll (MO=sa / AS=sa), Alice Cooper (MO=sa / AS=li), Charles Darwin (MO=cp / AS=cp), James Dean (MO=sc / AS=li), Reinhold Ebertin (Astrologe) (MO=cp / AS=cp), Thomas A. Edison (MO=sa / AS=sa), Friedrich der Große (MO=le / AS=ta), Clark Gable (MO=ca / AS=cp), E. Th. A. Hoffmann (MO=pi / AS=ge), James Joyce (MO=le / AS=cp), Max Klinger (MO=sa / AS=sc), Wolfgang A. Mozart (MO=sa / AS=vi), Rasputin (MO=cp / AS=ar), Emanuel v. Swedenborg (MO=sa / AS=sa), Sharon Tate (MO=vi / AS=ca), John Travolta (MO=vi / AS=ca), Jules Verne (MO=sc / AS=ge).

Anmerkung: MO= Mond, AS= Aszendent;
ar= aries= Widder, ta= taurus= Stier, ge= gemini= Zwillinge, ca= cancer= Krebs, le= leo= Löwe, vi= virgo= Jungfrau, li= libra= Waage, sc = scorpio= Skorpion, sa= sagittarius= Schütze, cp= capricornus= Ziegenfisch, aq= aquarius= Wassermann, pi= pisces=Fische.

Planeten im Wassermann und 11. Feld

Sonne im Wassermann (Anlage) oder 11. Feld (Aufgabe)

Identifikation mit Intuition oder Chaos; intellektuelle Relativierung des Egos; geistiges Wachstum durch Gruppenarbeit oder durch soziale Spiegelung; engagiertes Zeitgeistbewußtsein (speziell im Wassermann-Zeitalter); Spontaneität; originelles Assoziationsvermögen; Entpersönlichung des Selbst; unterkühlte Selbstwertgefühle; sich selbst aus neutraler Distanz beurteilen wollen; okkultes oder esoterisches Interesse; Entwicklungssprünge; sporadischer und unkonventioneller Einsatz der eigenen Persönlichkeit; Entwicklung individueller Freiheit; Abbau von zwingenden Persönlichkeitsstrukturen; sich Erwartungen und Fixierungen anderer entziehen wollen; hellseherische Begabungen; Erfindungsgabe; Reformbestrebungen; Gewichtung paradoxer Logik; Selbstfindung durch allgemeine kosmische Gesetzmäßigkeiten; Auflösung der Persönlichkeit durch den Abbau von Identifikationszwängen...

Autoritätsprobleme; Schwierigkeiten, seine eigene Männlichkeit zu akzeptieren; Disposition zu Schizophrenien (Persönlichkeitsabspaltungen); geistige Verworrenheit; Identitätsentwurzelungen führen zu chaotischen Bewußtseinszuständen; idealistische Verzettelungen; vermindertes Selbstwertbewußtsein; gefühlsmäßige Desorientierung; Wunsch nach individueller Anonymität kann zu Kontaktschwierigkeiten führen; die Intimsphäre anderer nicht beachten; Fehlidentifikationen mit magischen Kräften; Koordinierungsschwierigkeiten; Orientierungsprobleme; paradoxes Denken erschwert einfache Umsetzungen; Sublimierung von Minderwertigkeitsgefühlen durch Überbetonung des Intellekts; zum Spielball irreführender Intuitionen werden; Gefühlskälte wird als Handikap erlebt; Identifikationsverluste führen zu Doppelleben (z. B. E. Th. A. Hoffmann, Lewis Carroll); wenig Ausdauer in der Begeisterung; wenig Selbstvertrauen; organische Wachstumsprozesse nicht akzeptieren wollen; intellektueller Neid...

Mond im Wassermann (Anlage)
oder 11. Feld (Aufgabe)

Gedanklich-intuitive Entmystifizierung des seelischen Bereichs; Verwandlung von Gefühlen in gedankliche Impulse und Assoziationen; »anorganisches« seelisches Wachstum; intuitive Flexibilität; spontanen Eingebungen nachgehen; Unabhängigkeitsliebe; Abbau gefühlsmäßiger Identifikationen; Wißbegierde; seine Gefühle innerlich unbeteiligt erleben und verarbeiten können; Ungebundenheit; Veränderungsliebe; Reisefreude; spontane Entschlußkraft; unkonventioneller Umgang mit magischen oder mystischen Energien; kreative Abstraktion seelischer Inhalte mit künstlerischen und literarischen Mitteln; spielerischer, aber fantasievoller Umgang mit Gefühlen; Erfindungsgabe; die innere und äußere Welt als abstraktes energetisches Wechselspiel betrachten; seelische Selbstverwirklichung am Zeitgeist oder durch Gruppenarbeit; auf mehreren Ebenen gleichzeitig lernen; variable und unterkühlte Einstellung zur inneren und äußeren Weiblichkeit; Entwurf genialer und bizarrer Utopien; Befreiung von Verwirklichungszwängen...

Gefühlsmäßige Verwirrungen; Gefahr intellektueller Inflation; erschwerter Umgang mit Ordnungs- und Zeitkriterien; Disharmonien zwischen Gefühl und Verstand; labiles Nervenkostüm; sich nirgendwo zu Hause fühlen können; Desorientierung in der Wirklichkeit; Dispositionen zu Schizophrenie; intellektuelle Verzettelungen; Schwierigkeiten, etwas zu Ende zu führen; leichte gedankliche Beeinflußbarkeit; keinen inneren seelischen Halt haben; schwache Einfühlsamkeit; Mißachtung der Gefühle anderer; Identifikationsprobleme mit der eigenen Weiblichkeit; sadistisch wirkende Dispositionen; vorschnelle Entscheidungen; an verworrenen metaphysischen Spekulationen scheitern; Bindungsängste; unter gedankenerotischen Perversionen leiden...

(z.B. A. Camus, L. Carroll, P. Mondriaan, T. Leary)

Merkur im Wassermann (Anlage)
oder 11. Feld (Aufgabe)

Unkonventionelles und revolutionäres Denken; Gedanken über überindividuelle Gesetzmäßigkeiten; geniales, erfinderisches Denken; Gemeinschaftsbewußtsein; Originalität; Intuition; gedankliche Experimente eingehen; Toleranz; Interessenvielfalt; paradoxe Logik; Sprengung organischer Denkmechanismen; dem Zeitgeist gedanklich folgen wollen; widersprüchliche Ebenen miteinander in Verbindung bringen; Flexibilität; neutrale Stellungnahmen; wissenschaftliches und okkultes Interesse; Informationsaustausch in der Gruppenarbeit; Offenheit für soziale Belange; spontane Reisefreude; Unvoreingenommenheit; telepathische Dispositionen...

Schwer nachvollziehbare Gedankensprünge; Interessenverzettelung; schlechte Konzentration; gedanklich wenig

Ausdauer haben; oberflächliches Denken; sich in Gedanken verlieren; Nervosität; unter Originalitätszwängen leiden; wenig geistige Gewichtung von Gedanken; Einfälle werden nur selten verwirklicht; Anonymität kann zu Kontaktschwierigkeiten führen; Entscheidungsschwierigkeiten; intellektuelle Inflation; Schwierigkeiten im planenden und langfristigen Denken; Diskrepanz zwischen Theorie und Praxis; Leichtgläubigkeit; geniale Besonderheitsvorstellungen; esoterische und okkulte Leichtsinnigkeit; Angst vor subjektiven Stellungnahmen; Diskrepanzen zwischen Gedanken und innerer Grundeinstellung...

(z.B. E. Coué, G. Gurdjieff, A. Breton, J. Verne)

Venus im Wassermann (Anlage)
oder 11. Feld (Aufgabe)

Harmonie durch gedankliche Ungebundenheit; Liebe ohne Haftung; Freiheitsliebe; Bemühung um eine Synthese von alten und neuen ästhetischen Vorstellungen; gedanklich motivierte Entwicklung von Liebe; platonische Liebe; in der Kunst: Surrealismus, Dadaismus, Symbolismus; gedanklichen Austausch in der Gruppe suchen; spontane soziale Hilfsbereitschaft; Verbindungen zwischen östlicher und westlicher Philosophie herstellen; unkonventionelle Partnervorstellungen; Sprengung normierter Ästhetik; musische Exzentrik; Interesse an modernem Design und Technik; künstlerische und kulturelle Außenseiterwege gehen; spontane Kontaktbereitschaft; Experimentierfreude; Hingabe an die Energie des Augenblicks; Abbau sozialer Standesunterschiede; anderen von Mensch zu Mensch begegnen wollen; Ideale weltumspannender sozialer Harmonie...

Nur schwer Gefühle entwickeln oder zeigen können; übertriebene Freiheitsliebe kann zu einer inneren Zwangsvorstellung werden; erotische Identifikationsprobleme; ungewöhnliche oder neuartige erotische Vorstellungen werden von anderen als pervers empfunden; utopische Vorstellungen von sozialer Harmonie; wenig Ausdauer in der Harmonieentwicklung; Konzentrationsschwierigkeiten; zwischenmenschliche Leichtfertigkeit; intellektuelle Eitelkeiten; ästhetische Beeinflußbarkeit; Spannung zwischen individueller und kollektiver Liebe; Entscheidungsschwierigkeiten; es allen recht machen wollen; schizoide Dispositionen; sich mit der eigenen Harmonie nicht identifizieren können; Diskrepanzen zwischen Besitzlosigkeit und Kunstsammlerleidenschaften; Enttäuschungen durch zu hohe Vorstellungen von Freundschaft; persönliche Schwächen nicht zugeben wollen; Schwierigkeiten der harmonischen Identifikation mit dem eigenen Körper...

(z. B. B. Brecht, P. Cézanne, P. Fonda, M. de Nostradamus)

Mars im Wassermann (Anlage) oder 11. Feld (Aufgabe)

Freiheitsliebe; originelle Umsetzung neuer Ideen; spontane Begeisterungsfähigkeit; intellektuelle Risikobereitschaft; intuitiver Willenseinsatz; engagierte Interessenvielfalt; gemeinschaftliche oder soziale Ideale; reaktionsschneller Wechsel von Zielvorstellungen; Bruch mit konventionellen Normen; Reformfreude; Organisationstalent; wissenschaftliche oder okkulte Interessen; Teamarbeit; Außenseiterwege; schnelle Entschlußkraft; Reisefreude; Rhythmusgefühl; intellektueller Führungsanspruch; Abbau von Männlichkeitsfixierungen und autoritären Strukturen...

Wenig ausdauernder Energieeinsatz; voreilige Entschlüsse treffen; ideelle Verzettelungen; alles muß gleichzeitig passieren (wenig Geduld); Eigenwille; Probleme mit der männlichen Form von Sexualität; unreflektierter Energieeinsatz; Fehlidentifikationen mit abstrakten Gedanken; ideelle Beeinflußbarkeit; Neuerungssucht; impulsiv und vorschnell Freundschaften eingehen; sich der Tragweite des eigenen Handelns nicht bewußt sein; im Vergleich zu anderen Mars-Zeichen: Antriebsarmut; intellektuelle Rivalität; Konzentrationsschwierigkeiten; unter ständiger intellektueller Aktivität leiden; schizoide Dispositionen; Gefahr okkulten Größenwahns; Spannungsfeld von Leidenschaft und intellektueller Unterkühltheit; gekünstelte Begeisterungsfähigkeit...

(J. Carter, Ch. de Gaulle, A. Mesmer, A. Einstein)

Vesta im Wassermann (Anlage)
oder 11. Feld (Aufgabe)

Interesse an Okkultismus, Esoterik, Kosmologie, Astrologie; Kontaktfreude (Teamarbeit, Gruppen- und Sozialarbeit); humanistische Ambitionen; paradox-intuitive Arbeitsmethoden; originell-spielerische Gedankenarbeit; Sprengung kausaler Denkgewohnheiten (Verknüpfung unterschiedlichster Wissensebenen); Transzendierung dualistischen Gewohnheitsdenkens; Entwicklung autarker Moralvorstellungen; gedankliche Flexibilität; ausgeprägter Individualismus; Freiheits- und Unabhängigkeitsideale; spontane Entscheidungsfreude; kritische Analyse allgemeinmenschlicher Probleme; Intuition und Chaos als Ordnungsprinzipien begreifen...

Zwang zur wissensmäßigen Perfektion; arhythmisches

Arbeiten; guruhafte Selbstüberheblichkeit; Neigung zu okkultem Fanatismus und Sendungsbewußtsein; andere gedanklich vereinnahmen; unter sozialer Isolation leiden; Verschrobenheit; Rastlosigkeit (sich schwer irgendwo zu Hause fühlen); gedankliche Verworrenheit und Inkonsequenz; Nervosität; Entscheidungsschwierigkeiten; übertriebene Pedanterie als Schutz vor einem inneren Chaos (intellektuelle Inflation); Ego-Spiele mit Vernunft und Lauterkeit tarnen; Gefahr schizoiden Größenwahns; Wahrheitsverdrehungen; sexuelle Desorientierung...

(z.B.: Alfred Adler, Edgar Cayce, Sri Rajneesh, Dane Rudhyar)

Jupiter im Wassermann (Anlage)
oder 11. Feld (Aufgabe)

Ideale von Freiheit, Gleichheit, Brüderlichkeit; soziale Reformideen; Abbau von Klassenunterschieden; ideell ausgerichtete Teamarbeit; wissensmäßige Verantwortlichkeit; spontane geistige Entwicklungen; das Wesen des Zeitgeistes erfassen wollen; Verfechtung progressiver Ideen; Forscher- und Entdeckergeist; Freiheits- und Unabhängigkeitsstreben; Expansion des Wissens; Vielseitigkeit; Intuitionsstärke; spontane Reisefreudigkeit; intellektuellen Austausch suchen (gedanklich motivierte Freundschaften); Toleranz; flexible Organisationsgabe; Interesse an Wissenschaft, moderner Philosophie und Wassermannspiritualität; Bruch mit traditionellen Wertvorstellungen; intuitive Kreativität...

Gefahr intellektueller Inflation; unter unentwegten Denkzwängen leiden; alles besser wissen müssen; sich mit seinem Wissen nicht identifizieren können; Diskrepanz zwischen Theorie und Praxis; Nervosität; vorschnelle Entschlußkraft; Autoritätskonflikte in der Gruppe; geistige Oberflächlichkeit; Unentschlossenheit; schlecht zuhören können; Gemeinschaftsgeist voraussetzen, der nicht vorhanden ist; phasenweise Antriebsarmut; unkritisches Kopieren geistiger Werte; wenig ideelle Ausdauer und Überzeugungskraft; schwierig tiefe persönliche Freundschaftsbindungen eingehen können; darunter leiden, sich anonym und neutral geben zu müssen (Unterdrückung persönlicher Gefühle); Tendenz zu Pessimismus oder Einzelgängertum; Ziellosigkeiten; Entscheidungsschwierigkeiten...

(z.B. M. Béjart, L. Carroll, A. Christie, A. Ginsberg)

Saturn im Wassermann (Anlage)
oder 11. Feld (Aufgabe)

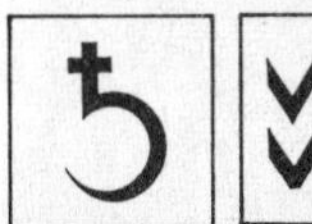

Entwicklung eines abstrakten und wertfreien Denkens; intuitive Wirklichkeitserfassung; Interesse an praktikablen neuen Zeitgeistideen; schriftliche Fixierung von Gedanken (literarische oder wissenschaftliche Ambitionen); soziales und politisches Verantwortungsbewußtsein; Erfindergabe; Ordnung des Chaos; ernsthafte Gewichtung des Zeitgeistes; Konzentrationsfähigkeit; Abstraktionsgabe; Ergründung überindividueller, kosmischer Gesetzmäßigkeiten; berufliche Zusammenarbeit; technisches Verständnis; sachliches Erforschen geistiger Archetypen (C.G. Jung); das Sein als abstrakten energetischen Umschichtungsprozeß betrachten; Relativierung der Persönlichkeit durch Spiegelung im Kollektiv; Gesellschafts- und Gruppenanalyse; Befreiung von geistigen Zwangsvorstellungen; Lösung von individuellem Karma – Erkennen von kollektivem Karma...

Sich von sozialen Entwicklungen absondern oder sich abgesondert fühlen; Neigung zu extremem intellektuellen Eigensinn; sich mit der beruflichen Rolle nicht voll identifizieren können; intellektueller Hochmut; Überbetonung der wissenschaftlichen und entseelten Weltbildes; seine eigenen Intuitionen kritisch ablehnen; schwaches Zeitempfinden; Kontaktschwierigkeiten; wenig Selbstverantwortung; Gefahr okkulten Machtmißbrauchs; Problematik des Spannungsfeldes: Subjektivität-Objektivität; Disposition zu sozialkritischem Pessimismus; künstlich wirkende gedankliche Exzentrizität; Minderwertigkeitsgefühle; unterdrückte Spontaneität; Funktionalisierung des energetischen Seins kann in unerlösten Nihilismus führen; Vermarktung okkulter Wirklichkeit; gesellschaftspolitische Machtbestrebungen; Disposition zu Persönlichkeitsabspaltungen; schwierige Einstellung zum eigenen Körper oder zu Besitz...

(K. Adenauer, W. Blake, C. G. Jung, M. Ravel).

Chiron im Wassermann (Anlage)
oder 11. Feld (Aufgabe)

Ausgeprägte Intuitions- und Erfindungsfähigkeit; Improvisationsgabe; Zeitgeistaufgeschlossenheit; Entwicklung neuartiger esoterisch-okkulter und wissenschaftlicher Theorien; Bruch mit traditionellen Ansichten und Wertungen; New-Age-Pioniere; Freude an unorthodoxen Theorien und Spekulationen; Zukunftsorientiertheit; Außenseiter-Sympathien; Arbeit in freien Interessengruppen; Organisationstalent; Loyalität; intellektuelle Hilfsbereitschaft; Flexibilität; Reisefreude; die Erde als Heimat betrachten; Gemeinschaftssinn; Diplomatie; Interessenvielfalt; Idealismus; Spontaneität; Kommunikationsfreude...

Konzentrationsschwierigkeiten (Zerfahrenheit); sich in obskuren Theorien verlieren; schwacher Ordnungssinn; Nervosität; alles gleichzeitig machen wollen (Schwierigkeiten mit alltäglicher Lebensplanung); Unsystematik; Probleme mit der Zeitdimension; sexuelle Orientierungsschwierigkeiten; Gefahr des Instinktverlusts; sich unverstanden glauben kann in Pessimismus und Menschenfeindlichkeit münden; Leichtgläubigkeit; Gefahr schizoider Erkrankungen; unorganische Entwicklungsschübe; sich der Tragweite intellektueller Postulate nicht bewußt sein; andere gedanklich vereinnahmen; vorschnelle Entscheidungen treffen...

(z.B. Reinhold Ebertin; Emile Coué; Aleister Crowley; Charles Darwin)

**Uranus im Wassermann (Anlage)
oder 11. Feld (Aufgabe)**

Starke Intuitionskräfte; paradoxe Logik; wissenschaftliches und okkultes Interesse; Streben nach spontaner Unabhängigkeit; große gedankliche Verbindungen und Synthesen herstellen können; Relativierung der eigenen Persönlichkeit durch Erkennen gesellschaftlicher und kosmischer Gesetzmäßigkeiten; das kreative intellektuelle Chaos; sich mit Abstand betrachten können; reformerisches und progressives Denken; Ablösung des geistigen durch das wissenschaftliche Weltbild; intellektuelle Flexibilität und Schlagfertigkeit; hellseherische oder telepathische Dispositionen; Vertrauen in den Zeitgeist; Offenheit für neue Ideen; Entwicklung globalen und kosmischen Bewußtseins; New-Age-Spiritualität; Reise- und Entwicklungsfreude; Synthese von Wissenschaft, Philosophie und Religion; sich als Wechselspiel abstrakter archetypischer

Energien verstehen; Abbau autoritärer Strukturen; Bruch mit traditionellen Männlichkeitsvorstellungen; Gedankenaustausch suchen...

Reduzierte Selbstverantwortung; intellektueller Hochmut; Entscheidungsschwierigkeiten; scheinbare Planlosigkeit; unter dem Zwang stehen, intellektuell beeindrukken zu müssen; sexuelle Identifikationsprobleme; Bindungsängste; Schwierigkeit, in sich selbst ein ruhendes Zentrum zu finden; intellektuelle Leichtsinnigkeit; schwache Konzentrationsgabe; wenig Persönlichkeitsverfestigung; unter starker intellektuell motivierter Nervosität leiden; sich unter wissenschaftlicher Beweissucht wähnen; die gedanklichen Sprünge können von anderen nur schwer nachvollzogen werden; Schwierigkeiten, die eigenen Gedanken zu ordnen; Disposition zu Schizophrenie; abschweifendes Denken; Nervosität; durch starken Mitteilungsdrang dominierend wirken; Unterdrückung persönlicher Einstellungen...

(z. B. W. Brandt, W. v. Braun, A. Camus, F. Fellini)

Neptun im Wassermann (Anlage)
oder 11. Feld (Aufgabe)

Auflösung gesellschaftlicher Zwänge; intuitives Erfassen der Zeitgeisthintergründe; spontane zwischenmenschliche Hilfsbereitschaft; Erahnen, daß hinter Gedanken mystische Wirklichkeit steckt; ergriffene Gewichtung der eigenen Intuitionen; spontane Einsichten in mystische Wirklichkeit; assoziative Fantasie; Relativierung wissenschaftlicher Erkenntnisse; das Geheimnis paradoxen Denkens; gesellschaftliche Integration okkulten und esoterischen Wissens; progressiver Umgang mit psychedelischen oder meditativen Erfahrungen; telepathische Eigenschaften;

Initiationen durch intuitive Aha-Erlebnisse; Ablösung von religiösen Glaubensvorstellungen durch Bewußtseinserweiterung und Erkenntnis; Auflösung sexueller Rollenverteilung; entpersönlichte, tantrische Vorstellungen von Erotik; Hingabe an das Chaos; Auflösung gedanklicher Fehlidentifikationen; Gedanken werden als Illusion und Projektion erkannt; sich als Medium feinster kosmischer Energien und Gesetze begreifen...

Abrupte Auflösung sozialer Strukturen kann zu individuellem Chaos führen; Verfolgen obskurer esoterischer Theorien; intellektuelle Inflation; Disposition zu Bewußtseinsspaltungen; unreflektierter Drogenmißbrauch; Entwicklung von Ängsten gegenüber numinosen kosmischen Energien; Rollenlosigkeit wird nicht als Befreiung, sondern als Ohnmacht empfunden; Auflösung erotischer Tabus kann in Impotenz münden; Diskrepanzen zwischen subtilem kosmischen Wissen und einfacher Wirklichkeitsbewältigung; Dissonanz zwischen Reformfreude und Ziellosigkeit; Verlust persönlicher erotischer Ausstrahlung; geschwächtes Raum-Zeitempfinden kann in Planlosigkeit und Verzettelung münden; unter dem Wahn stehen, daß Erkenntnis bereits Verwirklichung sei; unkritische Hingabe an den Zeitgeist; Interessenzersplitterung; Spannung von Eigenverantwortlichkeit und Medialität; Science-Fiction-Ängste; kollektive Hysterie; sich von geheimnisvollen Mächten aus dem All bedroht fühlen; Manipulation des Wissens...

(z. B. A. Graham-Bell, A. Besant, K. May, F. Nietzsche)

Pluto im Wassermann (Anlage) oder 11. Feld (Aufgabe)

Gesellschaftliche Reformbestrebungen; Bruch mit materiellen und wissenschaftlichen Weltbildern; Abbau von sozialen Werten und Dogmen; Expansion überindividuellen kosmischen Wissens; soziale Revolutionen durch Ausweitung astroenergetischen, esoterischen und wiedergeburtbezogenen Wissens; schöpferische Intuitions- und Assoziationsgabe; Bruch mit traditionellen Partnerklischees; Ausübung freier Sexualität; Abbau sexueller Rollenfixierungen; Transformation geistiger in wissensmäßige Autoritäten; Zerstörung individueller Fixierungen; wissenschaftliche Erschließung feinerer Energiequellen; Ausweitung des globalen Bewußtseins in ein Sonnensystem- oder Milchstraßenbewußtsein; Erweiterung und Relativierung des Raum-Zeit-Bewußtseins; Verschmelzung östlichen und westlichen Wissens; Ego-Transformation durch Gruppenauseinandersetzungen; Kampf gegen computertechnische Fremdsteuerung; Verbreitung neuer humaner technischer Ideen; Identifikation mit dem Kollektiv...

Intoleranz gegenüber Individualität; Fehlidentifikationen mit allgemeinem Menschheitswissen; Mißbrauch des Wissens als Machtfaktor; Spannung zwischen Trieb und Intellekt; die Diktatur des Geistes mit der Diktatur des Wissens austauschen; in den Sog kollektiver Hysterie geraten; Gefahr eines ideellen Fanatismus; subtile Autoritätskonflikte in der Zusammenarbeit; eigenes Machtstreben hinter sozialem Engagement verbergen; unterkühlter Zynismus; intellektuelle sexuelle Motiviertheit kann zu Impotenzproblemen führen; Expansion okkulten Wissens kann in eine kollektive Psychose münden; Fixierung an utopische Freiheitsvorstellungen; Verlust individueller Suggestivkraft; starke Intuitionskraft kann in gedankliches Chaos führen; intellektuelle Gereiztheit; vorschnelle Entschlüsse fassen; anderen die eigenen Gedanken aufdrängen (während Plutos letztem Aufenthalt im Wassermann fanden die Französische Revolution und die amerikanische Freiheitserklärung statt...)

(z. B. H. Heine, C. M. v. Weber, Wilhelm I., N. Paganini)

Mondknoten im Wassermann (Anlage) oder 11. Feld (Aufgabe)

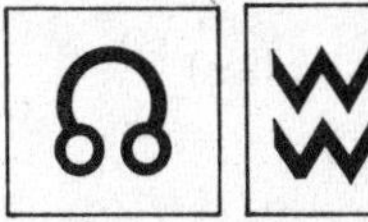

Selbstverwirklichung durch Integration der eigenen Persönlichkeit in kollektive Zusammenhänge; progressiven Wissensaustausch suchen; Bewußtseinserweiterung durch eigene Erkenntnis; Arbeit in Gruppen; Harmonie durch Auseinandersetzung mit der New-Age-Spiritualität; Synthese von esoterischem und wissenschaftlichem Gedankengut; Annäherung östlicher und westlicher Weltbilder; Gewichtung eigener Intuitionen; Entwicklung eines spielerischen Rollenverständnisses; Widerspruchsfreiheit und Toleranz durch Expansion des Wissens; positive Einstellung zum Zeitgeist; Fortschrittsglaube; Bemühung um Neutralität, d.h. Allgemeingültigkeit; Desillusion individueller geistiger Unfehlbarkeit; bindungslose Kontaktfreude; Anwendung der Logik des paradoxen Denkens; intellektuelle Relativierung der Wirklichkeit, Abbau von Entscheidungszwängen; intuitive Flexibilität; Entpolarisierungen geschlechtlicher Fixierungen; Befreiung von konventionellen ästhetischen Normen...

Sich in seinem Streben nach Freiheitsverwirklichung ständig angegriffen fühlen; Angst vor subjektiven Stellungnahmen; Progressivitäts- und Originalitätszwänge; Übergewichtung des Intellekts; Zurückhalten persönlicher Einstellungen; reduzierte Begeisterungsfähigkeit; Probleme mit Gesellschaftssystemen; Widersprüche von Kopf und Herz; Probleme durch Nichtbeachtung der persönlichen Intimsphäre anderer; Interessenzersplitterung; auf allen Gebieten perfektes Wissen haben wollen; in wissensmäßigen Dingen dominieren wollen; Überheblichkeit; großflächiges Denken kann zu Detailfehlern führen; verantwortungsloses und willkürliches Umgehen mit Wissen; Wissensmanipulation für egoistische Zwecke ausnutzen; Nervosität; Konzentrationsschwäche; esoterische und wissenschaftliche Leichtgläubigkeit; Koordinierungsschwierigkeiten...

(z. B. A. Einstein, O. Hahn, A. Watts, O. Welles)

Medium Coeli im Wassermann

In unseren Breiten immer mit einem Zwillinge- oder Stier-Aszendenten verbunden

Intellektuelle Identifikation mit Beruf und sozialer Rolle; überpersönliches, sozial orientiertes Engagement; Berufsfindungen, die dem Zeitgeist entsprechen; Arbeit im Kollektiv und in Gruppen; Abbau von Rollenidentifikationen; spontaner Berufswechsel oder paralleles Arbeiten in unterschiedlichen Berufsbereichen; unkonventionelle Formen der Wissensvermittlung; Flexibilität; Abbau von Autoritätsstrukturen; Entwicklung eines überindividuellen energetischen oder okkulten Bewußtseins; Identifikation mit paradoxer Logik; unorganisches, spontanes und intuitives Lernen; sich in seiner beruflichen Rolle um Objektivität und Neutralität bemühen; Toleranzmaximen (›Jeder soll nach seiner Fasson glücklich werden‹); Befreiung von materiellen Zwängen (Bedürfnislosigkeit); das Leben als Gedankenspiel und Energieaustausch betrachten; Identifikation mit einem wissenschaftsphilosophischen Weltbild; Berufe, in denen technische Originalität und Erfindungsgabe gefordert sind; Trennung von Intimsphäre und Beruf; Berufe, durch die soziale Angleichungen bewirkt werden können...

Sich der geistigen und persönlichen Verantwortung entziehen; berufliche Entscheidungsprobleme; Verbergen persönlicher Einstellungen hinter einer neutralen und anonymen Maske; wenig berufsbezogene Überzeugungskraft; leichtfertiger Umgang mit Wissen; rollenmäßige Zersplitterung; chaotische Planung und Organisation; vieles anfangen – wenig zu Ende führen; sich rollenmäßiger Verantwortung entziehen; geistige Autoritäten nicht anerkennen können; Verwechslung von Freiheit und Egoismus; unter den Zwängen von Allwissenheit leiden; unkritische Übernahme scheinbar progressiver Ideen; unrealistische Berufsvorstellungen; schwacher Ehrgeiz; wenig berufliche Selbständigkeit; leichtsinniger Umgang mit Geld; entpersönlichtes Rollenimage führt zu menschlicher Kontaktarmut; Verrennen in praxisferne Theorien; wenig Detailliebe und Gründlichkeit in der Arbeit...

(z.B. W. v. Braun, H. Heine, W. Heisenberg, U. Lindenberg)

Aszendent im Wassermann

In unseren Breiten immer mit einem Skorpion- oder Schütze-MC verbunden.

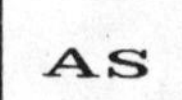

Entwicklung eines überindividuellen, kollektiv orientierten Weltbildes; Integration der Persönlichkeit in das soziale Geflecht; Entwicklung in Gruppen und Gemeinschaften; sich ein neutrales und objektives Image geben; Abbau persönlicher Bindungen; Aufbau eines wissenschaftlichen oder okkulten Weltbildes; Entwicklung von Spontaneität und Intuition; Gewichtung paradoxer Logik; Verarbeitung der inneren und äußeren Welt durch originelles und unkonventionelles Assoziationsvermögen; Bruch mit traditionellen Verhaltensmustern; Verfechten freiheitlicher Ideale; sein eigenes Wesen aus großer Distanz beurteilen können; triebentspannte, intellektuell motivierte Freundschaften suchen; Abbau sexueller Fixierungen; wissensmäßige Entzauberung der Welt; schrittweise Akzeptierung des Chaos; Streben nach sozialer Gerechtigkeit; Entwicklung eines globalen oder kosmischen Bewußtseins; Suche nach einer überindividuellen, abstrakten Ästhetik; Begeisterungsfähigkeit für Reformen; Lösung von materiellen Bindungen...

Entwurzelung der eigenen Persönlichkeit kann in Chaos oder Vereinsamung münden; anonymes Image führt zu Kontaktschwierigkeiten; Unterdrückung persönlicher Einstellungen; wenig Wirklichkeitssinn; Diskrepanz zwischen Theorie und Praxis; sexuelle Verdrängungsproblematik; Gefühle nicht zeigen können; Fehlidentifikationen mit revolutionären Gedanken; Unentschlossenheit; Schwierigkeiten in der Bewältigung von Zeit und Raum; alles auf einmal machen wollen; Konzentrationsschwierigkeiten; Interessenzersplitterung; wenig Selbstverantwortung; Autoritäts- und Vaterkonflikte; wenig Ausdauer; zwischen Besitz und Besitzlosigkeit schwanken; Gefahr okkulten Machtmißbrauchs; wenig Überzeugungskraft; Minderwertigkeitskomplexe...

(z. B. E. Degas, J. Joplin, K. Marx, Robespierre)

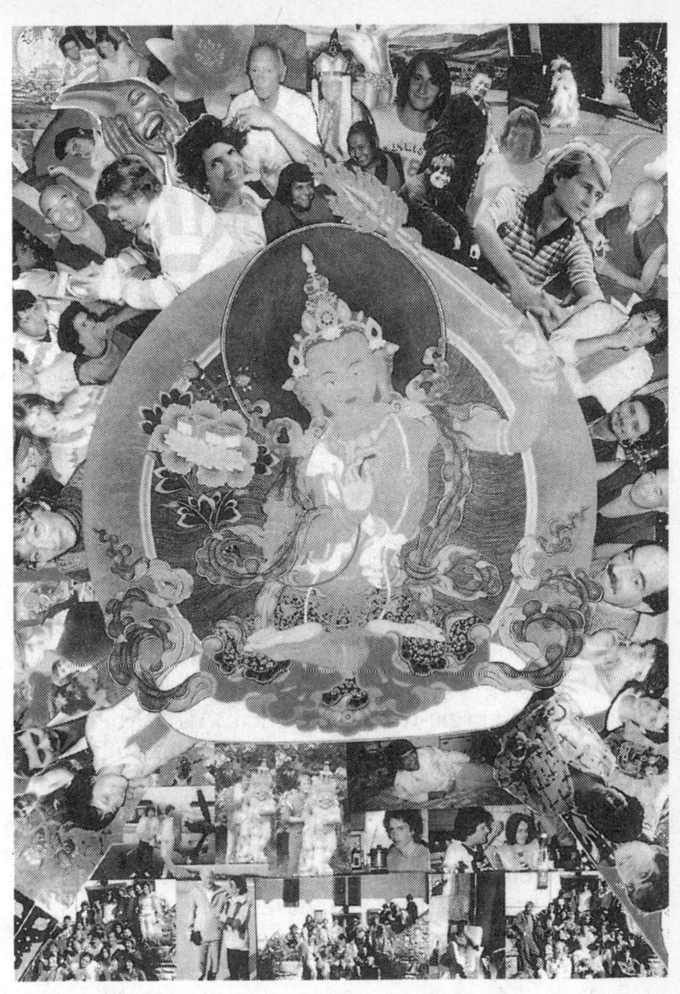

WASSERMANN

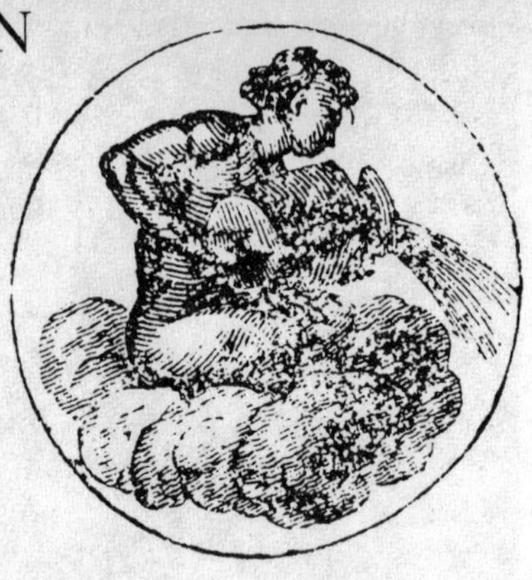

»Das Ausgedehntsein erleben wir als Gewahrsein, Verstehen, Begreifen oder wie immer wir es nennen wollen. Wenn wir vollständig ausgedehnt sind, haben wir ein Gefühl allumfassenden Gewahrseins, eins zu sein mit allem Leben. Auf dieser Ebene haben wir keinen Widerstand gegen irgendwelche Schwingungen oder Interaktionen anderer Wesen. Es bedeutet zeitlose Glückseligkeit, mit einer uneingeschränkten Auswahl an Bewußtsein, Wahrnehmung und Fühlen.«

Thaddeus Golas: Der Erleuchtung ist es egal, wie du sie erlangst

Aus den beiden Amphoren des Wassermanns ergießt sich silberner respektive goldfarbener Nektar oder Kundalinikraft in den freien Luftraum hinein, eine symbolische Handlung der Abnabelung von weiblichen oder männlichen Energie-Identifikationen. Als Vorbereitung auf die ego-befreite Fische-Jungfrau-Achse sollen wir über den Wassermann lernen, unsere geschlechts- und rollenspezifischen ängstlichen Fehlfixierungen über Bord zu werfen. Denn erst aus der neutralen und unidentifizierten Entfernung können wir das Sein, in dem wir selbst nur ein Partikelchen unter Millionen von anderen Partikelchen sind, komplexer erfassen und überindividuelle Strömungen, Ziele und energetische Konzepte begreifen und mit ihnen in harmonischen Einklang gelangen. Hierbei interessiert den Wassermann weniger das Detail als vielmehr der Gesamtüberblick. Er nimmt wohl auf spontane und distanzierte Art am großen kosmischen Spiel teil, ohne sich jedoch festzulegen und hierbei magisch vereinnahmen zu lassen. Um dies zu erreichen, *muß* er sich von persönlichen Trieb- und Ego-Intentionen trennen und eine androgyne Wesensart entwickeln, die es ihm ermöglicht, sich polarisierenden Stellungnahmen zu entziehen.

Die Befreiung von seelischen und geistigen Konzepten basiert im Wassermann nicht auf Unterdrückung, Askese oder Blockierung, sondern auf der wertungsfreien Erkenntnis, daß durch den Zustand spontaner Intelligenz, flexibler Intuition und grenzüberschreitender Inspiration paralogische Möglichkeiten für neuartige und inspirierte Entwicklungen geschaffen werden können. Der Wassermann symbolisiert die Expansion der schöpferischen Intelligenz und produziert unentwegt neue gedankliche Möglichkeiten, die sich über die benachbarte Krebs-Ziegenfisch-Achse zu einer relativen Wirklichkeit verdichten, welche durch die ebenfalls anschließende Jungfrau-Fische-Achse wieder aufgelöst wird. Ihm ist denkerische Möglichkeit bereits Wirklichkeit. Er sendet lediglich Impulse aus, offene Angebote, deren Realisierung er anderen kosmischen Kräften überläßt. Er gießt seine erleuchteten Energien unbekümmert in den kosmischen Raum, ohne sich mit deren Formwerdung und der damit verbundenen karmischen Problematik auseinandersetzen zu müssen. Seine Angebote sind zwang- und absichtslos. Er befindet sich außerhalb saturnal-karmischer Gesetzeszwänge und vermittelt die Potenz überpersönlichen und allumfassenden Wissens. Über das Wassermann-Bewußtsein kann man zu der Erkenntnis gelangen, daß das Universum ein zeitlich verzögerter Ausdruck eines im Grund genommen zeitlosen göttlichen Gedankenspiels ist, oder wie es Jean Gebser spaßhaft formuliert: *»Die Zeit ist dazu da, damit nicht alles auf einmal passiert.«*

Über das Erdelement und seine Zeit-Raum-Illusionen erleben wir diesen blitzschnellen Prozeß der Evolution wie durch eine Zeitlupenkamera. Wir alle kennen dieses Phänomen, wenn für kurze Augenblicke unsere Konzentration nachläßt und wir unseren eigentlichen inneren Zustand erfahren, wenn wir dem Strudel von Gedanken, Bildern, Assoziationen und des synchronen, mehrebnigen Seins begegnen. Solange wir Angst vor diesem ursprünglichen Chaos haben, d. h. unser innerer Kristall noch nicht entwickelt ist, der es erlauben würde, uns dem Chaos gegenüber gelassen, d. h. ego-befreit und illusionsfrei zu öffnen, so lange dürfen wir die Schwelle von Saturn und Ziegenfisch noch nicht überschreiten und uns an dem ungebundenen spontanen und zeitlosen Seinszustand der Wassermann-Energie erfreuen. Die Fiktion von Zeit und Raum (Erdelement), die eingebildeten Ängste und Instinkte (Wasserelement) und deren schrittweise Überwindung im Zuge spiritueller Entwicklung bereiten uns behutsam auf die offene Dimension des Luftelements und hier vor allen Dingen des Wassermanns, Wasserträgers oder Engelmenschen vor. Das Feuerelement mit seinen Wünschen nach Überhöhung des persönlichen Egos, das sich durch die Idealisierung übergeordneter Zielvorstellungen entwickelt, bereitet den Luftelementzustand dadurch vor, daß es im Zuge dieses Prozesses Identifikationen mit dem unerleuchteten oder niederen Ego abbaut und dadurch geistige Offenheit und Beweglichkeit hervorruft. Denn nähern wir uns dem inneren Chaos unter einem stark eingeengten und unentwickelten geistigen Blickwinkel, kann es passieren, daß wir uns mit Ausschnitten dieses Chaos fehlidentifizieren und dadurch sogenannte Persönlichkeitsspaltungen oder Schizophrenien hervorrufen. Die individuell verschiedene Weite unseres geistigen Horizonts bestimmt also in einem sehr hohen Maße unser Verständnis und darüber hinaus unsere liebevolle Zuneigung gegenüber dem lichtbringenden Wassermann. Je weiter wir unser Herz öffnen, desto stärker beginnt die Wassermann-Energie in uns zu fließen, um so gasförmiger, beweglicher, spontaner und augenblicksharmonischer wird unser Wesen. Wir befinden uns dann im Einklang mit

Wassermann und Uranus sind von der Intention getragen, uns von unseren irdischen respektive solaren Fixierungen (d. h. von unseren begrenzten Sicherungs- oder Bewahrungsgefühlen) abzulösen und uns das Gefühl galaktischer Geborgenheit durch die grenzüberschreitende Bewußtseinserweiterung zu vermitteln.

dem Wechselspiel der nicht mehr durch Ego und Gefühl vorbelasteten schöpferischen Intelligenz.
Der Wassermann als Vertreter des fixen oder fixierenden Kreuzes (Stier, Löwe, Skorpion, Wassermann) lokkert die Strukturen des Egos zwar sehr stark auf, indem sich dies in das Ziel überindividueller Wissenserweiterung stellt, doch können trotzdem noch Fehlfixierungen auftreten, nämlich dann, wenn Reste persönlicher Ängste und Gefühle das wertneutrale Entstehen höherer Erkenntnisse polar bewertend verzerren. Auch wenn wir uns zur Zeit einen absolut angstfreien Zustand, der die Basis für ein Verständnis des Wassermanns wäre, nicht vorstellen können, braucht dies nicht zu heißen, daß die kommenden Generationen des Wassermann-Zeitalters diesen Zustand nicht doch einmal erreichen könnten und ihnen damit die Möglichkeit eines vorurteilsfreien und umfassenden Begreifens der relativen Wirklichkeit gegeben wäre.
Momentan befindet sich unsere Welt in einem Übergangs- oder Ablösungsprozeß, in dem sich unser persönliches Ego langsam darauf einstellt, sich dem überpersönlichen oder kollektiven Ego unterzuordnen, was letztlich jedoch nur eine Verlagerung von Fixierungen symbolisiert. Ob wir uns mit den Ungerechtigkeiten dieser Welt, einem globalen Umweltbewußtsein, unserem Sonnensystem oder unserer Galaxie in selbstübersteigender Art und Weise identifizieren: es bleibt doch eine wie auch immer geartete Fixierung. Um diesen Rest des Egos zu transzendieren, bedarf es der anschließenden Fische-Energie, in der zusätzliche Eigenschaften wie Demut, Hingabe oder mediale Ergriffenheit dazu beitragen können, von absolut nichts mehr persönlich tangiert zu werden. Wir müssen also bei aller Wassermann-Euphorie darauf achten, daß die überpersönlichen Identifikationen nicht als Alibi für persönliche Schwächen und sublimierte Ängste verwendet werden. Wahrscheinlich liegt hierin auch das Hauptgefahrenmoment für das kom-

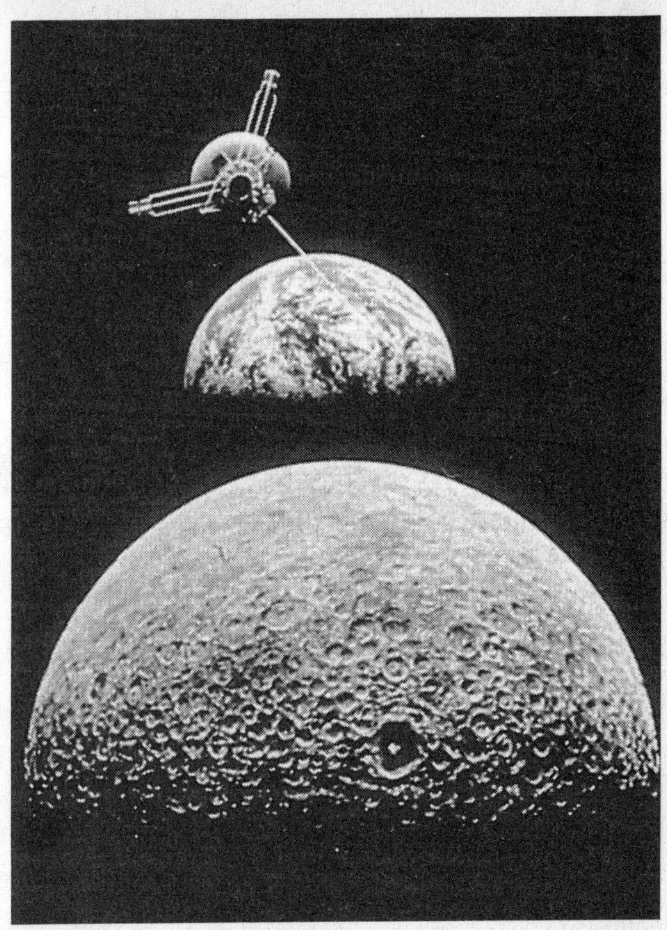

Die moderne wissenschaftlich orientierte Astronomie tastet sich Jahr für Jahr weiter in den kosmischen Raum vor und verhilft dadurch dem aufkeimenden Wassermann-Bewußtsein zu einer ›objektiven‹ Basis, die durch spätere Generationen auch geistig verarbeitet und gewichtet werden wird. Die Entdeckungen der Astronomie werden mit Sicherheit auch dazu beitragen, alte astro-energetische bzw. astrologische Konzepte zu erweitern und relativieren. Astronomie und Astrologie dürfen sich auf keinen Fall in Rivalität zueinander begreifen, sondern müssen in eine verantwortungsbewußte Zusammenarbeit und gegenseitige Durchdringung münden.

mende Wassermann-Zeitalter (Oppositionsachse Löwe-Wassermann). In der Praxis lassen wir uns häufig von diesen fehlerhaften Rückschlüssen irritieren, wenn wir – ohne unseren kritischen Menschenverstand zu gebrauchen – beinahe automatisch davon ausgehen, daß bedeutende Vertreter überindividueller Wissensinhalte wie Wissenschaftler, Ärzte, Astrologen, Psychologen, Theologen usw. dem kleineren Bereich des persönlichen Egos bereits entwachsen und darüber hinaus frei von Macht- und Prestigewünschen wären. Oft genug ist genau das Gegenteil der Fall. Wenn wir uns z. B. zur Kompensierung eines disharmonischen Beziehungskonflikts, einer starken sexuellen Problematik oder eines unbewältigten Autoritätskonflikts mit Vater oder Mutter einer wissenschaftlichen, spirituellen oder progressiven politischen Idee anschließen, ohne uns dabei unseres treibenden *persönlichen* Konfliktstoffs bewußt zu sein, kann das Engagement im überpersönlichen Bereich niemals die Motivationsneurosen des persönlichen Bereichs überwinden. Eine weitere Gefahr, die dem fixierenden Charakter des Wassermanns entspringen kann, liegt darin, daß der Besitz überindividuellen kosmischen Wissens als Machtfaktor ins Spiel gebracht werden kann. Wir können dies u. a. im Wissenswettrüsten und der Wissensgeheimhaltung zwischen Ost und West beobachten. Eine Intuition oder Entdeckung mehr als der andere zu besitzen, bewirkt Furcht und Schrecken beim politischen Gegner. Die wassermännische Wissensevolution wird erst dann für die menschliche Gemeinschaft wertvoll, wenn sie frei von politischen oder anderen systemgebundenen Axiomen dem Einzelnen als denkerisches Angebot zur Verfügung steht. Vor allen Dingen müssen wir uns von den Zwangsvorstellungen der materiellen Umsetzbarkeit und den damit verbundenen kapitalistisch-motivierten Auswahlkriterien loslösen, die eine einengende Kanalisierung des Wissensstroms bewirken.

Die Erkenntnis- und Informationsweite, die uns die Wassermann-Energie vermittelt, sollte auch zurück in die oppositionelle Löwe-Energie gespiegelt werden und dort eine geistige Gewichtung und herzensmäßige Überprüfung durch das Individuum erfahren, d. h. Naturwissenschaft, Geisteswissenschaft und individuelle Welt- oder Wertbilderweiterung sollten in Wechselwirkung miteinander stehen. Die Welt der kühlen und sterilen Wissenschaft muß sich auf ein geistig bewertendes und relativierendes Feedback der spirituellen und philosophischen Grundbedürfnisse der Menschen einstellen – und umgekehrt. Inspirierender Intellekt (Luft) und differenzierender Geist (Feuer) müssen in der Zukunft eine kooperative Zusammenarbeit leisten. Die neuesten Erkenntnisse der Atomphysik z. B. sollten nicht den Bau von Neutronenbomben vorantreiben, sondern zu einer Erweiterung des Verständnisses menschlichen und irdischen Seins im übergeordneten kosmischen Sinnzusammenhang führen. Hierbei sollten wir vor allem das Wissen asiatischer Religionsphilosophien vergleichend einbeziehen.

»Um zur Lehre der Atomtheorie eine Parallele zu finden, müssen wir uns den Problemen der schriftlichen Überlieferung zuwenden, mit denen sich bereits Denker wie Buddha oder Lao-tzu auseinandersetzten, wenn wir einen Ausgleich schaffen wollen zwischen unserer Position als Zuschauer und Akteure im großen Drama des Daseins.« *Niels Bohr*

Da wir dem Wassermann und seinem Zeitalter zugewandte Optimisten sind, vertrauen wir auf das sich selbst regulierende Wechselspiel zodiakaler Energien und deren Intentionen nach Harmonie und befreiender Erleuchtung. Als Vertreter des nach Ausgleich, Liebe, Menschlichkeit und Ego-Überwindung strebenden Luftelements motiviert uns der Wassermann zur individuellen und kreativen Selbstentfaltung, zur Entwicklung grenzüberschreitender Intuition und Fantasie sowie zu Toleranz und Menschenliebe. Ohne individuelles Karma einzuschränken, werden höhere Einsichten den Menschen dazu bewegen, sich auch auf kollektives Karma positiv einzuschwingen und sich als Mensch unter Menschen zu verstehen. Die Befreiung von animalischen Gebundenheiten wird uns in die Lage versetzen, uns unvoreingenommener gegenüberzutreten und unsere magischen Machtspiele fallenzulassen. Hierdurch können sich unsere inneren energetischen Sensoren – emotional unbelastet – verfeinern, und wir werden mit ihnen in diejenigen Raum-Zeit-transzendierenden Bereiche vorstoßen, die dem Mystiker des Fische-Zeitalters nur durch langwierige Askese und Meditation zugänglich waren. Der Wassermann wird uns die verborgene Wirklichkeit des Fische-Mysteriums gedanklich erhellen, gleichzeitig aber auch auf die Relativität und Illusionshaftigkeit sichtbarer und unsichtbarer Realität hinweisen. Unser Bewußtsein wird sich auf ekstatisch kühle Art in den kosmischen Raum ergießen, und wir werden uns eins wissen mit dem unendlichen Spiel energetischer Wechselwirkungen.

»Denn die Richtung der Gedanken geht eindeutig auf die Offenbarung einer vereinten Kosmologie, die nicht mehr gespalten ist durch die uralten Unvereinbarkeiten von Geist und Materie, Substanz und Attribut, Ding und Ereignis, Handelndem und Handlung, Stoff und Energie. Und wenn dies ein Universum werden sollte, in dem der Mensch als einsames Subjekt, das fremden und drohenden Objekten gegenübersteht, weder gedacht noch gefühlt wird, werden wir nicht nur eine vereinte, sondern auch eine Kosmologie der Freude haben.« *Alan W. Watts*

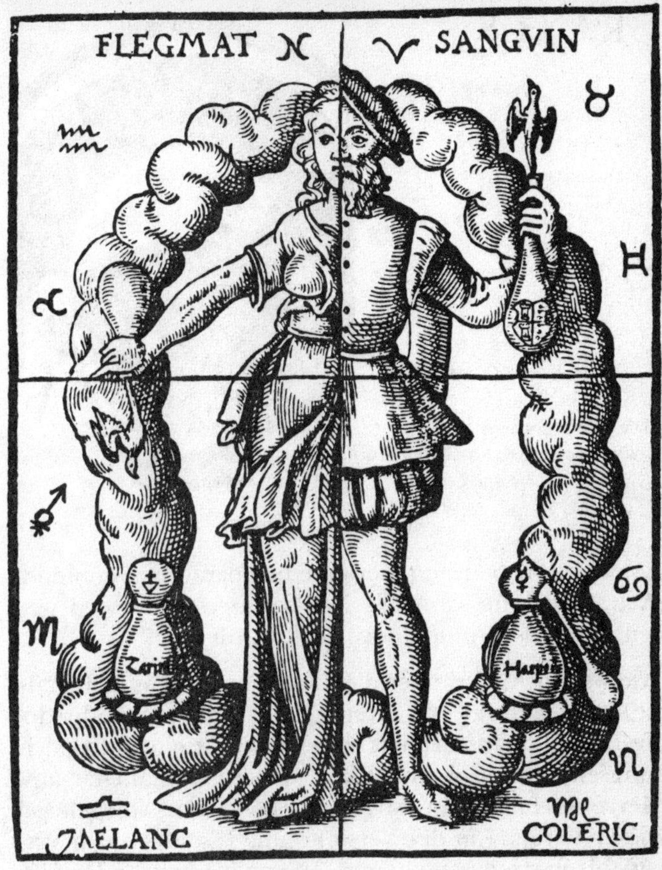

Der androgyne Urzustand wird durch die Zeichen Zwillinge, Waage und Wassermann angestrebt und verkörpert. Im Tierkreissystem besitzen die ersten sechs Energien (Widder–Jungfrau) aufbauenden, lebenzugewandten und yanghaften Charakter (rechte Bildhälfte), die zweiten sechs Energien (Waage–Fische) tendieren zu einer abbauenden, lebenabgewandten und yinhaften Intention (linke Bildhälfte). An den beiden Nahtstellen zwischen Fische und Widder (Frühlingspunkt) bzw. zwischen Jungfrau und Waage (Herbstpunkt) formt sich aus dem Yin das Yang (Neptun transformiert sich in Mars) und aus dem Yang das Yin (Vesta transformiert sich in Venus). Das eine bedingt und enthält das andere.

URANUS

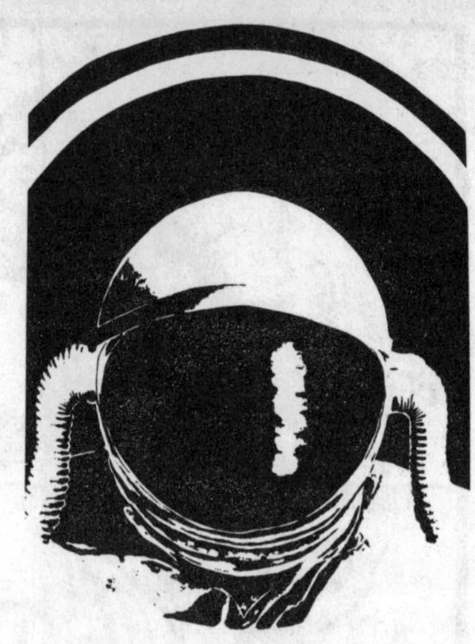

»Die Quantentheorie ist das Koan unserer Zeit.«

George Leonard

Achtung! Wir betreten hier eine uns paradox anmutende Welt, gewohnte saturnale Denkzwänge über Bord werfen! Es darf Intuition entwickelt werden.

Wie wir im Artikel über die Sonne angedeutet haben, ist sie Schmelztiegel und Brennglas der sie umrundenden Trabanten, transformiert deren Bewußtsein in Erleuchtungsenergie und entwickelt dabei Spontaneität und Herzensliebe. In der astronomischen Sonne spiegelt sich dieser Vorgang in der Verwandlung (Katalyse) von Wasserstoff in das flüchtige und äußerst bewegliche Heliumgas. Helium ist also das Endprodukt des solaren Umsetzungsprozesses und trägt somit den Charakter uranischer Befreiung. So wie der Mond- und Krebsbereich über das höhere Zeichen Ziegenfisch und Saturn seine Vollendung findet, so verwirklichen sich Sonne und Löwe über die oppositionelle Wassermann- und Uranus-Energie. Diese spezielle Energieform ist wie in allen Luftelementzeichen ein gasförmiger Zustand, dessen Moleküle und Atome einen weitgehend diffusen, beweglichen

und gewissermaßen chaotischen Charakter tragen. Helium z. B., das die uranische Qualität symbolisiert, das in geringer Menge auch in unserer Luft enthalten ist und welches mit Vorliebe Verbindungen mit Uran-Mineralien eingeht (Uran ist die zweite alchimistische Entsprechung von Wassermann und Uranus), zeichnet sich neben seinem geringen spezifischen Gewicht vor allen Dingen durch Nichtbrennbarkeit aus, wobei es in der Nähe des absoluten Nullpunktes (– 272°C) eine hohe Wärmeleitfähigkeit besitzt (in diesem Zustand nimmt es eine flüssige Form an).
Auf die astro-energetische Ebene übertragen, deutet die Nichtbrennbarkeit darauf hin, daß im heliumistischen Zustand keine Identifikation, d. h. Erhitzung, aber auch keine Zentrierung mehr stattfinden kann. Alle Widersprüche sind verbrannt, denn im heliumistischen Zustand gelten nur noch die Gesetze spontaner Impulse, und wir sind in einer Welt, deren paradoxe Berechtigung darin wurzelt, daß alles Denkbare auch möglich ist, und in der sich der Widerspruch als Paradoxon entpuppt. Im uranischen Bewußtsein gibt es kein persönliches Ego, das durch Ausschnittsbegrenztheit positiv oder negativ gewichtet, denn es hat einen so hohen überpersönlichen Entwicklungsgrad, daß es das Ganze widerspruchsfrei, komplex, grenzenlos und intuitiv erfassen kann, und zwar in jedem Detail genauso wie in der relativierenden Zeit-Raumlosigkeit. Die uranische Energie faßt Vergangenheit und Zukunft in der erleuchteten Gegenwart zusammen, steht mit diesen Zeitqualitäten aber lediglich in einer losen Beziehung. Sie verleiht jedem Augenblick eine nichtreproduzierbare neuartige Qualität, denn die heliumistische Form hat die geniale und intuitive Potenz der kosmischen Evolution in sich. Wir haben es also mit einer Energie zu tun, die die Zeit verändert und modifiziert, die sich selbst jedoch jenseits der Zeit befindet. Sie hilft der organisch gebundenen Zeit (Mond-Saturn-Thema) gewissermaßen auf die Sprünge und spiegelt

sich in der historischen Raum-Zeit-Fixierung in den genialen Einfällen und Entwicklungssprüngen der biologischen Evolution (von der androgynen Alge bis zum zukünftigen androgynen Menschen) wider. Die ganzen verrückten und in ihrer Komplexität undurchschaubaren erleuchteten Einfälle, die zu einer Leber, einem Auge, einem roten Blutkörperchen oder einem DNS-Code führten, sind der Expansion heliumistischer Inspiration zu verdanken.

Überall dort, wo die Zeitqualität neuartige Impulse erhält, ist irgendein Philosoph, Wissenschaftler, Künstler oder Mystiker für einen kurzen Augenblick ein Heliumatom geworden und hat durch die Transzendierung der Raum-Zeit-Befangenheit den Widerspruch, d.h. die Spannung des Augenblicks, durch eine überindividuelle Erkenntnisqualität gelöst – oder besser: medial lösen lassen. Wir sprechen dann von Eingebung, Einfall, Aha-Erlebnis oder vom Funken der Inspiration und begreifen darunter immer etwas, das jenseits der organischen Möglichkeit liegt, und nennen dies dann göttlich oder genial. Wir geraten in Erstaunen, denn unser persönliches Ego hätte diese Leistung nicht vollbringen können. Was uns in diesem Augenblick stutzig macht, ist die Tatsache, daß wir eine Situation in ihrer komplexen Beziehungsmannigfaltigkeit und paradoxen Folgerichtigkeit neuartig sehen können und damit so, wie sie eigentlich immer schon war, da jede Ent-Deckung nur ein Wiederfinden zeitlosen kosmischen Soseins bedeutet. Was also durch unsere Aha-Erlebnisse zündet, sich aufregt und begeistert, ist nicht Uranus, sondern die Sonne bzw. das Herz, das Individuum, also der Löwe in seiner noch nicht erleuchteten, aber nach Erleuchtung strebenden Intention. Somit steht Uranus in einer Wechselbeziehung zur Sonnenenergie, deren Produkt er ist und der er den Anschluß an die Ganzheit unter der Bedingung vermittelt, daß sie sich in ihrem Streben dorthin selbst verzehrt, um dadurch von einer zentripetalen in eine zentrifugale Richtung zu

mutieren. Da die Entwicklungsrichtung immer eine uranische Dominanz hat, besteht die kosmische Evolution darin, zentralistische und hierarchische Strukturierungen in den Zustand des erleuchteten Chaos überzuführen.
In diesem Sinne gehört Uranus zusammen mit Neptun zu den auflösenden, aber paradoxerweise gleichzeitig zu den evolutionsbewirkenden planetaren Energien.
Mit anderen Worten: Die Expansion des Universums ist die Ablösung vom Ureinen. Da sich das Universum mit seinen Galaxien kontinuierlich und energetisch nachweisbar entwickelt, d.h. sich selbst heliumisiert, scheint das Ureine immer noch zu bestehen. Sollte es jedoch einmal gänzlich zerstreut und gasförmig aufgelöst sein, werden sich wahrscheinlich in diesem erleuchteten Gasnebel durch Rotationen neue Zentren, eine neue kosmische Ursonne formen. Wiederum wird sich Wasserstoff bilden, und das Spiel beginnt von neuem, da das eine im anderen enthalten ist. Die Entstehung des Universums aus Gaswirbeln eines sich zentrierenden Chaos entspricht nicht nur neuesten Erkenntnissen der Wissenschaft, sondern auch vielen alten esoterischen und mythologischen Vorstellungen. In diesem Sinne ist Uranus oberste Schöpfungs- und Himmelsgottheit, wie er in der griechischen Mythologie beschrieben wird. Spiegelt sich die Erleuchtung und Vervollkommnung des Mondbereichs im Diamant oder Kristall wider, so findet der Sonnenbereich seine analoge Lösung in der spontanen Genialität des Chaos. Vervollkommnet sich die Seele also durch Reduktion, vollendet sich der Geist durch Zerstreuung und Expansion.
Die uranische oder männliche Form der Erleuchtung kann, allein genommen, nicht vollständig sein, da Reste von Identifikationen, und seien sie auch noch so überindividuell, gottähnlich und auf eine wundersame Art und Weise phantastisch, weiterhin von der Absicht getragen sind, etwas darstellen zu wollen. Die Beteiligung am fixen

Kreuz drängt leicht in die zwangsneurotische Fixierung, eine allumfassende und erleuchtete Form anzustreben, um dadurch Allmacht zu erlangen. Sowohl Sonne als auch Uranus weisen somit starke Affinitäten mit den monotheistischen Weltbildern auf. Erst die Erkenntnis der Illusionshaftigkeit allen Seins, die durch die weibliche Form des Erleuchtungsbewußtseins initiiert wird (›spiegelgleiche Weisheit‹ der Krebs-Ziegenfisch-Thematik), kann die uranische Ebene dazu motivieren, die Identifikationsbestrebungen zu relativieren. In der Verschmelzung beider Erleuchtungsenergien durchdringen sich Bewußtsein und Leere auf der neptunischen oder tantrischen Ebene zu einer Einheit, die wir den kosmischen Urstoff nennen, der in paradoxer Gleichzeitigkeit sowohl Sein als auch Nichtsein beinhaltet. Aus ihm gehen die 5 Elemente: Äther, Wasser, Erde, Feuer und Luft, spontan hervor, die die relative Wirklichkeit initiieren, die jedoch lediglich den Urzustand der Leere umschreiben. Die Widerspruchsfreiheit, die durch diese doppelte Erkenntnis gewonnen werden kann, wird in der tibetischen Tradition als Erleuchtung im Zustand des Urbuddha beschrieben, sie ist weder uranisch noch saturnal, sondern eher neptunisch.
In der Sprache der Quanten-Feldtheorie heißt dies dann, daß es ein kontinuierliches Feld gibt, das überall im Raum vorhanden ist und das als Träger allen materiellen Geschehens fungiert, als Basis aller Teilchen. »Es ist das ›Nichts‹, aus dem das Proton die Pi-Mesonen schöpft. Bestehen und Vergehen von Teilchen sind nur Bewegungsformen des Feldes« (zitiert in F. Capra: »Der kosmische Reigen«). In einer chemisch-philosophischen, d. h. alchimistischen Interpretation kann man auch sagen, daß der Wasserstoff (das Weibliche, das Yin) eine Sonderform, Abspaltung oder auch Grundlage vom Helium (dem Männlichen, dem Yang) darstellt oder dieses relativiert – daß das eine im anderen enthalten ist. Dies wird durch den androgynen Urzustand des Wasser-

manns, aber auch durch das Yin-Yang-Symbol versinnbildlicht. Aus den beiden Amphoren des Wassermanns fließen Helium und Wasserstoff, männliche und weibliche Kundalini-Energien, bzw. Yin und Yang. Der Wassermann gibt den Energien, die ihn erhalten und bedingen und die sich in den beiden Krügen in ihm angesammelt haben, durch das Ausschütten die Gelegenheit neuer schöpferischer Kombinationsgenialitäten und fordert sie auf, das kosmische Spiel unendlicher Dimensionen erneut zu beginnen. Somit ist er im höheren Sinne als Saturn ein Gestalter sowohl der Zeit als auch des Raumes, nur daß sein Raum-Zeit-Bewußtsein sich in unendlich viel größeren Dimensionen abspielt, als wir es uns mit unseren irdisch-saturnalen Begrenzungen vorstellen können.

Der Wassermann betrachtet die gegenseitige Durchdringung von Yin und Yang aus seiner gefühlsabgehobenen Warte nicht als einen leiderzeugenden Prozeß, sondern als ein interessantes energetisches Wechselspiel nie endender und ewig neuartiger Gegenwart, die, aus der höheren Logik des Uranus heraus, zu jedem Zeitpunkt organisch und stimmig ist, also mit nichts im Widerspruch steht. Ihm erscheint das Universum eher als ein chemisch-genial expandierendes Riesenmolekül, wobei jedes Teil, bis hinunter zum Elektron, mit allen anderen Teilen im Universum lose verbunden ist. Jeder Ausschnitt oder Partikel dieses Moleküls umschreibt sowohl die Identität mit dem Augenblick als auch die Verbundenheit mit dem gesamten Universum und dessen vergangener, gegenwärtiger und zukünftiger Entwicklung. Was wir in der Religionsphilosophie mit kosmisch-schöpferischer Genialität umschreiben, ist in der Sprache der heutigen Physik das quantentheoretische Erstaunen, daß selbst kleinste Teilchen wie Elektronen eine vitale Potenz schöpferischer Intelligenz besitzen: Da das Elektron auch als Welle umschrieben werden kann, d.h. als Informationsträger, und jede Welle sich in Interferenz mit Milliarden von anderen Wellen befindet, ist jeder Interferenzschnittpunkt auf unendlichfache Art und Weise mit dem Ganzen in Beziehung. Da nun jede Manifestation des relativen Seins auf die Energetik des atomaren Bereichs bzw. eine basishafte Intelligenzschwingung zurückführbar ist, verliert von dieser höheren Warte her die Unterteilung in organisch und anorganisch vollständig an Bedeutung, denn das gesamte Universum, einschließlich seiner intelligenten Verdichtungen, die wir Materie nennen, ist ein innerlich zusammenhängender Organismus (hierauf basiert auch das volle Vertrauen in den Augenblick). Unorganisches ist aus uranischer Sicht überhaupt nicht denkbar. Man müßte die Vorstellungsbilder von organisch und unorganisch durch den Überbegriff »kosmische Intelligenz« transzendieren. Tote Materie kann es nicht geben.

Kommen wir aber wieder zu der uns paradox anmutenden Welt von Uranus und Wassermann zurück, die das energetische Wechselspiel von Yin und Yang in interessierter, aber nicht engagierter, spontaner und relativierender Verbundenheit verfolgen und vermöglichen. Sie gehören zusammen mit Stier, Löwe und Skorpion zum sogenannten fixen, d. h. bewahrenden Kreuz zentripetaler Intention. Beim Wassermann fällt uns diese Vorstellung schwer, da er ja scheinbar zentrifugal wirkt, der aber in Wirklichkeit jedoch nicht zerstreut, sondern auf höhere Art und Weise neu verbindet. Zeigen sich in Stier, Löwe und Skorpion eher die Probleme des persönlichen Egos, so werden durch den Wassermann die Probleme des kosmischen Ganzen, des gewaltigen »Ur-Egos« sichtbar.

»Der Mensch folgt den Gesetzen der Erde;
Die Erde folgt den Gesetzen des Himmels;
Der Himmel folgt den Gesetzen des Tao;
Das Tao folgt den Gesetzen seiner inneren Natur.«

Tao Te King

Chiron – Der kreative Filmriß

Eigenbeobachtungen zur Chiron-Wirkung

Der Kleinplanet Chiron wurde am 1. 11. 1977 von dem amerikanischen Astronomen Charles T. Kowal entdeckt. Er beschreibt eine äußerst exzentrische Umlaufbahn, die sich zwischen den Riesenplaneten Saturn und Uranus befindet. Wie alle Kleinplaneten hat er eine unregelmäßige Gestalt. Sein ungefährer Durchmesser wird auf 150–700 Kilometer geschätzt. Die Sonnenumlaufzeit beträgt 50.7 Jahre, wobei er die einzelnen Tierkreiszeichen mit unterschiedlicher Geschwindigkeit durchwandert (so hält er sich z. B. nur 2 Jahre in der Waage und 8 Jahre im Widder auf). Verschiedene Astronomen vermuten, daß es sich bei Chiron um einen von unserem Sonnensystem eingefangenen Kometen handelt, der irgendwann wieder unser System verlassen wird. Z. Zt. (1988) hält er sich in den ersten Graden des Tierkreiszeichens Krebs auf (Vergleichswert 1977: Anfang Stier). Es ist seit seiner Entdeckung viel über ihn geforscht worden (besonders in den Vereinigten Staaten), wobei vor allem der amerikanische Astrologe Zane B. Stein wichtige Pionierarbeit geleistet hat. Er gab ihm das Schlüsselwort ›Maverick‹ (Einzelgänger), das Chirons Wesen jedoch nur ausschnitthaft umschreibt. Um erste Anhaltspunkte für die Deutung zu finden, begann man mythologische Analogien heranzuziehen, wie dies bei den neueren Planeten Vesta, Neptun und Pluto noch erfolgreich möglich war (Chiron ist in der Mythe ein heilkundiger Kentaur). Doch zum ersten Mal scheint das Zufallsprinzip einer adäquaten Namensgebung m. E. nicht völlig funktioniert zu haben, was bei einem Einzelgänger und Sonderling wie Chiron auch naheliegt. Jedenfalls konnte ich bislang in meinen eigenen Forschungen einiger tausend Horoskopbeispiele keine zwingenden Zusammenhänge zwischen Chiron und Heilkunde oder heilkundlicher Begabung finden, auch wenn Autoren wie Barbara Hand Clow und selbst Stein dies hartnäckig behaupten. (Im weiteren Sinne läßt sich natürlich jede planetare Energie als heilkräftig interpretieren.) So stand ich also vor einem völlig unbeschriebenen Blatt und der aufregenden Gelegenheit, diesen planetaren Exzentriker mittels seiner Transitwirkungen auf mich selbst und eine kleine Gruppe von Mitarbeitern empirisch zu erforschen (vorausgesetzt, daß er überhaupt eine spürbare Wirkung hätte). Meine anfängliche Ambivalenz änderte sich recht schnell, als ich während eines Indien-Aufenthalts meine ersten und bislang gravierendsten Erfahrungen machte. Sozusagen Chiron mit der Holzhammermethode. Eigentlich wollte ich dort tiefere Meditationsbelehrungen bekommen, doch irgendwie fehlte mir der richtige Schwung und Elan, die richtige Motivation. Ich fühlte mich depressiv, setzte mich von der Gruppe, mit der ich zusammen losgereist war, ab (Chiron als Einzelgänger) und stellte auch rein räumlich eine Distanz her. Das ganze Beziehungsgeflecht, in dem ich mich damals befand, war mir fremd geworden – ich selbst war mir fremd geworden und befand mich in einem desolaten Zustand der Desorientiertheit und völlig fehl am Platze, ohne jedoch irgendeine Alternative vor Augen zu haben. Das kleine Dorf, die geschäftigen Menschen, ja selbst das mir vertraute tibetische Fluidum, das mich normalerweise gefesselt, heiter und gelöst gestimmt hatte, erschien mir unwirklich, hohl, leer und kulissenhaft. Allem fehlte Seele und

Herz, und ich empfand mich innerlich als ebenso leer, entmenschlicht und aufs tiefste meinem Selbst entwurzelt. Nichts hatte mehr richtig mit mir selbst als Person zu tun. Ich funktionierte nur noch wie ein sinnentleerter Mechanismus. Wie ich später herausfand, alles typische Vorankündigungen von Chiron-Transiten. Ich muß vielleicht noch vorwegschicken, daß ich die Jahre zuvor allein gelebt, mich aber so darein gefügt hatte, daß ich (zumindest bewußtseinsmäßig) keinerlei Wünsche nach festen partnerschaftlichen Zweierbeziehungen mehr spürte. All dies war weit weg von mir. Doch dann kam das absolut Unerwartete. Ein Mann setzte sich zu mir an den Tisch, und ich begrüßte ihn mit der Frage, ob er wohl Zwillinge sei, was er erstaunt bejahte. Wir kamen ins Gespräch und begannen in völliger Urvertrautheit mehr oder weniger sofort über gemeinsame Auswanderungspläne zu diskutieren. Innerhalb weniger Stunden stand für uns fest, daß wir a) nicht nur zusammenziehen, sondern b) auch gemeinsam Deutschland verlassen wollten, und dies mit einer Natürlichkeit und Selbstverständlichkeit, als hätten wir dies bereits seit Jahrtausenden geplant. Dies geschah 5 Tage vor der exakten Opposition des laufenden Chiron zur Venus meines Geburtsbildes am 11. 4. 1982 zwischen 22 und 24 Uhr. Mein Partner reiste zwei Tage später weiter. Wie wir später herausfanden, befand er sich zu diesem Zeitpunkt im Feldermarathon in exakter Konjunktion mit seinem Radix-Chiron. Mir kam alles wie ein unwahrscheinlicher Traum vor. Ich lief wie ein Roboter oder eine Marionette durch die Gegend, und dann passierte es: Am 16. und 17. April, den Tagen des exakten Chiron-Venus-Transits, fiel ich völlig unvorbereitet und in recht unpassenden Situationen in tiefe Ohnmachten. Das eine Mal in einem Teehaus, aus dem mich meine Freunde mit einiger Anstrengung heraustragen mußten, und gleich 15 Stunden später nochmals während eines Einkaufsbummels durch das Dorf. Da ich noch niemals vorher in meinem Leben in Ohnmacht gefallen war, dachte ich natürlich, daß dies nun der Tod sei. Beide Ohnmachten, die ich später noch zweimal erlebte (im Sommer und Spätherbst 1985 bei Chirons exakter Transit-Konjunktion auf meinen Radix-Uranus im 8. Feld), liefen ähnlich ab: Zuerst ein Gefühl absoluter Wirklichkeits- und Selbstentfremdung, dann beginnt sich der Realitätsfilm in kleinen, aber kontinuierlichen Schritten einzuschwärzen, bis immer weniger übrigbleibt (bei Chiron auf Uranus begann sich die Wirklichkeit langsam in *weißes* Licht aufzulösen), auch die Außengeräusche sterben allmählich ab. Es ist wie ein im Zeitlupentempo ablaufender Filmriß auf einer Kinoleinwand. Schließlich gibt auch der Körper nach, und man fällt unkontrolliert zu Boden. Ein winziger Bewußtseinsrest versucht sich noch gegen die bedrohliche schwarze Leere zu wehren, bis auch dieser nachgibt. Im buddhistischen Sinne eigentlich ein erstrebenswerter Zustand, doch wenn er so unvorbereitet über einen hereinfällt, spielen doch die Ängste eine große Rolle. In diesem Nichts-Zustand, der nur gelegentlich von einigen weißen oder roten Funken erhellt wird, spürt man vage, daß die gesamte Gehirnelektrizität einer Art Kurzschluß ausgesetzt ist. Nach etwa einer halben Stunde ein vorsichtiges Erwachen. Zuerst kommen die Töne wieder, dann baut sich wie in einer langsamen magischen Projektion der Wirklichkeitsfilm Quadratmeter für Quadratmeter puzzlehaftig wieder auf, und man beginnt zu spüren, wie sich in Kopf und Körper unendlich viel energetisch verändert hat. Es ist, als wäre innen drin mehrmals alles umgepolt. Alte Energiebahnen, Probleme und neurotische Verknotungen haben ihre quälende Spannung verloren, Gedankenketten sind miteinander in Verbindung getreten, die vorher unvereinbar waren. Es ist, als wären gewaltige tektonische Erdverschiebungen passiert. Veraltete, festgefahrene und verkrustete Gewohnheitskonzepte, die sich innerlich eingeschliffen hatten, scheinen sich durch die Gewalt-Tortur aufgelöst zu haben. Es hat eine Art Gehirnwäsche stattgefunden, die über normale Bewußtseinsarbeit nicht in dieser Radikalität passiert wäre. Die äußere Welt kommt einem winzig klein, fern und unbedeutend vor. Alte Wichtigkeiten verkehren sich in ein lächerliches Nichts. Es ist, als erwachte man aus einem Traum in einen Traum, wobei man mit beiden eigentlich nichts zu tun hat – als befände man sich in einem Körper, der einem gar nicht gehört, in einer geträumten Welt, die einem fremder erscheint als die entfernteste Galaxie. Dabei entbehrt das Ganze nicht einer gewissen Komik. Man entdeckt plötzlich seine Beine wieder und versucht sich daran zu erinnern, wie man damit wohl geht. Man spricht mechanisch (ein ziemliches Wirrwarr), um irgendeinen Kontakt zu dieser gerade wieder neu entstehenden Welt herzustellen, und wundert sich über die besorgten Gesichter, die sich über einen beugen. Noch Tage danach muß man sich erheblich konzentrieren, um herauszufinden, wie ganz gewöhnliche Alltagsdinge funktionieren. Doch unabhängig von diesen Nebeneffekten ist es wirklich eine gewandelte Welt, in die man jetzt erwacht. Ohne es schon konkretisieren zu können, spürt man deutlich, daß eine irreversible Bewußtseinsänderung, eine positive Bewußtseinsverschiebung stattgefunden hat. Ob man dies nun möchte oder nicht: man ist ein anderer geworden. Altes ist gestorben, etwas Neuartiges hat sich geformt. Langwierige und festgefahrene innere Entscheidungsprozesse sind durch einen Zeitsprung abgekürzt worden. Latent im Unbewußten schlummernde Antworten auf Ausweglosigkeiten der normalen Denk- und Verarbeitungswege sind ins Licht des Bewußtseins getreten und bieten Lösungen im Sinne einer Bewußtseinserweiterung an. Verschüttete Träume werden wahr, die in tiefen Gegenströmungen zu unserem bewußten Sein ein trotziges Eigenleben geführt haben. Irgendwie hat Chiron das Oben mit dem Unten vertauscht oder doch wenigstens in einen neuartigen Zusammenhang gebracht. Daß dies häufig auch exoterische

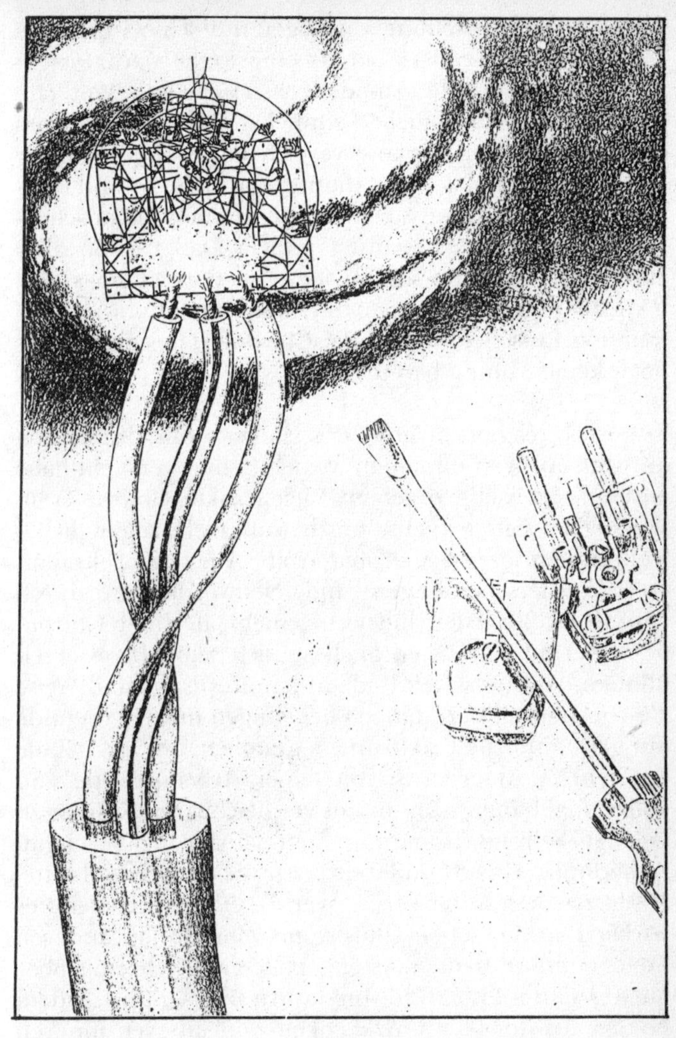

Synchronizitäten im Gefolge hat, ist eines der vielen kleinen Wunder, die das magische Astro-Spiel immer wieder hervorzaubert und die wir uns mit unserem Raum-Zeitgebundenen Vorstellungsvermögen nur schwer erklären können (auch wenn es bereits eine Reihe naturwissenschaftlicher Erklärungsmodelle hierfür gibt). Wer chironhafte Blackouts nicht kennt, kann sie vielleicht am ehesten mit einer Narkose vergleichen, wobei bei einer Narkose jedoch das Vorstadium einer wochen- und tagelangen Entfremdungssteigerung und auch die anschließende geistige Neuwerdung fehlen. Daß Chiron aber auch Wirklichkeiten schafft, beweist, daß Thomas und ich seit 5 Jahren zusammen in Irland leben und wir die 2-Stunden-Entscheidung unter Chiron-Opposition-Venus noch keine Minute bereut haben.

Sicherlich reagiert nicht jeder so intensiv und dramatisch auf Chiron-Bestrahlungen, wie ich es hier versucht habe authentisch wiederzugeben. Viele exakte Chiron-Transite spielen sich ja auch – uns bewußt nicht zugänglich – während unserer Schlafphasen ab. Aber die Selbstentfremdungserscheinungen und Neuwerdungen durch Chiron müßte jeder, mit wenig mehr als einer Chiron-Ephemeride bewaffnet, auch an sich selbst beobachten können. Wachgerüttelt und auf handfeste Art und Weise Chiron-sensibilisiert, bin ich bei einigen meiner Freunde auf ganz ähnliche Erfahrungen gestoßen, und auch Zane B. Stein in Amerika ist mit seiner Arbeitsgruppe und völlig unabhängig von uns zu vergleichbaren Resultaten gelangt (Selbstentfremdung, Zeitrelativierung, Blackout, Arhythmik, Unverbundenheit, Entwicklungseinschnitte, Distanzierung, Orientierungsverlust etc.). – Erscheint es wirklich so, als käme Chiron aus einer völlig anderen Welt in unser Sonnensystem, paßt er gleichzeitig aber auch genau in die Mitte von Saturn und Uranus, indem er uns aus der alten Wirklichkeit und unseren inneren Verknöcherungen gewaltsam herausreißt, in einen Vakuum-Sog hineinzieht und uns schließlich in völlig neuartige Lebensbahnen hineinschleudert. Es ist schwierig, eine derartige Energie irgendeinem speziellen Tierkreiszeichen zuzuordnen, doch da er eher der uranischen Neuwerdung zuarbeitet und auch seine Vorgehensweise recht ungewöhnlich ist, stelle ich ihn in die Nähe des Uranus-Wassermann-Themas. Ähnlich wie Uranus scheint er Prinzipien der Evolutionssprünge zu verkörpern und funktioniert dabei wie ein bewußtseinsmäßiger Treppenlift, ein Unterbrecherkontakt, eine Heilnarkose oder wie das Hebewerk einer Schleuse. In Erweiterung des von Stein geprägten Begriffs Maverock (Einzelgänger) möchte ich ihm die Schlüsselworte ›Wirklichkeitstransformator‹, ›Filmcutter‹ oder auch (mehr im tiefenpsychologischen Sinne) ›Strömungsumpoler‹ an die Seite stellen.

Lewis Carroll – Kurzbiographie

»›Scheine, was du bist, und sei, was du scheinst‹ – oder einfacher ausgedrückt: ›Sei niemals ununterschieden von dem, als was du jenen in dem, was du wärst oder hättest sein können, dadurch erscheinen könntest, daß du unterschieden von dem wärst, was jenen so erscheinen könnte, als seiest du anders!‹«

Aus: Alice im Wunderland

Charles Lutwidge Dodgson, alias Lewis Carroll, wurde am 27. Januar 1832 um 3.45 Uhr in Darresbury (Cheshire) in eine Pastorenfamilie hineingeboren. Er war das dritte von elf Kindern. Schon als Vierzehnjähriger beginnt er für seine Geschwister Märchen zu schreiben und sich mit Marionettenspielen zu beschäftigen. Direkt nach dem Tode seiner Mutter kommt er im Januar 1851 auf das Christ Church College in Oxford, an dem er bis zu seinem Tode lebt und wirkt. Nach seinem Abitur (1854) bereitet er sich auf einen Priesterberuf vor, spezialisiert sich aber zusätzlich auf Mathematik und Logik und übernimmt hierfür eine Dozentenstelle am College.

1855 begegnet er der damals dreijährigen Alice Pleasence Liddell, der Tochter seines Dekans, deren kindhafte Logik und Fantasie ihn zu den beiden berühmten Geschichten »Alice im Wunderland“ (1865) und »Alice hinter den Spiegeln« (1872) motivieren. Im gleichen Zeitraum beginnt er sich für die Fotografie zu interessieren, wobei seine beliebtesten Sujets kleine Mädchen, allen voran Alice, sind. Durch »Alice im Wunderland« und »Alice hinter den Spiegeln«, Paradebeispiele der englichen Nonsense-Literatur, hatte sich Carroll ein Ventil geschaffen, sich aus den strengen Strukturen eines noch viktorianisch geprägten Zeitgeistes herauszulösen und durch seine märchenhaft und surreal verpackten Gedankenspiele zeitkritisch-satirische Ideen zu formulieren.

In »Alice im Wunderland« träumt das Mädchen Alice eine Welt, in der die gewöhnliche Logik aufgehoben, verdreht und verfremdet ist, in der sie beliebig ihre Körpergröße verändern kann, die merkwürdigsten Abenteuer mit allen möglichen Tier- und Fabelwesen erlebt und in der sich ihr gesamtes Schulwissen auf den Kopf stellt. Dort gibt es Wasserpfeifen-rauchende Raupen, Katzen, die sich in Luft auflösen, Babys, die sich in Ferkel verwandeln, Schnapphasen und Hutmacher, Croquet-spielende Spielkarten, falsche Suppenschildkröten, weiße Kaninchen mit Glacéhandschuhen, eine mordlustige Königin und ihren Scharfrichter. Ähnlich wie in »Alice hinter den Spiegeln« erlebt das kleine Mädchen einen teilweisen Identitätsverlust und verliert sich in seine innere Welt der ungebundenen Assoziationen, in ein gedankliches Spiel, in dem Wirklichkeit und Traum in eine paradoxe und absurde Wechselwirkung treten.

In »Alice hinter den Spiegeln« gelangt das Mädchen in eine ähnliche Wunderwelt, indem sie durch den Spiegel ihres Zimmers hindurchtritt, um die Geheimnisse der jenseitigen Welt zu erforschen. In dieser verrückten Welt nimmt sie an einem sonderbaren, überdimensionalen Schachspiel teil, begegnet sprechenden Blumen, Spiegelschnaken, Einhörnern, weißen Rittern, der schwarzen und der weißen Königin, einem sprechenden Pudding, dem Ei »Goggelmoggel« und weiteren skurrilen Gestalten. Gegenwart, Vergangenheit und Zukunft vermischen sich, und alle vorgefertigten Bilder und Konzepte verlieren ihre Gültigkeit. *»Auf der Straße sehe ich niemand«, sagte Alice. »Ach, wer solche Augen hätte!« bemerkte der König wehmütig, »mit denen man selbst Niemand sehen kann! Noch dazu auf diese Entfernung! und* ich *muß schon froh sein, wenn ich in* *diesem Licht noch die wirklichen Leute sehen kann!«* Das humoristische in Carrolls Erzählungen ist die gegenseitige Durchdringung von Logik und Paralogik, in der allgemeingültige Vorstellungen und Begriffe in neuartige Zusammenhänge gebracht werden und damit ihren gebräuchlichen Sinn verlieren.

In der Schule selbst galt Carroll als menschenscheuer, sprachgestörter und eigenbrötlerischer Pedant: *»Die Peinlichkeit, mit der er die einzelnen Punkte der Hausordnung von Christ Church einhielt, war legendär; seine Briefe waren fortlaufend numeriert; sogar noch die Fächer seines Portefeuille trugen sauber beschriftete Etiketten, damit ihm die fünf verschiedenen Briefpapierformate, die er benutzte, nicht durcheinanderkamen; fast alljährlich veröffentlichte er ein neues, von ihm selbst erfundenes Spiel oder ein Buch mit logischen Preisaufgaben.« (Enzensberger)* Carroll soll unkonzentriert, schüchtern und ängstlich gewirkt haben und war – ohne dies zu wollen – das Unikum und der Spaßvogel des College. Nur in der Gesellschaft von Kindern, denen er auf Spaziergängen endlose Geschichten erzählte, gelang es ihm, seine Ängstlichkeiten zu überwinden, seinen Intuitionen freien Lauf zu lassen und sich als Mensch unter Menschen zu fühlen.

Neben seinem literarischen Werk (Gedichte, Satiren, Geschichten) hat Carroll unter seinem eigentlichen Namen (Dodgson) auch viele Bücher über Logik und Mathematik herausgegeben. 1881 gibt er sowohl seine Dozentenstelle als auch das Fotografieren auf, bleibt aber weiterhin am Christ Church College aktiv und widmet sich jetzt ganz der Schriftstellerei (»Sylvie und Bruno«, 1889; »The Nursery of Alice«, 1890).

Am 14. 1. 1898 stirbt Carroll an den Folgen einer Bronchitis (Sonne-Transit Konjunktion Neptun-Radix; Uranus-Transit Konjunktion Mond- und Aszendent-Radix; Jupiter-Transit Opposition Pluto-Radix; Mars-Transit Konjunktion Merkur-Radix; Pluto-Transit Quadrat Saturn-Radix).

Der Wassermann-Einfluß in Carrolls Karmagramm

> »›Er träumt‹, sagte Zwiddeldei; ›und was glaubst du wohl, träumt er?‹ Alice sagte: ›Das weiß keiner.‹ ›Nun, *dich* träumt er!‹ rief Zwiddeldei und klatschte triumphierend in die Hände.
> ›Und wenn er aufhört, von dir zu träumen, was meinst du, wo du dann wärst?‹ (...) ›Der König da‹, fügte Zwiddeldum hinzu, ›brauchte bloß aufzuwachen, und schon gingst du aus – peng – wie eine Kerze!‹«
>
> *Aus: Alice hinter den Spiegeln*

Mit dem Unsinn, aber auch dem Sinn im Unsinn, d.h. der scheinbar unlogischen und ungewohnten Zusammenführung von Sinnbildern, die (meist) unterschiedlichen Denkebenen entstammen, beschäftigen sich nicht nur die Kunst (Märchen, Nonsense, Surrealismus, Dadaismus, Comic, Collage, der Witz usw.), sondern beispielsweise auch die Psychoanalyse, bestimmte psychologische Testverfahren und verschiedene Bereiche der Naturwissenschaften. Wie wir dem Wassermann- und Fische-Bewußtsein entnehmen können, kann es jedoch weder Zufall noch Unsinn geben, denn alles Sein unterliegt Ursache-und-Wirkung-Kriterien und kann somit als sinnvoll und logisch betrachtet werden. Es ist lediglich eine Frage individueller menschlicher Begrenztheit, inwieweit Sinnzusammenhänge erkannt oder intuitiv nachvollzogen werden können. Vor hundert Jahren wäre z. B. ein Zusammenhang von Atom und Krieg noch als unsinnig erschienen, obwohl die einzelnen Begriffe ›Atom‹ und ›Krieg‹ längst bekannt waren. Hätte man vor hundert Jahren vom ›Osten‹ gesprochen, so hätte jedermann darunter die Himmelsrichtung verstanden. Heute umschreiben wir damit in erster Linie ein politisches System. Eigentlich ver-rückt, mit dem Wort ›Osten‹ den Begriff Kommunismus zu umschreiben. Wir haben hiermit ein neuartiges Sinnbild geschaffen bzw. Sinnbilder miteinander ausgetauscht, die nur einen ganz losen assoziativen

Zusammenhang zueinander haben. Das, was die breite Gesellschaft an uranisch anmutenden Sinnverdrehungen und sich ständig erneuernden Assoziationsbildern entwickelt, was die Werbepsychologie an neuen Sinnzusammenhängen künstlich konstruiert (Coca-Cola = jugendlich und frisch; Aspirin = Schmerzfreiheit...), was auf der Couch des Psychiaters in einen psycho-logischen Kontext gebracht wird, was die Schizophrenie zwischen Genie und Wahnsinn ansiedelt, all das verwendet der künstlerisch kreative Mensch auf seinem Weg der umfassenderen Selbstfindung, um belastende und blockierende, sogenannte »normale« Sinnzwänge zu erweitern, zu erhöhen und in Frage zu stellen. Für die Umschreibung dieses Konfliktstoffes, der eigentlich den Prozeß der Transformierung von saturnalem in uranisches Bewußtsein umschreibt, stellt die Person Lutwidge Dodgson alias Lewis Carroll ein prächtiges Beispiel dar, denn beide Ebenen, sowohl eine starke Ziegenfisch- und Saturnbetonung (Saturn in der Jungfrau, Merkur und Neptun im Ziegenfisch, Spannungsherrscher Vesta) als auch eine hohe Wassermannbesetzung und Uranusakzentuierung (Sonne, Jupiter und Uranus im Wassermann) schwingen sehr stark in ihm und führten wahrscheinlich in das Doppelleben eines bürgerlichen Mathematikers und eines exzentrischen Nonsense-Schriftstellers.

Als Mathematiker beschäftigt er sich mit dem Bereich beweisbarer und somit zwingender Logik, einer Logik, die den irdischen, d. h. saturnalen Gesetzmäßigkeiten entspricht. Als Schriftsteller und Künstler sprengt er das Korsett der gebundenen Logik und wendet sich der entbindenden, d. h. intuitiven Form der befreiten uranischen Assoziation, der denkerischen Möglichkeit zu. Moral, Ethik, religiöse Enge, Konventionen, Denkmechanismen, bürgerliche Gesetze und vieles mehr, was seine Persönlichkeit in ihrer freien Entfaltung hemmt, kann unter dem Deckmantel der nonsensehaften Unzuläng-

lichkeit eine scheinbare Befreiung finden. Auf satirisch-humoristische Art und Weise kritisiert er das Schulwesen (vor allem das monotone Auswendiglernen: Alice bringt Gelerntes und frei Assoziiertes ständig durcheinander), das Prinzip der Monarchie (in beiden Alice-Romanen treten Könige und Königinnen auf, die sich ständig selbst ins Lächerliche ziehen), die sinnentleerten gesellschaftlichen Umgangsformen (alte Höflichkeits- und Verhaltensfloskeln werden ad absurdum geführt), er stellt selbst die physikalische Wirklichkeit des 19. Jahrhunderts in Frage (Auflösung der Schwerkraft, Relativierung der Größenverhältnisse und der Zeit, Zusammenfall von Gegenwart, Vergangenheit und Zukunft usw.) und versucht, den Persönlichkeitskult mit seinen Identifikationszwängen aufzuheben.
Neben diesen mehr überpersönlichen Intentionen dient Carroll sein künstlerisches Schaffen mit Sicherheit auch der Kompensation seiner persönlichen Triebe und Gefühle, die er in seiner puritanischen und bürokratischen Umwelt nicht ausleben kann und die auch in seiner merkwürdigen, jedoch platonisch motivierten Liebe zu kleinen Mädchen eine bizarre Ausformung erhalten.
»Schöpferische Leistungen entstehen durch die Unterdrückung von Trieben, die infolge ihrer Stärke das Ichgefüge zu sprengen drohen und die geistige Integrität des Individuums gefährden. Aus diesem Grunde ist die unerhörte Anstrengung, die zur genialen Leistung führt, auch als das Ringen eines Menschen, der sich in Gefahr befindet, zu verstehen.« (L. Navratil: Schizophrenie und Kunst)
Durch die hohe Wassermannbesetzung, vor allen Dingen durch die beiden scheinbar widersprüchlichen Planeten Sonne und Uranus in diesen Zeichen, und durch den sich dazu in Opposition befindlichen Mondknoten im Löwen läßt sich in Carrolls Werk die Problematik der Löwe-Wassermann-Achse nachempfinden, die bei ihm in erster Linie durch den Identifikationsverlust und den Identifikationsaustausch, aber auch in der Nonsense-verzerrten

Schilderung autoritärer und hierarchischer Strukturen zum Ausdruck kommt. In beiden Werken findet sich eine zentralistische Wirklichkeit von Königen, Ministern, Rittern und der einfachen, meist tiergestaltigen Bevölkerung, aber irgendwie sind die Wertigkeiten dieser Staffelung durcheinandergekommen und dadurch ihrer Glaubwürdigkeit und ihrer Macht beraubt. Der König verliert den Anspruch geistiger Autorität und wird als genauso verrückt und konfus geschildert wie seine Untertanen. Die Königin in »Alice im Wunderland« verhängt unentwegt Todesurteile, die niemand vollstreckt, die niemand ernst nimmt, da alle Beteiligten wissen, daß sie sich in einer erdachten und somit unwirklichen Welt bewegen, in der auch der Tod nur eine denkerische Möglichkeit, aber keine Ausschließlichkeit ist. Parallel zur Hierarchie (Sonne) herrscht in Carrolls Zauberwelt das totale Chaos (Uranus). Dinge passieren gleichzeitig und mehrebnig, und es lebt die Logik des spontanen Zufalls, in der jeder denkerische Impuls sogleich Wirklichkeit wird.

Auf das »Künstliche« dieser erdachten Welt wird in der Geschichte immer wieder hingewiesen, wobei jedoch einer weltbildhaften Verallgemeinerung aus dem Wege gegangen wird. Man kann jedoch nicht ausschließen, daß Carrolls intimes Weltbild dadurch verschlüsselt zum Ausdruck kommt, welches er in seiner konfessionellen Gebundenheit und aus der puritanischen Strenge seiner Zeit heraus nicht zu formulieren gewagt hätte.

Carrolls Streben nach geistiger Synthese und Sinnfindung spiegelt sich in dessen hoher Schützebetonung (vor allem in der Mond-Aszendent-Konjunktion) wider. Rein äußerlich erkennen wir dies im Theologiestudium und an seinem lebenslangen Aufenthalt an einer religiös gebundenen Schule. Als ein nach Unabhängigkeit strebender wassermann- und schützebetonter kritischer Wissenschaftler wird er der gefühlsmäßigen Dimension des Glaubens und der Hingabe – allein schon durch das vollkommen unbetonte Wasserelement seines Karmagramms – nur wenig Sympathie entgegenbringen können. Ohne ein alternatives Weltbild klar zu definieren, malt Carroll sich in seiner Fantasie oder durch das regressive Nachempfinden kindlicher Fantasie (Mond am Aszendenten) ein Reich aus, in dem sich alle Widersprüche gedanklich relativieren lassen, in dem Gefühle durch zarte Empfindungen ersetzt und in dem herkömmliche Maßstäbe wirkungslos werden.

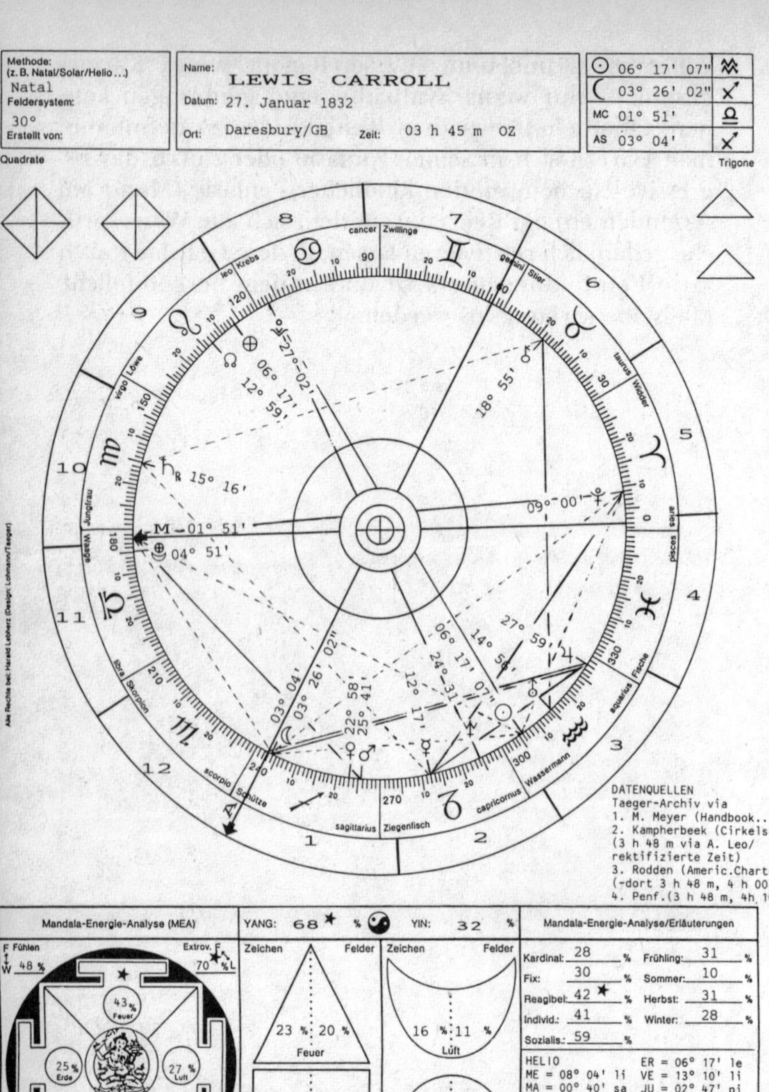

Sozialis.: 59 %

HELIO
ME = 08° 04' li ER = 06° 17' le
MA = 00° 40' sa VE = 13° 10' li
SA = 10° 18' vi JU = 02° 47' pi
NE = 24° 46' cp UR = 14° 27' aq
PL = 09° 32' ar

Mittler (zw. 2 Feldern): ☉ ☽ M ⊕
Initiatoren: ♇ ☊ ⚷
Empfänger: ☿ ♂ ♆

Stichworte zu Carrolls Karmagramm

Naturwissenschaftliche Ambitionen: Merkur, Neptun im Ziegenfisch (2. Feld) / Saturn in der Jungfrau (Trigon Merkur) / Besetzung des 3. Feldes / Spannungsherrscher Vesta / Chiron-Quadrat-Uranus

Künstlerische Fantasie und Intuition: Waage–MC / Wassermannbesetzung / Mond-Sextil-MC / Sonne-Trigon-Waage-MC / EMH in Waage

Schriftstellerische Arbeit: hohe Besetzung des 3. Feldes / Merkur-Trigon-Saturn / Jupiter (3. Feld)-Quadrat-Aszendent

Spaltung in zwei »verschiedene« Berufe: Pluto-Opposition-MC / Mars-Quadrat-Waage-MC / Uranus im Wassermann / Saturn in der Jungfrau / Chiron im 6. Feld / Vesta-Opposition-Neptun, Sonne

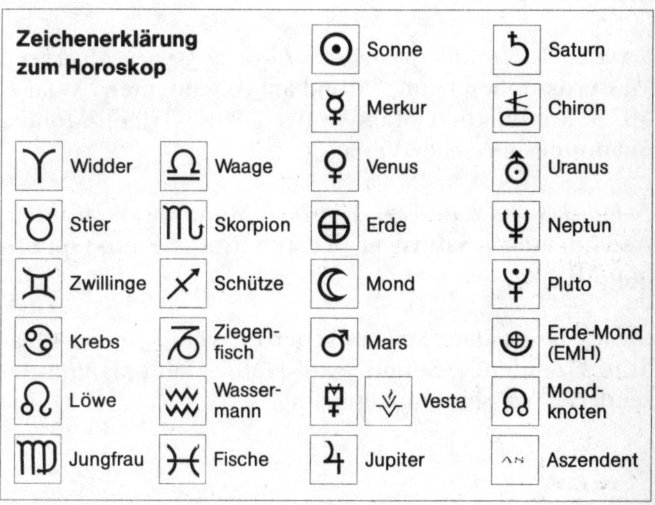

Pedanterie, Detailliebe, Skepsis, Arbeitsdisziplin: Saturn in der Jungfrau / Neptun und Merkur im Ziegenfisch / Saturn-Trigon-Merkur / starke Vesta-Spannungen

Bruch mit denkerischen Konventionen: hohe Wassermannbesetzung / Merkur-Quadrat-Pluto / Mars-Halbsextil-Neptun / Uranus-Quadrat-Chiron

Bürgerliche Lebensart: Schütze- und Ziegenfischbesetzung / Saturn in der Jungfrau / Merkur und Neptun im 2. Feld / Spannungsherrscher Vesta

Philosophische und religiöse Anlagen: hohe Schützebesetzung (Mond, Aszendent, Venus, Mars) / Jupiter-Quadrat-Aszendent / Waage-MC / Besetzung des 9. Feldes / Vesta-Opposition-Sonne

(Ungewollte) Exzentrik: Mond im Schützen (am Aszendenten) / Jupiter-Quadrat-Aszendent / Wassermannbesetzung (vor allem Uranus) / Pluto-Opposition-MC / Uranus-Quadrat-Chiron

Sexuelle Problematik (platonische Liebe zu kleinen Mädchen): Wassermannbesetzung / Mond am Aszendenten / Waage-MC / Konjunktion Mars-Venus / Pluto-Trigon-Mond / Spannungsherrscher Vesta

Ängstliches und unsicheres Auftreten: Mond direkt auf dem Aszendenten / Saturn in der Jungfrau / Pluto-Opposition-MC

Geistige Originalität: starkes Feuer-Element / Jupiter-Quadrat-Aszendent / Sonne-Sextil-Pluto / Pluto-Trigon-Aszendent / Wassermannbesetzung

Der Übergang vom geozentrischen Individualkarmagramm zum heliozentrischen Kollektivkarmagramm (der saturnal-uranische Ablösungsprozeß)

»Erst durch die Einbeziehung der heliozentrischen Betrachtung in die Untersuchung der Beziehungen zwischen den astralen Faktoren und den Lebewesen auf der Erde kann man eigentlich vom Menschen im Kosmos sprechen.«
Reinhold Ebertin / Astrologe mit starker Wassermannbesetzung

Wenn wir von Karmagramm, Geburtsbild oder Horoskop sprechen, beschäftigen wir uns immer automatisch mit dem quasi fotografisch festgehaltenen Gestirnsstandsaugenblick, wie er von *dem* bestimmten Ort aus, an dem ein Neugeborenes seinen ersten selbständigen Atemzug tut, auf diese Wesen einwirkt. Wir betrachten dieses energetische Urbild bzw. diesen genetischen Code (Karmagramm) aus dem Blickwinkel geozentrisch subjektiver Perspektive, und dies ist legitim und folgerichtig, da unsere Inkarnation auf dieser Erde stattgefunden hat und wir uns im irdischen Raum zu bewähren haben. Irdisches Geschehen spielt sich zu einem großen Teil in der Problematik der Mond-Saturn-Spannung seelischer und materieller Wirklichkeit ab.
Lösen wir uns jedoch schrittweise von seelischen und materiellen Fixierungen, dann wachsen wir automatisch aus dem Konfliktkreis des Irdischen hinaus und in das Übergeordnete des solaren Spannungsfeldes hinein. Wir nähern uns dadurch den spirituellen oder intelligent-schöpferischen Bereichen der Feuer-Luftelement-Achse in ihrer zentripetalen Beschaffenheit als Löwe und Wassermann. Jetzt sind wir bewußt darum bemüht, die Begrenztheiten des persönlichen Egos in die Komplexität des überpersönlichen Egos zu verwandeln. Indem wir dies tun, lösen wir uns langsam und synchron aus unserer irdischen Raum-Zeit-Begrenztheit in die überindividuelle (scheinbare) Raum- und Zeitlosigkeit des Sonnenatoms. Allmählich führen wir die Verantwortung für den irdischen Bereich in den des solaren Ganzen über. Wir erfahren hierbei, daß sich Körper und Seele (Saturn und Mond) durch geistige Arbeit, d. h. durch Bewußtseinser-

weiterung, relativieren lassen. Man erkennt sich als Individuum, als eingebunden in den makrokosmischen Raum und hineingestellt in überindividuelle geistig erleuchtete Pläne und Bahnen.
Um nun in das galaktische Bewußtsein des Uranus hineinzukommen, müssen wir uns zunächst in das Zentrum unseres Sonnenatoms stellen, selbst Sonne werden, unser Herz entdecken, um mit der Helium-, d.h. Uranuskatalyse zu beginnen. An diesem Punkt unserer Entwicklung befinden wir uns im heliozentrischen, d.h. sonnenbezogenen Weltbild, und es wirkt jetzt diejenige Konstellation, Entwicklungsspannung oder Karmagrammposition auf uns, die zur Zeit unserer Geburt auf die Sonne einwirkte. Diese erweiterte Perspektive ermöglicht es uns, die Erde, unseren Heimatplaneten, als einen von vielen Sonnentrabanten zu begreifen. Da sich die Erd- und Mondposition im heliozentrischen Weltbild immer genau gegenüber von der Sonnenposition des geozentrischen Weltbildes (Individualkarmagramm) befindet, betrachten wir nun die höhere Verpflichtung für den irdischen Bereich über das oppositionelle Energiefeld des Sonnenzeichens. Steht unsere persönliche beispielsweise im geozentrischen Geburtsaugenblick in den Fischen, so fühlen wir uns vom heliozentrischen Standpunkt aus für die Erde über das Zeichen Jungfrau verantwortlich. Bleiben wir weiterhin bei diesem Beispiel: Entwickelt sich unsere geozentrische Persönlichkeit (Sonne) durch selbstüberwindendes Mitempfinden oder mystische Einsicht (Fische), so übernimmt dieses selbe Individuum aus dem Bewußtsein seiner heliozentrischen Höherentwicklung heraus eine hohe ethische, kritische und sozial praktizierbare Verantwortung (Jungfrau) für die erdbezogene Wirklichkeit.
Nehmen wir als ein weiteres Beispiel den Planeten Venus: Im geozentrischen Karmagramm gibt uns die Venuskonstellation über personenbezogene Liebe, Partnerschaft, Entwicklung eigener Ästhetik oder die Spiegelung der individuellen Problematik in Kunst und Literatur

Auskunft. Wir erfahren die Venuskonflikte dann hauptsächlich über seelische oder materielle Fehlfixierungen, d. h., sie entwickelt sich an den vorwiegend irdischen Qualitäten der mond-saturnalen Begrenztheit. Transzendiert sie jedoch diesen irdischen Rahmen bzw. bietet er ihrer weiteren Entwicklung gegenüber keinen Widerstand mehr, beginnt die Venus im heliozentrischen Weltbild in ihrer höheren Oktave zu schwingen. Sowohl körper- als auch seelenbezogene Liebe transformieren sich in die überindividuelle geistige Liebe. Über die heliozentrische Venuskonstellation entwickeln wir ein Konzept selbst- oder absichtsloser Liebe und benutzen unsere geistige Intuition dazu, Vorstellungsbilder und philosophische Pläne einer über-irdischen kosmischen Harmonie und Ästhetik zu entwickeln. Auf den musischen Bereich übertragen manifestiert sich die heliozentrische Venus durch die überindividuelle religiöse oder archetypische Kunst. Ihr Wesen nähert sich den Liebesidealen der alten Religionen und Philosophien. Dies geschieht jedoch im Wassermann-Zeitalter weniger durch Glauben als durch eigene Erkenntnisrelevanz. Häufig steht die Venus des heliozentrischen Karmagramms in einem ganz anderen Tierkreiszeichen als im geozentrischen Geburtsbild.

Dementsprechend ist sie auch in ganz neue Winkelkommunikationen einbezogen. Hierbei steht sie jedoch mit der geozentrischen Venus in einer ständigen Wechselwirkung.
Da der Mensch nicht ausschließlich auf der höheren geistigen Ebene leben kann, wird er in bestimmten Phasen immer wieder in das geozentrische Geburtsbild zurückfallen müssen. Das geozentrische Karmagramm hört also zeit eines Lebens nie damit auf, aktiv zu sein. Jeder Mensch lebt zu jedem Zeitpunkt in beiden Karmagrammen, denn wäre jemand vollständig von seinem geozentrischen Geburtsthema befreit, so hätte er keine irdische Existenzberechtigung mehr und würde sich – möglicherweise – in helles Licht auflösen. Es findet jedoch im Laufe der Höherentwicklung eine Umgewichtung statt, in der das heliozentrische Schwingungsthema eine breitere Dominanz einnimmt. In der astro-energetischen Beratungspraxis kann man diesen Umgewichtungsprozeß bei spirituell entwickelteren Menschen beobachten, bei denen planetare Auslösungen ihres geozentrischen Karmagramms (z. B. in Form von Transiten) kaum noch deren seelische oder körperliche Verfassung beeinträchtigen und die sich selbst unter sehr problematischen astroenergetischen Spannungen in einem klaren, heiteren und gelösten Bewußtseinszustand befinden. Der problematische Transit wirkt dann eher wie ein zarter Impulsgeber. Der Mensch reibt sich nicht an der Begrenztheit seiner eigenen Persönlichkeit auf, sondern erweitert in diesem Augenblick gewohnheitsmäßige Strukturen und transformiert sich dadurch in einen befreiteren Zustand. Sind die Widerstände, die das individuelle Ego gegenüber dem Anschluß an das überindividuelle Sein entwikkelt, zu einem großen Teil überwunden, ist man sozusagen aus dem Gröbsten heraus, beginnt der Einzelne viel stärker im globalen Sinne zu leben. Seine Entwicklung ist weitaus intensiver an den organisch medialen Fluß des Zufalls und der Spontaneität angeschlossen. Erst jetzt ist

man in der Lage, den Augenblick sehr viel intensiver und komplexer zu erfassen. Man begegnet anderen Menschen, Dingen und Situationen synchron dem hohen Level der spontanen eigenen geistigen Disposition. Menschen dieses Entwicklungsgrades leben dann optimal jeden Moment der wechselnden Zeitqualität aus. Sie sind immer gegenwärtig. Hierbei wirken sie auf ihr Umfeld mit einem höheren Verständnis ihrer heliozentrischen Konstellationen ein. Begegnen wir einem solchen Menschen und möchte er unseren astro-energetischen Rat, müssen wir die Faktoren des heliozentrischen Karmagramms stark in die Deutung mit einfließen lassen. Befindet sich jedoch jemand auf der niedrigeren Mond-Saturn-Ebene, d. h., sind seine Probleme seelischer oder materieller Art, können wir die Konstellationen des heliozentrischen Bildes in Form von einer philosophischen Interpretation dazu benutzen, den geozentrischen Konflikt zu überhöhen. Die heliozentrische Konstellation kann dann eine hilfreiche Zukunftsperspektive darstellen.
Wie bereits im Artikel über die Stier-Entsprechungen angedeutet, bin ich sehr dafür, die Erde als planetare Manifestation des Energiefeldes Stier zu betrachten und die Venus in ihrem androgynen uranischen Charakter einzig und allein mit der Waage-Energie in Verbindung zu setzen. Es ist klar, daß wir im alten geozentrischen System die Erde als Deutungsfaktor nicht berücksichtigen konnten. *Erst aus der solar-uranischen Vogelperspektive läßt sich eine genauere Aussage über unsere Beziehung zur irdischen Welt, d. h. zum Stierarchetypen herausdifferenzieren.* Formen wir uns durch das geozentrische Karmagramm ein Bild von der Sonne und nähern uns ihr dadurch bewußtseinsmäßig an, so machen wir uns über das heliozentrische Karmagramm ein Bild von der Erde und stellen ihr unser geistiges Potential zur Verfügung.
Eine weitere Besonderheit des heliozentrischen Karmagramms besteht darin, daß sich in ihm kein reiner weibli-

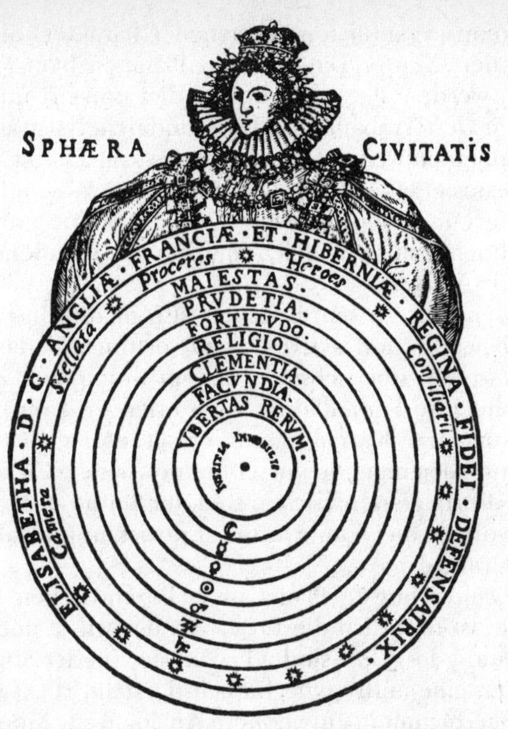

Das Bild der hierarchischen Gliederung des Universums durchzieht die meisten religiösen und esoterischen Lehren. Diese Vorstellung entspricht dem männlichen Erleuchtungsbewußtsein des Feuer- oder Geistelements. Es entspringt der erkenntnisrelevanten Differenzierung in immer neue letzte Erkenntnisstufen oder Sphären.

cher Planet befindet. Erde und Mond fallen jetzt nämlich in einen Punkt zusammen und wirken von der Sonne aus gesehen wie ein komplexes androgynes Gebilde. Der zweite sogenannte weibliche Planet, Venus, ist in seiner ausschließlichen Luftelementbestimmtheit ebenfalls eine zweigeschlechtliche oder androgyne Kraft, die in ihrer Gesamtwirkung eher männlich-uranisch als weiblich-mondhaft wirkt. In vielen asiatischen Astrologiesystemen hat Venus männlich-androgynen Charakter. Sie heißt dort ›der‹ Venus. Die weiteren Planeten (von Mars bis Pluto) werden allesamt von Monden umkeist und – geben wir den Trabanten- oder Mondarchetypen ganz allgemein einen weiblichen Charakter – sind somit von der Sonne aus gesehen komplexe androgyne Wesen. Der Planet Merkur, der in größter Nähe die Sonne umrundet, hat ohnehin ausschließlich androgyne Intentionen (vgl. Merkur-Artikel).

Heliozentriert zu sein bedeutet also männliche, geistige bzw. bewußte und aktive Verantwortung für das *androgyne Ideal* zu übernehmen, das im uranischen Zustand seine höchste Vervollkommnung erlangen kann. Im heliozentrischen Karmagramm erhält daher der Planet Uranus diejenige Schlüsselfunktion oder Zielausrichtung, die im geozentrischen Bild der Sonne zu eigen war. War vorher die Sonne unser Entwicklungsideal, ist es jetzt Uranus!

Der zweitwichtigste Planet im heliozentrischen Karmagramm ist natürlich die Erde, von der wir ja noch nicht vollständig losgelöst sind. Obwohl sie von der Sonne aus gesehen eine androgyne Einheit darstellt, rückt sie subjektiv betrachtet in eine höhere Analogie zur Mond-Thematik. Wir sind ja weiterhin durch die Physis an den organischen Verwicklungen des erdbezogenen Raumes beteiligt und mit dem magischen Kraftfeld dieser Energie verbunden. Organische und magische Bindungsintention läßt sich immer auf Weiblich-Mondhaftes zurückführen (vgl. Mond- und Saturn-Artikel). Um einen Vergleich aus dem Felderdenken anzuführen, entspräche im heliozentrischen Karmagramm die Erde dem vierten Feld (›Wo komme ich her?‹, ›Worin bin ich verhaftet?‹) und der Uranus dem zehnten Feld (›Wo gehe ich hin?‹, ›Wie kann ich mich aus der Verhaftung befreien?‹). Da die Verwirklichung des einen die Entwicklung des anderen bedingt, müssen wir uns in der heliozentrischen Deutung sehr intensiv mit den Aspektverbundenheiten der

Erde auseinandersetzen. Wir sind aufgefordert, das Oppositionszeichen unserer geozentrischen Sonne auf geistige Art und Weise zu durchdringen und lieben zu lernen. Unsere geozentrische Persönlichkeit (Sonne) verwandelt sich in ein oppositionelles, heliozentrisch motiviertes Erdbewußtsein. Wer bis hierher folgen konnte, wird jetzt auch einsehen, warum im astro-energetischen Denken Oppositionszeichen und Achsen immer zusammengefaßt werden.

Wenn wir den Prozeß der Abnabelung vom geozentrischen durch das heliozentrische Karmagramm theoretisch weiterdenken, könnte man an den Punkt gelangen, an dem alles geistig transformiert und in den uranischheliumistischen Zustand schöpferischer Intelligenz übergeführt worden ist. Rein hypothetisch befänden wir uns jetzt in einem dritten, dem uranozentrischen Karmagramm, in dem die Sonne in die Mond-Analogie rückte (›Wo komme ich her?‹) und in dem Neptun die höhere Zielvorstellung auflösender Vervollkommnung symbolisiert. In beiden Bildern, sowohl dem helio- als auch dem uranozentrischen Karmagramm, spielt die Position des Galaktischen Zentrums wahrscheinlich eine große Rolle. Da die geistig-intelligente Entwicklung auf erkenntnisrelevanter *Ausdehnung* beruht, die letztlich eine Allverbundenheit anstrebt, ist es durchaus denkbar, daß im Zuge der Höherentwicklung eine spontane und absolut überindividuelle Identifikation mit unserem Milchstraßensystem eintreten kann. Aus dieser Situation heraus sind wir nun mit Millionen von Sonnensystemen und deren spiralartiger Expansion verbunden. Das Galaktische Zentrum (GZ) befindet sich – durch die Koordinaten unseres Tierkreissystems lokalisiert – z. Zt. etwa auf 27° Schütze. Um das Ganze noch *science-fiction*hafter zu gestalten, kann man sich vorstellen, daß die gesamte Galaxie von pulsierenden Energiefeldern umgeben ist, einer Art höherem Tierkreis, und wir hätten dann – jenseits von ›normalen‹ Raum-Zeit-Vorstellungen – Verantwortung für ein ungeheuerlich komplexes Karmagramm. Betrachten wir von diesem Punkt aus, mit dem wir uns auf erleuchtete Art identisch fühlen, jedoch die Millionen von anderen Galaxien, können wir uns wiederum als ein Individuum unter Millionen anderen vorstellen. Da alle Galaxien miteinander in Verbindung stehen, muß auch hierfür eine übergeordnete zentrale Kraft verantwortlich sein. Die meisten der uns direkt umgebenden Milchstraßen beziehen sich in ihrer Flugrichtung durch das All auf einen Punkt, von dem sie sich wegbewegen, den wir Supergalaktisches Zentrum (GSC) nennen und der in den Koordinaten unseres solaren Tierkreises z. Zt. etwa bei 1° Waage festzumachen ist. Zusammengefaßt heißt dies, daß, solange wir uns in der geistigen Dimension befinden, sich das Universum endlos hierarchisch staffelt. Jede Zentrierung und deren Auflösung mündet wieder in eine höhere Zentrierung und deren transformierende Auflösung. Das Universum hat unter dieser Perspektive einen pyramiden-, kegel- oder dreieckshaften Symbolcharakter. Auch in der uns unendlich erscheinenden Welt des Mikrokosmos spiegeln sich diese einander bedingenden hierarchischen Strukturen wider: der Körper gehorcht der Seele, die Seele gehorcht dem Geist, der Geist gehorcht der schöpferischen Intelligenz, die schöpferische Intelligenz gehorcht der göttlichen Inspiration, die göttliche Inspiration ermöglicht Körper, Seele, Geist und schöpferische Intelligenz. Der Kreislauf ist geschlossen. Die Spaltung des Urstoffs in die Elemente Erde, Wasser, Feuer, Luft und Äther bedingt das Sein und löst es in der umgedrehten Reihenfolge auch wieder auf. Auf unsere individuelle Existenz übertragen bedeutet dies: wollen wir in den vollkommenen Urzustand zurück, müssen wir uns langsam vom körperlichen zum seelischen, zum geistigen, zum schöpferisch-intelligenten und göttlich-inspirierten Bewußtseinszustand verfeinernd höherentwickeln. Paradoxerweise ist diese Höherentwicklung jedoch eigentlich eine Rückentwicklung.

In dieser Re-Evolution ist der gasförmige, androgyne oder luftelementige Zustand bereits der subtilste, komplexeste und widerspruchsfreieste, den wir uns vorstellen können. Er läßt sich vielleicht am besten mit dem Bild des weißen, diffusen und transparenten Lichtes in Verbindung bringen. Da das Licht Korpuskel- *und* Wellencharakter trägt, kann man von dieser Doppelnatur aus sowohl in die materialisierte Wirklichkeit (materielle Evolution) als auch in den Zustand zeit-, raum- und formloser göttlicher Inspiration überwechseln (Ätherelement) oder auch spontan beide Seinsformen gleichzeitig, d.h. widerspruchsfrei erleben, wobei das eine als Ausdruck oder Bedingung des anderen erfahren werden kann. Genau in dieser Grenzsituation oder zweifachen Möglichkeit befinden wir uns, wenn wir die Uranus- oder Wassermannenergie nachempfinden wollen. Alles ist möglich: es gibt Erleuchtung (Ätherelement) über einen physischen Körper und in Wechselwirkung mit ihm. Hierbei ist es wichtig zu erkennen, daß die männlich-androgyne (uranische) Form der Erleuchtung (Transformation des Luftelements in das Ätherelement) nicht etwas ist, was von irgendwoher plötzlich in uns einfließt, sondern etwas, das dauernd in uns und um uns herum vorhanden ist, das aber von unserem persönlichen Ego, unseren seelischen und materiellen Ängsten und unserem gerichteten Denken nicht erkannt werden will. Deswegen trägt Erleuchtung ja auch den Charakter plötzlichen Erkennens, Erstaunens oder Erwachens. Es wird uns hierbei nämlich blitzartig klar, daß wir uns schon immer in der paradoxen erleuchteten Wirklichkeit befunden haben, von der wir uns in Abspaltung wähnten. Nicht die Erleuchtung ist ein unwirklicher oder unwahrer Zustand, sondern die begrenzte Wirklichkeit, deren mond-saturnalen Rahmen wir nicht zu sprengen wagen.

Da sich das Luftelement, vor allen Dingen der Wassermann, an der Nahtstelle zwischen dem raum-, zeit- und formlosen Ätherelement und dessen Manifestation in

der relativen Wirklichkeit befindet, nimmt es eine wechselseitige Mittlerfunktion ein. Es transportiert auf mediale Art göttliche Inspiration und verhilft ihr, dank seiner korpuskelhaften Natur, zu einer komplex verdichteten filmartigen Manifestierung gedanklicher Möglichkeiten. Aus der weit entfernten, aber doch gegenwärtigen Vogelperspektive des Luftelements erhält unsere irdische Wirklichkeit tatsächlich einen filmhaften Charakter. Das uranische Bewußtsein befindet sich in einer kinoähnlichen Situation, in der es am Lichtspiel der an und für sich leeren Projektionsleinwand inspirierend teilnimmt, ohne mit dem Geschehen seelisch verbunden zu sein. Einfach durch die gelöste Form des Dabeiseins kann das Allgemeine hinter dem vordergründigen subjektiven Erleben erkannt werden. Je mehr wir uns an unsere tägliche Wirklichkeit seelisch fixieren, desto weiter entfernen wir uns von der uranischen, merkurialen oder venushaften Möglichkeit. Diese besteht nämlich gerade darin, die Dinge mit dem Abstand eines Kinobeobachters zu betrachten, um dadurch den größeren Leitfaden und Plan, der sich jenseits des subjektiven Details befindet, transparent werden zu lassen.
Die große Chance des heliozentrischen Karmagramms, in dem ja Uranus unser Leitbild ist, besteht also darin, uns jenseits unserer Subjektivität und materiellen Fixierung aus größtmöglicher Distanz zu beobachten und zu verstehen. Wir betrachten hierbei unseren Lebensfilm wie ein Wissenschaftler und begreifen uns aus dieser überindividuellen Sicht als *ein* Partikelchen, das sich im Wechselspiel mit Millionen von anderen Partikelchen befindet. Die Distanz, aus der diese Erkenntnis gewonnen wird, ermöglicht es uns, uns in Bahnen zu erkennen, die jenseits der organisch verhafteten Logik der saturnalen Bergbesteigung angesiedelt sind. Uranisches Reagieren auf diese Erkenntnisse ist aus saturnaler Sicht gesehen immer unorganisch, aus uranischer Sicht jedoch überorganisch und folgerichtig. Die Gipfelerkenntnisse des ma-

teriegebundenen Saturns führen zwangsweise immer in eine Aufarbeitung der Vergangenheit und bereiten somit die Gegenwarts- und Zukunftsbezogenheit des Uranus vor. Saturn und Uranus stehen somit in einem sich gegenseitig bedingenden Wechselspiel oder einer kosmischen Kooperation. Solange wir die Vergangenheit, d. h. unsere seelische Verstricktheit, bis hin in die frühe Kindheit und darüber hinaus bis zu Urkonflikten vergangener Inkarnationen nicht wenigstens zu einem großen Teil verwirklicht bzw. kristallisiert haben, bleiben wir im Bann des geozentrischen Karmagramms und sind somit von einem spontanen und erleuchteten Verständnis der Gegenwart ausgeschlossen. Da jedoch Uranus auch im geozentrischen Karmagramm vertreten ist, macht er sich in uns von Zeit zu Zeit in Form von Intuition und Erkenntnisausweitung bemerkbar und beschleunigt dadurch unsere Vergangenheitsbewältigung.

Das geozentrische oder saturnale Karmagramm zwingt das Individuum durch das Felder- bzw. Häusersystem zu einer Vollendung der Konflikte des persönlichen Ichs. Im überindividuellen, solar-uranischen oder heliozentrischen Karmagramm finden wir keine individuelle Felderthematik mehr. Es gibt weder einen Aszendenten noch ein Medium Coeli. Es wirken nur noch die allgemeinen Tierkreisarchetypen. Die Winkelstrukturen zwischen den planetaren Energien sowie galaktische Bezugspunkte (GZ, SGZ, Apex) erhalten dafür eine stärkere Bedeutung. Wir müssen davon ausgehen, daß sich auch im heliozentrischen Karmagramm ein energetischer Konfliktstoff befindet, der nach einer Synthese und erkennenden Transformation strebt. Es ist, obwohl es ein höheres Bild widerspiegelt, nicht automatisch ein harmonischer Gleichklang, sondern eine Aufforderung zur energetischen Arbeit, die sich über das geistige und schöpferisch-intuitive Wirkfeld des Feuer- und Luftelements abspielt. Die ist zwar ein verfeinerter, aber nichtsdestoweniger aufreibender energetischer Umschichtungsprozeß, in dem sich unser geistiger Verantwortungsbereich ausdehnt, ohne in eine fixierende Identifikation zu verfallen. Im heliozentrischen Karmagramm löst sich der Begriff ICH durch die Vorstellung eines geistigen SELBST ab.

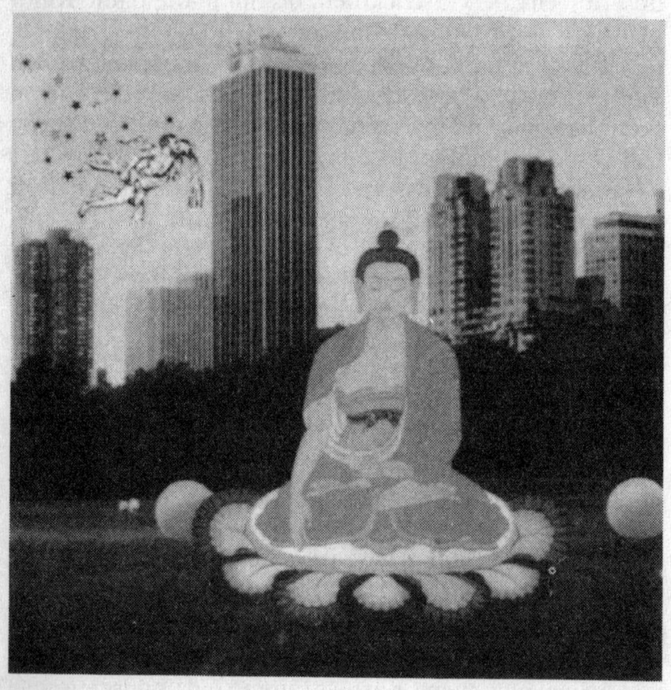

Das Wechselspiel von Löwe und Wassermann

Individuum und Kollektiv

> Der Weg des Menschen zum spirituellen Übermenschentum liegt offen, wenn der Mensch nur kühn genug ist, zu erklären, daß alles, was er bisher entwickelt hat, einschließlich seines Intellekts, (...) daß dieses alles nicht mehr genug für ihn ist und daß es sein Bestreben in Zukunft sein soll, ein größeres Licht von innen her zu enthüllen, zu entdecken und freizulegen. *Sri Aurobindo*

Durch die Löwe- und Wassermann-Energie bemüht sich das Ego, sich von seinen Fesseln persönlicher Leidenschaften, Wünsche, Vorurteile und polarisierender Gewichtung schrittweise zu lösen und sich dadurch selbsterkennend zu relativieren. In diesem Prozeß findet eine langsame Grenzausweitung bzw. Grenzüberschreitung statt, die wir mit den Begriffen der Entwicklung von Bewußtseinserweiterung oder der Entstehung eines kosmischen Bewußtseins umschreiben. Die transformierende Aktivität, die diesem Vorgang zugrunde liegt, ist die Verwandlung und gegenseitige Durchdringung geistiger Energie (Feuer) mit dem inspirierten kosmischen Allwissen des Luftelements: die Katalyse von Wasserstoff in Helium.

Identifiziert sich der Löwe in feuriger Weise mit seinen überindividuellen geistigen Werten und Zielen, so fühlt sich der Wassermann auf eine kühle Art mit seinem Wissen über den erleuchteten Bauplan kosmischer Evolution locker verbunden. Beide streben eine Überhöhung materieller und seelischer Gebundenheiten an und betrachten die Welt eher als eine Bühne spielerischer Gedanken und geistiger Möglichkeiten. Bemüht sich der Löwe um eine Verfeinerung des polarisierenden Denkens durch subtile Differenziertheit, so bietet der Wassermann durch sein neutrales und höheres Wissen interpretierbare Ableitungsmöglichkeiten an.

An und für sich stehen das gedankliche und das geistige Wissen in keinerlei Widerspruch zueinander. Sie betrachten den Sinn des Seins nur von zwei scheinbar verschiedenen Seiten. So wie Wissenschaft geistig interpretierbar ist, sind auch geistesphilosophische Erkenntnisse naturwissenschaftlich beweisbar. Der Mensch des kommenden Wassermann-Zeitalters wird also *dann* über den Stein der Weisen verfügen, wenn er den mittleren Weg zwischen Löwe und Wassermann wählt und eine Synthese von Wissen und dessen geistiger Verarbeitung (Dimensionierung) bewirkt. Solange wir eine individuelle Existenz haben, also in das fixierende Kreuz eingebunden sind, werden wir um mehr oder weniger starke Identifizierungen, d. h. automatisch auch Differenzierungen, nicht herumkommen. Wir werden also begeisterungsfähig bleiben, wodurch das Wechselspiel von Löwe und Wassermann immer wieder aufs neue belebt wird. Hierüber sollten wir uns freuen, denn dies macht uns menschlich.

Löwe	Wassermann
differenzierender Geist	schöpferische Intelligenz
Identifikation mit geistigen Werten	Identifikation mit überindividuellem Wissen
personengebundene Hierarchie	wissensmäßige Hierarchie
der individuelle Mensch	der kollektive Mensch
Zentrierung	Chaos
Philosophie, Religion	Wissenschaft, Okkultismus
Herzensverstehen	intuitives Verstehen
Euphorie, Optimismus	kühle Ekstase
Kunst und Kultur	Design und Technik
spirituelles Engagement	intellektuelles Engagement
geistige Tradition	wissensmäßige Revolution
Zielgerichtetheit	Konzeptionslosigkeit, Spontaneität
Absolutismus	Sozialismus
Willensstärke	flexible Intelligenz
Ich	Wir
Subjektivität	Versuch der Neutralität
Männlichkeit	Androgynität
füreinander	miteinander
persönliche Liebe	überindividuelle Liebe
geistiger Stolz	intellektueller Mut
zentripetal	zentrifugal
Begeisterung	Interesse

Gemeinsam

Bewußtseinserweiterung (geistig und intellektuell); Fixierung an überindividuelle Werte; Entwicklung von selbstüberhöhender Liebe und Sympathie; Transformation von Gefühlen und Leidenschaften; Auseinandersetzung mit dem sozialen Umfeld (Ich und das Kollektiv – das Kollektiv und Ich); Harmoniestreben mit dem Sein (geistig und wissensmäßig); Problematik der Fehlfixierung; Toleranz und Großzügigkeit; Vermittlungsbereitschaft; Unabhängigkeitsstreben; Kreativität; expansiv (geistig und wissensmäßig); Originalität

JUNGFRAU & FISCHE

Zwischen Traum und Wirklichkeit

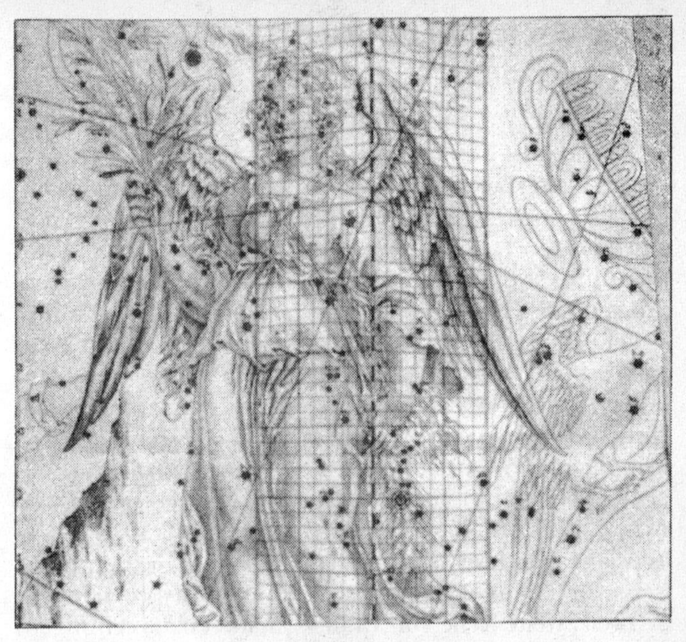

JUNGFRAU

Jungfrau in Stichworten

6. Zeichen im Tierkreis / Sommer-Ende / Planetenherrscher: Vesta sowie weitere Kleinplaneten des Asteroidengürtels zwischen Mars und Jupiter (evtl. Überreste eines einstmaligen Jungfrau-Planeten) / Element: Erde / Yang (neutral) / soziales oder reagibles Zeichen / Oppositionszeichen: Fische / Felder- bzw. Häuserentsprechung: 6. Feld (Entwicklung einer sozial motivierten Einstellung zur Arbeit, Praktizierung eines moralischen und ethischen Verantwortungsbewußtseins, Ego-Transzendierung durch dienende Verantwortung, Entwicklung eines kritischen wissenschaftlichen Differenzierungsvermögens, Körperbewußtsein, Feld der Krankheitsdispositionen) / Einflußsphäre (Felderprogression): 30.–36. Lebensjahr / Tagesentsprechung: die letzten beiden Stunden vor Sonnenuntergang / Länderentsprechungen: Schweiz, weite Teile von Indien / Städteentsprechungen: Münster, Bonn, Bern, Melbourne, viele Verwaltungs- und Universitätsstädte / Wochentag (in der Merkur-Zuordnung): Mittwoch (dem Merkur geweihter Tag) / psychische Entsprechungen: absichernde Erkenntnisfindung, Vernunft, Gewissenhaftigkeit, Pflichtbewußtsein, Ethik und Moral, Ideale der Reinheit / Temperament: phlegmatisch / somatische Entsprechungen: der gesamte Darmbereich, Magen, Nervensystem, mikrochemische Steuerungsprozesse / Alchemie: Quecksilber (Merkurius), gelber Achat, Bernstein, Saphir, Edeltopas, Jade / Farbentsprechungen: Safrangelb, Zartrosa, Zarthellblau, Erdfarben / Formen: geometrische Muster, eckige Ornamente, kubische oder quadratische Formen, organische Feinstrukturen / asiatische Tierkreisentsprechung: Schlange / Esoterik: eventuell Nabelchakra. Es kann sein, daß die Jungfrau-Energie Nadi-Blockierungen in den Chakren bewirkt, die sich erst dann lösen, wenn dessen

esoterische Zusammenhänge verstanden und eine reine Motivation gefunden wurde. Von daher befände sie sich sozusagen im Vorfeld der Erleuchtung und deren Basistugenden / Zahlen: 2, 4 oder 7 / Jungfrau-Zeitalter: 12 000–10 000 v. Chr. / I-Ging-Entsprechungen: I = die Mundwinkel, die Ernährung; Wu Wang = die Unschuld; Dschun = die Anfangsschwierigkeit / Mythologien, Märchen: alle Mythen, in denen eine jungfräuliche Empfängnis die Basis ist (z. B. Geburt von Jesus, Buddha Shakyamuni, Padmasambhava); ›die Moral von der Geschicht‹ in allen Märchen; der Lotos, Kristall oder die Blüte als Symbol unbefleckter Reinheit; die von Drachen (Kundalini) oder anderen Fabelwesen behütete Jungfrau; das Einhorn; Nutz- oder Haustiere (vor allem einfältiger Art wie Lamm, Schaf, Maultier, Kuh); der Marienkult im Christentum (auch das Nonnenwesen); die hinduistische Göttin von Kunst und Wissenschaft: Sarasvati; Analogien zu den buddhistischen Gottheiten Prajna Paramita (Göttin der Weisheitstugenden), die 1000-äugige Sitatapatra (Göttin der Schutzgewährung und Achtsamkeit), Parnashabari (Göttin der Heilkunde), die Gelbe Tara, der edelsteintragende Bodhisattva Ratnapani.

Jungfrau-Geborene

(mit Sonne in der Jungfrau)

Yassir Arafat (MO=ta/AS=ca), Hans Arp (MO=ar/AS=vi), Jean-L. Barrault (MO=sc/AS=vi), Franz Bekkenbauer (MO=sc/AS=ge), Ingrid Bergman (MO=vi/AS=sa), Charles Boyer (MO=ge/AS=aq), Anton Bruckner (MO=cp/AS=le), Maurice Chevalier (MO=sa/AS=le), Agatha Christie (MO=li/AS=vi), Claudette Colbert (MO=pi/AS=li), Sean Connery (MO=vi/AS=cp),

Greta Garbo (MO=ta/AS=ca), Théophile Gautier (MO=cp/AS=ca), Johann W. von Goethe (MO=pi/AS=sc), Maurice Jarre (MO=pi/AS=sa), Walter Koch (MO=vi/AS=vi), Maurice Maeterlinck (MO=li/AS=li), Reinhold Messner (MO=vi/AS=ca), Maria Montessori (MO=sc/AS=le), Arnold Schönberg (MO=li/AS=vi), Franz J. Strauß (MO=le/AS=ge), Leo Tolstoi (MO=vi/AS=ca)

Anmerkung: MO= Mond, AS= Aszendent;
ar= aries= Widder, ta= taurus= Stier, ge= gemini= Zwillinge, ca= cancer= Krebs, le= leo= Löwe, vi= virgo= Jungfrau, li= libra= Waage, sc= scorpio= Skorpion, sa= sagittarius = Schütze, cp= capricornus= Ziegenfisch, aq= aquarius= Wassermann, pi= pisces= Fische.

Planeten in der Jungfrau und 6. Feld

Sonne in der Jungfrau (Anlage) oder 6. Feld (Aufgabe)

Identifikation mit erkenntnisüberprüftem und ethisch gewichtetem Wissen; sozial orientiertes geistiges Verantwortungsbewußtsein; der rationale und strukturierende Aspekt des überindividuellen Egos; die makellose geistige Motivation; kritische Selbstanalyse; Realisierung geistiger Impulse über die soziale und materielle Wirklichkeit; geistige Differenzierung religiösen, esoterischen oder mystischen Wissens; Selbstfindung über Astro-Energetik (die Astro-Energetik spiegelt stark die Qualitäten der Jungfrau-Energie wider); Identifikation mit überindividuellen Gesetzmäßigkeiten von Naturwissenschaft, Medizin und Geisteswissenschaft; geistige Selbstdisziplin und Detailgewichtung; Gewissenhaftigkeit und Pflichtbewußtsein; Entwicklung im Konzept detaillierter und absichernder Zukunftsplanung; beschleunigter Abbau des persönlichen Egos; Anstreben einer objektiven Neutralität; allgemeiner Nutzen geht vor persönlichem Nutzen; Wirklichkeit der niedrigen homöopathischen Potenzstufen (im Gegensatz zum Schwingungs- oder Hochpotenzbereich des Fische-Themas); ausdauernde, prüfende und geduldige geistige Verfeinerung; Festhalten an als brauchbar erkannten geistigen Prinzipien; Bereitschaft, geistige Mitverantwortung für andere zu übernehmen...

Erstarrung geistiger Erkenntnisse durch Prinzipien der Wiederholung; Entwicklungsstagnation durch moralische und ethische Selbstbegrenzungen; psychosomatische Belastungen durch eine zu große Ausdehnung der geistigen Mitverantwortung; Befangenheit in bürgerlichtraditionellen Moralvorstellungen; geistiger und materieller Perfektionismus wird von anderen als unmenschlich empfunden; Erstarrung in religiösem, philosophischem oder esoterischem Formalismus; Abspaltung erkenntnisrelevanten Bewußtseins von der Welt seelischer Instinkte und Ahnungen; Disposition zu Frömmelei und Heiligtuerei; Kontaktschwierigkeiten durch neutrale und anonyme Selbstdarstellung; Entscheidungsschwierigkeiten (sich in Detailbeschreibungen verlieren); Konflikte zwischen äußeren und inneren Gesetzmäßigkeiten; Disposition zur Überlastungshysterie; Disposition, seelisch Verdrängtes über körperliche Krankheit zu erleben; keine unorganischen Brüche in der geistigen Entwicklung zulassen können; Unterdrückung instinktmäßiger Weisheit; Schwächen des persönlichen Egos werden ängstlich vertuscht; seinen eigenen höheren Erkenntnissen mißtrauen (wenig geistiges Selbstbewußtsein); Bürokratisierung des eigenen Lebens; aus der individuellen Selbstdisziplin ein soziales Dogma formen wollen; unter einer unentwegt konzentrierten geistigen Anspannung leiden...

Mond in der Jungfrau (Anlage) oder 6. Feld (Aufgabe)

Gewissenhafte Prüfung und ethische Gewichtung des metaphysischen bzw. des mystischen Bereichs; Verantwortung für den überindividuellen Bereich der Seele (das Archetypen-Selbst); Entwicklung sozialer Fürsorge; astro- oder psychoanalytisches Feinstgespür; Pflichtgefühl; einfühlsames Organisationstalent; Abbau und Überwindung des persönlichen Gefühlsbereichs; systematisches Erforschen seelischen Seins über Methoden der esoterischen, philosophischen, religiösen oder ›normalen‹ Wissenschaft; Streben nach makelloser seelischer Motiviertheit; Tugend- und Reinheitsideale; schauspielerisches oder literarisches Differenzierungsvermögen; hilfsbereite Erkenntnisübermittlung; Konzentrationsfähigkeit; Desillusion des magischen Spiels; Annäherung an den Glauben durch detailliertes Überprüfen; Erforschung hintergründiger Gesetzmäßigkeiten; Ordnungsliebe; Ernährungsbewußtsein; Hintergrundarbeit; Detektivinstinkte...

Überbelastung durch Ausdehnung der überindividuellen seelischen Kompetenz; Verdrängung individueller Gefühle (psychosomatische Dispositionen); seelische Perfektionismuszwänge können in Unmenschlichkeit münden; Abkürzungen durch Glauben oder Vertrauen nicht annehmen können; Probleme mit Frauen oder der eigenen Weiblichkeit (Mißtrauen, Keuschheit, Negativierung von persönlichen Gefühlen); seelische Empfindsamkeit bedingt auch leichte Verletzbarkeit; Flucht in Ironie oder Sarkasmus; ängstliche Distanziertheit führt zu Kontaktschwierigkeiten; ein zu hohes Idealbild von Weiblichkeit aufbauen (Enttäuschungen); pädagogische und didaktische Lehrmeisterei; kontinuierliche seelische Anspannung kann in Hysterie oder Nervenzusammenbruch münden; erschwerte spontane Hingabefähigkeit; Entscheidungsschwierigkeiten zwischen vernünftiger und instinktrelevanter Reaktion; von dem Gefühl überlastet sein, es allen gerecht machen zu wollen; Mißtrauen gegenüber atmosphärischer Wirklichkeit; Vertheoretisierung seelisch-subjektiver Erlebniswerte; Ängste gegenüber der Dunkelheit und dem Ungewissen (alles muß klar, hell und bewußtseinsmäßig überschaubar sein); okkulten oder wissenschaftlichen Fehlspekulationen anhängen; unter der eigenen Zweifelsucht leiden; Ohnmacht gegenüber dem Chaos...

(z. B. J. Cocteau, E. v. Däniken, G. Gründgens, O. Hahn)

Merkur in der Jungfrau (Anlage) oder 6. Feld (Aufgabe)

Konzentriertes Detaildenken; intellektuelle Gründlichkeit und Sorgfalt; kritisches, analytisches und nach Objektivität strebendes Denken; detektivhafte Detailgewichtung; Interesse an Wissenschaft, Philosophie, Esoterik und Religion; verantwortungsbewußtes soziales Denken; Zweifel und Kritik sind der Anfang aller Entwicklung; kaufmännische Planungs- und Organisationsgabe; praktisches Denken (Vernunft); wissenschaftliche Methodik; Entwicklung einer sozial motivierten Arbeitsethik; subtile Selbstkritik; Konzentrationsstärke; intellektuelle Spezialisierungen; grenzwissenschaftliche Neugier; dienende Wissensvermittlung; differenzierte Wortfindungen; sensible Abstraktionen; Vertrauen in die Wissenschaft; Ehrung von Wissenstradition; Erkenntnistreue...

Zwiespalt zwischen Verstand und Instinkt; keine glaubensmäßigen Abkürzungen akzeptieren; sich in gedanklichen Details verrennen; Interessenverzettelungen; Anonymität und Distanziertheit kann zu Kontaktschwierigkeiten führen; Selbstschutz durch Ironie, Zynismus oder Galgenhumor; denkerische Risiken scheuen; Erstarrung in bürgerlichem Denken; seinen eigenen Intuitionen mißtrauen; Überlastungen durch intellektuelle Anspannung (Nervosität, Psychosomatik); Überarbeitung durch Perfektionismus; mangelnde atmosphärische Flexibilität; überkritische Haltung kann paranoiahaften Charakter annehmen; moralische oder puritanische Fehlidentifikationen mit religiösen oder esoterischen Wissensinhalten; nervliche Labilität; reduzierte Einfühlsamkeit; Ignorierung atmosphärisch bedingter Möglichkeiten (›Zerdenken‹); unter intellektuellem Unfehlbarkeitswahn leiden; Aufbau polarer Denkstrukturen (Gut–Böse)...

(z. B. Sri Aurobindo, H. Blavatzky, A. Hitchcock, L. Tolstoj)

Venus in der Jungfrau (Anlage) oder 6. Feld (Aufgabe)

Harmonie auf der Basis reiner und tugendhafter Motiviertheit; Liebeslyrik; die Ethik überindividueller religiöser Liebesvorstellungen; Harmonie durch Ordnung und Vorsorge; die platonische Liebe; Harmonie durch naturwissenschaftliche Erkenntnis; die künstlerische Konzeption; Entwicklung erkenntnisrelevanter ästhetischer Prinzipien; Vernunftliebe (in ihrer positiven Interpretation); Ideale sozialer Harmonie und Gerechtigkeit; geometrische, abstrakte oder symbolische Kunst; handwerkliche Fantasie; psychologisches und soziales Einfühlungsvermögen; Interesse an Kunst und Religionswissenschaft; Abbau persönlicher Liebesfixierungen; Tantra-Wissenschaft; Suche nach einer Synthese von Kunst und Wissenschaft; die Praxis selbstloser Liebe; sich allgemeinen Harmonievorstellungen verpflichtet fühlen; ernsthafte und selbstkritische Überprüfung in Liebesdingen; Verantwortung für die Objekte der Sympathie oder Liebe übernehmen...

Reduzierte Einfühlsamkeit und Diplomatie; seine persönlichen Sympathiegefühle nicht zeigen können (Verdrängungsneurosen); Partnerproblematik durch Unterkühltheit und Distanziertheit; an zu hohen Partnerschafts- oder Harmonievorstellungen scheitern; Abstrahierung der Ästhetik führt zu deren Sterilisierung; Disposition zu Minderwertigkeitskomplexen; Kontaktschwierigkeiten; Übernahme bürgerlich-ästhetischer Normen; Disposition zum Pietismus oder Puritanismus; persönliche Sympathie kann sich in übertriebene Kritiklust oder Sarkasmus verwandeln; wenig Gespür für atmosphärische Hintergründigkeit; Harmoniekonflikte schlagen sich leicht körperlich nieder; Erstarrung in Theorien über Harmonie und Ästhetik; zwanghafte Ordnungs-Ästhetik kann zu nervlicher Überbelastung führen; Diskrepanz zwischen dem Zwang, unverbindlich und freundlich zu sein, und dem stimmungshaften Momentanzustand; mimosenhafte Verletzbarkeit (schneller Verlust des inneren Gleichgewichts); Konflikte zwischen selbstloser und persönlicher Liebe; Sympathieheuchelei; Mißtrauen und Unsicherheit in Partnerbeziehungen; Unterdrückung erotischer Fantasien...

(z.B. Le Corbusier, J.W. v. Goethe, J. Lennon, R. Polanski)

Mars in der Jungfrau (Anlage) oder 6. Feld (Aufgabe)

Sparsamer und vernünftiger Einsatz der vitalen Energien; forschender oder wissenschaftlicher Idealismus; intellektuelle Schärfe; handwerkliche Begabungen; Organisationstalente; Perfektionismus in der Verwirklichung der eigenen Ideale; kritisch gespannte Wachsamkeit; Verfechtung ethischer und moralischer Grundsätze; sozialpolitisches Engagement; analytische Treffsicherheit; religiöse, philosophische oder politische Reformbestrebungen; Rhythmusgefühl als Ausdruck energetischen Ordnungsprinzips; intellektuelle Risikobereitschaft; Verbreitung sozialer oder wissenschaftlicher Ideen; Vorstoß in grenzwissenschaftliche Bereiche; vernunftmotivierte Hilfsbereitschaft; Sprengung bürgerlicher Normen; seinen erkenntnisrelevanten Idealen treu bleiben; Hintergrunds- und Randgruppenaktivitäten; Selbstbeherrschung...

Ethischer und moralischer Rechtfertigungsdrang (Gewissenskonflikte); Kritiklust und Reizbarkeit; moralisch motivierte Verdrängungsmechanismen; sexuelle Konflikte (Impotenzängste); sich über Details dermaßen aufregen, daß der große Zusammenhang verloren wird; Prinzipienverbohrtheit; Eigensinn und Starrköpfigkeit; Disposition zu Nihilismus oder Pessimismus; gebremster Energiefluß kann sich in psychosomatischen Krankheiten niederschlagen; labiles Nervenkostüm (Neigung zur Hysterie); übertriebenes Männlichkeitsgehabe kaschiert die Ängste vor der eigenen Männlichkeit; Entwicklung von Schuldgefühlen; Perfektionsdrang kann selbstzerstörerische Formen annehmen; Schwierigkeiten in der Zusammenarbeit (Dominanzkonflikte); Disposition zur chronischen Nörgelei; Dissonanz von Vernunft und Impulsivität; unter sexueller Orientierungslosigkeit leiden; Zynismus, unter kontinuierlicher innerer Anspannung stehen; Konzentrationsschwierigkeiten...

(z. B. F. Castro, E. Hemingway, Ch. Manson, Napoleon)

Vesta in der Jungfrau (Anlage) oder 6. Feld (Aufgabe)

(Grundsätzlich Verstärkung aller Jungfrau-Eigenschaften) Verantwortungsbewußtsein der Sache gegenüber; Detailliebe (vom Kleinen auf das Große schließen); Gründlichkeit und Sachlichkeit; Ausdauer; Aufrichtigkeit; Ordnungsliebe; Systematik; empirische Überprüfung der Wirklichkeit; Realitätssinn; abstrakte Denkfähigkeit; berufliche Spezialisierung; Konzentrationsgabe; gesunde Selbstkritik; Rollen-Ethik; rationales Erforschen des Numinosen; wissenschaftliche Ambitionen; Tendenz zum Außenseitertum (Einzelgängertum); Perfektionismus; kriminalistischer Scharfsinn; Entdeckerfreude; Pflichtbewußtsein; analytisches Denken; philosophisches Interesse...

Spitzfindigkeit; Pedanterie; Neigung zur Interessenzersplitterung; Entscheidungsschwierigkeiten; Skeptizismus (Mißtrauen); über das Detail den großen Zusammenhang verlieren; mangelnde Diplomatie; Theoretisierung der Wirklichkeit; nervöse Überempfindlichkeit (auch gegenüber Fremdkritik); extreme Sachbezogenheit erschwert gefühlsmäßiges Verstehen (auch Mißtrauen gegenüber eigenen Gefühlen); unter Sachzwängen leiden; sich schwer unterordnen können; Unnachgiebigkeit (Sturheit); Ängste gegenüber dem Numinosen; einseitige Interessenausrichtungen; Nörglertum; Krankheiten durch Überarbeitung oder Ignorierung psychischer Instinkte (z. B. psychosomatische Magen-Darm-Beschwerden); eigene Fehler nur schwer einsehen können (Starrsinn); Arbeitsfanatismus...

(z. B.: Hans-Christian Meier-Parm, Aurobindo, Christiaan Barnard, Agatha Christie)

Jupiter in der Jungfrau (Anlage) oder 6. Feld (Aufgabe)

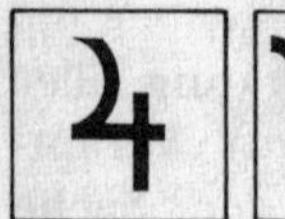

Absichernde und kritische Weltbildfindung über Wissenschaft oder Esoterik; geistiges Verantwortungsbewußtsein (Ethik, Moral); geistige Detailliebe; differenzierte Wortfindungen; lehrer- oder guruhaftes Verantwortungsbewußtsein; seinen geistigen Standort kritisch in Frage stellen können; sozial engagierte Vermittlung geistiger Impulse; Naturwissenschafts- und Religionsphilosophie; konstruktive Gesellschaftskritik; geduldige und absichernde Idealverwirklichung; pädagogische und didaktische Begabung; Organisationsengagement; methodischer Lerneifer; das geistige Entwicklungspotential selbstlos zur Verfügung stellen wollen; Symbiose von Geist und subtiler Vernunft; spirituelle Bescheidenheit; geistige Gewichtung analytischer Ergebnisse; engagiertes Spezialistentum; geistige Selbstdisziplin; Freude an geistiger Arbeit; Berufsethik...

Zersplitterung und Nervosität durch übergroße Ausdehnung des geistigen Verantwortungsbereiches; Spannungen zwischen geistiger Expansion und kritischer Vernunft; Übergewichtung des Details (das große geistige Ziel vergessen); ethische und moralische Prinzipienreiterei; Dispositionen zu heuchlerischer und tugendhafter Frömmelei; aus Grundsatzfragen nicht herauskommen; krankhaftes Mißtrauen gegenüber andern geistigen Autoritäten; Identifikationsprobleme mit dem eigenen geistigen Standort (Disposition zu Minderwertigkeitskomplexen); Zeitverluste durch ängstliche Beweissucht; geistiger Streß kann sich in körperlichen Krankheiten niederschlagen; unter einer ständigen wachen Angespanntheit leiden; an der Realisierung zu hoch gesteckter geistiger Ideale scheitern; Überbelastung durch freundschaftliche Verpflichtungen; Entscheidungsschwierigkeiten; sich nicht kurz fassen können; mangelnde geistige Flexibilität; Befangenheit in traditionellen Wertvorstellungen; wissenschaftlichen Fehlspekulationen anhängen; mit seinem geistig differenzierten Wissensvorsprung auftrumpfen wollen; lehrmeisterliche Nörgelei...

(z. B. N. Bohr, A. Dürer, L. Klages, T. Leary)

Saturn in der Jungfrau (Anlage) oder 6. Feld (Aufgabe)

Realisierung ethischer und moralischer Prinzipien; ernsthafte Gewichtung des Details; den Dingen in allen Einzelheiten auf den Grund gehen; sozialpolitisches Verantwortungsbewußtsein; Abbau des persönlichen Egos durch Arbeit und

Selbstdisziplin; Verfeinerung der Vernunftkriterien; Anspruchslosigkeit und Bescheidenheit; Pflichtbewußtsein; Streben nach Objektivität und Neutralität; selbstlose Arbeit im sozialen Umfeld; analytische Präzision; »gesunde« Skepsis; Ernährungsbewußtsein; detaillierte Ordnungsliebe; Perfektion in der Arbeit; Systematik; Sachwissen (Spezialisierungen); subtile Abstraktionsfähigkeit; schriftstellerische oder wissenschaftliche Begabungen; verantwortungsbewußtes, organisatorisches und planendes Denken...

Über das Detail den Zusammenhang verlieren, bürokratische Pedanterie; mangelnde atmosphärische Flexibilität; durch die Tendenz, alle Dinge zu versachlichen, auf andere unmenschlich wirken; Ausweitung des Verpflichtungsbewußtseins führt zu nervlicher und körperlicher Überlastung; Disposition zur Überarbeitung; darunter leiden, den instinktmäßigen Impulsen nicht trauen zu können; unter Zweckmäßigkeitszwängen leiden; wenig Sinn für Humor; Absonderungstendenzen (Kontaktschwierigkeiten); Verantwortung nur schwer abgeben können; Prüfungsängste; Disposition zu Sarkasmus oder Pessimismus; Umständlichkeit; unter grundsätzlichem Mißtrauen oder Zweifel leiden; Ordnungs- und Planungszwänge; sich dem Augenblick nur schwer hingeben können; Ängste gegenüber mystischer Wirklichkeit; asketisches Märtyrertum; starke Selbstkritik mündet in schwaches Selbstbewußtsein...

(z. B. Cl. Debussy, Ch. de Gaulle, J. Steinbeck, P. Ustinov)

Chiron in der Jungfrau (Anlage) oder 6. Feld (Aufgabe)

Sachdienlichkeit; Entwicklung ungewöhnlicher Arbeits- und Forschungsmethoden; wissenschaftliche Entdeckerfreude; kritischanalytisches Denken (Verbindung von traditionellem und zeitgemäßem Wissen); Verantwortungsbewußtsein der Sache und der Arbeit gegenüber; politisches, philosophisches und esoterisches Interesse; Detailliebe; Gerechtigkeitssinn; versachlichende Ausweitung moralischer Wertmaßstäbe (Versuche der Dualismusüberwindung); Selbstkritik; Abstraktionsfähigkeit; langfristig planendes Sicherheitsdenken; Konzentrationsfähigkeit; Spezialistentum; Ego-Transzendierung; Hilfsbereitschaft in der Sache...

Neigung zu Pessimismus und sozialer Distanzierung; übertriebener Ordnungssinn als Schutz vor Orientierungsverlust; Konfliktkaschierung durch Flucht in die Arbeit; Entscheidungsschwierigkeiten; persönliche Interessen hinter scheinbarer Sachlichkeit verbergen; Gefahr moralischer Entgleisungen; Neigung zu Nervosität durch Überbelastung; Unnachgiebigkeit in der Sache; Überempfindlichkeit auf sachliche Kompetenzkritik; Kompensation von Minderwertigkeitskomplexen durch Übergenauigkeit und Pedanterie; den eigenen Gefühlen und Instinkten mißtrauen; Gefühlsverarmung; Risikoscheu; Selbstverneinung...

(z. B.: Mick Jagger, Mao Tse-tung, Jim Morrison)

Uranus in der Jungfrau (Anlage) oder 6. Feld (Aufgabe)

Wirklichkeitsbezogene Intuitions- und Assoziationsgabe; wissenschaftliche, esoterisch-wissenschaftliche oder literarische Begabung; die paradoxe Logik; originelle Organisations- und Planungsfähigkeit; soziale und politische Reformfreude; die okkulten Wissenschaften; intuitive Analyse; technische Erfindungsgabe; Ausweitung bürgerlicher Normvorstellungen; Entwicklung progressiver Arbeitsmethoden; detektivhaftes Gespür für verborgene Zusammenhänge; futurologisches Interesse; Zukunftsplanung; kreatives Zusammenführen unterschiedlicher Wirklichkeitsebenen (Surrealismus, Dadaismus); Relativierung des wissenschaftlichen Weltbildes (A. Einstein, O. Hahn); Kombinationsgabe; schöpferische Sensibilität; wissensmäßige Aufgeschlossenheit; kritisches Infragestellen traditioneller Werte; originelle und flexible Arbeits- und Zeitplanung...

Disposition zu Interessenzersplitterungen; Dissonanzen zwischen Vernunft und Intuition; Autoritätskonflikte in der Arbeitswelt; wenig Ausdauer und Geduld; Wissensdünkel; Verwirrung durch paralogische Wirklichkeitsrelativierung; Zukunftspessimismus; Schwierigkeiten in der Zusammenarbeit; sich in obskuren wissenschaftlichen Details verlieren; Spannung von Chaos und Ordnung; organische Logik und paranormale Logik nur schwer in Einklang bringen können; theoretischer Radikalismus; Auflehnung gegen Routinearbeit; Konzentrationsschwierigkeiten; sporadisches Pflichtgefühl; Durcheinanderbringen von Wertbegriffen; sich gesellschaftlich nur schwer integrieren können; Entfremdung von der materiellen Wirklichkeit; Ahnungen vorschnell zu Gewißheiten machen; schizoide Dispositionen...

(z.B. A. Einstein, O. Hahn, J. Joyce, F. Kafka)

Neptun in der Jungfrau (Anlage)
oder 6. Feld (Aufgabe)

Methodische Erforschung verborgener Wirklichkeit; Sensibilisierung des Körperbewußtseins; detaillierte Vorstellungskraft; selbstlose Sozialarbeit; Verfeinerung und Auflösung gesellschaftlicher Normen; wissenschaftliches und politisches Gespür; lyrische oder philosophische Ambitionen; inspiriertes analytisches Fühldenken; sensibles abstrahierendes Vorstellungsvermögen; Interesse an Esoterik und Grenzwissenschaften; instinktives Verstehen religiöser oder philosophischer Wertvorstellungen; unorthodoxe schwingungsinspirierte Arbeitsmethodik; etymologisches Ableitungsvermögen; wissensmäßiges Interesse an Sexualität und Erotik (Psychologie, Psychoanalyse, Sexualwissenschaft, Tantrawissenschaft); Auflösung der Grenzen zwischen Traum und Wirklichkeit; aus winzigen Details das übergeordnete Ganze fantasievoll ableiten können; Empfindlichkeit für materielle Feinstschwingungen (Homöopathie); die äußere Wirklichkeit als Stimulans innerer Imaginationskräfte; sich medial mit gesellschaftlichen Prozessen verbunden fühlen; kritisches Vertrauen in überindividuelle Gesetzmäßigkeiten; künstlerische Gestaltungskraft...

Disposition zu Hypochondrie; sich vom sozialen Umfeld bedroht oder ausgeschlossen fühlen; Überempfindlichkeit auf Drogen oder Medikamente; sich nur schwer in normale Arbeitsprozesse integrieren können; Prüfungsängste; wissensmäßige Leichtgläubigkeit; wenig Widerstandskraft oder Selbstbewußtsein; ein Doppelleben zwischen Wirklichkeit und Fantasie führen (E.T.A. Hoffmann); Zwiespalt zwischen instinktmäßigen Impulsen und Vernunft; Orientierungsschwierigkeiten; Wirklichkeitsängste führen in Pessimismus oder Schwarzmalerei; Umsetzungsängste; Entscheidungsschwierigkeiten; sich durch Raum, Zeit und Struktur bedrängt fühlen; Gewissensängste; Versagerängste; sich im Detail verlieren und auflösen; sich als Märtyrer gesellschaftlicher Zwänge selbst bemitleiden; Tagträumerei; eingebildeten Erwartungen und Verpflichtungen nachjagen...

(z.B. van Cliburn, A. Garfunkel, E.T.A. Hoffmann, F. Hölderlin)

Pluto in der Jungfrau (Anlage) oder 6. Feld (Aufgabe)

Abbau des persönlichen Egos durch soziales Engagement; sich politischen oder sozialen Reformen sozial verpflichtet fühlen; wissenschaftlicher Pioniergeist; engagiertes Umweltbewußtsein; Bruch mit traditionellen wissenschaftlichen oder philosophischen Werten; Nutzung sexueller Energien durch kritische und kreative Denkkraft; Ausweitung oder Bruch mit alten Tugenden oder Moralvorstellungen; sich für die Logik und Konsequenz der höheren Vernunft radikal einsetzen; sich bis zu den äußersten Grenzen gesellschaftlicher Normen vorwagen; Entwicklung neuer Maßstäbe und Ordnungen; Infragestellung der wissenschaftlichen Objektivität; Ausweitung der organischen Logik bis zu den Grenzen der Absurdität; hohes soziales Verantwortungsbewußtsein; Kampf gegen die Bürokratie; kritische Ablehnung von Autorität und Selbstherrlichkeit; gemeinschaftliches Verantwortungsgefühl geht vor individueller Entfaltung; Arbeit im Untergrund; Sichtbarwerdung verborgener Zusammenhänge und Gesetze; Forderungen nach Gleichberechtigung und sozialer Gerechtigkeit; Versachlichung sexueller Thematik...

Unterdrückung sexueller Energie kann zu seelischer oder körperlicher Erkrankung führen; Überkompensation sexueller Triebstaus durch Anarchie und Chaos; sich in der Rolle des Bürgerschrecks gefallen; Organisationsprobleme; Anpassungsschwierigkeiten; Pessimismus (›no future‹); mangelnde Diplomatie; Koordinierungsschwierigkeiten; Übergewichtung von Details; Abspaltungstendenzen; masochistische oder sadistische Dispositionen; sich in eine soziale Märtyrerrolle hineinsteigern; sich von der Wirklichkeit bedroht und eingeengt fühlen (Paranoia); überkritische Empfindlichkeit; die Grenzen physischer Möglichkeit überschreiten; Vernachlässigung persönlicher Bedürfnisse; wenig Selbstkontrolle; Unnachgiebigkeit; mangelnde Flexibilität...

(z.B. A. Dürer, Friedrich d. Große, N. Kopernikus, Michelangelo)

Mondknoten in der Jungfrau (Anlage) oder 6. Feld (Aufgabe)

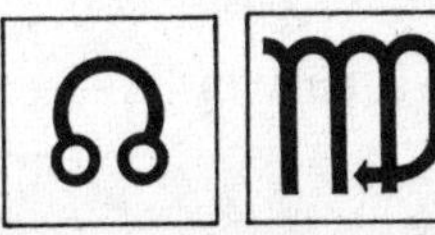

Kommunikation über wissenschaftliche oder grenzwissenschaftliche Fragen; ernsten Wissensaustausch suchen; sprachliches und gedankliches Differenzierungsvermögen (Exaktheit); sozialpolitisches Engagement und Bewußtsein; Gesellschaftskritik; literarische oder schriftstellerische Begabung; Forschungsgeist; sich gründlich mit überindividuellen Problemen auseinandersetzen; Harmonie durch selbstlosen Arbeitseinsatz; Pflichtbewußtsein; Berufsethik; Harmonie durch Ordnung, Planung und Organisation; Entwicklung durch Skepsis-Überwindung (systematische, kritische Überprüfung); einer übergeordneten Sache oder Idee dienen; Ernährungs- und Körperbewußtsein; detaillierte Basisarbeit; aus der Anonymität heraus wirken; geduldiges Festhalten an Erkenntniswerten; Reinheit durch Vernunft; zum Einklang mit subtilen inneren und äußeren Gesetzmäßigkeiten gelangen...

Unpersönliche Distanziertheit; ungern über persönliche Probleme sprechen; Isolations- und Kontaktschwierigkeiten; geschwächtes Selbstbewußtsein; sensible Überempfindlichkeit; Überbelastung durch Ausdehnung des Verantwortungsbereichs; Konflikt zwischen Empfinden und Vernunft (den eigenen Instinkten mißtrauen); sich in wissenschaftlicher Detailarbeit verlieren; Neutralitäts-

und Objektivitätszwänge; sich in Krankheit flüchten; Labilität; sich in seinem überpersönlichen Engagement mißverstanden fühlen; Disposition zu Zwangsneurosen oder Persönlichkeitsspaltungen; unter konzentrierter Anspannung stehen; extreme Vorsichtigkeit kann in Handlungsunfähigkeit münden; mechanisch wie eine Maschine reagieren; Reinheits- oder Wissenschaftsideale können in sexuelle Ängste münden (Triebstaus); pedantischer Formalismus; darunter leiden, nicht spontan vertrauen oder glauben zu können; Mißtrauen; mangelnde Flexibilität...

(z. B. M. Curie, S. Dali, H. Driesch, J.-P. Sartre)

Medium Coeli in der Jungfrau

In unseren Breiten immer mit einem Skorpion- oder Schütze-Aszendenten verbunden.

Sozial orientiertes berufliches Verantwortungsbewußtsein; sozialpolitisches Engagement; sich dem überindividuellen Erkenntnisstand gegenüber verpflichtet fühlen; Berufe, die mit Wissenschaft und Forschung in Zusammenhang stehen; hohe Berufsethik; analytische Berufe (Naturwissenschaft, Psychologie, Astroanalyse); differenziertes Organisationstalent; Beruf geht vor Privatleben; Hintergrundarbeit; Verwirklichung sozialer Gerechtigkeitsvorstellungen; bürokratischer Ordnungssinn; Berufe, die mit Körperarbeit oder Gesundheit verbunden sind; Selbstdisziplin und Ausdauer in der beruflichen Rollenverwirklichung; Hilfsbereitschaft; berufliches Spezialistentum; Arbeit in Gruppen, Verbänden oder Interessengemeinschaften; Interesse an beruflicher Weiterbildung und Wissensvertiefung; sich für die Ideen anderer einsetzen; Verwaltungsarbeit; perfektionistische Ideale...

Unterdrückung des persönlichen Bereichs durch den Beruf; unter dem eigenen rollenmäßigen Pflichtbewußtsein und Perfektionismus leiden; konzentrierte Angespanntheit kann sich in Nervosität und Krankheit niederschlagen; Ausdehnung der Verantwortung kann selbstzerstörerische Formen annehmen; über der Detailarbeit den großen Zusammenhang verlieren; im beruflichen Arbeitsfeld von anderen ausgenutzt werden (sich auch für die Arbeit anderer verantwortlich fühlen); Berufsstreß; prinzipienhafte Besserwisserei oder Dogmatismus; Bürokratismus; sozialpolitisches Puritanertum; Makellosigkeitsbestrebungen können in Frömmelei oder Heuchelei münden; Flucht in Vorschriften und Gesetze; eine unmenschlich wirkende Objektivität; Disposition zur Bewußtseinsspaltung (der private und der berufliche Mensch); Disposition zu Trieb- und Gefühlsstaus (sexuelle Problematik); Beamtenmentalität; Verdrängung instinktmäßiger Erkenntnisse (sich an Worte und Versprechungen hängen); Kritikfreude kann in Nörgelei oder Pessimismus umschlagen; wenig rollenmäßiges Selbstvertrauen; Sparsamkeit kann in Geiz umschlagen; wenig Durchsetzungskraft...

(z. B. H. Göring, B. Mussolini, F. W. Nietzsche, O. Spengler)

Aszendent in der Jungfrau

In unseren Breiten immer mit einem Zwillinge-Medium-Coeli verbunden.

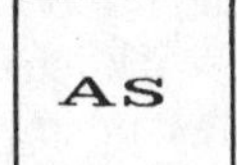

Entwicklung selbstüberwindender und ernsthafter Verantwortung für das soziale Umfeld; selbstaufopfernde Arbeit für andere Menschen oder Ideen, die das persönliche Vertrauen genießen; ein Vorbild für Selbstdisziplin und ideelle Ausdauer darstellen wollen; Kontaktaufnahme über die Arbeitswelt; sich für andere als wertneutrale Schiedsstelle zur Verfügung stellen; Erforschung der äußeren und inneren Welt mit wissenschaftsanalytischer Gründlichkeit; kritische Selbstdarstellung; Vertrauensgewinn durch eigene Zuverlässigkeit (sich an Versprechungen halten); einmal ins Herz geschlossene Ideen oder Pläne zu Ende führen; Relativierung der persönlichen Meinung durch neutrale und überpersönliche Kriterien (Wertneutralität); Entwicklung von Geduld und Vernunft; langfristiges Planungs- und Organisationsvermögen; materielle Unterstützung Hilfsbedürftiger; sich für wissenschaftliche oder esoterische Erkenntnisse verantwortlich fühlen; Entwicklung vielschichtiger Beurteilungsfähigkeit; Entwicklung einer scharfen und kritischen Beobachtungsgabe; äußere und innere Ordnungs- und Reinlichkeitsliebe; konzentrierte, ernsthafte und kritische Teilnahme am Leben; sachliche Diskussionsfreude...

Erstarrung in Ordnungsprinzipien, Gebundenheit an bürgerliche Kämpfe zwischen Instinkt und Vernunft; sexuelle Verdrängungsmechanismen; Unterdrückung persönlicher Wünsche; schwache physische Disposition; ungelöster persönlicher Konfliktstoff realisiert sich gern auf der somatischen Ebene; konzentrierte Angespanntheit kann zu nervlicher Überlastung und Labilität führen; Objektivierungsideale und Neutralitätsstandpunkte können zu Kontaktschwierigkeiten führen; Entscheidungsschwierigkeiten; wenig atmosphärische Einfühlsamkeit; reduziertes bildhaftes Vorstellungsvermögen (Abstraktionszwänge); wenig Selbstvertrauen (sich dauernd beweisen müssen); Ängste gegenüber numinoser Wirklichkeit, wenig spontane Entschlußkraft; Festlegungsängste; Aufopferung für eine Sache oder Idee kann in märtyrerhafte Hysterie münden; eine Situation nicht ganzheitlich erfassen können (Detailblindheit); Überschätzung des eigenen Kräftepotentials; Diskrepanz zwischen Theorie und Praxis...

(z. B. A. Dürer, R. Heyer, A. Kubin, Th. Mann)

JUNGFRAU

Was kann der Mensch im Leben mehr gewinnen,
Als daß sich Gott-Natur ihm offenbare?
Wie sie das Feste läßt zu Geist verrinnen,
Wie sie das Geisterzeugte fest bewahre.

J. W. v. Goethe,
Sonne, MC und Venus in Jungfrau

Die Jungfrau gehört zusammen mit den Fischen zu den subtilsten und am schwierigsten zu erfassenden Energien des Tierkreises. In der astrologischen Literatur, aber auch in der allgemeinen Werteinschätzung durch die astro-energetische bzw. astrologische Anhängerschaft wird die Jungfrau-Energie häufig genug bespöttelt. Man macht Witze über die Ernsthaftigkeit und Gründlichkeit jungfraubetonter Menschen, ihre Tugend, Verantwortlichkeit und Achtsamkeit werden als Pedanterie und Nörgelei karikiert, ihre ethischen oder religiösen Wertmaßstäbe als altmodisch oder puritanisch, ihr moralisches Pflichtbewußtsein und ihre Gewissenhaftigkeit als kleingeistig und haarspalterisch. Sie wird als störrisch oder unnachgiebig beschrieben, und ihr hinterfragendes ›Warum‹ wird ungern gehört. Ihr zeitbedingt schlechtes Image leitet sich aus ihrem sich verändernden Stellenwert in der Übergangsphase von der Fische- zur Wassermann-Ära ab. Im vergangenen Zeitalter hatte sie als oppositioneller Mitregent die alten religiös und philosophisch gefärbten Tugenden und Moralvorstellungen mitgeprägt und das Prinzip der Jungfräulichkeit, Keuschheit und Reinheit versinnbildlicht. In ihrer vorsichtig interpretierenden und auf läuternder Klärung

bedachten subtilen, verstandesmäßigen Reaktion auf den geheimnisvollen, mystischen Wirkbereich von Neptun und Fische, dem sie kritisch erkennend gegenübersteht und den sie ordnen und verstehen möchte, hat sie ihre eigentliche und höchste Aufgabe. Sie ist die Beschützerin und Bewahrerin des esoterischen Wissens, der zeitlosen metaphysischen Gesetzmäßigkeiten.
Solange nun die mystische Wirklichkeit gesellschafts- und zeitbezogen höchste Anerkennung findet, wie es im Fische-Zeitalter idealisiert und angestrebt wurde, genauso lange wird auch die oppositionell mit angesprochene Jungfrau-Energie als tugendhafte Hüterin esoterischen, tantrischen und philosophischen Wissens agieren. Im beginnenden Wassermann-Zeitalter lösen wir uns aus der Fische-Jungfrau-Achse und damit auch aus der primären Verehrung von Mystik und der ihr zugrundeliegenden Ethik. Unsere neuen Ziele, die Evolution von Freiheit und Wissen, verlangen nach anderen, sozial orientierten Beurteilungsgrundlagen, die eher menschlicher als »übernatürlicher« Art sind. Der heutige Mensch möchte sich nicht mehr ohnmächtig von numinosen Mächten fremdgesteuert und an fatalistische Weltbilder gefesselt wissen, sondern strebt danach, sich unter Einbeziehung eines expandierenden Erkenntnisstandes harmonisch dem Ganzen zu fügen, wobei er die Steuerung auf dem Weg dorthin zumindest für einen großen Streckenabschnitt selbst in die Hand nehmen will. In der ersten Euphorie gegenüber den neuen Zielvorstellungen individueller und kollektiver menschlicher Freiheit entwickeln wir im jetzigen Übergangsstadium von Fische zu Wassermann eine emotional negativ aufgeladene Allergie gegen alles scheinbar Beengende, Moralisierende, gegen die bürgerlichen und religiösen Manifeste der Vergangenheit. Das Korsett der alten Werte scheint nicht mehr zum momentanen Zeitaugenblick zu passen. Dies empfindet besonders stark die jüngere Generation, in deren Karmagramm Pluto oder Uranus in der Jungfrau steht.

Die alten, meist religiös motivierten Normen müssen aber nicht falsch oder unsinnig sein. Sie können jedoch erst dann einen sinnvollen Zusammenhang ergeben, wenn sie in Korrespondenz zu esoterischen oder religiösen Grundgefühlen und Erfahrungen stehen, eben jenen Basiserfahrungen, denen sie ihr Entstehen verdanken. Aus diesem Kontext herausgenommen, verlieren die Tugenden und Moralvorstellungen der Jungfrau-Energie ihre Gültigkeit und müssen sich auf der Grundlage anderer basishafter Voraussetzungen differenzierend herauskristallisieren. Eine neue, weltweit anerkannte Ethik, etwa die der Wissensverantwortung oder die einer allgemeinen humanen und sozialen Wertskala, hat sich in der Kürze der Zeit (das Wassermann-Zeitalter hat ja erst begonnen) noch nicht generell befriedigend herausfiltern können. Die Jungfrau hat ihren veränderten Aufgabenbereich noch nicht vollständig im Griff. In Ermangelung zeitadäquater Kriterien greifen wir noch auf Beurteilungsstrukturen des vergangenen religiösen Zeitalters zurück. Irgendwie gibt uns das aber ein ungutes Gefühl, und dies wiederum kann zu einer Ablehnung der inneren Jungfrau-Energie und deren Außenspiegelungen führen. Wir haben dann ein schlechtes Gewissen oder flüchten uns in Krankheit: beides Reaktionen auf unverarbeitete Jungfrau-Thematik. Besonders betroffen hiervon sind spirituell oder religiös orientierte Menschen, die, zusammen mit den alten geistigen Vorstellungen, auch deren Moralkodex stillschweigend übernehmen, hierbei aber nicht den Anschluß an die Jetztzeit mit seinen sich ständig synchron zum Wissensstand verändernden Werten verlieren wollen. Viele von ihnen schaffen noch nicht den fließenden Übergang und fallen in eine vorübergehende Persönlichkeitsspaltung: den sogenannten religiösen und den sogenannten aufgeklärten und modernen Menschen, die in ihnen ein voneinander getrenntes Leben führen. Dies kann in zwanghaften Verlogenheiten, neurotischen Gewissenskonflikten oder aber

Die Jungfrau, Symbol reifender Verarbeitung, bemüht sich um eine bewußte und kritische Synthese des yanghaften Weltbildes, das sich aus den ersten fünf Tierkreisenergien (Widder bis Löwe) zusammensetzt. Erst wenn diese verantwortungsbewußte Arbeit geleistet ist, kann die yin- oder mondhafte Entwicklung der nachfolgenden fünf Energien (Waage bis Wassermann) eingeleitet werden, die im Fische-Archetyp ihre mystische Synthese findet.

in einer radikalen Ablehnung gegenüber dem Zeitgeist enden.

Der spirituell Suchende muß sich mit dem Gedanken vertraut machen, daß er sich in der veränderten Zeitqualität der Wassermann-Ära befindet, in der sich die Bewertungsskala von Gut und Böse fortwährend erweitert und verändert. Er sollte es irgendwie selbstkritisch wagen, Inhalte und Werte vergangener Weisheitseinsichten in neuen, weiteren Maßstäben und offeneren Formen zu verstehen und zu zeitgerechten Interpretationen umzuformulieren. Hiervon ist natürlich auch die alte Astrologie nicht ausgenommen, deren mittelalterliche Beurteilungskriterien, Moral und Ethik einer gründlichen Korrektur bedürfen. Ihre Lehre von Übeltätern, Planeten im Exil und Fall, dunklen Schicksalsmächten, Verletzungen, usw. spiegelt ihre christlich-kabbalistische Tradition und deren Gesinnung und Gerechtigkeitsvorstellungen wider.

In der astro-energetischen Interpretation gehen wir davon aus, daß alle kosmischen Energien einen ausschließlich positiven und erleuchteten Sinn haben und jeder einzelne durch Geschick und Intelligenz dazu in der Lage ist, mittels seines individuellen Energiegemischs (sprich: Karmagramm) zu höchster Einsicht und Vervollkommnung zu gelangen. Hierbei entwickeln sich die neuen Kriterien des Jungfrau-Archetyps nicht auf der Basis des Glaubens, sondern der Gewißheit wissensmäßiger und enttabuisierender Evolution. Parallel zur schrittweisen Entpolarisierung der astro-energetischen Deutungsregeln verändern sich weitere Komponenten, die zur Jungfrau-Thematik gehören: der Verantwortungsbereich und der Unfehlbarkeitsanspruch. Der psychologisch aufgeklärte Astro-Energetiker ist darum bemüht, seine Mitmenschen zu Eigenverantwortlichkeit zu führen und hat lediglich bei der Erschließung des individuellen Energiereservoirs beratend und von Mensch zu Mensch zur Verfügung zu stehen. Es werden in ihm die höheren Jungfrau-Qualitäten eines wertneutralen, aber menschlich engagierten Beurteilers, der nach bestem Wissen und Gewissen differenziert, gefordert. Seine reine Motivation, die die alten religiösen Vorstellungsbilder ablöst, kann einzig und allein nur darin liegen, einen kleinen Beitrag auf dem Weg zur Selbstverwirklichung und Erleuchtung zu leisten, Entwicklungshelfer auf dem Entwicklungsplaneten Erde zu sein. Seine Arbeit sollte von der Bemühung getragen sein, sein astro-energetisches Wissen durch Erfahrung ständig zu überprüfen und zu erweitern. Seine rollenbezogene Ethik motiviert ihn dazu, möglichst intensiv an der Überwindung seines persönlichen Egos zu arbeiten, um frei von täuschenden Wünschen und Absichten in der Lage zu sein, andere Menschen in ihrer Verschiedenartigkeit zu erkennen und dadurch effektivere Ratschläge und Hilfen geben zu können. Da die Astro-Energetik bzw. Astrologie in ihrem Wissensaspekt zu den sogenannten esoterischen Disziplinen zählt und damit traditionell sehr stark der Obhut der Jungfrau-Energie (in ihrem mystischen Initiationscharakter der der Fische) anvertraut ist, sollten reine Beweggründe unbedingte Voraussetzung für die Anwendung höchsten kosmischen Wissens sein. Mehr noch: die Klärung der selbstlosen Motivation ist eigentlich vordringlicher und wichtiger als das astro-energetische Wissen selbst. Sowohl Motivationsklärung als auch Überprüfung des Wissensschatzes brauchen Zeit. Deswegen benötigen wir weitere Jungfrau-Kriterien: Ausdauer und Geduld. Auch der Zweifel, eine Entwicklungsmotorik, die dem Jungfrau-Archetypen entstammt und ein Signal für ›Möchte ich gerne verstehen, muß ich aber erst noch überprüfen‹ ist, sollte als belebendes und positives Element einen ernsthaften und ausschließlich aufbauenden Sinn erhalten. Ein Weg ohne Zweifel und dessen erkennende Überwindung, ohne Selbstkritik, ohne die Erarbeitung von Klarheit und Reinheit, ohne das ernsthafte Bemühen um Ego-Transformation und Selbstlosigkeit, versucht die höchsten Prüfsteine der Jungfrau zu umschiffen und kann niemals ein Weg astro-energetischer Profession sein. So viel zu einigen wichtigen Zusammenhängen zwischen der Jungfrau-Thematik und Astro-Energetik.

Um nun zu einem vertieften Verständnis der Jungfrau zu gelangen, müssen wir uns über ihre Arbeitsweise Klarheit verschaffen. Als soziale oder besser überpersönliche Energieform stellt sie sich selbstlos in den Dienst prüfenden Erkennens und polarisierender Wertung. Hierbei trifft sie eine Auswahl, ob dieses oder jenes Kriterium zur

Erleuchtung und Vervollkommnung förderlich und sinnvoll oder aber hinderlich ist. Da sie für diese Aufgabe eine hohe Verantwortung empfindet, leitet sie die Dinge aus deren tiefsten und verborgensten Ursachen und Inhalten ab, denn aus dem Kleinsten formt sich das Große, bzw. das Große ist im Kleinen enthalten. Sie geht allem auf den Grund, um über die Ursprungserkenntnis die innere Reinheit und Klarheit anzustreben, die karmische Unbeflecktheit, Neutralität und Verläßlichkeit. Ihr hinterfragendes und erleuchtungsorientiertes Bewerten erhellt gleichzeitig die verborgenen Motivationen, die Basis unseres allgemeinen essentiellen Seins und liefert uns dadurch die Reibungskriterien, die sich aus der Diskrepanz zwischen dem reinen Ursprung und der Verblendung durch das persönliche Ego ergeben. In selbstübersteigender Fürsorge ist die Jungfrau-Energie darauf bedacht, uns aus dem Bereich karmischer Verstrickungen herauszuführen, um uns in den reinen Zustand zurückzubringen, dessen unversehrten Kern wir alle in uns tragen. Da Karma immer dann entsteht, wenn sich das persönliche Ego mit seinen subjektiven und unklaren Wertmaßstäben in den Fluß des Geschehens einmischt, achtet die Jungfrau streng und unnachgiebig darauf, daß sich das Ich an den überpersönlichen Kriterien des erleuchteten Wissens korrigiert (vgl. hierzu auch Artikel über Löwe und Sonne). Ihre Ziele sind karmabefreiendes und karmabefreites Tun. Hierdurch schafft sie die bewußtseinsmäßige Vorbedingung, den Sockel, die Plattform oder den Lotussitz bzw. das Lotuskissen, auf dem mystische Vollendung gefahrlos erlangt werden kann.

Der Lotus mit seinen Wurzeln in Dunkelheit und Schlamm erblüht über der Wasseroberfläche dem Licht der Erkenntnis entgegen, wobei er ständig dem Fische- und Neptunbereich verbunden bleibt. Er ist ein Resultat der Läuterung und Reinigung von karmisch bedingter Unwissenheit. Im buddhistischen Kulturraum werden erleuchtete Energien, künstlerisch visualisiert, immer auf

Das treffendste Symbol für die Jungfrau-Energie ist der Lotus, Ausdruck von Ethik, Reinheit und Tugend, als erkenntnisrelevante Reaktion auf die dunklen und archaischen Ursprünge, die im Schlamm verborgenen Wurzeln des Fische-Archetyps. Die energetischen Manifestationen des hinduistischen und buddhistischen Götterpantheons werden sehr häufig auf einem Lotus thronend dargestellt, d. h., sie sind bewußtseinsmäßig erfaßte und ethisch bewertete Filterungen des Fische-Archetyps. Durch die Jungfrau-Energie wird eine Strukturierung der mystischen Ursprünge sichtbar, die ihre Basis im oppositionellen Fische-Archetyp haben. In die Fische-Energie zurückgespiegelt, werden die Gesetzmäßigkeiten der Jungfrau-Prinzipien wohl offenbar, relativieren sich aber in der metaphysischen Unendlichkeit des Wasser-Elements.

einem Lotus thronend dargestellt, auf dem sich wiederum eine Sonnen- oder Mondscheibe befindet (Symbole männlicher oder weiblicher Weisheitsenergie). Die Bedeutung des Lotus ist vollkommen identisch mit der höheren Jungfrau-Qualität. Er weist abstrakt auf die Voraussetzungen, die zu leisten sind, und auf feine Art didaktisch auf die Vorbedingtheit der Erleuchtung hin: karmische Unbeflecktheit, reine und selbstlose Motivation, Blumigkeit, Befreitheit von Täuschungen (dem Dunkel des Wassers enthoben), Bodhisattvadenken (Lotus als Symbol des selbstlosen Seins) und höchste Gewißheit (der Lotus als Träger von Licht- bzw. Erleuchtungsenergie). Was sich dann auf diesem vor-bedingten Lotus befindet, ist der Ausdruck visuell dargestellter neptun- und fischehaltiger Energiemanifestationen. Es sind die tragenden und egobefreiten mystischen Bildkräfte in Form verschiedenartiger Gottheiten und Dämonen, die alle Ausdruck ein und derselben Urenergie bzw. des sogenannten Leerezustandes sind.

Im Trainingsprogramm der Jungfrau entwickeln wir Achtsamkeit und Aufmerksamkeit gegenüber den Auswüchsen unseres persönlichen Egos auf der einen Seite (Selbstüberprüfung) und eine selbstkritische Verantwortung für unseren Körper, unsere Gefühle, unser Denken und unsere geistigen Werte auf der anderen Seite. Indem wir uns von uns selbst distanzieren, gewinnen wir eine höhere Art von Selbst-Bewußtsein (vergl. auch Saturn und Ziegenfisch) und sind in der Lage, uns entgegen unseren persönlichen Zielen und Wünschen wie ein abseitsstehender Beobachter zu korrigieren und unser Denken und Tun an ethischen oder sozialen Maßstäben zu beurteilen. Wir werden aufgefordert, innezuhalten und die Motivationen unseres Agierens zu hinterfragen. Die Jungfrau-Energie stellt uns selbst und unseren Standort im sozialen Gefüge dadurch in Frage, daß sie uns immer wieder auf die dringende Notwendigkeit der Ego-transzendierenden Motivationsklärungen aufmerk-

sam macht: Habe ich dies oder jenes gemacht, um mein persönliches Ego zu erweitern, oder tat ich es aus klar erkennenden Beweggründen? Je ungeheuchelt reiner und von den Intentionen des Egos befreiter unsere durch Achtsamkeit entstandene innere Einsicht und Klarschau entwickelt ist, desto basishafter haben wir die Vorbedingungen, d. h. die Tugenden der Selbstlosigkeit, die dem Erleuchtungsweg zugrunde liegen, verwirklicht. In der asiatischen Psychologie entsprechen diese jungfrauadäquaten Übungen z. B. der Klarblicks- oder Vipassana-Meditation, dem Kriya-Tantra der Reinwerdung, der kritischen Motivationsüberprüfung des Erleuchtungsgedankens, den Enthaltsamkeits- und Keuschheitsgelübden in den verschiedenen religiösen Systemen, asketischen Übungen und dem Befolgen bestimmter Ernährungsregeln (z. B. Vegetarismus), die dazu verhelfen sollen, unser Wesen von egohaften Verunreinigungen zu läutern, um bestmögliche Vorbedingungen für die Neptun- und Fischeebene der magischen und mystischen Initiation, Verwandlung und Einswerdung zu schaffen.
Wenn der vorbedingte Charakter der Jungfrau jedoch zum Endziel stilisiert wird, kann dies nur in leeres Puritanertum, in die Erstarrung esoterischer oder religiöser Formalismen oder in eine märtyrerhafte Form von moralisierender Heiligtuerei münden. Ihres tieferen Sinnes beraubt, erhält die Jungfrau-Energie dann jenen negativen Beigeschmack, den sie durch den jahrtausendelangen Prozeß der Erstarrung und Veräußerlichung mystischer Einsicht durch Bürokratisierung und Entfremdung der esoterischen und religiösen Systeme bekommen hat. Sie wirkt dann altjüngferlich, pietistisch und sektiererhaft, wie ein künstlich aufrechterhaltenes Gefängnis von Geboten und Gesetzen. Sie gleicht einer unbefruchteten, verwelkenden Lotusblüte, die Motivation und Ursprung und damit den Sinn ihres reinen Erblühens vergessen hat. Der Kontakt zu ihren Wurzeln ist unterbrochen.

Schwieriger wird die Situation, wenn sich die Jungfrau-Energie von ihrer metaphysischen Basis noch weiter entfernt, in bürgerlichen Normen, Bürokratien und Moralvorstellungen verliert. Gesetze und Vorschriften, die vielleicht einmal einen tieferen Sinn gehabt haben, werden durch die Tradition unreflektiert und unkritisch übernommen, als Basiswerte akzeptiert, ohne dabei die Grundlagen in Frage zu stellen oder wenigstens zu kennen. Die gründlich analysierende und zur Überprüfung auffordernde Jungfrau verliert ihren Einfluß, weil es leichter ist, die Dinge unkritisch zu übernehmen und auf ein Nichts hin zu glauben, als ihnen auf den Grund zu gehen und sich seine Kriterien mit höchster Sorgfalt, Verantwortung und unter Zuhilfenahme bestehender denkerischer Angebote selbst zu erarbeiten.
Besonders problematisch wird das laxe Umgehen mit der Jungfrau, wenn wir die allgemeine Gesetzgebung betrachten. Ihre stillschweigend vorausgesetzten ethischen Normen vermischen sich nämlich auf undurchsichtige Art und in nichts als einem vagen Glauben wurzelnd in ihren Ursprüngen mit christlich-religiösen Werten. Hierbei verbirgt sich die Gesetzmäßigkeit hinter einer scheinbaren Objektivität und prägt dadurch ein soziales Gerechtigkeitsempfinden, das einem über zweitausend Jahre lang tabuisierten Gut-Böse-Glauben entspringt. Wie es in der Mythologie der Vesta aufs eindringlichste zum Tragen kommt, bewirkt das umsorgende Bemühen der Jungfrau die Voraussetzungen und die Erhaltung des geistigen Feuers der Erkenntnis. Wird sie aus dieser Funktion herausgerissen, d.h., fehlt ihr die geistige Komponente, erstarrt sie in leerem Bürokratismus, Prinzipienreiterei und moralischer Fassade. Es passiert das Schlimmste, was ihr passieren kann: sie wird unglaubwürdig und führt zu Stumpfsinn. ...

»... Sinngebung besteht nicht in einer leichtfertigen Rechtfertigung alles Bestehenden, sondern weist stets über das sinnfällig

Gegebene und die Beschränktheit des Individuums hinaus und schafft das allem Lebendigen notwendige dynamische Element, den Ansporn zum eigenen Bemühen. Die Sittlichkeit aber, die aus solcher Sinngebung erwächst, unterscheidet sich von jener aus Vernunftsätzen oder Dogmen abgeleiteten Muß- und Soll-Moral durch ihre innere Notwendigkeit und Selbstverständlichkeit. Sie ist nicht etwas Gefordertes, sondern Erwünschtes, etwas zur eigenen inneren und äußeren Harmonie Unentbehrliches. Und je höher die Religion, d. h. je reiner die Hingabe ist, desto höher die Sittlichkeit.«

Govinda: Schöpferische Meditation

Die verschiedenen sozialen, politischen und nationalen Systeme entwickeln aus sich selbst heraus Normen und moralische Wertmaßstäbe, die einer von der breiten Masse anerkannten ethischen und reinen Grundeinstellung entsprechen sollen. Da sich die Menschheit aber weniger an der Erleuchtung als an materialistischen Zielvorstellungen orientiert, können ihre Gesetze und Vorschriften keine wirkliche Verwandlung, kein geistiges Erblühen, keine spirituelle Transformation bewirken. Ihre Gesetze schaffen ebenso wie die Vorschriften dekadenter Religionen Lotusknospen, die nie erblühen werden, deren Wurzelessenz sich nicht zeigen kann. Erst wenn die Menschheit als Ganzes das individuelle Sein in weitreichenderen und höheren Dimensionen und Zusammenhängen erkannt und dadurch neue Zielvorstellungen und geistige Konzepte entwickelt hat, wenn Exoterik und Esoterik sich gegenseitig durchdrungen haben, wird die Entwicklung der individuellen und kollektiven Lotusblüten wieder einen Sinn haben. Die neptunischen Bildekräfte werden in uranisch-energetischer Abstrahierung durch die neuen Tugenden eines kosmisch und spirituell ausgerichteten Menschen aus dem Dunkel in das Licht der Gewißheit und Vervollkommnung überführt werden. Die Lotusblüten der Jungfrau werden in der Wassermann-Ära nicht auf Glauben und Vertrauen, d. h. auf den Erfahrungen von Mystikern und Philosophen aufbauen, sondern auf dem vom Einzelnen nachprüfbaren kollektiven Wissen über die verborgenen Hintergründe unseres Seins. Es ist z. B. etwas anderes, ob wir an die Wiedergeburt glauben oder um die Wiedergeburt wissen. Trotzdem kann sich als Folge von beidem die Ethik unserer Grundeinstellung und unseres Tuns gleichermaßen und grundsätzlich verändern.

Weiterhin wird uns die Jungfrau ein hohes soziales Verantwortungsbewußtsein vermitteln können, das den kollektiv orientierten Vorstellungen des Wassermanns eine gewisse Ernsthaftigkeit und Wirklichkeitsnähe verleiht. Auch in der Transformierung persönlicher Triebe und Leidenschaften zugunsten der höheren Erkenntnisfindung haben Jungfrau- und Wassermann-Energie starke Affinitäten. Sie bemühen sich gleichermaßen, jedoch mit einem verschiedenen Elementencharakter (Luft und Erde) um einen androgynen Urzustand, Ausgangsbasis von Objektivität, Neutralität und harmonischer Vervollkommnung.

Am Ende stellt sich doch heraus, daß sich Chaos und Ordnung, Freiheit und Tugend, Wissen und Ethik, schöpferische Intelligenz und reine Motivation, kurzum Jungfrau und Wassermann nicht widersprechen, sondern wechselseitig bedingen. Mag die Jungfrau das Neue Zeitalter gründlich in Bewegung halten!

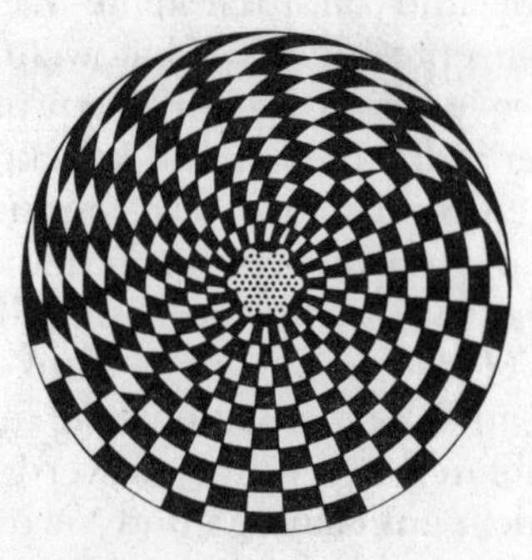

Vesta und der Planetoidengürtel

> Handeln ohne Absicht,
> sich beschäftigen,
> ohne ein Geschäft daraus zu machen,
> das Große finden im Kleinen
> und die Vielen in den Wenigen,
> Verletzung mit Freundlichkeit vergelten,
> schwierige Dinge vollbringen,
> solange sie noch leicht sind,
> und große Dinge vollbringen in ihrem Anfang:
> dies ist die Methode des Tao.
>
> *Laotse*

In der modernen Astro-Energetik bzw. Astrologie ist man sich über *eine* bestimmte planetare Entsprechung der Jungfrau-Energie nicht einig. Man glaubt nicht mehr so recht an die mittelalterliche Zweiteilung des Planeten Merkur, der in seiner sogenannten Nachtseite den Zwillingen und in seiner sogenannten Tagseite der Jungfrau gleichermaßen zugeordnet sein soll. Wie alle elf anderen Tierkreisenergien (inklusive der Erde-Stier-Entsprechung) muß auch die Jungfrau eine eigene planetare Manifestation in unserem Sonnen- bzw. Tierkreissystem besitzen. Die nächstliegende, aber gleichzeitig auch die problematischste Zuordnung zur Jungfrau ist der riesige Kleinplaneten- oder Planetoidengürtel, der sich zwischen Mars und Jupiter befindet und aus über 50 000 Miniplaneten besteht, von denen aber nur knapp 2000 regulär erfaßt sind. Die winzigen Planeten, merkwürdig deformierte, frei im All schwebende Felsbrocken mit einem Durchmesser zwischen 770 Kilometern (Ceres) und 1,5 Kilometern (Hermes), haben eine Sonnenumlaufzeit von durchschnittlich viereinhalb Jahren. Die Theorien über die Entstehung des Kleinplanetenringes bzw. dessen physikalische Rechtfertigung sind recht unterschiedlicher Natur. Eine von ihnen besagt, daß sich dort früher ein-

Das Symbol des Planetoiden VESTA. Es umschreibt die abgrenzende Behütung (Quadrat) des reinen inneren Feuers (die v-förmige Flamme, die dem leeren Quadrat entspringt).

mal ein Planet aufgehalten habe, der mit einem Meteor oder einem anderen Gestirnskörper kollidiert und dabei in Tausende von Trümmerteilen zerborsten sei, die wiederum durch das Kräftefeld von Mars, Jupiter und Sonne in eine Umlaufbahn gezwungen wurden. Andere Theorien gehen davon aus, daß der Planetoidengürtel aus Überresten eines explodierten Jupitermondes bestünde.

Was nun auch immer richtig sein mag: der Planetoidenbereich symbolisiert uns in seiner geistigen Interpretation Jungfrauqualitäten wie Zersplitterung, Detaillierung, Ordnung des Chaos (innerhalb der 50 000 Kleinplaneten gibt es keine Kollisionen, alles verläuft in kompliziert strukturierten Bahnen) und in seiner Mittlerfunktion zwischen den beiden zum Feuerelement gehörenden planetaren Energien Jupiter und Mars eine Synthese zwischen der initiierenden und spontanen Begeisterungsfähigkeit des Mars und den ausgereifteren Idealen, die der Altersweisheit des Jupiter-Zeus entsprechen. In der astroenergetischen Deutung kann man sagen, daß die Planetoiden und damit verbunden auch die Jungfrau einen neutralisierenden Filter oder Prüfstein zwischen der schnellen Entschlossenheit und Reformfreude des Kriegsgottes Mars und der spirituellen Vervollkommnung durch Konzepte der Philosophie und Religion des

Göttervaters Jupiter darstellen. Die Filterkriterien hierbei sind die Vernunft und der kritische Verstand, die den überschäumenden geistigen Zielvorstellungen einen Dämpfer aufsetzen, indem sie die verborgenen Hintergründe und Motivationen systematisch aufklären, um somit neue und möglicherweise belastende karmische Verwicklungen zu verhüten.
Auch wenn es von der Theorie her sehr einleuchtend ist, daß der Kleinplanetengürtel die Überreste eines einstmals zusammenhängenden Jungfrau-Planeten darstellt, ergeben sich doch für die Praxis erhebliche Probleme, da jedes Tierkreiszeichen von Tausenden von Planetoiden besetzt ist, die sich, von der Erde aus gesehen, wie eine dünne Filterschicht über alle zwölf kosmischen Energien legen. Aufgrund der Vielzahl dieser filternden Planeten ist keine individuelle Deutung mehr möglich. Man könnte hieraus höchstens ganz allgemein ableiten, daß der zersplitterte Jungfrau-Planet durch seine materialisierte Feinstverteilung im gesamten Tierkreis eine gleichermaßen allerfassende Wirkung ausübt wie sein Opponent Neptun, der die alldurchwirkende mystische Durchdringung umschreibt. Dies bedeutet dann auf die Menschheit bezogen, daß wir aufgefordert sind, alle zwölf Tierkreisenergien und deren planetare Manifestationen, d. h. die hintergründigen Bedingtheiten unseres individuellen Seinszustandes, kritisch zu erkennen und durch diese Erkenntnis Hingabe und Vertrauen in die äußere und innere Welt zu gewinnen. Diese überindividuelle Wirkung eines diffusen Jungfrau-Planeten entspräche auch dem sozial und kollektiv orientierten veränderlichen Charakter dieses Zeichens.
Trotzdem reizt es natürlich, dem an einer individuellen Deutung Interessierten einen speziellen, energetisch besonders aufgeladenen Punkt des Asteroidengürtels festzumachen, an dem sich, durch praktische Erfahrungen erhärtet, die Jungfrauqualitäten, die ja von der traditionellen Beschreibung dieser Energie her bekannt sind,

ausmachen lassen. In diesem Zusammenhang beobachtete man vor allem die vier größten Planetoiden: Ceres, Pallas, Juno und Vesta, für die es seit 1973 auch eine Ephemeride gibt (Bach, Climlas: »Ephemerides of the Asteroides«). Bislang stellte sich heraus, daß der Planetoid VESTA in der individuellen Auslösung am ehesten jungfrauadäquate Wirkungen hervorruft. Der deutsche Astrologe H.-Chr. Meier-Parm hat sich in nahezu fünfzigjähriger Forschung mit der Strahlungsqualität dieses Kleinstplaneten auseinandergesetzt. Er erkannte in ihm Prinzipien der Distanzierung und Separation, der Wertneutralität, Ordnung, Struktur, Weltanschauung sowie der exoterischen und esoterischen Wissenschaften. Vesta, der hellste, gerade noch mit dem geschärften Auge wahrnehmbare Planetoid, hat einen Durchmesser von 434 Kilometern und stand zum Zeitpunkt seiner Entdekkung durch den Bremer Amateurastronomen Olbers am 29. 3. 1807 in 20° Jungfrau. Er hat in seiner Rhythmik Korrespondenzen zum Saturn-Zyklus (ca. 29 Jahre), denn er umwandert die Sonne genau achtmal innerhalb einer vollen Saturnumkreisung.

Wenn wir davon ausgehen, daß die Namensgebung durch Olbers kein Zufall gewesen ist, müssen wir uns mit dem Wesen des römischen Vesta-Kultes auseinandersetzen. Vesta ist die Göttin, die das Herdfeuer bewahrt und schützt, das ewige und heilige Feuer der spirituellen Entwicklung, der Transformation, Erkenntnis, Läuterung und Erleuchtung. Hierfür entwickelt sie selbstlose Achtsamkeit und verantwortungsbewußt-ethische Fürsorge. Sie dient dem Erhalt des Lebens, ohne am Leben selbst beteiligt zu sein. Parm sieht in Vesta eine göttliche Energie, die er weder männlich noch weiblich, weder aktiv noch passiv einordnet, und die eine Vorbedingung für Sein und Nichtsein darstellt (Parm: »Der Planetoid VESTA«). Wenn sie auch in der Mythologie als vorwiegend weibliche Energie umschrieben wird, ist hierbei jedoch nicht der triebhafte, sexuelle oder magische Aspekt des

Weiblichen gemeint, sondern der eher androgyne Zustand der Reinheit, Unberührtheit, Tugend und der selbstlos motivierten Mitverantwortlichkeit. So mußten die Priesterinnen des Vesta-Kultes jungfräulich rein und unbefleckt sein. Sie trugen schmucklose und einfache weiße Gewänder; eine Verletzung des Keuschheitsgelübdes wurde mit einem nationalen Unglück gleichgesetzt: die Verführte wurde lebendig eingemauert. Die vestalischen Jungfrauen galten als größte objektive Schiedsinstanz und genossen im Staate allerhöchste Privilegien. Im Inneren des Tempels schürten sie das ewige Feuer, das sie einmal jährlich, am 1. März, zu erneuern hatten. Die jährliche Entfachung des Feuers unterlag einem strengen Kult. Die Flamme durfte nicht einem anderen Herdfeuer entnommen werden, sie mußte sozusagen jungfräulich aus sich selbst entstehen, indem zwei Hölzer bis zu deren Entzündung aneinandergerieben wurden. In ihren Riten durften sie niemals stehendes Wasser verwenden, sondern mußten dieses aus bestimmten heiligen Quellen und Flüssen in irdenen Gefäßen zur Weihstelle tragen. Alle Umschreibungen des Vesta-Kultes, der Ähnlichkeiten mit den Isis-, Hestia- und Marien-Kulten hat, weisen eine deutliche Analogie zum Tierkreis-Archetypen Jungfrau auf. Wenn wir davon ausgehen, daß die Gottheit Vesta durch den Planetoiden Vesta eine astroenergetische Symbolspiegelung hat, so würden wir durch ihn zu den prä-existentiell angelegten kosmischen Urbedingungen, den in allen Teilen des Seins auffindbaren Feinststrukturierungen und Gesetzmäßigkeiten gelangen. Vesta führt uns in polarisierende Differenzierung, die sich jenseits von persönlich motivierten Absichten, Wünschen und Trieben aufhält, und ermöglicht es uns, unser Wissen in Gewißheit zu verwandeln, um aus ihr heraus mit Sorgfalt und Umsicht unsere Lebensenergie oder Lebensflamme zu erhalten. Vesta schürt das Licht der Gewißheit. Sie reagiert immer dann, wenn wir gegen unser geläutertes und gereinigtes Wissen etwas tun, was wir von dieser höheren Warte aus eigentlich nicht verantworten können. Wahrscheinlich wird Vesta sehr stark mit dem sogenannten Gewissen zusammenhängen, wobei dieser Begriff wertneutral und nicht im religiös gefärbten Sinne verstanden werden muß. Sie bewahrt die zeitlosen Werte und Gesetze, denen sich Mikro- und Makrokosmos fügen – *die Bedingtheit des Entstehens, den göttlichen Plan.* Hierbei entwickelt sie Eigenschaften wie Unbeirrbarkeit, Geduld, Gründlichkeit im Detail, Gewissenhaftigkeit und ein hohes Maß an selbstlosen Tugenden.

Viele o.a. Eigenschaften der Vesta stimmen mit den traditionellen Beschreibungen des Jungfrau-Merkur überein. Man gab ihm in seiner jungfräulichen Zuordnung einen saturnalen, d.h. ernsthaften, wirklichkeitsbezogenen, kritischen und grüblerischen Charakter und spaltete ihn dadurch von seinem ihm innewohnenden uranischen Wesenskern ab. Tatsächlich bestätigen die Erfahrungswerte, daß Merkur während seines Aufenthaltes in der Jungfrau oder in den beiden anderen Erdzeichen Stier und Ziegenfisch in seiner Wirkungsweise verändert ist. Er entwickelt dann mehr Skepsis, Ausdauer, Prinzipientreue und Verantwortung gegenüber der äußeren und inneren Wirklichkeit. Doch dies ist noch längst kein Indiz dafür, daß Merkur nun sein zweites, verborgenes Gesicht zeigt, denn alle anderen Gestirne (von Sonne bis Pluto) werden durch ihren Aufenthalt in Erdzeichen auf ähnliche Weise moduliert und erfahren eine saturnale und erdbezogene Ausrichtung. Vielmehr ist es so gewesen, daß in Ermangelung eines umfassenderen astronomischen Wissensstandes einfach kein Planet greifbar war, der die Jungfrau-Eigenschaften verkörpern konnte, und man gab sich mit konstruierten Behelfslösungen zufrieden. Hierbei wußte man jedoch intuitiv und erfahrungsgemäß genau, *welche* Charakteristika ein der Jungfrau entsprechender Planet haben müßte. Das sind u.a.: Bemühung um Neutralität und Objektivität, Entwicklung eines streng analytischen und hintergründigen Denkens

unter Ausscheidung der Triebe, Emotionen und persönlichen Absichten, Forschergeist, Detailwissen, die ethische Gewichtung, die Wissenstradierung und die intellektuell prüfende Absicherung. Es ist auffallend, daß diese Eigenschaften den Saturn-Qualitäten sehr ähnlich sind. Sie unterscheiden sich jedoch von denen des Kardinalzeichenherrschers Saturn durch ihren Verfeinerungsgrad, subtilere Strukturierungen, ein differenzierteres Ableitungs- und somit Toleranzvermögen und eine bohrendere Gründlichkeit. Ist das höchste Symbol des Saturns der Diamant, so hätte in Analogie hierzu der Planetoidengürtel als Sinnbild eine Schatzkiste mit den verschiedenartigen Edelsteinen.
Als planetare Energie, die im Wechselspiel zum geheimnisvollen Planeten der mystischen Initiation, Neptun, steht, versucht Vesta, das Neptunische, nur sinnlich Erfahrbare wie ein Naturforscher und anonymer Beobachter festzuhalten und abstrakt zu umschreiben. Umgekehrt bemüht sie sich, von der äußeren Wirklichkeit durch feinste deduktive Ableitungen, den absichtslosen und reinen Sinn mystischen Wirkens zu erkennen. So wie Neptuns Illusionskräfte einem Sein aus dem Nichtssein heraus entspringen, so führen auch die Zusammenhänge, die über die planetare Jungfrau-Entsprechung gefunden werden, in letzter Konsequenz zu einer fortwährenden wissensmäßigen Erweiterung und Relativierung, – zu einem »Tun im Nichtstun«. Dabei nähert sie sich dem neptunischen Charakter der Auflösung, Transzendierung und unendlichen Ausweitung an. Die Spezialität der Jungfrau-Planeten besteht also in einer Transzendierung durch wissensmäßige Spezifizierung. Diesen Prozeß können wir sowohl in den esoterischen als auch in den exoterischen Wissenschaften beobachten. Obwohl Exoterik und Esoterik nicht im Widerspruch zueinander stehen, sondern nur von verschiedenen Axiomen aus die gleiche »Wirklichkeit« beschreiben, ist in seiner Kooperation mit Fische und Neptun der jungfräuliche Planeto-

idengürtel oder eine noch zu entdeckende planetare Jungfrau-Entsprechung eher mit dem esoterischen und mystischen, d. h. dem höheren naturwissenschaftlichen Denken, verbunden. In seiner denkerischen Funktion

entwickelt er die kritisch überprüfbaren Voraussetzungen, die der Philosophie, Esoterik oder Religion, aber auch den ethischen Normen der exoterischen Naturwissenschaften zu eigen sind.
Andere Astrologen haben weitere planetare Zuordnungen zur Jungfrau vorgeschlagen. Dieses Spektrum reicht vom z. Zt. noch fiktiven Planeten Transpluto, der wohl mathematisch berechnet, aber noch nicht gesichtet worden ist, über den Fixstern Spica bis hin zur Erde selbst (die wir in der Astro-Energetik jedoch der Tierkreis-Energie-Stier zuschreiben). Wahrscheinlich bleibt jedoch, daß die Jungfrau nicht in *einem* zentrierten Punkt lokalisierbar ist. Wenn auch in Vesta ein großer Teil ihrer Eigenschaften zum Tragen kommt, kann man sie dennoch nicht als ihren alleinigen Vertreter postulieren. Warum sollte auch nicht die esoterisch so bedeutungsvolle Jungfrau-Energie ihr Rätsel und Geheimnis haben? Vielleicht machen ihre Unbeflecktheit, Reinheit und Neutralität eine eindeutige materielle Fixierung unmöglich.

Seit dem ersten Erscheinen dieses Buches (1982) hatte ich in den folgenden sieben Jahren Gelegenheit für eine vertiefte Vesta-Forschung, wobei ich sowohl die Wirkung von Vesta-Transiten als auch von Vesta in individuellen Geburtsbildern mir gut bekannter Menschen beobachtet habe. Dabei war ich mir sehr wohl der Verantwortung bewußt, einen neuen astrologischen Deutungsfaktor einzuführen resp. publik zu machen, und so bin ich der Vesta recht kritisch zu Leibe gerückt, was mir mit Vesta, Jupiter, Mond, Chiron, Ceres und Pallas in der Jungfrau meines eigenen Karmagramms relativ leicht fiel. In diesem Zeitraum ist Vesta mehr als 1½ Runden durch den Tierkreis gewandert, so daß ich am eigenen Leibe all ihre Aspektmöglichkeiten zu spüren bekam und dadurch ein Gefühl für ihre Wirkweise entwickeln konnte. Ich möchte hierbei gleich vorausschicken, daß dieses Feeling durchaus nicht immer angenehmer Natur war (vor allem in Kombination mit Pluto-, Mars- oder Uranusaspekten), da Vesta eine sehr sensible nervliche Empfindsamkeit aktiviert und auf Überbelastungen schnell mit hysterischer Überdrehtheit reagiert, die sich beinahe furienhaft steigern kann, wenn sich mehrebnige Anforderungen chaotisch zuspitzen. Es scheint Vesta unmöglich zu sein, verschiedene Projekte gleichzeitig in Angriff zu nehmen. Dies macht sie störrisch, wütend und in Kommunikation mit anderen Menschen ungerecht, besserwisserisch und negativ im Denken. Man ist in Gefahr, innerlich Amok zu laufen. Statt in arbeitsamer Aktivität erstarrt man förmlich in Arbeitsunlust und Apathie, wird nörglerisch, haarspalterisch – schlichtweg unerträglich für sich selbst und seine Umwelt. Man steht dann innerlich wie unter einer Hochspannung ohne jede Entladungsmöglichkeit. Man spürt diese elektrische Aufladung sogar rein körperlich im Finger-, Kopf- und Fußbereich. Es ist, als wären irgendwelche Chakrenkanäle blockiert, so daß die Kundalini in den Körperextremitäten festgehalten wird. Physiognomisch meint man festzustellen, daß die Augäpfel weiter heraustreten und die Mundwinkel sich leicht trotzig nach unten ziehen. Kein erfreulicher Anblick für seine Mitmenschen. Hinzu kommt, daß gespannte Vesta-Auslösungen die Tendenz haben, stark auf die Umwelt einzuwirken und andere in eine ähnlich aufgeladene Schwingung zu versetzen. Dies geschieht immer dann, wenn man sich zuviel vorgenommen hat, alte Dinge eine Aufarbeitung verlangen oder wenn man unter Termin- oder Streßdruck steht. Ich kann mir z. B. vorstellen, daß Herzinfarkte oder Kreislauferkrankungen durchaus in einem Zusammenhang mit Vesta-Wirkungen stehen können. Dies wäre ein interessantes Thema für zukünftige Untersuchungen. Eine Auswirkung auf den Magen-Darm-Bereich, wie sie ganz allgemein dem Jungfrau-Thema zugeschrieben wird, habe ich nicht feststellen können.

Absolut anders kann sich Vesta verhalten, wenn man sich ausschließlich für nur *ein* Arbeitsprojekt entschieden hat, das ohne Zeitdruck und Störungen von außen Schritt für Schritt umgesetzt wird. In diesem Fall zeigt sie sich ganz von ihrer Ausgeglichenheit und enormen Konzentrationsfähigkeit. Sie aktiviert dann in einem eine Art mütterlicher Fürsorge für die Sache und hebt einen aus dem Bereich des persönlichen Selbst und dessen Problematik heraus, wodurch sich Objektivität, Vernunft, Klarschau und Selbstkritik entwickeln können. Auch entsteht eine kameradschaftliche Öffnung gegenüber sachlicher Kritik von außen, wobei andere gerne in den eigenen Arbeitsprozeß einbezogen werden (Teamarbeit). Man muß jedoch aufpassen, daß man durch Vesta nicht in endlose Detailverstrickungen gerät, und sollte ihr bewußt Halt- oder Stopsignale entgegensetzen, die sie, wenn als vernünftig erkannt, auch akzeptiert. Vesta trägt in sich sowohl den Hang zur Perfektion als auch zur Ausdauer. Ein echter Vesta-Mensch ist niemals mit dem zufrieden, was er geleistet hat. Er ringt unentwegt nach größerer Klarheit, Unmißverständlichkeit und bestmöglicher Sachdienlichkeit und strebt mit seiner Arbeit nicht nach persönlichen Vorteilen. Er ist ein ambitionierter Forscher und Arbeiter. Es geht ihm mehr um eine Arbeit der Sache zuliebe und – auf einer stupiden Ebene – sogar nur um Arbeit um der Arbeit willen. Im Extremfall erscheint

ihm Lob sogar als äußerst suspekt. Was er jedoch sucht, ist *echte* Kritik – frei von persönlichen Sympathien oder Antipathien.
Eine weitere Eigenschaft von Vesta ist eine gewisse Umständlichkeit und Sturheit in der Sache. Flexibilität oder Umdenken ist nicht ihre Stärke. Hier müssen andere planetare Energien zu Hilfe kommen. Sie kann eine eselhafte Störrigkeit vermitteln, wenn sie einen einmal gefaßten Denkpfad aufgeben soll. In diesem Sinne ist sie recht konservativ und wenig belehrbar, was aber – positiv formuliert – auch heißt, daß sie einmal als richtig erkannte resp. überprüfte Einsichten zäh festhält und von daher eine gewisse geistige bzw. spirituelle Standfestigkeit gewährleistet. Vesta hält einen dazu an, das eigene Arbeitstempo im Sinne der Wichtigkeit einer (jeder) *Sache* zu drosseln. Diese zeitliche Verzögerung wird jedoch durch Kontinuität und Ausdauer wieder ausgeglichen.
Von meinem Gefühl her ist Vesta eine weibliche Energie, – weiblich jedoch nicht im Sinne mondhafter Gefühlsumsorgtheit, sondern eine Art von entsexualisierter Weiblichkeit, etwa im Sinne einer strengen Erzieherin, – einer Jungfer in all ihrer positiven wie auch negativen Wesenshaftigkeit, – einer strengen Obwalterin sachdienlicher Tugenden – letztendlich einer vestalischen Priesterin. –
Anmerkung: Beobachtungen anderer Großplanetoiden wie Juno, Ceres oder Pallas haben zu keinen eindeutigen empirischen Erfahrungen geführt. Ich möchte ihnen nicht völlig ihre Wirkung absprechen, messe ihnen aber im Vergleich zu der immensen Strahlungsaktivität von Vesta, die jeder leicht durch eigene Beobachtungen nachvollziehen kann, völlig sekundäre Bedeutung zu.

Leo N. Tolstoj – Kurzbiographie

»Ich kann jetzt nichts anderes sehen, als daß Tag um Tag, Nacht um Nacht vergehen und mich dem Tode näherbringen. Dies allein sehe ich, denn dies allein ist wahr. Alles andere ist unwahr.«

Tolstoj

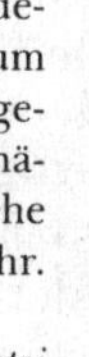

Leo N. Tolstoj wurde am 9. September 1828 gegen 22 h 30 m (Zeit nicht gesichert) auf dem Gut Jasnaja Poljana in Zentralrußland als zweitjüngstes Kind des Grafen Nikolaj I. Tolstoj geboren. Da Vater und Mutter bereits einige Jahre nach seiner Geburt sterben, wird Leo Nikolaj zusammen mit seinen Geschwistern bei verschiedenen Verwandten aufgezogen. Nach einem zweiten Anlauf besteht Tolstoj als Sechzehnjähriger die Aufnahmeprüfung an der Kasana-Universität und studiert dort erfolglos orientalische Sprachen und Jura. Ab 1848 beginnt er das ausschweifende Leben eines jungen Adligen in Moskau und in Petersburg. Über seine »Sünden und Laster« führt er gewissenhaft und selbstkritisch Tagebücher. Diese Angewohnheit behält er bis an sein Lebensende bei. In ihnen spiegelt sich sein innerer Streit zwischen ausgeprägter Sinnlichkeit und moralischer Selbstverurteilung.

Nach mißglückten sozialen Experimenten, in denen er bereit ist, das Los seiner Leibeigenen zu teilen, indem er die gleiche Arbeit wie diese verrichtet, unternimmt er bereits als 23jähriger mit der »Geschichte des gestrigen Tages« einen ersten literarischen Versuch. Nach kurzem Armee- und Kaukasusaufenthalt beginnt er 1853 mit der Arbeit an »Die Kosaken«. In dieser Novelle beschreibt er, wie ein verfeinerter Aristokrat der Moskauer Gesellschaft sich fernab der Zivilisation den wildlebenden Kosaken anschließt. 1855 entscheidet er sich endgültig für die Laufbahn eines Schriftstellers. *»Schreiben, schreiben: Von morgen an will ich mein Leben lang arbeiten oder alles aufgeben – Regeln, Religion, Anstand, alles.«*

Zwischen 1857 und 1861 unternimmt er zwei ausgedehnte Reisen in die Schweiz, nach Frankreich, Italien, Belgien und Deutschland. Aus Baden-Baden muß er wegen hoher Spielschulden fluchtartig in seine Heimat zurückreisen. Auf seinem Gut Jasnaja Poljana gründet er 1859 eine Schule für Bauernkinder und entwickelt hierbei eine eigene Pädagogik, die z. T. auf Rousseau zurückgeht. In diese Zeit fallen auch seine ersten Ideen einer neuen Religionsgründung: *»Diese Idee ist die Gründung einer neuen Religion, die der heutigen Entwicklungsstufe der Menschheit entspräche: der Religion Christi, nur gereinigt von Dogmen und Mystik – einer praktischen Religion, die nicht künftiges Heil verspricht, sondern Heil auf Erden gibt.«*

Zur Zeit seiner Heirat mit der achtzehnjährigen Sofia Behr (1862) arbeitet er an seinem berühmten Roman »Krieg und Frieden«, einem Werk über das Rußland während der napoleonischen Invasion, in dem er mit psychologischem Scharfsinn und seiner gewohnten Detailliebe das Goldene Zeitalter des russischen Adels im Kontrast zur unterdrückten Klasse des Bauernstandes porträtiert. Es folgen fünfzehn glückliche Ehejahre, die vom Erfolg seines literarischen Schaffens gekrönt sind. 1873–1877 schreibt Tolstoj seinen zweiten bedeutenden Roman »Anna Karenina«. In ihm schildert er das Rußland nach der Reform von 1861, den aufkeimenden Kapitalismus und den Abbau des alten Patriarchats. Diese gesellschaftskritische Beschreibung ist eingebettet in die Geschichte dreier Familien und eben jener Anna Karenina, die nach einem langen und unterkühlten Eheleben ihre Sinnlichkeit entdeckt und Ehebruch begeht.

Unter dem Einfluß von Schopenhauers Pessimismus kommt er in eine christliche Glaubenskrise und versucht diese mit einem ernsthaften Studium der Theologie und der Evangelien zu umgehen. In seinem Buch »Die Beichte« (1879) setzt er sich mit dieser für ihn entscheidenden Krise auseinander. Er gibt das Schreiben zum Leidwesen seiner literarischen Anhängerschaft auf und beginnt damit, eine puritanische und asketische religiöse Sekte zu gründen (»Christlicher Anarchismus«), die sich auf die von ihm postulierten fünf Gebote gründet: *»1.) Du sollst nicht zürnen 2.) Du sollst nicht ehebrechen 3.) Du sollst nicht schwören 4.) Du sollst Dich dem Bösen nicht mit Gewalt widersetzen 5.) Du sollst niemandes Feind sein«.* Neben dem strikten Befolgen höchster Keuschheitsregeln (in der Erzählung »Die Kreutzersonate« – 1889 – postuliert er sogar das Verbot jedweder Form von Sexualität) setzt er sich für die absolute Gewaltlosigkeit, die Abschaffung von Privatbesitz, die Aufhebung von Regierung und Staat und die Auflösung der Zivilisation ein. Seine frommen Schriften, hinter denen sich eine subtile Haßliebe gegenüber Frauen und die Problematik seiner sexuellen Triebhaftigkeiten verstecken, stehen im krassen Widerspruch zu seinem privaten Leben. Dies wußte niemand besser als seine Frau Sofia, die insgesamt sechzehn Mal von ihm schwanger wurde und die ihm auch noch im hohen Alter zu erotischen Exzessen wider ihren Willen dienen mußte. Die letzten 30 Ehejahre sind von Zwistigkeiten, hysterischen Ehekrisen und offenem Haß erfüllt. Seine Frau kann die doppelte Moral ihres Mannes, der von seinen Anhängern als Heiliger und Prophet verehrt wird, nicht gutheißen. *»Wenn nur die Leute, die die Kreutzersonate mit solcher Hochachtung lesen, einen Augenblick das erotische Leben sehen würden, das er führt, und das allein ihn glücklich und heiter macht – sie würden diesen kleinen Gott von dem Sockel herunterholen, auf den sie ihn gestellt haben.« (Tagebuch von Tolstojs Frau Sofia)*

Um allem irdischen Besitz zu entsagen, überschreibt Tolstoj 1891 sein gesamtes Vermögen seiner Frau Sofia, aber auch gleichzeitig all die damit verbundene Verantwortung. Außerdem gibt er das Rauchen und Trinken auf

und wird strenger Vegetarier. 1901 wird er aus der griechisch-orthodoxen Kirche ausgeschlossen. Der Anlaß ist eine blasphemische Darstellung des Gottesdienstes in seinem Werk »Auferstehung«.
Als ihn seine Frau aus einer überspannten Atmosphäre heraus homosexueller Beziehungen beschuldigt, beschließt er im Herbst 1910, vor seiner Familie zu flüchten, und verläßt klammheimlich am 27. Oktober das Haus. Auf seiner Flucht mit der Bahn erkrankt er jedoch schwer, fällt in ein Koma und verstirbt am 7. November nach kurzer Krankheit auf einer Bahnstation.
(Sonne, Merkur, Venus-Transit Konjunktion Jupiter-Radix; Mars, Jupiter-Transit Quadrat Saturn und Uranus-Radix; Saturn-Transit Quadrat Venus-Radix).

Der Jungfrau-Einfluß in Tolstojs Karmagramm

»Menschliche Gesetze – welch ein Unsinn!«
Tolstoj

In der Figur von Tolstoj verkörpert sich die Problematik des Jungfrau-Themas im Vorfeld der sich verändernden Wertmaßstäbe des Wassermann-Zeitalters auf eine eindringliche und lehrreiche Art und Weise. In seinem Denken und Handeln machte sich Tolstoj zu einer Art Gewissensinstanz seiner Zeit mit ihrem aufkeimenden sozialen bzw. sozialistischen Bewußtsein, dem Verfall alter Moral- und Tugendvorstellungen und der Anzweiflung glaubensmäßiger und kirchlicher Autoritäten.
In einen Prozeß der Umschichtung und Gärung hineingeboren, muß ein stark jungfraubetonter Mensch wie Tolstoj Amok laufen, da er sich an kein vorgefertigtes Gerüst moralischer und ethischer Gesetze anlehnen kann. In der Zeit der Dekadenz und dem gleichzeitigen Aufkommen verschwommener zukünftiger Perspektiven müssen die Kriterien der beurteilenden Reaktion erst noch sorgfältig überprüft und gewichtet werden. Dies ist jedoch bei der Vorsichtigkeit, Detailliebe und Gründlich-

keit der Jungfrau in Relation zu der Kürze einer Lebensspanne ein kaum zu bewältigendes Vorhaben. Dank einer kräftigen Pluto-, Uranus- und Marsstellung und einem sich dem Zeitgeist öffnen wollenden Wassermann-MC wagte es Tolstoj jedoch, von heftigen moralischen Krisen begleitet, der Situation auf der Basis scheinbar neuer Werte und Prinzipien gerecht zu werden. Hierzu mußte er die Zeit natürlich erst einmal detailliert und realistisch durch seine schriftstellerische Arbeit analysieren. Dieser Aufgabe widmete er mehr als vierzig Jahre. Die wichtigsten Ergebnisse hiervon sind seine beiden berühmten gesellschaftskritischen und historischen Romane »Krieg und Frieden« und »Anna Karenina«. Durch sie verschaffte er sich Klarheit über die Diskrepanz zwischen alten und neuen ethischen Vorstellungen, um aus diesem Gegensatz (die Jungfrau arbeitet immer polarisierend) die »wirklich wahren« Werte und Ideale herausanalysieren zu können.

Dies tat er mit einem selbstübersteigenden und eifrigen Pflichtbewußtsein, quasi wie eine wissenschaftliche Untersuchung höchster Tragweite und Brisanz. Wie Laborberichte sind seine präzise und selbstkritisch geführten Tagebücher sowie sein nach moralischer Objektivität strebendes literarisches Werk. Dies mag an einer kleinen Eigencharakterisierung, die eigentlich eine Kritik an seiner noch unentwickelten Jungfrau-Problematik ist, deutlich werden. *»Ich bin häßlich, unordentlich und gesellschaftlich unerzogen. Ich bin reizbar, lästig für andere, unbescheiden, intolerant und schüchtern wie ein kleiner Junge. Ich bin fast ein Ignorant. Was ich weiß, habe ich mir selbst beigebracht, stückweise, unzusammenhängend, unsystematisch, und es ist nicht viel wert. Ich bin unkeusch, unentschlossen, unbeständig und auf dumme Weise eitel und leidenschaftlich wie alle Charakterlosen. Ich bin nicht mutig, ich bin nicht methodisch im Leben, und ich bin so träge, daß meine Trägheit fast eine unüberwindliche Gewohnheit geworden ist ...«*

Beinahe täglich entwarf er in seinen Tagebüchern neue Pläne, Vorsätze und Gebote. In seiner moralischen Buchführung ging er erbarmungslos in Form von Selbstvorwürfen an die Wurzeln seines von ihm oft als sündhaft empfundenen Lebens heran und rang dabei, in dem ehrlichen Bemühen nach Wahrheit und Reinheit, zwischen den christlich gefärbten Tugenden der verblassenden Epoche des Fische-Zeitalters und denen der Aufklärung, Wissenschaft und klassenlosen Gesellschaft mit ihrer Enttabuisierung seelischer und geistiger Zwänge. Was in diesem Zusammenhang ihm und den jungen Intellektuellen seiner Zeit verhältnismäßig leicht fiel, war das mehr oder weniger theoretische Akzeptieren der Abschaffung der Leibeigenschaft und Sklaverei, und damit verbunden die Initiation zu einer klassenlosen Gesellschaftsform. Die weitaus größeren Schwierigkeiten jedoch bereitete ihnen der Bruch mit den alten sexuellen Traditionen und die Entdeckung einer befreiteren Form von Sinnlichkeit, denn hier galt es, tief verwurzelte Ängste, die durch die jahrtausendealte Verteufelung der Sexualität eine allgemein gültige Grundbewertung erhalten hatten, in der Kürze von nur ein oder zwei Generationen zu überwinden. Es brachen die Staudämme für eines der heikelsten Themen der Vergangenheit zusammen. An dem Konfliktstoff dieser neuen Situation leiden wir – wenn auch nicht immer so stark wie die Generationen des 19. Jahrhunderts – heutzutage immer noch.

Die Progression der sich langsam erweiternden und relativierenden Sexualmoral kann als ein wichtiger Indikator für die Entstehung des Neuen Zeitalters gewertet werden (größere Umbrüche hierzu wird es, als Folge von Plutos Durchwanderung des Skorpions, ab 1984, und schließlich durch den Wassermann, ab 2024, geben).

Für Tolstojs Zeit muß die langsame Enttabuisierung und sittliche Neuorientierung in bezug auf den sexuellen und gefühlsmäßigen Bereich wie ein Schock oder ein moralisches Erdbeben gewirkt haben. Ein immenses Nachholbedürfnis führte dazu, daß man sich von einem Extrem in das andere stürzte und eine wilde Sinnlichkeit zutage förderte, mit der man auch seine Auflehnung und Wünsche nach Abnabelung gegenüber dem religiösen Zeitalter zum Ausdruck brachte. Für einen eher asketischen und auf Läuterung bedachten Menschen wie Tolstoj (starkes Erdelement, besonders Jungfrau) muß diese Zeitanforderung die reinste Hölle gewesen sein, denn um zwischen religiöser und »humaner« Beurteilung des Sexualkodex den »wahreren« herauszukristallisieren, mußte er beide Formen gründlich studieren und praktische Erfahrungen sammeln. Er lebte sozusagen in zweierlei Moral, die er, personifiziert, gegeneinander ausspielte. Er fühlte sich phasenweise sowohl als Christ wie auch als Nihilist, als Gefolgsmann von Jesus und Schopenhauer. *»Sonderbar und entsetzlich, es auszusprechen. Ich glaube an nichts, an nichts, was von der Religion gelehrt wird, und gleichzeitig hasse ich nicht nur den Unglauben, sondern verachte ihn.«*

In seinem inneren Kampf zwischen Gefühl und strenger Vernunft setzte sich am Ende jedoch eine Art Kompromiß zwischen irrationalen Glaubensvorstellungen und den sich ihm daraus schlußfolgernden vernünftigen Konsequenzen und Prinzipien durch. Nach sorgfältigen praktischen und theoretischen Recherchen über die Perspektiven der neuen Moral ist er im Alter mit großer Entschiedenheit zu den Werten der religiösen Ära zurückgekehrt, um sich den eher zeitlosen ethisch fundierten Gesetzen der metaphysischen Wirklichkeit zu widmen. Als stark jungfraubetontem Menschen erscheint ihm der rein mystische und rituelle Anteil der Religiosität, wie er z. B. in den orthodoxen Kirchen einen prägnanten Ausdruck findet, ein Dorn im Auge. Das Arbeiten im Vorstellungsbereich (Neptun und Fische) ist ihm zu lebensfern. Ihn interessieren eher die Mönchsregeln und Vorsätze als die mystische Hingabe und Auflösung: das Mönch*sein* selbst. Wie es in solchen Fällen häufig geschieht, werden dann die prinzipiellen und äußeren Rahmenbedingungen zu einer Art Selbstzweck, einem leeren Befolgen von Vorschriften und Geboten. *»Was Tolstoj der Welt als christliche Wahrheit verkündete und wie er es auslegte,* *das ist weit eher die ›Wahrheit‹ Tolstojs als die Wahrheit Christi. Außerdem ging es ihm in den zahlreichen Büchern und Pamphleten über das, was er als christlichen Geist proklamierte, hauptsächlich um die ›Gebote‹ christlichen Verhaltens. Und diese Gebote hätte er mit der gleichen Bereitschaft auch von Mohammed, Konfuzius oder Buddha übernommen. Im Gegensatz zu Dostojevskij, der ebenfalls seinen latenten Unglauben zu bekämpfen hatte und durch diesen Kampf die lebende und lebenspendende Person Christi entdeckte, hatte Tolstoj es nur mit Christi Vorschriften als Vorschriften zu tun. Auch diese übernahm und veränderte er so, daß sie zunächst einmal seinen eigenen Bedürfnissen genügten, womit er die Religion selbst in eine Art berechnenden Opportunismus verkehrte.« (Janko Lavrin)*

Vegetarisch zu leben oder sexuelle Enthaltsamkeit zu üben und bestimmte ethische Vorstellungen bewußtseinsmäßig zu befolgen kann auf höhere Art durchaus vernünftig und realistisch sein, um damit möglicherweise günstige und erleichternde Vor-*Bedingungen* zu schaffen, die den verborgenen mystischen Energien in uns dazu verhelfen, sich entfaltend zu verwirklichen. Wenn man diese Vorbedingungen jedoch mit dem Endresultat, nämlich der Erleuchtung, verwechselt, erstarrt ein lebendiger Prozeß in einem sinnentleerten »Ismus« (vergl.: Jungfrau). Eine von einem weisen Verständnis getragene freiwillige Enthaltsamkeit *kann* natürlich dazu führen, daß unser feinstofflicher Energiehaushalt weitaus stärker zum Schwingen kommt und wir dadurch in transzendente Bewußtseinszustände gelangen, die *ohne* entsagende Vorsätze nicht so leicht zu erreichen wären. Bei Tolstoj jedoch ist es nicht der Wunsch nach einem ›Unio-mystica-Erleben›, der seine Gebote und Vorsätze motiviert, sondern seine im Karmagramm deutlich sichtbare und ungelöste Problematik mit der weiblichen Energie (Mond-Konjunktion-Merkur; Venus-Konjunktion-Saturn; Vesta-Opposition-MC; Krebs-Aszendent). In seinen Erfahrungen mit Frauen konnte er über den sinnlichen Aspekt hinaus nicht deren reine, fürsorgliche und selbstlose Dimension erkennen. Ihm erschien die Frau als etwas Unreines, von dem es sich zu distanzieren galt (Vesta und Mond in der Jungfrau). Er strebte, wenigstens in der Theorie, eine makellose und unbefleckte Beziehung zur Frau an, in der alle gefühlsmäßigen Intentionen kontrollierend unterbunden waren: eine geschlechtlich neutrale, platonische Freundschaft.

An und für sich ist gegen eine derartige Sichtweise, entspringt sie einem emotionsfreien und erkenntnisrelevanten Konzept, nichts einzuwenden. Doch im Falle Tolstojs ist sie eher eine trotzige Reaktion auf seine unverarbeitete sexuelle Problematik (Konjunktion Venus-Saturn; Konjunktion Mars-Neptun) und seine Haßliebe zu Frauen bzw. seiner eigenen Weiblichkeit, oder noch tiefgehender analysiert: gegenüber der magisch-mystischen Wirklichkeit. Seine Jungfrau kann Gefühle nicht zulassen, die sein Krebs-Aszendent fordert. In dieser persönlichen Notsituation greift er, wie viele ähnlich geartete Menschen, unter dem Deckmantel religiöser Enthaltsamkeit nach vermeintlich überpersönlichen Kriterien, macht dadurch aus der Not eine Tugend und verschanzt sich hinter einem Wall von obskuren Gesetzesvorschriften. Da seine Frau als einzige dieses Spiel durchschaute, hat sie ihm in seiner Phase der religiös-asketischen Frömmelei ihren seelischen und geistigen Beistand versagt.

Man mag über Tolstojs etwas unglücklich verlaufene religiöse Theorien und sozialkritische Experimente denken, wie man will. Mit etwas astro-energetischem Gespür aber läßt sich die Wirkweise des Jungfrau-Archetyps in seinem Werk leicht herausfinden. Tolstoj ist letztendlich jedoch nicht an der nach Klarheit, Reinheit und Achtsamkeit strebenden Jungfrau gescheitert, sondern an den nicht harmonisch integrierten Oppositions- und Quadratspannungen von Venus, Mars, Pluto, Uranus und an den vom Felderkreis her gestellten Aufgaben einer Auseinandersetzung mit der Welt des inneren Yin, der eigenen Seele und Weiblichkeit (Krebs-Thematik). Hätte er vor seiner Bekehrung (etwa im tantrischen Sinne) Möglichkeiten einer positiven Transformation seiner inneren Gefühle

und Instinkte gefunden und diese auf den Sockel selbstloser Vorsätze gestellt, wären sowohl die Anforderungen der Jungfrau als auch diejenigen des Wasser-Elementes erfüllt gewesen und er hätte sich nicht für das eine *oder* das andere entscheiden zu brauchen. Sein Ringen um höchste Objektivität, um in Einklang mit den reinen und erleuchteten Gesetzmäßigkeiten zu gelangen, sein ernsthaftes Bemühen um Desillusion und Analyse und seine Kämpfe gegen die Übermacht sich verstrickender und Leiden-schaffender Gefühle lassen ihn jedoch als einen liebenswürdigen, wenn auch skurrilen Menschen erscheinen, als jemanden, der das Leben mit seinen überpersönlichen und sozialen Verpflichtungen in seiner karmischen Tragweite ausleuchtet und gewichtet.
Jeder verantwortungsbewußte Astro-Energetiker oder Astrologe sollte ein klein wenig Tolstoj-Charakter in sich tragen. Dies jedoch in geschickter Kombination mit Intuition, Geist und auf der Basis seelischer und mystischer Erlebnisse. Wem das zu moralisch klingt, vergißt, daß er sich mit der Jungfrau-Energie beschäftigt.

Methode: (z. B. Natal/Solar/Helio ...) Natal	Name: LEO N. TOLSTOI	☉ 17° 04' ♍
Feldersystem: 30°	Datum: 09. September 1828	☽ 22° 26' ♍
Erstellt von:	Ort: bei Tula/UDSSR Zeit: 22 h 30 m OZ	MC 24° 01' ♒
		AS 02° 59' ♋

Quadrate

Trigone

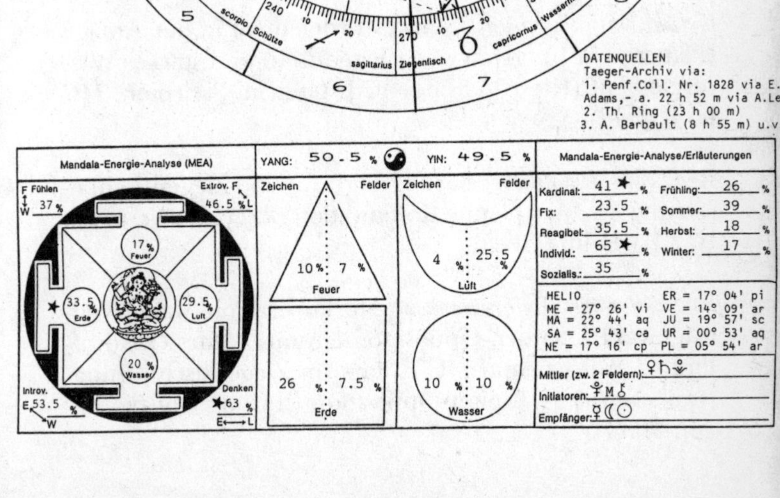

Alle Rechte bei: Harald Lebherz (Design: Lohmann/Taeger)

Stichworte zu Tolstojs Karmagramm

Selbstkritik, moralisierendes Denken: starke Jungfrau- und Ziegenfischbetonung / Konjunktion Venus-Saturn (2. Feld) / Vesta in Jungfrau

Schriftstellerische und künstlerische Ambitionen: Venus-Opposition-Uranus / Mondknoten in der Waage / Venus-Halbquadrat-Merkur / Jupiter im 5. Feld / Merkur-Konjunktion-Mond

Religiöses Puritanertum: Vesta, Sonne, Merkur und Mond in Jungfrau / hohe Ziegenfischbesetzung / Konjunktion Venus-Saturn

Suche nach platonischer Partnerschaft: Uranus-Opposition-Venus, Saturn / Ziegenfisch-Planeten im 7. Feld / Wassermann-MC / Jungfraubesetzung

Triebproblematik: Mars-Quadrat-Pluto / Konjunktion Mars-Neptun / Jupiter im Skorpion / Konjunktion Venus-Saturn

Gefühl kontra Vernunft: starkes Erdelement in der Anlage (Planeten in Jungfrau und Ziegenfisch) und starkes Wasserelement (Krebs-Aszendent, Jupiter im Skorpion, MC im 8. Feld)

Realismus, Detailliebe: starke Jungfrau- und Ziegenfischbesetzung / Saturn-Venus Konjunktion (2. Feld) / Vesta am IC / EMH im 6. Feld

Revolutionäres Reformdenken: Merkur-Trigon-Mars, Neptun / Venus, Saturn-Opposition-Uranus / Mars-Quadrat-Pluto / Wassermann-MC / Mars im Ziegenfisch / Jungfraubesetzung / Jupiter-Opposition-Chiron / Chiron-Trigon-Mars

Gleichzeitiges Verlangen nach Luxus und Armut: Venus im Löwen und Jupiter im 5. Feld (Lebensgenuß) im Gegensatz zur Erdelementsbetonung (vor allem Jungfrau) sowie Bestrahlung der Venus durch Saturn und Merkur (Beschränkung) / Medium Coeli im 8. Feld

Starke Popularität zu Lebzeiten: Pluto auf Quadratspitze im 10. Feld (Widder) / Pluto und MC als Spannungsherrscher / Pluto-Quadrat-Aszendent / Mars-Opposition-Aszendent

Konflikte mit der äußeren und inneren Frau (Weiblichkeit): hohe Besetzung des 4. Feldes; Krebs-Aszendent; Mond in der Jungfrau; Konjunktion Venus-Saturn / Vesta am Imum Coeli

Fanatismus, Sektierertum: Pluto (10. Feld) auf der Quadratspitze zu Mars und Aszendent; Konjunktion Mars-Neptun im Ziegenfisch / Jungfraubesetzung / Mars-Opposition-Aszendent / Chiron-Opposition-Jupiter / Spannungsherrscher Pluto / Vesta-Opposition-MC

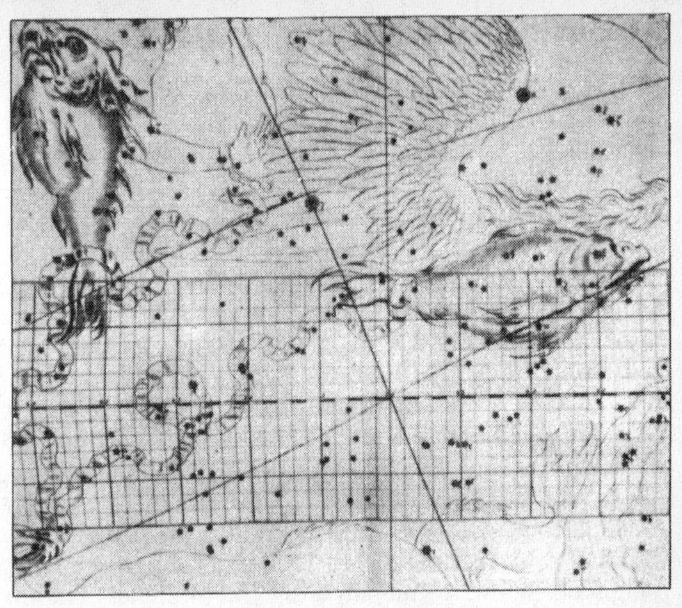

FISCHE

Fische in Stichworten

12. Zeichen im Tierkreis / Winterende/ Planetenherrscher: Neptun, »Herrscher der Meere«, Gott des Eros, (Poseidon, Amenthes) / Element: Wasser / Yin / soziales reagibles Zeichen/ Oppositionszeichen: Jungfrau / Felder- bzw. Häuserentsprechung: 12. Feld (Meditation, Hingabe, Initiation, Auflösung, Transzendenz, Stille, Gelassenheit, innerer Frieden, Vollendung, Entwicklung selbstloser Liebe) / Einflußsphäre (Feldermarathon): 66.–72. Lebensjahr / Tagesentsprechung: die letzten zwei Stunden vor Sonnenaufgang / Länderentsprechungen: Italien, Thailand, Brasilien, Ceylon, Teile von Indonesien/ Städteentsprechungen: Rio de Janeiro, Basel, St. Gallen, Rom, evtl. Wien / kein spezieller Wochentag (evtl. Montag) / psychische Entsprechungen: das mystische und magische Selbst, »Unio mystica«, die Welt als Traum, Erotik als Entwicklungsenergie, seelische Hingabe und Einfühlungsgabe/ Temperament: melancholisch / somatische Entsprechungen: Füße, Lymphsystem, Allergie-Disposition, Wasserhaushalt, Darm, Disposition zu schwer durchschaubaren Infektionskrankheiten / Alchemie: Neptunium, Platin, Phosphor, Perlmutter, Kupferkies, Marmor / Farbentsprechungen: phosphorisierende, irisierende Farben, Fahlgrün, Violett, Silber, Schwarzblau, rauchige Farben / Formen: durchsichtige, transparente und zerfließende Formen, umrißhaftes Ahnen, Unendlichkeitssymbole (z. B. Kreis), schemenhafte Unbestimmtheit/ asiatische Tierkreisentsprechung: Schwein / Esoterik: Fußchakra oder Wurzelchakra / Zahlen: 0,12 oder 21/ Fischezeitalter: 0–2000 n. Chr. / I-GING-Entsprechungen: *Dschung Fu* = innere Wahrheit; *Huan* = die Auflösung; *We Dsi*= vor der Vollendung/ Mythologien, Märchen: Märchen von Drachenkönigen und Meeresgöttern, Nixen und Sirenen, sphinxhafte Wesen, geheimnis-

voll-ätherische Wesen, aber auch dunkle und unsichtbare Wesenheiten, Zauberer und Hexen, Märchen von im Meer verborgenen Schätzen, chthonische Tierweltarchetypen, Schöpfungsmythologien, in denen Erotik und Mystik eine große Rolle spielen, der Penis (Lingam, Vajra) als Schöpfungssymbol / Bezüge sowohl zu den hinduistischen Gottheiten Shiva (im Buddhismus Mahamaya) und Vishnu sowie zu allen asiatischen Gottheitsenergien, die einen Dreizack als Attribut haben (Dreizack = Symbol der mystischen Allmacht oder Siddhi und Beherrschung der Maja resp. Illusionskraft), Analogien zum buddhistischen Urbuddha Dorje Chang (Urstoff, Klarheit, Leere), Vajrasattva (Äther-Element), Akshobhya-Buddha (Wasser-Element), zu den Wiedergeburtsbereichen der Naga- oder Schlangengottheiten, der Kundalini-Energie, Ebenen des höchsten Tantra (z. B. Guhyasamaja, Vajrapani, Vajrakila, Yamantaka, Heruka, Ekajati, Vajra-Varahi, Mamaki) sowie ganz allgemein (zusammen mit Krebs und Skorpion) zum Vajrayana-Buddhismus.

Fische-Geborene

(mit Sonne in den Fischen)

Alexander Graham Bell (MO=vi / AS=ar), Johnny Cash (MO=sc / AS=pi), Edgar Cayce (MO=ta / AS=le), Frédéric Chopin (MO=li / AS=vi), Emilie Cove (MO=ar / AS=ep), Albert Einstein (MO=sa / AS=ca), Otto Hahn (MO=vi /AS=sc), Sven v. Hedin (MO=sa / AS=sa), L. Ron Hubbard (MO=ar / AS=sa), Karl Jaspers (MO=vi /AS=le), Erich Kästner (MO=le /AS=sa), Jack Kerouac (MO=vi / AS=vi), Nikolaus Kopernikus (MO=sa / AS=vi), Jerry Lewis (MO=ta / AS=ca), Karl May (MO=vi

/ AS=li), Michelangelo (MO=pi / AS=sa), Liza Minelli (MO=ca / AS=ta), Piet Mondriaan (MO=aq / AS=aq), Rudolf Nurejew (MO=li / AS=le), Maurice Ravel (MO=pi / AS=sc), John Steinbeck (MO=sc / AS=le), Rudolf Steiner (MO=li/AS=sc), Elizabeth Taylor (MO=sc / AS=li).

Anmerkung: MO= Mond, AS= Aszendent;
ar= aries= Widder, ta= taurus= Stier, ge= gemini= Zwillinge, ca= cancer= Krebs, le= leo= Löwe, vi= virgo= Jungfrau, li= libra= Waage, sc= scorpio= Skorpion, sa= sagittarius= Schütze, cp= capricornus= Ziegenfisch, aq= aquarius= Wassermann, pi= pisces= Fische.

Planeten in den Fischen und 12. Feld

Sonne in den Fischen (Anlage) oder 12. Feld (Aufgabe)

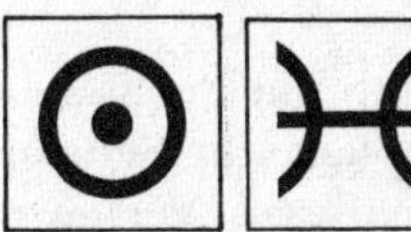

Geistige Gewichtung verborgener oder mystischer Wirklichkeit, erotisch-hintergründige Persönlichkeitsausstrahlung, undogmatisches soziales Verantwortungsgefühl, Hingabe an geistige Ideale, Identifikation mit kreativen Fantasien, einfühlsames Begreifen von Kunst und Literatur, subtile künstlerische Gestaltungskraft, feines Gespür für verborgene Zusammenhänge, Impulsgesteuertheit, Schwingungssensibilität, die Welt als Traum erleben, das Ego leicht relativieren können, Anpassungsfähigkeit, instinktmäßige Sicherheit, hellseherische oder telepathische Dispositionen, sensible schauspielerische Begabungen (sich leicht mit anderen Charakteren identifizieren können), Identifikation mit Werten des überpersönlichen Egos, religiöse oder esoterische Ambitionen, Toleranzweite, Entwicklung origineller philosophischer Konzepte, grenzenlose Aufgeschlossenheit...

Geschwächtes Ich-Bewußtsein (ähnlich wie Waage-Sonne), Dissonanzen zwischen zentrierenden und grenzüberschreitenden Tendenzen, atmosphärische Überempfindlichkeit, schwache Widerstandskräfte, unter den eigenen Fantasien leiden, sich zwischen Traum und Wirklichkeit verlieren, Fehlidentifikationen mit obskuren Gedanken, unter erotischen Zwangsvorstellungen leiden, Mißbrauch mystischer Energien zu egoistischen Zwecken, Selbstmitleid, Todes- respektive Wiedergeburtsängste, Unentschlossenheit, in fatalistische Ohnmacht flüchten, Disposition zu Pessimismus, sich geistiger Verantwortung durch Gleichgültigkeit entziehen, Kontaktschwierigkeiten, Phlegma, Disposition zu Hysterie, wenig Selbstbeurteilung, mit Sensibilitäten beeindrucken wollen, seine eigenen Kräfte überschätzen...

Mond in den Fischen (Anlage) oder 12. Feld (Aufgabe)

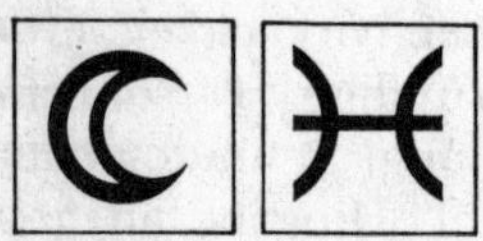

Mediale Identität mit seelischen Inhalten; atmosphärische Sensibilität; instinktmäßige Verfeinerung; Gespür für erotische und mystische Schwingungen; Empfindsamkeit; Beeindruckbarkeit; Entwicklung grenzenloser Fantasievorstellungen; die homöopathische Wirklichkeit; Mitempfinden; Selbstlosigkeit; seismographische Gewichtungen; Streben nach Transzendenz und Ego-Relativierung; telepathische Sensibilität; künstlerische Fantasie; Hingabe, sich mit dem Ganzen vereint fühlen (›unio mystica‹); Spürsinn; soziale Aktivierbarkeit; Auflösung von Strukturen und Zwängen; Offenheit für religiöse, esoterische oder mystische Weltbilder...

Eigentäuschungen; gefühlsmäßige Verworrenheit; Haltlosigkeit; Ziellosigkeit; Flucht in ängstliche Hilflosigkeit; Schwingungsabhängigkeit und Stimmungsabhängigkeit; Sentimentalität; Überempfindlichkeit (kann zur Absonderung führen); Leichtgläubigkeit; Disposition zu Verfolgungswahn; wenig Durchsetzungsfreude; materielle Ängste; verschwommene Selbstvorstellungen; geringes Selbstwertgefühl; Traum und Wirklichkeit nicht mehr entwirren können; in seiner Hingabefähigkeit ausgenutzt werden; sich unverstanden fühlen; Disposition zu Depressionen; Gefahr des Mißbrauchs von Betäubungsdrogen (z. B. Alkohol)...

(z. B. A. Crowley, Mata Hari, Leonardo da Vinci, E. A. Poe)

**Merkur in den Fischen (Anlage)
oder 12. Feld (Aufgabe)**

Starkes Intuitions- und Assoziationsvermögen; kreatives und instinktrelevantes Denken; große gedankliche Flexibilität; Entwicklung überpersönlicher, neutraler Gedanken; Interessenvielfalt; sozial engagiertes Denken; gleichnishaftes und analoges Denken; normentranszendierendes Denken; starke Aufnahmefähigkeit; gedankliche Verfeinerungen; empfindsames Denken (›Denkfühlen‹); autonomes Denken (»Es denkt«); Interesse für Esoterik, Mystik und metaphysische Grenzfragen; anthroposophisches Gedankengut; Überwindung des materialistischen Denkens; ganzheitliches Erfassen; für andere denken können (einfühlsames Denken); bildhaftes Erinnerungsvermögen; osmotisches Lernen; starke Einbildungskraft; literarische Ambitionen; intellektuelle Faszination am Geheimnisvollen...

Entscheidungsschwierigkeiten; leichte denkerische Beeinflußbarkeit; Konzentrationsschwierigkeiten; verworrenen Gedankengängen nachgehen; unrealistisches Wunschdenken; schwierige Umsetzung von Gedanken in der Wirklichkeit; sich selbst und andere gedanklich täuschen; Unbeständigkeit; Zerstreutheit und Tagträumerei; verworrenen esoterischen Fehlspekulationen nachhängen; Entwicklung selbstzerstörerischer Gedankenfantasien, Kontaktscheu; Schüchternheit; Schwierigkeiten mit systematischem Lernen; Disposition zu hysterischen Zwangsvorstellungen; fanatisches oder schwärmerisches Denken; Auserwähltheits- oder Sendungsvorstellungen; ausuferndes Denken; reduzierte Selbstkritik; Disposition zu Zynismus oder Pessimismus...

(z. B. Ch. Baudelaire, E. Cayce, K. May, R. Steiner)

Venus in den Fischen (Anlage) oder 12. Feld (Aufgabe)

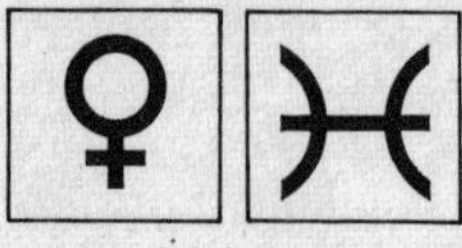

Entwicklung selbstloser und mystischer Liebe; Vereinigungssehnsucht mit dem Ganzen; starke erotische Fantasie und Stimulierungsfähigkeit; sensible Ästhetik; grenzenlose Fantasie und Intuition; Medialität; Interesse an Mystik und Esoterik; Hingabefähigkeit in der Liebe; bilderhaftes Assoziationsvermögen; soziales Engagement; Einfühlungsgabe; musikalische und malerische Kreativität; Mitgefühl; religiöse Ambitionen; harmonische Gelöstheit und Heiterkeit; Aufopferung für höhere Ideale; Entwicklung ästhetischer und harmonischer Schwingungsfelder; Harmonieentwicklung in der Stille und Zurückgezogenheit; Überwindung erotischer oder sexueller Tabus; Transzendierung bestehender ästhetischer Zwänge...

Mimosenhafte Verwundbarkeit; geschwächtes Selbstbewußtsein; Konzentrationsschwierigkeiten; zu hoch gesteckten Liebesidealen nicht nachkommen können; märtyrerhafte Liebe; Disposition zu Verdrängungsneurosen; religiöse oder esoterische Schwärmerei; Leichtgläubigkeit; Abhängigkeiten von Atmosphäre oder Partner; Phlegma; Stimmungsschwankungen; Selbstmitleid; Kontaktschwierigkeiten; Labilität; masochistische Dispositionen; unter Ahnungen, Instinkten oder medialen Fähigkeiten leiden; Mißbrauch erotischen Liebeszaubers; wenig Entscheidungskraft...

(z. B. J. W. v. Goethe, Hölderlin, F. Lehár, J. Verne)

Mars in den Fischen (Anlage)
oder 12. Feld (Aufgabe)

Intuitiver Einsatz der eigenen Energien; selbstloser Idealismus; starkes Traum- und Fantasieleben; erotische Aktivität; soziales Engagement; Entwicklung außergewöhnlicher Zielvorstellungen; mediale Fähigkeiten (telepathischer Sender); Suggestivwirkung; künstlerische Kreativität; Hintergrundsarbeit; politisches Interesse; Begeisterungsfähigkeit für esoterische Gedanken; spontane Energieaktivierung; Außenseiterwege gehen; dynamische Religiosität; Suche nach unorthodoxer sozialer Gerechtigkeit; glaubensmäßige Überzeugungskraft; geistige Offenheit; spirituelle Bescheidenheit...

Selbstzerstörerische Dispositionen; schwankender Energieeinsatz; Gefühlspathos; Anzettelung von Intrigenspielen; Minderwertigkeitsgefühle; Gefühlsfanatismus; relative Antriebsarmut; geschwächte Lebensenergie; Stimmungsschwankungen; Neigung zu Hysterie; Disposition zu Verfolgungswahn; reduziertes Selbstvertrauen; Nächstenliebe dient der Aufwertung des eigenen Egos; Mißbrauch der Suggestivkräfte, Selbstüberheblichkeit; Zynismus; Organisationsschwierigkeiten; Spiegelfechterei; Neigung zu Depressionen; die eigentlichen Motive seines Tuns verheimlichen...

(z.B. K. Adenauer, T. de Chardin, H. Hesse, Michelangelo)

**Vesta in den Fischen (Anlage)
oder 12. Feld (Aufgabe)**

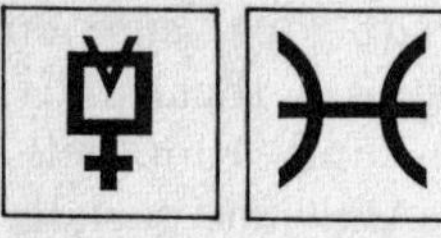

Liebes- und Sexualethik, Arbeit im Verborgenen oder in Randgruppen; kritische Einstellung gegenüber religiösem Formalismus; Feinfühligkeit für atmosphärische Bedingungen; Engagement in metaphysischer Wissensvermittlung; Interesse an grenzüberschreitenden Praktiken (Yoga, Meditation) und Wissensgebieten; Bescheidenheit; Begreifen der Wirklichkeit als Traum und Illusion; Arbeit mit paranormalen Energien; psychoanalytisches Denkvermögen; Hilfsbereitschaft; ideelle und berufliche Hingabefähigkeit; Gewissenhaftigkeit eigenen Gelübden gegenüber; Vertrauen in die Zufallsgesetzmäßigkeit; große Phantasie- und Einbildungsgabe (z. B. geeignet für Traumarbeit); realistische Gewichtung von Instinkten und Gefühlen; Suche nach ganzheitlichen und moraltranszendierenden Beurteilungen...

Verwirrung durch Konzeptlosigkeit und Spontaneität; neurotische Überempfindlichkeit; sein Ego hinter einem altruistischen Image verstecken; vom eigenen Traum- und Phantasieleben gefangen sein; sich leicht unverstanden fühlen; Isolationsängste; Konflikten aus dem Wege gehen; Wahrheit und Einbildung durcheinanderbringen; Bindungs- und Auflösungsängste; Unterdrückung oder Überspielung sexueller Ängste (Kompensation durch Religion, Disziplin oder übertriebene Tugendhaftigkeit); Selbstmitleid; Gefahr psychischer Inflation; Aufbau von Gewissens- und Schuldkonflikten; sich arbeitsmäßig übernehmen (Flucht in die Arbeit); unter einem künstlichen Disziplinkorsett leiden; zwischen extremer Pedanterie und Nachlässigkeit schwanken...)

(z. B.: Casanova, Dalai Lama, H. Hesse, Queen Victoria)

Jupiter in den Fischen (Anlage) oder 12. Feld (Aufgabe)

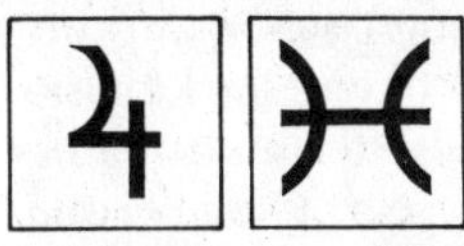

Ideale der Selbstlosigkeit, der philosophische Aspekt der Esoterik und Mystik; Seelenfreundschaft; soziales Engagement; Altruismus; spirituelle Bescheidenheit; aktives Mitempfinden; mediale Fähigkeiten; Entwicklung sensitiver Intuition; erotische Fantasiestärke; Entwicklung spontaner Kreativität; soziales Gerechtigkeitsempfinden; aufbauende Arbeit in Randgruppen; universales, überindividuelles Denken; glaubens- oder instinktmäßige Überzeugungskraft; Suche nach einem höheren Lebenssinn, geistige Durchdringung hintergründiger Wirklichkeit; Suche nach einer Symbiose von Eros, Mystik und Philosophie; positive Gewichtung der Illusionen als Entwicklungsenergie; Naturverbundenheit...

Gefahr esoterisch-schwärmerischer Hochstapelei; geschwächtes Selbstbewußtsein; Minderwertigkeitskomplexe; Gefahr der psychischen Inflation; Stimmungsschwankungen (›himmelhochjauchzend – zu Tode betrübt‹); Wankelmut; Lebensverbitterung; ideelle Desorientiertheit; mangelnde Organisationsgabe; Leichtgläubigkeit; verträumter Idealismus; Selbstmitleid; Gefühlspathos; Disposition zur Persönlichkeitsspaltung; Selbstüberheblichkeit; sich gottähnlich wähnen; glaubensmäßiger Dogmatismus; Heiligtuerei, Kontaktschwierigkeiten...

(z. B. S. Freud, G. Grass, H. Miller, F. Nietzsche)

**Saturn in den Fischen (Anlage)
oder 12. Feld (Aufgabe)**

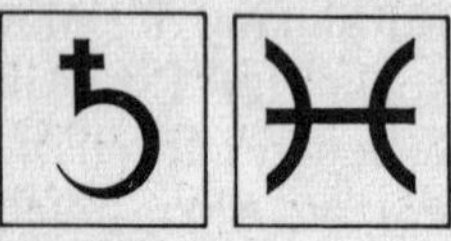

Gewichtung esoterischer und mystischer Wirklichkeit; starke visionäre und hellseherische Fähigkeit; Interesse für Grenzwissenschaften; Empfindungstiefe; systematische Grenzerweiterung; meditative oder asketische Ernsthaftigkeit; Bescheidenheit; psychologisches Einfühlungsvermögen; positives Erleben der Einsamkeit; Suche nach objektiver Selbstbeurteilung; Hintergrundarbeit; die Tantra-Wissenschaft; soziales Verantwortungsbewußtsein; praktische Nächstenliebe, Wiedergeburtsbewußtsein; okkulte Ambitionen; Transzendierung materieller Ängste; unorthodoxe Arbeitsmethoden; detektivhafter Spürsinn für verborgene Zusammenhänge; Erkenntnisse kausaler Gesetzmäßigkeiten im feinstofflichen Bereich...

Lebensängste; selbstzerstörerische oder pessimistische Fantasien; Minderwertigkeitskomplexe; reduzierte Widerstandskraft; mimosenhafte Überempfindlichkeit; Gefahr okkulten Machtmißbrauchs; Gefühlskälte; sich unpersönlich geben; Kontaktschwierigkeiten; Vermarktung esoterischer, mystischer oder religiöser Dinge (Geschäfte mit dem Geheimnisvollen); sich in unrealistischen Details verlieren; eine Objektivierung des Nur-Erlebbaren krampfhaft versuchen; esoterischer oder psychologischer Dogmatismus; Vernachlässigung der äußeren Wirklichkeit; Disposition zu psychosomatischen Erkrankungen; ängstliches Festhalten an traditionellen Glaubensinhalten; das Schlimmste ahnen; die moralisierende Panikmache des Tarot; dualistisches ›Gut-Böse-Denken‹...

(z. B. E. Benz, A. Besant, E. v. Däniken, Wallenstein)

Chiron in den Fischen (Anlage)
oder 12. Feld (Aufgabe)

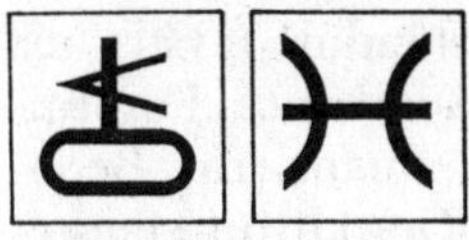

New-Age-Spiritualität; Streben nach religiösen und philosophischen Synthesen, Spaß an metaphysischen Spekulationen; Spontaneität und Flexibilität; Interesse an Futurologie und Science-fiction; Kontakt- und Kommunikationsfreude; Selbstüberwindung; Freude an technischen und wissenschaftlichen Neuerungen; humanitäre Ideale; Gegenwarts- und Zukunftsorientiertheit; innere Jugendlichkeit; vielseitige Wissensausrichtung; Entdeckerfreude; Intuitions- und Improvisationsgabe; Traumarbeit; psychoanalytische Begabung; unkonventionelle Hilfsbereitschaft; das Unmögliche in Betracht ziehen; sozialer Gerechtigkeitssinn; spontane Hilfsbereitschaft...

Übergewichtung des Intellekts; Wirklichkeitsflucht; Gefahr intellektueller Arroganz (Besserwisserei); Geheimniskrämerei; Doppelzüngigkeit; Unzuverlässigkeit; Interessenzersplitterung; Nervosität; Selbsttäuschungen unterliegen; Vergeßlichkeit; Gefahr, von anderen ausgenutzt zu werden; Konsequenzängste; darunter leiden, es allen gerecht machen zu wollen; vorschnelle Urteilsbildungen; mangelnde Objektivität; für andere schwer greifbar sein (sich Festlegungen entziehen), emotionales Einzelgängertum; Kaschierung eigener Ängste durch Überlegenheitsgehabe...

(z. B.: John F. Kennedy, David Livingstone, Alan Watts, Orson Welles)

Uranus in den Fischen (Anlage) oder 12. Feld (Aufgabe)

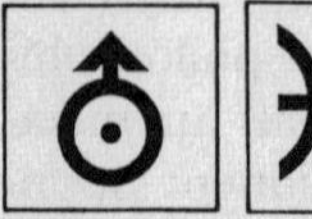

Intuitives Verständnis mystischer Wirklichkeit; spontanes Empfindungsdenken; nuancierte Beobachtungsgabe, Gespür für energetische Feinstschwingungen; hellseherische oder telepathische Begabungen; komplexes und ganzheitliches Erfassen einer Situation; reformerisches soziales Mitempfinden; Interesse an Grenzwissenschaften; weitgefächerte denkerische Toleranz; das Unmögliche als möglich in Betracht ziehen; die paradoxe Logik mystischen Seins verstehen können; originelles Tiefendenken; Befreien von sexuellen Tabus; Erforschen psychedelischer oder meditativer Bewußtseinszustände; Augenblicksvertrauen; Ablösung traditioneller Glaubensformen durch Inhalte wissenschaftlicher Erkenntnisse; originelles Traum- und Fantasieleben; Beschäftigung mit Wiedergeburtstheorien; Unabhängigkeitsliebe; Gespür für Zeitgeistentwicklungen …

Unkritisches, täuschendes Denken; Fehlgewichtung der eigenen Intuitionen; unrealistisches und utopisches Denken; Nervosität; überpersönliches Denken führt zur Vernachlässigung menschlicher Qualitäten; Disposition zu Bewußtseinsspaltung; Richtungslosigkeit; mit verworrenen und unausgereiften okkulten Gedankenspielen täuschen; die eigenen Begrenztheiten nicht wahrnehmen wollen; gefährliches intellektuelles Spiel mit mystischer Wirklichkeit und Gesetzmäßigkeit; unter der Zwangsvorstellung stehen, originell sein zu müssen; sexuell-erotische Desorientiertheit; vieles anfangen – weniges zu Ende führen; Anpassungsschwierigkeiten; Zynismus; Schwierigkeiten, sich in der sogenannten normalen logischen Denkwelt zu bewegen; Haltlosigkeit; Probleme mit der Zeitplanung; wissenschaftliche Fehlspekulationen …

(z. B. C. Castaneda, A. Ginsberg, M. de Nostradamus, M. Robespierre)

Neptun in den Fischen (Anlage) oder 12. Feld (Aufgabe)

Suche nach Auflösung, Transzendenz und Urvertrauen; Ausschaltung des Zufalls; alles ist geheimnisvolles Orakel; Höherentwicklung durch mystische Initiation (Traum, Meditation, Psychedelik); Auflösung begrenzender Raum-Zeit-Vorstellungen; alles als Illusion oder Spiegelung begreifen können; Hingabefähigkeit; überpersönliche und empfindungsgewichtende Hilfsbereitschaft; telepathisches und feinstoffliches Gespür, Suche nach einer unkörperlichen, mystischen Liebesvereinigung; Ausnutzung erotischer Spannungsfelder zur geistigen Inspiration; Medialität; spontane Einfühlsamkeit; die Fantasie als reale Verwirklichungsmöglichkeit; Wirklichkeit und Vision als gleichermaßen wirklich oder unwirklich betrachten; die Selbstlosigkeit als Selbsterhöhung; »unio mystica«; Assoziationsgenialität; Kommunikation über Schwingungen und Bildprojektionen; Unendlichkeitsgefühle; Entwicklung vertrauensvoller Gelassenheit...

Sich von verborgenen Energien bedroht fühlen; Spiel mit Mystik und Erotik; Planungs- und Konzeptlosigkeit; verworrene mystische Schwärmereien; mit einem geheimnisumwitterten Image beeindrucken wollen; unter zu starken erotischen Fantasievorstellungen leiden; Schwierigkeiten, seine inneren Bilder mit adäquaten Worten umschreiben zu können; Leichtgläubigkeit; masochistische oder sadistische Fehlidentifikationen, Belastungen durch Überempfindlichkeit auf feinstoffliche Schwingungen; Dispositionen zu Hysterie und eingebildeten Krankheiten, Unentschlossenheit, Organisationsprobleme; Konzentrationsschwäche; Probleme mit der materiellen Wirklichkeit; Selbstaufopferung kann in Selbstmitleid münden; Gefahr psychischer Inflation; Mißbrauch oder Fehlinterpretation esoterischen Wissens; unkritische Übernahme religiöser Glaubensinhalte, Stimmungsabhängigkeit...

(z. B. A. Conan Doyle, E. Coué, S. Freud, R. Steiner)

Pluto in den Fischen (Anlage)
oder 12. Feld (Aufgabe)

Transformation durch angstüberwindende Hingabe; Bruch mit alten Glaubensinhalten; verfeinerte suggestive Wirkmöglichkeit; Entwicklung durch die Spannung und Dynamik erotisch gefärbter Vorstellungen; Ablösung von der Fixierung an magische Machtspiele; musikalische Umsetzung seelischer Schwingungen; Schwingungskommunikation; subtile Gefühlsstärke; Überwindung materieller Ängste; Bruch mit bürgerlichen Moralvorstellungen; schöpferische Fantasie; Interesse an metaphysischen Grenzwissenschaften; sich mit kollektivem Karma verbunden fühlen; Arbeit in Randgruppen, Entwicklung durch mystische Initiation; sich mit vielen Rollen oder inneren Gesichtern sensibel identifizieren können; schauspielerische Begabung; Ausstrahlungsintensität; Entwicklung unorthodoxer sozialpolitischer Ideale; Instinktstärke; Verdichtungen seelischer Ergriffenheit...

Ausübung subtiler magischer Machtspiele; Disposition zur Hysterie oder zu subtilem Größenwahn; Pendeln zwischen extremen Gefühlsschwankungen, Entwicklung selbstzerstörerischer Fantasien; unter zu großer erotischer Anspannung leiden; schwingungsüberempfindliche Exaltiertheit; Fehlidentifikation mit mystischer oder magischer Wirklichkeit; esoterischer Fanatismus; eingebildete Feindschaften; Frustration in der Hingabe kann in Haß umschlagen; Genuß des Leidensdrucks (Masochismus); Kontaktschwierigkeiten; religiöses Sektierertum; Disposition zu unreflektiertem Drogengebrauch; extreme Favorisierung des Asozialen; morbide erotische Gelüste; raumzeitbezogene Koordinierungsprobleme; radikale Ablehnung materieller Wirklichkeit; Disposition zu psychischer Inflation; magisch-hintergründige Panikmache...

(z. B. Ch. Baudelaire, F. Chopin, F. Liszt, G. Verdi)

Mondknoten in den Fischen (Anlage)
oder 12. Feld (Aufgabe)

Kommunikation über mystische und esoterische Grenzfragen; Kontaktaufnahme mit verfeinerten und sensiblen Menschen; Harmonie durch künstlerisch-kreative Beschreibung metaphysischer Wirklichkeit; Spürsinn für hintergründige Zusammenhänge; Selbstverwirklichung durch Meditation oder Kontemplation in der Abgeschiedenheit; Entwicklung inneren Friedens und äußerer Gelassenheit; Überbrückung von Widersprüchen durch fantasievolle Intuition, bildhaftes Assoziationsvermögen; das erotische Spannungsfeld als höchste Entwicklungsenergie; Bescheidenheit und Hilfsbereitschaft; Erkenntnis der Wiedergeburtsgesetzmäßigkeit; inspirierter Umgang mit Drogen oder homöopathischen Stoffen; nonverbale Kommunikation über Schwingungen und Empfindungen; Transzendierung bürgerlicher Normen und Tabus; Entwicklung überindividueller Weisheit; Ideale der Widerspruchsfreiheit; Streben nach androgyner Ganzheit; Medialität; visionäre Veranlagungen; Vervollkommnung durch die Erkenntnis der Illusionshaftigkeit allen Seins...

Sich in die sogenannte normale Wirklichkeit nur schwer eingliedern können; Problematik der verbalen Umsetzung innerer Bilderlebnisse; Kontaktschwierigkeiten; Selbstmitleid; Fehlgewichtung der eigenen Intuitionen; Leichtgläubigkeit; stimmungsmäßige Unausgeglichenheit; Hypersensibilität kann zu Besonderheitsvorstellungen führen; Unentschlossenheit; unter erotischen Fantasien leiden; schwache Organisations- und Planungsgabe; Ängste gegenüber der materialisierten Wirklichkeit; soziale Gefühle der Verbundenheit erfahren wenig praktische Umsetzungen; Gelassenheit kann zur Gleichgültigkeit degradieren; unreflektierte Schwärmerei für die Thematik des metaphysischen Bereichs; Selbstbeweihräucherung; sich einen märtyrerhaften Heiligenschein aufsetzen wollen; Tagträumerei; in der eigenen bilderparadoxen Logik von anderen nicht mehr verstanden werden; sentimentale Dispositionen...

(z.B. A. Breton, Goya, H. Hesse, E. Jünger)

Medium Coeli in den Fischen
In unseren Breiten immer mit einem Krebs- oder Zwillinge-Aszendenten verbunden.

MC ♓

Mediale berufliche Rollenidentifikation; wechselnde Berufswünsche; spontane Rollenidentifikationen; fürsorgendes oder sozial engagiertes Streben; Rollen übernehmen, durch die sich der Norm entsprechende Weltbilder relativieren und auflösen; schauspielerische oder künstlerische Berufung;

Manifestation innerer Sensibilität und mystischen Gespürs; Verarbeitung metaphysischer Wirklichkeit; Arbeitseinsatz ohne materiellen Ehrgeiz; rollenmäßige Außenseiterwege gehen; Wirken aus der Anonymität heraus; Hintergrunds- oder Untergrundsarbeit; unorthodoxer Einsatz von Fantasie und Assoziationsgabe, seine Rollenspiele relativieren und in Frage stellen können; rollenbedingte Erkenntnis der Illusionshaftigkeit und Vergänglichkeit; chaotisch inspirierte Arbeitsmethoden; Berufe, die das Zeitgeistempfinden widerspiegeln, Erarbeitung instinktmäßiger Sicherheit; spielerische Risikofreude; Unterwanderung bürokratischer Gesetzmäßigkeiten (Ausnutzung spontaner schöpferischer Impulse)...

Mangelnde Ausdauer in der Rollenverwirklichung; geringe organisatorische Klarheit; rollenbedingte Minderwertigkeitsgefühle; Versagerängste; aus seinem Tun ein Geheimnis machen; sich mit einem Guru- oder okkulten Sendungsbewußtsein fehlidentifizieren; an zu hoch angesetzten beruflichen Idealen scheitern; fatalistische Resignation; unkritische und leichtsinnige Rollenwahl; Verzettelungen; Selbsttäuschung und Selbstüberschätzung; Indifferenzierung kann zu Resignation und Phlegma führen; unklare berufliche Zielvorstellungen; sich rollenbedingter Verantwortung entziehen wollen; Distanziertheit von der eigenen Rolle kann zu Unglaubwürdigkeit führen; Kontaktschwierigkeiten; unter bürokratischen Zwängen leiden; in seiner rollenbedingten Hilfsbereitschaft ausgenutzt werden; an materiellen Widerständen scheitern...

(z. B. W. Blake, H. Blavatzky, A. Einstein, P. Ustinov)

Aszendent in den Fischen

In unseren Breiten immer mit einem Schütze-Medium-Coeli verbunden.

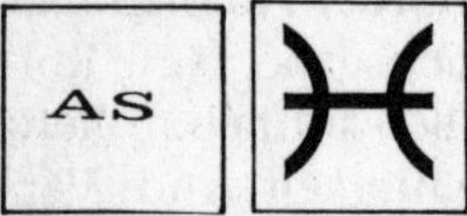

Entwicklung selbstloser Hingabe; Annäherung an die Welten der Religion und Metaphysik, Entwicklung irrationaler Verbundenheitsgefühle; Transzendierung materieller Bindungen; Ablösung des wissenschaftlichen Weltbildes durch das glaubensmäßige Weltbild; Auflösung bestehender Strukturen und Zwänge; atmosphärische Motiviertheit; Gewichtung der Fantasie und Illusionskräfte; Erkenntnis der Welt als Traum oder Spiegelung; sich von geheimnisvollen Energien getragen fühlen (Medialität); sich Zuständen seelischer Ergriffenheit hingeben können; Entwicklung flexibler und unorthodoxer Hilfsbereitschaft; Entwicklung über das erotische Spannungsfeld; Ideale mystischer Vereinigung; Beschäftigung mit Grenzwissenschaften; Selbstverwirklichung in der Zurückgezogenheit; Suche nach innerem Frieden und weltzugewandter Gelassenheit; Ausklammerung des Zufalls (alles ist geheimnisvolles Orakel); Anstreben eines diffusen Zustandes jenseits materieller und metaphysischer Gesetzmäßigkeit; Überwindung des individuellen Egos...

Gefahr religiöser oder esoterischer Schwärmerei; Selbsttäuschungen erliegen; diffuse und geheimnisvolle Ausstrahlung führt zur Fehleinschätzung durch andere, Gefahren von Orientierungs- und Haltlosigkeit; Leichtgläubigkeit; Tagträumerei; wenig Wirklichkeitssinn; Gefahr unreflektierten Drogengebrauchs; sich durch fatalistische Vorstellungen aus der Selbstverantwortung ziehen; unter starken erotischen Zwangsvorstellungen leiden; Selbstmitleid; mystische Auserwähltheitsvorstellungen; Meidung von Wirklichkeitsbezügen; letzte Wahrheiten mit Wunschprojektionen verwechseln; keine eigenen Beurteilungen angeben können; starke Stimmungsabhängigkeit; Disposition zu Depressionen und Minderwertigkeitskomplexen; gerne einen Märtyrer spielen; sich selbst und anderen Sicherheit vortäuschen; sich hinter einem frömmelnden oder allwissenden Image verstecken...

(z.B. A. Besant, M. de Nostradamus, C. Righter, John Saul)

FISCHE

»Der Mystiker ist ein Revolutionär, und zwar der radikalste; denn er will (...) nicht die menschlichen Verhältnisse ändern, sondern den Menschen, sich selbst. Für ihn sind alle Erscheinungsformen historischer, ethischer, technischer oder ideologischer Art nur Masken und Larven, hinter denen der Mensch seine wahre und eigentliche, ins Transzendente weisende Bestimmung versteckt.«

R. Gelpke

In abwandelnder Ergänzung: Der Mystiker ist Realist, und zwar der offenste, selbstloseste und menschlichste; denn er möchte nichts ändern, sondern die zeitlose Klarheit hinter den Ego-Umwölkungen wiederfinden. Ihm sind alle Erscheinungsformen gleichermaßen wirklich wie unwirklich. Alles ist Ausdruck der gleichen Wahrheit.

Hans-H. Taeger

Mit der Fische-Thematik, die in der letzten der zwölf Tierkreisenergien ihren Ausdruck findet, schließt sich der kosmische Kreis. Der energetische Lern- und Verfeinerungsprozeß, der durch die Tierkreiswanderung bewirkt wird, findet hier sowohl Möglichkeiten der Vervollkommnung, Befreiung und Auflösung als auch ent-täuschender Erkenntnisse seiner verborgenen uranfänglichen Bedingtheit. Der Fische-Archetyp vereinigt in sich die paradoxen Extreme von Schöpfungsanfang und Schöpfungsende, Initiation und Auflösung des großen illusionären Spiels. Er ist sozusagen gleichermaßen zwölftes wie erstes Tierkreiszeichen. Über die Fische-Energie soll die endgültige Abnabelung von den verbegrifflichenden Intentionen des nach Erkenntnis und Erweiterung strebenden persönlichen Egos stattfinden. Gleichzeitig liefert die Initiations- und Imaginationskraft grenzüberschreitender Fantasie und erotischer Potenz, die dem Urozean fischehaften Seins atmosphärisch zugrunde liegt, Ursache und Vorlage für das Entstehen von Begriffen eines sich hiervon distanzierenden bzw. abspaltenden Egos.

»Auch erklärte der Buddha, daß die Dinge erscheinen wie die Reflexion des Mondes in klarem Wasser. Während wir die Spiegelung des Mondes in einem ruhigen Gewässer betrachten, sind wir in der Lage, ihn so klar zu sehen, als ob wir ihn am Himmel erblickten. Versuchen wir aber dann, ihn zu berühren, so würde unsere Hand nur die ruhige Wasseroberfläche unterbrechen und dadurch die Reflexion zum Verschwinden bringen. (...) In der gleichen Weise, in der die Illusion eines Magiers, ein Traum, eine Reflexion im Wasser und eine Fata Morgana nicht in der Art und Weise existieren, in der sie uns erscheinen, existieren auch alle Phänomene nicht aus sich selbst heraus, obwohl sie uns im Augenblick so erscheinen. Dennoch sind sie nicht nichtexistent: sie existieren als bloße Benennung durch Begriffe.« (Geshe Rabten: Mahamudra)

Durch das Fische-Weltbild läßt sich alles auf mystische Gestaltungskräfte zurückführen, die ihrem Wesen nach jedoch zeitlos, leer, unfixiert und relativierbar in Erscheinung treten und erst durch Verbegrifflichung, d. h. Separation, eine Wirklichkeit schaffen, die wir in Unkenntnis ihres wahren illusionshaften Charakters als konstante und endgültige Größen mißinterpretieren. Individualität formt sich aus polarisierenden, d. h. spannungserzeugenden Fehldeutungen oder aus angstvollen Reaktionen sich zentrierender sonnenanaloger Kräfte auf die unendliche und offene Dimension eines gelassen vor sich hinträumenden mythischen Urozeans, in dem Seele und Geist, Yin und Yang noch nicht voneinander getrennt sind, sondern eine harmonische und umfassende Einheit bilden.

So ist denn auch die treffendste symbolische Umschreibung fischeenergetischen Seins das Yin-Yang-Zeichen des chinesischen, die Yab-Yum-Darstellung des indischen und tibetischen bzw. die sich selbst in den Schwanz beißende Ouroboros-Schlange des westlichen Kulturraums. Im Yin-Yang-Zeichen begegnen wir zwei ineinander verschlungenen und sich gegenseitig bedingenden Fischen: einem schwarzen Fisch mit weißem Auge (Yang-bedingender oder -beinhaltender Yin-Bereich) und einem weißen Fisch mit schwarzem Auge (Yin-bedingendes oder -umschreibendes Yang-Symbol). In seiner kreisförmigen Anordnung und Symmetrie weist das Yin-Yang-Symbol u. a. auf die Zeitlosigkeit hin, auf die allem zugrunde liegende Ganzheit und Widerspruchslosigkeit fischearchetypischen So-Seins. Das genaue Pendant der westlichen Astrologie hierzu sind die beiden im Kreise schwimmenden Fische, die durch ein Band, das ihren Mäulern entspringt, miteinander verbunden sind.

So wie in den Tiefen unserer Weltenmeere unterschiedliche Strömungsverhältnisse herrschen, befinden sich auch in unserem mehrebnigen Tiefenwesen scheinbar widersprüchliche Strömungsverhältnisse in einem dynamischen, aber harmonischen Prozeß fließenden energetischen Austauschs. Was sich jedoch dort bewegt, umschichtet und wechselseitig durchdringt, ist das in sich selbst ruhende Wasser-Element, welches noch nicht durch die differenzierenden Energien Erde, Feuer oder Luft polarisiert wurde. Die Elemente Erde, Feuer und Luft sind im Grunde genommen Reaktionen auf das nach Selbsterkenntnis strebende Urelement Wasser; sie stellen verschiedene energetische Transformationsstufen des allem zugrunde liegenden Wasserstoffs dar (vgl. auch Uranus-, Sonne- und Saturn-Artikel). Das Wasser-Element bzw. der Wasserstoff trägt also den Keim oder die Möglichkeit zu einer Spaltung und somit zur Evolution des Seins in absichtsloser Form bereits in sich.

Im Hinduismus findet sich eine schöne bildhafte Umschreibung des fischeenergetischen Zustands: Es ist der Gott Vishnu, der, von riesigen Schlangenkörpern getragen (Ausdruck der ursprünglichen Kundalini-Energie oder Schlangenkraft), auf den nachtblauen kosmischen Urmeeren dahingleitend das Universum träumt. Hierbei ist er sich des relativen Illusionscharakters seiner Bildekräfte bewußt und reagiert auf sie folglich weder mit Anziehung noch mit Abstoßung, sondern mit vollständiger innerer Gelassenheit und Harmonie. In genau diese Seinsqualität müssen wir uns hineinfühlen, wenn wir uns an unser inneres Fische-Potential rück-anschließen wollen. Indem wir dies tun, können wir uns die äußere und innere Welt als Produkte unserer eigenen Imaginationskraft vorstellen und die Wirklichkeit wie einen Traum erleben. Eingedenk dieses Illusionscharakters werden wir dann angstfrei – aber einfühlsam, friedvoll mitempfindend, gelöst – doch gleichzeitig hilfsbereit auf die Problematik relativen Seins reagieren. Wir besitzen nun den wichtigen Schlüssel zum Verständnis des Fische-Mysteriums: Alles ist Illusion, alles ist leer, alles ist Projektion. Mit diesem fundamentalen Verständnis entzaubern wir die Realität, indem wir sie als Zauber erkennen. Wenn wir die Welt als geheimnisvolles Trugbild entlarven, resultiert hieraus jedoch keine Negation oder Weltabgewandtheit, sondern lediglich eine Relativierung derselben. Fische-Bewußtsein führt nicht zu Passivität – es führt zu aktiver Medialität. Letztere beruht auf dem tiefen Vertrauen sowohl in die innere Doppelnatur der Dinge als auch in die Gesetzmäßigkeiten des Nicht-Zufalls. Im Fische-Weltbild ist das kleinste Detail immer in einem sinnhaften Zusammenhang mit dem großen Ganzen.

Somit kann man jede beliebige Fotografie einer bestimmten Zeitqualität als ein Orakel für den dahinterstehenden allgemeinen Sinn betrachten. In letzter Konsequenz ist dies natürlich auch immer die Hauptgrundlage astro-energetischer oder astrologischer Orakeldeutung, bzw. der Orakelinterpretation *überhaupt* (hierzu gehören auch die modernen Naturwissenschaften). Sie ist ein Hilfsmittel, mit den Bildern bzw. Bildekräften, den strömungs- oder stromerzeugenden Bewegungen der Weltenseele in energetischen Einklang zu gelangen. Ist der Rück-Anschluß an den inneren Strom jedoch hergestellt und hat man sich in die Bilder der Zeitqualität widerspruchsfrei aufgelöst, bedarf es keiner weiteren Sinnklärung durch Wissenschaft, Religion, Philosophie und Orakelkunst mehr. Wir wollen hierbei über die Problematik des persönlichen Bereichs, die in erster Linie auf verkehrten oder zu engen Bildern, Einbildungen oder Bildfixierungen beruht (der noch nicht verarbeiteten Fische-Thematik), zu einem energetischen Verständnis überpersönlicher Wirklichkeit vordringen.

Jede Form der Entwicklung strebt durch Transformation, Erweiterungen und Überwindung von Ego-Blockierungen auf die Transzendenz zu. Diese ist jedoch nicht etwas Jenseitiges und von uns Getrenntes. Sie ist in jedem Augenblick gegenwärtig. Sie umschreibt unseren eigentlichen Zustand, den wir jedoch aus Angst, einen Teil unserer Persönlichkeit aufgeben zu müssen, nicht wahrnehmen wollen. Wenn wir dies einmal als Grundwahrheit zu akzeptieren bereit sind, läßt sich schlußfolgern, daß egoistische oder materialistische Menschen besonders große Probleme und innere Kämpfe mit ihrer nach Transzendenz strebenden Fische- oder Neptun-Natur haben, da nach dem höheren Ursache-Wirkung-Prinzip disharmonische Verhaltensweisen ein spannungs- oder leiderzeugendes Feedback hervorrufen, sind sie jedoch in der gewissermaßen bevorzugten Lage, zu tiefen Transformationen und metaphysischen Einsichten motiviert zu sein. Wir brauchen uns also nicht zu wundern, wenn sich ein extremer Realist oder stark ichbezogener Mensch »plötzlich« in einen mystisch aufgeschlossen oder spirituell engagiert Suchenden verwandelt. Vielmehr ist diese

Transformation die schlüssige Reaktion auf die Ausweglosigkeiten eines expandierenden und diskursiv denkenden Egos.
Auch kollektiv gesehen entsteht so etwas wie ein spezielles Bewußtsein oder Ego. Je unmenschlicher, wissensunterkühlter und materialistischer sich dieses kollektive Ego in seiner speziellen Zeitqualität darstellt, desto größer wird die Wahrscheinlichkeit eines erkennenden Umschlagens, denn im Entstehen einer Spannung wurzelt immer das verborgene Streben nach Entspannung. Mit anderen Worten: Auch das Kollektiv als Gesamtheit strebt nach einer Verschmelzung mit der Fische-Energie. In dem wachen Verfolgen der negativen Feedbacks, die durch die Funktionsweisen des persönlichen Egos ausgelöst werden, liegt die Hauptmotivation des Erleuchtungsideals. Was uns jedoch davon abhält, alles als Erleuchtung zu erkennen, ist Unwissenheit. Deshalb ist Wissen, vor allem als Grundlage umfassender Orakeldeutung, gewissermaßen das Fahrzeug der Erleuchtung bzw. Vor-

bereitung auf das Eintauchen in den Fische-Archetypen. Erleuchtung ist eine Umkehrung unserer gewöhnlichen Vorstellung von Erwachen. Normalerweise verstehen wir darunter den Übergang vom Traum in die sogenannte Wirklichkeit. Im fischehaften Erwachen aber transzendiert sich die äußere Wirklichkeit, und man erkennt den ihr zugrundeliegenden Traumcharakter. Trotz aller Gewichtigkeit dieser Aussagen möchte ich diese nicht im pastoralen Sinne verstanden wissen, sondern eher in Form einer sachlichen und ableitbaren Feststellung. Auch Erleuchtung ist nur ein normaler und natürlicher Prozeß, der nicht etwas beendet, sondern im Sinne des Erwachens in eine neue energetische, Zeit und Raum transzendierende Dimension hinüberführt. Was hierbei leuchtet, ist das Resultat der Verschmelzung yin- und yanghafter Energien – die Hochzeit des weißen und des schwarzen Fisches. Durch den Rück-Anschluß an die Fische-Energie soll das Bewußtsein aus einem höchsten und letzten Spannungsfeld herausgelöst werden: der scheinbaren Widersprüchlichkeit von Leere und Sein. Da diese jedoch niemals voneinander getrennt waren, ist auch Erleuchtung eine Illusion.

Über die ersten sechs, vom Widder initiierten Energien des Tierkreises, den Jahresrhythmen Frühling und Sommer (Werden und Reifung), baut sich ein kosmisch yanghaftes Spannungsfeld auf, das über die Jungfrau und ihre Kriterien kritischer Vernunft, ethischen Verantwortungsbewußtseins, Selbstdisziplin und neutraler Distanziertheit einen vorläufigen Abschluß findet. Die zweite Tierkreishälfte, eingeleitet durch das Waage-Thema und symbolisch in den Jahreszeiten Herbst und Winter (Metamorphose durch den Tod) widergespiegelt, dient dem Prozeß yinhafter Entspannung, der Transformation des Egos und der Rückführung in den uranfänglichen energetischen Zustand mystischen und transzendierten Seins.

So wie die Emotion, der Wille und die noch unreflektiert-spontane Entschlußkraft des Widders über den Jung-

frau-Archetypen eine differenzierte Verwirklichung finden, so erfahren die waagehaften Wünsche nach Harmonie, Schönheit und mystischer Vereinigung ihre tiefste Umsetzung und Verfeinerung in den Fischen. Ihre symbolischen Beschreibungen, die beiden nach Einklang strebenden Waagschalen und die zwei durch das Band der Widerspruchsfreiheit miteinander verbundenen Fische bringen die entpolarisierenden Intentionen des zweiten Tierkreisabschnitts gleichnishaft zum Ausdruck. Hinzu kommt, daß Venus, ›die Schaumgeborene‹, planetare Entsprechung der Waage-Energie, mythologisch gesehen eine Emanation von Neptun, der gestaltenden Kraft des Fische-Bereichs darstellt. Das Medium, über das die schrittweise Entpolarisierung und Ausweitung stattfindet, ist in beiden Fällen die Entwicklung grenzüberschreitender Liebe und Fantasie, die wiederum auf einer Sublimierung erotischer Vorstellungskraft beruhen.
Wir erleben also die Ganzheit aus der Dissonanz, die sich aus der ersten Tierkreishälfte in Relation zur zweiten Tierkreishälfte ergibt. Natürlich finden wir die Wahrheit weder zwischen Widder und Jungfrau noch zwischen Waage und Fische, weder im Yin noch im Yang, sondern nur in der komplexen Zusammenschau, einem quasi dritten Seinszustand, in dem keine widersprüchlichen Vorstellungen von Spannung und Entspannung herrschen, der keinerlei Unterschied zwischen Leere und Sein empfindet, der sich gleichermaßen aktiv wie passiv verhält, alles in leuchtender Klarheit erfährt und dessen Potential aus der Vereinigung und Verschmelzung der männlichen und weiblichen Energien hervorgeht. In diese kaum vorstellbare Schwingungsdimension gelangt man am direktesten durch die *Erfahrung* des mystischen Verschmelzungsprozesses selbst, der sowohl vom Waage- als auch vom Fische-Archetyp angestrebt wird. Wir befinden uns in der Welt von Liebesmystik und Tantra, in der durch die alchimistische Vereinigung von Yin und Yang eine neue androgyne Energieform entsteht, die wir, wie

Durch die Jungfrau-Energie wird eine Strukturierung der mystischen Ursprünge sichtbar, die ihre Basis im oppositionellen Fische-Archetypen haben. In die Fische-Energie zurückgespiegelt, werden die Gesetzmäßigkeiten der Jungfrau-Prinzipien wohl offenbar, relativieren sich aber in der metaphysischen Unendlichkeit des Wasser-Elements.

im Neptun-Artikel ausführlicher beschrieben, als Urstoff oder Urenergie (Dorje-Chang-Zustand) erfahren können und die durch die immense magische Gestaltungspotenz der noch nicht in Yin und Yang polarisierten Kundalini-Energie umschrieben wird. Liebesmystische Vervollkommnung muß jedoch nicht über eine körperliche, sondern kann auch über eine vorgestellte, ein-gebildete Vereinigung realisiert werden. Im buddhistischen Tantra arbeitet man sogar mit Vorliebe im imaginativen Bereich. Während über die Waage-Energie eher die süße, farbige, blumig-verzaubernde und ästhetisch entrückende Variante der feinstofflichen Vervollkommnung in den Vordergrund tritt, führen die fischehaften Transformationen der Angstüberwindung zu einem direkten und unverblümten Anschluß an die dunklen und archaischen

Kräfte der Erleuchtung. Durch sie werden letzte Flucht- und Besonderheitsbestrebungen paradiesischer Abspaltungs- und Überhöhungsängste tiefgreifend überwunden. In der Fische-Wirklichkeit begegnen wir weniger den lieblichen Gestaltungskräften frommer Götterhimmel als vielmehr den rasenden, ekstatischen, titanenhaft dämonischen und schreckeneinflößenden Gewalten urmythologischer Schöpfungszeiten. Über sie wollen wir zu einer Auflösung von Gut und Böse, Hell und Dunkel, Yin und Yang, Göttlich und Dämonenhaft etc. gelangen. Wenn wir uns ein inneres Bild von diesem transzendenten Zustand ausmalen, so sollte dieser weder in einer grauen und nebelhaft verschwimmenden Unendlichkeitsvorstellung noch in der Strahlungsintensität und heroisch verklärten Allmacht einer sonnenähnlichen und personifizierbaren Göttlichkeit bestehen. Auch trägt man nicht ausschließlich die höllische Fratze plutonischer Finsternis. Vielmehr vereinigen sich alle scheinbar widersprüchlichen Wesensmerkmale zu einer schwingungskohärenten Vielgesichtigkeit, die sich auf der Basis egobefreiter Furchtlosigkeit in jedweder Form manifestieren kann. Sie ist sich des eigenen trughaften Charakters jedoch ständig bewußt und dadurch in der einzigartigen Lage, jederzeit sich selbst bzw. das Sein überhaupt zu relativieren. Auch Begriffe wie Harmonie und Dissonanz verlieren vollständig an Bedeutung. Alles ist Sinn und Einklang. Der Kreis ist geschlossen – kein Widerspruch, keine Spannung, nur Fließen. Weder nihilistisches Nichts noch füllhornhafte Mannigfaltigkeit. Eher Traum ohne Zentrum, Spiegelung ohne Erschrecken, Fantasie ohne Ende. Sich dem Strömungszufall hingebende und ungebundene schöpferische Potenz.
In den Charakterbeschreibungen großer tantrischer Meister läßt sich immer wieder die in ihnen verwirklichte Fische-Qualität herausspüren. Für sie gibt es keine Begrenzungen durch verbegrifflichendes Denken, Moral, asketische Regeln oder durch feste Konzepte. Vielen die-

ser Yogis wird ein intensives und unorthodoxes Sexualleben nachgesagt, was ebenfalls der erotischen Grundfärbung des Fische-Naturells entspricht. Ihr überpersönliches Reagieren auf leuchtende Energien transzendiert alle Grenzen und entspringt der strömungsharmonischen Inspiration tantrischer Vereinigungssehnsucht. Sie befinden sich in widerspruchsfreiem Einklang mit dem Augenblickspotential und geben allen spontan auftretenden Gefühlen und Gedanken eine Umsetzungsmöglichkeit. Was immer gerade entstehen mag, sei es Liebe, Haß, Zorn, eine Idee oder auch scheinbar destruktive bzw. konstruktive Handlungen: keine dieser Regungen wird unterdrückt oder gefördert. Alles Tun entspringt dem Nicht-Tun. In Asien nennt man diese Wesenhaftigkeit auch die »verrückte Weisheit« und versteht hierunter das Verweilen im befreiten Zustand des sogenannten Mahamudra. Viele biographisch gefärbte Anekdoten über Gurus wie z. B. Tilopa, Marpa, Padmasambhava oder auch Drugpa Künleg (lesenswert: Dowman, »Der Heilige Narr« und Wu-Chen-En, »Monkey's Pilgerfahrt«) vermitteln einen Eindruck von der offenen Weite, Spontaneität und der Zeit und Raum überwindenden mystischen Kraft, die durch sie wirkt. So gibt Drugpa Künleg, ein tibetischer Tantriker des 16. Jahrhunderts, folgende Selbstdarstellung:

»Ich bin ein Tänzer im unzerstörbaren Reigen der Illusion,
ein tobendes Chaos, das jegliche Erscheinungsform hervorbringt,
ein mächtiger Herrscher, der das Rad der Glückseligkeit und Leere dreht,
ein mutiger Held, der bedingtes Sein und Nichtsein als Sinnestäuschungen erkennt,
ein vom Erbrechen Geschüttelter, der angewidert ist vom Haften an Vergängliches
ein kleiner Dordsche, der die Trugbilder der anderen durchbohrt,

ein Betrüger, der die Dauer bedingten Seins verkürzt,
ein Vagabund, der dort zu Hause ist, wo er Unterkunft findet,
ein glücklicher Pilger, der seinen Geist als den Lehrer erkennt,
ein Kämpfer, der die Dinge, die ihm widerfahren, als Erscheinungen seines Geistes versteht,
ein Wissender um das Gesetz des abhängigen Entstehens, der die Einheit in der Vielfalt wahrnimmt,
ein Yogi, der den einen Geschmack aller Phänomene verwirklicht hat.
Einige der Masken, die ich trage, hab ich dir hiermit gezeigt.«

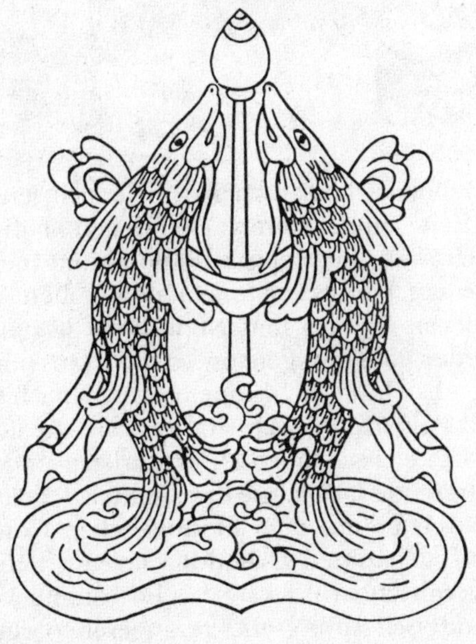

Die beiden aufwärtsstrebenden goldenen Fische gelten im Buddhismus als Glückssymbol auf dem Wege zur Erleuchtung (Wiedergeburtsbefreiung).

NEPTUN

»Objekt und Subjekt sind wie Sandelholz und sein Duft. Die Welt der Erscheinungen (Samsara) und Nirvana (energetischer Zustand des Nichtgewordenen) sind wie Eis und Wasser. Erscheinung und Leerheit sind wie Wolken und Himmel. Leerheit und Gewohnheitsgedanken sind wie das Meer und seine Wellen.« *Geshe Cha-Yul-Pa*

Von den beiden transsaturnalen, d. h. sich jenseits von unseren Zeit- und Raumvorstellungen befindenden Planeten Uranus und Neptun (Pluto nimmt hierbei eine Sonderstellung ein; er hat nicht den hohen Verfeinerungsgrad von Uranus und Neptun) ist letzterer, auch Okeanos oder Poseidon genannt, der weitaus schwieriger zu erfassende, da er sich seinem Wesen nach kaum in Worte und Begriffe pressen läßt. Er stellt die noch nicht verbegrifflichte, rein tantrisch erfahrbare und aus der Leere schöpfende Urenergie dar. Seine Erleuchtungspotenz ist durchaus mit dem hinduistischen Gott Vishnu oder dem sogenannten Urbuddha im tantrischen Buddhismus vergleichbar. Er kann als höchste im Verborgenen wirkende Schöpfungsenergie angesehen werden, die sich in einem Zustand der Ambivalenz an der Nahtstelle zwischen dem noch nicht gewordenen, aber alles beinhaltenden »leeren« Urstoff und der erleuchteten, bildnerisch gestaltenden, magisch projizierenden und zeugenden Illusionskraft befindet. Durch ihn verschmelzen Urstoff und Äther in das mystisch gestaltende Wasser-Element. Er trägt aber gleichzeitig auch das Bewußtsein in sich, daß dasjenige, was wir als vermeintliche Wirklichkeit erleben, eine seinem Wesen nach leere und insofern relative Natur hat. Indem er die erleuchteten Urimpulse zum Werden des Seins imaginativ gestaltet, ist über ihn – andersherum gesehen – gleichermaßen die Auflösung und die Rückführung in den ungewordenen Urzustand möglich.

Wer nun von seinen geistigen Konzepten und Zielvorstellungen her diesen vollkommenen Urzustand anstrebt, für den ist ein weises und geschicktes Arbeiten mit den neptunischen Energien unerläßlich, er muß sich den Neptunstab, den Dreizack, durch die tantrische Praxis erarbeiten. Das Ringen um die Identifikation mit der inneren Neptun-Energie ist nicht nur deswegen so mühsam, weil der oppositionell mitgestaltende Jungfrau- und Vesta-Archetyp ein strenger Wächter über die reine, bedingende und selbstkritische Motivationsklärung ist, sondern weil sie auch unser sogenanntes Vorstellungsvermögen bei weitem überschreitet. Schon allein von daher ist eine langsame Herangehensweise an die Dreizackwelt erforderlich. Wir haben es bei Neptun mit einem uranfänglichen und energetisch gewaltigen Bewußtseinszustand zu tun, welcher, da er jenseits von Gut-und-Böse-Kriterien angesiedelt ist, nur erlebt, aber kaum von außen her beschrieben werden kann. Jede Beschreibung ist letztendlich Abstraktion, Aufsplitterung (Prinzip der Jungfrau) und somit Verfremdung und Zerstreuung. Obwohl Neptun von außen her vielfältig betrachtet werden kann, beruht sein inneres, bedingendes Wesen eher auf der Einfalt (Einfalt und Ein-Sicht als höchster Weisheitszustand).

Alle planetaren und zodiakalen Energien bis hin zu Wassermann und Uranus denken, fühlen, analysieren, idealisieren und reflektieren über den neptunischen Bereich, dem sie insgeheim entspringen, durch den sie wurzelhaft getragen werden, und streben eine Wiederannäherung und Rückverschmelzung mit ihm an. Wir stehen vor dem Paradoxon, daß durch Neptun-Energie etwas wird (einschließlich unserer individuellen Existenz), das sich selbsterkennend in seinem ungewordenen Urschoß wieder auflösen möchte, um möglicherweise periodisch neu zu entstehen und sich wieder aufzulösen. Es stellt sich uns die nicht zu beantwortende Frage, *warum* etwas wird, wenn es doch im Anfang seines Werdens die Bestimmung nach Auflösung und Rückführung bereits in sich trägt.

Diese Problematik führt tief in den Brennpunkt des mythologischen, religionsphilosophischen und sicher auch einmal des modernen naturwissenschaftlichen Denkens hinein: die berühmte Frage nach dem letzten Sinn. Dieser ist jedoch denkerisch, d. h. polarisierend und abseitsstehend nicht erfaßbar – und wenn, dann nur in unendlichen Reihen von Annäherungen. Man muß an seine Wirkung entweder glauben oder seine Initiationen in Hingabe erfahren. Die Neptun-Energie läßt sich ungern festnageln oder in eine Form prägen und entzieht sich immer wieder den Zugriffen unseres unterscheidenden Verstandes. Obwohl sie in sich harmonischen Gesetzmäßigkeiten folgt, setzt die neptunische Wirkung oft überraschend und logisch nur schwer nachvollziehbar, willentlich nicht reproduzierbar in Form von spontanen mystischen Flashs, Visionen, bewußtseinsmäßigen Grenzzuständen, Inspirationen oder telepathischen Instinkten ein. Um ihrem scheinbar irrationalen Wesen auf die Schliche zu kommen, müssen wir schon die sogenannten Grenzwissenschaften, die esoterischen und religiösen Disziplinen, vor allem auch die Astro-Energetik in ihrem tantrischen Verständnis, heranziehen. Diese Wissenschaften bemühen sich darum, uns dasjenige auf tiefen metaphysischen Erfahrungen basierende Wissen zu liefern, mit dem wir uns vorsichtig und angstüberwindend neptunischem Sein annähern können. Diese Versuche sind jedoch nur ein oberflächlicher Flirt mit der unermeßlichen Tiefendimension dieser Energie. Der angstfreie, konzeptlose, vertrauensvolle, selbstlose und liebevoll aufgeschlossene Sprung in den Okeanos des erleuchteten und relativen Seins verlangt ein immenses Vortraining: die Transzendierung unseres persönlichen Egos durch Einsicht, Konsequenz und magische Transformation. Ängste, Indizien für die Reste eines persönlichen Egos, müssen vollständig überwunden und durch hingebende Ergriffenheit in ein alles beinhaltendes Nichts, d. h. durch tiefstes Vertrauen in die eigene irrationalenergetische Natur, ersetzt werden. Je tiefer wir uns selbst hinterfragen, um so stärker relativieren sich unsere Vorstellungen von einem eigenständigen, identifizierbaren Selbst. Dies darf jedoch nicht in einem blinden oder masochistisch gefärbten Fatalismus enden, sondern sollte durch klare Erkenntnis das Urvertrauen wiederherstellen. Wir erleben uns dann eher als ein von unendlich feinen, numinosen Energien getragenes oder zusammengesetztes geheimnisvolles Wesen, das durch ein Gespinst von Illusionen und Unwissenheit eine individualisierte, d. h. vom Urgrund scheinbar getrennte Form gefunden hat. Doch wir sind in Wirklichkeit zu keinem Zeitpunkt *tatsächlich* von der neptunischen Wurzelenergie entfernt. Auf dem Wege zur Erleuchtung sind wir nur noch nicht weit genug fortgeschritten, haben noch nicht den geeigneten Lotus für die Bilde- und Imaginationskräfte des Neptun entwickeln können. Erst dieser Lotus würde es ihnen ermöglichen, sich in ihrer vollendeten und klaren magischen Gestalt zu manifestieren.

Neptuns Energie läßt sich mit dem Sanskritwort »Siddhi« (übernatürliche Kraft, Zauber, mystische Potenz, Illusions- oder Vorstellungskraft) umschreiben. In beinahe allen Weltreligionen wird den auf verschiedenen Erleuchtungsstufen stehenden Lehrern ein derart wundertätiges, d.h. grenzüberschreitendes magisches Potential nachgesagt. Die Wunder, die diesem Potential entspringen, stehen jedoch nicht, wie es der heilige Augustin schon richtig bemerkte, im Widerspruch zur Natur, sondern zu dem, was wir von der Natur wissen. Astroenergetisch gesehen heißt dies nichts anderes, als daß diese Menschen bereits mehr oder weniger geeignete Kanäle und Lotosse für die neptunische Schwingung gefunden haben. Da sich Neptun außerhalb nachvollziehbarer Raum- und Zeitbegrenzungen befindet, wirkt durch Menschen, die sich an sein Wesen anschließen konnten, eine Imaginationskraft, die das an der Materie orientierte Denken und Handeln ad absurdum führt.

Schon bei Uranus als erstem transsaturnalen, d.h. wirklichkeitsrelativierenden Planeten haben sich Zeit und Raum durch Eigenschaften wie Spontaneität, Intuition sowie durch grenzüberschreitendes Assoziations- und Abstraktionsvermögen stark erweitert und unser Denken in irdischen Maßstäben relativiert (Saturn, Ziegenfisch). Seinem bereits hell strahlenden Bewußtsein fehlt aber noch das letzte I-Tüpfelchen des Neptun: das Ablassen von der Evolutionsideologie, die devotionale Hingabe, die mystische Fruchtbarkeits- und Gestaltungskraft, die Loslösung von diskursiver gedanklicher Aktivität, die auf Reste eines persönlichen Egos und seine Ängste hinweisen (Uranus gehört noch zu den fixierenden Energieformen). Die weite Auffassungsgabe der uranischen Energie und ihre direkte Nachbarschaft zum Neptun- und Fische-Archetypen im Tierkreissystem ermöglicht es ihr, für die neptunische Wirklichkeit am ehesten eine adäquate Umschreibung zu finden, da sie sich paradoxer und intuitiver Methoden bedienen kann, die das zwingende Ursache-Wirkung-Denken des Saturn überhöhen. Uranus ist also von der Ursprunghaftigkeit Neptuns aus gesehen die erste und dichteste Umschreibung der neptunischen Schöpfungstransformation. Ein mystisch ent-

Tantrische Vereinigung des Hindu-Gotts Vishnu mit seiner Gefährtin Mahalakshmi (›Die große Glücksbringerin‹), aus der sich die rote Dakini Chinnamasta mystisch manifestiert. Als Symbol magischer Selbsttransformierung hält sie ihren eigenen abgeschlagenen Schädel in den Händen.

wickelter Mensch verfügt immer auch über ausgeprägte uranische Qualitäten: paradoxe Logik, Geistesgegenwart und Menschlichkeit. In ihm arbeitet die Logik der japanischen Koan-Inspiriertheit. Einem rein okkulten oder uranisch gefärbten Menschen hingegen sind mystische Qualitäten wie Selbstlosigkeit, Initiationskraft (Siddhi) oder stille Ergriffenheit von der mystischen Schau noch längst nicht zu eigen. Er gleitet jedoch in freiem Höhenflug über das unendliche Meer neptunischer Gestaltungskraft und sucht durch relativierendes Erkennen nach einer sicheren, d. h. schizophreniefreien Landebahn im energetischen Zustand zeit- und selbstlosen Seins. Der Uranier gleicht dem modernen Atomphysiker, der sich in seinen Experimenten und Erklärungsversuchen tief an die Kapazität des nicht mehr sichtbaren Bereichs heranwagt, ohne den direkten Schritt zu wagen, durch tantrische Praxis oder psychedelische Erfahrung diesen Zustand initiationshaftig zu erleben. Hier müßte ein Anschluß an die Einsteinsche Feststellung, daß die Imaginationskraft höher einzuschätzen sei als das Wissen, eine zukünftige Umsetzung finden.

Der archetypische Bereich des Poseidon kennt weder Vergangenheit noch Zukunft. In ihm ist alles zeitlose Gegenwart, modifizierter Ausdruck einer erotisch oder sexuell zu umschreibenden, besser: zu erfühlenden Urspannung (Kundalini), die dem anfangs- und endlosen Seinszustand als atmosphärische Initiationsschwingung zugrunde liegt. So erfährt denn auch der Lingam oder Penis, Ausdruck der schöpferischen Kapazität des Dreizackträgers Shiva, eine hohe rituelle Verehrung. In den Schöpfungsmythologien des Hinduismus offenbart sich Shiva, der Weltenschöpfer und Weltenzerstörer, als ein dem dunklen Nichts entspringender überdimensionaler Phallus. Auch in den westlichen Neptun-Mythologien lassen sich immer wieder Hinweise auf dessen enorme erotische Potenz finden (Neptun in Form eines weißen Hengstes). Ebenso beruht die »materialistische Mythologie«, die biologische Entwicklungsgeschichte des Menschen, auf dem vitalen Prinzip ewiger Fortpflanzung, deren historischer Ursprung in den Urozeanen, die einst unsere Erde umtobten, liegt. Irgendwann war in diesen Urmeeren unserer Vergangenheit einmal ›Nichts‹, bzw. ›Alles‹, denn alles, was jetzt ist, war irgendwann einmal – scheinbar – nicht. Selbst unsere Mutter, die erste Uralge, der erste chemische Mini-Organismus, d. h. das erste energetisch komplexe und autonom reagierende Wechselspiel, verdankt ihr Entstehen, materialistisch gesehen, einem chemischen »Zufall« oder Versehen, also der Gesetzmäßigkeit Neptuns. So lassen sich auch über ein rein rationales Verständnis der ›materialistischen Mythologie‹ die Wirkweise und der Nachweis von Neptun herausfinden. Unser gesamtes menschliches und organisches Sein hat seine Wurzeln in den unendlichen Tiefen eines ungestalteten, aber gestaltenden Wasserelements. Unser jahrmillionenaltes Erbgut ist eine komplizierte chemische DNS-Formel für die Evolution des Seins, die analytisch gesehen im Nichts wurzelt bzw. eine endlos expandierende Beschreibung des Leerezustandes darstellt. Diese scheinbare Absurdität ist vom neptunischen Bewußtsein her widerspruchsfrei vorstellbar. Die sich über den relativen Faktor Zeit differenzierende Ausformung dieses Nichts über Alge, Tier und Mensch ist von der Zeugungs- und Intentionskraft getragen, eine möglichst komplexe und vollendete Form für ein allumfassendes Bewußtsein zu schaffen, das das Nichts, d.h. sein eigenes Wesen, voll erkennen und integrieren kann. In unserem momentanen menschlichen Seinszustand befinden wir uns auf irgendeiner noch unvollendeten Stufe zu einer form- und inhaltsvollendeten, also ganzheitlichen Umschreibung eines sich in der Gestaltwerdung reflektierenden und selbsterkennenden Leerezustandes, über den wir uns langsam und von Inkarnation zu Inkarnation ein Bewußtsein schaffen. Ist diese ideale Form einmal gefunden, besteht zwischen dem archaischen und schöpferischen Nichts und dem hellen und bewußten Sein relativer Existenz kein wesenhafter Unterschied mehr. Man befindet sich lediglich auf der anderen Seite der gleichen Medaille, hat von Yin zu Yang gewechselt, aus dem schwarzen Urmeer (symbolisiert durch das Yin oder das hinduistische Yoni- oder Vulvasymbol) den Lingam der Erkenntnis wachsen lassen.

Dieses potente, aber noch nicht gestaltete Urmeer, das dem Nichts- oder Leerezustand des buddhistischen Weltbildes gleichkommt (Shunyata, Nirvana oder Urbuddhazustand) und mit dem durch tantrisch meditative Praxis eine Rückverschmelzung angestrebt wird, diesen Nichtszustand soll man sich ja nicht als eine lasche, labberige, graue, fern entrückte und transzendente »Alles ist egal«-Schwingung vorstellen. Er umschreibt vielmehr die enorme, noch undifferenzierte, stark atmosphärisch aufgeladene Basisspannung, die das Entstehen der fünf Elemente: Wasser, Feuer, Erde, Luft und Äther sowohl bewirkt als auch beinhaltet. Ein in diesen Urzustand mit einem geläuterten Ich Eintauchender, auch Buddha, Erleuchteter, Erwachter oder mystisch Realisierter genannt, ist also jemand, der, ohne sich daran zu fixieren, an ein ungeheuerliches Kräftereservoir angeschlossen ist, ein Wesen, das sich widerspruchslos sowohl als existent wie auch als nichtexistent begreift und durch das außergewöhnlich starke mystisch-magische Gestaltungskräfte fließen. Sein Wirken in Zeit und Raum, d. h. in der saturnal begrenzten Existenz, basiert immer auf den verborgenen und zeitlosen Grund-Lagen neptunischen Initiationspotentials. So sind denn auch die tantrischen Initiationen im Hinduismus und Buddhismus im eigentlichen Sinne Kraftübertragungen, die dem Bereich neptunischer Dimension entstammen. Hierbei wirken durch den Lehrer – vom normalen Auge nicht wahrnehmbare – Feinstenergien auf den Schüler ein, die die in ihm keimhaft angelegte, aber verschüttete analoge Energie zur Mitschwingung und langsamen mystischen Entfaltung erwecken. Initiation ist also eine Form von Kommunikation zwischen gleichen, aber verschieden weit entwickelten Energieformen höchster Wirklichkeit. Letztendlich kann Energie nicht übertragen werden, sondern nur wechselwirkendes Mitschwingen initiieren. Durch die Initiation entsteht ein erster Windhauch, der den von Wolken bedeckten, strahlenden Hintergrund der Unendlichkeit freizulegen beginnt. Der Mystagoge ist hierbei Geburtshelfer, aber nicht Erzeuger. Er ruft Zeitloses wach und enthüllt dadurch die eigene innere Natur, mit der wir mehr oder weniger bewußt in Verbindung stehen.

Um eine wirkliche Initiation zu ermöglichen, müssen sich sowohl Mystagoge als auch Initiand (der Mystagoge muß nicht eine menschliche Gestalt haben, es kann ein Augenblick sein, ein Traum oder der Energieaustausch transitierender Planeten) in einer devotionalen und offenen Grundstimmung befinden. Neptunischen Welten kann man sich nur durch Verehrung und in angstfreier, d. h. vertrauender Vereinigungssehnsucht nähern. Alles diskursive Denken wirkt als Störfaktor. Dies ist auch der Grund, warum im Vorfeld der tantrischen Meditation

besondere Atem-, Konzentrations- und Übungen der Geistesruhe stehen, die die Vorbedingungen für die mystisch-magische Arbeit an der inneren Vervollkommnung (Tantra = Arbeit im Verborgenen oder Arbeit an den Wurzeln) schaffen.
Um ein Beispiel für Annäherungsmöglichkeiten an die neptunische Wirksphäre zu geben, soll uns der grobe schematische Ablauf einer tantrisch-buddhistischen Meditationspraxis einen Eindruck vermitteln. Jede Meditation beginnt hier mit der Motivationsklärung und den sie begleitenden erkenntnisrelevanten Vorsätzen und ethischen Einstellungen, dem bedingenden Sinngerüst der höheren Jungfrau-Thematik. Im sogenannten ›Zufluchtsgebet‹ stellt sich der Meditierende vertrauensvoll unter den Schutz der erleuchtenden Energien des Urbuddhas bzw. der Energie des ursprünglichen Leerezustandes. Weiterhin faßt er den Vorsatz, durch die tantrische Praxis auf schnellstmögliche Art mit diesem erleuchteten Urzustand zu verschmelzen, d. h. Buddhaschaft zu erlangen, um, von diesem magischen Potential ausgehend, in der Lage zu sein, durch geheimes, selbstloses und magisches Wirken alle Wesenheiten des Universums an die Energie der Erleuchtung rück-anzuschließen (Kontaktaufnahme mit dem Bodhisattvagedanken bzw. -empfinden). Durch dieses Statement und die mit ihm verbundene Ethik der Ego-Transzendierung und Hilfsbereitschaft sind, wenigstens vorsatzhaftig, die Grundlagen, das Lotusfundament für die eigentliche Eigeninitiation und die tantrische Arbeit gelegt. Im nächsten Schritt ist der Meditierende aufgefordert, sich in den energetisch ambivalenten Zustand der Leere zu versetzen. Aus dieser vollständig ego- und angstbefreiten Beschaffenheit heraus identifiziert sich der Meditierende als Folge von spontan entstehenden Keimsilben oder Schwingungen, die sich zunächst im Licht einer bestimmten Elementendifferenzierung (Wasser: schwarzblau/HUNG; Erde: gelb/SVA oder TRAM; Feuer: rot/AH oder HRIH; Luft:

Durch die buddhistische Vereinigungsgottheit GUHYASAMAJA verwandeln sich die Qualitäten des Wasser-Elements in sexual-ekstatische Erleuchtung. Als Symbole der Verbundenheit mit den anderen Elementen hält Guhyasamaja in seinen Händen ein weißes Rad (Äther-Element), eine Lotosblüte (Feuer-Element), ein Schwert (Luft-Element) sowie ein Bündel flammender Edelsteine (Erdelement).

grün/HA; Äther: weiß/OM oder HUNG; Urstoff: schwarz/HUNG) darstellen, mit der in Lichtkörper, Geist und Wissen identischen Form eines speziellen Erleuchtungsaspektes. Er visualisiert sich in einer lichttransparenten göttlichen Gestalt (z. B. Tara, Manjushri, Vajrapani etc.), beginnt – auf einer Lotusblüte thronend – mantrische Schwingungen und Farben zu erzeugen und arbeitet in der Vorstellungswelt neptunischer Wirklichkeit, die wir in Ermangelung eines tieferen Verstehens mit Worten wie ›Weiße Magie‹ oder ›Zauberei‹ umschrieben. In der höchsten neptunischen Klarheit gibt es keine Schwarze Magie, sondern nur Einklang oder Disharmonie mit dem aus sich selbst heraus leuchtenden mystischen Fluß. Sogenannte Schwarze Magie beruht auf mangelndem Verständnis, auf Unwissenheit bzw. auf dem Wahn der Verabsolutierung noch nicht relativierter und gereinigter Persönlichkeitsreste.
Dem mystischen Praktiker ist das sinnvolle Umgehen mit Schwingungsenergien und supranormalen Kräften oder Siddhis eine realistische und effektive Arbeit mit dem Neptunstab, die im Vorfeld höchster Wirklichkeit geradezu eine Zwangsläufigkeit erreicht. In der tibetischen Vorstellung ist letzte Vervollkommnung nur noch auf rein mystische Art und Weise zu erlangen. Diskursives Denken, ängstlicher Schutz gegenüber der Neptun-Realität, wird in den Vervollkommnungsstadien nicht mehr benötigt, da volles Vertrauen in die Klarheit des Zustandes entwickelt ist. Das Wirken aus einem subtil verfeinerten Illusionskörper heraus ist sich des Täuschungscharakters des eigenen energetischen Zustandes voll bewußt, ohne hierbei den Begriff Illusion positiv oder negativ zu bewerten. Der meditierende Tantriker, ein sozial engagierter Arbeiter oder Bodhisattva der metaphysischen Welt, weiß um die Relativität der Dinge, ist aber durch seine Verbundenheit mit der Fische- oder Mitleidsenergieschwingung geneigt, auf allen Ebenen der unerleuchteten Erscheinungswelt hilfreich zu wirken.

Im tantrischen Buddhismus erhalten die unterschiedlichen Stufen und Aspekte der Erleuchtung eine jeweils adäquate, vollendete, mystisch personifizierbare Form oder Lichtschwingung (Manjushri = erleuchtendes Wissen; Tara = erleuchtendes Mitempfinden; Vajrapani = erleuchtende magische Aktivität etc.). In ihrer Gesamtheit umschreiben die unzähligen Buddhas und Bodhisattvas, die in der tibetischen Ikonographie in Praxis und Kunst eine Darstellung finden, den komplexen Zustand urbuddhahaften Seins. Damit trotz der Differenziertheit der Bezug zur Ganzheit nicht verloren wird, visualisiert der Übende, daß er vom Urbuddha, der Essenz aller fünf Elemente oder aber von den gleichzeitig auftauchenden fünf Elementenbuddhas oder Lichtqualitäten (schwarz, gelb, rot, grün und weiß) eine Initiation oder Energieübertragung erhält, die ihn zu seiner speziellen tantrischen Gestalt ermächtigt. In diesem Stadium der Meditation beginnt die eigentliche neptunische Arbeit. Durch das mantrische Wachrufen von bestimmten Lichtenergien in den Chakren des mystischen Feinkörpers und unterstützt durch die vom Herzen ausstrahlende ethische Kraft der Selbstlosigkeit und erleuchtungsorientierten Hilfsbereitschaft, multipliziert sich der Meditierende in seiner mystisch vollendeten Gestalt millionenfach, um in grenzüberschreitender Vorstellungskraft gleichzeitig und an allen Orten des Universums sein Licht zu verbreiten, Unwissenheit in Klarschau zu transformieren und um durch Initiationen den Keim zur Erleuchtung zu übermitteln. Am Ende der tantrisch-meditativen Arbeit, die nicht Weltflucht, sondern neptunische Wirklichkeitsbewältigung darstellt, verschmelzen alle Vorstellungskörper wieder in den anfänglichen und ungestalteten Urzustand der Leere. Somit sind alle möglichen Fehlfixierungen – selbst an einen mystischen Feinkörper – wieder aufgehoben bzw. dem buddhistischen Seinsverständnis entsprechend relativiert. Zum Abschluß jeder tantrischen Übung werden die eingangs bereits formulierten Vorsätze und ethischen Grundlagenklärungen wiederholt. Die sogenannten karmischen Verdienste, die aus dieser Übung resultieren können, werden allen fühlenden Wesen im Universum übertragen. Hiermit sind auch die letzten Möglichkeiten subtilen Egostolzes aufgelöst.

Dieses traditionell überlieferte didaktische Konzept für Begegnungen mit der erleuchtenden Neptun-Dimension ist natürlich – so vollkommen es auch noch in unserer heutigen Zeit funktioniert – nur *ein* Vorschlag unter vielen anderen. Jede Form religiösen oder schamanistischen Rituals ist im Grunde genommen daraufhin angelegt, einen mehr oder weniger tiefen Zugang in die verborgene Wirklichkeit und atmosphärische Grundschwingung Neptun-Poseidons zu finden. Der energetische Zustand der speziellen atmosphärischen Spannung, die durch Zeremonie oder Ritual entsteht, unterscheidet sich durch den Grad der ihr zugrunde liegenden Egolosigkeit, Erkenntnisweite, freundlichen Zugewandtheit, Motivationsethik und durch die entsprechenden Imaginationsbilder, die durch den Strukturablauf oder das Drehbuch des Zeremoniells hervorgerufen werden. Je höher diese Qualitäten entwickelt sind, um so ganzheitlicher, angstbefreiter und klarer wird die mystische Schau. Der Verfeinerungsgrad dieser wurzelhaften Voraussetzungen unterscheidet die verschiedenen mystischen Traditionen und Religionen.

Ähnlich wie Jungfrau oder Vesta lediglich die einem reinen Denken entspringenden strukturierenden *Vorbedingungen* schaffen, damit sich die Imaginationskräfte leuchtend entfalten können, ist der äußere Ablauf eines Rituals ›nur‹ Mittel zum Zweck, wobei der Zweck Neptun ist, Rituale ohne durch sie entstehende Imaginationskräfte sind wertlose Formalismen, Studienobjekte für Religionswissenschaftler und Völkerkundler. Sie haben ihren Lebenssinn verloren. Das Wunder der Verwandlung wird zur stumpfsinnigen Gewohnheit oder zu Aberglauben. Je weiter wir dem polaren Gut-Böse-Denken im

Prozeß der philosophischen Vorklärung enthoben sind, d. h. je androgyner und ganzheitlicher unser Wesen oder wenigstens unsere Leitmotive und Vorsätze werden, desto essentieller und ungetrübter verläuft unser neptunischer Vervollkommnungsprozeß.
Auch die eher zeitgemäße Arbeit mit psychedelischen Hilfsmitteln hat nur dann irgendeine Aussicht auf Erfolg, auf Transformations-Enlightenment, wenn ›Set‹ und ›Setting‹, d. h. die harmonische innere und äußere Einschwingung (das Ritual), die selbstlose und erleuchtungsorientierte Motivation, die Bodhisattva-Energie und das philosophische und wissensmäßige Vor- und Paralleltraining der Bewußtseinserweiterung mit einem großen Maß an Ernsthaftigkeit, Disziplin und Ausdauer kontinuierlich und engagiert umgesetzt werden.
Weil die Basis von Neptun das geläuterte und transzendierte Ego ist, bietet es sich ganz von selbst an, daß man sich mit diesen Energien nicht in Pose setzt. Neptunaktivierte Menschen wirken selten vordergründig. Ihr Wesen ist eher bescheiden und still, und sie wählen gern den Weg des *Retreats* und phasenhaften Rückzugs aus der wirklichkeitsverhafteten Ebene einer lauten, undifferenzierten und veräußerlichten Welt, die einen ungünstigen Nährboden für eine Arbeit mit Feinstschwingungen darstellt. Besondere Entwicklungen bedürfen einfach sonderlicher Umstände. Hiermit ist jedoch nicht ein exklusiver, sondern eher ein bescheidener, schwingungskohärenter Rahmen gemeint. In ihrem Zustand der Zurückgezogenheit sind neptunisch Entwickelte nicht isoliert. Sie sind im Gegenteil mehr als je zuvor mit Allem auf geheimnisvolle Art und Weise verbunden. Da sie in harmonischer Korrespondenz mit der oppositionellen Jungfrau- und Vesta-Energie stehen, besitzen sie eine Erdung, die es ihnen ermöglicht, gefahrlos und ohne wahnhafte Ängste in das unermeßliche und klarstrahlende Meer metaphysischer Ewigkeit einzutauchen, ohne hierbei an der sogenannten äußeren Wirklichkeit zu scheitern.

Fehlt aber die Vorklärung, d.h. die jungfräuliche Motiviertheit und selbstkritische Erdung, schützt sich die neptunische Dimension durch ein wahres Gaukelspiel magischen Blendwerks. Sie mündet dann in den – langfristig positiv zu sehenden – Lern- und Entwicklungsprozeß von Täuschung zu Enttäuschung (Transformation neptunischer in saturnale Energie und umgekehrt), der durch subtile Fehlprojektionen und Fehlidentifikationen auf schmerzvolle Art und Weise darauf aufmerksam macht, daß dem persönlichen Ego der Zutritt zur klaren Neptun-Dimension verschlossen bleiben soll. Das unvorbereitete Ego würde sich hier wie ein Elefant im Porzellanladen bewegen und im Sinn nur Wahn und Furcht erleben. Wenn diese verkehrte Schau dann auch noch mit dem Elan eines Propheten zur höchsten Wahrheit proklamiert wird, wurzelt hierin bereits der unselige Beginn einer neuen, auf Furcht und Schrecken basierenden religiösen oder exoterischen Glaubenstradition. Alle bewußtseinsmäßig noch nicht verarbeiteten Bereiche erhalten dann die mystische und magische Fratze teuflischer Bedrohung. Böse und gute Energien stehen sich unversöhnlich gegenüber. Alles, was der begrenzten Erleuchtungskapazität zugänglich ist, wird vergöttlicht, und überall, wo sich die ungelösten Neurosen des persönlichen Egos verstecken, befinden sich irgendwelche Anti-Energien, die, emotional negativ aufgeladen und mit einem dunkelmagischen Gewand personifiziert, von der Ganzheit abgespalten werden. Mit anderen Worten: Solange Menschen von dunklen Kräften sprechen bzw. an dunkle Kräfte glauben, desto mehr spiegelt dies ihre eigenen dunklen, d.h. ungeklärten oder nicht komplex genug integrierten Neurosen oder Verdrängungsmechanismen wider. Aus den mehr oder weniger inspirierten Verhaltensweisen und -vorschriften, die auf den Visionen von sogenannten Sehern und Propheten beruhen, die häufig genug in Sekten, Religionen oder mystische Schulen übergehen und ungeprüft glaubensmäßig übernommen werden (Institutionalisierung durch den veräußerlichten Jungfrau-Archetyp), sind deren spezielle Psychosen, Neurosen und sonstigen persönlichen Konflikte (häufig erotischer bzw. sexueller Natur) in Form eines feinen Psychogramms ableitbar. Und dies immer genau an der Stelle, wo sich der Inhalt der Lehre zu besonders strengen Ge- oder Verboten verdichtet oder wo die eigene Unfehlbarkeit extrem stark in den Vordergrund tritt.

Neptuns wahres Gesicht des angstfreien Mitempfindens ist weder ästhetisch schön noch furchterregend – es ist beides, und dies auch nur als Ausdruck ungeheuchelter und spontaner Selbstlosigkeit. In Neptuns Gestaltungs- und Imaginationskraft pulsiert die unendliche Potenz des aus sich selbst heraus entstehenden Urnichts, das, da es weder raum- noch zeitgebunden ist, in *seinem* Verständnis von Wirklichkeit weder entsteht noch vergeht, denn es träumt den zeitlosen Traum der Erleuchtung, der energetischen Transformation einer vitalen Leere.

Übersteigt das deine Vorstellungskraft,
oder gibt dies deiner Vorstellung Kraft?

Rudolf Steiner – Kurzbiographie

»Unsterblichkeit, Ungeborenheit – erst wer beides versteht, versteht die Ewigkeit.« *Rudolf Steiner*

Rudolf Steiner wurde als Sohn eines kleinen österreichischen Bahnbeamten am 27. Februar 1861 um 23.15 Uhr in Kraljevica (damals Ungarn, heute Jugoslawien) geboren. Er wuchs in der harmonischen und kleinbürgerlichen Atmosphäre einer niederösterreichischen Dorfidylle auf. Bereits als kleines Kind entwickelte er eine ausgeprägte Imaginationskraft und sah sich von Elementarwesen umgeben, mit denen er sich in einem natürlichen Wechselspiel erlebte. Neben seiner visionären und hellseherischen Veranlagung (Fische-, Neptun- und Uranusbetonung) zeigte sich schon frühzeitig sein anderes bzw. ergänzendes Naturell: seine Fähigkeit zu logisch abstraktem, kritischem und realitätsbezogenem naturwissenschaftlichem Denken, vor allem der Mathematik und Physik (Jungfrau-, Stier- und Saturnbetonung). Er selbst empfand diese beiden Welten nicht als widersprüchlich, sondern bemühte sich – und dies ist vielleicht das Interessanteste an Steiners Lebenswerk – um eine Synthese, eine gegenseitige Durchdringung von metaphysischer und physischer Wirklichkeit, einer kreativen und den Anforderungen der Neuzeit nachkommenden Aktivierung der Jungfrau-Fische-Achse.

In seiner Schulzeit faszinierten Steiner vor allen Dingen

die darstellende Geometrie in der Mathematik und die strenge Logik von Kants ›Kritik der reinen Vernunft‹. Nach dem Abitur (1879) immatrikulierte er sich an der Technischen Hochschule in Wien und strebte formal ein Ingenieurstudium an, beschäftigte sich jedoch in erster Linie mit deutscher Philosophie und Literatur, mit Fichte, Hegel und Schelling, und gehörte verschiedenen literarischen En-vogue-Zirkeln an. Angeregt durch seinen Lehrer Schröer entdeckte er seine Liebe zu dem ebenfalls stark jungfrau- fische- und skorpionbetonten Dichter, Philosophen und Naturwissenschaftler J. W. v. Goethe und seine geistige Verwandtschaft mit ihm. Goethe wurde für ihn so etwas wie ein Wurzelguru.

Nach kurzer Tätigkeit als Hauslehrer und Erzieher wurde Steiner 1889 an das Goethe- und Schiller-Archiv in Weimar berufen, um dort im Rahmen der Goethe-Forschung dessen naturwissenschaftliche Schriften neu herauszugeben. Parallel hierzu verfaßte er eine Dissertation über Fichtes Wissenschaftslehre. Einer kurzen Begeisterung für Nietzsche und Haeckel folgte 1894 Steiners erstes bedeutendes Buch »Die Philosophie der Freiheit«. In diesem fordert er ein ›sinnlichkeitsfreies Denken‹, in dem sich seelisches und denkerisch-objektives Erfassen, getragen von einer sogenannten ›moralischen Phantasie‹, in der Erkenntnis vereinen sollen. Mit anderen Worten: Er denkt laut über die Problematik seines inneren Jungfrau-Fische-Wesens nach. Schlug er sich in seinen frühen Werken insgeheim noch etwas mehr auf die Seite des strengen analytischen Denkens (Jungfrau), dann wieder mehr auf die Seite visionärer Offenbarung (Fische), fand er in seinen reiferen Schriften den Stein der Weisen eher im lebendigen Prozeß des Erkennens: *»Nicht in dem lebt das Seelische, was der Mensch an der Natur erkennt, sondern in dem Vorgang des Erkennens.« (Die Geheimwissenschaft im Umriß)*

1897 zog Steiner nach Berlin, gab eine literarische Zeitschrift heraus, heiratete dort (1899) und engagierte sich als Lehrer in einer Arbeiterschule. In Berlin knüpfte er auch seine ersten Kontakte zu der damals sehr populären theosophischen Bewegung und begann eine anhaltende Vortragstätigkeit über Themen einer stark christlich gefärbten Esoterik. 1902 wurde Steiner zum Generalsekretär der Deutschen Theosophischen Gesellschaft ernannt und war 12 Jahre lang in Verbands- und Vortragstätigkeit eingespannt.

Als Anni Besant, Mitbegründerin der Theosophie, jedoch den indischen Knaben Krishnamurti als Reinkarnation Christi ausgab, führte dies 1913 zum Bruch mit der offiziellen theosophischen Bewegung, denn als engagierter Christ glaubte er an die Einmaligkeit der Jesus-Figur. Ohne die östlichen Religionen zu verdammen, lehnte Steiner eine Mischung westlicher und östlicher Werte als verfrüht ab, deklarierte aber die Inkarnations- und Karmalehre – etwas unklar konstruiert – als ureigene Erfindung des Christentums. In seinen Schriften »Theosophie«, »Wie erlangt man Erkenntnisse der höheren Welten« und »Die Geheimwissenschaft« vermischen sich christlich-schwärmerische, tugendhaft-lehrmeisterliche, okkulte und naturwissenschaftliche Theorien und werden zu Bibeln seiner wachsenden Anhängerschaft. Für eine derart eigenständige, schillernde und starke Persönlichkeit war in der bereits in sich gespaltenen theosophischen Bewegung kein Platz, und so gründete Steiner die sogenannte Christologie oder auch Anthroposophie. Mit ihr bemühte er sich um eine zeitadäquate Renaissance christlicher Geistigkeit und Mysterienschulung. Um diesen Intentionen eine künstlerische oder weihevolle Umrahmung zu geben, schrieb und inszenierte Steiner verschiedene Mysterien-Dramen. 1913 entstand durch Schenkungen seiner Freunde für 7 Millionen Franken das erste sogenannte ›Goetheanum‹, ein großzügig geplanter Theaterbau für über 1000 Personen, der nach Steiners architektonischen Entwürfen und Wünschen in Dornach in der Schweiz errichtet wurde.

Steiner war bemüht, sein geistiges Weltbild auf vielerlei Art und Weise gestalterisch umzusetzen. Neben Architektur, Plastik und Malerei kreierte er auch eine neue Heilgymnastik oder ›Bewegungskunst‹ (Eurythmie) und eine neue Art dramatischer Sprachgestaltung. Hervorzuheben sind auch seine sich ab 1918 realisierenden Bestrebungen, die anthroposophische Bewegung in die sozialpolitische Wirklichkeit zu integrieren. *»Wenn auch Anthroposophie zunächst ihre Wurzeln in den schon gewonnenen Einsichten in die geistige Welt hat, so sind das doch nur ihre Wurzeln. Ihre Zweige, ihre Blätter, Blüten und Früchte wachsen hinein in alle Felder des menschlichen Lebens und Tuns.«* Gestützt auf Sympathien der Arbeiterschaft, initiierte er gegen Ende des ersten Weltkrieges den »Bund für Dreigliederung des sozialen Organismus«. Es ging ihm hierbei um eine Entflechtung von Geistesleben, Wirtschaft und Staat: *»Freiheit im Geiste, Gleichheit vor dem Recht, Brüderlichkeit in der Wirtschaft.«*
Unterstützt durch den Zigarettenfabrikanten Waldorf entstand auf Steiners Anregungen hin ein neues Erziehungsmodell, das ursprünglich für die Arbeiterkinder der Waldorf-Fabrik konzipiert war. Das heute noch beliebte Schulmodell beruht auf den Prinzipien der Koedukation, sozialen Kooperation, der Betonung musischer, handwerklicher und sprachlicher Fächer. Er schaffte das gefürchtete ›Sitzenbleiben‹ ab; die Kinder haben vom ersten bis zum achten Schuljahr den gleichen Klassenlehrer und »Epochen-Unterricht«.
Steiner begründete auch eine spezielle anthroposophische Medizin, eine »Heilkunst nach geisteswissenschaftlichen Erkenntnissen«, die sehr stark von den Einsichten und Konsequenzen der psychosomatischen Wechselwirkungen getragen ist. Weiterhin entstanden eine biologisch-dynamische Landwirtschaft und eine heilpädagogische Bewegung, die sich der intensiven Betreuung von »seelenpflegebedürftigen« Kindern annimmt. Auf Anregung verschiedener protestantischer Theologen grün-

dete sich 1922 eine »Urgemeinde der Christengemeinschaft«, in der auch Frauen als Priesterinnen auftreten konnten. Als in der Silvesternacht 1922 das Goetheanum einer Brandstiftung zum Opfer fiel, begann Steiner sogleich mit neuen Plänen und gab dem zukünftigen Goetheanum, das am gleichen Ort wieder aufgebaut werden sollte, den Status einer »Hochschule für Geisteswissenschaft«.

Steiners letzte Lebensjahre waren von einer starken Vortrags- und Organisationstätigkeit eingenommen. Arbeitsstreß und leidenschaftliches Engagement (Skorpion-Aszendent; Pluto-Mars-Konjunktion) haben sicherlich dazu beigetragen, daß er sich relativ früh, am 30. März 1925, in ein neues geistiges Abenteuer, das der Wiederverkörperung, eingelassen hat.

(Merkur-Transit Konjunktion Neptun und Merkur-Radix; Mars-Transit Konjunktion Uranus-Radix; Jupiter-Transit Konjunktion Mondknoten-Radix; Saturn-Transit Konjunktion Aszendent-Radix; Neptun-Transit Konjunktion Jupiter-Radix)

Der Fische-Einfluß in Steiners Karmagramm

> »Da ist die Welt voller Rätsel. Erkenntnis möchte an sie herankommen. Aber sie will zumeist einen Gedankeninhalt als Lösung eines Rätsels aufweisen. Doch die Rätsel... lösen sich nicht durch Gedanken. Diese bringen die Seele auf den Weg der Lösungen; aber sie enthalten die Lösungen nicht.
>
> ... So sagte ich mir auch: die ganze Welt, außer dem Menschen, ist ein Rätsel, das eigentliche Welträtsel; und der Mensch ist selbst die Lösung.«
>
> *Rudolf Steiner*

So verschieden Tolstoj und Steiner ihrem Wesen nach auch erscheinen mögen, in beiden ruht gleichermaßen ein leidenschaftliches Engagement für eine zeitgemäße

Erneuerung christlichen Glaubens unter der Perspektive des aufkeimenden sozialen und wissenschaftlichen Weltbildes der Jahrhundertwende. Liegt Tolstojs mehr Jungfrau-orientierte Antwort hierzu im Befolgen puritanischer und asketischer Tugenden, so schwingt in Steiner stärker die Fische-Komponente sozialen Mitempfindens (Heilpädagogik, schulische und religiöse Arbeit, Medizin) und mystisch-esoterischer Ergriffenheit (Mysterienspiele, Kunst, Leiden als christlicher Initiationsweg). Die *beiden* gemeinsame Tendenz, ihr Wissen und ihre Erkenntnisse zu institutionalisieren und engagiert zu verbreiten, entspricht deren Eingebundenheit in die soziale bzw. reagible Achse, speziell in deren Jungfrau-Fische-Färbung. Da in beiden Bildern eine leichte Betonung der Wassermann-Energie vorhanden ist (MC, IC und Venus), fühlen sie sich herausgefordert, alte und neue Wissens- bzw. Glaubensinhalte miteinander in Verbindung zu bringen und durch Umformulierungen und gedankliche Brücken zeitadäquate Synthesen herbeizuführen.

Hierbei kann man getrost davon ausgehen, daß ihre Motive, die in der Ergriffenheit von christlichen Glaubensvorstellungen wurzeln, ehrlich, verantwortungsbewußt und von den Wünschen nach echter Bewußtseinserweiterung und Vervollkommnung getragen sind. Was geistige Anforderung und Risikobereitschaft betrifft, waren sie in ihrer Epoche und aus christlicher Sicht heraus in gleichem Maße Pioniere und Reformatoren. Ob man ihnen jedoch mit dem veränderten Bewußtsein der heutigen Zeit zu folgen vermag, steht hierbei auf einem ganz anderen Blatt und ist in erster Linie auch von der Intensität christlich-freidenkerischer Verwurzeltheit abhängig.

Uns können Ideale wie Christus, Goethe oder Nietzsche längst nicht mehr so stark entflammen wie die Menschen in den literarischen und esoterischen Zirkeln des ausklingenden 19. Jahrhunderts. Über alle Glaubenssympathien und -antipathien hinweg lohnt es sich jedoch, einen informativen Einblick in das Wesen der Jahrhundertwende-Problematik zu gewinnen: einer sich aus sich selbst heraus regenerierenden christlichen Kultur.

Erst durch das Nachempfinden des geistigen Zündstoffs der nahen Vergangenheit läßt sich ermessen, inwieweit sich unser Bewußtseinslevel in der Zwischenzeit (vor allem auch durch die Integration östlicher Philosophie) verändert und erweitert hat, wie schnell die Evolution der Wassermann-Schwingung vorangeschritten ist. Menschen wie Tolstoj, Steiner, Krishnamurti, Henry Miller, Tim Leary oder Freud sind hierbei Symbole einer sich ständig wandelnden Zeitqualität im Spiegel der geistigen Expansion. Man sollte weniger Unfehlbarkeit oder Endgültigkeit in ihnen suchen, als sich vielmehr durch ihr menschliches Vorbild zu geistiger Arbeit, Urteilsfähigkeit und Ausschöpfung der eigenen intuitiven und wissensmäßigen Kapazitäten angeregt fühlen. Sie sind eher Freunde oder Partner, die, ebenso wie wir selbst, daran gearbeitet haben, an das überpersönliche Potential ihrer individuell verschieden nuancierten Geburtskonstellationen mit eigenen Methoden heranzukommen.

Steiners verborgene Beweggründe für sein religiös-engagiertes Auftreten sind dessen geistige und seelische Ergriffenheit vom ›Golgatha-Archetypen‹: Hingabe und Erleuchtung bzw. Tod und Auferstehung – Geheimcodes zum Verständnis der Fische- und Skorpion-Energien. Im pathetisch-heroischen Stil, Merkmal christlicher Rhetorik, verabsolutiert, verherrlicht und extrovertiert Steiner seine inneren Wünsche nach Ego-Transzendierung, mystischer Transformation und Hingabe – Forderungen sowohl seiner inneren Fische- als vor allem auch seiner Skorpion-Thematik. *»Es ist ein gewaltiger, großer Unterschied zwischen allen Erdenvorgängen, die vor diesem Ereignisse auf Golgatha liegen, und denen, die nachher kommen. Wäre das Ereignis von Golgatha nicht vor sich gegangen, so würde niemals eintreten können, daß Erde und Sonne sich vereinigen (...) Die Kraft, die von der Sonne auf die Erde* *niederstrahlt. Was lebt seither in der Erde? Der Logos selber, der durch Golgatha der Geist der Erde wurde.«*

Von einem schwärmerisch-kämpferischen Sendungsbewußtsein getragen (Konjunktion Pluto-Mars in Opposition zum Skorpion-Aszendenten; Betonung des fixierenden Kreuzes), fühlte sich Steiner im Rang eines Sehers und Apostels, indem er seinen Anhängern, den Anthroposophen, ankündigte, sie könnten als erste den zukünftigen ätherischen und übersinnlichen Christus erleben. Durch diese Behauptungen konnte er wohl einerseits seinen subtilen Ego-Stolz vergrößern und andererseits sein ureigenes inneres Ringen zwischen Gefühl, Leidenschaft, Vernunft und Geist – in letzter Konsequenz seine eigenen Glaubenskämpfe – veräußerlichen.

Auch in diesen Punkten gleichen sich Steiner und Tolstoj. Das Erkennen und gleichzeitige Verdammen ihrer eigenen Ego-Spiele treibt sie in immer größere innere Angespanntheit. Gleichzeitig können sie sich von den Institutionen und Bewegungen, die sie gegründet haben, nicht so ohne weiteres distanzieren, und so bleibt ihnen nichts anderes übrig, als die Rolle des allwissenden Gurus bis zum dramatischen Ende weiterzuspielen und sich über die Mißverständnisse von seiten der Anhängerschaft aufzuregen. Aus Tolstojs selbstkritischem autobiographischen Werk können wir entnehmen, daß ihn vor allem der Umgang mit der Sexualität und triebhaften Leidenschaft in der Konfrontation mit Moral und Tugenden der christlichen Tradition in eine tiefe Glaubenskrise gestürzt hat. Beim stark fischebetonten Rudolf Steiner finden wir diesbezüglich wenig autobiographische Offenheit, seine sexuelle Triebspannung läßt sich nur vermuten. Der energetischen Brisanz seines Karmagramms zufolge muß er unter einer ähnlich starken Problematik wie Tolstoj gestanden haben (Konjunktion Mars-Pluto; Skorpion-Aszendent; Venus-Opposition-Jupiter; Mond-Quadrat-Vesta; Fischebesetzung). Einen großen Teil seiner geburtsthematisch leicht ablesbaren

Sinnlichkeit und erotischen Fantasie hat er sicherlich durch seine geistige, literarische und rhetorische Tätigkeit und die energetische Aufladung des inneren Golgatha-Bildes sublimieren und kanalisieren können. Je stärker er sich jedoch mit den überpersönlichen Vorstellungen identifizierte, um so größer konnte die Kluft gegenüber den Belangen des persönlichen Ego werden. Eine allzu rasche und unausgewogene Eskalation des überpersönlichen Ego kann zu leiderzeugender Unterdrückung des sich noch in einfacheren Wirklichkeitssphären zu bewährenden persönlichen Bereichs führen. Dies innere Ungleichgewicht mündet häufig in so verschiedenartige Extreme wie Größenwahn, Fanatismus, Schizophrenie, verbunden mit selbstzerstörerischen Intentionen, Haß oder Dogmatismus auf der einen Seite oder, wie im Fall von Tolstoj und Steiner, in eine ungeheuerliche Aktivierung der geistigen Kapazitäten, ein plutonisches »Über-sich-selbst-hinaus-wachsen«. Beide entwickelten hierbei ein hohes Maß an Selbstkritik und Verantwortungsbewußtsein und stellten sowohl an sich selbst als auch an ihre Anhängerschaft große Anforderungen. Auf der Gratwanderung zwischen Schizophrenie und Genialität kleiden sich beide Persönlichkeiten gerne in das schützende Korsett christlicher Tugend und Ethik.
In seinem Buch »Wie erlangt man Erkenntnisse der höheren Welten« häufen sich gutgemeinte Ratschläge, aus denen der erhobene Zeigefinger des Jungfrau-Archetyps (Saturn in der Jungfrau) herauszulesen ist. Hier scheint die Aussage mir durch die altväterliche Darstellungsweise etwas getrübt (Jupiter am Löwe-MC). Ein Beispiel: *»Begegne ich einem Menschen und tadle ich seine Schwächen, so raube ich mir höhere Erkenntniskraft; suche ich liebevoll mich in seine Vorzüge zu vertiefen, so sammle ich solche Kraft. Ohne gesunden Menschenverstand sind alle deine Schritte vergebens. Goldene Regel ist: wenn du einen Schritt vorwärts zu machen versuchst in der Erkenntnis geheimer Wahrheiten, so mache zugleich drei vorwärts in der Vervollkommnung deines Charakters zum Guten«.*

Am sozialreformerischen, pädagogischen, politischen, medizinischen und religiösen Engagement Steiners ist im Rahmen seiner Glaubensprämissen sicherlich nichts auszusetzen. Vor allem Medizin, Pädagogik und Landwirtschaft haben durch seine denkerischen Impulse manche Neubelebung erfahren. Die Kritik setzt eher da ein, wo er sich im esoterischen Gebiet als berufener Experte und begnadeter Mystiker fühlt und sich in einem Wirrwarr von metaphysischen Spekulationen und höchst sonderbaren okkulten Theorien verliert. Da weiß er z. B. zu berichten, daß sich die Seele innerhalb von 2100 Jahren einmal als Mann und einmal als Frau verkörpert, beschreibt genaue Entwicklungsabläufe im Nachtodverbleib, entwirft eine eigene jesusbezogene Zeitrechnung, ersinnt neue astrale Schöpfungsmythologien und bringt astrologische Interpretationen, die man nur noch glaubensmäßig nachvollziehen kann.
Den westlichen und goetheanischen Idealen der Allwissenheit folgend, hat sich Steiner zu endgültigen Statements auf Gebieten berufen gefühlt, die auf reinen Vermutungen theosophischen Glaubens beruhen. Hätte er stärker auf den Möglichkeitscharakter seiner esoterischen Spekulationen hingewiesen, gäbe es auch weniger zu kritisieren. Er schreibt jedoch im Stile bibelhafter Überzeugung (Stier-Skorpion-Besetzung) und seriöser Wissenschaftlichkeit und läßt keinen Zweifel an der Richtigkeit seiner Behauptungen zu. Trotz Luftzeichenbetonung durch Waage, Wassermann und Zwillinge fehlt Steiners okkulten Schriften das sich selbst relativierende und entspannende Moment denkerischer Offenheit. Man wird beim Lesen das Gefühl nicht los, daß sich hinter seinen entschieden vorgebrachten Gedanken seine eigene Unsicherheit verbirgt. Auch die von ihm häufig betonte Toleranz gegenüber anderen Religionen, Weltbildern und Sichtweisen hat mehr formalen Bekenntnischarakter und beruht weniger auf dem Wunsch nach einem ganzheitlichen Verständnis. Als Sektenbegründer sind seine Ten-

denzen eher die Abgrenzung als die Ausweitung (Saturn-Jungfrau, 10 Feld). Er wollte wohl mit der Anthroposophie so etwas wie ein neues christlich-spirituelles Markenzeichen gründen, eine institutionalisierte Spiegelung der Persönlichkeit Rudolf Steiner und ihrer geistigen Wertbilder, aber auch ihrer in einer schwärmerisch-mystischen Fantasie wurzelnden Problematik (Merkur-Neptun-Konjunktion in den Fischen) obwohl er ausdrücklich sagt, es gehe ihm nicht um Institutionalisierung. Gerade letztere Schwäche ist es, über die er sich öffentlich am meisten aufregt: *»Aber der wahre Geist schwärmt nicht, er spricht eine deutliche, inhaltsvolle Sprache.«*

Die konjunktionelle Mischung von ausgeprägter Imaginationskraft (Neptun) und neutralem, nach Objektivität strebendem Wissen (Merkur in den Fischen) machte Steiner zu einem fantasievollen und originellen Denkträumer oder Glaubensdenker, dem seine inneren Bilder und Gefühle automatisch auch immer denkerische Gewißheit waren. In erster Linie stützte sich diese Gewißheit jedoch auf seine lapidare Behauptung von göttlicher Begnadung. *»Die Gnade hat mir eine gewisse Anzahl von Wahrheiten gebracht. Und ich werde geduldig warten, bis weitere Wahrheiten mir zuströmen.«* Steiner betrachtet sich also als ein inspiriertes und von der Wahrheit seiner Eingebungen zutiefst überzeugtes Medium letzter metaphysischer Wirklichkeit. Die an und für sich interessante und kreative Merkur-Neptun-Konstellation konnte Steiner in seinem künstlerischen und dramaturgischen Schaffen sicherlich auf eine tief beeindruckende Weise umsetzen. Im esoterischen Bereich jedoch ist seine Fantasie mit ihm durchgegangen. Sein Jungfrau-Planet Saturn ist der Übermacht dreier lebhaft fantasierender und ›begnadeter‹ Fische-Planeten unterlegen. Andererseits gibt ihm dies jedoch auch sein geheimnisumwittertes Fluidum, seine schillernde Faszination, die bis zum heutigen Tage Tausende von Anhängern in Bann hält (Auswirkung der Pluto-, Mars- und Skorpionbetonung).

Auf dem Berg der Erkenntnis sehen wir den Jungfrau-Engel-Archetyp in seiner schützenden Burg. Die Burg symbolisiert den konstruktiven, auf Sicherheit bedachten methodischen und planenden Intellekt, den Schutz vor der inneren und äußeren Natur, der geometrisierenden Klarheit gegenüber dem vegetativen Chaos. Der Berg symbolisiert den stufenweisen Erkenntnisweg. Der Eremit in seiner Höhle stellt eher das Wesen des Fischearchetyps dar, den Naturmystiker, der sich von innen her mit dem Sein vereint, während die Jungfrau von außen her das Sein betrachtet und analysiert.

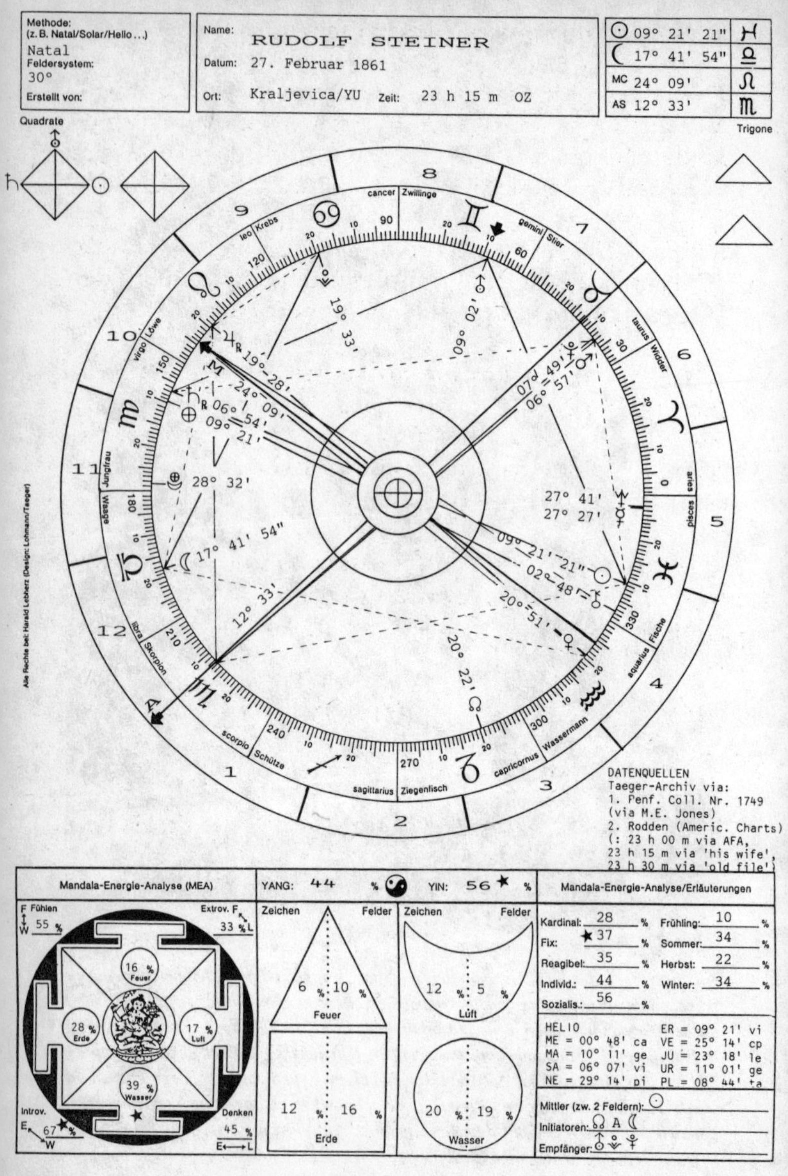

Methode:
(z. B. Natal/Solar/Helio ...)
Natal
Feldersystem:
30°
Erstellt von:
Name: RUDOLF STEINER
Datum: 27. Februar 1861
Ort: Kraljevica/YU Zeit: 23 h 15 m OZ
☉ 09° 21' 21" ♓
☽ 17° 41' 54" ♎
MC 24° 09' ♌
AS 12° 33' ♏
Quadrate
Trigone
19° 33'
09° 02'
19° 28'
24° 09'
06° 54'
09° 21'
07° 49'
06° 57'
28° 32'
27° 41'
27° 27'
17° 41' 54"
09° 21' 21"
02° 48'
20° 51'
12° 33'
20° 22'
Alle Rechte bei: Harald Lebherz (Design: Lohmann/Taeger)
DATENQUELLEN
Taeger-Archiv via:
1. Penf. Coll. Nr. 1749
(via M.E. Jones)
2. Rodden (Americ. Charts)
(: 23 h 00 m via AFA,
23 h 15 m via 'his wife',
23 h 30 m via 'old file')
Mandala-Energie-Analyse (MEA)
YANG: 44 %
YIN: 56 ★ %
Mandala-Energie-Analyse/Erläuterungen
F Fühlen W 55 %
Extrov. F 33 % L
16 % Feuer
28 % Erde
17 % Luft
39 % Wasser
Introv. E 67 ★ % W
Denken 45 % E⟷L
Zeichen Felder
6 % 10 % Feuer
12 % 16 % Erde
12 % 5 % Luft
20 % 19 % Wasser
Kardinal: 28 %
Fix: ★ 37 %
Reagibel: 35 %
Individ.: 44 %
Sozialis.: 56 %
Frühling: 10 %
Sommer: 34 %
Herbst: 22 %
Winter: 34 %
HELIO
ER = 09° 21' vi
ME = 00° 48' ca
VE = 25° 14' cp
MA = 10° 11' ge
JU = 23° 18' le
SA = 06° 07' vi
UR = 11° 01' ge
NE = 29° 14' pi
PL = 08° 44' ta
Mittler (zw. 2 Feldern): ☉
Initiatoren: ☊ A ☽
Empfänger:

Stichworte zu Steiners Karmagramm

Versuch einer Synthese von Esoterik und Naturwissenschaft: Merkur-Konjunktion-Neptun (Fische) »kontra« Saturn in der Jungfrau / Saturn-Quadrat-Uranus; Venus im Wassermann / Vesta (9. Feld)-Quadrat-Mond (12. Feld)

Religiöse Hingabe und Ergriffenheit: Sonne in Fische (4. Feld) / Fische-Jungfrau-Besetzung / Mond in der Waage (12. Feld) / Konjunktion Merkur-Neptun

Sozialpolitisches Engagement: Fische-Jungfrau-Achse / Uranus (Zwillinge) auf Quadratspitze / Wassermann-Venus / Konjunktion Mars-Pluto im Stier (in Opposition zum Aszendent) / MC, Saturn, Erde im 10. Feld / EMH im 11. Feld

Esoterische Schwärmerei: Konjunktion Merkur-Neptun (Fische) / Mond in der Waage (12. Feld) / Jupiter am MC (Opposition-Venus)

Faszination an der Thematik von Tod und Wiedergeburt: Skorpion-Aszendent / Pluto-Mars-Konjunktion (Stier) / Opposition Sonne-Saturn / Mond im 12. Feld / Opposition Chiron-Saturn

Tendenz zu religiösem Fanatismus und Sektierertum: Skorpion-Aszendent / Saturn in der Jungfrau (10. Feld) / Konjunktion Pluto-Mars (Stier) / Opposition Venus-Jupiter / Chiron-Opposition-MC

Visionäre und hellseherische Veranlagungen: Fische-Besetzung / Uranus auf Quadratspitze (Zwillinge) / Merkur-Neptun-Konjunktion / Trigon Mond-Venus / Skorpion-Aszendent

Sexuelle und gefühlsmäßige Spannungspotenz:* Konjunktion Mars-Pluto (Stier) / Skorpion-Aszendent / Venus-Opposition-Jupiter / Saturn-Opposition-Sonne / hohe Wasserelementbesetzung / Fische- und Neptunbetonung / Vesta-Quadrat-Mond

Rhetorische und schriftstellerische Begabungen: Merkur-Konjunktion-Neptun; Saturn in der Jungfrau / Jupiter am MC

Guru-Trip: Jupiter am Löwe-MC / Sonne-Trigon-Aszendent / Pluto-Mars-Konjunktion in Opposition zum Aszendenten / Saturn im 10. Feld / Merkur-Konjunktion-Neptun / Jupiter-Quadrat-Aszendent

Geistesrevolutionärer Mut: Jupiter im 9. Feld in Opposition zur Wassermann-Venus / Sonne-Quadrat-Uranus / Mars-Konjunktion-Pluto / starke Uranus-Betonung / Sonne-Sextil-Pluto, Mars / Saturn-Opposition-Chiron

* Über diese individuelle Problematik ist in den offiziellen Steiner-Biographien leider nichts zu finden – aber astroenergetisch betrachtet viel zu vermuten.

Das Töten des Drachens, der dunklen und archaischen Seite des Menschen, durch einen Reinheit und Tugend symbolisierenden Engel oder Heiligen (in diesem Beispiel St. Michael) spiegelt sich in vielen Kulturräumen und deren Heldenmythen und Märchen wider. Es ist eine Analogie zum Jungfrau-Fische-Archetyp in einer dem christlichen Polaritätsdenken entsprechenden Interpretation: der Sieg des Guten über das Böse. Im modernen Wassermanndenken mit seinen Intentionen zur Entpolarisierung und ganzheitlichen Schau kann dieses einseitige Zerrbild nicht bestehen bleiben, denn Fische und Jungfrau bedingen einander und sind beide Ausdruck höchster kosmischer Weisheit.

Das Wechselspiel von Jungfrau und Fische

Durch Reinheit zur Transzendenz

> »Die Grundstruktur der Forschung besteht aus Träumen, in die die Fäden des Denkens, des Messens und der Berechnung eingeflochten sind.«
>
> *A. Szent-Gyorgyi in: Raum-Zeit und erweitertes Bewußtsein*

Mit der Gründlichkeit eines Goldwäschers, der beharrlich den Flußschlamm aussiebt, um winzige Goldkörnchen zu finden, filtert die Jungfrau die ethischen und wissensmäßigen Essenzen, die das zeitlose Strömungsspiel mystischer Unendlichkeit an die Oberfläche des Bewußtseins spült. In diesem verantwortungsbewußten und selbstüberwindenden Streben nach höchster Erkenntnis bemüht sie sich in hohem und feinstem Maße um Objektivität, Neutralität und um ethisch reine Motiviertheit. Durch ihr sachdienliches und fürsorgliches Wirken wird das Vertrauen in irrationale Seinsqualitäten vorsichtig und stufenweise entwickelt. Ihr zweifelndes Grundnaturell ist nicht Hemmschuh oder Blockierung, sondern Motor zur skepsisüberwindenden Bewußtseinserweiterung: Zweifel ist die Initiationskraft zur Klarschau. Die Jungfrau macht uns in Form des Gewissens ständig darauf aufmerksam, uns von unseren egoistischen Begrenztheiten zu lösen, um uns überpersönlichen Gesetzmäßigkeiten anzunähern. Gewissensbisse sind Alarmsignale, die uns darauf hinweisen wollen, egohafte Fehlfixierungen zu transzendieren und nicht gegen die eigene, nach Selbstlosigkeit strebende Natur zu handeln.

Mit mikroskopisch vergrößernden Röntgenaugen und einem perfekt ausgereiften Ableitungsvermögen schließt sie vom Detail auf das Ganze, denn das Große wird mit

Diese Meerjungfer, halb Engel, halb Fisch, symbolisiert die Verbundenheit oder das Wechselspiel der Fische-Jungfrau-Achse, der gegenseitigen Durchdringung von Seele und dem nach Klarheit und Reinheit drängenden Bewußtsein. Die Jungfrau transformiert das dunkle, mystische Sein in religiöse und esoterische Weisheit, in heilsame geistige Medizin. Daß Erkenntnis auch immer Befreiung ist, symbolisieren die beiden verschiedenfarbigen Adlerflügel, die die Gegensatzüberwindung widerspiegeln.

Vorliebe erst im Kleinen sichtbar. So wie Naturwissenschaftler durch Differenzierungen atomarer Wirklichkeit auf ein verborgenes Vakuum oder Nichts rückschließen, kann in Umkehrung hierzu der Tantriker aus der meditativen Erfahrung des »Nichts« heraus das Sein relativiert betrachten. Beides sind Annäherungen an die Jungfrau-Fische-Achse. Der esoterische oder exoterische Wissenschaftler erschließt die Zauberwelt der Fische über das höhere Wissen und die Vernunft der Jungfrau, während der Tantriker oder Mystiker durch seine Erfahrungen zur Erkenntnis allgemeiner und abstrahierter Gesetzmäßigkeiten gelangt.
Ob nun empirisch oder abstrakt-theoretisch, sowohl die eine als auch die andere Vorgehensweise bemüht sich um ein Verständnis der absoluten Wahrheit, selbst wenn sich diese am Ende »nur« als Illusion entpuppte. Über beide Energien entwickeln wir Vertrauen in unseren feinstofflichen Background und benutzen hierbei die Medien sachdienlicher bzw. ekstatischer Hingabe. Durch sie beginnt und endet das uranfängliche Wechselspiel von Ursache (Fische) und Wirkung (Jungfrau), die Trennung von Nicht-Sein und Sein, die Polarisierung in hell und dunkel, in Schlange und Adler, Drachentöter und Drachenfreund.

»Erkenne Deine Männlichkeit,
bewahre Deine Weiblichkeit!
Sei das Strömen des Universums!
Als kosmischer Strom bist Du
wahrhaftig und unerschütterlich,
wirst erneut wie ein kleines Kind.
Wisse um das Weiße,
aber bewahre das Schwarze.
Sei der Welt ein Beispiel!
Als Vorbild für die Welt
stets wahrhaftig und beharrlich,
kehre zur Unendlichkeit zurück.« *Tao-Te-King, Kap. 28*

Jungfrau	Fische
Zweifel	Glaube
Prinzipien	sensible Offenheit
esoterisches Verstehen	mystisches Erleben
Vorsicht und Methodik	Vertrauen in den Zufall
Distanz	Verschmelzung
Gründlichkeit	Unergründlichkeit
Ordnung	Auflösung, Archaik
kritische Motivationsklärung	schwingungsmäßige Motiviertheit
Reinheit des Denkens	Reinheit des Fühlens
Verantwortlichkeit dem Detail gegenüber	Verantwortlichkeit dem Ganzen gegenüber
polarisierend (positiv – negativ)	entpolarisierend (weder positiv noch negativ)
bewußte Fürsorge	instinktmäßige Fürsorge
analytisch prüfende Gewißheit	Gewißheit durch Erfahrung und Initiation
exoterische Keuschheit (Ernährung, Körper, Sexualität)	esoterische Reinheit (selbstloses Arbeiten mit mystischen Energien)
Sutra (wissensmäßige, philosophische und ethische Grundlagen des Tantra)	Tantra (mystische, erlebbare und transzendierende Arbeit im imaginativen Bereich)
Selbstüberwindung durch Disziplin	Selbstüberwindung durch Hingabe
Wissenschaft	Vertrauen, Glaube, mystische Erfahrung
Enthaltsamkeit, Abgrenzung	Grenzenlosigkeit, Transzendenz
von der äußeren auf die verborgene Wirklichkeit schließen	von der verborgenen Wirklichkeit auf deren Spiegelung als äußere Wirklichkeit schließen

Jungfrau	Fische
Verfeinerung des logischen Denkens	Verfeinerung intuitiven Fühlens und Ahnens
Bindungen an sinnvolle Vorsätze	Rückanschluß über mystische Initiationen
höchster Wissensaspekt des Yang-Bereichs	höchster Weisheitsaspekt des Yin-Bereichs

Gemeinsam

Ideale der Selbstlosigkeit (Bodhisattvagedanken); Arbeit im und am metaphysischen Bereich; soziale Verantwortungsgefühle; Streben nach höchster Vervollkommnung; Wissen und Gewissen; die Initiation und ihre Grundlagen; Beschäftigung mit den wurzelhaften Ursachen des relativen Seins; Streben nach Transzendierung der Ursache-Wirkung-Gesetzmäßigkeiten; Hintergrundwissen; Suche nach überpersönlichen ethischen Wertmaßstäben; fürsorgliches Empfinden; Verantwortung gegenüber dem feinstofflichen Bereich

ANHANG

Erläuterungen einiger astrologischer (astro-energetischer), buddhistischer und hinduistischer Basisbegriffe

A siehe Aszendent

Achse siehe Tierkreisachse

Apex (Sonnen-Apex): Flugrichtung unseres Sonnensystems innerhalb der Galaxie. Das gesamte Sonnensystem bewegt sich dabei mit 19,5 km pro Sekunde (= jährlich 600 Millionen Kilometer) auf das Sternbild Herkules zu (Tierkreiskoordinaten 1988: 2 Grad 16 Minuten Ziegenfisch). Der Sonnenapex verlagert sich pro Jahrzehnt um 8 Bogenminuten. Er symbolisiert die kollektive geistige Entwicklungsrichtung unseres Sonnenatoms (über Ziegenfisch: Expansion des materialistischen Weltbildes). Der Apex wechselte ca. 1818 vom Schützen in den Ziegenfisch (Ende der Romantik, Beginn des Biedermeier, europäische Kolonialreiche). Im individuellen Horoskop können dem Apex die realistischen Zielvorstellungen zugeordnet werden.

s. a. Galaktisches Zentrum, Supergalaktisches Zentrum, Metagalaktische Zentren

Äquale Felder (auch ›Modus aequalis‹ oder ›30-Grad-Felder‹): ältestes bekanntes Felder- bzw. Häusersystem, dessen Ursprünge bis in das 3. Jahrtausend v. Chr. reichen sollen. Es entstammt der indischen Astrologie, ist später von der griechischen und römischen Astrologie übernommen worden und gilt auch heute noch im englischsprachigen und asiatischen Bereich als populärstes Feldersystem. Ausgehend vom Aszendenten werden entgegen dem Uhrzeigersinn 12 gleich große Felder angeordnet (in symbolischer Analogie zu den 12 Dreißig-Grad-Abschnitten des Tierkreises). MC und IC fallen hierbei in unterschiedliche Felderachsen und erhalten dadurch eine zusätzliche Interpretation.

s. a. Felder, Zodiak, Medium Coeli, Imum Coeli

aq, aquarius lat. für Wassermann

ar, aries lat. für Widder

Archetypen: In der Jungschen Tiefenpsychologie gebräuchlicher Begriff für seelische Urbilder des Tiefenselbst (Archetypenselbst, kollektives Unbewußtes). Wichtige Archetypen sind hierbei z. B. das Mandala, Schlangen und Drachen (s. chthonische Tierwelt), Tierkreis- und Planeten-Archetypen, Gottheitsarchetypen. Durch Traumarbeit, Meditation oder Psychedelik können diese Urbilder freigelegt werden (Selbst-Initiationen).

s. a. Kundalini, Mandala, Garuda, Naga, Traumyoga

Aspekte: Symbolische Winkelbeziehungen zwischen den Planeten und anderen Faktoren (z. B. Asz., MC, Felderspitzen, Mondknoten, EMH, Fixsternen, Halbsummen, Direktionen etc.) des Geburtsbildes. Obwohl die Aspektlehre schon bei den Babyloniern bekannt war, ist sie erst durch Kepler wieder stärker ins Bewußtsein getreten. Man unterscheidet die Aspekte in sog. harte oder gespannte, weiche bzw. harmonische und neutrale Winkel. *Harte Winkel:* Opposition/180 Grad, Quadrat/90 Grad, Halbquadrat/45 Grad, Sesquiquadrat/135 Grad; *weiche Winkel:* Trigon/120 Grad, Sextil/60 Grad, Halbsextil/30 Grad; *neutrale Winkel:* Konjunktionen/0 Grad, Quincunx/150 Grad. Der Wirkkreis eines Aspekts wird Orbis genannt. Zusätzlich zu den o. a. Hauptwinkeln werden in der modernen Astrologie auch noch andere Aspekte erforscht (z. B. 7,5-Grad-Winkel, Septile, Quintile etc.).

s. a. Orbis, Opposition, Quadrat, Trigon, Sextil, Konjunktion

AS siehe Aszendent

Asteroid siehe Planetoiden

Astro-Energetik (auch Kosmo-Energetik): im engeren Sinne eine alternative Neuformulierung des Begriffs Astrologie, durch die das lebendig-dynamische Wechselspiel zwischen Mensch und Kosmos stärker zum Ausdruck kommen soll. Im weiteren Sinne eine von Hans-H. Taeger initiierte Richtung, in der moderne Strömungen der westlichen Astrologie mit esoterischen und philosophischen Grundlagen asiatischer Weltbilder (vor allem des Nördlichen Buddhismus) und aktuellen naturwissenschaftlichen Erkenntnissen in Kontakt gebracht werden. Da sich Astrologie, Tantra, Esoterik sowie Naturwissenschaften mit energetischen Prozessen des Kosmos (Mikro- und Makrokosmos) beschäftigen, kann ihnen ein gemeinsamer Überbegriff wie Astro- oder Kosmo-Energetik zugeordnet werden.

s. a. Nördlicher Buddhismus, Tantra, Esoterik, Wassermannzeitalter, Tibetische Elementenlehre

Aszendent (auch aufsteigendes Zeichen, Osthorizont; Abkürzungen: A, AS, ASZ, ASC): auf den Geburtsort bezogenes Tierkreiszeichen (Tierkreisgrad), das zur exakten Geburtszeit im Osten aufgeht. Diesen Punkt nannten die Griechen ›Horoskopos‹, von dem sich unser heutiger Begriff Horoskop ableitet.

Der Aszendent hat in der astrologischen Deutung eine Schlüsselfunktion, und Planeten, die sich in seinem Umkreis befinden, sind energetisch besonders aktiv (Gauquelin-Forschungen). In der Felderprogression bzw. dem Feldermarathon fällt dem Asz. sowohl der Geburtsaugenblick als auch das geistige Entwicklungsziel des Menschen. Es ist die Energie des betreffenden Asz.-Zeichens, über deren Eigenart wir Initiativen ergreifen, Realisationen beginnen und beenden. Zusätzlich kann der Aszendent als eine Art Maske gedeutet werden, mit der wir der Umwelt begegnen und über die wir erste

Kontakte knüpfen. In einer von Jim Lewis (Astrokartographie) und von Taeger modifizierten Auffassung formt sich bei längeren Ortswechseln ein Ko-Aszendent (und Ko-MC) auf die Länge und Breite des neuen Ortes (bei gleichbleibenden Geburtsdaten und Geburtsstunde).

s. a. Felder, Feldermarathon, Medium Coeli, Imum Coeli, Horoskop

Äther-Element: in der östlichen und westlichen Esoterik wird zusätzlich zu den vier Aggregatzuständen oder Elementen Erde, Wasser, Feuer und Luft noch ein fünftes subtiles Element, der Äther, berücksichtigt. Es entspricht der Kundalini- oder Libido-Energie oder in anderen Versionen auch dem Prana der Hindus und dem Chi der Taoisten. Im Chakrensystem hat es seinen Sitz im Scheitelchakra und wird in Verbindung mit der aufsteigenden Kundalini aktiviert, sich über das gesamte Nadi-System zu verteilen. Im Nördlichen Buddhismus wird es durch die Farbe Weiß und eine kleine Flamme symbolisiert und mit dem Buddha Vairocana, resp. dem Hindu-Gott Brahma, in Verbindung gebracht. Im Mandala nimmt es das Zentrum oder das östliche Mandala-Viertel ein. Einige buddhistische Schulen sehen im Äther-Element die Uressenz des Universums. Andere bringen noch ein sechstes Element, den Urstoff oder Dorje-Chang-Zustand, ins Spiel. In der Astrologie kann Äther als eine verfeinerte Synthese der vier grobstofflichen Elemente betrachtet werden und weist dabei eine besondere Affinität zum Wasser- und Luftelement auf.

s. a. Wasser-, Erd-, Feuer- und Luft-Trigon, Erleuchtung, Bodhicitta, Kundalini, Chakren, Nadi, Mandala, Dorje Chang

Avalokiteshvara siehe Chenrezig

Bardo: Bezeichnung des Nördlichen Buddhismus und der Bönpo-Religion für die 49 Tage des Nachtodzustandes, in denen sich die Ego-Reste den Elementen und Archetypen des eigenen Tiefenselbst gegenübergestellt sehen und sich – je nach Entwicklungsstand und Affinitäten – eine neue Wiederverkörperungsebene suchen. Durch tantrische Meditationen zu Lebzeiten bereitet sich der Vajrayana-Anhänger auf diese magisch-mystische Realität vor, um sich im Todesaugenblick mit dem Leerecharakter seines inneren Seins zu vereinen und Erleuchtung oder wenigstens Anschluß an eine höhere Elementen-Ebene zu erlangen. Das Tibetanische Totenbuch gibt über die verschiedenen Bardo-Zustände genauere Beschreibungen.

s. a. Vajrayana, Nördlicher Buddhismus, Bön, Wiedergeburt

Bodhicitta: im Sinne des Mahayana-Buddhismus der Erleuchtungsgeist resp. der Wunsch nach Erleuchtung, der gleichzeitig auch immer damit verbunden ist, den Leerezustand des Seins zu erfahren, um von dieser Erfahrung her Mitgefühl für das Leid und die Ver-

blendung aller Wesen zu entwickeln und hilfreich zu wirken. Im Tantrayana-Buddhismus wird Bodhicitta als feinstoffliche weiße Samen-Essenz vorgestellt, die in Vereinigung mit der weiblichen roten Essenz in den Zustand sexueller Vereinigungserleuchtung führt.
s. a. Mahayana, Vajrayana, Bodhisattva

Bodhisattva: Bodhisattvas können Menschen oder Wesen der Feinstoffwelten sein, die durch Kultivierung selbstloser Tugenden, die Entwicklung von Bodhicitta und durch Einsichten in den Leere-Charakter des Seins auf dem Weg zur Buddhaschaft (Vollendung) sind und ihre Weisheiten, Dienste oder auch magischen Fertigkeiten zum Wohle aller Wesen zur Verfügung stellen. Die sog. mystischen Bodhisattvas (wie Manjushri, Vajrapani, Tara, Chenrezig etc.) sind Weisheits-Emanationen einer der 5 Elemente (Erde, Wasser, Feuer, Luft, Äther) oder auch planetarer Energien, die sich in einem Zustand zwischen Sein und Leere befinden und mit deren spez. Weisheit man sich in der tantrischen Meditation durch Identifikation zu vereinen sucht.
s. a. Bodhicitta, Manjushri, Vajrapani, Tara, Chenrezig, Illusionskörper, Shunyata, Wiedergeburt

Bön: schamanistische Urreligion Tibets, die sich später stark mit buddhistischen Elementen vermengt hat und sich heute nur noch wenig von den Lehren des Nördlichen Buddhismus unterscheidet. Der Bönpo-Tradition entspringt das Tibetische Totenbuch und spez. Yoga-Formen wie z. B. das Yoga der Bewußtseinsübertragung (Phowa).
s. a. Nördlicher Buddhismus, Bardo

Brahma – Personifiziert: hinduistischer Schöpfergott des Universums, der zusammen mit Vishnu (Erhaltung) und Shiva (Zerstörung) verehrt wird. Er wird meist vierköpfig und auf einer Wildgans reitend dargestellt. Seine Farbentsprechung ist weiß oder gold, seine Attribute sind Muschelhorn und Gebetskette. Er wird sowohl in seiner Personifikation als auch in seinem Bewußtsein (Äther-Element; formlose Lichtwelten) gleichermaßen von Hindus wie Buddhisten verehrt. – Als Bewußtseins- oder Energie-Zustand repräsentiert Brahma die reinen Lichtwelten formlosen Seins, die es in der Erleuchtung zu erreichen gilt. Sitz der Brahma-Energie ist das Scheitel- bzw. Brahma-Chakra. Seinem Bewußtsein nähert sich der Meditierende durch Übungen der Atem-Meditation (Samadhi- oder Shine-Praxis), durch die Geistesruhe und Stillstand des diskursiven Denkens erlangt wird. Sein mantrischer Keimklang ist die weiße Lichtschwingung OM (in der Scheitelhöhe vorzustellen).
s. a. Vishnu, Shiva, Äther-Element, Mahamudra, Chakren, Mandala, Zen-Buddhismus

Buddhaschaft siehe Erleuchtung

ca, cancer lat. für Krebs

Chakren (auch Lotos-Zentren): Hauptknotenpunkte des inneren Feinstoffkörpers, in denen eine Vereinigung zwischen den Yin-Energien der Mond-Nadi und den Yang-Energien der Sonnen-Nadi stattfinden kann. Man unterscheidet zwischen acht Hauptzentren, die sich parallel zur Wirbelsäule anordnen: Fußchakra (Fußsohlen), Sexualchakra, Steißbeinchakra, Nabelchakra, Herzchakra, Kehlkopfchakra, Stirnchakra und Scheitelchakra. Die Interpretation und Arbeit mit den Chakren unterscheidet sich deutlich im hinduistischen und buddhistischen Tantra. Im buddhistischen Tantra werden hauptsächlich 7 Chakren durch Lichtkeimklänge aktiviert, die wiederum mit den Elementen Erde, Wasser, Feuer, Luft und Äther zusammenhängen: Blaues HUNG (Wasser/Sexual-Chakra), grünes HA (Luft/Steißbeinansatz), gelbes SVA oder TRAM (Erde/Nabel-Chakra), blaues HUNG (Wasser/Herz-Chakra), rotes AH oder SHRI (Feuer/Kehl-Chakra), weißes OM (Äther, Luft/Stirn-Chakra), weißes OM (Äther/Scheitel-Chakra). Die Keimklänge OM-AH-HUNG symbolisieren sowohl die Trinität von Brahma (OM), Shiva (AH) und Vishnu (HUNG) als auch Körper, Rede und Geist der Erleuchtung.
s. a. Mantra, Nadis, Kundalini, Tibetische Elementen-Lehre, Äther, Wasser, Erde, Feuer, Luft

Chenrezig (Skr.: Avalokiteshvara): mystischer Bodhisattva aktiven Mitempfindens, Emanation des Feuer-Elements. Er wird im Nördlichen Buddhismus in unzähligen Formen dargestellt (4-, 8-, 12-, 1000-armig). Sein berühmtes Mantra ist OM MANI PEME HUNG. Er ist einer der Schutzpatrone Tibets, und der Dalai Lama gilt als eine Verkörperung dieser Energie. Chenrezig wie auch Mahakala, Hayagriva, Amitayus und viele weitere buddhistische Gottheiten können auf eine gewandelte Form des Hindu-Gottes Shiva zurückgeführt werden.
s. a. Shiva, Bodhisattva, Manjushri, Vajrapani, Tara, Feuer-Trigon

OM MANI PEME HUNG

Chiron siehe Planetoiden

Chthonische Tierwelt (auch Gana-Welt): archetypischer Bereich des Tiefenselbst, in dem sich magische Urbilder des Kaltblütler-Bereichs wie Schlangen, Drachen, Kröten, Spinnen, Krebse, Fische, Skorpione, Schildkröten, etc. befinden. Innere Begegnungen mit diesen Bildern können größere geistig-seelische Transformationen bewirken und psychoanalytische Heilprozesse einleiten. Hierbei ist es interessant, daß im östlichen Kulturbereich die chthonischen Tierwelt-Archetypen häufig eine positive und glückverheißende Interpretation erfahren haben, während sie im Westen – vor allem der christlichen Epoche – als Sendboten des Bösen betrachtet wurden.

s. a. Archetypen, Naga, Wasser-Trigon, psychische Inflation

Composite siehe Halbsummen

cp, capricornus lat. für Ziegenfisch (Steinbock)

Denkachse: Die Denkachse ist Teil der Mandala-Energie-Analyse (MEA) und faßt nach deren Punkteschlüssel die Werte für das Luftelement (Intellekt, freier Denkfluß) und das Erdelement (Vernunft, kausales Anwendungsdenken) zusammen. Erde und Luft, die sich im tantrischen Mandala gegenüberliegen, symbolisieren abstrahierende und persönlichkeitstranszendierende Denkmöglichkeiten. Das Denken über das Feuer- oder Wasserelement ist stärker gefühlsgebunden und wird durch die Werte der Gefühlsachse repräsentiert. – Grundsätzlich kann jedoch auch Fühlen als eine Art des Denkens betrachtet werden.

s. a. Mandala-Energie-Analyse, Gefühlsachse, Mandala, Tibetische Elementen-Lehre

Differenzierte Winkelanalyse siehe Orbis

Dorje Chang – Personifiziert: Buddha des Urstoffs oder Leere-Elements, der in verschiedenen Schulen des Nördlichen Buddhismus als höchste Manifestation der Erleuchtung und Ursprung aller 5 Elemente angesehen wird (Farbe Schwarz/Symbole Vajra und Gantha). – Als Energiezustand: das Universum in seinem ungewordenen, archaischen Leerezustand, der zwar die Gesamtheit des Seins enthält, umfaßt bzw. hintergründig trägt, ohne jedoch zwischen Leere und Sein zu unterscheiden.

s. a. Äther-Element, Mahamudra, Vajra, Shunyata

Dreißig-Grad-Felder siehe äquale Felder

DWA siehe Orbis

Elemente siehe Tibetische Elementenlehre

EMH siehe Erde-Mond-Halbsumme

Energiebild siehe Horoskop

Erde-Mond-Halbsumme (EMH): Halbdistanz zwischen dem heliozentrischen Stand der Erde und dem geozentrischen Stand des Mondes. Die EMH ist ein der Stier-Thematik zugeordneter Sensitivpunkt, der karmische Realisationen aktiviert und besonders empfindlich auf

Pluto-Transite reagiert. Er ist von ähnlicher Bedeutung wie die geozentrische Halbsumme zwischen Sonne und Mond, die zur EMH immer in 90-Grad-Spannung steht.
s. a. Sonne-Mond-Halbsumme, Transite

Empfänger siehe Spannungsherrscher

Erd-Trigon: die drei sich im 120-Grad-Winkel wechselseitig unterstützenden Tierkreisenergien Ziegenfisch (kardinal), Stier (fix) und Jungfrau (reagibel), die alle den *gleichen* Elements- oder Aggregatszustand Erde in verschiedenen Ausrichtungen repräsentieren (zentrifugal, zentripetal, diffus). In der buddhistischen Symbolik wird das Erdelement durch die Farbe gelb, die Himmelsrichtung Süden, ein Quadrat (auch Kubus) oder einen Edelstein (Kristallisation) dargestellt. In der westlichen Astrologie steht das Erdelement für die durch Raum und Zeit bedingten Ursache-Wirkung-Mechanismen der grobstofflichen Ebene (Karma).
s. a. Tibetische Elementen-Lehre, Mandala, Kardinal, Fix, Reagibel, Karma, Wasser-, Feuer-Luft-Trigon

Erleuchtung (auch Buddhaschaft, Erwachen, Vollendung) – Im mystischen Sinne: Vereinigung der inneren Yin- und Yang-Energien, bei der das Chakrenpotential zur vollen bewußtseinsmäßigen Entfaltung gelangt. Ein Vorgang der Raum-Zeit-Transzendierung, der von einer Unzahl von Licht- und Gottheitsvisionen, Eigeninitiationen und subtilen magischen Transformationen begleitet ist. Hierbei sind es vorwiegend die höheren Ebenen der Planeten-, Tierkreis- und Elementenenergien, die diesen Vorgang ermöglichen (Erklärungsmodell des indotibetischen Kalachakra-Tantra).
– Im abstrakten Sinne: Erkennen des Seins als Traum und Illusion, bzw. Erkenntnis der Nicht-Unterscheidbarkeit von Sein und Nichtsein. Da man hierdurch zur Basis seiner eigenen Natur gelangt, ist der Begriff ›Erwachen‹ eigentlich geeigneter.
s. a. Tantra, Mahamudra, Shunyata, Dorje Chang, Vajrayana

Esoterik: Im weiteren Sinne eine introvertiert-empirische Naturwissenschaft, bei der die feinstoffliche Energetik von Geist, Seele, Denken und Körper durch Sensibilisierung, Kontemplation, Meditation, etc. aktiviert wird, den Zustand von Ganzheit und Erleuchtung zu verwirklichen.
Im engeren Sinne Erforschung und Anwendung sog. ›Hintergrund-‹ oder ›Geheimwissens‹ z. B. über Wissenschaften wie Astrologie, Alchemie, Tantra, Psychedelik, u. v. m. Über die New-Age-Bewegung wird versucht, Verknüpfungen zwischen exoterischer (z. B. Atomphysik, Astronomie, Biologie, etc.) und esoterischer Naturwissenschaft herzustellen.
s. a. Wassermannzeitalter, Tantra

Erscheinungswelt siehe Samsara

Exoterik siehe Esoterik

Extroversions-Achse: Teil der Mandala-Energie-Analyse (MEA). – Sie faßt nach deren Punkteschlüssel die Werte für das Feuer-Element (idealistische Extrovertiertheit) und das Luft-Element (kommunikative Extrovertiertheit) zusammen. Aufgrund der gemeinsamen Neigungen zur Extroversion zählen einige astrologische Schulen das Luft-Element zum Bereich des Yang, was bei einer Gleichsetzung von Yang = Extroversion auch berechtigt ist. Geht man jedoch von dem Ansatz aus Yang = Widerstand setzen und Yin = Widerstand auflösen oder relativieren, muß Luft dem Yin-Bereich zugeordnet werden. Wer der ersten Yang-Auffassung nahesteht, kann den Extroversions-Wert mit Yang gleichsetzen.
s. a. Mandala-Energie-Analyse, Introversions-Achse, Yin, Yang, Tibetische Elementenlehre

Feinstoffkörper siehe Illusionskörper, Nadi, Chakren

Felder (auch Häuser oder Orte genannt): Beschreiben die Planeten in den Tierkreiszeichen sozusagen das archaische Erbgut, das basishafte Energiepotential (Anlage), das uns von Geburt an mitgegeben wurde, symbolisieren die 12 Felder die mehr abstrakte Aufgabe, für die dieses oder jenes Tierkreismaterial eingesetzt werden soll. Insofern kann man sagen, daß der Felderkreis dem Tierkreis übergeordnet ist. Findet man z. B. eine Sonne im Zeichen Widder, heißt dies, daß sich das Ich an Widerständen entflammt oder sich mit Idealen identifiziert. Dies können tausenderlei Ideale und Probleme sein. Erst durch die zusätzliche Eingebettetheit in ein Feld, z. B. das 6. Feld (Arbeit, Gesundheit, soziale Anpassung), erhält die Widder-Sonne einen eingeengten Wirkungsorbis, so daß sie sich an Widerständen im Arbeitsbereich oder durch die Entwicklung von Arbeits- oder sozialen Idealen am besten realisieren kann. Die 12 Felder entsprechen in abstrakter Art und Weise den 12 Tierkreisenergien (1. Feld = Widder = Aufgabe der Initiativen-Entwicklung, Durchsetzungskraft, idealistischer Engagiertheit, etc.; 2. Feld = Stier = Aufgabe, Sicherheiten zu schaffen, sein Leben zu strukturieren, Eigenverantwortung zu entwickeln, usw.). Allen Feldersystemen gemeinsam ist, daß sie vom Aszendenten ausgehend und entgegen dem Uhrzeigersinn in der Folge von 1 bis 12 angeordnet sind. Grundsätzlich unterscheidet man zwischen *symbolischen Feldern* (s. äquale Felder) und astronomisch ableitbaren Feldern (z. B. Koch-, Placidus- oder topographisches Feldersystem). Bei letzteren versucht man die 4 Quadranten (AS bis IC, IC bis Deszendent, Deszendent bis MC, MC bis AS) auf den Geburtsort bezogen aufzuteilen, wodurch die einzelnen Felder eine unterschiedliche Größe bekommen. Die Frage, welches der über 100 bekannten Feldersysteme das einzig stimmige sei, ist bis heute unbeantwortet und daher Erfahrungs- oder Glaubenssache.
s. a. äquale Felder, Feldermarathon, Felder-Mittler, Zodiak

Feldermarathon (auch Felderprogression): eine Theorie, daß sich das Bewußtsein – ausgehend vom Aszendenten resp. vom Nullpunkt der Geburt – in jeweils 6 Jahren von einem Feld in das andere bewegt und sich analog den Planeten- und Tierkreisenergien, die sich dort befinden, entwickelt (0.–6. Lebensjahr = 1. Feld, 6.–12. Lebensjahr = 2. Feld, 12.–18. Lebensjahr = 3. Feld etc.). Diese entgegen dem Uhrzeigersinn verlaufende Entwicklung provoziert eher geistige Lernprozesse und wirkt sich mehr im Exoterischen aus. Parallel hierzu bewegt sich das Bewußtsein aber auch in einem Sieben-Jahre-Rhythmus im Uhrzeigersinn durch den Felder- und Tierkreis (0.–7. Lebensjahr = 12. Feld, 7.–14. Lebensjahr = 11. Feld usw.). Diese Bewußtseinswanderung provoziert eher seelische und esoterische Entwicklungen. Man könnte auch von einem solaren (6 Jahre pro Feld) und einem lunaren (7 Jahre pro Feld) Rhythmus sprechen. Es ist nicht auszuschließen, daß es noch eine Anzahl weiterer Felder- oder Bewußtseinsprogressionen (z. B. 1 Jahr pro Feld, 12 Jahre pro Feld etc.) gibt.
s. a. Felder, Zodiak

Felder-Mittler: ein Planet, der sich auf einer Felderspitze befindet (Orbis 0–4 Grad) und der über Lernprozesse beider Felderthemen zu einer Art Synthese gelangt. Befindet er sich z. B. auf der Spitze (= dem Übergang) vom 11. zum 12. Feld, lernt er gleichzeitig sowohl über Gruppenarbeit und Zeitgeistorientiertheit (11. Feld) als auch über Introspektion und metalogisches Erfassen (12. Feld). Da er als Mittler eine Synthese finden muß, könnte diese z. B. darin bestehen, neuzeitliche Meditationsformen zu lehren oder im Sinne des New Age Verbindungen zwischen östlichen und westlichen Naturwissenschaften herzustellen.
s. a. Felder, Feldermarathon

Felderprogression siehe Feldermarathon

Feuer-Trigon: die drei sich im 120-Grad-Winkel wechselseitig unterstützenden Tierkreisenergien Widder (kardinal), Löwe (fix) Schütze (reagibel), die alle den *gleichen* Element- oder Aggregatzustand in verschiedenen Ausrichtungen repräsentieren (zentrifugal, zentripetal, diffus).
In der buddhistischen Symbolik wird das Feuer-Element durch die Farbe rot, die Himmelsrichtung Westen, ein Dreieck (auch Pyramidenkegel) oder eine Lotosblüte (Ich-Überwindung, Reinheit) dargestellt. In der westlichen Astrologie steht es für die Entwicklung geistigen Differenzierungsvermögens, wobei persönliche und überpersönliche Ideale transformiert (verbrannt) werden.
s. a. Tibetische Elementenlehre, Mandala, Kardinal, Fix, Reagibel, Wasser-, Erd- und Luft-Trigon

Fischezeitalter: Die durch Glaubens- und Tugendgebote bestimmten vergangenen 2000 Jahre (ca. 0–2000 n. Chr.) des sog. religiösen

Zeitalters (Fische-Jungfrau-Achse), das durch die Wanderung des Frühlingspunktes am Sternbildhimmel (ca. 2150 Jahre pro Zeichen) abgeleitet wird. Im 20. Jh. befinden wir uns im beginnenden Wassermannzeitalter, das von der Wassermann-Löwe-Achse (Neuordnung der Ich-Stellung im Kollektiv) beherrscht wird. Da die Weltzeitalter-Theorie, die sich am beweglichen Sternhimmel und nicht am fixen Tierkreis orientiert, umstritten ist, kann man das sog. religiöse Zeitalter auch durch den Eintritt des Galaktischen Zentrums in das Schütze-Zeichen (einige hundert Jahre vor Christus) und den Aufenthalt des Supergalaktischen Zentrums im Zeichen Jungfrau (beide Zeichen verkörpern auch religiöse und tugendhafte Eigenschaften) ableiten.

s. a. Wassermannzeitalter, Galaktisches Zentrum, Supergalaktisches Zentrum

Fixe Zeichen: die vier sich im 90-Grad-Winkel wechselseitig aktivierenden Tierkreisenergien Stier (Erde), Löwe (Feuer), Skorpion (Wasser) und Wassermann (Luft), die die jeweilige Elementqualität, die sie repräsentieren, im zentripetalen, ichfixierten oder auch statischen Sinne bewahren. Die Fixzeichen (Felder) bewirken Individuationsprozesse, die Ausformung von Wille und Selbstbewahrung.

s. a. Kardinale Zeichen, Reagible Zeichen

Fixsterne: ferne Sonnensysteme auf der Höhe der Ekliptik, die in der hinduistischen und buddhistischen Astrologie eine weitaus größere Rolle spielen als im Westen. Ihr Wirkorbis, vor allem bei Konjunktionen, ist auf ein halbes bis ein Grad beschränkt. Von einigen hundert traditionell bekannten Fixsternen finden heute nur noch ca. 30 in der astrologischen Praxis eine gewisse Beachtung.

Frühlingspunkt siehe Fischezeitalter, Wassermannzeitalter, Zodiak

Galaktisches Zentrum (auch Milchstraßenzentrum/Abk. GZ oder GC): nach neueren Theorien ein riesiges Schwarzes Loch von Antimaterie (Radioquelle Sagittarius A), das Millionen von Sonnensystemen, einschließlich unseres eigenen, in seinem Bann hält bzw. von diesem in ca. 220 Millionen Jahren (im Bereich unserer Sonnendistanz) einmal umrundet wird. Mit einem Halbdurchmesser von 50 000 Lichtjahren liegt unser Sonnenatom (Distanz 30 000 Lichtjahre) am äußeren Rand eines kleineren Spiralarms, der das GZ mit einer Geschwindigkeit von 250 Stundenkilometern umfliegt. Gewaltige Staubwolken versperren uns den Blick in Richtung GZ. Es ist jedoch durch radioastronomische Messungen deutlich zu orten, befindet sich z. Zt. (1988) auf 26 Grad 43 Minuten Schütze und bewegt sich in unseren Tierkreisordinaten jährlich etwa um eine Bogenminute. Von der gewaltigen Kräftedimension her *muß* das GZ eine Wirkung auf uns Menschen als Individuen und Kollektiv ausüben – vermutlich im Sinne magischer Transformationen, wie sie über das Wasser-Element resp. die Planeten *Pluto,* Neptun oder auch Mond vorstellbar sind. Durch den Schütze-Filter könnte es geistige Stirb-und-werde-Prozesse verstärken und manisch-depressive Wechselphasen verursachen. Genauere Forschungen stehen hier noch aus.

s. a. Supergalaktisches Zentrum, Metagalaktische Zentren, Wassermannzeitalter, Fischezeitalter

Gantha siehe Yin

Galaxienhaufen siehe Supergalaktisches Zentrum, Metagalaktische Zentren

Garuda: mythologischer Urvogel der asiatischen Religionen, der sich in ständigem Kampf mit den archaischen Schlangenwelten befindet (in der psychologischen Übersetzung der Kampf von Geist und Psyche). Der Garuda wird sowohl im Hinduismus als auch Buddhismus als eine wichtige Initiationsgottheit angerufen. Seine hauptsächliche Elementenzuordnung ist das Wasser, doch kann er auch als Manifestation aller übrigen Elemente (einschließlich des Äther-Elements) vorgestellt werden.

s. a. Naga, Yin, Yang

ge, gemini lat. für Zwillinge

Geburtsbild siehe Horoskop

Geburts-Mandala siehe Horoskop/Mandala-Energie-Analyse

Gefühlsachse: Die Gefühlsachse ist Teil der Mandala-Energie-Analyse (MEA) und faßt nach deren Punkteschlüssel die Werte für das Wasser-Element (seelisch-archaisches Fühlen) und das Feuer-Element (geistig-egofixiertes Gefühl) zusammen. Wasser und Feuer, die sich im tantrischen Mandala gegenüberliegen, symbolisieren den introvertierten und extrovertierten Gefühlsbereich.

s. a. Mandala-Energie-Analyse, Denkachse, Mandala, Tibetische Elementenlehre, Wasser-Trigon, Feuer-Trigon

Geozentrik (erdbezogenes Weltbild): Da in der Astrologie vorrangig die Wirkung der Tierkreisplaneten auf die Erde bzw. auf den einzelnen Menschen erforscht wird, berechnet man das Horoskop auf die Erde als Mittelpunkt. Will man etwas über die energetische Qualität des Sonnenatoms als Ganzem erfahren, muß ein sonnenbezogenes Horoskop (Heliozentrik) erstellt werden (dto. könnte man saturnzentrische, uranozentrische, jupiterzentrische, etc. Horoskope erstellen, die etwas über die aktuellen Strahlungsmodifizierungen der betreffenden Planeten aussagen würden).

s. a. Heliozentrik

Great Attractor siehe Metagalaktische Zentren

Guhyasamaja: ältestes buddhistisches Tantra, über das die negativen Eigenschaften des Wasser-Elements (Haß) in sexuelle Erleuchtungsenergie verwandelt werden.

s. a. Bodhisattva, Vajrayana, Mandala, Wasser-Trigon, Kalachakra, Yamantaka

Guru (Skr. für Lehrer): im Hinduismus und Buddhismus Bezeichnung für einen persönlichen spirituellen Lehrer.

Halbdistanz siehe Halbsummen

Halbsummen (auch Halbdistanzen): Mitte der kürzesten Abstände zwischen 2 Planeten oder anderen Faktoren (AS, MC, Mondknoten etc.) des Horoskops. Halbsummen wurden vor allem durch die Arbeit der deutschen Astrologen Reinhold Ebertin (Kosmobiologie) und Alfred Witte (Hamburger Schule) bekannt und gehören seitdem zum Repertoire der neuzeitlichen Astrologie. Auch die von Robert Hand verbreitete Methode des Composites beruht auf Halbsummen zwischen gleichen Planeten zweier Partner. – Grundsätzlich sind alle über 100 Halbsummen des individuellen Geburtsbildes (incl. der Halbsummen mit Vesta, Chiron, MC und AS) von Bedeutung und reagieren auf Transitbestrahlungen. In der von Taeger begründeten Astro-Energetik wird ein besonderes Schwergewicht auf die Sonne-Mond- und Erde-Mond-Halbsumme gelegt.
s. a. Erde-Mond-Halbsumme

Häuser siehe Felder

Harte Winkel siehe Aspekte, Opposition, Quadrat

Heliozentrik (sonnenbezogenes Weltbild): auf die Sonne bezogene Berechnung der Planetenstände im Tierkreis. Durch die enorme Strahlwirkung der Sonne wird von ihr die atmosphärische Gesamtqualität des Tierkreises, die sie heliozentrisch widerspiegelt, auf die Erde (und alle übrigen Planeten) zurückgestrahlt, so daß das heliozentrische Energiebild des Geburtsaugenblicks eine wichtige Ergänzung des geozentrischen Horoskops darstellt. Das heliozentrische Bild gibt detaillierte Aufschlüsse über die Persönlichkeitsstruktur (Sonne) des einzelnen, vor allem dann, wenn dieser sich im Zuge spiritueller Entwicklung von seinem persönlichen und erdverhafteten Ego löst und sich dem Bereich überpersönlicher geistiger Werte nähert.
s. a. Geozentrik

Hermes griech. für Merkur

Heruka siehe Vishnu

Hinayana siehe Mahayana

Horoskop (auch Karmagramm, Natal, Geburtsbild, Radix, Energiebild, Geburts-Mandala – von dem griechischen Wort ›Horoskopos‹ = Aszendent): auf Geburtsdatum, Ort und Zeit bezogenes Himmelsbild (Planetenstände, Osthorizont, Zenit); geozentrisch bezogenes Planetenfoto für einen Geburtsaugenblick und dessen energetische Struktur resp. Atmosphäre. Unter dem Geburtsaugenblick versteht man den ersten Schrei resp. Atemzug des Neugeborenen. Warum dieser Moment so prägend ist, blieb bis heute ungeklärt. Vielleicht speichert das Tiefenselbst auf ›paranormale‹ Weise diesen kosmogenetischen Inprint, oder die DNS- und RNS-Genketten modifizieren sich durch diese ersten Strahleninformationen, oder der innere Chakren- und Feinstoffkörper schwingt sich in eine konstellationsanaloge Form ein.

Was wir als Astrologen durch empirische Erfahrungen lediglich wissen, ist, daß dieser Erstinprint für die Dauer eines ganzen Lebens von Bedeutung bleibt, dies jedoch nicht im fatalistischen Sinne, sondern ausschließlich als Anlagenpotential. – Im weiteren Sinne werden unter Horoskop auch Berechnungen für Ereignisdaten (Stunden-Astrologie), Staatsgründungen (Mundan-Astrologie), Jahresprognosen (Solare) etc. verstanden. Um hiervon das individuelle Geburtshoroskop zu unterscheiden, eignen sich besser die Begriffe Geburtsbild, Radix oder Natal.
s. a. Aszendent

IC siehe Imum Coeli

Illusionskörper (auch Feinstoff-, Gottheits- oder Lichtkörper): Begriff aus der hinduistischen, buddhistischen und taoistischen Meditation, in der man versucht, sich in Form, Aussehen und Weisheitsaspekt mit bestimmten Gottheitsarchetypen des kollektiven Unbewußten zu identifizieren. Quasi ein tantrischer Trick, verborgene Energien in das Bewußtsein zu holen, um sich deren magisches und weisheitsspezifisches Potential zu eigen zu machen. Alle Illusionskörper-Übungen aktivieren höhere Ebenen einer der 5 Basiselemente (Erde, Wasser, Feuer, Luft, Äther) oder weisen Analogien zu zodiakalen resp. planetaren Energien auf.
s. a. Bodhisattva, Traumyoga, Wiedergeburt, Vajrayana

Imum Coeli (auch Himmeltiefe oder Nadir/Abk. IC, I): tiefster Punkt (Nadir) der Nachtseite des Horoskops, der sich immer in Opposition zum MC (Zenit/Himmelshöhe) befindet. Planeten im IC-Bereich sind dem Bewußtsein weniger leicht zugänglich als Planeten im MC-Bereich (Taghälfte) und bedürfen daher einer besonderen psycho- oder astroanalytischen Beachtung, da sie sonst einer bewußten Rollenverwirklichung (MC) im Wege stehen.
s. a. Medium Coeli

Indotibetischer Buddhismus siehe Nördlicher Buddhismus

Indra: einer der obersten Hindu-Götter (Personifikation des Wasser-Elements), dessen Hauptattribut das Vajra-Zepter (Donnerkeil) ist. Im Buddhismus findet er in Vajrapani eine Analogie.
s. a. Vajra, Vajrapani

Initiator siehe Spannungsherrscher

Introversions-Achse: Teil der Mandala-Energie-Analyse (MEA). Sie faßt nach deren Punkteschlüssel die Werte für das Erdelement (abgrenzende Introversion) und das Wasserelement (gefühlsmäßige Introversion) zusammen. Aufgrund der Introversions-Neigung zählen einige astrologische Schulen das Erdelement zum Yin-Bereich. Geht man jedoch von dem Ansatz ›Yin = Widerstand auflösen‹ und ›Yang = Widerstand setzen‹ aus, muß das Erdelement als grenzsetzende

Energie dem Yang-Bereich zugeordnet werden. Wer das Erdelement als Yin betrachet, mag den Introversions-Wert mit Yang gleichsetzen.
s. a. Mandala-Energie-Analyse, Extroversions-Achse, Yin, Yang, Tibetische Elementenlehre, Wasser- und Erd-Trigon

Kalachakra Tantra (auch ›Rad der Zeit‹): höchstes buddhistisches Tantra, über das Buddhaschaft durch meditative Vervollkommnung aller planetaren und elementhaften Energien angestrebt wird. In diesem sehr subtilen und komplexen Tantra wird der Mondknoten als eine planetare Entsprechung verstanden.
Im weiteren Sinne wird unter dem Überbegriff Kalachakra die esoterische Astrologie verstanden, die im Nördlichen Buddhismus Tibets sowohl in ihrer indisch-europäischen als auch ihrer chinesischen Interpretation studiert wird (›Äußeres Kalachakra‹).
s. a. Tantra, Vajrayana, Guhyasamaja, Erleuchtung

Kardinale Zeichen: die vier sich im 90-Grad-Winkel wechselseitig aktivierenden Tierkreisenergien Widder (Feuer), Krebs (Wasser), Waage (Luft) und Ziegenfisch (Erde), die die jeweilige Elementenqualität, die sie repräsentieren, im zentrifugalen, initiierenden und dynamisch-extrovertierten Sinne veräußern. Die kardinalen Zeichen (Felder) bewirken Initiativkraft und soziale Verantwortung unter Bewahrung autonomer Eigenständigkeit.
s. a. Fixe Zeichen, Reagible Zeichen

Karma (Skr.: ›Tat‹): ganz allgemein das Gesetz von Ursache und Wirkung, das der Eigenverantwortlichkeit des einzelnen unterliegt. Karma hat nichts mit dem westlichen Begriff Fatalismus zu tun. Im weiteren Sinne bestimmt das individuelle Denken und Handeln den gesamten Wiedergeburtskreislauf, so daß das Horoskop bzw. Karmagramm als eine Reaktion auf vorgeburtliche Existenz verstanden werden kann bzw. das aktuelle Leben Ursachen für das Karmagramm einer nächsten Existenz vorbereitet. Um diesem kosmischen Karmagesetz zu entgehen, empfiehlt der Mahayana-Buddhismus, durch positives Denken positive Rückwirkungen zu erzielen, was in eine götterähnliche Bodhisattvaschaft mündet. Im Vajra- oder Tantrayana-Buddhismus strebt man eine direkte Verschmelzung mit dem Urstoff oder Leerezustand des Seins an, um derart den Zugriffen der gewöhnlichen Karma-Gesetzmäßigkeit zu entgehen.
s. a. Wiedergeburt, Mahayana-Buddhismus, Vajrayana-Buddhismus, Nördlicher Buddhismus, Bodhisattva, Dorje Chang, Mahamudra, Shunyata

Karmagramm siehe Horoskop

Karmaquadrat: eine unter vielen Winkelstrukturen (Strukturbilder), bei der ein halbes oder ganzes Quadrat mit Planeten oder anderen astrologischen Faktoren besetzt ist. Durch seine starke Gespanntheit aktiviert es den Einzelnen unentwegt zum Denkhandeln (= Karma).

Tibetisches Astrologie-Lehrbild des sog. äußeren Kalachakra-Tantra. In der Mitte die das Universum tragende Orakelschildkröte mit den 12 asiatischen Tierkreiszeichen. Darunter die Symbole für die Planeten Sonne, Mond, Auge (Mars), Hand (Merkur), Dolch (Jupiter), Lanze (Venus), Strohbündel (Saturn) und Vogelkopf (Mondknoten). Oben die drei Bodhisattvas Vajrapani, Manjushri und Chenrezig, Symbole für Körper, Rede und Geist der Erleuchtung. Außerdem div. Elementensymbole und magische Anrufungsformeln

Eine weise Handhabung dieser Spannung kann durchaus zu einem kreativen, positiven und erfüllten Leben führen und hat im Widerspruch zu vielen astrologischen Lehrbüchern nichts Beängstigendes an sich. Nur wer eine solche Spannung bewußtseinsmäßig nicht in den Griff bekommt, erfährt deren disharmonisches Feedback. Doch dies gilt für grundsätzlich alle Aspektbilder des Karmagramms.
s. a. Quadrat, Opposition, Karma, Orbis

Keimklang siehe Mantra

Kleinplanet siehe Planetoid

Ko-Aszendent siehe Aszendent

Ko-MC siehe Aszendent

Konjunktion: ein Winkelaspekt, bei dem zwei oder mehrere kosmische Energien dicht beieinander stehen (Orbis bis maximal 10 Grad). Ziel einer Konjunktion ist es, die beteiligten Faktoren zu einem partnerschaftlichen Miteinander im Denkhandeln zu motivieren, wobei beide Planeten- oder Bewußtseinsfaktoren Kompromisse eingehen müssen. Im Gegensatz zu natürlichen Dominanzen (z. B. Aszendent- oder MC-Betonungen, Spannungsherrscher etc.) sollte in einer Konjunktion keine der beteiligten Energien die Oberhand gewinnen.
s. a. Orben, Spannungsherrscher, Aspekte

Kollektives Unbewußtes siehe Archetypen, psychische Inflation

Kosmo-Energetik siehe Astro-Energetik

Kundalini (auch Schlangenkraft, Naga-Energie, Libido, Sexualkraft, kosmische Energie): feine elektrische Licht- oder auch Sexualenergie, die sich im Wirbelsäulenansatz (in anderen Versionen auch in der Fußsohle) ruhend aufhält und die u. a. durch meditative oder tantrisch-sexuelle Praxis dazu angeregt wird, aufzusteigen und die Chakren- oder Bewußtseinszentren des Feinstoffkörpers energetisch zu aktivieren. Hierbei ist es das Ziel, die mit den Chakren verbundenen höheren Elementen-Qualitäten, vor allem aber das sich im Scheitelchakra befindliche Äther-Element, zum Strahlen zu bringen. Da die einzelnen Chakren auch Bezüge zu den subtileren Planeten-Ebenen haben, wird – astroenergetisch übersetzt – das gesamte Geburtsbild durch die Kundalini auf eine höhere Ebene transformiert, wodurch ein harmonisches Mandala ein ganzheitliches Spitzenbewußtsein formt. Die Kundalini kann als kanalisierte Pluto-Neptun-Energie aufgefaßt werden.
s. a. Erleuchtung, Chakren, Nadi. Äther-Element, Naga, Tantra

labile Zeichen siehe reagible Zeichen

Lamaismus siehe Nördlicher Buddhismus

Leere siehe Shunyata

le, leo lat. für Löwe

Libido siehe Kundalini

li, libra lat. für Waage
Lichtkörper siehe Illusionskörper
Lotos-Zentren siehe Chakra

Luft-Trigon: Die drei sich in 120-Grad-Winkeln wechselseitig unterstützenden Tierkreisenergien Waage (kardinal), Wassermann (fix) und Zwillinge (reagibel), die alle den *gleichen* Element- oder Aggregatszustand in verschiedenen Ausrichtungen repräsentieren (zentrifugal, zentripetal, diffus). In der buddhistischen Symbolik wird das Luft-Element durch die Farbe Grün, die Himmelsrichtung Norden, einen Halbkreis oder Halbmond (auch Schale) sowie ein Mandala/Doppel-Vajra (Streben nach Harmonie, Ganzheit) oder ein flammendes Schwert (karmavollendendes Denkhandeln) dargestellt. In der westlichen Astrologie steht es für Kommunikation, Wir-Bewußtsein, abwägendes und harmonisierendes Denken.
s. a. Tibetische Elementenlehre, Mandala, Kardinal, Wasser-Trigon, Erd-Trigon, Luft-Trigon, Fix, Reagibel, Karma

M siehe Medium Coeli
Mahakala siehe Shiva

Mahamudra (Skr. ›Großes Siegel‹): gleichermaßen Lehre wie meditativer Zustand, durch den die Einheit des Doppelcharakters von Leere und Sein erkannt und erfahren werden soll. Das Mahamudra-Fahrzeug entspringt der indo-tibetischen Tradition des Mahayana-Buddhismus und weist starke Ähnlichkeiten mit dem japanischen Zen-Buddhismus auf. Im Mahamudra wird nicht mit Gottheitsbildern und Illusionskörpern gearbeitet, sondern mit bestimmten Atem- und Konzentrationsübungen, die zu Geistesruhe und innerer Klarheit führen.
s. a. Dorje Chang, Zen-Buddhismus, Vajrayana-Buddhismus, Äther-Element
Mahasidda siehe Vajrayana-Buddhismus

Mahayana-Buddhismus (Skr.: ›Großes – oder auch mittleres – Fahrzeug‹): eine Interpretation der buddhistischen Lehre, die sich von Indien über China, Tibet, Japan, Korea, etc. ausgebreitet hat und bei der das Schwergewicht auf eine ich-transzendierende Hilfsbereitschaft gelegt und Erleuchtung nicht als Eigennutz angestrebt wird (wie im ›Kleinen Fahrzeug‹ oder Hinayana). Vielmehr entwickelte das Mahayana den Bodhisattva-Gedanken, so lange auf letztes Eingehen in die ›Leere‹ zu verzichten, bis das ganze Universum erleuchtet ist. Um dieses Gelübde zu erfüllen, streben Mahayana-Anhänger durch Ansammlung von Tugenden (positiven Karmas) nach einer Raum-Zeit-enthobenen Wiederverkörperung in Form magisch-göttlicher Lichtwesen (eine Vorstufe der Erleuchtung), um von dieser Position aus in verschiedenen Wiedergeburtsbereichen aktiv zu werden und die Lehre von der Illusionshaftigkeit des Seins zu verbreiten. Das Mahayana hat eine Unzahl von Schulen und Sekten hervorgebracht, die sich häufig in Spitzfindigkeiten in der Interpretation von Leere und Sein unterscheiden. Eine wichtige Mahayana-Richtung ist z. B. der Zen-Buddhismus Japans resp. Chan-Buddhismus Chinas. Auch der Nördliche Buddhismus vertritt in weiten Teilen die Lehren des Mahayana.

s. a. Vajrayana, Nördlicher Buddhismus, Zen-Buddhismus, Wiedergeburt, Bodhisattva, Bodhicitta, Shunyata, Karma

Maja siehe Samsara

Mandala (Skr. ›Keis‹): symbolische Darstellung kosmischer Elementen-Harmonie. Das Mandala, ein von einem Kreis umschlossenes Quadrat mit vier Elementen-Dreiecken und einem Zentrum, gehört zu den wichtigsten Meditationsobjekten des Vajrayana-Buddhismus und nimmt in der Archetypenlehre C. G. Jungs eine zentrale Stelle ein. Im weiteren Sinne kann unter Mandala nicht nur das Horoskop, sondern auch das Planetensystem, der Makro- und Mikrokosmos, der Feinstoffkörper des Menschen, die Atomstruktur etc. verstanden werden. Im mystischen Mandala des Buddhismus stehen einander meist die Elemente Feuer (›oben‹/Farbe Rot) und Wasser (›unten‹/Farbe Blau) sowie Erde (›links‹/Farbe Gelb) und Luft (›rechts‹/Farbe Grün) gegenüber, während sich in der Mitte ein weißer Kreis mit dem Äther-Element (Zenit) befindet, in dem sich durch das Zusammenwirken der übrigen vier Elemente eine zentrale Gottheit manifestiert. Das buddhistische Mandala stellt keine statische Harmonie dar, sondern wird als lebendiges Miteinander visualisiert.

s. a. Mandala-Energie-Analyse, Tibetische Elementenlehre, Archetypen, Vajrayana

Mandala-Energie-Analyse (MEA): eine von Taeger entwickelte Methode zur großflächigen Analyse des Horoskops, das dieses nach einem bestimmten Punkteschema, in 19 – in separate Tierkreis- und Felderbewertung differenziert, 38 – Eigenschaften gliedert: Yin, Yang, Erde, Wasser, Feuer, Luft, Denkachse, Gefühlsachse, Extroversion, Introversion, Kardinal, Fix, Reagibel, Individuation, Sozialisation, Frühling, Sommer, Herbst und Winter. Hierbei werden alle Faktoren (einschließlich Vesta, Chiron, Erde, Erde-Mond-Halbsumme) sowohl in den *Zeichen* als auch in den *Feldern* ausgewertet (1. Feld = Widder = Feuer, 2. Feld = Stier = Erde, etc.).
Obwohl jedes Element gleichermaßen Yin- wie Yang-Aspekte hat, differenziert die MEA Erde und Feuer als Yang sowie Wasser und Luft als Yin (vgl. Kommentare unter Extroversions- und Introversionsachse).
In Entsprechung zu den Werten von Kardinal, Fix, Reagibel werden die kardinalen Felder (1, 4, 7, 10), fixen Felder (2, 5, 8, 11) etc. ausgewertet. Der Individuationswert setzt sich aus den Zeichen Widder bis Jungfrau resp. 1.–6. Feld und der Sozialisationswert aus den Zeichen Waage bis Fische resp. 7.–12. Feld zusammen, während sich die Werte für Frühling, Sommer, Herbst und Winter aus den Zeichen Widder bis Zwillinge resp. 1.–3. Feld, Krebs bis Jungfrau resp. 4.–6. Feld etc. ergeben (Fühlen, Denken, Introversion und Extroversion siehe Stichwortverzeichnis). Felder-Mittler werden jeweils zur Hälfte beiden Feldern zugeordnet (Orbis: Sonne, Mond plus/minus 4 Grad, übrige: plus/minus 3 Grad). Punktegewichtung: Sonne, Mond, Aszendent: 60; MC, Merkur, Venus, Mars, Jupiter, Saturn, Uranus, Neptun, Pluto: 30; Vesta, Chiron, EMH, Mondknoten, Erde (helio): 10; Gesamtsumme: 1000. Obwohl sich die MEA seit 18 Jahren gut bewährt und immer wieder Modifizierungen erfahren hat, ist die Punkteverteilung natürlich jederzeit anfechtbar und beruht mehr oder weniger auf subjektiven Erfahrungswerten. Insofern ist die Mandala-Energie-Analyse nur ein *Vorschlag*, sich einen ersten Eindruck über die Energiequalität eines Horoskops zu machen.
s. a. Denkachse, Gefühlsachse, Extroversions-Achse, Introversions-Achse, Erde-Mond-Halbsumme, Felder-Mittler, Yin, Yang, Kardinal, Fix, Reagibel, Felder, Erde-, Wasser-, Feuer- und Luft-Trigon

Manjushri: mystischer Bodhisattva aktiven Weisheitswissens, Emanation des Wasser-Elements (Planetenentsprechung: höhere Oktave der Merkur-Energie). Er wird im Nördlichen Buddhismus in unzähligen Formen und Farben dargestellt. Seine Hauptattribute sind Buch (Wissen) und Schwert (Handhabung des Wissens). Sein Hauptmantra ist OM AH RA PA TZA NA DHI. Wie Merkur (Hermes Trismegistos) Schutzpatron der westlichen Astrologie, ist sein östliches Pendant (Manjushri) oberster Schutzpatron der asiatischen Astrologie. Sein Hauptheiligtum ist der in China gelegene Berg Wu-

Tai-Chan mit den fünf Gipfeln, der ein Mandala der 5-Elementen-Weisheiten darstellt und Pilgerziel von Buddhisten aller Nationen und Schulen ist.

s. a. Yamantaka, Bodhisattva, Vajrapani, Tara, Chenrezig, Mantra

Mantra (Anrufungsformel, Keimklang): Durch Keimklänge wie OM (Äther), AH (Feuer), HUNG (Wasser), TRAM (Erde), HA (Luft) oder Keimklangformeln wie OM AH RA PA TZA NA DHI (Manjushri), die in der Meditation unendlich oft wiederholt werden, werden bestimmte Chakren und deren Licht- resp. Bewußtseinsqualitäten aktiviert, die sich auch in archetypischen Gottheitsbildern manifestieren können. Verschiedene hinduistische und buddhistische Schulen gehen davon aus, daß das Universum aus Klängen entstanden ist, deren Energie sich in Licht und Form transformiert hat. Durch Mantra-Rezitation vollzieht man diesen Schöpfungsakt bewußt nach und versucht darüber einen Rückanschluß an die Urharmonie der 5 Elemente.

s. a. Chakren, Tantra, Vajrayana

MEA siehe Mandala-Energie-Analyse

MC siehe Medium Coeli

Medium Coeli (auch Himmelsmitte, Zenit/Abk. MC, M): höchster Punkt (Zenit) der Tageshälfte eines Horoskops, der sich immer in Opposition zum Imum Coeli (Nadirpunkt) befindet. Er wird häufig

mit der beruflichen Rolle in Verbindung gebracht. Seine Tierkreis- resp. Elementen-Qualität gibt jedoch viel häufiger darüber Aufschluß, mit welchen geistigen, seelischen oder denkerischen Wertvorstellungen das Individuum der äußeren Welt begegnet bzw. sich mit ihr auseinandersetzt (dies muß nicht immer in Rollenidentifikationen münden). Planeten in MC-Nähe sind einer bewußten Durchdringung sehr leicht zugänglich. In Analogie zur Esoterik kann das MC mit dem Scheitelchakra resp. dem Äther-Element in Verbindung gebracht werden.
s. a. Imum Coeli, äquale Felder

Metagalaktische Zentren: Neueren Theorien zufolge bewegen sich die Milliarden von Galaxien um vier gewaltige Kraftzentren, deren Charakter noch ungeklärt ist. Daneben gibt es kleinere und mittlere metagalaktische Zentren wie das Supergalaktische Zentrum. Letzteres kreist zusammen mit einer Reihe weiterer uns benachbarter Supergalaktischer Zentren um ein Kräftefeld, das die Amerikaner ›The Great Attractor‹ nennen und das zur Zeit auf 6 Grad 33 Minuten Skorpion lokalisiert wird. Genauere Aussagen über die Wirkung dieses sensitiven Punktes gibt es z. Zt. noch nicht. Interessant ist nur ganz allgemein die scheinbar endlose hierarchische Staffelung kosmischer Prinzipien, die sich z. B. auch in der Esoterik (Dominanz des Scheitel- und Sexualchakras) oder in der Astrologie (Dominanz der Planeten am AS oder MC) widerspiegelt.
s. a. Galaktisches und Supergalaktisches Zentrum

Mittler siehe Felder-Mittler

Mondknoten (auch Drachenkopf): ein aus der hinduistischen und buddhistischen Astrologie übernommener Sensitivpunkt (Schnittpunkt der scheinbaren Sonnenbahn mit der Mondellipse), der in der heutigen Astrologie völlig überbewertet wird. Über ihn können sich Kontakt- und Kommunikationsbereitschaft entwickeln. Im Vergleich zu den Halbsummen, vor allem Sonne-Mond und Erde-Mond, kommt ihm eine sekundäre Bedeutung zu. (vgl. Taeger: Astro-Trips, p. 71–72)
s. a. Erde-Mond-Halbsumme

MUDRA siehe Vajrayana-Buddhismus

Nachtod-Zustand siehe Bardo

Nadis (Skr. ›Röhre‹, ›Ader‹): feinstoffliche, physikalisch nicht ausmachbare Energiekanäle, die in großer Anzahl unseren Körper durchziehen und sich in Tausenden von Chakren überkreuzen, die z. B. in der Akupunktur eine wichtige Rolle spielen. Durch sie fließen die Prana- und Kundalini-Energien. In der hinduistischen und buddhistischen Esoterik beschränkt man sich hauptsächlich auf 3 Hauptnadis, die ihren Ursprung im Wirbelsäulenansatz haben. Die

mittlere Nadi wird Shushumna genannt und verläuft geradlinig parallel zur Wirbelsäule. Die anderen beiden Nadis (Sonnen- und Mondnadi resp. Yin- und Yang-Nadi) schlängeln sich sinusförmig um die zentrale Nadi und bilden in den 7 Hauptchakren Verknotungen, über die die Möglichkeit besteht, daß sich die polare Kundalini-Energie über die zentrale Nadi vereint.
s. a. Chakren, Kundalini, Erleuchtung, Tantra, Vajrayana

Naga (Skr. ›Schlange‹): mythologische Schlangen- und Drachenarchetypen des kollektiven Unbewußten, die in verschiedenen asiatischen Traditionen als Weisheitsträger, Fruchtbarkeitsgötter und magiegewaltige Zauberwesen verehrt werden. Sie symbolisieren ganz allgemein den seelischen Bereich, das Wasserelement, und befinden sich in immerwährendem Kampf mit den Garudas, Archetypen der geistigen Dimension. Im buddhistischen Weltbild bilden die Nagas einen eigenen Wiedergeburtsbereich.
s. a. Garuda, Kundalini

Natal siehe Horoskop

Neutrale Winkel siehe Aspekte

New Age siehe Wassermannzeitalter

Nirvana siehe Shunyata

Nördlicher Buddhismus (auch indotibetischer Buddhismus, Lamaismus, Vajrayana, Tantrayana): Sammelbegriff für die ursprünglich in Indien entstandenen Variationen des Mahayana- und Vajrayana-Buddhismus (häufig auch einer Mischform beider Fahrzeuge), die sich über China, Tibet, Mongolei, Nepal, Bhutan, Rußland, Burma, Vietnam, Japan, Korea, Indonesien ausbreiteten.
s. a. Mahayana-Buddhismus, Vajrayana-Buddhismus

Opposition: Winkelaspekt, bei dem sich zwei oder mehrere kosmische Energien gegenüberstehen (180 Grad/Orbis bis maximal 10 Grad). Obwohl eine derartige Konstellation durchaus spannungsreich ist, kann sich aus ihr viel Kreativität, Tiefgang und Initiativkraft ergeben. Der Vorteil einer Opposition ist die ständige innere Aufforderung, Lösungsmöglichkeiten für die durch die Opposition angesprochene Problematik zu suchen. In diesem Sinne bewirken Oppositionen eine geistige Evolution und aktive Bewußtseinserweiterung.
s. a. Karmaquadrat, Orbis, Aspekte, Quadrat, Tierkreisachse

Orbis: Abweichungen eines exakten Aspektwinkels (z. B. Trigon = 120 Grad), bei denen erfahrungsgemäß noch eine Wirkung des betreffenden Winkels auszumachen ist. Über Orben gibt es keine allgemeingültigen Regeln, sondern nur Empfehlungen einzelner Astrologen. Hierbei werden bedeutenderen Horoskopfaktoren wie z. B. Sonne, Mond oder Aszendent größere Orben (Wirkbreiten) zugesprochen als kleineren Energien wie beispielsweise Chiron oder Vesta. Oft sind ganz genaue Winkel (0–1 Grad Orbis) weitaus wirkungsloser als Aspekte von 3–5 Grad Orbis, da sich durch die stärkere Abweichung für den einzelnen Planeten ein größerer Entfaltungs- oder Modulationsspielraum ergibt. Nachfolgende Orbis-Tabelle der ›Differenzierten Winkelanalyse‹ (DWA) nach Taeger (die Orben-Abweichungen verstehen sich als plus/minus):

	1	2	3		1	2	3
Konjunktion (0)	12	10	8	Sextil (60)	3	2	1
Opposition (180)	12	10	8	Halbquadrat (45)	1.5	1	0.5
Trigon (120)	6	5	4	Sesquiquadrat (135)	1.5	1	0.5
Quadrat (90)	7	6	5	Halbsextil (30)	1.5	1	0.5

	1	2	3
Quincunx (150)	1	0.5	0.3
Quintil (72)	1	0.5	0.3
Biquintil (144)	1	0.5	0.3

Orben unter 1 gelten für Aspekte, bei denen Sonne, Mond, Aszendent oder MC beteiligt sind; Orben unter 2 für Merkur, Venus, Mars, Jupiter, Saturn; Orben unter 3 für Uranus, Neptun, Pluto, Vesta, Chiron (EMH, Erde, Mondknoten).
s. a. Aspekte, Konjunktion, Opposition, Quadrat, Trigon, Sextil

pi, pisces lat. für Fische

Planeten (Wandelsterne): kugelförmig verdichtete kosmische Bewußtseinsformen, deren Strahlung (Intelligenz) sich in Wechselwirkung mit der Erde und ihren Bewohnern befindet (Analogie von Makro- und Mikrokosmos). Durch ihre Stellung im Tierkreis und dessen eigener Strahlung sowie durch Aspekte der Planeten untereinander erfahren wir ihre Wirkung niemals in reiner Form, sondern immer als ein Strahlungsgemisch.
s. a. Planetoiden

Planetenzuordnungen: Nachfolgend eine vergleichende Tabelle traditioneller und astroenergetischer Planetenzuordnungen bzw. planetarer Tierkreisentsprechungen:

	Traditionell	*Astro-Energetik nach Taeger*
Widder	Mars	Mars
Stier	Venus, Mond	Erde, EMH, (Mond)
Zwillinge	Merkur	Merkur
Krebs	Mond	Mond (evtl. ein transpluto-
Löwe	Sonne	Sonne nischer Planet)
Jungfrau	Merkur	Vesta
Waage	Venus	Venus

	Traditionell	*Astro-Energetik nach Taeger*
Skorpion	Pluto (Mars)	Pluto
Schütze	Jupiter	Jupiter
Ziegenfisch	Saturn	Saturn
Wassermann	Uranus (Saturn)	Uranus, Chiron
Fische	Neptun (Jupiter)	Neptun

Planetoiden (auch Asteroiden, Kleinplaneten): kleinere Planeten unseres Sonnensystems (häufig von unregelmäßiger Gestalt), von denen die Mehrzahl (ca. 50000) auf Bahnen zwischen Mars und Jupiter kreisen. Ihre Entdeckung begann Anfang des 19. Jahrhunderts. Nach der Titus Bodeschen Reihe vermutete man dort einen weiteren Planeten zu finden. Heute nimmt man an, daß der Planetoiden-Gürtel die Überreste eines einstigen Planeten darstellt. Während die Astro-Energetik die Kleinplaneten in ihrer Gesamtheit der Jungfrau zuordnet, gibt es auch die Ansicht, man könne sie mit dem Fische-Thema in Analogie setzen. Der Planetoid Vesta, der von Meier-Parm über Jahrzehnte hinweg erforscht wurde und der als einziger mit bloßem Auge wahrnehmbar ist, vereinigt in sich alle Jungfrau-Qualitäten. Neben erdnahen Kleinplaneten wie Eros, Apollo, Hermes oder Toro gibt es auch Asteroiden jenseits der Jupiter- und Saturn-Bahn wie Hidalgo und vor allem den 1976 entdeckten Chiron, der in seiner Wirkung dem Uranus-Wassermann-Thema nahesteht. Führend in der modernen Planetoiden-Wirkungsforschung ist z. Zt. die englische und amerikanische Astrologie.

Poseidon griech. für Neptun

Psychische Inflation: von C. G. Jung eingeführter Begriff, der die Überschwemmung des Bewußtseins mit archaischen oder unbewußten Energien umschreibt. Dieser Prozeß kann sowohl in eine Ego-Aufblähung als auch eine Identitätskrise münden (Gefahr zu schnell vorangetriebener Meditationspraxis, Astro- oder Psychoanalyse oder auch bei Pluto- und Neptuntransiten).

s. a. Archetypen

Quadrat: Winkelaspekt, bei dem sich 2 oder mehrere kosmische Energien in einem 90-Grad-Abstand wechselwirkig bestrahlen. Diese spannungsreiche Konstellation regt – ähnlich wie die Opposition – die Kreativitäts- und Initiativkraft an und dient somit als Brennstoff geistiger Evolution resp. Bewußtseinserweiterung. Sowohl bei Oppositionen wie Quadraten (auch Halbquadraten, Sesquiquadraten) sollte keine der beteiligten Bewußtseinsfaktoren eine dauerhafte Gewohnheits-Dominanz erhalten, wie dies bei Saturn, Mars- oder Pluto leider manchmal der Fall ist. Bei Gefahr von Dominanzen innerhalb von Winkelstrukturen hilft eine kritische Astro-Analyse, Eigenbeobachtung und Bewußtseinskontrolle.

s. a. Karmaquadrat, Orbis, Opposition, Aspekte, Konjunktion

Radix siehe Horoskop

Reagible Zeichen (auch soziale, veränderliche, labile Zeichen): die vier sich im 90-Grad-Winkel wechselseitig aktivierenden Tierkreisenergien Zwillinge (Luft), Jungfrau (Erde), Schütze (Feuer) und Fische (Wasser), die die jeweilige Elementenqualität, die sie repräsentieren, im diffusen, sozialen und überpersönlichen Sinne zur Verfügung stellen. Über die reagiblen Zeichen (Felder) entwickelt sich soziales Verantwortungsbewußtsein, Anpassungsbereitschaft und Selbstlosigkeit.

s. a. Kardinale Zeichen, Fixe Zeichen

Realisatoren siehe Spannungsherrscher

Reinkarnation siehe Wiedergeburt

sa, sagittarius lat. für Schütze

Samadhi siehe Brahma, Mahamudra, Zen-Buddhismus

Samsara (Skr. ›Existenzkreislauf‹/auch Maja): hinduistischer und buddhistischer Begriff, der sowohl den Wiedergeburtskreislauf als Folge von Karma und Unwissenheit als auch die illusionshafte Welt der Phänomene und Existenz (Maja) umschreibt. Der Buddhismus betrachtet die Wirklichkeit (Samsara) als eine Art Traum, der durch egogebundene Eigenschaften wie Triebe, Gier und geistige Arroganz nicht als solcher erkannt wird, wobei die Welt der Erscheinungen (Samsara) in ihrem tiefern Wesen nicht vom Leerezustand (Nirvana, Shunyata) unterscheidbar ist. – Sowohl in astro-energetischer als auch buddhistischer Sichtweise ist über die Arbeit mit dem Wasserelement (= Krebs, Skorpion, Fische resp. Mond, Pluto, Neptun) am leichtesten ein Verständnis samsarischer Traumhaftigkeit zu erlangen.

s. a. Shunyata, Mahamudra, Karma, Wiedergeburt, Wasser-Element

sc, scorpio lat. für Skorpion

Sextil: sog. harmonischer oder entspannender Winkelaspekt zwischen 2 oder mehreren kosmischen Energien, die sich in einem 60-Grad-Abstand wechselseitig unterstützen. Ähnlich wie bei Trigon (120 Grad) oder Halbsextil (30 Grad) ist eine bewußtseinsmäßige Synthese der beteiligten Faktoren erleichtert.

s. a. Trigon, Orbis, Aspekte

Shiva – Personifiziert: Hindu-Gott der Zerstörung und Auflösung, der zusammen mit Brahma (Schöpfung) und Vishnu (Erhaltung) eine Dreieinheit bildet. Er wird häufig 3köpfig auf dem Weltenstier reitend oder in einem Flammenmeer tanzend dargestellt. Seine Farbentsprechungen sind Weiß oder Rot, seine Attribute Lingam (Phallus) und Yoni (Vagina). Seine Elementenentsprechung ist das Feuer-Element. Shiva wird gleichermaßen von Hindus wie Buddhisten verehrt und erfährt im buddhistischen Tantra zahlreiche Modifikatio-

nen und Umdeutungen (wie z.B. als Hayagriva, Mahakala, Chenrezig, Rote Dakini etc.).
– Als Bewußtseins- oder Energiezustand repräsentiert Shiva die differenzierende geistige Aktivität (›Zerstörer der Nicht-Erkenntnis‹) und die Transformation von Leidenschaften und Zorn in egotranszendierende Liebe (Polaritätsüberwindung durch sexuelle Vereinigung). Sein mantrischer Keimklang ist die rote Lichtschwingung SHRI oder AH (Kehlchakra).
s. a. Brahma, Vishnu, Feuer-Trigon, Mandala, Chakren

Shunyata (auch Nirvana, Leerezustand): Unter Shunyata versteht der Buddhismus den alles umfassenden Leerezustand des Universums. Auch die Welt der Phänomene oder des abhängigen Entstehens (Samsara) ist nichts anderes als Traumspiegelung des shunyatahaften Urzustands. Im Vajrayana-Buddhismus wird Shunyata nicht abstrakt-philosophisch erklärt, sondern als eine Erfahrungsenergie großer Klarheit, Unendlichkeit und Ekstase, in der sich die Elemente Erde, Wasser, Feuer, Luft und Äther in einer noch undifferenzierten, ungewordenen Einheit befinden.
s. a. Dorje Chang, Mahamudra, Samsara, Bodhisattva, Erleuchtung, Mahayana-Buddhismus, Vajrayana-Buddhismus

Sonne-Mond-Halbsumme siehe Erde-Mond-Halbsumme

Soziale Zeichen siehe Reagible Zeichen

Spannungsempfänger siehe Spannungsherrscher

Spannungsherrscher (auch Initiatoren): von Meier-Parm entwickelte Methode, bei der die Summe der Entfernungen zwischen jeweils allen Natalfaktoren gemessen wird. Die 3 Planeten, die die größten Entfernungen zu allen übrigen Planeten haben, werden Spannungsherrscher oder Initiatoren genannt, während die 3 Planeten, die die geringste Entfernung aufweisen, also am dichtesten in den Planetenverbund eingebettet sind, Spannungsempfänger, Realisatoren oder auch Druckempfänger genannt werden. Haben Spannungsherrscher eine kardinale, initiierende und dominierende Funktion, zeichnen sich die Druckempfänger durch einen reagiblen, umsetzungsfreudigen und dem Spannungsherrscher nachgebenden Charakter aus.

Spannungswinkel siehe Aspekte, Opposition, Quadrat

Sternbilder siehe Zodiak

Supergalaktisches Zentrum (Abk. SGZ/SGC): eine Ansammlung von Galaxien- oder Nebelhaufen von jeweils einigen 100 bis 1000 Galaxien, die in ihrer Gesamtheit einen sog. Superhaufen bilden, der sich Theorien Vaucouleurs zufolge in ca. 100 Milliarden Jahren um ein Supergalaktisches Zentrum (SGZ), wahrscheinlich ein riesiges Schwarzes Loch, bewegt, das z.Zt. (1988) auf 1 Grad 38 Minuten Waage liegt. Unsere Milchstraße gehört dabei der lokalen Nebelgruppe an, zu der u.a. die Magellanschen Wolken oder der Andromedanebel zählen. Insgesamt wird das SGZ von ca. 2500 Galaxien umkreist, die zu ca. 54 Nebelhaufen angeordnet sind. Die Astronomie spricht in diesem Zusammenhang vom ›Virgo-Superhaufen‹. Das SGZ ist ca. 1870 (Entstehung von Karl Marx' ›Kapital‹; Anwachsen der Großstädte, Blüte des Impressionismus) von der Jungfrau in die Waage gewechselt und kann an Stelle des viel umstrittenen Wassermannzeitalters den neuen Zeitgeist des New Age eingeleitet haben. Trotzdem wäre es falsch, von einem ›reinen‹ Waagezeitalter, etwa im venushaften Sinne zu sprechen, weil *das, was* dort gewechselt hat, ein Schwarzes Loch von Antimaterie ist, das in seiner Wirkung eher plutohaft-skorpionische Züge aufweist und daher die Waage-Qualität verfremdet.

s. a. Galaktisches Zentrum, metagalaktische Zentren, Wassermannzeitalter, Fischezeitalter

Tantrayana-Buddhismus siehe Vajrayana-Buddhismus, Tantra

Tantra: innere Arbeit mit der Kundalini-Energie, den Nadis und Chakren des Feinstoffkörpers, wobei es um eine wirkliche oder vorgestellte sexuelle Vereinigung der Yang- mit den Yin-Energien geht. Hierbei weisen das hinduistische, buddhistische und taoistische Tantra viele Analogien auf. Im weiteren Sinne kann der Begriff Tantra auch die esoterischen Wissenschaften umschreiben (z. B. Astrologie-Tantra). Im Vajrayana-Buddhismus unterscheidet man zwischen verschiedenen Tantra-Klassen, die sich von der äußeren Verehrung einer Gottheitsenergie bis zur sexuellen Vereinigung mit dieser steigern. In der höchsten Tantra-Klasse werden ganze Mandalas visualisiert, in deren Mitte sich das gereinigte Bewußtsein des Meditierenden in Form eines Gottheits-Archetypen mit dem weiblichen Leere-Aspekt der gleichen Energie vereint. Zu dieser Tantra-Klasse gehören z. B. das Kalachakra-, Guhyasamaja-, Heruka- oder Yamantaka-Tantra.

s. a. Kundalini, Nadis, Chakra, Yin, Yang, Vajrayana-Buddhismus, Kalachakra, Guhyasamaja, Yamantaka, Mandala

Tara: weibliche Gruppe von Bodhisattvas aktiven Mitempfindens. Am bekanntesten sind die Grüne Tara des Luftelements (Aktivierung karmavollendenden Denkhandelns) und die Weiße Tara des Feuerelements (Entwicklung von Gelassenheit und Furchtlosigkeit). Ihr im Nördlichen Buddhismus berühmtes Mantra ist OM TARE TUTARE TURE SVAHA. Die weiblichen Weisheitsenergien (Taras) vermitteln dem Meditierenden den Leere-Aspekt (auch Weisheit) der 5 Elemente, während die männlichen Bodhisattvas mehr die samsarische Ebene des höheren Elementen-Bewußtseins repräsentieren (Methodik).

s. a. Bodhisattva, Shunyata, Chenrezig, Manjushri, Vajrapani, Yin, Yang

ta, taurus lat. für Stier

Element/Symbole/ Chakra	*Farbe/Keimklang/ Himmelsrichtung*	*negative Eigenschaften*
Äther Flamme, 8speichiges Rad d. buddh. Lehre Scheitel- und Stirnchakra	weiß OM Mitte	Arroganz, Unwissenheit, Stumpfheit
Wasser Kreis, goldenes Vajra Sexual- und Herzchakra	blau HUNG Osten	Haß
Erde Quadrat, flammende Edelsteine Nabelchakra	gelb TRAM, SVA Süden	Stolz
Feuer Dreieck, Lotosblüte Kehlkopfchakra	rot AH, SHRI Westen	Leidenschaft, Gier, Zorn
Luft Halbkreis, Mandala (Doppelvajra), Erkenntnisschwert Steißbein- und Stirnchakra	grün HA Norden	Neugier, wissensmäßige Eifersucht

Tibetische Elementenlehre: Die indotibetische Elementenlehre umschreibt sehr subtil und detailliert Eigenschaften und Wechselspiel von Mikro- und Makrokosmos; ihre Ausdeutung würde ganze Bücher füllen. Grundlegende Informationen können z. B. über das Studium des Tibetischen Totenbuchs gewonnen werden. Essentiell gibt es natürlich keinen Unterschied zwischen den buddhistischen, westlich-alchimistischen oder astrologischen Elementen Erde, Wasser, Feuer, Luft und Äther. Auch in der esoterischen Interpretation gibt es viele Analogien. Ihre umfassendste Deutung und meditative Handhabung erfahren die Elemente jedoch durch die Lehren des Vajrayana-Buddhismus. In der Tabelle oben einige psychische Entsprechungen der Elemente in ihrem samsarischen und buddhahaft gewandelten Verständnis.

Buddha-Weisheit	*Fähigkeit*	*Samsara-Entsprechung*
Erkenntnis, daß alles Geist ist	Wahrnehmung aller äußeren und verborgenen Phänomene	Götterwelten
Erkenntnis, daß alles Spiegelung und Traum ist	Gelassenheit, Furchtlosigkeit, Kontrolle der sechs Sinne	Höllenwelten
analytische Erkenntnis, daß alles gleichen Ursprungs (leer) ist.	Großzügigkeit, freudiges Geben	Menschen
Erkenntnis, daß alles differenziert betrachtet werden muß (unterscheidende Klarschau)	Wandlung von Leidenschaft in Mitgefühl	Geister
Erkenntnis der Gesetzmäßigkeit des Karma, Entwicklung karmavollendenden Denkhandelns	selbständige Karmabestimmung und Entscheidungsfähigkeit	Titanengötter, Planeten und Dämonen

s. a. Mantra, Chakren, Mandala, Erd-Trigon, Wasser-Trigon, Feuer-Trigon, Luft-Trigon, Äther

Tierkreisachse: zwei sich polar im Tierkreis gegenüberliegende Energien, die sich wechselseitig aktivieren, relativieren, erklären, helfen und ergänzen.

Tierkreis siehe Zodiak

Transit: Übergänge der laufenden, jeweils aktuellen Planeten und deren Aspekte zu den fixen Planetenständen und anderen Faktoren (AS, MC, etc.) des eigentlichen Geburtshoroskops.

s. a. Aspekte, Orbis, Horoskop

Transpluto: aufgrund von Bahnabweichungen Plutos vermuteter Planet oder auch Schwarzes Loch oder eine Anzahl winziger Schwarzer Löcher jenseits der Plutobahn. Neuere Theorien schließen auch die

Möglichkeit nicht aus, daß es sich um einen Planeten handelt, dessen Bahn senkrecht zur Ekliptik verläuft. Beobachtungen über angebliche Wirkungen von Transpluto sind sehr umstritten. Sein berechneter Standort befindet sich (1988) auf 19 Grad 30 Minuten Löwe.

Traumyoga: eine tantrische Meditationsform, bei der man sich z. B. vor dem Einschlafen sein Bewußtsein in Form einer kleinen Lichtkugel im Herz- oder Scheitelchakra visualisiert, um von dieser Vorstellung aus bewußt und aktiv das eigene Traumleben wahrzunehmen, zu lenken oder auf eine tiefere (höhere) Dimension zu transformieren (etwa der höheren Elementen- oder Planetenebene).
s. a. Illusionskörper, Tantra, Bodhisattva

Trigon: harmonischer oder entspannender Winkelaspekt zwischen 2 oder mehreren kosmischen Energien, die sich in einem 120-Grad-Abstand wechselseitig unterstützen. Ähnlich wie beim Sextil (60 Grad) oder Halbsextil (30 Grad) ist eine bewußtseinsmäßige Synthese der beteiligten Faktoren erleichtert. Ein Trigon innerhalb des gleichen Elements (z. B. Wasser) hat eine entspannendere Wirkung als beispielsweise ein Trigon zwischen Endgraden eines Wasserelementszeichens und den Anfangsgraden eines Feuerelementszeichens.
s. a. Sextil, Orbis, Aspekte

Urelement siehe Dorje Chang, Shunyata, Äther-Element, Mahamudra

Vajra (auch Diamantzepter, Donnerkeil): wichtiges (männliches) Erleuchtungssymbol des nach ihm benannten Vajrayana- oder Tantrayana-Buddhismus. Es stellt sowohl die Unzerstörbarkeit des *einen* leeren Seinszustandes (diamantenes Bewußtsein) dar als auch das kosmische Mandala-System, das Zusammenwirken aller Elemente. Ferner ist es Phallus-Symbol und magische Waffe gegenüber samsarischen Anfeindungen.
s. a. Vajrayana, Erleuchtung, Mandala, Vajrapani, Yin, Yang

Vajrayana-Buddhismus (= Diamantfahrzeug, auch Tantrayana, Mantrayana, Mudrayana): eine im Indien des 3. Jahrhunderts n. Chr. entstandene Form des Buddhismus, die neben dem Mahayana-Gedanken vor allem auch magische (tantrische) Praktiken einbezogen hat. Aus der Sichtweise des Vajrayana ist eine Erleuchtung ohne mystische Initiation und magische Vervollkommnung ausgeschlossen. Unter Umschiffung endloser Wiedergeburten als Bodhisattva (Folge der Ansammlung karmischer Tugenden), bemüht sich der Vajrayana-Anhänger um Erleuchtung innerhalb einer Lebensspanne, wobei er sog. negative Energien (wie z. B. Haß, Stolz etc.) auf geschickte Art in sexuelle Erleuchtungsenergien transformiert und hierbei sittliche Begrenzungen und Vorschriften des Hinayana- und Mahayana-Buddhismus relativiert. Das Vajrayana war traditionell ein Weg von autonomen Einzelgängern (Gurus, Mahasiddhas), die meist nur einen kleinen Schülerkreis betreuten. Erst relativ spät (10.–11. Jhd.) wurden Elemente des Vajrayana auch in die mönchischen Bewegungen aufgenommen. Vorwiegende Methoden des Vajrayana bestehen in der Arbeit mit Mandalas, Mantren, Mudren (rituellen Handgesten), Gottheitsbildern, dem Chakren- und Feinstoffkörper und sexuellen Partnerinnen. Manche Elemente des Vajrayana sind buddhistische Modifizierungen des hinduistischen Kundalini-Yoga und können – neben der direkten Übernahme hinduistischer Gottheiten – auf die Trinität der Brahma-, Vishnu- und Shivakulte zurückgeführt werden. Bedeutende Tantras sind das astrologisch bezogene Kalachakra-Tantra sowie das Guhyasamaja-Tantra, das die Grundlage aller späteren Tantras darstellt. – Von Indien aus hat sich das Vajrayana in verschiedenen Traditionen und Interpretationen über China, Tibet, die Mongolei bis hin nach Japan, Korea, Vietnam, Burma und Indonesien verbreitet.

s. a. Mahayana-Buddhismus, Mantra, Mandala, Nördlicher Buddhismus, Erleuchtung, Kalachakra, Guhyasamaja, Vajra, Guru, Brahma, Vishnu, Shiva

Vajrapani (auch Vajraträger): mystischer Bodhisattva der Transformierung von Leidenschaft und Haß in höchstes Wissen, magische Potenz und Erfahrung kosmischen Seins (Samsara) als Leere und geistige Klarheit. Zusammen mit Manjushri verkörpert er die höchste Ebene des Wasserelements und kann als höhere Oktave der Pluto-Energie betrachtet werden. Seine Symbole sind das Vajra (Phallus) und eine Dämonenschlinge. Er hat ein dämonisches Aussehen und ist mit magischen Schlangen-Attributen (Meisterung der Kundalini) geschmückt. Eines seiner Mantren lautet OM VAJRAPANI HUNG PHET. Einige Traditionen sehen in ihm den höchsten Urbuddha.

s. a. Indra, Bodhisattva, Manjushri, Tara, Chenrezig, Dorje Chang

Veränderliche Zeichen siehe Reagible Zeichen

Vesta siehe Planetoiden

vi, virgo lat. für Jungfrau

Vishnu – Personifiziert: Hindu-Gott der Erhaltung und des kosmischen Gleichgewichts, der zusammen mit Brahma (Schöpfung) und

Shiva (Zerstörung) eine Dreieinheit bildet. Er wird häufig auf einer Naga oder einem Garuda reitend dargestellt. Seine Farbentsprechung ist Blau, seine Attribute sind u. a. Muschelhorn, Lotos, Bogen und Schwert. Als Element wird ihm das Wasser zugeordnet. Berühmt sind seine Inkarnationen oder Ausstrahlungen als geistige Lehrer, von denen neben Verkörperungen als Fisch, Schildkröte, Eber, Löwe, Zwerg, Parashu-Rama vor allem die Inkarnationen als Rama (Held des Ramayana-Epos), Krishna (Krishna-Kult, Bhagavad-Gita) und Buddha von Bedeutung sind. Auch Jesus wird von den Hindus als Ausstrahlung Vishnus betrachtet. – Als Bewußtseins- oder Energiezustand repräsentiert Vishnu die egotranszendierende Liebe, höchstes Wissen, Überwindung der Dualität, Harmonie. Sein mantrischer Keimklang ist die blaue Lichtschwingung HUNG (Herzchakra).

s. a. Brahma, Shiva, Wasser-Trigon, Mandala, Chakra

Waagezeitalter siehe Supergalaktisches Zentrum, Wassermannzeitalter

Wasser-Trigon: die drei sich in 120-Grad-Winkeln wechselseitig unterstützenden Tierkreisenergien Krebs (kardinal), Skorpion (fix) und Fische (reagibel), die alle den *gleichen* Element- oder Aggregatzustand in verschiedenen Ausrichtungen (zentrifugal, zentripetal, diffus) repräsentieren. In der buddhistischen Symbolik wird das Wasser-Element durch die Farbe Blau (oder Schwarz), die Himmelsrichtung Osten, einen Kreis (oder Kugel) sowie ein Vajra (Diamant, Leere- oder Klarheitsbewußtsein, Phallus) dargestellt. In der westlichen Astrologie steht es für die Energetik des Tiefenselbst, der Archaik und Sexual- oder Libidokraft. In der buddhistischen Esoterik spielt es vor allem im Vajrayana eine dominierende Rolle als sexuelle Transformations- und Erleuchtungsenergie, Illusions- oder Shunyata-Bewußtsein und mystische Initiationskraft, die u. a. zu höchstem Wissen führt.

s. a. Vajra, Vajrayana, Vajrapani, Manjushri, Chakra, Kundalini, Erleuchtung, Mandala, Tibetische Elementenlehre, kardinal, fix, reagibel

Wassermannzeitalter (auch Neues Zeitalter, New Age): Zeitalter der Entpolarisierung, Kollektivierung, kosmischen Orientierung, Enttabuisierung, Wissensexpansion und Androgynisierung der Menschheit, das das religiös-tugendhafte Zeitalter der Fische (Fische-Jungfrau-Achse) augenblicklich ablöst. Die Zeitalter entstehen durch die Wanderung (Verlagerung) des Frühlingspunktes innerhalb des Sternbildhimmels (ca. 2150 Jahre pro Zeichen). Da die hauptsächlich von der Astronomie verwendeten und unterschiedlich großen Sternbilder nicht mit den fixen Tierkreiszeichen von zwölf 30-Grad-Feldern kongruent sind, ist die Zeitalterlehre z. Zt. recht umstritten. Die religiöse Färbung der vergangenen 2000 Jahre kann auch durch den

Aufenthalt des Galaktischen Zentrums im Schütze-Zeichen und den parallelen Lauf des Supergalaktischen Zentrums durch die Jungfrau (Tugend, Moral) erklärt werden. Der deutlich spürbare Zeitgeist-Umbruch des 19. und 20. Jahrhunderts kann durch den Wechsel (ca. 1870) des Supergalaktischen Zentrums in die Waage, die ähnliche Prinzipien wie der Wassermann verkörpert, entstanden sein, nicht jedoch durch das Galaktische Zentrum, das sich immer noch auf 27 Grad Schütze aufhält.

s. a. Supergalaktisches Zentrum, Galaktisches Zentrum, Fischezeitalter

Wiedergeburt: Grundlagenerkenntnis, auf die als Reaktion Religionen wie der Hinduismus, Buddhismus und Taoismus entstanden sind. Aufgrund selbstverursachten Karmas resp. abhängigen Entstehens sucht sich das Geist-Seele-Kontinuum in endlosen Kreisläufen ständig neue Formen, ohne sich der basishaften Illusionshaftigkeit des Seins und des fiktiven Egos bewußt zu werden. Im Buddhismus wird die Wanderung des durch Unwissenheit verblendeten Egos als leidvoll und negativ interpretiert. Ihr wird durch Ermahnung zur karmischen Selbstverantwortung das Erleuchtungsideal entgegengestellt, durch das ein Eingehen in den klaren Leerheitszustand möglich ist und durch den sich die Polarität von Leere und Sein auflöst (›Entwicklung des *einen* Geschmacks‹). Im Nördlichen Buddhismus unterscheidet man zwischen verschiedenen Wiedergeburtsbereichen, die alle gleichermaßen als leidvoll und unerlöst betrachtet werden. Dies sind z. B. verschiedenartigste Götterwelten form- und formloser Beschaffenheit (auch göttliche Verkörperungen gelten als dem Karma und den Gesetzen von Zeit und Raum unterlegen und stellen somit keine endgültige Befreiung dar), Welten der Titanen-, Dämonen- und Planetengötter (höhere, aber unerlöste Wiedergeburtsebene des Luftelements), Menschenwelten (Erdelement), verschiedene Geisterwelt-Ebenen (Feuerelement), grobstoffliche und magische Tierweltbereiche, Naga-Welten (Wasserelement), Höllenwelten (Wasserelement) u. v. m. – Gelingt die volle Erleuchtung nicht innerhalb eines Lebens, hält der Buddhismus noch Zwischenwelten für Erleuchtungsanwärter bereit. Das sind z. B. Bodhisattva-Himmel, Dakini-Welten (magisch- und bewußtseinsmäßig hochentwickelte Feen und Hexen), Mahasiddha-Bereiche (tantrische Gurus in feinstofflicher Verkörperung) etc. Diese durch Erleuchtungsgelübde gebundenen Wesen laufen nicht Gefahr, in niedere Wiedergeburten abzufallen, sondern wirken im Grenzbereich von Leere und Sein zum Wohle aller kosmischen Wesen.

Betrachtet man die Wiedergeburt als einen realen Faktor, müßten sich u. a. aus dem Geburtshoroskop oder Karmagramm Rückschlüsse auf ungelöste Problematiken vergangener Existenzen ableiten lassen. Dies ist jedoch ein weites Feld von Spekulationen und sollte mit kritischem Sinn und Vorsicht behandelt werden.

s. a. Bodhisattva, Erleuchtung, Karma, Tibetische Elementenlehre, Illusionskörper, Shunyata, Samsara, Vajrayana- und Mahayana-Buddhismus
Winkelbeziehungen siehe Aspekte

Yama: hinduistischer und buddhistischer Gott des Todes und der sog. Höllenwelten. Yama wird meistens büffelgesichtig und auf einem Stier reitend dargestellt (Analogie zur Stier-Skorpion-Thematik).
s. a. Yamantaka

Yamantaka: zornige, dunkle und büffelgesichtige Form des Bodhisattvas Manjushri, in der dieser in einer magischen Auseinandersetzung den Totengott Yama besiegte, indem er ihm dessen eigene raumzeitgebundene Vergänglichkeit vor Augen führte. Yamantaka ist ebenso wie Manjushri eine Manifestation des Wasser-Elements und kann in Analogie zum Pluto-Skorpion-Thema gesehen werden. Wichtige Initiationsgottheit des Vajrayana-Buddhismus.
s. a. Manjushri, Yama, Kalachakra, Guhyasamaja, Wasser-Trigon

Yang: die männlichen oder solaren Bewußtseinsenergien des geistigen Bereichs, die eine Vereinigung mit den Yin-Energien anstreben (Erleuchtung). Im Buddhismus verkörpern die Yang-Energien den samsarischen Seinszustand und werden in mantrischer Analogie mit den Konsonanten, im mythologischen Bereich mit dem Garuda und in der Symbolik mit dem Vajra in Verbindung gebracht. Eine Gleichsetzung des Yang mit Elementen (wie z. B. Feuer = Yang) oder Planeten (z. B. Mars = Yang) ist zweifelhaft, da jedes Element bzw. jeder Planet eine Wandlungsmöglichkeit hat, durch die sich Yin- und Yang-Eigenschaften relativieren.
s. a. Yin, Samsara, Vajra, Garuda, Introversions- und Extroversionsachse

Yin: die weiblichen oder lunaren Bewußtseins-Energien des seelischen Bereichs, die nach einer Vereinigung mit den Yang-Energien streben. Im Buddhismus stellen die Yin-Energien den Leerezustand des Seins dar und werden in mantrischer Analogie mit den Vokalen, im mythologischen Bereich mit den Nagas und in der Symbolik mit einer Glocke (= Gantha/Klang als Ausdruck der Leere) in Verbindung gebracht. Eine Gleichsetzung des Yin mit Elementen (wie z. B. Wasser = Yin) oder Planeten (z. B. Vesta = Yin) ist zweifelhaft, da jedes Element bzw. jeder Planet eine Wandlungsmöglichkeit hat, durch die sich Yin- und Yang-Eigenschaften relativieren.
s. a. Yang, Shunyata, Samsara, Naga, Introversions- und Extroversionsachse

Zen-Buddhismus: spezielle Form des Mahayana-Buddhismus, wie sie sich besonders in China (Chan), Japan und Korea ausgebildet hat. Im indotibetischen Buddhismus weist der Mahamudra-Weg starke Ähnlichkeiten zum Zen auf. Neben dem allgemeinen Mahayana-Gedan-

Yamantaka, Buddha-Aspekt des Wasser-Elements. Besieger des Totengotts Yama und dadurch Verkörperung der Illusion von Raum, Zeit und Vergänglichkeit.

ken legt die Zen-Praxis vor allem Wert auf die Entwicklung innerer Geistesruhe und Konzentration, durch die alle Polarisierungen (z. B. in Subjekt und Objekt) aufgehoben werden. Während im Vajrayana eher die plutonische Energie sexuell-magischer Transformation dominiert, spielt im Zen eher das uranische Moment spontaner Erleuchtung und paradoxer Koan-Übung eine Hauptrolle. Das Zen legt wenig oder gar keine Beachtung auf Ritual oder Schriftstudium, zieht jedoch die Entwicklung des Herzens-Bewußtseins mit ein (Popularität des sog. ›Herz-Sutras‹). Obwohl mystische Bodhisattvas anerkannt werden, spielen sie doch in der meditativen Praxis eher eine untergeordnete Rolle. Das Zen hat zahllose Spielarten und Traditionen hervorgebracht und ist auch Teil des taoistischen Weges.
s. a. Mahayana-Buddhismus, Mahamudra, Bodicitta, Bodhisattva

Zeus griech. für Jupiter

Zodiak (Zodiakus, Tierkreis): ein Energiefeldgürtel, der sich ca. plus/minus 10 Grad zu beiden Seiten der Ekliptik befindet und der in 30 Grad große Sektoren, die 12 Tierkreiszeichen, unterteilt ist. Dieser fixe Kreis darf nicht mit den in der Astronomie verwendeten unterschiedlich großen Sternbildern verwechselt werden, die sich aufgrund der Wanderung des Frühlingspunktes langsam, aber kontinuierlich verschieben und nicht mehr mit den Zeichen des Zodiak identisch sind. Die ältesten Zeugnisse für den Zodiak und seine 12 Energiefelder gehen auf die babylonische Astrologie (ca. 700 v. Chr.) zurück, haben aber vermutlich einen noch älteren Ursprung (manche Autoren sprechen von 3000 v. Chr.). Zusätzlich zum Tierkreis wird in der Astrologie noch der ›gegenläufige‹, im Uhrzeigersinn überlagerte Felderkreis berücksichtigt.
s. a. Felder, Tierkreisachse

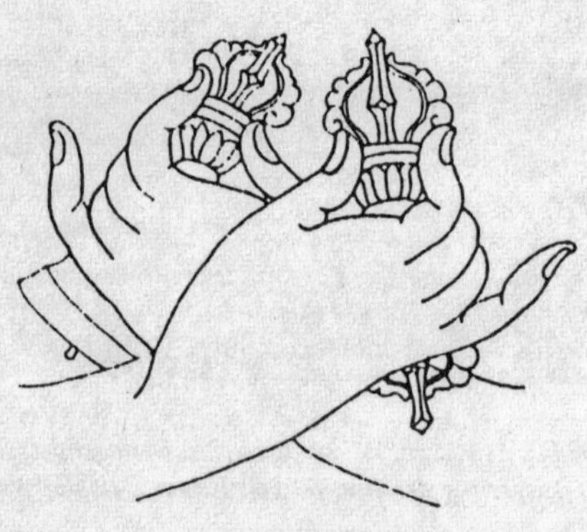

Literaturhinweise

Astrologie

ARROYO, STEPHEN: Astrologie, Karma und Transformation, Hugendubel, München 1981

BAIGNET/CAMPION/HARVEY: Mundane Astrology, Aquarian Press, Wellingborough, 1984

BECKER, UDO (Hrsg.): Lexikon der Astrologie, Goldmann, München, 1984

EYSENCK/NIAS: Astrologie – Wissenschaft oder Aberglaube, dtv, München 1984

DEAN, GEOFFREY (Hrsg.): Recent Advances in Natal Astrology, Urania Trust, London 1977

EBERTIN, REINHOLD (Hrsg.): Kosmobiologische Jahrbücher, Ebertin Vlg., Aalen, 1968-78

ELWELL, DENNIS: Das kosmische Netzwerk, Astrodata, Zürich, 1988

FILBEY, J. & P.: Astronomy for Astrologers, Aquarian Press, Wellingborough, 1984

GETTINGS, FRED: Dictionary of Astrology, Routledge & Kegan Paul, London, 1985

GREENE, LIZ: Schicksal und Astrologie, Hugendubel, München, 1985

HAND, ROBERT: Horoscope Symbols, Para Research, Gloucester/Mass., 1986

HAND, ROBERT: Planeten im Composit, Papyrus, Hamburg 1982

JACKSON, EVE: Jupiter, Astrodata, Zürich, 1988

KNAPPICH, WILHELM: Geschichte der Astrologie, Klostermann, Frankfurt, 1988

MEIER-PARM, H. CHR.: Der Planetoid Vesta, Ebertin, Aalen 1974

MEIER-PARM, H. CHR.: Spannungsherrscher u. Schicksalstyp, Psychokonkret, Hamburg, 1976

NIEHENKE, PETER: Kritische Astrologie, Aurum, Freiburg, 1987

RIEMANN, FRITZ: Lebenshilfe Astrologie, Pfeiffer, München o. J.

RUDHYAR, DANE: Astrologie der Persönlichkeit, Hugendubel, München, 1988

RUPERTI, ALEXANDER: Cycles of Becoming, CRCS, Davis, 1978

STEIN, ZANE B.: Chiron, Chiron Vlg., Dusslingen, 1988

WEISS, J. CLAUDE: Astrologie – Eine Wissenschaft von Raum und Zeit, Astrodata, Zürich, 1987

WERLE, FRITZ: Kosmos und Psyche, Barth, Weilheim, 1962

Astro-Energetik

BALTIN, MAX M.: Astrosomatik-Aspekte ganzheitlicher Heilung, Papyrus, Hamburg, 1987
NIEHAUS, PETRA (Hrsg.): Astro-Kalender, Niehaus, Aachen, 1985-89
RINDERMANN, F./BALTIN, M.: Astro Bits – Grundlagen der Astro-Energetik, Niehaus, Aachen, 1984
TAEGER, HANS-H.: Astro-Trips, Aspekte spiritueller Astro-Energetik, Werkstatt-Edition, Happingen, 1986
TAEGER, HANS-H. (Hrsg.): Ztschr. Astro-Energetik, IAS-Verlag, Portsalon, Irland ab 1989. Kontaktanschrift: IAS/Institut f. astro-energetische Studien, Glenview-House, Portsalon, Irland (Fanad Peninsula), Co. Donegal/Irland

Astronomie

ASIMOV, ISAAC: Die exakten Geheimnisse unserer Welt (u. a. auch Astronomie), Droemer Knaur, München 1985
BOSLOUGH, JOHN: Jenseits des Ereignishorizonts, Rowohlt, Hamburg, 1985
BRIGGS/TAYLOR: Cambridge Fotoatlas der Planeten, Kosmos, Stuttgart, 1985
DAVIS, PAUL: Am Ende ein neuer Anfang, Diederichs, Düsseldorf, 1979
ELSÄSSER, HANS: Weltall im Wandel, DVA, Stuttgart 1985
FRITZSCH, HARALD: Quarks – Urstoff unserer Welt, Piper, München, 1982
FRITZSCH, HARALD: Vom Urknall zum Verfall, Piper, München, 1983
GREENSTEIN, GEORGE: Der gefrorene Stern, Econ, Düsseldorf, 1985
HERRMANN, JOACHIM: Großes Lexikon d. Astronomie, Mosaik, München, 1982
HERRMANN, JOACHIM: Atlas zur Astronomie, dtv, München o. J.
KOCH/JURIENS/MEEUS: Sternenführer, Treugesell Verlag, Düsseldorf, 1986-88
RONAN/DUNLOP: Astronomie heute, Kosmos, Stuttgart, 1985
STÖRIG, HANS-J.: Knaurs moderne Astronomie, Droemer Knaur, München, 1985

Buddhismus – Hinduismus – Taoismus

BLOEFELD, JOHN: Jenseits der Götter, Goldmann, München, 1986
CONZE, EDWARD: Kurze Geschichte des Buddhismus, Suhrkamp, Frankfurt, 1986

COZORT, DANIEL: Highest Yoga Tantra, Snow Lion, Ithaca, 1986
DALAI LAMA: Mein Leben und mein Volk, Droemer Knaur, München, o. J.
DOWMAN, KEITH: Masters of Mahamudra, State University of New York Press, New York, 1985
FIELDS, RICK: How The Swans Came To The Lake, Shambhala, Boston, 1986
FREMANTLE/TRUNGPA (Hrsg.): Totenbuch der Tibeter, Diederichs, Düsseldorf, o. J.
FROMM/SUZUKI/MARTINO: Zen-Buddhismus und Psychoanalyse, Suhrkamp, Frankfurt, o. J.
GAMPOPA: The Jewel Ornament of Liberation, Shambhala, Boston, 1986
GLASENAPP, HELMUTH V.: Die Philosophie der Inder, Kröner, Stuttgart, 1985
GOVINDA, LAMA A.: Grundlagen tibetischer Mystik, Rascher, Zürich, o. J.
GYATSO, KELSANG: Clear Light of Bliss, Wisdom, London, 1982
LEXIKON DER ÖSTLICHEN WEISHEITSLEHREN, Barth, Bern & München, 1986
LU K'UAN YÜ: Geheimnisse der chinesischen Meditation, Bauer, Freiburg, 1984
MORI, MASAHIRO: Die Buddha-Natur im Roboter, Bauer, Freiburg, 1985
RABTEN, GESHE: Mahamudra – Der Weg zur Erkenntnis der Wirklichkeit, Theseus, Zürich 1979
RABTEN, GESHE: Treasury of Dharma, Tharpa, London, 1988
RABTEN, G./DHARGUEY: Advice from a Spiritual Friend, Wisdom, London, 1986
RAWSON, PHILIP: Tantra – Indische Kunst der Ekstase, Droemer Knaur, München, 1974
SANTIDEVA: Eintritt in das Leben zur Erleuchtung, Diederichs, Düsseldorf, 1981
STUTLEY, M. & J.: A Dictionary of Hinduism, Routledge & Kegan Paul, London, 1985
THINLEY, NORBU: Magic Dance, Jewel Publ., New York, 1985
WALLACE, B. ALAN: Geshe Rabten, Papyrus, Hamburg, 1981
YAMASAHI, TAIKO: Japanese Esoteric Buddhism, Shambhala, Boston, 1988
YESHE, LAMA: Introduction to Tantra, Wisdom, London, 1987
YESHE, L./ZOPA, TH.: Wisdom Energy – Basic Buddhist Teachings, Wisdom, London, 1984

New Age

CAPRA, FRITJOF: Der kosmische Reigen, Scherz, Bern-München, 1980

CAPRA, FRITJOF: Wendezeit – Bausteine für ein neues Weltbild, Scherz, Bern-München, 1983
CAPRA, FRITJOF: Das neue Denken, Scherz, Bern-München, 1987
CAPRA/GROF/MASLOW/TART/WILBER: Psychologie in der Wende, Rowohlt, Hamburg, 1987
CLARK, WALTER H.: Chemische Ekstase – Drogen und Religion, Müller, Salzburg, 1971
DAHLKE, RÜDIGER: Der Mensch und die Welt sind Eins, Hugendubel, München, 1987
DETHLEFSEN, THORWALD: Schicksal als Chance, Bertelsmann, München 1979
FERGUSON, MARILYN: Die sanfte Verschwörung, Droemer Knaur, München
GROF, STANISLAV: Geburt, Tod und Transzendenz, Kösel, München, 1985
HAKEN, HERMANN: Erfolgsgeheimnisse der Natur, DVA, Stuttgart 1983
LANDSCHEIDT, THEODOR: Wir sind Kinder des Lichts, Herder, Freiburg, 1987
MATURANSA/VARELA: The Tree of Knowledge, Shambhala, Boston, 1988
PELLETIER, KENNETH R.: Unser Wissen vom Bewußtsein, Kösel, München, 1982
SZANTO, GREGORY: Hochzeit von Himmel und Erde – Eine Philosophie des Wassermannzeitalters, Phönix, Freiburg 1988
TAEGER, HANS-H.: Spiritualität und Drogen, R. Martin, Markt Erlbach, 1988
WATTS, ALAN: Kosmologie der Freude, Melzer, Darmstadt, 1972
WEIZSÄCKER/KRISHNA: Biologische Basis religiöser Erfahrung, Barth, Weilheim, 1971
WILBER, KEN: Wege zum Selbst, Kösel, München, 1986
WILBER, KEN (Hrsg.): Das holographische Weltbild, Scherz, Bern-München, 1986